JOURNAL DE FRANCE

I

1945-1948

ANGELO GIUSEPPE RONCALLI

JOURNAL DE FRANCE

I

1945-1948

Avant-propos par
GIUSEPPE ALBERIGO

Introduction et annotation par
ÉTIENNE FOUILLOUX

Traduction de l'italien par
JACQUES MIGNON

LES ÉDITIONS DU CERF
www.editionsducerf.fr
PARIS

2006

Imprimé en France

www.editionsducerf.fr
(29, boulevard La Tour-Maubourg
75340 Paris Cedex 07)

ISBN 10 : 2-204-08019-5
ISBN 13 : 978-2-204-08019-4

SIGLES ET CONVENTIONS

AC	Action catholique
ACI	Azione cattolica italiana
ACJF	Association catholique de la jeunesse française
ACLI	Associazione cattolica dei lavoratori italiani
ACO	Action catholique ouvrière
AMAE	Archives du ministère des Affaires étrangères
APEL	Association des parents d'élèves de l'enseignement libre
CCIF	Centre catholique des intellectuels français
CFP	Confédération française des professions
CFTC	Confédération française des travailleurs chrétiens
CGE	Comité général d'études
CGIL	Confederazione generale italiana del lavoro
CGT	Confédération générale du travail
CGT-FO	Confédération générale du travail – Force ouvrière
CIAC	Comité international de l'aumônerie catholique
DRAC	Ligue des droits du religieux ancien combattant
FNAC	Fédération nationale d'Action catholique
GIAC	Gioventù italiana di azione cattolica
JAC (F)	Jeunesse agricole catholique (féminine)
JEC (F)	Jeunesse étudiante chrétienne
JIC (F)	Jeunesse indépendante chrétienne
JOC (F)	Jeunesse ouvrière chrétienne
LFAC	Ligue féminine d'Action catholique
MPF	Mouvement populaire des familles
MRP	Mouvement républicain populaire
ONARMO	Opera nazionale assistenza religiosa e morale agli operai
PCF	Parti communiste français
PCI	Partito comunista italiano
PRL	Parti républicain de la liberté
RPF	Rassemblement du peuple français
UCSS	Union catholique des services de santé et des services sociaux
UFCS	Union féminine civique et sociale

*	Mot d'orthographe incertaine
< >	Passages situés hors du texte normal (rendez-vous, interpolations, ajouts)
[ ]	Mot ou membre de phrase manquant dans le manuscrit
[x]	Mot ou membre de phrase illisible
[[ ]]	Phrase ou membre de phrase rayé par Mgr Roncalli

AVANT-PROPOS

La documentation autographe d'Angelo Giuseppe Roncalli constitue un ensemble imposant, dans le cadre duquel les Agendas *ou* Journaux *occupent une place considérable, encore actuellement négligée. Il s'agit en effet d'une série continue, certes avec des interruptions, d'annotations* quotidiennes, *rédigées au fil de la plume, presque toujours sur des « agendas » ordinaires du commerce, qui commence en 1905, c'est-à-dire à l'âge de vingt-quatre ans, et s'achève le 20 mai 1963, peu de jours avant sa mort. Il faut préciser tout de suite qu'il s'agit de notes différentes et distinctes de celles au contenu typiquement spirituel qui constituent le* Journal de l'âme, *bien mieux connu.*

Ces notes de dimensions inégales, mais habituellement entre dix et vingt lignes journalières, constituent un ensemble correspondant à trois mille pages dactylographiées en double interligne. Elles « photographient » habituellement la journée de Roncalli : audiences, visites, promenades, correspondance ; rarement des considérations sur les faits.

Une première transcription de ces textes a été incluse dans la Positio historica *rédigée dans le cadre de l'instruction romaine pour la béatification* [1] *; de simples fragments en ont été publiés occasionnellement en diverses circonstances.*

*Par décret du 16 janvier 2001, le Ministero per i Beni e le Attività Culturali a approuvé l'*Edizione nazionale dei Diari di A. G. Roncalli-Giovanni XXIII *et en a nommé le Comité national, qui a pour objet de superviser la publication annotée des* Journaux. *L'édition, après la publication de l'édition critique définitive du* Journal de l'âme [2], *se poursuit par le présent volume*

1. *Beatificationis et canonizationis Servi Dei Ioannis Papae XXIII Summi Pontificis (1881-1963)*, Rome, 1995, 3 459 p.

2. *Il Giornale dell'Anima. Soliloqui, note e diari spirituali*, édition critique et annotation d'Alberto MELLONI, XLVIII + 545 p. in-8°, éditée à Bologne en 2003 comme premier volume de l'*Edizione nazionale dei Diari di A. G. Roncalli-Giovanni XXIII.*

contenant les agendas, totalement inédits, des quatre premières années de la nonciature parisienne de Roncalli, dont l'édition a été assurée avec une compétence sympathique et une acribie éprouvée par Étienne Fouilloux.

Six autres volumes sont en cours de préparation, qui compléteront l'édition italienne[1]*, dont la consultation sera facilitée par un volume conclusif avec les index de l'œuvre entière.*

Il est prématuré de discuter dès maintenant de la valeur de ces textes et de leur signification pour la connaissance de la personnalité du pape Jean XXIII, mais la disponibilité d'une aussi vaste source – matériellement et diachroniquement – que celle-ci, et aussi personnelle, pourra enrichir considérablement la reconstruction biographique d'un personnage qui a marqué le christianisme contemporain.

GIUSEPPE ALBERIGO.

1. *Diari della giovinezza (1905-1934)*, 1 vol. publié par Lucia BUTTURINI ; *Diari del periodo stanbuliota (1935-1944)*, 2 vol. publiés par Valeria MARTANO ; *Diari del periodo parigino (1945-1953)*, 2 vol. publiés par Étienne FOUILLOUX ; *Diari del periodo veneziano (1953-1958)*, 1 vol. publié par Enrico GALAVOTTI ; *Diari del periodo romano (1958-1963)*, 1 vol. publié par Mauro VELATI.

INTRODUCTION

Documents d'un intérêt exceptionnel, les Agendas d'Angelo Giuseppe Roncalli ne sont pourtant pas uniques en leur genre. Certes, il est rare qu'un ecclésiastique de haut rang du siècle passé ait tenu une sorte de Journal, et rarissime que celui-ci soit parvenu à publication. La comparaison s'impose toutefois avec les Carnets dans lesquels Alfred Baudrillart, inamovible recteur de l'Institut catholique de Paris entre 1907 et 1942, cardinal en 1935, a noté les impressions ou rencontres de ses journées depuis le 1er août 1914, date de la mobilisation française, et jusqu'au 14 avril 1942, un mois avant sa mort dans la nuit du 18 au 19 mai [1]. Arrivé à Paris le 30 décembre 1944, Roncalli n'a probablement jamais rencontré Baudrillart [2], son aîné d'une génération [3]. La comparaison de ses Agendas avec les Carnets du recteur parisien est cependant instructive.

Aucun des deux prélats n'avoue s'astreindre à cette page d'écriture quotidienne en vue d'une possible publication ; mais Baudrillart explique à plusieurs reprises qu'il consigne son témoignage pour aider l'historien du futur autant que pour guider ses choix ultérieurs [4], alors que les Agendas

1. *Les Carnets du cardinal Alfred Baudrillart*, 9 volumes dont le texte est présenté, établi et annoté par Paul CHRISTOPHE, Paris, Éd. du Cerf, 1994-2003.

2. Si l'on en croit les index des *Carnets*.

3. Ils sont nés, avec vingt-deux ans d'écart, le 6 janvier 1859 et le 25 novembre 1881 respectivement.

4. « Occupé comme je le suis, ai-je vraiment raison de consacrer chaque jour un certain temps à la lecture des journaux et chaque soir quelques moments à écrire <mon> journal ? Eh bien oui, je le crois, bien que tels ecclésiastiques et religieux pensent le contraire. En somme, ma puissance d'action me vient pour une grande part de mon contact avec les hommes et les choses de mon temps, du fait que je sais et que je suis au courant. Nous vivons une époque de très graves transformations. Il s'agit d'en avoir conscience, d'essayer de me rendre compte de ce qui inspire et dirige ces transformations » (27 janvier 1933 [après le 15 juillet 1919 ou le 25 octobre 1925]).

demeurent muets sur les intentions de Roncalli. Moins historien de métier que le recteur, qui dispose en la matière d'une formation, d'une œuvre et d'une réputation universitaires bien supérieures aux siennes [1], le nonce à Paris l'est néanmoins assez pour connaître comme lui l'importance des Mémoires et autres Journaux laissés par les grandes figures du passé [2]. Ses lectures et ses visites parisiennes, à la Bibliothèque ou aux Archives nationales, le prouvent amplement, de même que sa curiosité pour les difficultés rencontrées par ses prédécesseurs, lointains ou proches, dans le service du Saint-Siège auprès de la « fille aînée » de l'Église : Salamon, Ferrata ou Cerretti. Rien ne permet toutefois d'attribuer aux Agendas un rôle de pierre d'attente pour l'historien, ni même celui, plus banal, d'outil de travail pour le nonce.

Baudrillart est bien plus prolixe que Roncalli [3], et surtout plus écrivain. Membre de l'Académie française depuis 1918, il possède une bonne plume qui livre une série de morceaux de bravoure sur les hommes et les événements. Il est soucieux de précision dans le détail du contenu et de rigueur dans la forme, sauf en fin de parcours, quand sa main et sa mémoire le trahissent, après ses yeux. Les Agendas du nonce Roncalli sont moins abondants, et surtout moins élaborés, au point de poser des problèmes d'édition complexes, comme on le verra plus loin. Ils sont aussi moins explicites que des Carnets où Baudrillart multiplie, avec tout le tranchant dont il est capable, les jugements de valeur sur ses contemporains, voire évoque sans se munir de précautions son rôle dans quelques-unes des affaires d'État ou d'Église auxquelles il a été mêlé : le remariage du président de la République Raymond Poincaré [4], ses audiences avec les papes Benoît XV et Pie XI comme avec les plus hautes autorités de l'Église lors de ses fréquentes visites *ad limina* [5], voire le déroulement du conclave de 1939 [6].

---

1. Rodolfo ROSSI, *Baudrillart e la coscienza nazionale della Francia (1905-1921)*, Rome, Edizioni Studium, 2002.

2. Stefano TRINCHESE, *Roncalli <storico>. L'interesse per la storia nella formazione e negli studi di Papa Giovanni XXIII, 1905-1958*, Chieti, Marino Solfanelli Editore, 1988.

3. Le nonce vient d'avoir soixante-trois ans quand il arrive à Paris, et soixante-sept à la fin de l'année 1948. Entre sa soixante-troisième et sa soixante-septième année (1922-1925), Baudrillart noircit l'équivalent de mille deux cents pages imprimées, soit environ trois fois plus que Roncalli au même âge.

4. 24 janvier, 28 octobre, 30 octobre, 14 novembre et 17 décembre 1918.

5. Voir par exemple la description de sa mission à Rome du 10 au 14 septembre 1915.

6. Près de quatre pages, le 1er mars.

Rien de tel dans les Agendas de Mgr Roncalli. Leur caractère allusif, sinon elliptique, tient pour partie à des contraintes matérielles : le prélat bergamasque note au vol, de façon hâtive et parfois fautive, les traits saillants de son activité, dans ce qui ressemble moins à un véritable Journal qu'à un aide-mémoire ou à un carnet de bord. Mais il y a plus : sa bienveillance naturelle le conduit à éviter les jugements lapidaires et à émousser les arêtes de ses contrariétés. L'emploi récurrent des adjectifs *buono* et *bravo* couvre presque tous ses interlocuteurs du manteau de Noé, y compris ceux dont on sait par ailleurs qu'ils ne portent pas le nonce dans leur cœur et ne perdent pas une occasion de le dénigrer auprès de qui veut bien les entendre. Le cas de Georges Bidault, ministre démocrate-chrétien des Affaires étrangères, auquel le nonce est constamment confronté de 1945 à 1948, est particulièrement représentatif à cet égard [1].

Pour Mgr Roncalli, digne héritier d'une lignée paysanne, la prudence est en outre une vertu innée. Le service du Saint-Siège dans des pays aussi ingrats au catholicisme que la Bulgarie, la Grèce ou la Turquie, et les difficultés qu'il y a rencontrées, n'ont pu que la renforcer. C'est cette prudence, autant que la hâte, qui l'empêche souvent de dévoiler le fond de sa pensée, et plus encore la teneur de certains entretiens importants. Certes, il écrit pour lui, sans vraiment se relire ni se corriger semble-t-il, ce qui tendrait à prouver qu'il ne songe pas à utiliser ses Agendas comme pièces à conviction dans un éventuel plaidoyer *pro domo*. Mais on ne sait jamais... N'écrirait-il pas aussi par précaution, dans les divers sens du terme, c'est-à-dire avec la retenue qui sied à un diplomate pontifical auquel ses supérieurs peuvent à tout moment demander des comptes ? On a parfois l'impression qu'il écrit comme si quelqu'un lisait par-dessus son épaule... D'où de nombreuses allusions, tout à la fois prometteuses et décevantes pour l'historien, privé de ce qui s'est joué, ce jour-là, entre le nonce et le secrétaire de l'épiscopat Mgr Chappoulie, ou entre le nonce et le cardinal de Paris Suhard, son interlocuteur naturel [2]. Seul le croisement de l'Agenda avec une autre source

1. « *Anche Bidault se ne va con poche probabilità di sopravvivere in una nuova combinazione [gouvernementale]. Il nunzio apostolico è forse il solo a dolersene. E mi sento sincero* » (« Bidault aussi s'en va, avec peu de chances de survivre dans une nouvelle combinaison [gouvernementale]. Le nonce apostolique est peut-être le seul à le regretter. Et je me sens sincère » [21 juillet 1948]).

2. Un exemple, parmi beaucoup d'autres, avec Suhard : « *lunga conversazione sopra affari importanti. Ci intendemmo bene come sempre* » (« longue

permet de surprendre Mgr Roncalli en flagrant délit de cachotterie. « *Niente d'interessante* », écrit-il le 6 mai 1948 après avoir rencontré l'envoyé du président des États-Unis auprès du pape, Myron Taylor. Or la lettre que ce dernier envoie le même jour à Truman fait état d'échanges sur l'éventualité d'une troisième guerre mondiale, sur la nécessité de réintégrer l'Espagne franquiste dans le camp occidental et sur l'opportunité de faciliter l'accession du métropolite Athénagoras Spyrou à la tête du patriarcat de Constantinople. Rien de moins. Ou bien le diplomate américain fabule ; ou bien son interlocuteur fait délibérément l'impasse, dans son Agenda, sur un entretien important ; car il est difficile de penser que le nonce à Paris juge anodins les sujets évoqués. La seconde hypothèse paraît de loin la plus plausible.

La fréquence d'un tel *understatement* souligne la difficulté d'utilisation et d'interprétation des Agendas. Ils ne présentent souvent qu'une version pacifiée des péripéties rencontrées par un prélat soucieux de mettre en valeur le bon côté des choses et de supporter chrétiennement les épreuves qui parsèment son chemin ; par un nonce qui évite aussi de trop en dire sur les affaires les plus délicates qu'il traite, pour lesquelles son avis serait évidemment précieux à l'historien. Celui-ci est donc obligé de traquer dans les Agendas, au milieu d'une foule de noms et de faits mis sur le même plan, les parcimonieuses réactions personnelles de Mgr Roncalli. Et ce au prix d'un double risque : d'une part, monter en épingle une remarque isolée sur un sujet controversé [1] ; d'autre part surinterpréter la moindre observation en multipliant, avec les points d'interrogation, les hypothèses dépourvues de vérification en l'état actuel de la documentation. Cette difficulté spécifique tient sans doute plus au tempérament du nonce et à la conscience qu'il a de ses responsabilités qu'au genre littéraire de l'Agenda et à ses imperfections de forme. Sa bienveillance foncière envers tout un chacun, sa prudence de paysan bergamasque et sa réserve de diplomate chevronné se conjuguent ainsi pour donner à la source pourtant exceptionnelle que constituent les Agendas parisiens son caractère obscur ou sibyllin qui laisse trop souvent l'historien sur sa faim.

---

conversation sur des affaires importantes. Nous nous entendons bien, comme toujours » [2 décembre 1947]).

1. Travers que n'évite pas, à notre avis, l'importante contribution d'Andrea Riccardi, « Angelo Giuseppe Roncalli, un diplomatico vaticano », dans *Un cristiano sul trono di Pietro. Studi storici su Giovanni XXIII*, Gorle (Bergame), Servitium Editrice, 2003, p. 177-251.

La place éminente qu'occupe la nonciature de France sur l'échiquier vatican et les circonstances particulières dans lesquelles elle a été confiée à Mgr Roncalli ne peuvent que renforcer un tel caractère. Il débarque à Paris le 30 décembre 1944, juste à temps pour présenter les vœux du corps diplomatique, dont il est statutairement le doyen, au président du gouvernement provisoire, le général Charles de Gaulle. Les conditions du début de sa mission sont loin d'être favorables. La France sort à peine d'une guerre civile larvée que prolonge une épuration judiciaire contestée dans ses excès comme dans ses manques. Elle demeure en outre engagée dans une guerre de libération complète de son territoire, puisque les Allemands ne sont chassés d'Alsace qu'au début de février 1945. Faute de l'épreuve des urnes qui n'interviendra qu'en octobre 1945 (le précédent scrutin remonte à 1936), le gouvernement provisoire exprime l'unité de la Résistance dans ses trois composantes principales : communiste, socialiste et démocrate-chrétienne. Mais la Résistance est-elle toute la France, à l'exception d'une poignée de traîtres ? Rien n'est moins sûr. Entre pulsions révolutionnaires et désir de retour à l'ordre, l'avenir immédiat demeure incertain, malgré la présence sur le sol national de nombreuses troupes anglo-américaines. Et le pays est à reconstruire de fond en comble.

À cette conjoncture générale troublée s'ajoute, pour le nouveau nonce, une conjoncture politico-religieuse particulièrement épineuse. Sa venue à Paris est en effet la conséquence d'un fait inouï dans l'histoire récente des relations internationales de la papauté. Par principe, le général de Gaulle qui dénie toute légitimité au gouvernement de Vichy refuse d'entrer en rapport avec les ambassadeurs accrédités auprès de lui. Indépendamment de la personne de Mgr Valerio Valeri, qui n'a pas démérité, cette exigence vaut aussi pour le Saint-Siège. Or la France est le seul des Alliés avec lequel celui-ci entretient des relations officielles... Pour ne pas risquer de les perdre, Pie XII et ses adjoints se sont résignés au rappel de Valeri et à son remplacement, pour lequel on ne s'est évidemment pas bousculé. Comme il le comprend les 28 et 29 décembre, lors de son passage à Rome, Mgr Roncalli doit moins sa promotion inattendue à certains de ses supérieurs directs, qui ne l'apprécient guère, qu'au pape lui-même, désireux d'envoyer à Paris un prélat plus porté sur l'art de la négociation que sur l'épreuve de force.

Il n'a pas souhaité cette promotion ; il l'accepte par obéissance, selon sa devise : *Oboedientia et Pax*. Il se sait un « second couteau » de la diplomatie pontificale et ne se fait pas d'illusions sur les difficultés qui l'attendent : personne à l'aéroport de Villacoublay pour l'accueillir le 30 décembre. Dans les bureaux du ministère des Affaires étrangères aussi, on s'inquiète du possible déclassement de la prestigieuse nonciature de France, confiée à un « simple » délégué apostolique, dépourvu de formation diplomatique autre que les imbroglios d'Europe balkanique et du Proche-Orient. Fruit d'un transfert en urgence, la mission du nouveau nonce commence dans un climat tendu dont il ne peut que deviner les pièges. Et pourtant, elle va se prolonger un peu plus de huit ans, durée comparable à celle de ses prédécesseurs Luigi Maglione (1926-1936) et Valerio Valeri (1936-1944).

Cette longue étape française de son itinéraire a longtemps fait figure de « mystère », selon le terme par lequel le jésuite Robert Rouquette, dans son article nécrologique des *Études*, tentait d'expliquer la distance supposée entre l'attitude du nonce Roncalli et celle du pape Jean XXIII sur nombre de questions politico-religieuses majeures [1]. En dehors des *Souvenirs d'un nonce* publiés par son secrétaire vénitien, Mgr Capovilla, qui sont tout sauf des « souvenirs » au sens commun du terme [2], et des fragments de correspondance publiés, la mission parisienne de Mgr Roncalli n'était accessible que par des témoignages contradictoires, jusque dans leurs détails les plus triviaux (la marque des voitures de la nonciature par exemple) ; ou par les archives du ministère français des Affaires étrangères, peu favorables au nonce, c'est le moins que l'on puisse en dire, mais réductrices par rapport à son activité multiforme en France [3]. Avec les Agendas, et en dépit des divers problèmes qu'ils posent, l'historien passe pour la première fois de l'autre côté du miroir : par-delà le kaléidoscope des regards extérieurs, il dispose désormais du point de vue de Mgr Roncalli lui-même.

Denise Aimé-Azam, une de ses voisines et de ses familières, lui a dédié un livre dont nous avons naguère repris le titre, en lui adjoignant toutefois un point d'interrogation : *L'Extraordinaire Ambassadeur* [4]. D'après le *Petit Robert*, l'adjectif est passible d'au moins trois sens différents : « qui n'est pas selon l'usage ordinaire, selon l'ordre commun », avec en exemple « ambassadeur extraordinaire », ce que n'est pas

1. « Le mystère Roncalli », juillet 1963, p. 4-18.
2. *Cahiers de France (1944-1953)*, Rome, Edizioni di Storia e Letteratura, 1963.
3. Étienne FOUILLOUX, « Straordinario ambasciatore ? Parigi 1944-1953 », dans : Giuseppe ALBERIGO (dir.), *Papa Giovanni*, Rome-Bari, Editore Laterza, 1987, p. 67-95.
4. Paris, La Table Ronde, 1967.

le nonce Roncalli ; « qui étonne, suscite la surprise ou l'admiration par sa rareté, sa singularité » ; enfin, « très grand, remarquable dans son genre ». Les Agendas des quatre premières années de son séjour en France permettent de prouver que Mgr Roncalli fut tout à la fois « remarquable dans son genre » et hors de « l'ordre commun » pour un diplomate du Saint-Siège.

« Remarquable dans son genre » ? Pie XII ne s'est pas trompé en l'envoyant à Paris : il y a bien rempli le rôle qui lui était imparti, malgré la piètre estime dont il jouissait auprès de Mgr Tardini, secrétaire de la Congrégation des Affaires ecclésiastiques extraordinaires. Et pas seulement parce qu'il s'est efforcé de donner le maximum de lustre à la représentation du Saint-Siège en France : travaux d'aménagement et de décoration à la nonciature ; réceptions dont les témoins gardent un souvenir fort ; cérémonies rituelles pour l'anniversaire de l'élection de Pie XII ; ou encore insistance sur les honneurs dus à celui qui ne veut être que l'œil, le cœur et la main du pape en France [1]. Mgr Roncalli s'est en effet acquitté avec succès des deux tâches principales qui lui incombaient. La première n'avait rien d'ordinaire, puisqu'elle consistait à empêcher l'épuration d'un épiscopat largement compromis avec le régime de Vichy, sinon avec l'occupant allemand. Bien aidé par la modération du général de Gaulle en personne, avant tout soucieux d'union nationale, le nonce s'est appliqué à restreindre le plus possible une opération chirurgicale qu'il désapprouve dans sa forme comme au fond. Il a ainsi pu sauver quelques prélats très menacés, mais bien moins qu'il ne l'a laissé entendre par la suite : avec quatre démissions d'évêques en poste, trois ordinaires et un auxiliaire, l'épiscopat fut ainsi préservé de toute procédure judiciaire et l'un des grands corps de la nation les moins touchés par l'épuration consécutive à la Libération.

La seconde des tâches qui s'impose à Mgr Roncalli dès son arrivée à Paris appartient, elle, au quotidien des nonces, puisqu'elle consiste à pourvoir de titulaires les sièges épiscopaux vacants ; et ce dans une optique romaine, qui n'est pas forcément celle des gouvernements en place, même en régime de séparation. On sait peu de chose sur sa méthode de sélection des candidatures, dans laquelle le travail sur dossiers paraît plus important que les recommandations extérieures ou les rencontres effectuées lors de ses déplacements : plusieurs

1. Formule utilisée, par exemple, dans l'article de *France-Illustration*, « Les nonces apostoliques en France », 5 novembre 1949 (*Souvenirs d'un nonce*, p. 89-90).

des nouveaux évêques semblent inconnus du nonce quand il les reçoit pour la première fois à Paris. Il a ainsi contribué à trente et une promotions en quatre ans (cinq pour 1945, six pour 1946, seize pour 1947 et quatre pour 1948), au bénéfice d'hommes d'expérience issus pour nombre d'entre eux des régions de chrétienté : onze des évêques de Mgr Roncalli proviennent du quart nord-ouest du pays, mais la Savoie et la région lyonnaise sont bien représentées aussi (deux nominations dans chaque cas), alors que Paris doit se contenter de trois mitres. Le nonce s'est efforcé de rajeunir un épiscopat vieilli par la guerre, sans pour autant en bouleverser la composition. Dix des promus étaient supérieurs de séminaires ou assimilés [1] ; onze étaient vicaires généraux, cumulant parfois cette charge avec la direction des œuvres diocésaines ou celle de l'enseignement catholique. Tous les évêques auxiliaires sont sagement pris parmi les vicaires généraux déjà en place. Peu de fortes personnalités parmi ces hommes prudents et sûrs [2]. Seuls émergeront progressivement Léon-Étienne Duval et Gabriel-Marie Garrone, bien sûr, mais aussi Alfred Ancel, Charles de Provenchères ou Jean-Julien Weber [3].

Certains de ces choix ont suscité des réserves au sein de la hiérarchie française, notamment de la part du nouveau cardinal Saliège, de Toulouse, que n'apprécie guère Mgr Roncalli. Ils se sont surtout heurtés à une vive hostilité du ministre des Affaires étrangères Georges Bidault, de ses amis démocrates-chrétiens et, de façon plus générale, des catholiques engagés au sein de la Résistance. Non seulement le nonce n'a guère pioché dans la liste des promouvables qu'ils avaient établie en 1944, mais il a proposé, et parfois imposé, des prélats dont ils ne voulaient pas : soit parce qu'ils étaient soupçonnés de sympathie active pour Vichy, comme l'évêque du Puy Mgr Martin, qui devient archevêque de Rouen en

1. Dont deux sans transition à un archevêché : Charles de Provenchères à Aix-en-Provence (1945) et Louis-Marie de Bazelaire à Chambéry (1947).

2. Mais c'est déjà ce que Baudrillart reprochait à Mgr Maglione : « on juge sévèrement la façon dont les évêques sont choisis, l'obscurité de la plupart des candidats, la servilité de plusieurs des élus, l'excès de la centralisation » (*Carnets*, 10 février 1934).

3. « L'absence d'éclat qui se dégage en général des choix vient de l'esprit du pontificat : esprit de défense, de conservation, d'attachement à ce qui a fait ses preuves, de méfiance envers tout changement ; de ce fait les personnalités sont discrètes, effacées, toujours à l'écoute de Rome, craintives à la pensée de déplaire, ployant au premier avertissement », écrit fort justement Marc MINIER, *L'Épiscopat français du Ralliement à Vatican II*, Padoue, Cedam, 1982, p. 182.

1948 ; soit parce que leur activisme en faveur de l'école privée confessionnelle risquait de rallumer la guerre scolaire et de mettre en péril la fragile coalition de « troisième force » associant laïques et chrétiens, aux affaires depuis le retrait du général de Gaulle et l'exclusion des ministres communistes. Deux prêtres bretons ont ainsi été victimes d'un veto gouvernemental, parmi la demi-douzaine d'échecs subis par Mgr Roncalli que signalent les Agendas. Ces frictions ont été la croix de ses premières années parisiennes, mais sa méthode, faite de courtoisie et d'obstination, a fini par payer en dépit de quelques accrocs.

Son refus de satisfaire le désir de renouvellement du corps épiscopal, exprimé de façon récurrente par les ministres catholiques issus de la Résistance et par leurs entourages, lui a valu de solides et durables inimitiés. Le bruit d'une demande de rappel au Vatican a même couru au Quai d'Orsay en 1948. Et Georges Bidault n'a rien oublié de ses différends avec Mgr Roncalli lorsqu'il témoigne contre la béatification du pape Jean XXIII vingt plus tard [1]. Ce désaccord persistant sur les nominations épiscopales est à n'en pas douter l'une des premières raisons de la mauvaise réputation du nonce Roncalli dans l'aile marchante du catholicisme français de l'après-guerre. Elle met en valeur, par contraste, sa fidélité aux directives romaines : des évêques de doctrine irréprochable et soucieux avant tout des intérêts de l'Église. Mgr Roncalli commence toutefois à compenser ce déficit de confiance dans les milieux qui auraient dû lui être les plus proches par l'établissement de relations cordiales avec plusieurs des éminences laïques de la République : le président de l'Assemblée nationale et maire de Lyon, Édouard Herriot, ou le président de la République, Vincent Auriol. Son dialogue avec celui-ci, le 31 décembre à l'occasion des vœux du corps diplomatique, est appelé à devenir un classique. S'il lui arrive d'utiliser ces relations pour tirer d'un mauvais pas certains membres de l'Église de France, ses interlocuteurs lui demandent, pour leur part, de calmer l'ardeur des partisans les plus exaltés de l'enseignement confessionnel. Sa bonhomie contribue ainsi à arrondir quelques angles ; et il peut faire état au Vatican de ses bonnes relations avec les pouvoirs publics, quels qu'ils soient, non sans gommer ses différends avec le Quai d'Orsay. Vu de Rome, sinon de Paris, le bilan

1. Sa longue déposition du 30 juin 1970 restitue bien le fond de leur opposition de 1945-1948, malgré ses erreurs de détails ou ses jugements contestables (*Processus rogatorialis*, vol. 4, p. 75-85).

diplomatique de Mgr Roncalli en 1948 apparaît donc positif, bien qu'obtenu d'une manière passablement originale.

Hors de « l'ordre commun » ? Le nonce à Paris l'est tout à la fois par défaut et par excès. Par défaut, car il ne remplit pas ponctuellement les tâches dévolues à un diplomate du Saint-Siège. Il a beau se résoudre à de longues séances de rédaction ou à la modification de ses horaires de travail, l'accouchement du courrier à destination de Rome reste lent et pénible. Aussi ses supérieurs lui reprochent-ils, lors de ses premières visites *ad limina*, de renseigner insuffisamment le Vatican sur la situation politique et religieuse de la France, voire de se décharger du fardeau sur ses adjoints. De son côté, le ministère des Affaires étrangères français se plaint du petit nombre de ses visites et des affaires traitées avec lui, malgré des promesses de rencontres régulières qui ne sont pas tenues. Certes, Mgr Roncalli organise régulièrement des repas diplomatiques pour rendre les nombreuses invitations qu'il doit honorer, mais qui lui pèsent de plus en plus du fait de leur mondanité et de leur vacuité. On ne saurait en revanche lui faire porter l'entière responsabilité du retard de certaines nominations épiscopales : celui-ci tient aussi aux objections du Quai d'Orsay et aux exigences romaines, quand ce n'est pas au mauvais vouloir des premiers concernés [1]. D'ailleurs, si l'on en croit Mgr Baudrillart, son prédécesseur Maglione ne faisait pas mieux [2].

Ces critiques convergentes renvoient à une option de fond du nonce Roncalli : son refus de trop sacrifier au versant politique de sa fonction, refus dont ses Agendas fournissent de multiples preuves. Ainsi son calendrier est-il décalé par rapport à celui de la vie politique française : l'année politique se termine en France avec la fête nationale du 14 Juillet pour ne reprendre vraiment que dans les premiers jours de septembre, au moment où le nonce se prépare à prendre ses congés, ce qui lui fait manquer le plus souvent la rentrée gouvernementale et parlementaire. Aucune trace dans l'Agenda, par exemple, d'un événement aussi important pour l'histoire du monde que la fin de la guerre en Europe, le 8 mai 1945 ; ou pour l'histoire de France que l'expulsion des ministres communistes du gouvernement Ramadier, deux ans plus tard. Quant aux fonctions politiques, le nonce les juge

1. Cas de Mgr Théas pour Tarbes et Lourdes, ou de Mgr Lebrun pour Rouen.

2. « Cerretti ne comprend pas les lenteurs de son successeur dans les nominations d'évêques » (*Carnets*, 12 avril 1932).

pratiquement incompatibles avec la condition de prêtre et de religieux. D'où le rôle important qu'il joue dans le retour au couvent du carme Louis de la Trinité, haut commissaire de France en Indochine comme amiral Thierry d'Argenlieu. D'où son regret, sans prise de position sur le fond, que le plaidoyer pour la cause arabe lui soit présenté, en 1947-1948, par des prélats catholiques de rite oriental. Bien que fréquentant par devoir la classe politique française, Mgr Roncalli évite soigneusement de prendre parti dans ses querelles. Le relevé minutieux de ses rencontres montre qu'il ne se laisse pas enfermer dans un face-à-face éprouvant avec les démocrates-chrétiens du Mouvement républicain populaire, où il ne compte pas que des amis : il établit aussi des liens, tant avec les rescapés de la droite classique non compromis sous Vichy, qu'avec le général de Gaulle et son entourage, avant de lancer non sans succès quelques ballons d'essai du côté de la gauche laïque, radicale et socialiste.

Les Agendas parisiens de Mgr Roncalli contiennent seulement deux prises de position fermes et constantes, à caractère plus idéologique que proprement politique. Au lendemain de la guerre, il émet des réserves sur l'explosion de patriotisme résistant, confinant parfois au nationalisme, qu'il constate jusque dans l'Église de France après la « victoire ». Ces réserves conduisent la nonciature à offrir un service minimal, voire à briller par son absence, lors de fêtes nationales que le nonce juge trop marquées par le chauvinisme, en 1945-1946. C'est dans cette optique qu'il faut comprendre sa sollicitude pour les prisonniers allemands et autrichiens en France, tout spécialement les séminaristes ; mais aussi sa sollicitude pour les victimes françaises de l'épuration : la Libération, selon le nonce, ne devrait pas être le temps de la revanche d'un camp sur un autre, mais celui de l'union par-delà les clivages antérieurs, pour reconstruire le pays.

Sa seconde hantise, mieux prévisible, est celle du communisme. Les multiples visites de connaissances qui fuient l'Europe de l'Est s'ajoutent aux nouvelles qui en parviennent pour nourrir les Agendas d'une déploration continue sur le sort de pays auxquels Mgr Roncalli demeure attaché, la Bulgarie bien sûr, mais aussi la Yougoslavie ou la Roumanie. Il s'inquiète en outre, comme le pape Pie XII lui-même, de la progression des partis communistes en France et en Italie, voire jusque dans sa petite patrie bergamasque, et se réjouit de leurs échecs électoraux en 1947-1948. Une telle réaction n'a rien d'original dans l'atmosphère du début de la « guerre froide ». Ce qui l'est plus, c'est qu'elle ne supprime pas, vis-à-vis des communistes que le nonce rencontre dans l'exercice de ses fonctions, sa volonté d'apaisement quasi universelle. À preuve ses rapports, qui excèdent la simple courtoisie, tant avec les diplomates de l'Est qu'avec les élus d'extrême gauche que ses visites et voyages lui font découvrir. D'une certaine manière, la distinction entre l'erreur et l'errant, que Jean XXIII théorisera plus tard, existe déjà en actes dans le comportement de Mgr Roncalli à l'égard de ses interlocuteurs radicaux, francs-maçons ou socialistes, mais aussi communistes, dès son séjour à Paris. Comme avec « *la setta massonica* », « *fra Carlo Marx e Gesù Cristo l'accordo è impossibile*[1] », estime-t-il ; ce qui ne l'empêche pas d'entretenir des relations sereines avec les représentants de bonne volonté de ces doctrines fausses. La bienveillance naturelle du nonce ne suffit pas à expliquer une telle attitude qui tranche sur la prudence qu'on lui connaît par ailleurs, et qui risque de lui valoir des incompréhensions, sinon des ennuis. Ne peut-on dès lors suggérer que sa relativisation du politique le prémunit de la contamination des affrontements exacerbés de la « guerre froide » ?

Une telle relativisation empêche les fonctions officielles d'absorber l'ensemble de l'activité parisienne de Mgr Roncalli. Il sait se préserver des tranches de vie privée, consacrées pour l'essentiel à l'achat de livres, au soin de sa bibliothèque et bien sûr à la lecture, car ses travaux historiques n'avancent guère ; on le voit aussi dans les expositions, à la Sorbonne ou à l'Académie française. Il maintient un lien épistolaire suivi avec sa nombreuse famille, qu'il retrouve chaque année lors de vacances très attendues à Sotto il Monte. Outre de nombreux collègues au service du Saint-Siège, quelques-uns de ses parents et amis sont d'ailleurs accueillis à la nonciature pour de courts séjours à Paris où le tourisme a sa part, tout comme dans les multiples déplacements du nonce à travers la France. Mgr Roncalli tend d'ailleurs à diriger la maison en chef de famille, soucieux d'harmonie avec et entre ses subordonnés, auxquels il concède de temps en temps une partie de cartes ou une séance de cinéma, mais dont il ne craint pas de modérer l'ardeur, par trop combative à son gré.

Italien et Bergamasque, le nonce se préoccupe beaucoup du sort de ses compatriotes immigrés en France, qu'ils y aient fait fortune, comme l'ingénieur Antoine Lago, ou qu'ils y vivent de façon plus modeste dans les quartiers populaires de Paris et de sa banlieue. Il se soucie de leur intégration matérielle et psychologique, au risque d'empiéter sur les prérogatives de l'ambassade de la République italienne, avec laquelle il

1. Agendas en date des 7 juin 1946 et 28 octobre 1947.

entretient cependant de bons rapports. Il se soucie surtout de la préservation de leur foi catholique, jugée plus solide que celle de leur environnement français, et accorde ainsi beaucoup d'attention aux institutions chargées de veiller sur elle, la mission de la rue de Montreuil, dans le XIe arrondissement de Paris, notamment. Aucun Italien ne frappe en vain chez Mgr Roncalli, surtout s'il est bergamasque !

Il ne faudrait pourtant pas croire que le nonce à Paris ne reçoit que des compatriotes ou des ambassadeurs. Sa porte est largement ouverte à qui désire le rencontrer, bien qu'il se plaigne de la lourdeur d'audiences quasi quotidiennes. Beaucoup de personnalités politiques et de responsables ecclésiaux se pressent ainsi à la nonciature ; beaucoup de grands noms du *Bottin mondain*, voire quelques représentants de familles naguère régnantes. Beaucoup de quémandeurs aussi, d'une aumône, d'une recommandation, d'une décoration ou d'une promotion ecclésiastique : nobles désargentés, prêtres ou religieux en délicatesse avec leur évêque ou avec leur ordre, candidats à l'épiscopat ou à une chaire dans un institut catholique. On est notamment surpris des soucis récurrents que créent au nonce des cas comme celui de Mgr René Bertin ou des jeunes prêtres de Poitiers en mal de fondation du futur « Opus Cenaculi ». On est surpris aussi des habitudes qu'ont chez lui des personnages de second plan à la compagnie desquels il semble pourtant accorder quelque prix : le journaliste Jacques des Roches, le fonctionnaire Maurice Demarle ou le défenseur de l'école privée Édouard Marret, peu connus par ailleurs.

À la différence de son prédécesseur Maglione [1], Mgr Roncalli parle beaucoup, s'il n'écrit pas assez. Sa faconde, son accent et ses bons mots lui valent rapidement une réputation ambiguë sur la place de Paris. Certains de ses interlocuteurs laïques s'en félicitent, auxquels il procure de l'Église une image inattendue, plus avenante et plus souriante que celle qu'ils croyaient connaître de loin. De plus proches s'en inquiètent, qui se prennent à douter de la compétence d'un prélat traitant avec tant de légèreté apparente des questions graves, sans comprendre que cette légèreté lui sert d'écran de fumée pour éviter de répondre au fond. La vivacité de ses reparties lui fait commettre quelques impairs que lui reprochent ses supérieurs vaticans. Sa loquacité jugée superficielle nourrit surtout contre lui les griefs des

1. « Mais quelle n'est pas la prudence du nonce, d'ailleurs si bon et si aimable. Il craint tout le temps qu'on ne lui tende quelque piège pour le faire parler », note Mgr Baudrillart le 29 avril 1935. Et le 29 août 1936 : « Mgr Valeri est plus ouvert que Mgr Maglione. »

milieux catholiques les plus engagés, déjà déçus de son manque d'audace dans les affaires conjointes de l'épuration et des nominations épiscopales.

Et pourtant les Agendas montrent de façon saisissante que le nonce est resté un prêtre à la foi profonde, s'acquittant avec exactitude et piété de ses obligations sacerdotales : fréquence des confessions, toujours signalées, ou ferveur de la célébration des grands moments du calendrier liturgique. Son exemple se veut d'ailleurs contagieux, puisqu'il ne manque pas de répéter à ses adjoints qu'un diplomate pontifical demeure un pasteur d'âmes. Faute de paroisse à guider, il offre ses services aux membres du corps diplomatique en poste à Paris : de baptêmes en mariages et en services funèbres, il se constitue ainsi une sorte de paroisse de substitution.

Ce qui précède permet de comprendre pourquoi Mgr Roncalli n'est pas resté cloîtré dans sa nonciature. Son tempérament chaleureux et sa fibre sacerdotale le conduisent rapidement à accepter de multiples invitations provenant des paroisses, des congrégations religieuses, des institutions d'enseignement, des associations ou mouvements confessionnels. À ces visites qu'il veut pastorales, il accorde au moins autant de place, dans ses Agendas, qu'à ses obligations de fonction, voire un peu plus. Bien qu'elles se déroulent presque toujours dans le cadre solennel d'une fête ou d'une célébration, ces visites lui donnent du catholicisme français une connaissance peut-être un peu flattée, mais autrement vivante que des lectures ou des conversations privées. Les déplacements du nonce concernent au premier chef Paris et sa banlieue. Il est très présent, sans surprise, à Notre-Dame, au Sacré-Cœur de Montmartre et à l'Institut catholique, pour les cérémonies à caractère officiel. On le voit aussi beaucoup dans les églises, communautés ou établissements scolaires des beaux quartiers, au centre et à l'ouest de la capitale ; plus à coup sûr que dans le Paris populaire du nord et de l'est, ou que dans ses communes périphériques, malgré plusieurs incursions au nord et au sud de la « ceinture rouge », alors au sommet de sa puissance. Son assiduité au repas des vieillards, chez les Petites Sœurs des pauvres, ne saurait compenser les séances répétées de confirmation dans les collèges huppés, Saint-Louis de Gonzague des Jésuites notamment. Mgr Roncalli possède toutefois assez de curiosité et de sensibilité pour percevoir l'inégale implication religieuse des divers milieux qu'il rencontre, et tout particulièrement le détachement de banlieues populaires où même la venue du nonce ne déplace pas les foules [1].

Son rayon d'action dépasse vite les limites de la région parisienne pour s'étendre à l'ensemble du territoire métropolitain. Ses Agendas 1945-1948 ne signalent pas moins de quarante-huit voyages en province d'une journée au moins, le plus souvent sur invitation. Leur multiplication précoce inquiète d'ailleurs le Saint-Siège qui préférerait savoir le nonce dans son bureau, plutôt que sur les routes ou dans les trains. Lui plaide pour l'opportunité de visites permettant de faire applaudir le pape aux quatre coins de la France ; et il finit par obtenir satisfaction, à condition de prévenir la Secrétairerie d'État de son programme. La carte des déplacements en province de Mgr Roncalli est, elle aussi, assez instructive. De plus en plus souvent accueilli par les autorités locales, il a déjà traversé la majorité des diocèses français à la fin de 1948, avec une préférence marquée pour les régions de chrétienté du quart nord-ouest et d'un grand sud-est ; mais au détriment, provisoire, des régions plus tièdes du quart sud-ouest et du pourtour septentrional ou oriental du Bassin parisien. Rares sont toutefois les grandes villes, comme Metz, Nancy et Nice, où on ne l'a pas encore vu. Et il a pu se rendre compte du manque de ferveur de diocèses comme Bourges ou Limoges. De multiples notations des Agendas prouvent sa perception de l'éloignement de l'Église d'une partie de la population française, et pas seulement dans les zones industrielles. Les foules rencontrées dans les grands sanctuaires qu'il fréquente assidûment (Lourdes bien sûr, mais aussi Ars, La Salette, Lisieux, Paray-le-Monial ou Pontmain) le rassurent quelque peu sur la fidélité chrétienne de la « fille aînée » de l'Église.

Au regard de la chrétienté bergamasque, qui sert de référence à Mgr Roncalli, le catholicisme français fait malgré tout pâle figure, en dépit de l'effervescence apostolique dont il est saisi depuis la guerre et que n'ignore pas le nonce : des Éditions du Cerf à la Mission de Paris en passant par Économie et humanisme ou le séminaire de la Mission de France, les principaux vecteurs de cette effervescence ont reçu au moins une fois sa visite et ses encouragements à la fin de l'année 1948. La fondation des Frères missionnaires des campagnes du père Épagneul est toutefois la seule initiative nouvelle à laquelle il accorde un soutien suivi. Il faudrait donc d'autres sources que les Agendas pour se faire une idée plus précise du jugement porté par le nonce sur une Église dont il

1. Voir l'écho de sa visite à Palaiseau, dans la grande banlieue sud, le 12 décembre 1948.

a entrepris d'explorer méthodiquement les forces et les faiblesses. Quatre éléments d'un tel jugement s'y dessinent cependant avec constance et netteté.

Soucieux d'exactitude dans l'observation des règles en vigueur et amoureux du latin comme du chant grégorien, Mgr Roncalli multiplie les remarques critiques envers la liturgie « à la française » ; jusqu'en 1948 à tout le moins, ces réserves visent moins son réformisme qu'un certain laxisme dans le respect des rubriques et une tendance à transformer les cérémonies en concerts. Son attachement au monastère bénédictin de Solesmes passe d'abord par la qualité de sa liturgie. Sur ces réserves se greffe une vive hostilité à l'encontre de l'art religieux contemporain, auquel le nonce préfère sans aucun doute possible le roman et le gothique. Une troisième constante est son peu de goût pour les spéculations intellectuelles, surtout quand elles semblent dépourvues d'utilité pastorale. Fort peu de philosophie et de théologie dans ses abondantes lectures parisiennes : il préfère l'histoire et la littérature, les grands auteurs spirituels et les grands orateurs sacrés. Aussi peu de philosophes et de théologiens parmi ses familiers, bien qu'il soit fidèle aux Semaines sociales et aux Semaines des écrivains, puis des intellectuels catholiques. La retraite prêchée en 1947 par le jésuite Alfred de Soras lui laisse un sentiment mitigé ; et son unique rencontre avec le père Chenu, l'année suivante, est complètement manquée. Enfin, Mgr Roncalli n'apprécie guère plus la nouveauté spirituelle que la nouveauté intellectuelle : il manifeste en effet une méfiance tenace envers les prédictions, miracles, visions ou apparitions non approuvés par l'Église dont il a connaissance et dont certains, comme l'apparition de Bouxières-aux-Dames, lui créent quelques soucis.

Ses interlocuteurs sont dans leur écrasante majorité des catholiques. S'il est très présent aux différentes communautés parisiennes de rite oriental, arménien et maronite en particulier, il rencontre assez peu de protestants, d'orthodoxes ou de juifs, et ses velléités de célébration de la semaine de prière pour l'unité des chrétiens ne dépassent pas janvier 1945. Ses relations les plus suivies au sein de l'Église de France sont bien sûr le cardinal Suhard, le secrétaire de l'épiscopat Mgr Chappoulie, et aussi le père Merklen, directeur de *La Croix* ; mais peu de chose transpire, dans les Agendas, de leurs entretiens. Le nonce n'a, en revanche, que des relations épisodiques avec les cardinaux Gerlier et Liénart ; mais il voit beaucoup l'évêque académicien du Mans, Mgr Grente, candidat pressant à la pourpre, et deux des démissionnaires de 1945, Mgr Beaussart, qui devient son confesseur, et

Mgr du Bois de La Villerabel, bien pessimistes sur l'évolution du catholicisme dans l'Hexagone. Aucun autre conseiller, ecclésiastique ou laïc, n'émerge vraiment de la foule des visiteurs de Mgr Roncalli, à l'exception peut-être du supérieur général de la Compagnie de Saint-Sulpice, Pierre Boisard, et de celui des Augustins de l'Assomption, Gervais Quenard.

On est en revanche frappé du nombre et de l'insistance des représentants d'un catholicisme intégral et intransigeant parmi ceux auxquels il ouvre volontiers sa porte. D'abord partagé à leur endroit, il leur accorde une oreille plus attentive à partir de la fin de 1946, c'est-à-dire au moment précis où démarre la polémique à propos de la « nouvelle théologie », ou supposée telle. En phase parfaite avec l'évolution romaine, sur ce point comme sur d'autres, Mgr Roncalli émet alors quelques jugements défavorables aux innovations intellectuelles et manifeste quelque préoccupation quant aux orientations de la Compagnie de Jésus en France, dont certains religieux sont au cœur de la controverse. Il soutient aussi de sa recommandation, voire de ses deniers, des conservateurs notoires, qu'il s'agisse du philosophe thomiste Jean Daujat ou du directeur de *La Pensée catholique*, l'abbé Luc Lefèvre. De là à suspecter le nonce d'intégrisme, comme ne craint pas de le faire le cardinal Saliège dès 1946, il y a un pas qu'on ne saurait franchir avec ces seuls indices. Au vu de ses Agendas, Mgr Roncalli fait plutôt figure de prélat classique, de modèle tridentin, quelque peu décontenancé par certaines audaces françaises, mais sans malveillance à leur égard bien que soucieux de les maintenir dans des limites acceptables par l'autorité romaine. Une telle réserve, et des boutades à l'emporte-pièce vite colportées, renforcent néanmoins la méfiance à son égard de secteurs pionniers du catholicisme hexagonal qui s'estiment, au mieux, incompris de la nonciature.

Bien plus présent que ses prédécesseurs à la vie de l'Église de France, Mgr Roncalli n'en est pas devenu pour autant le chef : il ne siège pas à l'Assemblée des cardinaux et archevêques, sur les réunions de laquelle les Agendas ne fournissent aucune information. Sa silhouette aisément reconnaissable est cependant devenue familière à nombre de fidèles qui n'avaient jamais vu un nonce de leur existence. Se voulant pasteur autant que diplomate, au risque de déplaire à ses supérieurs comme à ses interlocuteurs officiels, il accrédite peu à peu une autre conception de la représentation du Saint-Siège en France, moins politique et plus religieuse.

L'édition critique d'un tel document pose de multiples problèmes entraînant des choix parfois risqués qui ne prétendent pourtant pas les résoudre tous. Le matériau de base de la présente édition est la version des Agendas intégralement reproduite dans la *Biografia documentata* élaborée à la Fondazione per le scienze religiose en vue de la béatification de Jean XXIII [1]. Un simple survol montre qu'il est impossible de lui accorder une pleine confiance. Plusieurs vérifications sur la photocopie du manuscrit original, aujourd'hui conservé à la Secrétairerie d'État du Vatican, ont permis de rectifier nombre d'erreurs de transcription, sur les noms propres français en particulier. Les aléas de la photocopie ont toutefois fait sauter, çà et là, quelques mots en bord de page ou une fin de ligne en bas de page.

Les incertitudes du tapuscrit renvoient néanmoins, pour l'essentiel, à celles du manuscrit lui-même. Il ne s'agit en effet pas d'un Journal rédigé avec soin et rigueur en vue d'une éventuelle publication, mais d'une sorte de carnet de bord où le nonce à Paris jette sur un agenda d'usage commercial (13,5 x 21,5 cm), avec sa grosse écriture souvent problématique [2], les principales impressions et découvertes de sa journée, sans trop se soucier de cohérence dans la présentation, dans la syntaxe et dans l'orthographe.

Si les retours à la ligne sont bien signalés, et ont été respectés pour l'essentiel, la ponctuation est hésitante, aléatoire, voire absente, ce qui peut provoquer des contresens de lecture. L'utilisation des deux points, à la place d'un point-virgule le plus souvent, qui a été supprimé pour tenter d'éviter au lecteur de tels contresens, est déjà un archaïsme à la fin des années 1940. Par voie de conséquence, l'emploi de la majuscule, y compris pour les noms propres, est inégalement répandu. Les abréviations n'obéissent à aucune logique repérable. Quant à l'orthographe de Mgr Roncalli, elle mélange sans critère de préférence clair et constant des usages anciens et des usages nouveaux : pratique ou non de la double consonne (*publicazione* et *pubblicazione*) ; changement de consonne au gré de l'humeur (*secreteria* et *segreteria*). Sans oublier l'utilisation de mots ou d'expressions tirés de l'italien pratiqué à Bergame ou dans sa région. Le respect de ces hésitations a été préféré à une homogénéisation discutable dans la version italienne. En revanche les usages français ont été

---

1. *Beatificationis et canonizationis Servi Dei Ioannis Papae XXIII Summi Pontificis (1891-1963)*, sous la dir. de Giuseppe ALBERIGO et Alberto MELLONI, Rome, Tipografia Guerra, vol. II-IV.

2. Les voyelles a, o, e et u sont souvent difficiles à distinguer.

rétablis pour les noms propres : d'Argenlieu et non D'Argenlieu ; au Mans et non à Mans puisque le nom de cette ville est Le Mans.

Les problèmes se compliquent pour les noms propres d'origine étrangère. En arrivant à Paris, le nouveau nonce comprend mal le français parlé qu'il mettra des années à assimiler. Aussi retranscrit-il souvent de manière phonétique les noms de lieux, et surtout de personnes, qu'il a saisis dans la conversation. Deux cas de figure quand ces noms sont assez connus : ou bien la transcription de Roncalli est phonétiquement correcte, et l'orthographe véritable a été rétablie d'office, sans annotation spécifique, afin de rendre la lecture plus fluide [1] ; ou bien la transcription est franchement fautive, et on l'a laissée dans le texte lors de sa première apparition, en l'assortissant d'une note qui fournit le nom exact ; celui-ci est ensuite rétabli d'office pour les autres occurrences [2]. Plusieurs noms de personnes, et quelques noms de lieux n'ont pu être identifiés. Si la copie du manuscrit fournit une orthographe lisible, et surtout constante, elle a été conservée ; en cas contraire, le nom incertain est suivi d'un astérisque dans son orthographe plausible. Le point d'interrogation entre parenthèses, qui souligne parfois l'incertitude du nonce, est toujours de son fait, comme toutes les parenthèses du document. Quelques mots ou membres de phrases ne permettent aucune restitution plausible : ils sont carrément illisibles. Ces exceptions sont signalées par une croix entre crochets.

Comme dans ce premier exemple, l'utilisation des crochets est toujours le fait de l'éditeur. Les crochets simples encadrent un blanc figurant dans le manuscrit, à la place d'un nom de personne le plus souvent, que le nonce a oublié et qu'il n'a pas été possible de retrouver. Ils encadrent aussi un nom de personne laissé en blanc, mais que l'on a pu identifier dans une autre partie du manuscrit ou grâce à des recherches complémentaires. Les doubles crochets encadrent des passages rayés par Roncalli, mais non dépourvus d'intérêt sur son activité, alors que les autres erreurs ou lapsus qu'il a immédiatement corrigés ont été supprimés : des rendez-vous primitivement portés à une mauvaise date et qu'il a remis à la bonne, par exemple.

Après ces précisions de forme, quelques indications sur la présentation d'ensemble du document. Les Agendas s'ouvrent chaque année sur des listes, d'adresses ou de comptes, qu'on

1. Par exemple pour son jeune ami l'archiviste Bernard Mahieu.
2. Exemple : La Condière pour La Morandière, doyen de la faculté de droit de Paris.

retrouve aussi, de façon discontinue, à la fin de certains mois et en fin de parcours. Pour éviter que la lecture ne commence par ces renseignements austères et sans grand intérêt historique, ils ont été regroupés après le 31 décembre, munis des références de leurs places respectives dans l'Agenda. Il en va de même pour les ébauches de récapitulation annuelle, des voyages notamment, dont on dispose pour 1946 à 1948 [1]. Jusqu'au *« 30 aprile, lunedi »* 1945, Mgr Roncalli écrivait lui-même la date avant de la renseigner sur ses faits et gestes. Cet usage a été continué, par souci d'homogénéité, bien qu'il se contente ensuite de la date imprimée en français dans l'Agenda.

Il utilise de plus en plus celui-ci de deux manières différentes : comme carnet de bord, mais aussi comme véritable Agenda, où sont notées à l'avance les principales obligations de sa journée. Dans un tel cas de dédoublement, la partie Agenda, qui occupe le haut de la page, a été mise entre parenthèses spéciales (<   >). On a utilisé les mêmes signes pour insérer à leur place les interpolations du nonce et aussi, avec retour à la ligne, les compléments portés en marge, qui sont comme elles de l'ordre de l'ajout postérieur ou de l'oubli réparé. En revanche, les fins de phrase débordant de la même manière sur la marge ont été mises à la suite du texte sans ce double signe ni ce retour à la ligne.

Quelques explications, enfin, sur la ligne adoptée en matière de présentation et d'annotation. Afin de faciliter la lecture, une brève introduction a été rédigée pour chacune des quatre années : elle tente d'évoquer ce qui en fait la couleur propre et l'intérêt spécifique dans le parcours de Mgr Roncalli à Paris. On s'est efforcé d'identifier les différents noms de lieux, à Paris, en banlieue ou en province, car ils permettent une géographie des déplacements du nonce tout en fournissant de précieux renseignements sur ses goûts culturels et artistiques. Une telle tâche était impossible pour la foule des personnages et personnalités rencontrés, qui nourrit à répétition de longues énumérations. Une brève mention sur leur qualité et leur fonction, souvent précisées d'ailleurs par Roncalli lui-même, comble partiellement cette lacune dans l'index. On s'est attaché en revanche à éclaircir un maximum d'allusions aux événements, religieux ou profanes, locaux, nationaux ou internationaux, auxquels le nonce à Paris se trouve confronté. Ce travail d'explicitation a bénéficié pour l'essentiel du croisement de deux sources largement citées en note, comme

1. Ces renseignements de peu d'intérêt n'ont pas été conservés dans l'édition française.

contrepoint : les fonds Roncalli conservés à la Fondazione per le scienze religiose, constitués de photocopies des originaux [1], et les archives du ministère français des Affaires étrangères, complétées par le Journal inédit de Wladimir d'Ormesson, ambassadeur de France auprès du Saint-Siège de 1948 à 1956. Il a pâti de l'inaccessibilité des archives vaticanes, où est conservée la correspondance entre la nonciature de Paris et les congrégations romaines, la Secrétairerie d'État au premier chef. Les résultats de l'enquête sont donc plus féconds pour les événements politiques ou politico-religieux, au sens large des termes, que pour certains événements ecclésiaux sur lesquels le sentiment du nonce, et plus encore celui de ses supérieurs romains, demeurent problématiques (cas de Mgr Bertin ou affaire des origines de l'« Opus Cenaculi » par exemple). Les références bibliographiques apparaissent seulement quand elles apportent une précision qui concerne la situation alors évoquée par le nonce, afin de ne pas surcharger des bas de page déjà copieux.

Un tel parti a pour but de mettre en valeur le rôle historique de Mgr Roncalli dans la France et l'Église de son temps. Il laisse délibérément de côté les multiples informations sur sa vie privée et sa vie spirituelle que contiennent aussi les Agendas. Celles-ci permettraient de compléter l'autoportrait de l'homme et du prêtre que fournit le *Giornale dell'anima.* On a choisi de donner la priorité au nonce, c'est-à-dire à la spécificité de la fonction, dans les quatre premières années de son exercice à Paris : autant le préciser d'emblée.

L'édition italienne n'aurait pu voir le jour sans les nombreux concours sollicités sur des points de détail parfois infimes ou fort éloignés de la « grande histoire ». Nous tenons à remercier en premier lieu la Fondazione per le scienze religiose de Bologne, qui nous a confié ce travail et en a permis la réalisation, tout spécialement son directeur le professeur Giuseppe Alberigo, mais aussi son archiviste la doctoresse Micol Tancini, qui n'a jamais rechigné devant nos nombreuses demandes de documents, et le docteur Enrico Galavotti qui a vérifié, pour nous ou avec nous, bien des points obscurs du manuscrit. Nous devons en outre à Gianstefano Riva, bon connaisseur de la province et du diocèse de Bergame, l'essentiel des annotations sur les vacances annuelles de Roncalli à Sotto il Monte. Une mention particulière, en France, pour le professeur Jean-Dominique Durand de l'université Jean-Moulin, à Lyon, qui nous a communiqué sa copie du Journal

1. Toutes les citations sans autre référence que leur date en sont issues.

de Wladimir d'Ormesson ; pour l'abbé Philippe Ploix, conservateur des archives du diocèse de Paris, qui nous a prêté un *Ordo* de celui-ci ; pour Nathalie Viet-Depaule et Claire Toupin-Guyot, qui ont effectué pour nous des recherches à Paris et à Nantes. Ont aussi apporté leur pierre : Paul Airiau, Joseph de Baciocchi, s. m., Annette Becker, les éditeurs du *Bottin mondain*, Jacques-Olivier Boudon, Tangi Cavalin, Nadine-Josette Chaline, Robert Chantin, Jean-Louis Clément, Mgr Giuseppe Maria Croce, Michel Detraz, Laurent Garrié, Jan Grootaers, Hélène Guené-Loyer, Frédéric Gugelot, Yves Guillauma, a. a., Bernard Joassart, s. j., Jacqueline Lagrée, Françoise Larderaz, Jacques Le Brun, Frédéric Le Moigne, l'abbaye de Lérins, Hugues Leroy, o. s. b., Marta Margotti, Valeria Martano, Alberto Melloni, Florence Meynadier, Bernard Montagnes, o. p., Philippe Nivet, Louis Pérouas, montfortain, Jacques Prévotat, Auguste Rivet, Philippe Rocher, Marie-Josèphe Rondeau, Claude Soetens, Louis Soltner, o. s. b., l'abbé Gaston Talbourdet, B. Vaireaux. Que tous soient chaleureusement remerciés de leur aide.

L'édition française a été corrigée et complétée grâce aux informations récoltées depuis 2004. Elle doit beaucoup à la compétence et à l'humour de Jacques Mignon, dont elle fut l'un des derniers gros travaux de traduction.

ÉTIENNE FOUILLOUX.

1945[1]

ÉPURER L'ÉPISCOPAT ?

1. Le premier Agenda parisien de Mgr Roncalli n'en est pas tout à fait un. Sur sa première page, Mgr Loris Francesco Capovilla a écrit : *« vecchio quaderno 18 × 12, copertina nera utilizada nel trasferimento Istanbul-Parigi : 23 dic.-31 dic. 1944 poi fino al 30 aprile 1945 »* (« Vieux cahier 18 × 12, couverture noire utilisée lors du transfert Istanbul-Paris : 23 déc.-31 déc. 1944 puis jusqu'au 30 avril 1945 »). Sur cette même première page, on lit en effet, de la main de Roncalli cette fois : « Janvier-février 1930 ». On n'a retenu ici du voyage que le passage à Rome.

La première année de Mgr Roncalli à Paris ne fut pas de tout repos. Le nouveau nonce, qui n'a pas souhaité cette promotion risquée, arrive en effet dans un pays bouleversé par la guerre finissante et par une guerre civile larvée que prolonge une épuration judiciaire. De ce pays qu'il connaît mal, il lui faut tout apprendre : la langue, les lieux, les hommes et les situations. D'emblée, il multiplie les contacts avec les diplomates en poste auprès du gouvernement provisoire de la République française, ses confrères. Ses curiosités politiques ne vont pourtant guère au-delà d'un souci d'information : les grands événements de l'année que sont les conférences de Yalta et de Potsdam, mais surtout la capitulation allemande et l'utilisation contre le Japon de la bombe atomique, brillent par leur absence dans son Agenda. On y trouve en revanche nombre de renseignements sur la vie religieuse en France, puisque ce diplomate qui se veut pasteur accepte toutes les invitations qu'il peut assumer en ce domaine : aussi bien dans les beaux quartiers de la capitale que dans ses arrondissements populaires ou certaines de ses banlieues ; aussi bien en région parisienne qu'en province. Ainsi commence « une visite pastorale » qui durera huit ans. Pour cette première année, l'éclectisme paraît de mise : Mgr Roncalli accueille tous ceux qui souhaitent faire sa connaissance : aussi bien les représentants des grandes familles voisines de la nonciature que les aumôniers des mouvements d'Action catholique ouvrière. Impossible alors de discerner des préférences dans ses audiences et ses visites.

Son passage à Rome du 28 au 30 décembre l'a toutefois chargé de missions plus précises que de se faire accepter des nouveaux maîtres du pays et des dignitaires de l'Église locale, après le retrait forcé de son prédécesseur Mgr Valeri. Il s'acquitte ainsi avec joie de la tâche d'encouragement qui lui a été confiée auprès des institutions s'occupant des nombreux émigrés italiens en France. Sa tâche principale est autrement délicate et moins gratifiante. Depuis 1943, la Résistance a préparé des listes de proscription et de promotion épiscopales, afin de renouveler en profondeur un corps qui n'a jamais renié sa fidélité durable au régime de Vichy[1] *; préoccupation qui semble alors partagée par une majorité de Français*[2]*. Or, Mgr Roncalli ne dispose en la matière d'aucune marge de manœuvre. Ulcéré d'avoir dû sacrifier Valeri aux exigences de Paris, « le Saint Père ne se prêtera donc pas à un profond remaniement de la hiérarchie française », écrit l'ambassade de France au Quai d'Orsay le 27 janvier. « Il est très probable qu'il se contentera d'accepter les démissions qui pourront lui être offertes, à condition toutefois que leur nombre soit restreint*[3]*. »*

L'Agenda du nonce prouve qu'il est personnellement convaincu de la justesse d'une telle position. Critique envers le sort réservé au chefs du fascisme en Italie (28 et 30 avril, 1er mai), non moins critique envers l'éviction de diplomates dont il a apprécié les qualités en Orient, sous le seul motif qu'ils ont servi Vichy, Mgr Roncalli ne partage pas, sur l'épuration, le point de vue de ses interlocuteurs officiels quant à la signification pour la France du moment Libération : il refuse d'y voir autre chose qu'un changement de gouvernement ; il oscille entre amusement et irritation devant l'explosion de patriotisme anti-allemand qui l'accompagne jusqu'au sein des églises (4 mars). Aussi dépense-t-il beaucoup d'énergie pour améliorer le sort des prisonniers de guerre allemands, et notamment des clercs pour lesquels est fondé le camp-séminaire d'Orléans. Un tel état d'esprit le rend imperméable aux requêtes gouvernementales concernant le renouvellement de l'épiscopat : en soutenant le maréchal Pétain, les évêques n'ont fait que leur devoir dans une conjoncture difficile ; ils n'ont donc pas à rougir ni à souffrir de leur comportement entre 1940 et 1944 (11 février ou 11 avril).

*La conjoncture précise dans laquelle se déroule la négociation n'est pourtant pas si défavorable au nonce qu'il y paraît à première vue. Certes, trois évêques résidentiels ont quitté leur diocèse pour échapper à l'*odium plebis*, voire à des poursuites judiciaires ; mais pour les autres, l'opinion des Résistants catholiques, concernés au premier chef par les carences de leurs pasteurs, n'a rien d'unanime. Les plus sévères ont comme chef de file Georges Bidault, tout à la fois successeur de Jean Moulin à la tête de la Résistance intérieure,*

---

1. Vingt noms sur celle du 2 septembre, retrouvée par Laurent Ducerf dans les papiers du Comité général d'études, *brain trust* de la Résistance intérieure (« Le CGE face à l'épuration », dans *La Résistance et les Français. Enjeux stratégiques et environnement social*, Presses universitaires de Rennes, 1995, p. 264-271).

2. 83 % des 1 538 personnes interrogées par l'Institut français d'opinion publique du 10 au 16 novembre 1944 pensent que les évêques qui ont « collaboré » doivent être sanctionnés (Jacques SUTTER, *La Vie religieuse des Français à travers les sondages d'opinion [1944-1976]*, Paris, Éd. du CNRS, 1984, p. 717).

3. Dépêche de Jean Bourdeillette à Georges Bidault, AMAE.

fondateur du Mouvement républicain populaire d'inspiration démocrate-chrétienne et ministre des Affaires étrangères du gouvernement provisoire : la liste élaborée dans son entourage et datée de juillet 1944 compte vingt-quatre noms. Historien et résistant catholique, André Latreille la reçoit avec charge d'instruire le dossier comme sous-directeur des cultes au ministère de l'Intérieur. Lui aussi regrette l'attitude de l'épiscopat pendant la guerre, mais il considère qu'une épuration drastique serait une erreur politique dans le climat troublé de la Libération ; d'ailleurs, les commissaires de la République sur le rapport desquels il s'appuie pour étayer son dossier sont moins durs que Bidault : il en tire une liste de douze noms qui recoupe largement les deux précédentes, de la fin de 1944[1]*. Quant au général de Gaulle, premier des Résistants et catholique notoire, il n'est plus en la matière sur des positions maximalistes, car son souci d'incarner l'unité nationale l'empêche d'indisposer une partie des fidèles.*

Or c'est avec son cabinet et avec lui que va négocier le nonce, comme le prouve de façon définitive son Agenda. Pendant plus de quatre mois, Mgr Roncalli cherche à obtenir communication de la « liste noire », tant auprès de Bidault, c'est-à-dire des Affaires étrangères, que de Latreille, c'est-à-dire de l'Intérieur. En vain. Le 11 mai seulement, Gaston Palewski, directeur du cabinet du général de Gaulle, lui transmet les désirs de celui-ci, plus restreints encore que la liste Latreille, avant une entrevue probablement décisive avec le chef du gouvernement provisoire, le 18 mai. De son propre aveu, Latreille est mis devant le fait accompli et le Quai d'Orsay n'est ensuite consulté que pour une ultime mise au point. Résultat : les trois évêques en rupture de diocèse, plus un auxiliaire de Paris et trois prélats missionnaires, dont un seul est remplacé immédiatement. D'après son Agenda, Mgr Roncalli a sauvé l'évêque de Saint-Brieuc en promettant de le flanquer d'un coadjuteur, mais surtout les archevêques de Reims et de Bordeaux, en promettant de ne pas les proposer pour le cardinalat, généralement attaché à leur siège. Malgré ses difficultés pour obtenir deux des démissions, on peut estimer que le nonce a bien rempli son contrat, fortement aidé en cela par la modération du général de Gaulle et de ses conseillers. Ses communiqués de victoire du moment, et plus encore ceux qui suivront, sont pourtant passablement exagérés[2] *: il a pu entendre*

---

1. Son livre *De Gaulle, la libération et l'Église catholique* (Paris, Éd. du Cerf, 1978) reproduit les documents principaux.

2. « *Al mio arrivo se ne domandavano circa 30 in sacrificio* » (« À mon arrivée, ils en demandaient une trentaine en sacrifice »), écrit-il dès le 4 juillet à son ami Giacomo Testa ; et encore le 15 avril 1947 : « *Quell'affare dei vescovi da epurarsi, da trenta ridotti a tre* » (« Cette affaire des évêques à épurer, réduite de trente à trois ») ; Ezio PELLEGRINI,

parler de listes de trente noms, mais il ne les a jamais vues, et pour cause : elles n'ont jamais existé[1] *! L'unique décompte qui lui a été soumis comptait au plus une dizaine de noms... ce qui ne retire rien à son habileté et justifie amplement la confiance de Rome en sa personne.*

Il faut donc remplacer les démissionnaires et pourvoir les sièges vacants ou susceptibles de le devenir rapidement. Six évêques sont nommés en 1945, sans objection majeure du gouvernement, qui se plaint pourtant de la « médiocrité » des choix du nonce[2]*. Le jugement est sévère tant pour le bibliste sulpicien Jean-Julien Weber, qui va faire un bon évêque de Strasbourg, que pour Charles de Provenchères, bombardé sans transition de son petit séminaire bourbonnais à l'archevêché d'Aix-en-Provence. En revanche, les quatre autres élus de la promotion 1945 (Perrin, Piérard, Robin et Rousseau) n'ont guère fait parler d'eux en dehors de leurs diocèses respectifs. En fin d'année, arrive de Rome l'annonce du chapeau cardinalice pour Roques (Rennes), Petit de Julleville (Rouen) et Saliège (Toulouse). Si Mgr Roncalli a bien suggéré les deux premiers à Pie XII, lors de son audience du 8 octobre, il n'a pas soufflé mot du dernier, en faveur duquel la Résistance a fait pression sur lui, du fait de sa protestation publique contre la déportation des juifs en 1942. Mgr Roncalli estime que l'infirmité de Mgr Saliège le rend indigne de la pourpre, mais il craint aussi qu'elle ne nuise, par contraste, à ceux de ses confrères dans l'épiscopat qui ont gardé le silence. Sur ce point, il est perdant, car le Vatican accepte de faire à la Résistance cette ultime concession, négociée directement par l'entremise de l'ambassadeur Jacques Maritain*[3]*. Le nonce devra même se rendre à Toulouse pour imposer la barrette cardinalice au prélat qu'il n'a pas choisi, incapable de se rendre au consistoire de février 1946.*

Giacomo Testa nel solco di Angelo Giuseppe Roncalli. Lettere e documenti, Cenate Sotto (Bergame), 2000, p. 120 et 131.

1. En additionnant les listes CGE, Bidault et Latreille, on trouve trente et un évêques résidentiels (pour quatre-vingt-dix sièges, Algérie comprise) et trois prélats missionnaires.

2. Note du 29 novembre 1945, AMAE.

3. Yves-Marie HILAIRE, « Comment Monseigneur Saliège est-il devenu cardinal ? », *Revue du Nord*, h. s. n° 3, Lille, 1987, p. 345-348.

[28 décembre 1944, jeudi] [1]. — Le Caire-Benghazi-Rome. Bon voyage en quelques heures. Départ 2 h 30. Arrivée à Benghazi et escale d'une demi-heure à 7 h 30. Arrivée à Naples à 11 h ; escale de deux ou trois heures. À 3 h je suis à Rome, 70 via della Scrofa [2]. Au Vatican, je trouve Mgr Tardini qui m'attend, et me dit <que> le seul à qui ma nomination soit venue à l'esprit et qui l'ait voulue fut le pape, personnellement, confiant en la *vigor lenitatis* [3]. Quelques mots avec Mgr Montini [4]. Cela me fait de la peine de voir ces braves serviteurs du Saint-Siège affairés comme aux travaux forcés. De la situation en France, je ne recueille pas grand-chose. Le Seigneur m'aidera. Du Caire à Rome j'ai eu pour compagnons d'honneur le colonel Fixel et le major Mead, Américains, très gentils [5].

---

1. Du 23 au 29 décembre, c'est-à-dire pendant le voyage Istanbul-Paris, on dispose pour chaque jour de deux versions voisines. Seule la seconde, *datée par le nonce*, figure dans le cahier noir. Hypothèse : la première aurait été rédigée sur le vif, avant d'être reprise ensuite, avec quelques variantes, comme le suggère une notation du 31 décembre (*« Restai tranquillo fra le mie carte che vengo ordinando »*, « Je suis resté tranquille au milieu de mon courrier que je classe »).

2. Collège de l'émigration dans lequel Mgr Roncalli a l'habitude de descendre lors de ses passages à Rome.

3. Domenico Tardini est le chef de la première section de la Secrétairerie d'État, consacrée aux Affaires ecclésiastiques extraordinaires ; en l'absence de secrétaire d'État (le cardinal Luigi Maglione, mort le 24 août 1944, ne sera pas remplacé), ce prélat qui ne porte pas Roncalli dans son cœur fait fonction de ministre des Affaires étrangères du Saint-Siège.

4. Giovanni Battista Montini est l'alter ego de Tardini, comme substitut de la Secrétairerie d'État et responsable de la seconde section de celle-ci : Affaires ordinaires. La brièveté de la mention interdit toute hypothèse sur son opinion, et son rôle éventuel, quant à la promotion de Roncalli à Paris.

5. Le nonce s'est fait photographier avec ces deux officiers.

28 décembre 1944, jeudi. — Départ du Caire avec un avion américain à 2 h 30, accompagné par le colonel Fixel et le major Mead. À 7 h à Benghazi, à 11 h à Naples Capodichino, de là à Rome par un autre avion. Arrivée à 15 h. Visite au Vatican à la Secrétairerie où Tardini me dit que l'auteur de ma nomination fut le pape lui-même qui a confiance dans ma *vigor lenitatis*.

J'ai pris pension au 70, via della Scrofa, chez Mgr Viganò et j'y ai dîné[1].

[29 décembre 1944, vendredi]. — Rome. Nuit bien reposée après la périlleuse traversée aérienne. Mgr Viganò m'a accueilli hier et me traite comme son frère. Sainte messe dans la chapelle des sœurs. Ensuite matinée au Vatican. Le Saint Père me confirme ce que m'avait dit Mgr Tardini : *ego elegi te*, confiant dans mon tempérament, plutôt que dans la manière forte[2]. Cela m'a donné courage et confiance. Puis, conversation avec Mgr Valeri qui m'a donné des indications pratiques et précieuses[3]. Colloque à la Sacrée Congrégation Orientale avec le cardinal Tisserant et Mgr Arata[4]. Déjeuner avec Mgr Testa via della Scrofa ; visite au cardinal Rossi à la Chancellerie : il me recommande les Scalabriniens[5]. À la

1. Erminio Viganò est le prélat chargé par la Congrégation consistoriale de l'émigration italienne.

2. Cette précision, jointe à l'opinion de Mgr Tardini, écarte l'hypothèse parfois avancée dans les milieux français hostiles à Roncalli, selon laquelle Rome aurait délibérément nommé à Paris un homme de second plan pour punir le gouvernement provisoire qui vient d'exiger le rappel du nonce en poste à Vichy. Selon ces informations, le choix de Roncalli répond à la volonté pontificale (seule ?) d'envoyer à Paris un diplomate connu pour son habileté souriante à se sortir de situations particulièrement difficiles. « Mgr Tardini m'a déclaré que le pape avait choisi Mgr Roncalli à la fois [mot manquant] son expérience et son grand cœur. Ces qualités le rendraient particulièrement apte à traiter efficacement avec les autorités françaises les problèmes présents et futurs, celui des évêques en particulier », confirme le 14 décembre par télégramme Hubert Guérin, délégué du gouvernement provisoire auprès du Saint-Siège, qui a conduit la négociation sur le changement de nonce (AMAE).

3. Rentré à Rome le 22 décembre, par avion militaire français, Valerio Valeri peut fournir à son successeur nombre de renseignements de première nécessité.

4. Le Français Eugène Tisserant et l'Italien Antonino Arata, respectivement secrétaire et assesseur de ladite Congrégation. Mgr Roncalli vient évoquer avec eux les affaires turques et grecques.

5. Secrétaire de la Congrégation consistoriale, le cardinal carme Raffaelo Rossi a sous sa responsabilité directe la Pieuse Société de Saint-Charles (Borromée) pour l'assistance aux émigrés italiens, fondée en 1887 par l'évêque de Piacenza, Mgr Giovanni Battista Scalabrini. Le

maison, je reçois Sigismondi, Righi, et don Martino Biscara. À 20 h, repas au palais Taverna [1]. Présents le chargé d'affaires [2], l'ambassadeur au palais Farnèse [Couve de Murville [3]], Mgr Jullien et Mgr Fontenelle, etc. Bonne introduction. Je n'ai pu visiter Saint-Pierre et l'ai beaucoup regretté. J'ai prié Mgr Fontenelle de me remplacer.

29 décembre 1944, vendredi. — Matinée au Vatican où le Saint Père me reçoit ; il me confirme ce que m'avait dit Tardini, c'est-à-dire que c'est lui, personnellement, qui a pensé à mon pauvre nom et m'a voulu à Paris, croyant que par mon tempérament je pourrais être un élément de pacification plus que d'autres avec la manière forte. Il y ajouta des mots et des instructions assez encourageants pour réconforter mon cœur en peine. J'ai parlé ensuite avec Mgr Valeri qui m'a fourni quelques indications pratiques précieuses. J'ai fait une visite à la S. C. Orientale où j'ai conversé longuement avec Mgr Arata et avec le cardinal Tisserant. Ensuite, avec Mgr Gustavo Testa [4], j'ai déjeuné frugalement chez Mgr Viganò. L'après-midi, j'ai visité le cardinal Rossi à la Chancellerie ; il m'a recommandé les missionnaires de l'émigration et les Italiens de Paris [5]. À la maison, j'ai reçu don Martino Biscara, que j'ai réconforté de mon mieux, puis Mgr Sigismondi et Righi. À 20 h, repas à l'ambassade de France, avec également l'ambassadeur auprès du Quirinal. Il y avait aussi Mgr Jullien, de la Rote [6], et Mgr Fontenelle.

Bonne conversation avec le cardinal Tisserant chez lui, 11, Via Po.

J'ai envoyé mes bons souvenirs à diverses notabilités en m'excusant de ne pouvoir faire davantage. J'ai dû renoncer à

---

nonce aura en effet de nombreux contacts avec les Scalabriniens en poste à Paris.

1. Où se trouve l'ambassade de France près le Saint-Siège, dans la boucle du Tibre, près de la place de l'Orologio.

2. Auprès du Saint-Siège, Hubert Guérin.

3. Le palais Farnèse est le siège de l'ambassade de France auprès de l'État italien ; celle-ci n'a pas alors de titulaire, mais seulement un délégué du gouvernement provisoire, le futur premier ministre de la Ve République, Maurice Couve de Murville (Enrico SERRA, *La diplomazia italiana e la ripresa dei rapporti con la Francia [1943-1945]*, Milan, Franco Angeli, 1984, p. 80-83).

4. Né en 1886 et originaire comme lui du diocèse de Bergame, ce vieil ami du nonce est délégué apostolique en Égypte et en Palestine.

5. La recommandation est plus large que dans la première version : Mgr Roncalli y satisfera avec zèle.

6. Mgr André Jullien, doyen du tribunal de la Rote et consulteur de nombreuses congrégations ou commissions, est, avec le cardinal Tisserant, l'un des rares Français au sein de la Curie romaine.

des visites pourtant importantes comme à Saint-Pierre. Mais j'ai laissé le chanoine Fontenelle [1] dépositaire de mes confidences aux saints de Saint Pierre.

30 décembre 1944, samedi, vol pour la France. — De bon matin le cardinal Pizzardo me téléphone pour me rappeler de me recommander l'Action catholique de France [2]. Je salue le chanoine Gallo. À 10 h de Ciampino en compagnie du jeune prêtre Louis Étienne Ghesquière, du diocèse de Lille, attaché à la Secrétairerie d'État, qui retourne chez lui pour assister sa mère malade, je décolle dans un tout petit avion à trois places, élégant, argenté, avec la croix de Lorraine [3], qui me transporte en 4 h à Paris. Seule souffrance, le froid aux pieds ; mais quant au reste, très bien. Mgr Viganò et Mac Geough m'avaient accompagné à Ciampino. À mon arrivée à Paris à 2 h je ne trouvai personne [4]. Mais quelle satisfaction d'avoir pu accomplir – c'était mon 39e vol – une traversée aussi rapide et tout entière aérienne d'Ankara à Paris pour y répondre au désir du Saint Père et du gouvernement français [5] ! À peine arrivé à la nonciature j'ai récité le *Te Deum* avec un merci spécial à saint Joseph, mon gardien et mon protecteur.

J'ai été très heureux de trouver dans le somptueux palais de la nonciature [6] Mgr Pacini, ma sympathique rencontre de

1. « Archi-gaullistes de la première à la dernière heure » (Journal de Wladimir d'Ormesson, 27 juin 1949), le cardinal Tisserant et Mgr Fontenelle n'ont pas dû cacher au nonce leur sentiment sur la situation politico-religieuse française. Autre personnalité française dans la Rome ecclésiastique, René Fontenelle est en effet chanoine de Saint-Pierre (et membre de diverses institutions vaticanes). Il est surtout le correspondant romain de *La Croix* et, comme tel, un homme d'influence importante.

2. À quel titre intervient-il sur ce sujet ? Plus comme membre éminent du Saint-Office que comme préfet de la Congrégation des séminaires et universités sans doute.

3. Donc un avion affecté par le gouvernement provisoire de la République française, portant le symbole de la « France libre ».

4. Personne à l'aéroport de Villacoublay pour accueillir le nouveau nonce : ni un officiel français… ni un de ses futurs collaborateurs.

5. « Le Gouvernement français donne volontiers son agrément à la nomination de Mgr Roncalli », télégraphiait à Guérin le Quai d'Orsay le 19 décembre (AMAE).

6. Ancienne résidence du prince Albert de Monaco, achetée en 1923 par Mgr Cerretti, premier nonce à Paris après la reprise des relations diplomatiques entre la France et le Saint-Siège en 1921 ; elle est située 10, avenue du Président-Wilson, XVIe arrondissement. Sans être « somptueux », cet hôtel particulier d'un « beau quartier » de la capitale française surprend agréablement Mgr Roncalli, qui n'a pas eu de résidence comparable à Sofia et à Istanbul.

Belgrade en 1925 [1] et le jeune secrétaire Mgr Carmine Rocco, qui se présente bien et avec lequel je fus immédiatement à l'aise.

Le soir, je me rendis avec Mgr Pacini au Quai d'Orsay pour une première visite au ministre des Affaires étrangères, M. Bidault [2], qui fut extrêmement courtois. C'est un jeune démocrate chrétien avec qui j'espère m'entendre bien. Dieu le veuille.

31 décembre 1944, dimanche. — Dernier jour d'une année très chargée, et couronnée par des marques d'une extraordinaire bonté du Seigneur pour ma pauvre personne. Sainte messe d'action de grâces, avec une pensée pour mes chers amis de Turquie. Je suis resté tranquille à classer mon courrier. Aucune visite. Le soir, je me suis rendu chez le cardinal archevêque de Paris Suhard, qui m'a très bien accueilli, et m'a laissé une excellente impression [3]. Dans la journée et le soir, je me suis entretenu avec mes deux collaborateurs. Encore une fois *Te Deum laudamus.*

1er janvier 1945 [lundi]. — Aujourd'hui, ma vie officielle de nonce apostolique et de doyen du corps diplomatique a commencé. *Domine miserere.* À 9 h 30, voiture du gouvernement : un chef du protocole et son adjoint sont venus me prendre à la nonciature, avec mes deux adjoints Pacini et Rocco. À 10 h j'ai présenté mes lettres de créance à de Gaulle, président du gouvernement provisoire, en style de temps de guerre, c'est-à-dire sans discours [4]. Cela se passait au palais du

---

1. Alfredo Pacini était secrétaire de la nonciature à Belgrade quand Mgr Roncalli y passa, les 24-25 septembre 1925.

2. Né en 1899, professeur d'histoire et journaliste, Résistant notoire à Lyon, Georges Bidault (« Bidhault » pour le nonce cette première fois) a remplacé Jean Moulin, après son arrestation, à la tête du Conseil national de la Résistance ; il est l'un des fondateurs du Mouvement républicain populaire, nouvelle formation politique d'inspiration démocrate-chrétienne ; il est enfin le ministre des Affaires étrangères du gouvernement provisoire, que préside le général de Gaulle ; à ce titre, il est l'interlocuteur naturel du nonce.

3. Emmanuel Suhard (que Roncalli écrit « Souhart » cette première fois), est en poste à Paris depuis mai 1940. Mgr Montini lui a annoncé l'arrivée du nouveau nonce le 23 décembre, en soulignant, parmi d'autres qualités, son « ministère des âmes, aux côtés d'un grand évêque, monseigneur Radini Tedeschi, dont la juste renommée a franchi les limites du diocèse de Bergame » (*Souvenirs d'un nonce*, p. 4).

4. Projet de son intervention, préparé Mgr Valeri pour la Secrétairerie d'État, dans les *Actes et documents du Saint-Siège relatifs à la Seconde Guerre mondiale. Le Saint-Siège et la guerre mondiale. Janvier 1944-*

ministère de la guerre [1], et j'ai été accueilli avec les honneurs militaires. Le président était accompagné de sa maison civile et militaire, qu'il me présenta ensuite, comme je lui avais présenté Pacini et Rocco. Je lui adressai quelques mots, me semble-t-il bien venus, avec les bons souvenirs et les bénédictions du Saint Père, ma satisfaction de pouvoir me mettre au service de l'Église de France [2], le vœu, pour moi et pour lui, que mon séjour soit pour lui et pour moi motif de consolation. Au retour, nouveaux honneurs militaires. À 11 h, de nouveau au ministère pour la présentation des vœux de nouvel an, avec le corps diplomatique et en son nom [3]. Je l'ai fait en lisant une adresse que Mgr Valeri avait préparée à Rome, simple, sobre, inoffensive et de Gaulle répondit en lisant aussi [4]. Nouvelle poignée de main avec tous. Je me suis présenté au vice-doyen, l'ambassadeur de Russie, qui me présenta aussi les siens [5]. *Videbimus infra.* La rencontre avec l'ambassadeur Menemençioglü, ambassadeur de Turquie, fut également rapide et souriante. Cérémonie caractéristique et *sui generis.* À la maison, seuls, nous nous félicitons du bon déroulement. Au repas, j'offris comme à Istanbul à mes deux chers collaborateurs deux napoléons d'or suisses pour chacun. Dans le superbe après-midi parisien, nous sommes sortis tous les

---

mai 1945, vol. 11, Libreria Editrice Vaticana, 1981, n° 484, 29 décembre, p. 670-671.

1. Hôtel de Brienne, 14, rue Saint-Dominique, dans le VIIe arrondissement, où le chef du gouvernement provisoire s'est installé pour marquer la continuité avec ses brèves fonctions de sous-secrétaire d'État à la guerre en juin 1940, dans le dernier gouvernement de la IIIe République.

2. D'emblée, Mgr Roncalli se veut plus qu'un diplomate : un conseiller pour l'Église de France. Le 7 décembre 1944, il écrivait pourtant à sa famille : *« Ora a Parigi più niente ministero pastorale che pure mi piace tanto e per cui io ero diventato sacerdote : ma quasi solo affari religiosi che spesso si toccano con la politica che è una cosi brutta cosa »* (« Maintenant, à Paris, plus aucun ministère pastoral qui pourtant me plaît tant et pour lequel j'étais devenu prêtre ; mais presque seulement des affaires religieuses qui touchent souvent à la politique, chose bien vilaine », *Lettere ai familiari*, Rome, Edizioni di storia e letteratura, 1968, I, p. 655).

3. Deux photographies de l'arrivée du nonce au ministère et de la lecture de son adresse dans *Questo è il mistero della mia vita. Fotocronaca autografa dell'autore. Testi originali coordinati dall'arcivescovo Loris F. Capovilla nell'anno venticinquesimo della morte del Papa*, 1963-1988, vol. I, *Ci fu un uomo mandato da Dio. Da Sotto il Monte a Venezia, 1881-1958*, Bergame, p. 137.

4. Valeri pour la Secrétairerie d'État : le projet est reproduit dans les *Actes et documents du Saint-Siège*, n° 485, 29 décembre, p. 671-672. L'allocution du nonce et la réponse du général de Gaulle figurent dans *La Documentation catholique* du 7 janvier 1945, col. 13-14.

5. Il s'agit d'Alexandre Bogomolov.

trois en auto pour visiter et prier à Notre-Dame, à Notre-Dame des Victoires et au Sacré-Cœur de Montmartre, pour mettre sous les meilleurs auspices l'année nouvelle et mon nouveau ministère au service du Saint-Siège en France [1]. Arrêt à l'Arc de Triomphe pour visiter le soldat inconnu [2].

2 janvier, mardi. — Visites : P. Quenard, Général des Assomptionnistes. P. Roberto, supérieur des Lazaristes avec le P. Fugazza [3]. Déjeuner chez le cardinal archevêque Suhard avec ses 3 évêques auxiliaires et vicaires généraux. Excellente réunion. Ensuite visite à l'ambassadeur de Russie, courtois [4] ; puis à l'ambassadeur de Pologne, triste et incertain [5]. À la maison, reçu Mademoiselle Alice Girod de l'Ain, bonne entente au sujet de ses relations avec la délégation : *nec prope nec procul.* Je pense que ça marchera bien [6].

3 janvier, mercredi. — Visites : Mgr Babini, supérieur de l'œuvre des émigrants italiens [7] et le P. Ginocchini, supérieur

1. Cette définition correspond mieux à la fonction classique d'un nonce.

2. On trouve une description voisine du passage à Rome et des premiers pas du nonce en France dans les lettres à ses proches : son adjoint pour Athènes Mgr Giacomo Testa, le 7 février (*Giacomo Testa nel solco di Angelo Giuseppe Roncalli*, p. 114-117) ou l'évêque de Bergame Mgr Adriano Bernareggi, le 23 mars (*Questa chiesa che tanto amo. Lettere ai vescovi di Bergamo*, Cinisello Balsamo [Milan], Edizioni San Paolo, 2002, p. 276-279).

3. Robert est le patronyme du supérieur général de la Congrégation de la Mission et pas son prénom (Édouard) : il sera donc rétabli dans le texte par la suite. « Le père Arturo Fugazza (1884-1973), premier assistant général des Lazaristes en 1940 [...] exerce son apostolat à Paris et un ministère de confesseur à la nonciature. Durant la guerre, l'établissement de la ligne de démarcation l'amène à assurer à Paris les services officieux de chargé d'affaires et de transmission des requêtes relevant des diverses congrégations romaines » (note de Paul Christophe aux *Carnets du cardinal Alfred Baudrillart, 20 mai 1941-14 avril 1942*, Paris, Éd. du Cerf, 1999, p. 212-213).

4. « Ici, le nouveau nonce, très ami (des assomptionnistes), fait des gentillesses à Bogomolov, l'ambassadeur des Soviets. Faites de même ! », conseille le 5 janvier au religieux américain Léopold-Marie Braun, aumônier des ambassades à Moscou, son supérieur général le père Quenard (Antoine Wenger, *Rome et Moscou, 1900-1950*, Paris, Desclée de Brouwer, 1987, p. 619).

5. Il s'agit de Gaétan Morawski. On le comprend, à quelques semaines de la conférence de Yalta, qui doit décider des frontières et du gouvernement de son pays.

6. Membre d'une grande famille catholique parisienne, Alix Girod de l'Ain s'occupe avec constance, depuis les années 1920, de l'installation matérielle de la nonciature... et de diverses affaires de l'Église de France.

7. Pour la France. Mgr Costantino Babini réside à l'orphelinat italien

de la section de Paris [1] ; puis l'abbé Charles De Clercq, Belge d'Anvers que j'ai connu en 1939 à Athènes et à Istanbul : âme en peine que je voudrais fortifier [2]. L'après-midi, je suis allé avec Pacini visiter Saint-Étienne du Mont, où est vénérée sainte Geneviève, la sainte du jour, patronne de Paris et de la France. Nous assistons à la bénédiction du Saint Sacrement et aux émouvantes prières à la sainte. Puis visite au magasin Oliva.

Paris, janvier 1945 [3]. — 4 janvier. Pauvre cahier de 1917 arrivé jusqu'ici en ma compagnie après tant d'années en Orient, et demeuré page ancienne, mais blanche. J'y écrirai de temps à autre quelques impressions de ma nouvelle vie [4].

Quand je pense à ce que le Seigneur a fait de moi, je crois rêver. J'ai conscience d'être resté fidèle à ma devise : *Oboedentia et Pax* : et me voici ici soudain transporté dans le poste, dit-on, le plus important de la diplomatie vaticane [5]. Je rougis de moi, me tais et adore.

4 janvier, jeudi. — Ce matin, je me lève en retard. On dort si bien à Paris, comme cela ne m'est pas arrivé depuis longtemps en Orient. Le matin, bonnes audiences : l'ambassadeur du Canada, un vieux général [6] ; le p. Merklen, de *La Croix* [7] ; le vicaire général et le chancelier de Coutances ; l'archevêque de Tours que j'ai traité à déjeuner. Suite de la copieuse correspondance ; à 16 h je suis sorti avec Pacini, par un temps

---

de Vitry-sur-Seine, banlieue sud de Paris, où habitent de nombreux compatriotes.

1. Ce scalabrinien dirige la Mission italienne de Paris, 46, rue de Montreuil, dans le XIe arrondissement.

2. Deux de ses œuvres figuraient dans la bibliothèque du nonce, avec des remerciements pour l'accueil reçu à Istanbul : *La Législation religieuse franque, 507-814*, Paris, 1936 et *Dix siècles d'histoire byzantine*, Paris-Bruxelles, 1946.

3. « Quaderno 1917 (20,5 × 15) », de la main de Mgr Capovilla, qui a inséré ces notes après le 31 janvier du cahier noir. On les a remises à leur place chronologique.

4. Ce qui n'a pas été fait, à l'exception des 4 et 5 janvier 1945.

5. La nonciature de France vient en tête des nonciatures de première classe, et certains membres du Quai d'Orsay s'inquiètent qu'on la confie à un simple délégué apostolique. Tel est le cas du gallican Louis Canet, conseiller pour les affaires ecclésiastiques : en désaccord avec la politique menée par Georges Bidault, qui lui est hostile, il perd toute influence. Le nonce ne semble pas l'avoir rencontré une seule fois (Jean CHAUVEL, *Commentaire. D'Alger à Berne [1944-1952]*, Paris, Fayard, 1972, p. 96-97).

6. Le général Georges P. Vanier, avec lequel il s'entendra fort bien.

7. L'assomptionniste Léon Merklen dirige le seul quotidien catholique français depuis 1927.

détestable, pour visiter l'ambassadeur de Belgique. À la maison, beaucoup à faire avec Mlle Girod de l'Ain pour que l'appartement, à l'étage du dessus, me convienne mieux.

[Cahier 1917.]

5 janvier. — Des honneurs dont je suis entouré ces jours-ci, je ne ressens ni trouble ni exaltation. Dès lors que je me suis mis entre les mains du Seigneur, je vois que tout m'est simple et spontané. Cela n'empêche que je dois veiller aux paroles trop prolixes. La mesure, toujours et en tout.

La préoccupation qui m'a tout de suite guidé quand je me suis trouvé à Paris le jour de l'an pour plaire au Saint Père a eu un grand succès. Les deux cérémonies du 1er janvier, présentation des lettres de créance et présentation des vœux du corps diplomatique ont très bien marché. La deuxième plus solennelle. L'attente du gouvernement et du corps diplomatique quant à ma présence était très grande, personne ne souhaitant que les vœux soient présentés par l'ambassadeur d'URSS, vice-doyen [1]. Cela a aussi parfaitement servi d'introduction du nouveau nonce à tous les Français.

Ces journées sont pleines de visites faites et reçues : à l'église pour implorer l'assistance céleste : dès le 1er à Notre-Dame, puis à Notre-Dame des Victoires, et à Montmartre ; le 3 à sainte Geneviève. J'ai commencé en ce jour la récitation du bréviaire avec le calendrier liturgique de Paris [2]. Visites faites et reçues de personnages de diverses statures : cardinal Suhard et ses collaborateurs du clergé, le 4 ; ambassadeurs, prélats, etc. Dans la conversation l'âme s'épanche et, je l'espère, pour l'édification.

Remarquable accueil aujourd'hui de l'ambassadeur de Turquie M. Numan Menemençioglü. Savamment aimable et solennel. *Il voulut me dire qu'il était extrêmement heureux de donner à Mgr Roncalli, nonce apostolique en France, ces marques d'honneur qui ne sont pas consenties pour des raisons bien connues au délégué apostolique en Turquie. C'est pourquoi du reste il avait tenu à rendre au ministre des Affaires étrangères, Monsieur Bidault, le témoignage le plus élogieux. En 10 ans de séjour en Turquie, où il n'<était> pas reconnu par le gouvernement, mais considéré seulement comme un hôte d'honneur, dans des situations très délicates, il avait donné de telles preuves de sagesse, de compréhension, de mesure, que le gouvernement n'eut qu'à se louer de lui, sans que jamais surgisse le plus petit incident.*

---

1. Tel était surtout le vœu des autorités vaticanes, comme le télégraphiait Guérin au Quai d'Orsay le 25 décembre (AMAE).
2. Signe d'une volonté d'adaptation.

Nous ne nous voyions pas et pourtant nous comprenions bien, comme tous aujourd'hui comprennent à Ankara que le poste de Paris, le Saint Père l'avait à juste titre conféré à qui avait su le mériter.

Et il concluait en disant qu'en « m'accueillant ainsi à l'ambassade il voulait que le Saint Père sache combien le gouvernement turc appréciait l'ancien délégué en Turquie ».

Des mots ? Peut-être de simples mots : je les rapporte seulement à titre d'information, plus sur les rapports avec les Turcs qu'avec moi. Mgr Pacini était présent à la conversation. Qui se conclut par la proposition d'autres rencontres aussi cordiales, à la nonciature et à l'ambassade.

À noter les mots que M. Menemençioglü *m'assura* avoir dits à M. Bidault : « Vous verrez pourquoi le pape est venu en Turquie chercher chez nous son nouveau nonce pour Paris. Mgr Roncalli a vécu 10 ans parmi nous et nous avons tout fait pour le mettre dans l'embarras. Nous n'y avons jamais réussi. Même en le suivant de près dans certaines manifestations, nous avons dû le reconnaître : voilà un prélat qui nous comprend, et il est digne de notre estime et de notre sympathie, que nous ne lui avons jamais marchandée [1]. »

Je crois qu'il a fait allusion au « Dieu soit béni » prononcé par moi en turc dans les églises d'Istanbul, et à l'évangile lu par moi en turc à la cathédrale du Saint-Esprit trois fois l'an : à Noël, Pâques et Pentecôte, la représentation diplomatique française étant présente [2].

5 janvier, vendredi. — Audiences : le secrétaire général des Frères des écoles chrétiennes ; Monsieur Flory de l'Action catholique [3] ; le Provincial des Capucins ; l'abbé Jean Rupp

---

1. Alors en poste au ministère des Affaires étrangères d'Ankara, ce haut fonctionnaire a rencontré plusieurs fois Mgr Roncalli durant son séjour en Turquie (Alberto MELLONI, *Fra Istanbul, Atene e la guerra. La missione di A. G. Roncalli, 1935-1944,* Gênes, Marietti, 1992, p. 132-133, 141, 230).

2. Fin des notes rédigées sur le cahier de 1917.

3. Il doit s'agir de Charles Flory, gendre du philosophe Maurice Blondel, qui fut président de l'Association catholique de la jeunesse française entre 1922 et 1926. Il a surtout été chargé de mission du gouvernement provisoire, en novembre 1944, pour négocier le départ du nonce Valeri et demander l'épuration de l'épiscopat. Il était accompagné de l'évêque de Montauban Pierre-Marie Théas (Sylvaine GUINLE-LORINET, *Pierre-Marie Théas. Un évêque à la rencontre de son temps*, Tarbes-Toulouse, 1993, p. 147-153) et du curé parisien Robert Picard de La Vacquerie. Le Quai d'Orsay verrait d'un bon œil sa nomination à l'ambassade près le Saint-Siège… peu souhaitée à Rome. « Quand on pense […] que là, dans ce fauteuil où vous êtes en ce moment, j'ai entendu M. Flory venir me dire qu'il fallait sacrifier 35 archevêques et évêques et le nonce aposto-

venu m'inviter pour l'octave de prière le soir du dimanche 21 à l'église des Carmes [1] ; l'ambassadeur de Chine. Dans l'après-midi, visite à Son Excellence Menemençioglü, ambassadeur de Turquie, *extrêmement cordial.* Audience à l'abbé Rodhain, aumônier général des prisonniers en Allemagne, très intéressant [2].

6 janvier, samedi. — Épiphanie du Seigneur. Ici, aucun signe de fête. Je me rappelle mon arrivée officielle à Istanbul, voilà juste dix ans. Je me souviens et je remercie le Seigneur. Ce matin audiences : le P. Philippe Provincial des Carmes [3], membre de l'Assemblée consultative [4]. Il apporte certaines requêtes de ses collègues catholiques. À 12 h visite à l'ambassadeur des États-Unis, bon catholique, et ensuite avec Pacini déjeuner chez l'ambassadeur d'Espagne. L'après-midi à la maison j'ai reçu Mgr Théas, évêque de Montauban ; le jeune employé d'architecte Albert de Nîmes* m'apporte les cartes géographiques.

7 janvier, dimanche. — Sainte Famille. Ce matin dans la prière j'ai fait mémoire de trois familles : 1) la mienne secundum sanguinem. 2) la famille royale de Bulgarie. 3) toutes les familles souffrantes de France.

Le dimanche a été tranquille, dans un recueillement parfait. L'après-midi j'ai reçu deux Mgrs anglais, John Boghan *vic. gen.* de l'évêque aux armées et Joseph Scapleton, aumônier en chef des Anglais en France, Belgique et Hollande. Ensuite

---

lique », confiera Mgr Tardini à l'ambassadeur Wladimir d'Ormesson le 10 janvier 1949 (Journal d'Ormesson).

1. Octave de prières pour l'union des chrétiens, dont Jean Rupp s'occupe comme adjoint de Mgr Beaussart à l'administration diocésaine des étrangers ; elle aura lieu dans la chapelle dite des Carmes à l'Institut catholique de Paris.

2. Avant son voyage en Suisse où il affinera le projet d'un Comité international de l'aumônerie catholique (CIAC) qui déborderait les frontières françaises et les seuls prisonniers de guerre (Jean COLSON et Charles KLEIN, *Jean Rodhain prêtre*, Paris, Éd. SOS, 1981, t. I, p. 217-221).

3. Pour le nord de la France seulement, depuis 1940-1942, en remplacement du père Louis de la Trinité-Georges Thierry d'Argenlieu (voir plus loin, en date du 27 février). Il s'agit du père Philippe de la Trinité (Rambaud), théologien qui ne tardera pas à démissionner de ce poste.

4. L'Assemblée consultative s'est réunie pour la première fois à Alger le 3 novembre 1943. Bien que nommée et pas élue, elle avait pour fonction de manifester la représentativité du Comité français de libération nationale (futur Gouvernement provisoire). Elle comptait donc un large éventail de personnalités résistantes, des communistes à la droite patriote.

avec Pacini au Bois de Boulogne, promenade *à pied*. Ils étaient avec le P. Kenneth Moneghan.

<Reçu aussi le vicomte de Noailles>

8 janvier, lundi. — Audiences : le P. provincial inspecteur des Jésuites Demaux-Lagrange ; le ministre du Pérou ; l'ambassadeur de Turquie Menemençioglü qui me rend la visite que je lui ai faite, toujours exquis et bon. Je lui ai fait voir tout l'étage. Dans l'après-midi, j'ai reçu l'ambassadeur de Pologne et je me suis rendu à l'Hôtel Bristol visiter l'ambassadeur du Brésil. J'y ai rencontré M. Prosper Poswick, secrétaire de l'ambassade belge à Ankara [1], et je suis revenu à pied à la maison avec Pacini.

9 janvier, mardi. — Toujours des visites reçues, mais avec plus de calme aujourd'hui. Le matin, M. Mac Donald, chargé d'affaires d'Irlande, M. Poswick et l'ambassadeur d'Espagne [2]. Dans l'après-midi l'ambassadeur belge que j'ai entretenu longuement [3]. Hier, parmi les visiteurs j'ai eu le P. Gervais [4], Général des Assomptionnistes, qui me présente le P. Rémi Kokel, qui pourra nous servir de traducteur en français. Il m'a donné les premiers essais pour trois lettres aux évêques français [5].

---

1. Où il a été en poste de 1941 à 1945. Jean XXIII le retrouvera ambassadeur au Vatican entre 1957 et 1968.

2. « C'est ainsi que le nouveau nonce apostolique à Paris, Mgr Roncalli, inflige, au début de 1945, un camouflet à l'ambassadeur d'Espagne venu lui rendre la visite protocolaire due au doyen du corps diplomatique. Après l'avoir fait attendre longtemps, le futur pape Jean XXIII reçoit l'ambassadeur Mateu Pla sans apparat et de manière glaciale. Comme le nonce ne répond pas à son allocution, l'ambassadeur feint de croire qu'il n'a pas entendu et élève la voix pour répéter ses propos ; et Mgr Roncalli l'interrompt en ces termes : "N'élevez pas la voix, Monsieur l'ambassadeur. Je vous entends parfaitement, mais ce qui arrive est qu'il ne m'agrée pas de vous entendre !" » Est-ce lors de cet entretien que se serait produit ce différend, rapporté par Guy Hermet d'après une source espagnole (*Les Catholiques dans l'Espagne franquiste*, Paris, Presses de la Fondation nationale des sciences politiques, 1981, t. II, p. 182). Si l'anecdote est vraie, elle permet d'expliquer l'incident évoqué plus loin en date du 5 décembre.

3. Il s'agit du baron Jules Guillaume, avec lequel le nonce s'entendra au mieux.

4. Quenard.

5. Lettre circulaire pétrie d'humilité et de bonne volonté que publie *La Documentation catholique* du 28 janvier, col. 108. Elle aurait valu au nonce une centaine de remerciements... qu'on ne trouve pas dans ses archives.

10 janvier, mercredi. — Audiences : le P. Étienne, procureur des Capucins de Lyon ; le ministre du Luxembourg. À midi j'ai rendu sa visite à l'ambassadeur de Chine. À 12 h 30 j'ai eu à déjeuner M. Prosper Poswick de l'ambassade belge qui retourne à Ankara. Dans l'après-midi j'ai eu l'intéressante visite de Mgr Dutoit, évêque d'Arras, qui se trouve en situation grave [1]. Puis je suis sorti avec Mgr Rocco pour visiter à pied notre église paroissiale Saint-Pierre de Chaillot et la vieille demoiselle canadienne [x] Soto. Ensuite, audience de Monsieur Loiseau, secrétaire de la Compagnie Fermière.

<J'ai reçu aussi la provinciale des Franciscaines missionnaires de Marie>

11 janvier, jeudi. — Peu d'audiences étant donné la journée neigeuse. Le ministre des Pays-Bas, et dans l'après-midi rendu la visite à l'ambassadeur du Canada, excellent homme et catholique. À 15 h je suis sorti encore pour acheter les dictionnaires de Letouzey [2] rue Raspail [3], et plus tard pour une conversation avec le ministre des Affaires étrangères Bidault : agrément de Maritain [4] et première rencontre pour la question des pétainistes [5] sur laquelle j'ai trouvé beaucoup d'intransigeance [6]. Le soir, un peu fatigué, j'ai aussitôt essayé de me reposer.

12 janvier, vendredi. — Il neige toujours ; les audiences n'ont pas manqué. Particulièrement remarquable celle de l'abbé

---

1. Mgr Henri Dutoit est l'un des prélats les plus menacés d'épuration : il a dû fuir Arras, où le Comité départemental de libération réclame son remplacement et se réfugier à Lille (lettre du 4 janvier, évoquée dans le rapport du nonce à Mgr Tardini n° 9 n, du 10 février) ; il est même menacé par une accusation d'indignité nationale devant une chambre civique (André LATREILLE, p. 10-12).

2. La maison d'édition Letouzey et Ané est spécialisée dans ce genre de production : *Dictionnaires d'archéologie chrétienne et de liturgie, de la Bible* (avec son *Supplément*), *de droit canon, d'histoire et de géographie ecclésiastiques, de théologie catholique* ; et, à partir de 1948, *Encyclopédie Catholicisme.*

3. Boulevard en fait, dans le VIe arrondissement.

4. Comme ambassadeur de France près le Saint-Siège. Le nonce transmet cette demande d'agrément à Mgr Tardini par télégramme du 13 janvier, *Actes et documents*, n° 489, p. 676.

5. Des évêques compromis avec le gouvernement du maréchal Pétain sans doute.

6. Rien d'étonnant à cela : le résistant chrétien Georges Bidault souhaite un profond renouvellement de l'épiscopat : vingt-quatre démissions suggérées dans la liste provenant de lui ou de son entourage reproduite par André LATREILLE, p. 31.

Georges Guérin [1] et du chanoine A. Dewitte chargés des œuvres de la *Jeunesse Ouvrière Chrétienne*, que j'ai accueillis chaleureusement ; ensuite des membres du conseil supérieur des conférences de Saint Vincent de Paul avec une adresse du vice-président M. Zeiller à qui j'ai répondu par des encouragements, et le soir de l'ambassadeur du Brésil, très courtois, avec le secrétaire Marco Guimaraes.

13 janvier, samedi. — Neige encore, mais c'est bientôt la fin.

Visites d'aujourd'hui : Mgr Chappoulie, président de la Propagation de la Foi [2] ; puis les deux abbés Hua et Millard qui travaillent à l'œuvre du « Mouvement populaire des familles » très important [3]. À midi le ministre d'Iran, et ensuite l'abbé député Desgranges très intéressant [4]. À 16 h 30 je me suis rendu chez le cardinal Suhard avec qui j'ai eu une longue et aimable conversation sur diverses choses : évêque de Versailles [5] et Mgr Beaussart qui se trouve en mauvaise situation avec le gouvernement [6].

14 janvier, dimanche. — Solitude et tranquillité absolue à la maison. À midi 45 je suis sorti avec mes deux adjoints pour un

1. L'un des fondateurs du mouvement en France.

2. Mais surtout chargé, pendant la guerre, des rapports entre les évêques des deux zones, ainsi qu'avec le gouvernement de Vichy et avec la nonciature, puis de la création d'un secrétariat de l'épiscopat, après la Libération, le tout sous l'égide de l'Assemblée des cardinaux et archevêques.

3. Il s'agit du mouvement d'Action catholique ouvrière pour les adultes, alors au sommet de son audience, du fait de son action de suppléance pendant la guerre (aide aux familles de prisonniers, aide à la population modeste, pour le ravitaillement notamment).

4. Prêtre résistant, le chanoine Jean-Marie Desgranges est critique envers une épuration dont il est paradoxalement victime : député du Morbihan de 1928 à 1940, il a voté les pleins pouvoirs au maréchal Pétain le 10 juillet 1940 et se trouve donc inéligible, selon la disposition prise par le Gouvernement provisoire. Il sera relevé de cette inéligibilité par un jury d'honneur fin 1945, mais ne se représentera pas

5. Mgr Benjamin Roland-Gosselin, alors très malade, présentera le 28 janvier une démission, que Rome refusera (« *Alcune note circa la questione dei vescovi non graditi di cui il Governo francese propone l'"écartement"* », « Quelques notes sur la question des évêques indésirables dont le gouvernement français propose "l'écartement" », sans date, mais annexées au rapport n° 36 n à Mgr Tardini, du 28 juillet 1945, p. 3).

6. Archevêque titulaire de Mocissos et évêque auxiliaire de Paris, il a occupé le poste de membre du Conseil national de Vichy que le cardinal Suhard n'a pas cru devoir accepter (créé le 22 janvier 1941, ce Conseil nommé entendait donner au gouvernement du Maréchal une sorte de légitimité « parlementaire ») ; Roger Beaussart risque de payer pour Suhard, qui figure sur la liste d'exclusion de Bidault, mais qui est plus difficile à éliminer.

déjeuner chez M. Girod de l'Ain, père de Mademoiselle Alix, bienfaitrice de la délégation. Il y avait aussi les frères de celle-ci : l'abbé Raymond vicaire à Saint-François de Sales et M. Gabriel avec sa femme et leur fils. Puis je suis resté pour une lecture prolongée de choses intéressantes : la lettre pastorale de Mgr Dutoit[1], des articles sur la question scolaire en France, le journal hebdomadaire *Italia Libera*[2]. Depuis hier soir j'ai commencé le rosaire à la chapelle avec les miens.

15 janvier, lundi. — Saint Maur. Cela me fait très plaisir de le fêter ici sur ses terres d'apostolat monastique. Parmi les audiences d'aujourd'hui l'archiduc Charles d'Autriche, frère d'Otto prétendant à la couronne impériale. Dans l'après-midi j'ai visité le ministre du Luxembourg, celui des Pays-Bas et plusieurs librairies où j'ai fait quelques achats. Il faisait un froid intense. Pauvres gens qui claquent des dents sur le pavé. Ce temps neigeux et pluvieux trouble un peu tout. Mais c'est peu de chose à côté des souffrances de tant et tant...

Visite notable : l'ambassadeur d'Angleterre.

16 janvier, mardi. — Il semble que la neige fonde. Aujourd'hui office liturgique en l'honneur du Cœur immaculé de Marie, refuge des pécheurs, très vénérée à Notre-Dame des Victoires. Pièces liturgiques riches d'idée mais de forme terre à terre. Audiences : chargé d'affaires de Suisse ; ministre du Danemark ; ambassadeur de Russie <ambassadeur des USA> ; le soir messieurs Benzoni et Ferretti ; l'abbé Jacquin ; Monsieur René Sion ; Mademoiselle Alix m'offre au nom du cardinal et de Mgr Beaussart 350 000 francs pour Mgr Valeri en compensation de son auto qu'il envisagerait de me céder. Je diffère l'acceptation.

---

1. Peut-être sa lettre du 22 décembre 1940, approuvant la collaboration proposée par Hitler à Pétain lors de leur entrevue de Montoire, le 24 octobre précédent ; ou celle du 27 avril 1944 où il continuait de soutenir la Révolution nationale moribonde. Le nonce veut se rendre compte par lui-même de ce qui est reproché à l'évêque d'Arras. Sur le cas de ce prélat, voir Hubert Claude, « L'évêque, le Maréchal et la collaboration », *Revue d'histoire de la Deuxième Guerre mondiale*, Paris, juillet 1984, p. 47-86.

2. Organe du Partito d'Azione, qui hérite du mouvement Giustizia e Libertà le désir d'un socialisme réformiste et laïque. Il a publié le 20 février 1944 un numéro sur l'école qui suggère un élargissement de sa culture par le rapprochement avec les grands secteurs productifs de l'économie.

17 janvier, mercredi. — Visites : les P. jésuites Braun et [ ] qui me parlent d'une grande œuvre de charité à organiser[1]. Raymond Pons, lieutenant de vaisseau. Dans l'après-midi : l'employé d'Oliva pour la mozette ; le séminariste Heim* de Versailles. À 16 h 30 je sors pour rendre visite à Monsieur Chauvel, directeur en chef du ministère des Affaires étrangères[2] ; à la maison Mgr Babini et Mademoiselle Girod de l'Ain, à propos de l'auto. Je ne l'accepte pas pour moi mais pour la nonciature. Les dictionnaires sont arrivés, je les dispose provisoirement dans le vieux bureau.

18 janvier, jeudi. — Chaire de saint Pierre à Rome. Je m'unis aux prières pour l'octave de prière pour l'Union. Bonnes audiences : Mgr Bressolles, vice-recteur de l'Institut catholique, et aumônier en chef de la marine ; le chanoine Sédillière, curé de Saint-Séverin, ex-secrétaire du cardinal Verdier ; le P. Carrière, dominicain, vice-président de la Chambre consultative ; le P. Sertillanges ; dans l'après-midi les abbés Georges Boche et Pasqueron de Fommervault, aumôniers militaires qui se rendent en Italie, à Naples, Rome, Sienne, et que je présente au Saint Père[3].

19 janvier, vendredi. — Audiences : les deux P. Salésiens : Guillerm, supérieur des écoles Saint-Philippe de Meudon et Le Boulch, curé de Saint-Jean Bosco. Puis le ministre de Monaco qui se plaint de se trouver parmi les suspects. Dans l'après-midi je me suis rendu avec mes deux adjoints à Versailles pour y visiter l'évêque malade Mgr Roland-Gosselin, belle âme édifiante de pasteur. À la maison j'ai reçu ensuite le chanoine Clamorgan, curé de notre paroisse de Saint-Pierre de Chaillot[4], prêtres intéressants et fervents.

---

1. Le 8 septembre 1944 a été créé à Toulouse, sous l'égide de l'archevêque Mgr Jules-Géraud Saliège, le Secours catholique international, prolongement d'une Aumônerie des travailleurs étrangers qui a fait ses preuves dans le sud-ouest. Mgr Louis de Courrèges d'Ustou, auxiliaire de Saliège, et le père Roger Braun, connu pour son aide aux juifs pourchassés, en sont les chevilles ouvrières (Jean COLSON et Charles KLEIN, *Jean Rodhain prêtre*, p. 240).

2. En fait, secrétaire général du Quai d'Orsay.

3. Ces deux jeunes prêtres du diocèse de Poitiers (ordonnés respectivement en 1935 et 1939) ont conçu dès le séminaire le projet d'une fraternité sacerdotale pour adapter l'apostolat aux conditions de la vie moderne.

4. Paroisse sur le territoire de laquelle se trouve la nonciature (35, avenue Marceau, XVIe arrondissement), dont le curé, frère de Madeleine Daniélou et oncle de son fils jésuite Jean, fut un résistant convaincu.

20 janvier, samedi. — La neige continue plus épaisse que jamais. Audiences : M. Meritan* de la fabrique de liqueurs ; M. des Roches, journaliste [1] ; Mgr Calvet, pro-recteur de l'Institut catholique qui m'invite pour la Saint Thomas d'Aquin ; M. Ferretti avec le P. [Maydieu [2]] directeur de la *Revue intellectuelle* [3] ; M. Matthieu Vaurs du ministère des Affaires étrangères et Mademoiselle de Miribel, du cabinet particulier de de Gaulle. L'après-midi avec Rocco visite à l'ambassadeur de Grande-Bretagne à l'ex-palais de Pauline Borghese, et au ministre d'Oslo, et aussi à Oliva chez qui j'ai acheté le chapeau français qui ne me plait pas.

21 janvier, dimanche. — Tranquillité absolue à la maison : aucune visite. J'ai préparé quelques mots à prononcer le soir comme je l'ai fait aux *Carmes* [4] pour la journée de prière pour l'Union. Je suis arrivé avec Mgr Pacini et Giulio en auto. Réception à la porte. J'ai chanté les vêpres pontificales : bon service des séminaristes, et chants excellents de la schola. J'ai écouté le P. Bouyer, de l'Oratoire, un converti du protestantisme. Il a très bien parlé de « L'Écriture trait d'union entre les chrétiens [5] ». J'ai ajouté quelques mots en français *simpliciter et confidenter* [6].

22 janvier, lundi. — À 10 h je suis allé seul à la Sorbonne pour la séance inaugurale. Le général de Gaulle présent. Aula très imposante. Doyen du corps diplomatique à la place d'honneur près de de Gaulle. Ce fut l'exaltation de la liberté reconquise. Naturellement tous bien pensants d'occasion. Les mots les plus sérieux, ceux du chef. L'après-midi audience de l'un des provinciaux des Frères mineurs de Paris et d'un

1. Jacques des Roches était chroniqueur religieux du quotidien parisien *Excelsior*, avant guerre.

2. Le dominicain Augustin-Jean Maydieu, l'une des figures de la Résistance catholique à Paris.

3. En fait *La Vie intellectuelle*.

4. Chapelle de l'Institut catholique de Paris, rappelons-le.

5. « L'Écriture sainte trait d'union entre les chrétiens », tel est en effet le titre de la conférence du théologien récemment venu du luthéranisme (voir Roger HASSEVELDT, « La Semaine de l'Unité à Paris », *Catholicité*, Lille, avril 1945, p. 45-47).

6. « Je suis heureux que ces premières paroles que je prononce à Paris devant un autel soient la continuation de celles que j'ai eu à prononcer pour la dernière fois à Constantinople, aujourd'hui Istanboul : invitation à l'unité, souhaits de paix », dit le nonce qui développe ensuite trois points : unité de la foi, unité de la charité et unité d'obéissance, occasion pour lui de donner la clé de sa devise, *Oboedientia et pax* (texte dans *Souvenirs d'un nonce*, p. 53-57, citation, p. 53).

gardien de l'un des couvents, tous deux de tendance démocrate chrétienne. J'ai rappelé l'œuvre du P. Gemelli en Italie. Le soir réception du ministre de Grèce, monsieur Argyropoulos. Brave homme.

23 janvier, mardi. — Audiences : la provinciale des sœurs Ursulines ; le docteur Pasteau médecin de la maison ; M. Whittemore des mosaïques d'Istanbul [1] ; ma visite au directeur des Affaires étrangères Chauvel : agrément Maritain et observations [2]. L'après-midi : évêque de Chartres Mgr Harscouët. Longue visite au général de Gaulle au ministère de la guerre : presque une heure [3]. J'ai reçu ensuite l'évêque de Saint-Flour Pinson. Rencontré au Quai d'Orsay MM. de Monicault et Guérin. Journée bien occupée. Mais jusqu'ici avec tranquillité et avec paix.

24 janvier, mercredi. — Audiences : Comte Affre de Saint Rome avec un de ses collègues, le baron [ ] camériers secrets ; assistante générale des Oblates de l'Assomption ; architecte de la maison ; M. Whittemore que je garde à déjeuner. L'après-midi j'ai visité avec Pacini le recteur de l'université, le docteur Gustave Roussy qui accueille très bien ; puis le supérieur des Missions étrangères et enfin le cardinal

---

1. Dont le nonce possédait trois rapports de fouilles sur ces mosaïques (1933, 1936, 1942).

2. Par télégramme du 18 janvier, Mgr Tardini transmet l'agrément, *« osservando però che [la Santa Sede] avrebbe preferito personaggio che non fosse implicato in pubbliche controversie di partiti »* (« observant toutefois que [le Saint-Siège] aurait préféré un personnage qui ne soit pas impliqué dans des controverses publiques de partis », *Actes et documents*, n° 491, p. 679, et déjà n° 489, p. 676, n. 3). On reproche alors au philosophe résistant son plaidoyer pour les droits de l'homme lors d'une tournée de conférences en Amérique latine l'année précédente. En fait, sa nomination semble le résultat d'un compromis imposé par de Gaulle lui-même : Bidault poussait Charles Flory, dont ne voulait pas le Saint-Siège, qui aurait préféré Wladimir d'Ormesson, bref titulaire du poste en 1940 (Journal d'Ormesson, 25 mars 1948).

3. Dans le compte rendu de l'entretien à Mgr Tardini, il n'est question que du retrait de Valeri, qui n'est pas affaire de personne, et de l'envoi de Maritain, qui n'a rien de politique : *« Egli concluse diciendomi in confidenza che il passagio di Maritain al Vaticano sarebbe stato di pochi mesi, e che egli pensava di sostituirlo, in circostanze meglio chiarite, con un personaggio più qualificato e già provato della miglior tradizione diplomatica Francese »* (« Il conclut en me disant en confidence que le passage de Maritain au Vatican durerait quelques mois, et qu'il pensait le remplacer, dans des circonstances clarifiées, par un personnage plus qualifié et formé dans la meilleure tradition diplomatique française. ») En fait, Maritain restera trois ans à Rome. Rien sur la question des évêques (*Actes et documents*, n° 497 du 29 janvier, p. 686).

archevêque Suhard, que je remercie pour l'auto donnée à la nonciature ; je suis intéressé à étudier le problème de l'école qui doit être traité bientôt [1], et autres.

25 janvier, jeudi. — Audiences : M. de Maupeou camérier secret de cape et d'épée ; puis Henri Cambon ancien ministre à Sofia [2] ; Mademoiselle Rascol supérieure de la congrégation des Filles sans habit religieux [3] ; M. Caudron camérier secret de Sa Sainteté ; Mgr Debray évêque de Meaux. À déjeuner : trois archevêques Mgr Guerry d'Acrida, coadjuteur de Cambrai, Mgr Harscouët évêque de Chartres et Mgr Pinson évêque de Saint-Flour [4]. L'après-midi j'ai reçu un certain Capallier de Nice avec une lettre de D. Mussulu (Jean Noël). Je suis sorti avec le P. Kokel pour rendre visite au P. Quenard des Augustins de l'Assomption. Revenu avec le P. Maniglier je trouve avec M. Girod de l'Ain le P. Doncœur et un diplomate ; puis le chanoine Marcel Hamayon vicaire général [5].

26 janvier, vendredi. — Visites : les époux Robert Voisin amis de Polizio, et le P. Jean-Marie Lalevée, rédemptoriste capitaine aumônier. L'après-midi, ma visite avec Pacini aux ministres d'Iran et du Pérou, et à la légation de Hollande pour signer à l'occasion de la mort brutale du ministre Frédéric Gerth van Wijk. À la maison j'ai trouvé Mgr Audrain, auxiliaire de Versailles. Son évêque Roland-Gosselin va un peu mieux mais son état est toujours anormal. Mon travail jusque tard dans la nuit. Il me reste beaucoup plus à faire.

27 janvier, samedi. — Sainte messe en l'honneur de saint Jean Chrysostome et avec une pensée pour les miens d'Istanbul. Ensuite audiences : l'aumônier militaire Rodhain, et bonne entente ; M. E. della Sudda ; le P. Turillas Monzarraga de la mission espagnole, 51, rue de la Pompe ; M. Guérin de l'ambassade de France auprès du Vatican qui reste déjeuner. L'après-midi, M. Mac Donald avec sa femme et sa

---

1. La gauche laïque demande la suppression de l'aide indirecte accordée par Vichy à l'enseignement privé.

2. Henri Cambon fut ministre plénipotentiaire en Bulgarie de 1926 à 1934, ce qui correspond presque exactement au mandat de Mgr Roncalli.

3. Les Filles du Cœur de Marie ont été fondées sous la Révolution française par le jésuite Pierre-Joseph Picot de Clorivière. Marie Rascol en fut supérieure entre 1935 et 1969.

4. Un archevêque et deux évêques en fait.

5. Directeur diocésain de l'enseignement catholique.

fillette ; le capitaine aumônier Lalevée, et le soir l'aumônier jésuite Raquin de la résidence d'Istanbul. Ce matin reçu aussi le supérieur de la mission de Lyon qui a une maison à Samos.

28 janvier, 1945. — Dimanche tranquille et laborieux avec la plume en main pour préparer des rapports qui sont les premiers de Paris [1]. L'après-midi j'ai reçu M. Ponsot ex-ambassadeur de France à Istanbul [2]. Il a été très aimable, et comme toujours depuis que je le connais riche de sagesse, de clarté et de vision dans les affaires. Je suis content de l'entendre exposer sur la situation d'ici des idées qui me sont familières. Il y a malheureusement des gens qui ne les apprécient pas. Ces sacrés énergumènes au cœur pur comme les appelle l'abbé Desgranges [3].

29 janvier, lundi. — Saint François de Sales. Sainte messe pleine de souvenirs et de saintes aspirations. Aujourd'hui, 40 ans que j'ai rendu le premier service de secrétaire à Mgr Radini dans sa consécration à la Chapelle Sixtine. J'ai récité ému le *Te Deum* encore une fois. Dehors, journée exécrable, gel et neige. Je suis pourtant sorti avec Pacini pour visiter les PP. Lazaristes. Réception solennelle. Monsieur

---

1. Un mois après son arrivée, le temps de voir Bidault et de Gaulle, mais sans avoir eu connaissance de la liste des évêques indésirables, qu'il attend toujours. Parmi ces rapports, sans doute, celui du 10 février, déjà cité, sur *« la questione dei Vescovi non graditi »* (« la question des évêques indésirables ») qui définit bien la démarche de Mgr Roncalli : *« Il Nunzio Apostolico poi non aveva il compito di inquisire i Vescovi in materia di atteggiamento politico in date circostanze : ma, se mai, di difendere l'episcopato e la libertà apostolica dello stesso in faccia ad esagerazione di Governi o di partiti. Il suo compito preciso è di osservare, di raccogliere elementi du giudizio, diffondendo dappertutto una nota di mitezza e di calma e di diferire alla Santa Sede ogni cosa, attendendo di là le decisioni eventuali »* (« de plus, le nonce apostolique n'avait pas pour mission d'enquêter sur l'attitude des évêques en matière politique dans des circonstances données ; mais éventuellement de défendre l'épiscopat et sa liberté apostolique face à l'exagération de gouvernements ou de partis. Sa mission précise est d'observer, de recueillir des éléments de jugement, en répandant partout une note de douceur et de calme, et de déférer toute chose au Saint-Siège, attendant de celui-ci d'éventuelles décisions », p. 2). Cette attitude rend invraisemblable un voyage à Rome (dont on n'a pas de trace) avec l'abbé Alexandre Glasberg, juif converti et sauveur de juifs, « pour plaider devant Pie XII en faveur de l'épuration » (Lucien LAZARE, *L'Abbé Glasberg*, Paris, Éd. du Cerf, 1990, p. 41-42).

2. Ankara en fait.

3. Ces deux interlocuteurs l'ont confirmé dans sa volonté d'apaisement, le premier surtout, comme le nonce l'écrit à Mgr Tardini le 10 février. Les « énergumènes au cœur pur » sont peut-être les résistants catholiques favorables à une épuration drastique.

Robert a fait un discours rappelant les mérites de la congrégation [1]. J'ai répondu en me félicitant et en encourageant. À la maison, beaucoup de travail de préparation des rapports pour Rome. Audience secrétaire de Clermont [2].

30 janvier, mardi. — J'ai oublié hier de rappeler parmi les visiteurs le P. Lambert, jésuite, assistant de la Jeunesse française ACJF [3]. Ce matin, peu de gens, sauf le journaliste juif américain Leo D. Hochstetter avec son épouse présumée de la Croix-Rouge. Je les ai confiés à Mgr Rocco. Avec Mgr Pacini je suis sorti déjeuner chez l'ambassadeur de Belgique, le baron Guillaume, Je crois utile ce genre de rencontres. À la maison, l'aumônier Raquin et son *major*. Le soir, thé chez l'ambassadeur des États-Unis. Rencontres nouvelles et plus larges entre diplomates anciens et nouveaux.

31 janvier, mercredi. — Saint Jean Bosco. Journée de repos aujourd'hui avec les Salésiens de Meudon [4] dans le magnifique orphelinat Saint-Philippe de la fondation Galliera. Très bel endroit. Quelle merveille sans doute au printemps et en été ! J'ai célébré la sainte messe et distribué la sainte communion à tous les garçons ; j'ai assisté ensuite à la grand-messe célébrée par le curé du lieu, et accompagnée par un bon chant grégorien [5]. Repas très gai avec les garçons, mes paroles en français, comme toujours avec les souvenirs de don Bosco. Puis j'ai assisté au petit théâtre. En somme, journée de réconfort et de bons contacts. Le soir, j'ai reçu les premières correspondances d'Istanbul.

1er février, jeudi. — Aujourd'hui peu d'audiences : Mgr Georges Duménil, vicaire général d'Autun : on voit le bon prélat. Puis M. Le Breton, secrétaire général du Comité national des prisonniers de guerre et déportés. Je crois qu'il est parti content : *Bonus odor Christi.* L'esprit un peu affligé par les courriers d'hier d'Istanbul, et aujourd'hui d'Athènes. Le cœur

1. La maison mère des Lazaristes se trouve 95, rue de Sèvres, dans le VIe arrondissement.

2. Pour parler de son évêque, Mgr Gabriel Piguet, alors déporté à Dachau d'où il ne sera libéré qu'à la fin d'avril.

3. Il s'agit de l'Association catholique de la jeunesse française, fondée en 1886, qui fédère de façon assez souple les mouvements spécialisés par milieu nés au cours des années 1920-1930. Arsène Lambert en est aumônier général depuis 1936.

4. Banlieue ouest de Paris, diocèse de Versailles.

5. Que le nonce apprécie beaucoup, comme on pourra le constater ultérieurement.

aussi a ses raisons, que la raison ne connaît pas. Dans la journée, j'ai écrit des lettres au cardinal Tisserant et à Mgr Valeri, pour envoi [1].

2 février, vendredi. — Chandeleur. Réception d'une vingtaine de prêtres de toute la France réunis pour la question de l'école [2]. Effusion que j'espère utile de sentiments et d'orientations. Rencontre fugitive avec l'ex-évêque de Laval. L'après-midi je suis sorti me promener pour la première fois le long de la Seine, jusqu'à la tour Eiffel, en revenant par le pont de l'Alma. Il serait bon que je fasse souvent cette promenade. À la maison toujours du travail ; mais quelques distractions en lisant çà et là.

3 février, samedi. — Audiences : le supérieur des Frères des écoles chrétiennes, frère François de Sales intérim du Général ; le vice-supérieur des Sulpiciens : Pierre Boisard. Puis les professeurs Le Bras de la Sorbonne, Robert d'Harcourt, de l'Institut catholique et Émile Coornaert, du Collège de France : trois bons laïcs intéressés aux questions actuelles et désireux de pacification [3]. L'après-midi, le P. Bernard avec un confrère de la Grande Chartreuse de Grenoble. Je suis sorti en auto avec Pacini pour rendre sa visite au ministre Argyropoulos de Grèce.

4 février, dimanche. — Dimanche bien occupé mais reposant en même temps. Le goût des livres occupe un peu trop mes mains et mon temps. Cela retarde d'autant l'exécution de mes tâches premières ; et c'est un petit supplice que je porte dans mon âme. Seigneur Jésus ayez pitié de moi, votre serviteur plein de bonne volonté, mais paresseux dans l'effort de renonciation à ce qui me plaît le plus : même si dans les livres je ne cherche que vous et ce qui est amour, lumière et votre grâce.

5 février, lundi. — Nombreuses et longues audiences : comtesse de Fontgalland, mère de Guy [4] ; ministre de

---

1. Dans la lettre à son prédécesseur (datée du 29 janvier), il affirme *« che nel passagio da un Nunzio all'altro non c'era soluzione di continuità »* (« que dans le passage d'un nonce à l'autre il n'y a pas de solution de continuité »).
2. Il serait bien intéressant de savoir ce qui s'est dit en cette occasion.
3. La notation mérite attention, car ces trois universitaires (juriste, germaniste et historien) sont d'esprit nettement résistant.
4. Enfant très pieux, mort à onze ans en 1925, dont la cause de béatification fut ouverte à Paris en 1932.

Tchécoslovaquie ; P. Lambert Beauduin, bénédictin [1]. À 16 h M. Ferretti qui m'apporte le Virgile des Arts Graphiques ; P. Quenard, Général des Assomptionnistes ; comte Wladimir d'Ormesson, ex-ambassadeur auprès du Vatican. Je pourrais être plus bref, et je serais moins imparfait. Mais une impulsion intérieure me pousse à me répandre, avec une intention droite [2]. J'ai eu à déjeuner M. Raymond Pons, nommé consul à Dirédaoua en Abyssinie.

6 février, mardi. — Audiences : la comtesse de Fontgalland, mère du petit serviteur de Dieu, Guy, mort à 11 ans, dont la cause a pourtant été mise de côté [3] <elle m'a envoyé livres et images> ; le P. Grumel Venance, savant byzantinologue et relation très chère d'Istanbul ; le nouveau ministre du Liban : un musulman. L'après-midi, longue conversation avec M. François Veuillot, lui aussi journaliste et neveu du grand Louis [4]. Parmi les visiteurs d'aujourd'hui, M. Pichon, journaliste de *L'Époque* et M. Keussi, fils du brave Keussi d'Istanbul.

<Reçu également le député de Paris Joseph Denais [5].>

1. Le religieux belge, fondateur du prieuré pour l'union des chrétiens d'Amay-Chevetogne est une vieille connaissance des années 1920 pour Mgr Roncalli (voir Raymond LONBEEK et Jacques MORTIAU, *Un pionnier, Dom Lambert Beauduin, 1873-1960*, Louvain-Chevetogne, 2001, p. 1464-1469, qui accordent sur ce point trop de confiance aux témoignages du religieux et de ses amis).

2. C'est d'ailleurs ce que lui reprocheront nombre de ses interlocuteurs français : un flot de paroles où il est difficile de repérer l'essentiel. « *La mia facilità di parola mi sospinge sovente alla esuberanza nelle mie manifestazioni verbali. Attento, attento : saper tacere : saper parlare con misura : sapermi astenere dal giudicare le persone, e le tendenze, se non quando ciò è imposto dai miei Superiori e dagli interessi più gravi. In tutto dir meno <che più>, e timore di dire troppo* » (« Ma facilité de parole me pousse souvent à l'exubérance dans mes manifestations verbales. Attention, attention : savoir se taire, savoir parler avec mesure, savoir m'abstenir de juger les personnes, et les tendances, sauf lorsque cela m'est imposé par mes supérieurs et par les intérêts les plus graves. En tout, dire plutôt moins <que plus>, et crainte de dire trop »), écrira-t-il quelques semaines plus tard lors de sa retraite à Solesmes des 26 mars-2 avril (*Il Giornale dell'anima. Soliloqui, note e diari spirituali*, édition critique et notes d'Alberto MELLONI, Bologne, 2003, p. 386).

3. La cause de son fils a en effet été bloquée par la Congrégation des Rites en 1941.

4. Le nonce a depuis longtemps une vive admiration pour Louis Veuillot.

5. Joseph Denais est une personnalité de la droite catholique parisienne qui sera réélu sous l'étiquette du Parti républicain de la liberté en octobre 1945.

7 février, mercredi. — Audiences : Mgr Bottinelli, vieille connaissance [1] ; Mgr Le Hunsec, évêque, supérieur des Pères du Saint-Esprit avec l'économe général ; la supérieure générale et l'économe des Dames de Sion ; la supérieure assistante des Missionnaires du Sacré-Cœur de la Bienheureuse Françoise Cabrini ; le prince de Béarn et de Chalais, ma connaissance de Lourdes 1930 ; le marquis de Polignac.

Mgr Pacini est parti pour la Belgique. L'après-midi, gros travail pour écrire à Mgr Testa à Athènes et à don Di Lernia. Le soir, un peu fatigué, mais content. Bossuet m'apprend à me méfier de moi-même, et en même temps à chercher le repos en Dieu.

8 février, jeudi. — Audiences du matin : Mgr Courcoux, évêque d'Orléans ; le P. Boudon, provincial des Pères blancs ; M. G. V. Sampieri de la Soc. Film.

J'ai eu à déjeuner le comte Balinski Jundzill, Polonais.

L'après-midi, je suis sorti à pied avec Mgr Rocco jusqu'au Quai d'Orsay, et ensuite seul jusqu'aux premiers bouquinistes après la station ferroviaire de Paris-Orléans. Au retour, j'entends dire qu'au ministère des Affaires étrangères on se lamente sur mes visites différées au ministère de l'Intérieur. Et dire que j'attends depuis un mois un signe à cet égard [2]...

9 février, vendredi. — Audiences : le P. Demaux-Lagrange, inspecteur des Jésuites ; don Martino de Martini, de Corse, jadis mon compagnon et puis mon cadet au séminaire romain, aujourd'hui vicaire à Saint-François de Sales ; l'ex-ambassadeur de Grande-Bretagne à Ankara, aujourd'hui ambassadeur à Bruxelles Knachtbull-Hugessen, visite qui m'a fait particulièrement plaisir. L'après-midi, l'abbé Jacquin [3] qui m'a accompagné chez le cardinal Suhard : longue conversation avec son Éminence : ex-évêque de Laval [4], dispense pour la messe de sainte Thérèse à Notre-Dame, affaires courantes.

---

1. Cet aumônier de lycée (Janson-de-Sailly, XVIe arrondissement) a rencontré Mgr Roncalli en Bulgarie, lors d'un voyage de la Mission catholique universitaire qu'il dirige (voir plus loin en date du 10 mars).

2. En fait, selon le témoignage d'André Latreille, c'est bien le ministre de l'Intérieur qui a fait lanterner le nonce (p. 52).

3. Ce prêtre, qui travaille à l'Institut catholique de Paris, a envoyé au nonce sa thèse : *Le P. Taparelli d'Azeglio (1793-1862). Sa vie, son action, son œuvre*, Paris, Lethielleux, 1943 (lettre de remerciement de janvier 1945) ; il l'aidera ensuite pour la rédaction et la traduction de plusieurs de ses interventions.

4. Il doit s'agir de Mgr Joseph Marcadé, nommé en 1936 et démissionnaire en 1938, car compromis dans une affaire d'homosexualité ; il a

10 février, samedi. — Aujourd'hui peu d'audiences. À midi le colonel [ ] chef des aumôniers militaires américains qui reste déjeuner. Prêtre sérieux et intéressant : on voit l'élève de Rome. Puis la *dottoressa* Mlle Annita Maria Ferrari, arrivée de Rome avec le courrier du Vatican : on voit une âme choisie pour le bon apostolat [1]. Longue conversation avec rappels à la vieille Action catholique, hommes et choses. Reçu aussi M. Henri Louis Dubly qui aspire à devenir camérier secret de cape et d'épée. Les lettres de Rome m'ont longuement occupé.

11 février, dimanche. — Recueillement à la maison et mauvais temps. J'ai eu à déjeuner Mgr Walter Carroll qui rentre d'Amérique à la Secrétairerie d'État où il est attaché. Il me rapporte des choses importantes sur le jugement défavorable des Américains sur la France à propos de l'épuration et de la façon dont elle s'impose à l'Église comme si celle-ci était à sa disposition [2]. L'après-midi, visite aux Jésuites de la rue de Grenelle où j'ai admiré leur bâtiment et reconnu plusieurs pères, parmi lesquels le P. Panici, l'orateur de Notre-Dame qui m'a offert ses derniers carêmes : 1941-42-43-44. Braves gens, toujours.

12 janvier [sic] *lundi.* — Ce matin j'ai célébré pour l'âme du Saint Père Pie XI, 6 ans après sa mort. *Pontifex gloriosus.* Audiences : Mgr Chappoulie à qui j'ai proposé la journée du pape autour de sainte Thérèse de l'enfant Jésus ; la baronne de Hart ; M. Robert Chatest ; les Petites sœurs de Jésus, selon le P. de Foucauld : sœur Madeleine et sœur Mathilde. L'après-midi, visite rendue au ministre Jindrich Nosek de Tchécoslovaquie. Audience : la supérieure des Sœurs missionnaires de l'Esprit-Saint, et l'abbé Gilloz et Mlle Maddalena Locatelli de Paladina, nurse dans la famille d'Ormesson.

13 février, mardi. — Audiences : Association pour l'aide aux œuvres de la campagne. Il y avait 8 personnes : 3 hommes et 5 femmes. J'ai suggéré le rapprochement avec le séminaire pour les campagnes, de formation récente [3]. Inspecteur des

---

été remplacé par Mgr Paul Richaud (voir *Les Carnets du cardinal Alfred Baudrillart. 20 novembre 1935-11 avril 1939*, Paris, Éd. du Cerf, 1996, index).

1. Responsable de l'Associazione Educatrice Italiana, que le nonce va voir souvent.

2. Mgr Roncalli ne discute pas l'opinion de son interlocuteur, qu'il semble donc partager.

3. C'est ainsi que le nonce désigne, à tort, le séminaire de la Mission de France installé à Lisieux (voir plus loin en date du 24 février 1946). Fondée en 1854 par des aristocrates et devenue archiconfrérie en 1892,

pères Salésiens et directeur de Meudon. Provincial des Dominicains et supérieur. À midi, déjeuner avec le marquis de Maillardoz, secrétaire de Bernardino Nogara [1]. L'après-midi à 3 h chanoine Hamayon et professeur Coornaert ; puis réception à l'Alliance française [2] et conférence du professeur Siegfried. À la maison, Mgr Carroll à dîner. Retour de Bruxelles de Mgr Pacini.

14 février, mercredi. — Premier jour de carême. Je n'ai pas reçu les saintes cendres mais j'ai sanctifié par la prière nocturne l'entrée dans le temps sacré. Le matin, plusieurs audiences, mais peu importantes. J'ai écouté le récit de voyage de Mgr Pacini à Bruxelles. Si Sparte pleure, Messène ne rit pas. L'après-midi je suis sorti à pied avec le même Mgr Pacini : visite au saint sacrement et à une librairie. À la maison, bon travail de préparation de la correspondance. Je sanctifierai le carême par des cendres et un cilice spirituels.

15 janvier [sic] *jeudi.* — Audiences : j'ai oublié hier parmi les visites le nom du P. Merklen, directeur de *La Croix.* Ce matin, le chanoine Charles Landry, attaché à la curie [3] ; les deux frères Charles et Rodolphe, archiducs d'Autriche ; Mgr Babini. L'après-midi, je suis allé avec Mgr Rocco rendre ses visites au ministre de Syrie et du Liban, puis nous sommes montés à Montmartre visiter la basilique du Sacré-Cœur et l'église Saint-Pierre. Le soir, bon travail et bonne causette à la maison avec mes collaborateurs.

16 février, vendredi. — Audiences : baron de Fontenay, ex-président du Conseil municipal de Paris : très bon catholique de la résistance ; l'abbé Martino de Martini, mon compagnon au séminaire romain. L'après-midi, longue promenade à pied avec Mgr Pacini, jusque chez le tailleur Oliva. Je me suis un peu fatigué : cela m'a peut-être fait du bien. Puis gros travail pour répondre à la S. C. Orientale : j'ai

---

l'Œuvre des campagnes, qui touche plusieurs milliers de prêtres, soutient toutes les formes d'apostolat rural (Éric MENSION-RIGAU, *Le Donjon et le Clocher. Nobles et curés de campagne de 1850 à nos jours*, Paris, Perrin, 2003, p. 438-439).

1. Laïc responsable de l'Administration spéciale du Saint-Siège qui gère les fonds versés par le gouvernement italien au titre de la convention financière annexée au traité du Latran du 11 février 1929.

2. Association créée en 1883 pour diffuser la langue et la culture françaises à travers le monde ; ses foyers fonctionnent alors en Amérique latine, en Europe occidentale et en Asie du Sud-Est, principalement.

3. De l'archevêché de Paris.

écrit et corrigé pour mieux copier. C'est ainsi que cela doit être. Le soir, Mgr Carroll est venu me saluer avant son départ.

17 février, samedi. — Audiences : abbé de Foucauld nommé supérieur de l'Œuvre apostolique [1]. On voit le bon prêtre. À 10 h M. Latreille avec Ferretti : intéressante conversation : la question des évêques indésirables. Ce Latreille me semble un bon catholique [2]. À 11 h 30 ma visite au ministre de l'Intérieur, Tixier, socialiste modéré [3]. De fait, se montre un brave homme et honnête. À la maison, reçu ensuite le baron Pernaud [4], sénateur du Puy-de-Dôme, et dans l'après-midi le Franciscain G. M. Anglade. J'ai visité ensuite la belle église historique de Saint-Sulpice avec Mgr Rocco.

18 février, dimanche. — Je veux sanctifier plus intensément ces dimanches de carême. Aujourd'hui je n'ai pas eu d'audiences en dehors de la famille Della Sudda et de Mgr Forni, arrivé hier soir en route vers Rome. À 17 h je me suis rendu à Notre-Dame pour écouter le P. Panici, jésuite, qui en est à sa cinquième année. La première mesure avec des

---

1. L'Œuvre apostolique a été fondée en 1838 pour aider matériellement les missions.

2. Professeur d'histoire moderne à l'université de Poitiers, spécialiste des relations Église-État et résistant éminent, André Latreille a été nommé sous-directeur des cultes au ministère de l'Intérieur le 27 novembre 1944. C'est en effet un catholique notoire, de souche lyonnaise. Son journal donne un son de cloche assez différent : « Il développe la manière d'interpréter les événements qui doit avoir cours au Vatican : les évêques n'ont pas commis de faute, ils se sont parfois trompés ; mais ne sont-ils pas victimes aujourd'hui d'une poignée d'agités ? J'ai quelque peine à exposer, avec toute la courtoisie, mais aussi la fermeté, voire l'émotion nécessaire, le point de vue qui est moins celui du gouvernement [...] que celui des catholiques résistants. Les évêques ont eu une lourde responsabilité. Par leur silence presque tous, par leurs déclarations et leur attitude quelques-uns, ils ont donné l'impression de manquer au devoir d'appliquer les principes et la doctrine pontificale au temps où nous vivons. D'où un véritable drame de la conscience française, surtout chez les catholiques résistants. Et aujourd'hui une réaction naturelle » (*De Gaulle, la libération et l'Église catholique*, p. 60).

3. D'après Latreille, le nonce se fait des illusions. Adrien Tixier est un laïque convaincu, mais qui ne connaît pas le dossier : il n'était pas en France pendant la guerre. Il lance quatre noms : Arras, Mende, Saint-Claude, mais aussi Saint-Dié, dont le titulaire, Mgr Émile Blanchet, a eu une conduite irréprochable et se trouve sur la liste Bidault des promouvables à un archevêché.

4. Problème : il n'existe pas de sénateur du Puy-de-Dôme de ce nom. Le catholique Georges *Pernot* sera réélu sénateur (conseiller de la République) du Doubs en 1946. Il pourrait s'agir de Jacques *Bardoux*, élu sénateur (conservateur) du Puy-de-Dôme en 1938, que le nonce recevra le 15 juin 1945.

mots durs et méprisants pour les Allemands qu'il a fallu supporter 4 ans ne fut certes conforme ni à l'esprit de saint François de Sales ni à celui de Bossuet [1]. Le reste fut bon, bien que d'un ton un peu emphatique.

19 février, lundi. — Audiences : extrêmement agréable celle de Mgr Loutil (Pierre l'Ermite [2]). Puis l'abbé de Solesmes, la directrice de la Légion de Marie avec un jeune aumônier et un propagandiste de l'œuvre ; et un P. dominicain professeur à l'Institut. L'après-midi, visite à *La Croix*. Mes paroles sur l'esprit du Nouveau Testament dont elle doit s'inspirer toujours davantage. J'ai rappelé le « Dictum est antiquis » et le *« ego autem dico vobis »*.

20 février, mardi. — Anniversaire : le VIe de ma chère maman [3]. Ma sainte protectrice. Visites particulièrement intéressantes : le ministre Casteran, connaissance d'Athènes, et l'après-midi le chanoine Arquillière, doyen de la faculté de théologie de Paris qui m'a offert un beau volume de lui [4], et l'abbé Pierre, un esprit exalté mais intéressant [5] ; les deux bénédictins Lambert Beauduin et Jean Leclercq, ainsi qu'un Mgr consulteur de l'ambassade française à Madrid <Mgr Boyer-Mas>, et Dominique et Marie Roland-Gosselin.

21 février, mercredi. — Ce matin, longue audience de Mgr Ruch, évêque de Strasbourg, que j'ai retenu à déjeuner avec son secrétaire, et avec l'abbé de Solesmes, le Mgr consulteur et nous autres de la maison. L'après-midi je suis sorti avec Mgr Rocco pour acheter de vieux livres : Guéranger, Faber, œuvres de saint Léon le Grand [6]. Le soir, le chanoine

---

1. Très critiqué pour son soutien au régime de Vichy, le jésuite a sans doute voulu en rajouter un peu pour se dédouaner. La remarque n'en est pas moins intéressante : Roncalli ne comprend pas l'esprit de revanche qui se manifeste alors en France, jusque dans la chaire de Notre-Dame.

2. Curé de Saint-François-de-Sales, dans le XVIIe arrondissement ; journaliste et écrivain très connu sous ce nom de plume.

3. Décédée en effet le 20 février 1939.

4. Sans doute *L'Augustinisme politique* (Paris, J. Vrin, 1934), qui figurait dans la bibliothèque du nonce.

5. Il s'agit d'Henri Grouès, plus connu sous le nom d'abbé Pierre : prêtre du diocèse de Grenoble après une formation chez les capucins, il s'est engagé activement dans les maquis des Alpes. Il l'invite peut-être à la conférence qu'il fera au Palais de Chaillot le 23 avril, *Juillet 1942-Juin 1944. 23 mois de vie clandestine*, dont Mgr Roncalli possédait un exemplaire.

6. Dans la bibliothèque du nonce, on trouvait : du premier, *Sainte Cécile et la société romaine aux deux premiers siècles*, Paris, Firmin-Didot frères, 1874, et quatre ouvrages du second.

Hamayon et le comte de Saint Lorenzis. Préparation d'une lettre pour ma famille et le curé Birolini [1]. Ce soir, derniers échanges avec le cher Mgr Forni qui repart pour Rome.

22 février, jeudi. — Parmi les audiences : le professeur Leroy, consulteur juridique au ministère des Affaires étrangères [2] ; Mgr Delépine, recteur de l'université de Lille [3] ; M. Reverdy, de *La Croix* et plusieurs autres.

L'après-midi, longue promenade à pied le long du fleuve jusqu'au Louvre, et retour par la place de la Concorde et les principaux monuments de Paris. Il faut reconnaître la grandeur et la splendeur de cette vraie capitale. Le soir, un peu fatigué : mais cette promenade me fait du bien.

23 janvier [sic] *vendredi.* — Audiences : le P. Dugast, secrétaire général des Frères de saint Vincent ; Jacques Zeiller, vice-président des Conférences Saint-Vincent-de-Paul ; abbé Yves-Paul de Gibon, de l'association « Pour l'Unité » avec deux jeunes que j'encourage [4] ; abbé Jean Prat, de Nevers ; princesse de la Moskowa née Bonaparte. L'après-midi, l'assistante et l'économe des sœurs de notre maison.

Les habits de chez Gammarelli sont arrivés : rien moins que 108 000 lires italiennes avec en plus le chapeau qui coûte 1 500 lires. Vanitas vanitatum.

<Reçu aussi M. Le Cour Grandmaison, vice-président de la Fédération catholique (Castelnau [5]).>

24 février, samedi. — Audiences assez longues et un peu pesantes : avant et après le déjeuner : M. Ristic, ministre de Yougoslavie ; trois membres de la Drac : un père de Sion, un

---

1. Depuis 1924 curé de Sotto il Monte, village bergamasque dont le nonce est originaire (lettre datée du 20 et publiée dans *Souvenirs d'un nonce*, p. 125).

2. Il existe un fonctionnaire du nom de Jean Le Roy au Quai d'Orsay, mais est-ce lui dont il s'agit ?

3. Des *Facultés catholiques* de Lille.

4. L'aumônier du lycée Henri-IV (Ve arrondissement) appartient donc au mouvement du père Marcelin Fillère et de l'abbé André Richard, sur lequel voir plus loin en date du 3 janvier 1946.

5. La Fédération nationale catholique a été fondée en 1924-1925 par le général Édouard de Curières de Castelnau (mort en 1944) pour s'opposer aux projets anticléricaux du Cartel des gauches. L'Assemblée des cardinaux et archevêques va la transformer le 18 juin 1945 en Fédération nationale d'Action catholique, c'est-à-dire en mouvement d'Action catholique générale pour les hommes, sous la houlette de son adjoint, Jean Le Cour Grandmaison, qui fut député conservateur de Loire-Inférieure entre 1919 et 1940.

Eudiste, un Jésuite [1] ; le *commendatore dottore* Giuseppe Filippucci-Giustiniani, secrétaire général de l'Assistenza Italiani ; Mlle Annita Ferrari avec madame Paon ; les époux Baron de l'Orme, de l'Ordre du Saint-Sépulcre ; le marquis de Maillardoz, etc. Journée un peu fatigante, qui finit dans une certaine tristesse. Mais c'est pourtant nécessaire, et c'est beau aussi de souffrir un peu ainsi, pour implorer assistance et obtenir plus de grâce.

25 février, dimanche. — Aujourd'hui, visite solennelle : Son Éminence le cardinal Suhard, pour la première fois. Le chanoine Hamayon l'accompagnait. Hier il avait été reçu en audience par de Gaulle. Nouvelles encourageantes à propos de l'école [2]. Puis j'ai reçu M. Le Roy, fils du moderniste Édouard [3]. C'est un bon catholique. Il me disait entre autres choses que la culture du clergé français est en baisse. L'après-midi, je me suis rendu à Notre-Dame pour la prédication du P. Panici : cela m'a plu davantage que dimanche dernier. À la maison, reçu Mlle Annita Ferrari qui repart pour Rome.

26 février, lundi. — Je me suis levé avec un gros rhume qu'il me faut garder au calme. Audiences : abbé Prévost, fondateur et directeur d'« Ad Lucem [4] » ; abbé Rodhain avec MM. Lallement et Denis [5]. 4 sœurs Poverelle qui assistent les Italiens (Fr. 2000 [6]). L'après-midi, j'ai visité avec Rocco l'ambassadeur d'Amérique ; puis les Lazaristes où je me suis

---

1. Ligue des Droits du religieux ancien combattant, créée en 1924 pour s'opposer aux menaces d'expulsion du Cartel des gauches. Ses dirigeants viennent probablement s'inquiéter auprès du nonce du sort des mesures prises par Vichy en faveur des congrégations, sans reconnaissance officielle toutefois (sur ce problème, voir André LATREILLE, p. 75-92).

2. L'offensive laïque contre l'aide au secteur privé prend de l'ampleur...

3. Édouard Le Roy est en effet l'un des principaux philosophes accusés naguère de modernisme, accusation que le nonce reprend à son compte. L'essentiel de son œuvre a été mis à l'Index en 1931. Disciple et successeur de Henri Bergson au Collège de France, il sera élu à l'Académie française sur le siège de son maître à la fin de l'année 1945.

4. Mouvement pour un laïcat missionnaire, fondé à Lille en 1931, et confié pour peu de temps encore à l'abbé Robert Prévost, 1895-1980 (dont on lira avec précaution le témoignage : *Dieu n'échoue pas*, Paris, Téqui, t. II, 1983, p. 247-286).

5. Louis Lallement et Maurice Denis sont les adjoints de l'abbé Rodhain au Centre international de l'aumônerie catholique qui s'est réuni à Paris le 14 février (Jean COLSON et Charles KLEIN, p. 221).

6. Les « Suore Poverelle dell'Istituto Beato Luigi Palazzolo » ont été fondées à Bergame en 1869 ; elles ont commencé à s'intéresser aux émigrés à partir de 1931.

confessé au P. Fugazza [1] ; j'ai apporté une lettre pour Mgr Le Hunsec, malade ; de retour j'ai reçu le prof. Latreille [2], et Mgr Feltin, archevêque de Bordeaux. Le soir, toujours plus fatigué.

27 février, mardi. — Toujours enrhumé, mais j'ai reçu tout le monde avec courage : abbé Chéruel de la Commission scolaire [3] ; amiral d'Argenlieu (provincial des Carmes [4]) ; P. d'Ouince s. j. directeur des *Études* [5] ; archevêques Dubourg de Besançon ; Chollet de Cambrai ; Leynaud d'Alger ; Moussaron d'Albi ; Marmottin de Reims [6]. Le soir, j'ai accueilli le jeune abbé Ghesquière et reçu également le comte de Montbas, ex-ministre plénipotentiaire venu s'occuper de son fils interné en Allemagne.

28 février, mercredi. — Audiences : importante : Gaston Tessier, secrétaire général de la CFTC du syndicalisme chrétien ; ensuite Mgr Grente, évêque du Mans. À 19 h 30 je suis allé dîner à l'archevêché avec les cardinaux et archevêques [7]. Je me sentais très bien. À la fin, pourtant, j'ai voulu répondre à un beau salut qui me fut adressé par le cardinal Suhard au nom de l'épiscopat, et je fus mécontent à la fois du contenu et de la langue. Ce mécontentement me causa mortification et affliction. J'offre tout au Seigneur, et je ferai davantage attention.

1er mars, jeudi. — Parmi les nombreuses visites d'aujourd'hui, à noter : André Voisin, secrétaire de l'Amitié

---

1. Traditionnellement, les Lazaristes de la maison mère font office de confesseurs pour la nonciature.
2. Celui-ci note une amélioration de l'atmosphère (p. 62).
3. Prêtre breton résistant, membre de la commission de réforme de l'enseignement dirigé par le socialiste protestant André Philip, qui échouera.
4. Officier de marine entré chez les Carmes en 1920 sous le nom de Louis de la Trinité, et provincial pour le nord de la France en 1932, Georges Thierry d'Argenlieu fut mobilisé en 1939. Il rejoignit le général de Gaulle à Londres en 1940, qui le nomma haut-commissaire pour le Pacifique en 1941, puis commandant des Forces navales françaises libres en 1943, avec le titre d'amiral (voir François FORONDA, « Le dernier moine-soldat : l'amiral Thierry d'Argenlieu », *Revue historique des armées*, n° 204, septembre 1996, p. 73-88).
5. La grande revue jésuite française.
6. Éventail assez complet des membres de l'Assemblée des cardinaux et archevêques : de droite à gauche, en fonction de leur attitude pendant la guerre : Marmottin, Chollet, Leynaud, Dubourg et Moussaron.
7. Le nonce ne participe pas à l'Assemblée des cardinaux et archevêques, bien qu'il rencontre séparément plusieurs de ses membres.

française [1] ; l'évêque du Puy Mgr Martin ; le vicaire de Blois Mgr Rousseau [2] ; Messieurs Mione* et Venturini, du Comité de libération de Bordeaux [3] ; j'ai eu à midi l'archevêque-évêque [4] du Mans Mgr Grente et l'archevêque de Besançon Dubourg. Le soir, assez fatigué, mais content. À noter aussi parmi les visiteurs le jeune archiviste Bernard Mahieu, que je reverrai.

2 mars, vendredi. — Sixième anniversaire de l'élection du Saint Père. *Dnus vivificet eum.* Visites : le vicaire général de Saint-Brieuc [5] ; le supérieur général des Pères de Sion, le P. Colson ; les évêques de Valence Pic, de Lourdes Choquet, de Luçon Cazaux. Le soir, grande heure de prière à Saint-Sulpice autour des reliques de sainte Thérèse et devant la sainte Eucharistie. J'ai donné la bénédiction du saint sacrement. L'archevêque d'Albi a très bien prêché. Réunion vraiment imposante de clergé séculier et régulier. Très simple et très belle. Grande ferveur.

3 mars, samedi. — À 9 h 30 j'ai assisté en cappa magna dans la paroisse de Saint-François Xavier à la messe pontificale de Mgr Le Hunsec pour sainte Thérèse, foule très imposante de coopérateurs missionnaires. À 12 h 30, déjeuner à la maison pour les trois cardinaux Liénart, Suhard, Gerlier et 14 archevêques. Tout a bien marché. J'ai fait prendre aussi une photo. J'ai conversé aimablement avec tous. Puis conversations particulières avec les évêques de Nevers et de Laval. Quant au reste, j'ai peu conclu, et je dois donc beaucoup travailler. Parmi les évêques, également Poitiers.

4 mars, dimanche. — J'ai chanté ce matin pour la première fois la messe pontificale à Notre-Dame en l'honneur de sainte

---

1. Il s'agit peut-être du mouvement que dirige l'intellectuel catholique résistant Stanislas Fumet, autour de l'hebdomadaire *Temps présent* (mais on ne trouve pas trace dans l'Agenda de la conversation avec le nonce, non datée, qu'il relate dans ses souvenirs, *Histoire de Dieu dans ma vie*, Paris, Éd. du Cerf, 2002, 2e éd., p. 542-543).
2. Vicaire général bien sûr (voir plus loin en date du 5 mars).
3. Ils sont certainement venus lui parler du cas de l'archevêque, Mgr Maurice Feltin, alors très critiqué pour son soutien notoire au régime de Vichy.
4. Le Mans est le siège d'un évêché, mais Mgr Georges Grente est archevêque à titre personnel depuis 1943.
5. *Un* vicaire général (car il y en a deux) sans doute sur le cas de l'évêque, Mgr François Serrand, lui aussi menacé d'épuration.

Thérèse, 3 cardinaux et environ 40 évêques étant présents [1]. À l'évangile, belles paroles du cardinal Suhard en l'honneur du nonce apostolique. Tout est bien. Moyens simples, gros effet. Credo grégorien chanté par le peuple : inoubliable. L'après-midi, manifestation splendide dans Notre-Dame et au dehors. J'étais en cappa magna. Beau discours de Thellier de Poncheville [2] : mais toujours la France et tout pour la France et rien que la France au ciel, sur terre, en tout lieu. Pourtant il faut comprendre et être indulgent [3].

5 mars, lundi. — Audiences : Daniel-Rops ; Mgr Rousseau de Blois [4] ; chanoine Bouniol, vicaire général de Mende [5] ; nouveau chargé d'affaires des Pays-Bas.

Le soir, l'abbé Prévost d'« Ad Lucem ».

Audience la plus importante : celle du P. Épagneul, supérieur des *Frères missionnaires des campagnes*, heureuse initiative qui me semble mériter une totale bienveillance [6].

6 mars, mardi. — Audiences : abbé de Gibon, aumônier du lycée Henri-IV ; le journaliste Pichon ; le *commendatore* Domenico Russo. Le soir, le P. Braun s. j. avec le comte Marquiset de Laumont, deux hommes qui projettent une *Œuvre de secours catholique international*, qu'ils voudraient faire approuver par le Vatican. Ces initiatives se multiplient en France. On ne peut les encourager toutes [7]. L'après-midi est

---

1. Jour de la proclamation de la carmélite de Lisieux comme patronne secondaire de la France.

2. Journaliste, conférencier et prédicateur de talent, l'abbé Charles Thellier de Poncheville, originaire de Valenciennes, est alors l'un des orateurs catholiques les plus réputés.

3. Réflexion qui confirme la réserve du nonce envers le regain d'un patriotisme jugé outrancier, au sein du catholicisme français après la Libération.

4. Évêque auxiliaire et vicaire général, sans doute pour la succession de Mgr Georges Audollent, décédé le 10 novembre 1944.

5. « Ayant été mal informé, j'ai pris vis-à-vis du maquis une attitude qu'aujourd'hui mieux informé je ne prendrais pas [refus d'aumônier]. À cause de cette attitude, je suis mis dans l'obligation par les chefs du maquis de m'éloigner de mon diocèse », écrivait en septembre 1944 Mgr François Auvity, du monastère aveyronnais où il était réfugié (Marc Minier, *L'Épiscopat français du Ralliement à Vatican II*, Padoue, CEDAM, 1982, p. 166).

6. Première rencontre avec cette entreprise missionnaire née en 1943 ; la seule que le nonce va soutenir activement (dans son témoignage, le père Michel-Dominique Épagneul se trompe donc d'un mois, puisqu'il donne le 5 février comme date de cette entrevue, *Semailles en terre de France*, Paris, Éd. SOS, 1976, p. 162-167).

7. Sollicité par les deux parties, le nonce voit bien le risque de concur-

venu aussi le professeur Charles De Clercq, Belge de ma connaissance. Je suis sorti avec lui pour une promenade. C'est un sujet qui pourrait bien faire, mais il a trop confiance dans ses ressources personnelles.

7 mars, mercredi. — Saint Thomas d'Aquin. J'ai chanté la messe pontificale aux « Carmes » au milieu de la jeunesse de l'Institut catholique : église sanguinolente des souvenirs du martyre et des aberrations humaines [1], mais froide et sombre. Beau discours de l'abbé Rupp. Ensuite, au salon un peu misérable de l'Institut, belle séance des cours de théologie avec deux dissertations : une sur le sens littéral de la sainte Écriture ; l'autre sur la liberté d'enseignement. Elle s'est achevée sur mes paroles en humble français, qui fut pourtant accueilli avec une sympathie évidente. Repas chez le pro-recteur Mgr Calvet dans l'appartement du cardinal Baudrillart, lui aussi plein de tristesse et de souvenirs [2]. J'étais avec Pacini et Rocco et avec plusieurs notabilités du clergé parisien.

Au retour, j'ai eu une brève rencontre avec un certain curé de campagne des environs de Versailles qui m'a connu à Rome chez Mgr Viganò et qui est un savoyard un peu italien. À 16 h audience du ministre Bidault aux Affaires étrangères. Heureuse rencontre : 1) Note du pape au sujet des Marocains qui ont occupé l'Italie [3]. 2) Intérêt pour les Italiens internés en France. 3) L'affaire des évêques toujours brûlante. 4) Invitation pour un repas à la nonciature acceptée [4].

---

rence entre le projet Rodhain et le projet toulousain. Armand Marquiset fondera en 1946 les Petits Frères des pauvres.

1. Nette prise de position contre l'anticléricalisme sanglant de la Révolution française : aux Carmes ont été massacrés, les 2, 3 et 4 septembre 1792, plus de cent prêtres accusés de menées contre-révolutionnaires.

2. Le recteur Alfred Baudrillart est mort le 19 mai 1942, après avoir pris des positions favorables à la collaboration.

3. La question a été soulevée le mois précédent par Mgr Montini (notes des 7-11 février, *Actes et documents*, n° 498, p. 687) et par Mgr Tardini (télégramme du 26 février, *ibid.*, vol. 10, *Le Saint-Siège et les victimes de la guerre. Janvier 1944-juillet 1945*, 1980, n° 455, p. 547).

4. Seuls les points 1 et 4 sont abordés dans le rapport à Tardini du 10 mars : le nonce fait semblant de croire que le fait de ne pas lui soumettre de liste équivaut à *« lasciare finalmente questi vecchi e venerabili prelati in pace »* (« laisser finalement en paix ces vieux et vénérables prélats »), ce que Bidault dément avec vigueur au nom de la Résistance d'inspiration catholique (n° 22 n). Roncalli ajoute qu'il s'est permis d'évoquer la question *« con l'E.mo Card. Liénart e con qualche arcivescovo »* (« avec son Éminence le cardinal Liénart et quelques archevêques ») ; le point 3 est traité dans une autre dépêche, datée du 9 (*Actes et documents*, vol. 10, n° 465, p. 555-556).

À la maison, j'ai reçu ensuite M. Simond de la Croix-Rouge, et l'ambassadeur d'Amérique USA : affaire des prisonniers, comité Rodhain et situation tendue de la France avec la Russie. Comme on le voit, journée pleine. Paroles éclairantes, tirées de la liturgie de saint Thomas *« mira erudictio clarificat, sancta operatio fecundat »*.

8 mars, jeudi. — Audiences : un prêtre des Fils de la charité et deux sœurs italiennes du Patronage de saint Joseph [1] ; M. d'Aubin ; le soir, le frère mineur Landon De Berg, Hollandais. À midi repas avec S. E. le cardinal Suhard à Auteuil dans le grandiose orphelinat dirigé par le P. Duval, de l'Esprit Saint [2]. J'ai participé en mozette à la procession de la châsse de sainte Thérèse de l'Enfant-Jésus sur le point de retourner à Lisieux. Très belle manifestation à laquelle j'ai participé de grand cœur et avec une grande confiance.

9 mars, vendredi.. — <Mlle Butillard – le Neuf>
Audience de l'« *Union Féminine Civique et Sociale* » : institution d'une vingtaine d'années, digne de respect [3] ; puis Mgr [ ] avec la Fédération des universitaires catholiques. À midi, M. Simond à déjeuner. Ensuite avec Rocco visite au Désert pour y trouver sœur Maria Bibiana Rota, de Carvico (Roncarro) en mauvais état de santé. Il y avait aussi sœur Maria Corti de Villa d'Adda. Triste et chère rencontre qui me renvoie aux souvenirs des Missionnaires du Sacré-Cœur et aux sœurs de Notre-Dame du Sacré-Cœur.

10 mars, samedi. — Audiences : Monsieur Ferreri qui me propose d'arranger son mariage. Voilà la grâce au travail. Puis le P. André (Eudiste) et enfin Mlle Bienaimé, de la Légion de Marie [4]. J'ai eu à déjeuner un P. Lazariste de Vichy. À 16 h je suis sorti avec Mgr Bottinelli pour une réunion à la maison Gillet de la « Mission universitaire catholique française » qui est venue me rencontrer à Sofia le 13 août 1925 [5]. Ce fut une

---

1. Congrégation d'origine française, mais refondée à Rome en 1881.
2. Il s'agit de la célèbre Œuvre des orphelins-apprentis d'Auteuil, restaurée par le spiritain Daniel Brottier en 1923, dont le siège est 40, rue La Fontaine (XVIe arrondissement).
3. Que dirige en effet Andrée Butillard depuis sa fondation en 1925. Le mouvement propose un sage féminisme chrétien.
4. La jeune convertie Simone Bienaimé est l'une des introductrices du mouvement en France.
5. Le 26 août 1926 d'après *Souvenirs d'un nonce* (p. 234), date que confime le compte rendu du voyage : *Mission catholique universitaire. Autriche-Bulgarie. Août-septembre 1926*, Paris, Éd. de la Revue des Jeunes,

sympathique réunion. J'ai parlé en français avec calme, et je crois avec un bon effet.

11 mars, dimanche. — Matinée seul à la maison avec un bon travail de correspondance pour Rome.

L'après-midi, je suis sorti avec Rocco pour assister au spectacle du patronage des Salésiens appelé Saint-Pierre de Ménilmontant. Beaucoup de monde pour la représentation de la « Passion » vraiment très belle. À la fin je fus un peu dérangé et je dus partir un peu vite après avoir adressé quelques mots d'encouragement en français au nombreux auditoire de jeunes. Paroisse de 65 000 fidèles, dont moins de 5 mille feront leurs Pâques à Notre-Dame de la Croix [1].

12 mars, lundi. — Fête du Saint Père : sainte messe pour lui en l'honneur de son prédécesseur et concitoyen saint Grégoire le Grand ; bannière papale sur la nonciature mais pas de réception. Audiences : supérieure générale des Sœurs de charité et rév. prof. Jakubisiak. L'après-midi, S. E. Mgr Neveu et le chanoine Le Charles de Saint Brieuc [2]. Je suis sorti ensuite me promener avec Mgr Pacini : nous avons visité le cimetière de Passy et le nouveau Trocadéro, construction certes imposante, mais décorations sculptées laides et immondes [3].

13 mars, mardi. — Visites : M. Daumas, chevalier de cape et d'épée, directeur musical au collège Saint-Louis [4] : intéressant pour le culte du grégorien ; deux moines bénédictins promoteurs d'une croisade pour la paix, que d'ailleurs le cardinal Suhard n'approuve pas. L'après-midi, sorti avec Mgr Pacini pour rendre la visite au chargé d'affaires yougoslave Ristic. Reçus dans la journée le ministre de Suisse et en dernier le soir M. Roger Millot, président de Pax Romana de Paris. Visite à la Madeleine. Encore l'abbé Jacquin et le P. Malvy.

---

s. d., p. 88-89. Mais peut-être l'abbé Paul Bottinelli est-il venu préparer ce voyage l'année précédente...

1. Première notation sur le détachement religieux des milieux populaires parisiens, dans cette paroisse du XXe arrondissement.

2. L'*Ordo* du diocèse de Saint-Brieuc ne compte aucun prêtre de ce nom. Il s'agit sans doute du chanoine Pierre Cherdel, que le nonce tentera en vain de faire nommer évêque coadjuteur de Coutances un peu plus tard.

3. Ces bâtiments ont été construits pour l'Exposition universelle de 1937 ; leur décoration sculptée n'est pas particulièrement audacieuse (classicisme monumental à peine géométrisé, dans le style « années 1930 ») ; première manifestation de l'hostilité du nonce envers l'art moderne.

4. Cours Saint-Louis, 18, rue de Monceau, VIIIe arrondissement.

14 mars, mercredi. — Audiences sans fin : P. Lapointe, de la Fraternité sacerdotale[1] ; Rév. Patrick Kelly de la cathédrale d'Agen ; Mgr Gegout de l'Œuvre de saint François de Sales[2] ; M. Franco Giustiniani et sa femme avec Madame Dussi ; abbé de Gibon ; Madame Nouguier, déléguée de l'Œuvre des campagnes ; Mgr Babini, le P. Ginocchini et don Benzoni que je garde à déjeuner ; Mlle Leflaive, des Missionnaires séculières et Mlle Juliette Baudon de Mony ; le maire de Limoges, et le P. Merklen, directeur de *La Croix*, ainsi que l'évêque titulaire de Troie Mgr Armand Clabaut, O. M. I.

15 mars, jeudi. — À 7 h 30, sainte messe chez les Filles de Marie : sœurs en habit civil inspirées par les Jésuites, sup. Rascol. Paroles à l'évangile[3] et communion générale.

À 13 h, premier repas diplomatique[4]. Étaient présents : ministre Bidault, ambassadeurs Pologne, Angleterre, Amérique, Belgique, Turquie, Brésil, ministres de Suisse, Tchécoslovaquie, Norvège, Iran, Pérou, Dumaine du protocole, de Margerie, Pacini, Rocco, le nonce. Tout s'est bien passé dans l'ordre et la paix. L'après-midi, bénédiction aux Filles de la charité, rue du Bac[5] et intervention au séminaire.

16 mars, vendredi. — Audiences : P. Jésuite recteur du lycée Saint-Louis de Gonzague ; P. Aristide Calmein, assistant général des Frères de saint Vincent de Paul ; le nouveau ministre de Syrie, trois sœurs de Saint-Maur, celles de Cenate. L'après-midi, don Fortunato Benzoni, avec qui je suis sorti ensuite me promener ; acheté quelques livres chez les bouquinistes sur la Seine. Aujourd'hui le courrier est parti pour la première fois par avion américain. Rappel de chers souvenirs avec mon ancien élève don Benzoni qui est maintenant aumônier des Italiens à Annecy.

17 mars, samedi. — Toujours audiences, lettres et affaires : *comm.* Domenico Russo ; P. Général Lebesconte, supérieur de

1. Congrégation fondée à Paris en 1901 par un Canadien, le père Marie-Eugène de la Croix Prévost, pour aider le clergé en ouvrant des maisons d'accueil, de repos et de soins à son intention.

2. Fondée en 1857 par Mgr Louis-Gaston-Adrien de Ségur, fils de la célèbre comtesse, elle a pour but de préserver les jeunes des tentations du monde : elle soutient donc les écoles catholiques et les œuvres de jeunesse.

3. « Conversation chez les Filles du Cœur de Marie », *Souvenirs d'un nonce*, p. 57-61.

4. En l'honneur de Pie XII pour le sixième anniversaire de son couronnement ; toast de Mgr Roncalli dans *Souvenirs d'un nonce*, p. 61-62.

5. Le nonce écrit Bak !

la congrégation des Eudistes ; M. Ferretti avec MM. Monti (socialiste) et Centi (communiste), secrétaires de la Confédération du travail italienne ; princesse de Robech, de l'Action catholique. L'après-midi : abbé Devreesse, rédacteur à la Vaticane ; comm. Filippucci-Giustiniani, etc. Langage en douceur mais clair à ces bons Italiens qui suivent diverses tendances et ont tous besoin de la bonne philosophie du *Pater Noster.*

18 mars, dimanche. — Grande tranquillité à la maison. Plusieurs lettres écrites. En fin d'après-midi, sorti pour la prédication de Panici à Notre-Dame : bien, mais beaucoup de voix et peu d'images [1]. Puis longue conversation avec le cardinal Suhard chez lui. L'affaire de l'école ne tourne pas bien. Pour se contenter il faut penser aux conditions antérieures à Vichy [2]. Entre deux formes de protestation, l'agressive et la plus douce, je préfère la seconde [3]. Puis le cardinal m'informe à propos de choses tristes.

19 mars, lundi. — Saint Joseph : oh, mon cher saint ! et avec lui voilà la fin de la vingtième année de mon épiscopat [4]. J'ai prolongé aujourd'hui les prières matin et soir : remerciements, confusion, consécration renouvelée et encouragement. Intimité festive à la maison. À déjeuner j'ai eu le bon P. Rémi A. A. [5]. Je me suis rendu ensuite avec Mgr Pacini chez les Petites sœurs pour faire la distribution à la table des vieux, comme à Istanbul. Mais ce sera bien de différer jusqu'au mercredi du Patronage. Le soir après le dîner, conférence de Charles-Roux [6] sur la politique du pape et la guerre, chez les jeunes universitaires au 61, rue Madame [7].

---

1. Le dimanche suivant, celui des Rameaux, le nonce sera à Solesmes. Il n'entendra donc pas la charge du jésuite contre l'épuration, qui entraînera son éviction de la chaire de Notre-Dame (texte dans la brochure de l'abbé DESGRANGES, *Les Crimes masqués du résistantialisme*, Paris, Éd. de l'Élan, 1948, p. 92-94 dans la réédition de 1998).

2. Auxquelles on ne va pas tarder à revenir : dans la nuit du 28 au 29 mars 1945, l'Assemblée consultative supprimera par cent vingt-huit voix contre quarante-huit les avantages concédés à l'enseignement privé sous Pétain ; mais la décision ne devient exécutoire qu'à la fin de l'année scolaire en cours. Le nonce ne signale pas ce vote (sur le sujet, voir le témoignage d'André LATREILLE, p. 93-122).

3. On va retrouver constamment une telle préférence.

4. Mgr Roncalli a été consacré évêque à Rome le 19 mars 1925.

5. Rémi Kokel.

6. François Charles-Roux, ancien ambassadeur de France près le Saint-Siège (*Huit ans au Vatican, 1932-1940*, Paris, Flammarion, 1947).

7. Maison diocésaine des étudiants, dans le VIe arrondissement, qui va devenir le siège du Centre catholique des intellectuels français.

20 mars, mardi. — Sainte messe pour l'âme de Mgr Carlo Rusticoni dont Mgr Testa m'annonce la mort les premiers jours de ce mois. C'était un jeune prêtre qui me fut cher, et que j'eus comme second secrétaire à l'Œuvre de la Propagation de la foi. Depuis 20 ans désormais il tenait avec honneur le poste de Vicaire aux armées. Paix à son âme. Il priera certainement pour moi. J'ai fait offrir la messe pour lui à mes deux collaborateurs. Audiences ce matin aux deux Bénédictins de la Croisade pour la paix, dom Beaurin et dom Beurrier. Je les ai invités à attendre que la guerre prenne fin. Même pour organiser des croisades pour la paix il faut tenir compte des circonstances [1]. Reçu ensuite le professeur Latreille, du ministère : il est venu me proposer de la part du gouvernement le nom de l'abbé Weber comme évêque coadjuteur de Strasbourg [2]. Enfin, le nouveau ministre du Portugal, et dans l'après-midi Mgr Gaudron, évêque d'Évreux. Après 16 h je suis sorti avec Pacini et Rocco pour la visite de Saint-Denis et des tombes royales. Temple magnifique : mais les restes des tombes offrent motif aux considérations les plus graves. Puis j'ai acheté quelques livres sur le quai.

Dons de Saint Joseph 19	
À Giulio	francs 500
À Italo	500
À Dino	500
À Eugenio	500
À Solange	500
Aux trois sœurs	1 500
Aux Petites sœurs	1 000
À Pacini et Rocco	2 000
	7 000

21 mars, mercredi. — Comme d'habitude diverses visites : aumônier militaire Boche que j'ai admiré pour son esprit de discrétion ; évêque de Soissons Mgr Mennechet qui me laisse très bien impressionné ; vicomte Jacques de Canson qui me plaît aussi, avec le marquis Pagen qui me laisse perplexe. L'après-midi, Mme Kleb avec Mlle Girod de l'Ain. Ensuite,

1. Le nonce partage donc les réserves du cardinal Suhard sur ce point (voir plus haut en date du 13 mars). Sur cette visite, Denise AIMÉ-AZAM, *L'Extraordinaire Ambassadeur*, Paris, La Table Ronde, 1967, p. 127-129.

2. Siège concordataire pour lequel l'initiative vient en effet du gouvernement. Jean-Julien Weber est sulpicien et professeur d'Écriture sainte au grand séminaire du diocèse de Paris (à Issy-les-Moulineaux, banlieue sud). Le nom de l'abbé Jean Flory, prêtre résistant du diocèse de Besançon et frère de Charles Flory, a circulé auparavant.

avec Pacini et le *comm.* Filippuci-Giustiniani je me suis rendu à Versailles pour visiter le vicomte de Fontenay, Mgr Roland-Gosselin, les Capucins et la tombe du P. Bruno. Exercice continu de charité. Mais tout *sic transit, sic transit.*

22 mars, jeudi. — Diverses visites. À midi, autre repas diplomatique. Nous étions 18 : chef de table l'ambassadeur Chauvel, directeur général des Affaires étrangères [1]. Ils étaient deux du ministère : San Giovanni et de Margerie, ainsi que Latreille. Ministres du Portugal, Luxembourg, Chili, Mac Donald, Cuba, Pérou, [ ], Pacini, Rocco, le nonce.

L'après-midi, sorti avec Mgr Rocco à pied et fait quelques achats de livres chez les bouquinistes du quai. Retour fatigant de Rocco avec de gros paquets. Pour lui et pour moi un peu une manie : mais qui me semble digne de respect.

23 mars, vendredi. — La préparation de mon voyage assez lassante. Plusieurs visites : parmi celles-ci don Martino de Martini et un Père blanc arrivé hier de Rome avec du courrier du Vatican et des indications à propos des initiatives françaises un peu *débordantes* [2]. Parmi les visiteurs du soir le comte Wladimir d'Ormesson et le comte de Blois (Blosius) ex-sénateur qui m'informe sur la question de l'enseignement [3]. Grave question qui met à nu une des plaies de la France, à savoir des instituteurs formés à l'athéisme et au communisme [4].

24 mars, samedi. — Après la messe, à 9 h je suis parti seul avec Giulio : Versailles, Rambouillet, Chartres [5]. Cette ancienne cité est désormais un gros bourg, comme Caravaggio ou Clusone [6]. Mais la cathédrale, un enchantement, bien que sa beauté soit amoindrie par l'absence des vitraux [7]. Repas chez l'évêque Mgr Harscouët, extrêmement courtois et bon, et avec ses vicaires ; bien visité la cathédrale et la Vierge sous terre. *Virgini pariturae.* À 15 h je pars pour Le Mans où

---

1. Toujours ce titre inexact.
2. S'agit-il des pressions pour l'épuration épiscopale, ou déjà des entreprises apostoliques ? Ce messager pourrait être le père Hummelauer (voir plus loin en date des 16 et 17 avril).
3. Louis de Blois, sénateur (de droite) du Maine-et-Loire entre 1922 et 1940, qui mourra dans l'année.
4. Opinion du nonce ou de ses interlocuteurs ? Il serait plus juste de dire « formés à une laïcité militante » qui n'est pas forcément de l'athéisme, et encore moins du communisme.
5. Premier voyage du nonce hors de Paris.
6. N'exagérons rien ! Chartres reste la préfecture du département d'Eure-et-Loir.
7. Déposés pour être préservés de la guerre.

j'arrive encore en plein jour. Mgr Grente, archevêque-évêque et membre de l'Académie française, m'accueille avec grand honneur.

25 mars, dimanche. — Au Mans. *Angelus domini nuntiavit Mariae* : journée pluvieuse, mais pleine d'émotion. Sainte messe dans la chapelle de Mgr Grente. À 9 h 30 bénédiction des rameaux ; dévoilement spécial du crucifix et procession dans la magnifique cathédrale bondée ; paroles de Mgr Grente et les miennes ; assistance à la messe, tout parfait, cérémonie et musique. À la maison, belle rencontre avec les principaux membres du clergé ; l'après-midi, visite aux deux splendides églises médiévales de Saint-Jean du Pré [1] et Notre-Dame de la Couture. J'ai apporté aussi la lettre au jeune préfet qui m'a rendu visite hier soir à l'évêché.

26 mars, lundi saint. — *Le Mans-Solesmes.* Sainte messe à l'évêché. À 10 h 15 départ en auto <pour Solesmes> ; belle réception de type liturgique à l'église : baiser au crucifix, encens, antiennes et bénédiction à l'autel. Accueil très chaleureux et cordial. Repas en communauté après le chant des vêpres auquel j'ai assisté en rochet et mozette avec Mgr de La Villerabel archevêque d'Enos [2]. À 17 h grande réception dans la salle du chapitre. Très belle adresse de l'abbé Cozien et ma réponse avec mes souvenirs de monastères et de personnes bénédictines. Le soir, complies chantées, dîner en commun. Puis je me suis retiré mais pour travailler jusqu'à 11 h 30 de la nuit.

[[27 mars, mardi saint [3]. — Nuit un peu pesante. Sainte messe à l'autel de Notre-Dame des Douleurs : tout parfait dans la liturgie de carême. Puis je me suis décidé à me soigner et je suis resté toute la journée dans ma chambre, y compris pour les repas qui se sont réduits à peu de chose. De 16 à 18 h, longue conversation avec le bon Mgr de La Villerabel, instructive pour moi. Durant la journée je me suis livré à de bonnes

---

1. En fait Notre-Dame du Pré, église romane de l'ancienne abbaye de bénédictines Saint-Julien du Pré.

2. Il s'agit de Mgr Florent du Bois de La Villerabel, prélat breton dont le gouvernement avait refusé en 1940 le transfert d'Annecy à Rennes, avant d'accepter sa venue à Aix-en-Provence. Ses positions durant la guerre ont fait de lui la première victime, consentante, de l'épuration épiscopale : il a renoncé à sa charge le 27 décembre 1944 et s'est réfugié à Solesmes ; le Saint-Siège lui a gardé le titre d'Enos qui était le sien quand il était auxiliaire de Tours.

3. Cette première version a été rayée par Mgr Roncalli.

pensées pour la confusion, la lumière, l'édification et l'encouragement de mon âme dans les circonstances actuelles.]]

27 mars, mardi. — Nuit un peu perturbée. Sainte messe à l'autel de Notre-Dame des Douleurs avec la belle statue devant et à côté. Service bénédictin simple et parfait ; un diacre et un clerc. Puis je me suis retiré pour me soigner, et ne suis apparu ni au déjeuner ni au dîner. Mais j'ai parlé longuement de 4 à 6 avec Mgr de La Villerabel[1]. J'ai réfléchi sur l'« Opus Divinum » que je dois savoir accomplir à la perfection. Le Seigneur m'en donne la grâce, comme je m'en propose l'effort.

28 mars, mercredi. — Je vais mieux, mais pas sans quelque trouble encore. Sainte messe comme hier ; j'ai assisté ensuite à l'office avec les pères, avec la *Passio* chantée. Je suis retourné au réfectoire à midi et 1 heure. Puis j'ai visité la « Paléographie musicale », intéressante ; et ensuite la bibliothèque où l'on m'avait préparé une petite exposition sur Pontida et Bergame. J'ai reçu ensuite le marquis de Juigné, châtelain des environs et propriétaire en titre de Solesmes. De ne pas m'être reposé un peu m'a rendu pénible l'office du soir. Enfin lettre à Mgr Dutoit.

29 mars, jeudi saint. — Sainte messe à l'autel de la Déposition du Seigneur à droite. À 10 h assistance à la messe abbatiale solennelle et le soir aux Matines. Reçu les prêtres de Sablé, le doyen, deux vicaires et un vieux prédicateur. Après le dîner j'ai fait sept visites au reposoir avec 7 grandes intentions :

1 mon salut et ma sanctification
2 ma famille secundum sanguinem
3 mes chers souvenirs d'Orient
4 ma mission en France
5 la Sainte Église, Bergame, la France, l'Italie, le monde entier
6 ad humilitatem, oboedentiam, ad patientiam
7 pour les pauvres morts, anciens et récents. Toujours le pape.

30 mars, vendredi saint. — Je me suis confessé de bon matin auprès du père sous-prieur [dom Edmond Boissard]. Cœur en paix. Assistance aux cérémonies du matin et du soir avec les

1. Il n'a pas dû donner au nonce une vision très flattée de la situation religieuse et politique française.

moines. Impressions édifiantes. J'ai profité du temps pour visiter la bibliothèque du monastère, très riche et très bien organisée. J'ai écrit au cardinal Liénart et à Mgr Dutoit[1]. M'est venue aussi un peu de nostalgie des cérémonies d'Istanbul. Mais ce qui m'importe surtout, c'est de renforcer les bonnes résolutions de vie parfaite selon mon état. Souffrir, mourir et ressusciter avec Jésus.

31 mars, samedi saint. — Aliturgique pour moi quant à la messe[2]. Je préfère rester dans l'Ordinaire sans profiter d'exceptions. Et je n'ai pas communié non plus. Mais j'ai assisté à la cérémonie avec les moines pendant 3 heures. Consolation spirituelle mêlée de nostalgie. C'est beau l'accolade de tous les moines avec leur abbé après la célébration, dans ses appartements. À 17 h j'ai visité avec l'abbé et Mgr d'Enos le monastère de Sainte-Cécile. J'ai été très bien reçu : triple Alleluia et *Oremus pro Pontifice* ; puis visite du beau monastère : entretien familier avec les sœurs et visite à leurs tombes et à celles des pères.

1er avril, dimanche de Pâques. — Aujourd'hui, grand réconfort spirituel. Longue prière dans ma chambre et à 10 h ma messe pontificale selon le rite et le chant bénédictin. Tout s'est bien passé. L'après-midi à 17 h nouvelle rencontre avec les moines dans la salle du chapitre. J'exprime mes sentiments : gratitude, édification, joie pour la joie commune des justes ; j'ai appliqué à Solesmes la triple image du juste : lis, palme, cèdre. J'ai conclu en recommandant le nonce à leurs prières, et par de belles paroles pour l'Église de France. Assisté aux vêpres et à la bénédiction, que j'ai voulu présidée par Mgr de La Villerabel avec qui – et avec l'abbé – je me suis entretenu autour de ma cheminée.

2 avril, lundi de Pâques. — À 8 h j'ai célébré la messe au monastère de Sainte-Cécile, accompagné de mon diacre, d'un autre moine et de Giulio. Tout en beauté, mais dans un froid silence. J'ai donné la communion à toutes les sœurs et à quelques fidèles. Ensuite, conversation avec l'abbesse et les trois sœurs Bourbon[3]. J'ai assisté ensuite à la messe en

1. Deux mentions en deux jours de cet évêque menacé d'épuration.
2. On ne la célébrait pas entre l'office du vendredi saint et la messe de Pâques.
3. Trois sœurs de l'ex-impératrice d'Autriche, Zita (de Bourbon-Parme), sont moniales à l'abbaye Sainte-Cécile de Solesmes : les princesses Adélaïde, Francisca et Maria-Antonia.

grégorien et donné enfin la bénédiction. À midi Mgr Pacini est arrivé avec l'auto. À 16 h nous nous rendons, moi, Mgr de La Villerabel, l'abbé et Pacini au château de Juigné pour y saluer le marquis et sa nombreuse famille. Au retour, nous passons au presbytère pour y revoir le doyen avec ses deux vicaires. Le soir, dom Paul Le Corre me fait quelques photographies. Après le dîner, aimable conversation avec les moines à complies ; puis, comme les soirs précédents, après une conversation avec le père abbé, travail jusqu'à une heure tardive. Ces pères et frères de Solesmes, outre le fait d'inscrire en moi la plus vive édification, ne cessent de me témoigner respect et amabilité, répétant que le nonce a conquis le cœur de tous. Si c'est vrai, *Deo gratias* [1].

3 avril, mardi. — À Solesmes, Laval, Pontmain. Sainte messe comme d'habitude : adieu des moines sincère et émouvant. J'y reviendrai avec beaucoup de joie. Avec Mgr d'Enos, l'abbé et Pacini, nous allons à Laval. Mgr Richaud et son clergé y sont tout à fait gentils. L'évêque me fait une excellente impression. Après le repas, nous visitons la cathédrale et la très ancienne église de Notre-Dame d'Avesnières, et ayant jeté un œil sur la belle ville depuis le jardin public nous partons pour Pontmain.

J'y suis l'hôte de Mgr Even [2]. Première visite à la basilique et à la grange [3], ainsi qu'au jardin des Oblats de Marie Immaculée. Douces émotions. Mgr Richaud avec deux chanoines.

4 avril, mercredi. — À Pontmain. Ma messe à la basilique avec de nombreuses communions aux moniales, à de jeunes clercs, aux pèlerins. J'ai offert à la Vierge mes bonnes résolutions en implorant un quadruple don : *gratiae*, *prudentiae*, *patientiae*, *pacis*. J'entreprends le voyage de retour avec le seul Pacini. En passant par Mayenne arrivée au Mans pour midi : nouvelle visite à la cathédrale, repas chez Mgr Grente toujours très aimable, et route jusqu'à Paris. J'y trouve l'abbé Ghesquière et deux frères Sion, Robert et Paul. Je reçois la Prof. Annita Ferrari.

---

1. Le nonce a choisi de faire sa première retraite française dans la célèbre abbaye de la Sarthe à partir de laquelle dom Guéranger a restauré le monachisme bénédictin en France au siècle précédent. Sur ce qu'il en retire d'un point de vue spirituel, voir *Il Giornale dell'anima*, p. 384-387. Voir aussi « Le nonce Angelo Giuseppe Roncalli à Solesmes », *Lettre aux Amis de Solesmes*, 2000, 2/3, p. 38-40.

2. Supérieur des chapelains de Notre-Dame de Pontmain, qui mourra le 4 février 1947.

3. Devant laquelle se tenaient les enfants bénéficiaires de l'apparition mariale du 17 janvier 1871.

5 avril, jeudi. — Paris. Les deux jeunes Sion me servent la messe. Beaucoup d'audiences : parmi elles le P. supérieur des Jésuites de la rue de Grenelle ; le P. Bruno, des Carmes : confession intéressante ; Mme Pericoli. J'occupe l'après-midi à organiser mon nouvel appartement près de la chapelle en dirigeant Giulio et Italo. Hier soir, j'ai remercié de nouveau Mlle Girod de l'Ain : mais cela fait, j'ai pris toute liberté de modifier à mon goût, et démontré que j'entendais me soustraire à la direction d'une dame qui fait le bien, mais d'une manière encombrante et envahissante [1].

6 avril, vendredi. — Audiences : Sœurs de saint Christian de Lorraine ; Sœurs de Nazareth ; abbés Guérin et Hua, de la jeunesse ouvrière ; P. Merklen ; le brave *ingeniere* Giorgio Lubrina hôtelier dans le Puy-de-Dôme, Bergamásque de la province de Bagnatica ; Mme Cortona qui intercède pour son frère, curé de Bois l'Évêque [2] ; après-midi, l'abbé Jacquin, de nouveau l'*ing.* Lubrina, puis le P. Omez, dominicain, aumônier des étudiantes catholiques réunies en congrès. Avec lui, qui fut secrétaire du Général à Rome pendant 15 ans, agréables évocations [3].

7 avril, samedi. — J'ai célébré la messe à la Sainte-Chapelle sur un autel improvisé pour un groupe d'étudiantes universitaires réunies de divers coins de France. Je leur ai donné à toutes la communion. Puis je leur ai dit quelques mots pour les encourager. Leur assistant est un P. Dominicain <Réginald Omez>. J'ai rendu visite aux Sœurs du Cénacle et je leur ai rappelé les chers souvenirs de Rome. À la maison, plusieurs audiences. Éprouvé de nouveau un grand désir de faire : mais peu de temps à ma disposition. *Suscipe Domine universam meam libertatem.*

---

1. Ah mais ! *« E' certamente un anima buona. Un po' vedo che bisogna sopportarla, e un po' si deve correggere in buona maniera ed incoraggiare. Intanto mentre tanti comari come lei vivono di leggerezze e di aventure, lei si occupa costantemente e con lena infaticata di opere buone »* (« C'est certainement une bonne âme. D'un côté je vois qu'il faut la supporter, de l'autre qu'il faut la corriger gentiment et l'encourager. En tout cas, alors que tant de commères comme elle vivent de légèretés et d'aventures, elle s'occupe constamment de bonnes œuvres avec une ardeur infatigable »), écrivait-il le 29 janvier à Mgr Valeri.
2. En Seine-Inférieure (Normandie).
3. Réginald Omez fut secrétaire du père Martin-Stanislas Gillet, maître général des Frères prêcheurs entre 1929 et 1946.

8 avril, dimanche. — La « Quasimodo » des Français [1]. Remplie pour moi de souvenirs nostalgiques. Ces dernières années, j'étais à Ankara pour ce dimanche in albis ; et les contacts : deux messes, deux milieux différents appelaient une sollicitude pastorale attentive et une bonne diplomatie. Cette année, j'ai passé la journée à Fontainebleau avec mes collaborateurs, avec l'abbé Ghesquière, les deux frères Robert et Paul Sion. Déjeuner dans la forêt ; visite détaillée du château, extrêmement intéressante et laissant des impressions profondes.

Le soir, arrivée à Paris du cardinal Hlond, retour d'exil [2].

9 avril, lundi. — Après la messe, je me suis rendu avec Pacini au village de La Houssaye-en-Brie (Seine-et-Marne), prieuré de Saint-Martin, pour y assister aux débuts d'un ordre religieux au service exclusif des campagnes de France, appelé précisément « Les Frères missionnaires des campagnes », fondé par le P. Épagneul o. p. Impressions très positives à la mairie où j'ai rencontré aussi les instituteurs laïcs, à la vieille église paroissiale, et à la maison, bien tenue. J'ai pris contact également avec les curés des alentours que j'ai encouragés de mon mieux. Les jeunes novices excellents aussi, joyeux et bons [3]. J'ai laissé une offrande de la nonciature de 10 000 francs (dix mille).

Puis, avec le P. Épagneul et un P. Jésuite, je suis allé à Meaux où j'ai visité la splendide cathédrale, le tombeau et le musée plein de souvenirs de Bossuet, ainsi que l'extérieur de son évêché et son beau jardin. Mon esprit fut tout enivré de plonger dans des souvenirs aussi précieux d'un ecclésiastique à qui je ne sais ce qu'il pourrait manquer pour être proclamé *Doctor Ecclesiae* [4].

10 avril, mardi. — Le matin, je me suis rendu à l'ambassade de Pologne pour visiter et honorer le cardinal Hlond libéré de la claustration allemande. Comme il doit avoir souffert ! Mais il garde encore son excellent esprit. J'ai eu plusieurs audiences.

---

1. Dimanche de l'octave de Pâques, dont l'introït commence par « *quasi modo* ».

2. Exilé à Rome puis à Lourdes, le primat de Pologne a été arrêté par les Allemands lors de l'invasion de la zone sud de la France, à la fin de 1942 ; il vient d'être libéré.

3. Sur cette fête, voir le témoignage du père ÉPAGNEUL, *Semailles en terre de France*, p. 163-164.

4. Mgr Roncalli est un fervent admirateur du grand orateur du XVIIe siècle.

L'après-midi, l'avocat Cortese, de S. Angelo Lodigiano. Il est en France depuis 20 ans. Il était recommandé par Don Benzoni. Très intéressant. Je suis allé avec lui sur le quai, rive droite, où j'ai acheté quelques livres : Consalvi, Révolution à Paris, etc.

11 avril, mercredi. — Plusieurs audiences : cardinal Hlond ; P. Vibert ; Juifs Coen ; prêtres de Poitiers Boche et Papin. L'après-midi, entretien au Quai d'Orsay avec le ministre Bidault. Consacré à la question des évêques indésirables. Plus d'une heure à ferrailler. J'ai pu tout lui dire avec calme et précision alors que lui s'enflamme et se disperse [1]. Que le Seigneur me soutienne jusqu'à la fin de cette dispute, que le gouvernement entretient seulement par peur des partis extrémistes. Certes je me sens supérieur, mais je tremble pour ces pauvres évêques que je veux cependant sauver [2].

12 avril, jeudi. — Hier soir, le lieutenant-colonel Bancovitch, l'ami yougoslave de la maison Pervititch, m'a apporté un abondant courrier d'Istanbul. Émotions vives au souvenir et dans les lettres de mes chers amis de là-bas ! Aujourd'hui, nouveau et long entretien avec deux jeunes prêtres de Poitiers [3]. L'après-midi, entretien avec le colonel Bancovitch, puis longue visite au cardinal Suhard, toujours sage, aimable et confiant. Discuté plusieurs points.

Visite de la provinciale et de sœur Corti, de Clamart, qui m'annonce la mort de sœur Rota, de Roncarro.

---

1. Le nonce réclame de nouveau la liste des indésirables et le dossier d'accusation. Il a profité du temps qui lui était ainsi laissé *« per esercitare un azione di ammorbidimento degli spiriti, specialmente nei suoi contatti colle persone più qualificate »* (« pour exercer une action d'assouplissement des esprits, spécialement dans ses contacts avec les personnes les plus qualifiées »), convaincu *« che le incriminazioni fatte a questi prelati non sono di tale natura o gravità da giustificare da parte della Santa Sede delle misure che sarebbero in se stesse una offesa alla dignità episcopale »* (« que les accusations faites à ces prélats ne sont pas d'une nature ou d'une gravité telles qu'elles justifient de la part du Saint-Siège des mesures qui seraient en elles-mêmes une offense à la dignité épiscopale » ; rapport à Tardini n° 24 n du 23 avril, p. 2 et 3).

2. La remarque est sans ambiguïté : par mission et par conviction, le nonce veut réduire au minimum l'épuration épiscopale. Il se trompe toutefois sur les raisons de la détermination de Bidault, qui n'est pas due à la pression des « partis extrémistes », mais à celle des catholiques de la Résistance qui ont mal vécu l'absence de soutien de leurs évêques pendant les « années noires ».

3. Sans doute Georges Boche et Gérard Papin (ordonné en 1936), déjà reçus la veille.

13 avril, vendredi. — Je me suis rendu à Clamart[1] où j'ai dit la messe de funérailles de la bonne sœur Bibiana (Emma Rota). Tout sert à l'édification et à la consolation. J'ai vu là un groupe de jocistes venues pour une retraite spirituelle[2]. Bonnes paroles encourageantes. En revenant, je suis passé par l'ambassade des USA porter mes condoléances pour la mort subite de Roosevelt[3]. Audiences : à midi j'ai eu à déjeuner l'ambassadeur Maritain avec l'abbé Minax[4] son secrétaire particulier. Impressions excellentes. L'après-midi, le colonel Fiore Vernazza, brave et sensé, et un aumônier militaire américain venu pour les funérailles de Roosevelt.

14 avril, samedi. — Journée pleine d'audiences. Parmi les visiteurs d'hier, entre autres Monsieur Oreste Scotti, de Bergame ; parmi ceux d'aujourd'hui M. Baroni, de Milan ; l'épouse du général d'Arbonneau ; le comte Affre de Saint Rome ; Mme Pellegrini, veuve Noseda ; le *comm.* Giustiniani avec le prince Gaétan de Bourbon ; une visionnaire qui veut écrire au pape ; l'ing. Bota, chef de la Ligue des droits de l'homme pour la Hongrie. J'ai eu à déjeuner le cardinal Hlond avec son secrétaire, et à dîner Madame et Monsieur Sion, de Lille.

<Audience des époux Voisin avec leur fils Jacques.>

15 avril, dimanche. — À 9 h, messe pontificale chez les PP. Lazaristes. Belle cérémonie avec les pères et les sœurs de la famille vincentienne. À 10 h 30 j'ai présidé au salon de l'Horticulture la réunion générale de la Conférence de Saint-Vincent-de-Paul, comme à Istanbul. Mes paroles : remerciement, félicitations, encouragements, bénédiction. Applaudissements et, cela se voit, approbation générale. Repas chez les Lazaristes. Beaucoup de cordialité. À 17 h fonction funèbre à Notre-Dame pour la mort de Roosevelt : mon assistance en habit liturgique moiré, puis sainte messe des soldats américains. Cathédrale bondée de troupes. Bien.

---

1. Banlieue ouest de Paris.
2. Militantes de la Jeunesse ouvrière chrétienne féminine.
3. Mort la veille.
4. « Ce mot en hâte pour vous dire que je suis de passage à Paris avec Jean-Marie de Menasce, qui m'a accompagné comme secrétaire privé », écrit le nouvel ambassadeur à son ami l'abbé Journet, le 8 avril (*Correspondance*, vol. III, 1940-1949, Paris, Éd. Saint-Augustin-Parole et Silence, 1998, p. 311). L'abbé de Menasce est un juif converti proche de Maritain ; il racontait volontiers que, durant ce repas, le nonce avait maintenu la conversation sur… les mille façons de préparer les pâtes en Italie. Maritain présentera ses lettres de créance au pape le 10 mai.

16 avril, lundi. — Audiences : abbé Prévost, de Lille ; Madame Paon, amie de la prof. Ferrari ; Madame de la Orne (?). L'après-midi, je suis sorti en auto avec Pacini : visité les bouquinistes de la rive droite de la Seine et acheté quelques livres, qui ont été pour moi ensuite un moyen de distraction. Attention à ces distractions. Malgré cela, j'ai été occupé jusqu'à minuit par une conversation avec le P. Hummelauer, des Pères blancs, et par la préparation d'une longue lettre pour Mgr Testa à Rome.

17 avril, mardi. — Ce matin de bonne heure le P. Hummelauer est parti pour Rome : petit de taille, mais sel et poivre. Audiences notables : le libraire Lethielleux ; Madame Devergne, connaissance de Caraco, mon dentiste juif d'Istanbul ; le marquis Di Rende, neveu de mon prédécesseur Di Rende, nonce à Paris et cardinal [1]. Il était fort affligé par la mort de sa femme dans un sanatorium de Savoie. Je l'ai consolé de mon mieux. Mgr Le Hunsec m'a invité pour l'office pontifical de Pentecôte, et Mgr Chevrot pour la confirmation le 18 mai.

18 avril, mercredi. — Nombreuses audiences : Mgr Bottinelli ; le recteur du séminaire d'Issy ; le curé Fabre de Saint-Georges de La Villette ; une ex-sœur carmélite, Madeleine, de Compiègne ; deux assistantes des Petites sœurs de l'Assomption ; la provinciale et deux sœurs des Franciscaines missionnaires de Marie. L'après-midi, l'aumônier Le Meur avec l'abbé Stock [2] ; le P. Jean Leclercq, bénédictin. Après le dîner, je suis sorti avec Pacini et Rocco pour l'hôtel Lancaster, afin de saluer l'ambassadeur Maritain en partance pour Rome. Du ministère des Affaires étrangères aucun dossier et aucune liste. Toujours bon signe [3].

19 avril, jeudi. — *« Servare modum, finem tueri naturamque sequi. »* Bonne phrase dictée par la science humaine. Si la grâce

1. Membre d'une grande famille napolitaine et archevêque de Bénévent, Camillo Siciliano Di Rende fut nonce à Paris de 1882 à 1887, date à laquelle il fut promu cardinal ; il mourut en 1897.

2. L'abbé Georges Le Meur, prêtre du diocèse de Paris, est l'adjoint de Rodhain pour les prisonniers de guerre allemands, dont s'occupe leur compatriote Franz Stock (que le nonce écrit Stok), aumônier des prisons parisiennes pendant la guerre, après avoir dirigé la Mission catholique allemande à Paris.

3. Une telle liste existe pourtant. André Latreille a soumis au ministre de l'Intérieur Adrien Tixier une note comptant douze noms, appuyée sur les informations fournies par les commissaires régionaux de la République (*De Gaulle, la libération et l'Église catholique*, p. 54).

la vivifie, oh ! quelle splendeur ! Aujourd'hui aussi, nombreux contacts : famille Roland-Gosselin avec leur fille venue d'Allemagne ; le libraire Leconte ; Mgr Babini et le *dott.* Cortese ; M. Max, du ministère des Affaires étrangères, ami des Frères des écoles chrétiennes. Je suis allé déjeuner avec Pacini à l'ambassade de Pologne en l'honneur du cardinal Hlond. J'y ai rencontré le ministre de Menthon, l'ancien ministre Marin, le comte d'Ormesson, l'ex-ambassadeur Noël, et plusieurs notabilités du gouvernement polonais de Londres. Tous découragés [1].

20 avril, vendredi. — Audiences : Curé Fabre, de Drancy [2] ; Mgr Gawlina, évêque polonais aux armées ; P. Belmez [3], vicaire des Oblats de Marie ; Mmes Dussi mère et fille, etc. L'après-midi M. Banni ; le nouvel ambassadeur d'Italie M. Giuseppe Saragat avec son secrétaire Solari, connu de moi à Ankara. M. Saragat se présente bien, et laisse espérer bien. Lisant d'autre part ses articles et interviews, j'ai perçu en lui des capacités peu communes : mais théories nettement socialistes. Il se félicite par ailleurs d'avoir une femme pieuse et ses enfants inscrits à l'Action catholique française [4].

21 avril, samedi. — Samedi reposant : hier soir, lisant des nouvelles et informations d'Italie, et des récits d'atrocités des Allemands contre leurs propres concitoyens, je suis resté tellement, tellement accablé !

Ce matin : ministre Dard ; cardinal Hlond ; *comm.* Giustiniani et Solari. La présentation du nouvel ambassadeur a ses épines que, comme doyen du corps diplomatique, je m'efforce d'adoucir. Mais tout me conseille prudence, réserve et

---

1. Du fait des décisions de la conférence de Yalta des 4-11 février, dont Mgr Roncalli n'a rien dit : frontière orientale sur la ligne Curzon, avec compensations à l'ouest et au nord, ce qui déplace sensiblement le pays vers l'ouest ; gouvernement provisoire incluant toutes les forces de la Résistance, intérieure et extérieure. À l'exception du démocrate-chrétien François de Menthon, les interlocuteurs français du nonce appartiennent plutôt à la droite résistante.

2. Sans doute Lucien Fabre, récemment transféré de cette commune de la banlieue nord à Saint-Georges de la Villette.

3. Peut-être Ilario Balmès, assistant général des Oblats de Marie Immaculée.

4. Présentation quelque peu récupératrice de la personne, et surtout de la famille, du futur président de la République italienne Giuseppe Saragat, exilé en France de 1926 à 1943 : il est certes socialiste, mais sa femme et ses enfants sont catholiques. Nommé représentant du gouvernement italien à Paris avec rang d'ambassadeur le 16 mars, il est agréé le 2 avril et arrive dans les jours qui suivent.

amabilité [1]. Ce soir, je suis monté pour la première fois dans l'ascenseur. Il a fallu plus de temps que pour construire la tour Eiffel [2] !

22 avril, dimanche. — Journée passée avec les PP. Salésiens dans leur nouvelle paroisse de Saint-Jean Bosco. Architecture moderne bizarre et intéressante [3].

Assistance en mitre à la grand messe : chant des évêques, procession et bénédiction. Mes paroles aux jeunes et aux hommes de l'Action catholique, puis aux enfants ; paroles au déjeuner et bref discours sur la triple bénédiction, avant de la donner avec le saint sacrement. Heureuse fête <dans> un foyer de piété et de zèle particulier.

Le soir, à la réception chez Chauvel où j'ai eu d'agréables rencontres : Ponsot, M. Hardouin, Henriot, ex-consul à Istanbul [4], etc.

23 avril, lundi. — Aujourd'hui j'ai été quelque peu perturbé : peut-être ai-je pris froid. Petits inconvénients. J'ai eu plusieurs visites. À midi, reçu à déjeuner les cardinaux Suhard et Hlond, l'ambassadeur de Pologne Morawski, et Mgr Gawlina, évêque aux armées des Polonais. Ce fut une belle réunion tout intime et familiale. De mon côté, c'était un hommage de la nonciature au cardinal polonais qui avait tant souffert. Dans la soirée je me suis senti assez mal, sans pouvoir travailler : purges et repos. Je ne dois pas me lamenter. Le Seigneur m'a toujours donné une telle santé.

<Audiences : Abbé Gouget, curé de Saint-Germain des Prés>

24 avril, mardi. — Nuit paisible et indisposition quasi disparue. Dans la matinée, j'ai eu plusieurs audiences : général Boissau, chargé des prisonniers [5], vieil ami de Mgr G. Testa dans la Ruhr et manifestement bon catholique. Puis le curé d'Arcueil, le curé de Marlis* voisin de Le Hunsec, et le

1. Tout le comportement de Mgr Roncalli peut se résumer dans ces trois substantifs !

2. Un peu d'impatience devant la lenteur des travaux entamés à la nonciature.

3. Paroisse du XXe arrondissement, 75, rue Alexandre-Dumas ; l'église du même nom, en béton armé, a été construite entre 1933 et 1937 par D. et R. Bottier.

4. Armand Henriot occupa ce poste de 1934 à sa révocation par Vichy en 1943.

5. Allemands.

P. Oratorien <Duprey> recteur du collège de Pontoise [1]. L'après-midi, passé deux heures à me laisser photographier par M. Aldo Graziet, un Parisien italien de Padoue. Je pense à saint François de Sales, et tente d'être indulgent. Le Seigneur me pardonne ce supplice.

25 avril, mercredi. — Pax tibi, Marce. Aujourd'hui commence la XXIe année depuis mon arrivée en Bulgarie. Je remercie et prends courage.

Audiences : chanoine Aubé, recteur du Sacré-Cœur ; Mgr Grente et Mgr Chappoulie, qui restent déjeuner. L'après-midi, je suis sorti pour acheter une crosse pastorale chez Chéret. Visité aussi Poussielgue [2]. À la maison, bon travail : l'ambassadeur d'Italie Saragat est venu m'entretenir des prisonniers italiens, militaires et civils, en France. Note bien douloureuse et humiliante.

26 avril [3]. — Époux Della Sudda et enfants à la messe de 8 h. À 9 h 45, sainte confirmation à la chapelle de Sainte-Thérèse de l'Enfant-Jésus à Auteuil, pour les élèves du lycée Janson. Environ 150. Très belle réunion. Mes paroles : les noms des saints, honneur des familles françaises. Maxima puero reverentia : responsabilités familiales.

26 avril, jeudi. — Époux Della Sudda et enfants à ma messe. À 9 h 45 sainte confirmation à la chapelle d'Auteuil pour 150 élèves du lycée Janson avec Mgr Bottinelli [4]. À la maison, je reçois don Julien [5] Weber à qui j'ai communiqué sa nomination d'évêque coadjuteur de Strasbourg ; puis deux prêtres américains : James Hoban et [ ] que je garde à déjeuner. À 15 h 30 Monsieur Ferretti avec le *comm.* Donati, juif qui s'occupe des juifs [6], et plus tard le jeune archiviste [7] : toujours bon catholique et familier des choses ecclésiastiques.

1. Le grand collège Saint-Martin, tenu par les Oratoriens.
2. Maisons d'artisanat religieux du quartier Saint-Sulpice, dans le VIe arrondissement.
3. Première version.
4. Janson-de-Sailly (XVIe arrondissement), dont son ami Bottinelli est aumônier.
5. Jean-Julien.
6. Le 23 mars déjà, le nonce s'était enquis auprès de Mgr Montini (de la part du cardinal Gerlier) du sort des juifs italiens déportés en Allemagne (*Actes et documents*, vol. 10, n° 473, p. 565).
7. Bernard Mahieu, que le nonce va rencontrer assez souvent pour ses travaux historiques.

27 avril, vendredi. — Audiences : P. Ephrem Blandeau, prieur général des Frères de saint Jean de Dieu – Ponte 4 Capi, 59 Rome – avec le provincial de Paris : nous parlons de Mgr Gustavo Testa, et de plusieurs choses d'ici ; ensuite le *comm.* Mario Pennacchio et M. De Consiglio du Banco di Roma. L'après-midi, le prof. Latreille à qui je communique officiellement que le Saint Père accepte la désignation de Weber comme évêque coadjuteur de Strasbourg et lui prépare la bulle. Il m'entretient encore de la question des évêques. Je lis ensuite tout l'état de la question de la nomination de l'évêque de Metz. Tout est plus simple maintenant [1].

28 avril, samedi. — Audiences : P. André, ex-provincial des Eudistes ; prof. Paul Lesourd ; et dans l'après-midi la supérieure générale des Sœurs du Saint-Esprit.

À la maison, toujours du travail avec le regret de ne réussir qu'imparfaitement.

Pourtant je travaille sans cesse. Les nouvelles de la fin de la guerre se succèdent, graves et émouvantes. Aujourd'hui Bergame aussi est tombée aux mains des Alliés. Ce soir, on annonce que Farinacci a été condamné par un tribunal populaire. C'est la loi du talion [2].

29 avril, dimanche. — Je me suis rendu dans la paroisse de Saint-Georges des Blagis [3], où ce nouveau curé, l'abbé Fabre, m'a traité avec beaucoup d'attention et de zèle. J'étais avec Mgr Pacini. Assisté à la grand-messe de Saint-Georges et aux vêpres avec mitre et crosse. J'ai adressé de brèves paroles le matin et le soir. Église bondée : le matin, des hommes et le soir, des femmes. Spectacle réconfortant : les hommes viennent baiser mon anneau après le credo. Repas chez les Sœurs de charité, puis j'ai assisté à l'« entrée en chrétienté » des garçons. Tout pour encourager.

Paroisse de 45 000 âmes et tout est là [4].

---

1. Il a fallu près d'un an, en 1937-1938, pour remplacer Mgr Pelt par Mgr Heintz dans cet autre diocèse concordataire. Sur cette première nomination, de type un peu particulier, voir le témoignage d'André Latreille, p. 68-69.

2. Né en 1892, Roberto Farinacci fut un fasciste convaincu, de la première à la dernière heure, dans sa province de Cremona. Capturé le 27 avril, il est fusillé le lendemain après un procès sommaire. Mgr Roncalli ne prend manifestement pas son parti d'un tel règlement de comptes.

3. Saint-Georges de la *Villette* !

4. La paroisse recouvre un quartier très populaire de Paris.

30 avril, lundi. — Marquis Di Rende à ma messe et communion. Trois audiences seulement : Monsieur Henri Rollet, le comte Bernadotte et l'abbé Rodhain [1]. Toute la journée à la maison, et l'après-midi je n'ai pas fait grand-chose. L'abbé Boche est venu aussi, et je lui ai fait une lettre pour l'évêque de Poitiers [2]. Triste journée à la pensée de l'abominable fin réservée par les partisans – soi-disant patriotes [3] – à Mussolini avec Clara Petacci et à ses fascistes les plus proches. Évangile sanglant et implacable. J'ai cependant invoqué la miséricorde et la paix.

---

1. Ses proches affirment que c'est le nonce qui l'a encouragé à se rendre à Rome pour y défendre son projet, soutenu par le cardinal Suhard au nom de l'épiscopat, dans sa lettre à Mgr Montini du 3 mai. Ce voyage, effectué du 5 au 19 mai, ne semble pas concluant. Le Saint-Siège réserve sa décision, tout en demandant à Rodhain de changer son titre en « Comité catholique de secours » (lettre de Montini à Suhard, citée par Jean COLSON et Charles KLEIN, p. 242-244).

2. « Comme l'abbé Papin vous a renseigné, j'ai été mis au courant par lui et par son digne confrère M. l'abbé Boche du projet d'un "Regroupement sacerdotal" au service du diocèse de Poitiers. Je vous dirai que l'idée m'a tout de suite charmé par son à-propos et sa beauté spirituelle. J'ai cru voir au-dessus de ces deux prêtres et de leurs confrères quelque chose comme la lumière de la tradition d'apostolat diocésain de saint Charles Borromée et de ses oblats de Milan, du bienheureux Grégoire cardinal Barbarigo, évêque de Padoue, et d'autres insignes pasteurs qui, en Italie aussi bien qu'en France, dans les époques les plus difficiles ont donné une impulsion si efficace à la vitalité de l'ordre ecclésiastique comme un élément de reconstruction religieuse et sociale. J'ai eu l'impression que *hic requiescat spiritus Domini* et que ces jeunes prêtres qui viennent devant vous avec l'offrande de leur énergie au service du peuple poitevin, sont bien comparables à ces petits qui sur la montagne offraient à Notre Seigneur les deux pains et les cinq poissons pour nourrir la multitude immense qui suivait le Christ. Excellence, comme le divin Rabbi, levez votre main épiscopale sur cette offrande d'activité et renouvelez à la sanctification de vos ouailles le prodige émouvant de l'Évangile. Cela suffira, j'en suis convaincu, à consacrer votre nom à la reconnaissance de l'Église de Saint-Hilaire et du cardinal Pie », dans G. PAPIN, *Le Dernier Étage du Vatican. Témoignage de Pie XI à Paul VI*, Paris, Éd. de l'Albatros, 1978, p. 191-192.

3. Arrêtés dans leur fuite le 27 avril par une formation partisane, le Duce et sa compagne ont été fusillés à Dongo le 28 avril. Malgré la sévérité du verdict et la rapidité de son exécution, la formule du nonce peut surprendre : il ne semble guère avoir de sympathie pour les responsables de l'opération.

Commencement du « Diario » (Journal) *de France*[1]
1945

1er mai, mardi. — Déjeuner à l'ambassade de Chine à 13 h. Entretien avec M. Palewski, la personnalité la plus proche de de Gaulle, sur l'affaire des évêques indésirables[2]. Impressions de dégoût devant le traitement réservé au corps de Mussolini au Largo Loreto de Milan.

Journée pleine de tristesse. *Il princeps huis mundi*, désormais sans freins, féroce et affreux[3].

2 mai, mercredi. — Déjeuner Madame Rollet. Il y avait M. Dard et 4 ou 5 anciens de la génération en voie de disparition[4]. À la maison, mon entretien avec Mgr Beaussart, édifiant et très digne[5]. L'après-midi, M. de Nobele, avec Ferretti, m'apporte « l'Hymnarium » que je crois avoir appartenu aux moniales de Santa Grata[6]. Entre hier et aujourd'hui, vu plusieurs autres personnes, P. Butel, aumônier de la marine.

3 mai, jeudi. — Fête de la Pologne. Assisté à la messe chantée par Mgr Pacini, 263, rue Saint Honoré, et ensuite à la réunion avec les prêtres[7]. Rencontre aimable et fraternelle. Mais une autre fois, j'exigerai pour ma présence que la liturgie latine soit mieux respectée[8].

---

1. Avec l'emploi du terme *diario*, on notera le côté paradoxal d'un tel titre, puisque les notes journalières de Paris commencent de fait en décembre 1944. À partir de cette date, le nonce abandonne le cahier noir pour un agenda français contenant deux jours par page, et il n'écrit plus lui-même la date : il se contente de celle de l'agenda utilisé.

2. Gaston Palewski est le directeur de cabinet du général, qui va prendre en main le dossier (rapport n° 28 n à Tardini du 11 mai).

3. Rappelons que les corps du Duce et de sa compagne ont été exposés à la vindicte populaire, pendus par les pieds. Le commentaire du nonce renforce celui sur le sort de Farinacci.

4. Sans doute des diplomates exclus pour leur fidélité à Vichy, comme Émile Dard, que le nonce a connu en Bulgarie de 1924 à 1926.

5. Qui figure sur la liste du 26 juillet 1944 et sur celle d'André Latreille.

6. Pour l'acquisition chez ce libraire du 35 de la rue Bonaparte (VIe arrondissement) du livre liturgique enluminé du XVe siècle vendu naguère un prix dérisoire (lettre à Giacomo Testa du 21 novembre 1945, *Giacomo Testa nel solco di Angelo Giuseppe Roncalli*, p. 123) par ces moniales de Bergame, voir les lettres de Roncalli à Mgr Adriano Bernareggi des 28 juillet et 21 août 1945 (*Questa chiesa che tanto amo*, p. 280-281).

7. Siège de la Mission catholique polonaise, dans le Ier arrondissement.

8. Premier avertissement liturgique du nonce, qui sera suivi de bien d'autres.

À la maison, reçu avec le *Dott.* Pennacchio l'*ingeniere* Antonio F. Lago, Bergamasque de Predore <Ingénieur M.I.B.S, A.M.I.A., et E. AMIAE, président du conseil d'administration et directeur général des Automobiles Talbot-Darracq S. A., quai Galliéni à Suresnes (Seine)> [1]. Il a proposé de s'associer à moi pour les frais de l'« Hymnarium Bergomense [2] ».

4 mai, vendredi. — Entretiens avec l'abbé Salmon, de Saint-Jérôme, et Mgr Le Hunsec, supérieur du Saint-Esprit, que je retiens à déjeuner. L'après-midi, je me suis rendu avec Rocco rue Bonaparte où j'ai acheté des livres chez de Nobele pour 12 000 F, et conclu l'accord pour l'*Hymnarium* (300 000 F).

Après le dîner, promenade au Bois de Boulogne, plaisante et utile. Puis trop de temps distrait par les livres.

5 mai, samedi. — Déjeuner à l'ambassade de Turquie. Très bon accueil chez l'ambassadeur Menemençioglü. Étaient présents : Jeanneney, Morawski, Ponsot, d'Ormesson, Palewski, Portugal. Avec Palewski, évoqué des choses sérieuses [3]. Dans l'ensemble, impression de tristesse. Il y avait aussi l'ambassadeur du Brésil. Audiences : Fleury, Del Drago, Madelin, abbé Dahyot-Dolivet de Toulouse qui part pour le Canada. Je lui ai parlé clairement de l'Œuvre de secours international qui ne marche pas [4].

6 mai, dimanche. — Au calme à la maison. Le soir, je me suis rendu à Sainte-Clotilde pour la clôture du triduum pour le centenaire de la sainte épouse de Clovis. Assisté aux vêpres depuis le trône placé comme dans les basiliques romaines, puis au discours d'un père dominicain : beau et, bien entendu, patriotique. Musique excellente et de caractère triomphal. Un *Tu es Petrus* incomparable [5].

---

1. L'usine automobile de Suresnes (proche banlieue ouest de Paris) a été créée à la fin du XIXe siècle par la firme Darracq, intégrée en 1920 dans le groupe Sunbeam-Talbot-Darracq. En 1934, le constructeur de moteurs A. Lago devint directeur technique de Talbot S. A., bientôt Talbot-Lago, marque spécialisée dans les voitures de course, de sport et de luxe jusqu'au milieu des années 1950.

2. Il fournira en effet la moitié des 300 000 francs demandés par le libraire.

3. Sur la question des évêques sans doute.

4. Une telle remarque empêche de soutenir, avec Colson et Klein, que le nonce était réservé envers le seul projet Rodhain (*Jean Rodhain prêtre*, p. 243).

5. Confirmation du goût prononcé du nonce pour les cérémonies solennelles (la basilique Sainte-Clotilde est dans le VIIe arrondissement).

7 mai, lundi. — Après la sainte messe, j'ai récité les litanies avec Giulio. À 14 h départ avec Rocco et Giulio en auto pour Orléans[1]. Voyage bref et parfait. Heureux accueil et échanges de visites au commissaire de la République et au maire ; repas à l'évêché, puis réception de l'étendard de sainte Jeanne d'Arc et discours : le maire et l'évêque près de la porte latérale. Programme vivant et bien réussi. J'étais en chape.

8 mai, mardi. — À Orléans, fête de sainte Jeanne d'Arc. Ma messe au séminaire. Pris la parole ensuite : enseignements de la sainte aux bons séminaristes ; puis fonction à la cathédrale ; repas à la mairie ; ensuite défilé et revue militaire. Le nonce toujours favori, et très applaudi aussi au défilé. Tout s'est déroulé avec solennité, avec ordre, avec bonne harmonie. L'évêque Mgr Courcoux est satisfait[2].

9 mai, mercredi. — Sainte messe à l'évêché d'Orléans près des reliques de saint Benoît. Puis visite pèlerinage à Tours. Splendide trajet le long de la Loire. Tombeau et reliques de saint Martin, motif de grandes consolations. Archevêque Gaillard absent, très bon accueil des vicaires généraux et de don Robin. Visité aussi la cathédrale, le saint, puis Marmoutier[3] et mes sœurs du Sacré-Cœur. *Effluvium pacis*.
<Compagnons à Tours Mgr l'évêque de Luçon et Rocco.>

10 mai, jeudi. — Encore messe à Orléans près des reliques de saint Benoît. Puis visite à sa magnifique basilique de Fleury : incomparable et digne de saint Benoît, mais trop claire, trop blanche et trop *musée*[4]. En passant, visité avec Mgr Courcoux la très vieille église de Germigny[5]. À 13 h j'étais à Paris avec le chanoine prof. Chenesseau. À 15 h à Montmartre pour le pèlerinage des Aveyronnais.

11 mai, vendredi. — Trouvé beaucoup de travail à la maison. Plusieurs visites. Je me suis rendu chez Palewski, près du

---

1. Second voyage en province (photographie dans *Souvenirs d'un nonce*, entre p. 40 et 41).
2. Contre lequel Louis Canet déconseille d'engager des poursuites civiles, « quelqu'erreur qu'il ait pu commettre sous le régime de Vichy » (note n° 41 du 27 avril pour Chauvel, Papiers Canet, AMAE). On remarquera le silence du nonce sur la capitulation allemande, qui marque la fin de la guerre en Europe.
3. Abbaye bénédictine désaffectée proche de Tours.
4. L'abbaye de Saint-Benoît-sur-Loire est elle aussi désaffectée.
5. Chapelle du IXe siècle, très restaurée au XIXe.

président de Gaulle. J'ai enfin vu la liste noire [1]. Je crois avoir réussi à exclure Mgr Feltin [2]. Plusieurs choses importantes ont été dites. Puis j'ai vu Son Éminence le cardinal Suhard. Et je suis rentré travailler toute la nuit pour préparer le rapport au Vatican [3], confié au capitaine Schnyder, de la Garde suisse, que j'ai reçu à déjeuner.

12 mai, samedi. — Le travail nocturne m'a un peu abattu. Sainte messe chez les Sœurs de la Bienheureuse Cabrini à l'orphelinat italien de Noisy-le-Grand [4]. Chère ambiance italienne : avec Mgr Babini, et quelques prêtres italiens ; un Scalabrinien, don Tonini, de Vicence.

[[Resté ensuite à la maison, toute la journée au bureau.]] Je corrige : deux entretiens : Paon et le P. Deubloire* des Pères blancs.

13 mai, dimanche. — Sainte messe chez les Franciscaines missionnaires de Marie (36, avenue Reille). Je suis arrivé en retard. J'ai dit quelques mots sur sainte Jeanne d'Arc. Charmante rencontre. À 11 h à Notre-Dame... pour la grande déception. Fortes voix des communistes [5]. De Gaulle ne se montre pas [6].

---

1. En fait, Palewski lui transmet les désirs du général : Dutoit, Auvity, Feltin, Serrand, Beaussart, Vielle (vicaire apostolique de Rabat) et Poisson (préfet apostolique de Saint-Pierre-et-Miquelon). Marmottin, de Reims, est sorti d'affaire, à condition qu'il ne soit pas fait cardinal (liste qui compte cinq noms de moins que celle de Latreille et un en plus : Poisson). D'après le télégramme envoyé de Washington par de Gaulle à Bidault, le 14 mai, il y aurait eu accord sur La Villerabel, Auvity, Dutoit, Vielle et Poisson ; compromis sur Serrand (nomination d'un coadjuteur avec droit de succession), mais désaccord sur Feltin (Charles DE GAULLE, *Lettres, notes et carnets. Mai 1945-juin 1951*, Paris, Plon, 1984, p. 19-20). Le rapport du nonce n° 28 n du 11 mai à Tardini parle en effet de *« minor male »* pour ces prélats (plus Beaussart).

2. Il a surtout défendu celui-ci (*« E credo che il Generale de Gaulle non insisterà »*, s'il n'est pas promu cardinal), même source.

3. Rapport cité.

4. Née dans la province de Milan en 1850, Françoise-Xavier Cabrini a fondé en 1880 les Sœurs missionnaires du Sacré-Cœur de Jésus, qui se sont consacrées à l'assistance aux émigrés italiens ; décédée en 1917, elle a été béatifiée en 1938. Noisy se trouve dans la grande banlieue est de Paris.

5. Allusion aux élections municipales des 26 avril et 13 mai, qui ont vu une nette progression communiste par rapport au dernier scrutin de même type, celui de 1935.

6. Il n'est pourtant pas homme à se laisser impressionner au point de ne pas participer aux cérémonies en l'honneur de Jeanne d'Arc.

Le soir, vêpres et bénédiction à Saint-Denys de la Chapelle, chez les pères d'Issoudun, en l'honneur de sainte Jeanne d'Arc. Beau contact avec le peuple [1].

14 mai, lundi. — Tranquillité et travail. Visite du curé de Saint-Pierre : la visionnaire du Sacré-Cœur sur le drapeau national [2] ; Mgr Dutoit, d'Arras, qui reste déjeuner, puis le P. Willibrord, Bénédictin, et M. Ferretti.

Au cœur la douleur de ne pas arriver à tout.

15 mai, mardi. — Sainte messe à la maison. Ensuite, avec Pacini et le secrétaire général des Frères des écoles chrétiennes et le provincial, visite à Athis-Mons [3] : vieil hospice devenu scolasticat et noviciat des chers fils de saint Jean-Baptiste de la Salle. Messe et vêpres en mozette. Mon discours familier : les trois amours, obéissance, volonté divine, Saint Père. Au retour, bénédiction du saint sacrement à la maison de la rue de Sèvres. Belle et heureuse journée.

16 mai, mercredi. — Audiences graves et importantes. Ma visite au ministre de l'Information Teitgen. Brave garçon, droit et ardent. J'aurai de nouveaux contacts qui pourront me servir. La même note revient toujours : aller au peuple, sortir de formes dépassées, savoir comprendre et compatir. Seul moyen pour empêcher que l'ambiance désormais empoisonnée de communisme ne l'emporte et détruise [4].

17 mai, jeudi. — Messe à 8 h et première communion dans notre paroisse de Saint-Pierre de Chaillot. Je n'ai pas parlé, mais l'ensemble m'a plu. L'après-midi, je suis allé dans le logement de Dino, le chauffeur, dont le fils Pierino était parmi les communiants. Nombreuses audiences. Parmi celles-ci, Francesco Saverio Nitti, sorti de sa prison en Allemagne. Toujours intelligent et intéressant [5].

---

1. Paroisse populaire du XVIIIe arrondissement.
2. Allusion à Claire Ferchaud, dont le vœu, émis pendant la Première Guerre mondiale, n'a pas été accepté par les pouvoirs publics et a suscité des réserves dans l'Église.
3. Grande banlieue sud de Paris (photographie avec professeurs et élèves, *Souvenirs d'un nonce*, entre p. 40 et 41).
4. Pierre-Henri Teitgen tente de convaincre le nonce de la justesse de la ligne adoptée par ses amis démocrates-chrétiens du Mouvement républicain populaire après des élections municipales où celui-ci a manifesté sa force : couper l'herbe sous le pied des communistes. André Latreille note l'importance de cet entretien pour le rapprochement des points de vue (*De Gaulle, la libération et l'Église catholique*, p. 64).
5. Personnalité marquante de la vie politique italienne au XXe siècle, ce

18 mai, vendredi. — Parmi les audiences d'aujourd'hui, l'abbé Boche de Poitiers. Je lui ai parlé clairement [1]. Dans la matinée j'ai distribué la sainte confirmation à 300 enfants dans la paroisse Saint-François-Xavier [2]. J'ai parlé : croix, onction signe de paix. Le soir, repas chez le président de Gaulle. J'étais avec Mgr Pacini. Bonne conversation, pacifique, sur l'affaire des évêques et autres choses. Toujours aimable et bien intentionné [3].

19 mai, samedi. — Parmi les nombreuses audiences : Mgr Ruch de Strasbourg ; marquis de Canisy et de Blois ; abbés <Calle> et Papin [4]. À 13 h repas diplomatique : Canada, Italie, Liban, Grèce, Hollande, Suisse, ministre Teitgen, général Boissau, ex-ambassadeurs Ponsot et Dard, conseiller de Turquie et colonel américain. Manque aussi cette fois l'ambassadeur de Russie Bogomolov, avec de maigres excuses [5].

20 mai, dimanche. — Messe pontificale chez les Pères du Saint-Esprit : en cappa magna ; puis j'ai remis lettre pontificale et bulle à Mgr Le Hunsec : jubilé épiscopal et nomination à l'archevêché de Marcianapoli, limitrophe de Mesembria [6]. Repas avec le cardinal Suhard. À l'église, j'ai parlé *juxta opportunitatem*. Mgr Pacini était là, avec qui, à 16 h 30, je me suis rendu à Montmartre pour le pèlerinage des Italiens. Mon discours en italien et bénédiction. Tout s'est bien passé.

21 mai, lundi. — Journée pluvieuse et reposante. Seule audience : Madame Pericoli avec sa fille Anna Maria. À 16 h ma visite au monastère des Bénédictines de Meudon, que me

---

professeur d'économie fut plusieurs fois ministre avant de diriger le gouvernement qui accepta le traité de Saint-Germain (juin 1919-mai 1920). En butte aux attaques fascistes, il s'exila en Suisse, puis en France, où il fut arrêté par les Allemands en août 1943.

1. Cette fois, le nonce semble excédé du forcing du prêtre poitevin auprès de lui.

2. Paroisse réputée pour son ouverture liturgique et pastorale (VIIe arrondissement) ; son curé, Mgr Georges Chevrot, fut aussi l'un des principaux résistants catholiques parisiens et se trouve en bonne place sur la liste des promouvables à l'épiscopat selon Bidault.

3. Est-ce lors de cet entretien avec le chef du gouvernement provisoire que le nonce a mis sa démission dans la balance pour sauver Mgr Feltin (voir plus loin, note du 12 juin 1945) ?

4. Toujours Poitiers...

5. Un ambassadeur d'Union soviétique chez le nonce !

6. Le supérieur général des Spiritains, Mgr Louis Le Hunsec, hérite ainsi d'un titre archépiscopal proche de celui du nonce.

présente le P. Willibrord. Réception aimable et encourageante. Je leur ai laissé pour le regarder l'Hymnaire Bergomense, et j'ai admiré leurs travaux. En revenant, visité à Saint-Sulpice le P. supérieur pour l'affaire de Mgr *Auvity* [1].

22 mai, mardi. — Audiences : archiduc Charles d'Autriche ; M. Fernand Hayward, journaliste ; M. Giovanni Fummi, revenu le soir et retenu à dîner. L'après-midi, M. Gaston Palewski pour affaires pastorales ; le nouvel ambassadeur de Hollande <Jonkherr H. M. Van Haersma de With>. Bon travail pour un rapport à Rome sur les évêques. Aujourd'hui comme hier, Mgr Pacini malade avec un peu de fièvre.

23 mai, mercredi. — Mgr Rocco est revenu du nord, content du soulagement apporté : Pacini a encore de la fièvre. Audiences : le comte Henry de Degenfeld Schonburg, de la famille impériale d'Autriche ; Mlle Tainturier de la compagnie de Saint-Paul, le n° 2 [ ] du Rayonnement [2] et le P. de Régis, Jésuite, recteur du « Russicum » avec qui je suis allé me promener et ai acheté quelques livres sur le quai.

24 mai, jeudi. — Visites : Mgr Grente ; Jean de Lavergnolle, de Limoges, camérier secret de cape et d'épée. À la messe à la chapelle sont venus M. Della Sudda avec 15 personnes de la paroisse de Saint-François-Xavier : ils ont chanté en grégorien et ont reçu la sainte communion. Geste de piété et de simplicité : bien. Nouvelles d'Istanbul qui me touchent au cœur : Ferrari mort ; Mgr Rotta de passage.

25 mai, vendredi. — Visites : peu nombreuses. Parmi celles-ci, Mgr Rodié, évêque d'Agen qui m'a raconté le cas tragique de Mgr Torricella, qui m'a donné beaucoup à penser [3]. L'après-midi, mon intervention aux honneurs rendus au maréchal Montgomery au Grand Palais et à l'Hôtel de

---

1. L'évêque de Mende est sulpicien et Roncalli compte sur Pierre Boisard pour l'aider à prendre sa décision (rapport du 11 mai à Tardini cité). Il a raison : « Lorsque le Rév.me et très digne P. Boisard, supérieur des Sulpiciens m'a montré votre lettre du 31 mai, par laquelle vous me faisiez savoir <que le moindre désir exprimé par le Saint-Siège est pour un Sulpicien un ordre> et que vous faisiez <pour la paix et pour le bien de l'Église le sacrifice des droits que le Saint Père vous avait conférés sur le diocèse de Mende>, juste alors mon estime a grandi en admiration et en édification » (lettre à Mgr Auvity de la nuit de Noël 1945).

2. Sans doute le Rayonnement français, voir plus loin en date du 26 mai.

3. Mgr Eugenio Corradino Torricella, du diocèse de Bergame, a été tué à Agen, le 7 janvier 1944 par des maquisards (peu après avoir célébré la

Ville, où je me suis trouvé en face des communistes [1]. J'ai bien fait de ne pas manquer. J'étais avec Mgr Rocco, et présidais le corps diplomatique.

26 mai, samedi. — Sainte messe en l'honneur de saint Philippe au collège Saint-Martin de Pontoise, dirigé par les Oratoriens. J'en fus très satisfait : groupes et pavillons séparés et système un peu à l'anglaise. Excellent esprit sacerdotal, et bonne tonalité d'action catholique [2]. À 17 h 30 au Palais Royal, assisté à la réunion pour le « Rayonnement français » à côté du président du Conseil d'État Cassin. Le nonce fut l'objet de beaucoup de considération. Vu les [x].

27 mai, dimanche. — Chanté la messe pontificale à Saint-Stanislas des Blagis dans la banlieue. Nouvelle paroisse [3]. Curé Callon, un peu étrange, mais fervent. Belle réunion paroissiale. Des âmes qui écoutent. Mes paroles enfin pour expliquer le sens de la bénédiction papale. À la maison, j'ai reçu ensuite le jeune comte Manlio Arrigoni, que me présente Mgr Baradel. Il est de Trévise, mais habite à Rome.

28 mai, lundi. — Audiences : abbé Petigat du Val d'Aoste : je lui ai parlé très clairement ; il m'a déclaré ne pas faire d'action séparatiste [4] ; M. Sclavo, parent de Bianchi, d'Istanbul ; abbé Cozien de Solesmes que j'ai retenu à déjeuner ; puis Mgr Dutoit, qui m'a accompagné en auto chez les Lazaristes où j'ai vu le P. Robert, et puis je suis passé chez Mgr Le Hunsec et chez le provincial des Frères mineurs, 7, rue Marie Rose (XIVe).

29 mai, mardi. — Audiences : ambassadeur d'Amérique ; prof. Latreille [5] ; Ausonio Baroni ; marquis Benzoni, conseiller d'Italie ; Jesus Maria de Leizaola et Javier de Landaburu,

---

messe nous apprend une lettre de Roncalli au cardinal Granito Pignatelli Di Belmonte du 19 juin 1946), car suspect de fascisme.

1. Qui sont en force dans le Conseil municipal issu de la Résistance.

2. Ce collège est en effet l'un des fleurons de l'enseignement secondaire catholique.

3. Sur la commune de Fontenay-aux-Roses, au sud de Paris.

4. En ce mois de mai, Paris vient de faire connaître à Rome ses revendications frontalières : des rectifications modestes, préalables à la signature d'un traité de paix entre les deux puissances. Elles déçoivent à coup sûr les milieux favorables au rattachement de la région à la France... que le nonce n'apprécie guère.

5. Mgr Roncalli lui dit que le pape acceptera la démission des prélats les plus compromis, mais qu'il réserve la primeur de la nouvelle à Palewski. Latreille ne reçoit donc pas communication de la liste quasi-

représentants des Basques [1]. Le soir, à 8 h 30, clôture du mois de Marie à Arcueil – Saint-Denys. Intéressant : quartier rouge [2], mon allocution familière, le curé Le Corvec toute ferveur. Quels braves gens. Mais en tout et toujours la France, avec des drapeaux, des chants et des prières [3].

30 mai, mercredi. — Audiences : Mgr colonel Rudolph Zhanel, tchèque : à 78 ans, encore officier, manifestement bon mais original ; M. Roland-Gosselin ; M. Botha, hongrois. À 13 h, repas à l'ambassade du Brésil avec Turquie, Chili, Égypte, Palewski, Mauriac, Claudel et Henriot que j'ai accompagné en auto. À la maison, Brugnato et Mgr Chappoulie. Promenade après le dîner avec Mgr Pacini.

31 mai, jeudi. — À 10 h messe pontificale au séminaire d'Issy. Chant de tierce : ordre et piété. Beau chant alterné du *Lauda Sion*. Puis rencontre avec les séminaristes et les professeurs. Belles paroles du P. Boisard, ma réponse : renvoi au *Princeps huius mundi*. Mes habituelles impatiences intérieures : mais dans l'ensemble, je crois, tout édifiant. Pacini et Rocco se sont joints pour le repas. Ils seraient bien venus pour la cérémonie. Après le déjeuner, visite du vaste jardin et de la Solitude.

À 15 h 45 confirmation au lycée Henri-IV derrière le Panthéon. Je parle au début, les huiles saintes étant absentes. Environ 100 confirmands. Inconvénient habituel de ceux qui n'ont pas de parrain personnel. Cérémonie à la française [4]. Tout unir et tourner vers le bien.

---

ment arrêtée les 11 et 18 mai, plus réduite que la sienne. « *In tutte [...] i sacrificati sono 7. Bastano* et ultra » (« En tout [...] les sacrifiés sont 7. Ils suffisent *et ultra* »), écrit Roncalli dans sa note à Tardini du 6 juin, où il se montre optimiste sur les démissions ; il espère même que les démissionnaires pourront conserver leur titre, avec suppléance d'un coadjuteur. « *Bisogna chiarire l'equivoco. Il SP non vuole entrare nelle dimissioni dei Vi* » (« Il faut clarifier l'équivoque. Le Saint Père ne veut pas intervenir dans les démissions des évêques »), écrit en marge Tardini (« D. T. ») ; ils doivent renoncer d'eux-mêmes, sans aucune pression du Saint-Siège (les 7 sont : Auvity, Beaussart, du Bois de La Villerabel, Dutoit et Serrand, plus le vicaire apostolique Vielle et le préfet apostolique Poisson).

1. Une telle audience aux représentants des Basques en exil ne peut que mécontenter Madrid.

2. Arcueil est en effet un bastion communiste dans la proche couronne sud de Paris.

3. Nouvelle pointe contre l'exaltation patriotique du moment.

4. Critique implicite ? Rappelons que le nonce a reçu plusieurs fois l'aumônier, Yves de Gibon.

1er juin, vendredi. — Audiences : nouveau ministre de Suède ; Boche, Papin et un troisième prêtre de Poitiers [1] ; *comm.* Vannucci Luigi ; P. Lambert, des Jésuites. À 3 h 30, supérieure de Montmartre ; puis visite à la maison mère de Sion [2] : élèves, sœurs, bénédiction à la chapelle ; mes paroles évocatrices de Pancalti ; grande fête et familiarité. Dorénavant je ne veux plus m'excuser de mon français imparfait.

2 juin, samedi. — Audiences : abbé Marie-François d'Assise, de Lérins ; abbé de Sainte-Marie de la Source et abbé Salmon : tous deux resteront déjeuner ; puis S. E. Gino Cecchi, M. Félix, du ministère de la Guerre, et M. Ferretti.

Le soir, télégramme qui annonce la nomination de Mgr Pacini comme chargé d'affaires à Belgrade. Je suis heureux du geste de confiance pour lui ; triste parce qu'il doit me quitter, moi qui l'estime et l'aime depuis plus de 20 ans.

3 juin, dimanche. — Dimanche reposant. Sabbatum Domini. Dans la matinée et l'après-midi, lettres pour Istanbul. À 16 h, reçu la visite de Madame Tarchiani et de ses filles jumelles : elle part pour Washington rejoindre son mari, ex-directeur du *Corriere della Sera* et aujourd'hui ambassadeur de l'Italie nouvelle en Amérique [3].

4 juin, lundi. — Peu d'audiences : à midi j'ai eu à déjeuner le P. Rémi [4] qui aide pour les lettres. L'après-midi, visité la grande Bibliothèque Nationale où j'ai recherché le Mansi. J'étais avec Mgr Pacini. Richissime collection de millions de livres, la plus riche du monde. 581 employés salariés. J'ai reçu un accueil des plus courtois dans tous les départements.

5 juin, mardi. — Quelques audiences : l'abbé Salmon ; Mgr de Courrèges, auxiliaire de Toulouse qui se rend à Rome [5]. L'après-midi, je suis allé avec Mgr Pacini chez

1. Le nonce subit de la part de ce groupe un véritable harcèlement.
2. 61, rue Notre-Dame des Champs (VIe arrondissement).
3. Alberto Tarchiani, rédacteur en chef du grand quotidien milanais, a dû s'exiler entre 1925 et 1943, du fait de son hostilité au fascisme. Il vient d'être nommé ambassadeur à Washington où il est parti le 20 février (*Dieci anni tra Roma e Washington*, Rome, Arnaldo Mondadori, 1955).
4. Kokel.
5. Pour défendre, sans plus de succès que Rodhain, le Secours catholique international d'origine toulousaine (lettre de Mgr Montini à Courrèges du 16 juin, citée par Jean Colson et Charles Klein, p. 272-273). L'hésitation romaine devant une telle concurrence nuisible est confimée par l'ambassade de France près le Saint-Siège dans une dépêche du même jour (AMAE).

les sœurs du Patronage de saint Joseph où se trouvait M. Brugnato, adorateur du P. Pio [1]. J'y retournerai.

J'ai eu aussi la visite du chanoine de Poitiers Jules Bourdeau, attaché à la curie. Communications intéressantes [2].

6 juin, mercredi. — Parmi les audiences : chanoine Sédillière, curé de Saint-Séverin ; M. Brochard, curé de Saint-Gervais ; M. Bianchi, de Pianico, avec sa femme Ida Sonzogni et un magistrat de Paris.

L'après-midi, un P. Philippe Thomas [3], dominicain, qui part pour Rome ; prof. Latreille ; M. Baroni ; visite et réception à l'ambassade du Luxembourg, de Gaulle présent. J'étais avec Pacini et Rocco. Après le dîner, M. Ferretti, à qui j'ai remis le don pour Anne-Marie Félix.

7 juin, jeudi. — Peu d'audiences, mais occupations très denses à la maison. Parmi ces quelques audiences, M. Denis, de l'aumônerie. La condition des Italiens en France, prisonniers, est extrêmement douloureuse et préoccupante. À midi, déjeuner chez l'ambassadeur Wladimir d'Ormesson, puis visite à l'ambassadeur Caffery des USA, et travail intense jusqu'à une heure très tardive.

8 juin, vendredi. — Parmi les audiences d'hier, le P. Serrand, neveu de Mgr de Saint-Brieuc [4], puis P. Navarra, du Saint-Esprit ; Mgr [Boyer-Mas], conseiller ecclésiastique français en Espagne ; l'après-midi, fonction chez les Dames du Sacré-Cœur, 32, rue Saint-Dominique, avec réception joyeuse et pieuse. À la maison, archiduc Rodolphe d'Autriche. Bon garçon en quête du trône perdu [5].

9 juin, samedi. — Journée quasi blanche avec peu d'audiences. J'ai travaillé à la correspondance avec Istanbul. De Rome, je suis informé que le Saint Père parlera dimanche 17 courant à la radio. Mon âme toujours un peu

---

1. Le mot « adorateur » implique une critique envers ce fervent admirateur du capucin stigmatisé padre Pio da Pietrelcina.

2. Sur le groupe de jeunes prêtres autour de l'abbé Boche, probablement, que l'évêché ne voit pas d'un bon œil, mais qu'il n'est guère en état de faire rentrer dans le rang : Mgr Édouard-Gabriel Mesguen sort passablement déconsidéré de la guerre, bien qu'il ne figure sur aucune liste.

3. Il s'agit du père Thomas Philippe, nommé régent du Saulchoir en 1942 à la place du père Chenu, démissionné par Rome.

4. Dominicain de la province de Lyon, rédacteur de *La Vie intellectuelle*, sans doute sur le cas de son oncle.

5. Décidément, la famille de Habsbourg se presse chez le nonce !

mécontente du peu de *rendement* de mes heures d'occupation au bureau. Patience envers moi-même : principe de sagesse. Donné le rochet et le mantelet à Mgr Weber.

10 juin, dimanche. — À 8 h 45 j'ai assisté à la messe dominicale des magistrats à la Sainte-Chapelle. À la fin, quelques mots de commentaire du « Iustitia de caelo prospexit » du psaume 84. Puis messe à la maison ; de là je suis allé seul visiter la chapelle des Pères d'Alba à Nogent [1]. Ensuite procession du saint sacrement ; puis visite au Carmel du Christ-Roi. Journée d'heureuses émotions pastorales.

11 juin, lundi. — À la maison, audiences : P. Quenard ; *cavaliere* Staderini ; P. Serrand. À midi, repas chez les Jésuites de la rue de Sèvres : assistants ecclésiastiques de l'Action catholique [2]. Visite aux restes du P. Olivaint et des Jésuites de la Commune [3]. P. Lambert, supérieur très comme il faut. Contacts utiles avec ces excellents *collaboratores in Evangelio*. Audience : Mme Bonatti.

12 juin, mardi. — Parmi les audiences d'aujourd'hui : Mgr Serrand, évêque de Saint-Brieuc avec le recteur du séminaire, le chanoine Hervé, que je retiens à déjeuner [4] ; l'après-midi, je me suis rendu au ministère des Affaires étrangères voir M. Hardouin pour plaider l'exclusion définitive de la liste [5]. Le soir, repas de l'assemblée de la Propagation de la Foi, avec Pacini et Rocco chez Mgr Chappoulie. Mes paroles aux

---

1. Religieux de la Pia Società di San Paolo, fondée en 1914 par Giacomo Alberione, prêtre du diocèse de Cuneo, pour développer un apostolat par la presse et par l'édition. Ils sont installés en France depuis 1932. Nogent est une banlieue sud de Paris.

2. Maison qui abrite les aumôniers jésuites de l'Association catholique de la jeunesse française, de la Jeunesse agricole catholique et de la Jeunesse étudiante chrétienne.

3. Cinq religieux fusillés comme otages par la Commune de Paris le 26 mai 1871, dont le plus connu est l'éducateur et prédicateur Pierre Olivaint.

4. Après toutes ces démarches, Mgr Serrand pourra conserver son siège, mais flanqué d'un coadjuteur avec droit de succession.

5. Exclusion de Mgr Serrand sans doute. La conclusion de la négociation s'opère donc au Quai d'Orsay, où Jacques Tarbé de Saint-Hardouin, que Mgr Roncalli a connu à Istanbul, assure l'intérim du secrétariat général. Bon état de la question dans le rapport n° 30 n à Tardini du 21 juin : pour Feltin, Roncalli a dit au général de Gaulle, *« che lo pregavo a vedere su quello di mons. Feltin il mio nome »* (« que je le priais de voir mon nom sur celui de Mgr Feltin »). Mgr Grimault, vicaire apostolique de Dakar, a été ajouté *in extremis* à Mgr Vielle et à Mgr Poisson (mais on peut douter de la réalité de l'éviction des deux premiers : l'*Annuario*

participants. En fin de vie, le souvenir le plus consolant : aide à l'O.d.P.d.F. [1].

13 juin, mercredi. — Pensée nostalgique vers Istanbul. Plusieurs audiences : chanoine Hervé ; abbé de Lérins ; curé Renaud, de Saint-Charles ; Mgr Bottinelli ; don Martino de Martini ; abbé Martin ; moine de Wise [2] ; puis repas à Saint-Séverin chez le chanoine Sédillière ; ensuite, à la maison, le ministre d'Égypte ; Mgr Leynaud, archevêque d'Alger ; abbé Gilloz, qui apporte le tableau de la Sainte Famille.

14 juin, jeudi. — Quelques audiences : Mgr Chappoulie ; M. Norton, du Portugal ; P. Zefirino ; repas au Lancaster offert par Maritain ; confirmation à Drancy. Visite à l'aumônerie des Polonais ; réception d'Eisenhower à l'Hôtel de Ville avec Mgr Pacini. Journée dense de travail et d'impressions.

15 juin, vendredi. — Audiences : sénateur Bardoux ; Mlle Valla Basca et Madame Giustiniani. À la maison, p. Quenard et Zefirino à déjeuner. L'après-midi, Mgr Devreesse et abbé Jacquin. Je me suis rendu avec eux chez de Nobele où j'ai acheté le Melling avec 40 gravures de Constantinople [3] ; puis longue conversation avec le cardinal Suhard dans son jardin.

16 juin, samedi. — Audiences : Mgr de Courrèges retour de Rome [4] ; p. dominicain Ambroise Faidherbe et avocat J. Querenet ; le Calabrais Carassolo ; l'après-midi, les archevêques de Cambrai et de Toulouse [5] ; repas en l'honneur de d'Ormesson, Saint-Hardouin, Fakhry d'Égypte, Latreille, Argod, Staderini et Vannucci. Audience aussi don Fiorese, de la Mission italienne. À 16 h 20, bénédiction au Cénacle et réception familiale.

Pontificio les mentionne jusqu'à leur remplacement en 1947 et 1946 respectivement) ; la démission spontanée de Mgr Jean Delay, évêque de Marseille, n'a pas eu de suite. L'espoir du maintien du titre s'évanouit. Les instructions du Saint-Siège ont bien été comprises : le nonce attend des démissions volontaires.

1. Œuvre de la Propagation de la foi, dont le futur nonce a été président pour l'Italie entre 1921 et 1925.

2. Wisques dans le Pas-de-Calais (abbaye bénédictine Saint-Paul) ?

3. Antoine-Ignace Melling, *Voyage pittoresque de Constantinople et des rives du Bosphore*, première édition en 1809.

4. En revanche aucune allusion à une visite de Rodhain à son retour de Rome et au don par le nonce d'un chèque de 4 millions de francs (Jean Colson et Charles Klein, p. 247).

5. Premier contact avec Mgr Saliège.

17 juin, dimanche. — Nuit passée à Montmartre : j'ai présidé les matines et chanté la messe avec les laudes. Grande consolation spirituelle. Foule très dévote. Repas à l'archevêché avec les cardinaux et les archevêques. À 9 h consécration au Sacré-Cœur ; parole du Saint Père à la radio très bien entendue [1]. Autre spectacle de foi incomparable. À 20 h 30, repas au Quai d'Orsay en l'honneur du sultan du Maroc. Nonce à son poste d'honneur. Sultan. Ambassadrice de Russie. Nonce.

18 juin, lundi. — Aujourd'hui, les contacts n'ont pas manqué : l'évêque Rousseau, vicaire capitulaire de Blois [2], l'avocat Schifalacqua, Mgr Gounot, archevêque de Tunis, et l'après-midi le vieux Francesco Nitti qui restera ensuite dîner avec son fils Joseph, M. Fummi et l'abbé Devreesse.

19 juin, mardi. — La préoccupation à propos de mon discours de Lyon me tient dans une sorte d'anxiété douloureuse. Plus grave dans le contact avec Mgr Beaussart, puis avec tous les cardinaux et archevêques réunis pour l'assemblée, que j'ai voulu informer moi-même sur la question des évêques indésirables. Je suis resté déjeuner avec eux. Les hésitations du cardinal Suhard, qui savait déjà tout, sont un peu pénibles [3].

20 juin, mercredi. — Audiences : Besançon et Soissons. Peu d'audiences : intéressant l'avocat Mario Bergamo, âme en quête de clarté et de paix ; puis M. Pierantoni, de l'ambassade italienne. Repas au Bristol offert par les ministres de Norvège, Grèce, Pérou et Tchécoslovaquie. Chauvel y était aussi. À 17 h, salué les cardinaux et archevêques en assemblée : vu en particulier l'archevêque de Rennes et Mgr Guerry. J'ai accompagné Mgr Moussaron, d'Albi, chez les sœurs de l'Agonie.

---

1. Radiomessage aux familles de France à l'occasion de leur consécration au Sacré-Cœur (*La Documentation catholique*, 8 juillet, col. 483-485).

2. Succession Audollent ou promotion du vicaire capitulaire ?

3. C'est à cette Assemblée des cardinaux et archevêques que le nonce expose le résultat d'une négociation dont ils ont été exclus, mais qu'il a déjà évoqué auprès de certains (rapport à Tardini du 21 juin) ; d'après sa déposition au procès parisien pour la béatification de Jean XXIII, Mgr Feltin semble découvrir alors qu'il était le premier, avec Marmottin, sur la liste de proscription (*Processus rogatorialis*, Paris, déposition du 12 novembre 1968, vol. 1, p. 28). La remarque sur Suhard suggère un accord moins parfait que ne le décrit Jean VINATIER, « I rapporti del nunzio Roncalli con il card. Suhard », *Giovanni XXIII transizione del Papato e della Chiesa*, Rome, Borla, 1988, p. 51-67).

21 juin, jeudi. — Audiences : archevêques de Reims et de Sens, besoins particuliers d'Amiens et de Châlons [1]. Bénédiction du saint sacrement et discours de Panici, et repas chez les Jésuites du collège Gonzague [2]. Rencontre avec quelques autres pères. Puis, à la maison, audience colonel Fiore, préparatifs pour le discours et le voyage à Lyon. P. Rémi fait la traduction : mais je n'y retrouve pas mon ton.

22 juin, vendredi. — Voyage Paris Lyon en auto [3]. Arrêt au monastère de la *Pierre-qui-Vire*, centre des P. de Subiaco [4] ; très bon accueil, repas, puis visite du monastère ; abbé absent, prieur, un Suisse très comme il faut. Nous traversons Sens et Auxerre, puis Mâcon et Villefranche. France vraiment délicieuse. Cardinal Gerlier, excellent accueil.

23 juin, samedi. — Sainte messe à Fourvière : orgue et séminaristes. Au palais Saint-Pierre pour l'exposition de soieries : quels magnifiques produits ; partout égards et cordialité. L'après-midi, visite à la Propagation de la Foi, paroles émues senties et dites par moi [5]. Réception à l'Institut catholique : extraordinaire ; mon intervention ; après le dîner conférence du prof. [Fliche] [6] sur le concile. Undequoque absolu.

24 juin, dimanche. — À 10 h mon grand pontifical en rite lyonnais à Saint-Jean avec une quinzaine d'évêques. Je crois m'être bien conduit. C'est certes splendide, mais de quelque façon une chaussure et un sabot [7]. L'après-midi,

---

1. Évêchés dirigés par de vieux prélats qui ont besoin de relève.

2. Saint-Louis de Gonzague, grand externat jésuite (12, rue Franklin, XVIe arrondissement).

3. Troisième voyage.

4. Monastère bénédictin fondé au XIXe siècle dans le Morvan et rattaché à la congrégation de Subiaco, plutôt qu'à celle de Solesmes.

5. Paroles d'autant plus nécessaires que la dernière visite à Lyon de Mgr Roncalli, en décembre 1921, a entraîné le transfert à Rome de cette œuvre due à la laïque lyonnaise Pauline Jaricot, en 1819-1822. Outre sa synthèse sur cet épisode (*Roncalli e le missioni. L'Opera della propagazione della Fede tra Francia e Vaticano negli anni '20*, Brescia, Morcelliana, 1989), voir l'article de Stefano TRINCHESE, « La réaction lyonnaise au transfert des œuvres missionnaires », *Revue d'histoire ecclésiastique*, Louvain, LXXXIII (1988), n° 2, p. 369-392.

6. Le médiéviste Augustin Fliche (confirmation dans la lettre de Roncalli à Gerlier du 4 juillet).

7. Marcher avec une chaussure et un sabot : l'opinion intime est moins favorable que le discours public : « Tout m'a pénétré du sentiment de la majesté de votre tradition liturgique, à laquelle vous êtes si justement attachés, et qui, par son déploiement fastueux, rappelle à plus d'un titre le rite solennel des basiliques romaines. »

j'ai aussi chanté les vêpres et ensuite, après le cardinal, j'ai lu mon allocution [1]. On dit qu'elle a fait bonne impression. Le soir, je reçois le maire M. Herriot avec qui je bavarde de choses graves. Il reste au grand dîner et il est très intéressant [2].

25 juin, lundi. — À Lyon. Sainte messe au Cénacle de Fourvière ; visite des environs et de la maison du chanoine directeur du sanctuaire [3]. À midi, repas avec le cardinal Gerlier chez les Dominicains d'Écully, Économie et humanisme. L'après-midi, visite aux PP. Assomptionnistes, aux dames du Sacré-Cœur, aux sœurs Poverelle de Villeurbanne où je vois quelques Italiens (5 000 F). Partout bonnes impressions. J'ai fait aussi une visite à la maison de Mgr Béchet [x] [4].

26 juin, mardi. — *Lyon.* Sainte messe à Ars avec des évocations de la visite d'il y a environ 40 ans. Je suis avec Mgr Delay évêque de Marseille, et avec Pacini (1 000 F) à des soldats italiens. À Lyon, repas du colonel Descour, gouverneur militaire, et le soir à la préfecture chez le Commissaire de la République M. Yves Farge. J'ai d'abord rendu visite à M. Herriot, qui était à ma droite au repas à la préfecture et fut extrêmement courtois et aimable.

---

1. Dans la cathédrale Saint-Jean, pour le septième centenaire du premier concile de Lyon en 1245 : après le rappel de ses deux premières venues à Lyon, en 1905 et 1921, le nonce prononce un vibrant plaidoyer pour la liberté de l'Église et sa défense contre les attaques dont elle est l'objet, avec une assez nette allusion – réprobatrice – à la conjoncture de l'épuration : « Mes Frères de Lyon, le problème de la liberté de l'Église au service de la vie et de l'apostolat catholique, au service des droits de la conscience religieuse, est toujours d'actualité. Pourquoi faut-il, qu'après tant de sang versé pour la cause de la liberté politique et nationale, alors qu'à nos oreilles résonne encore, en nous déchirant le cœur, l'écho des plaintes et des souffrances de millions de victimes dont la seule consolation était la pensée qu'elles contribueraient à refaire un monde meilleur, pourquoi faut-il qu'on puisse entendre encore, au milieu de paroles de paix, des menaces de violences ? » (*Souvenirs d'un nonce*, p. 62-69, citations, p. 63-64 et 67 ; deux photographies entre les p. 40 et 41).

2. Premier contact, apparemment fructueux avec le leader du Parti radical.

3. Photographie dans *Questo è il mistero della mia vita*, vol. I, p. 140-141.

4. La fin du nom est illisible, mais il s'agit sûrement de Mgr Emmanuel Béchetoille, responsable lyonnais de l'Œuvre de la Propagation de la foi avant le transfert à Rome.

27 juin, mercredi. — Départ de Lyon après la messe à l'archevêché [1]. Beau trajet jusqu'à Mâcon et Cluny : visite à ce qui reste de l'antique grandeur. Je fus très satisfait. À 12 h 30 à Bresse, hôte de la famille Murard : extrêmement aimable et pieuse. L'après-midi, visite au château de Brancion. Soirée tout à fait agréable dans la douceur de la campagne verte et reposante. Oh ! quelle belle France que celle-là [2].

28 juin, jeudi. — Sainte messe à la paroisse de Bresse [3], beaucoup de monde, j'ai dit quelques paroles encourageantes. À 10 h 20 j'étais à Paray-le-Monial où j'ai entendu la messe de Mgr Pacini, et renouvelé ma consécration au Sacré-Cœur : visite des sœurs et de la mission. Aumôniers. À 19 h j'étais à Autun avec l'évêque Mgr Lebrun, excellent prélat [4] ; repas sœurs du Sacrement ; puis visite de la cathédrale et de l'évêché. Poursuivant notre route, arrêt à Auxerre, visite de Saint-Pierre et de la splendide cathédrale avec Mgr Deschamps. À 23 h à Paris.

29 juin, vendredi. — À Saint-Sulpice : assistance à la consécration Mgr Weber. J'étais en cappa magna et sur une place à part avec trône et armoiries. Puis j'ai assisté au repas d'honneur avec les interminables éloges et prophéties, etc. Je voulais dire quelque chose, mais après le bon Latreille qui parla au nom du gouvernement comme si le nouvel élu devait tout à l'État, j'ai préféré me taire et j'ai bien fait. Je le confesse : trop d'éloges, trop d'encens, trop de prophéties [5].

---

1. Le 4 juillet, Mgr Roncalli envoie au cardinal Gerlier une chaleureuse lettre de remerciement.

2. Le Mâconnais est en effet une région magnifique, mais peu fervente.

3. Bresse-sur-Grosne (Saône-et-Loire).

4. Auquel il répondait le 25 mai, à propos de rencontres avec la communauté de Taizé : « Franchement je ne me sens pas autorisé à encourager en principe des réunions dont Votre Excellence vient de m'entretenir. On doit être bien aimable avec nos frères séparés. Mais je crois que des rapports individuels pourraient être un essai plus appréciable qu'une réunion de beaucoup de personnes. On sait comment on commence, on ne sait jamais comment on finit » (Archives diocésaines de Lyon, copie).

5. Agacé du fait que le gouvernement veuille tirer la couverture à lui, le nonce a fait annoncer la nomination dans *L'Osservatore Romano* le jour même où elle était publiée au *Journal officiel* français. Le sentiment d'André Latreille sur ce repas est assez différent : « je me permis, sans avoir été chargé de cette mission, de prononcer un toast où je célébrai le bienfait de l'entente confiante qui s'établissait entre l'État et l'Église. Paroles qui rassurèrent mes auditeurs », les évêques présents (*De Gaulle, la libération et l'Église catholique*, p. 69-70).

30 juin, samedi. — Sainte messe comme toujours à la maison pour conclure le mois du Sacré-Cœur. D'une lettre de Mgr Bernareggi j'apprends que Mgr Plebani, archiprêtre de Clusone, est mort lui aussi[1]. J'en suis très affligé : c'était presque un compagnon de séminaire. Déjeuner chez la duchesse Montfoucauld[2] : il y avait aussi le général Catroux, ambassadeur à Moscou. Audience Mgr Redoncali* et nouveau ministre de Suisse. À dîner colonel Fiore.

1er juillet, dimanche. — À Saint-Pierre de Chaillot : ma messe pontificale, puis déjeuner avec le clergé à la nonciature. Tout s'est très bien passé. Sont venus également pour le repas Mgr Beaussart et le chanoine Brot, de Notre-Dame. Une autre année, je ferai aussi l'homélie. L'idée d'honorer ainsi saint Pierre fut édifiante pour tous. À 16 h, j'ai assisté à la séance et distribution des prix chez les Salésiens de la rue [ ].

Beaussart accepte de se démettre de sa charge de vicaire et d'auxiliaire[3].

2 juillet, lundi. — Audiences et mauvais temps. À noter parmi les visiteurs : le marquis Di Rende et le comte Pozzo di Borgo ; puis le chanoine Desgranges.

Gros travail et un peu déprimant : difficultés à joindre Mgr Dutoit, incertain au sujet de sa démission. Cela crée un malaise, et le nonce ne pourra plus rien faire pour lui[4].

3 juillet, mardi. — Toujours audiences et gros travail : P. Dominicain venu de Rome avec beaucoup de courrier. L'après-midi, visite aux Affaires étrangères, ministre Bidault : tout relativement calme. Je suis allé ensuite chez le cardinal Suhard : je l'ai trouvé incertain et fluctuant[5]. Après le dîner, promenade au Bois de Boulogne avec le chanoine Maury.

4 juillet, mercredi. — J'ai célébré pour le père de Mgr Pacini, mort fin mai. Audiences : P. Jésuite de la Vierge de Boulogne ; curé de Sézanne, au diocèse de Châlons-sur-Marne ; deux sœurs de Charité ; époux Bianchi avec leur fils Pietro ; Mme Dussi et sa fille ; Mgr Rivière, évêque de Monaco et

---

1. Cette lettre ne figure pas dans *Questa chiesa che tanto amo.*
2. De La Rochefoucauld ?
3. Son cas n'est toutefois pas réglé (voir plus loin en date du 21 juillet).
4. Il a écrit le 31 mai à Monsieur Boisard une lettre de démission transmise au nonce ; mais il vient de se dédire (« *Alcune note circa la questione dei vescovi non graditi di cui il Governo propone l'<écartement>* », p. 9).
5. Remarque qui rappelle celle du 19 juin, sans qu'on puisse en savoir plus.

ministre Baelen et attaché militaire grec qui restent déjeuner. Puis Mme Paon, le journaliste Lo Duca et le colonel Félix ; M. Fernand Hayward.

<Visite de congé de Mgr Weber.>

5 juillet, jeudi. — Journée surchargée d'audiences : MM. Lupo et Mari de la Banca Commerc. ; Mmes Hoppenot et de Ridder ; le jeune Perrin, de Lyon ; l'abbé Gouget, curé de Saint-Germain ; Garelli père et fils qui restent déjeuner ; puis abbés Boche, Jacquin, Prévost, M. Baroni ; à dîner l'abbé Rodhain et de Laure* : longue conversation avec Rodhain sur tous les points en discussion au sujet de l'aide aux Italiens libérés et questions relatives.

6 juillet, vendredi. — Audiences : Mgr Babini ; Mme Giustiniani Corpi ; Mme A. Le Segan, des Postes*, visionnaire du Précieux Sang de Saint-Brieuc ; une autre dame baronne ; à midi Mgr Rodié, évêque d'Agen, qui reste déjeuner. L'après-midi, Mgr Chappoulie, puis arrive le courrier d'Istanbul qui m'intéresse et me donne peine et joie. Tout pour le Seigneur.

7 juillet, samedi. — Audiences : Nannucci ; Ferretti avec Buitoni, Miotti et Helmi ; aumôniers Le Meur et Stock du séminaire d'Orléans [1] ; dans l'après-midi, à 17 h messe à Chaillot : spectacle inoubliable [2]. J'étais avec le cardinal Suhard. À 20 h 30 dîner en l'honneur du nonce au Quai d'Orsay chez Bidault. 30 couverts : avec Teitgen, Pleven, Charles-Roux, d'Ormesson, Pernot, Fleury, d'autres membres du ministère, tous avec leurs épouses ; et Pacini et Rocco [3].

---

1. Séminaire pour les ecclésiastiques allemands prisonniers, ouvert en avril et transféré près de Chartres en août, dont le supérieur est l'abbé Franz Stock, aidé de l'abbé Georges Le Meur (Xavier BONIFACE, *L'Aumônerie militaire française, 1914-1962*, Paris, Éd. du Cerf, 2001, p. 365-368).

2. *« Folla a decine di miglaia : al completo i reduci da campi di sofferenza e di morte della Germania : grande stuolo di donne in grammaglie : un centinaio di preti ancora in abito di prigioneri a distribuire la S. Comunione »* (« Foule par dizaines de milliers : au complet les rescapés des camps de souffrance et de mort d'Allemagne ; grande foule de femmes en deuil ; une centaine de prêtres encore en vêtements de prisonniers pour distribuer la sainte communion »), lettre du 9 juillet au nonce en Allemagne, son ami Mgr Cesare Orsenigo (*Souvenirs d'un nonce*, p. 136). Il s'agit en effet d'une grande célébration pour fêter la Libération.

3. Cette première invitation officielle sanctionne l'amélioration de relations tendues par l'affaire de l'épuration épiscopale.

8 juillet, dimanche. — Sainte messe, etc. à la Mission italienne. Très satisfait de cette rencontre avec tant de bonnes âmes à la Mission italienne. J'ai parlé ex corde en encourageant et en me laissant aller à l'émotion à l'évangile et après la confirmation. J'ai reçu les salutations dans la cour, et mangé avec les prisonniers italiens qui y sont hébergés. Encouragement aux pères et aux sœurs Poverelle, dont celles de Vicence et deux de Bergame.

9 juillet, lundi. — Gros travail pour la préparation de la note sur la question des évêques indésirables. L'effort de l'objectivité et de la mesure demande du temps et de la réflexion [1]. Peu d'audiences. Le soir, j'ai pris froid en prolongeant trop mon travail.

10 juillet, mardi. — Commencement de refroidissement, avec fièvre. Malgré cela, dans l'après-midi je n'ai pas voulu manquer l'inauguration du Louvre rouvert. Contemplation réjouissante de plusieurs chefs-d'œuvre de l'art « italien » : Léonard, Raphaël, Corrège, etc. et d'autres pays. Mais la visite m'a physiquement fatigué. Travail nocturne à la machine jusqu'à 2 h du matin.

11 juillet, mercredi. — Il faut prendre des mesures. Purge, aspirine, etc. L'après-midi, pire que jamais. Température à 38,5. Le soir, je pense à mes affaires et me confie à la Providence. Je fais appeler le docteur Courcoux, frère de l'évêque d'Orléans. Rien de préoccupant. Bon état général. J'ai passé l'après-midi au lit.

12 juillet, jeudi. — 1re communion De Consilio à la maison. Mgr Pacini me remplace pour cette cérémonie. Je n'ai pas célébré. Jusqu'à midi, mal à la tête. Le docteur Courcoux m'a trouvé mieux : j'ai gardé la chambre, recevant le soir l'abbé Forte et le P. Triacca de la Mission italienne.

13 juillet, vendredi. — Ce matin, j'ai célébré la sainte messe et suis resté debout toute la journée, mais toujours un peu fébrile. Le soir, je suis allé visiter pour la première fois l'ambassadeur d'Italie Monsieur Saragat dans son splendide hôtel de la rue de Varenne : un socialiste très intéressant et aimable, avec qui il est très facile de trouver des points

---

1. Tel est bien le cas si on a là l'origine du rapport n° 36 n à Mgr Tardini du 28 juillet.

d'accord[1]. De Rome je reçois de bonnes lettres du comte Guido Roncalli.

14 juillet, samedi. — Encore assez mal fichu mais avec peu de fièvre. À 17 h, je suis parti avec Pacini pour Orléans[2]. Là, Mgr Courcoux malade avec de la fièvre. J'y trouve Mgr Courbe remis de sa longue maladie de 6 mois[3]. Conversation intéressante. Bonne compagnie des vicaires généraux d'Orléans et de plusieurs révérendissimes abbés bénédictins.

15 juillet, dimanche. — À Saint-Benoît-sur-Loire. Pontifical et [[discours]]. Temps venteux : à cause d'un manque de communication, retard du pontifical. Je n'ai pas fait le discours, mais à l'entrée j'ai répondu au maire[4]. Tout bien : mon grand toast au repas en commun. Procession de l'après-midi en mozette. Impressionnante présence des jeunes gens et des filles de l'Action catholique féminine. Grande *spes messis in semine.*

16 juillet, lundi. — Nuit à Orléans, fenêtres ouvertes, j'ai perdu ma voix. Je suis parti avec Pacini et Chenesseau[5] et après visite fouilles cathédrale d'Orléans, visite rive gauche de la Loire. Cléry, Chambord, Chaumont, Blois, Amboise, jusqu'à Tours où je passe la nuit, très très bien accueilli par Mgr Gaillard, et je me repose.

17 juillet, mardi. — À Tours, sainte messe à l'archevêché. Visite à Saint-Martin. Départ pour Chinon, Candes, lieu de la mort de saint Martin : belle église, mais désolation autour. Saumur, Cunault magnifique prieuré, puis Angers. Accueil extrêmement cordial de Mgr Costes. Visite au sanctuaire de Béhuard, charmant, puis à la cathédrale d'Angers et aux alentours. Impressions excellentes.

---

1. Confirmation des appréciations en date du 20 avril.
2. Quatrième voyage, et le second dans cette région. Le nonce quitte Paris le jour de la fête nationale française...
3. Stanislas Courbe, évêque auxiliaire de Paris, est surtout secrétaire général de l'Action catholique pour l'ensemble du pays ; il figurait sur les listes d'épuration Bidault et Latreille.
4. *Souvenirs d'un nonce*, p. 69-70 (hommage aux paysans et aux moines défricheurs). D'après Paul Dreyfus, ce maire est communiste (*Jean XXIII*, Paris, Fayard, 1979, p. 115).
5. Ancien professeur d'histoire à l'Institut catholique de Paris, Georges Chenesseau est prêtre du diocèse d'Orléans.

18 juillet, mercredi. — Sainte messe à la chapelle épiscopale d'Angers. Visite de l'Institut et adresse aux prêtres en stage sans doute assez ingrate : vérité sans illusions, le Christ point de contradiction, les deux pages de la présentation au Temple et de la tentation. À midi arrivée à Solesmes [1]. Grande fête et bon repos. Le soir, complies au fond de l'église avec Chenesseau.

19 juillet, jeudi. — À Solesmes. Messe à Sainte-Cécile, en pensant à Mgr Dutoit [2]. Départ après midi. J'ai laissé aux moines pour qu'ils le regardent l'« Hymnarium Bergomense [3] ». Arrivés à Chartres, le chanoine Chenesseau nous quitte pour Orléans. Bien arrivés à la nonciature à 19 h. Peu après m'arrive de Rome Mgr Martin que je traite en hôte, et qui nous apporte de bonnes nouvelles du Vatican.

20 juillet, vendredi. — Nuit assez paisible. Le matin, souvenirs vifs, dévots et contrits de Somasca en la fête de saint Jérôme. Quelques audiences : P. François Graffin, s. j., directeur de la Patrologia Orientalis. À midi je suis allé déjeuner, seul, chez l'abbé Gouget, curé de Saint-Germain-des-Prés, et j'ai visité l'église. À la maison, repris la question des évêques indésirables après la renonciation de Mgr Dutoit [4].

21 juillet, samedi. — Parmi les visites : MM. Bailly et Couvreur, de l'Association saint Louis ; le comte [Michel de Pierredon [5]] nouveau responsable de l'Ordre de Malte en France ; prof. Latreille et comte François de La Noé, à propos de l'affaire des évêques démissionnaires. Ce remue-ménage

1. Deuxième visite du nonce à ce monastère de réputation conservatrice.

2. Auquel il a envoyé, à Lille, son collaborateur Mgr Rocco, avec deux notes : l'une récapitule l'ensemble du problème (« *Alcune note...* », document cité) que l'autre applique au cas Dutoit (2 p. dactyl. datées à la main du 20 juillet). Aucune obligation de démission, mais nécessité d'une décision rapide ; en cas de refus, le nonce ne pourra plus rien pour l'évêque d'Arras face au gouvernement (ces deux notes sont annexées au rapport du 28 juillet à Mgr Tardini).

3. « *Ora il codice si trova a Solesmes dove quei Padri lo stanno ammirando – essendo essi che me lo hanno indicato per primi – e fanno alcune fotografie che ho permesso* » (« Le codex se trouve maintenant à Solesmes où ces Pères l'admirent – puisque ce sont eux qui me l'ont indiqué les premiers – et ils font quelques photographies que j'ai autorisées »), lettre du 28 juillet à Mgr Bernareggi, *Questa chiesa che tanto amo*, p. 280 (le monastère est réputé pour ses compétences en musicologie médiévale).

4. La démarche de Mgr Rocco aurait donc été concluante.

5. Selon toute vraisemblance.

autour de Mgr Beaussart est un peu fastidieux [1]. Il révèle de petites et pauvres choses. Parmi les visiteurs également le P. Delos, dominicain, consulteur de l'ambassade de France à Rome.

22 juillet, dimanche. — Dimanche reposant des audiences. Mais beaucoup de travail à la maison pour correspondance et affaires. La communication de la démission de Mgr Dutoit me réconforte car elle marque la fin d'une longue souffrance. La façon de souffrir va changer maintenant. Mais jour après jour la situation s'améliore [2].

23 juillet, lundi. — Peu d'audiences, mais longues. Patience. À 13 h, déjeuner à l'ambassade d'Italie où je rencontre Menemençioglü, Tixier et Chauvel. Simple et bien. Le soir, arrivée d'un gros courrier ; je parle avec l'abbé Rodhain ; parmi les audiences, prof. Flory et Michelin, des Semaines sociales [3].

24 juillet, mardi. — Parmi les audiences, comtesse Xavier de Rohany-Vico ; à midi Mgr Courbe à déjeuner, et j'en apprécie beaucoup le bon sens. À 15 h 30 je reçois S. E. le cardinal Suhard. Le remue-ménage autour de Mgr Beaussart est l'œuvre exclusive de M. Girod de l'Ain [4]. À 20 h repas chez

---

1. Dans une lettre au Quai d'Orsay du 28 juillet, André Latreille précise qu'il s'est rendu à la nonciature le 26 pour demander l'exclusion de Mgr Beaussart et la discrétion sur des démissions dont la modestie pourrait susciter des réactions hostiles dans l'opinion ; la nonciature envisageait, elle, un communiqué commun (Archives nationales, F7, sous-direction des Cultes, 3549, copie, en accord avec le rapport n° 36 n de Roncalli à Tardini). On ne possède pas d'explication pour la divergence des dates.

2. Car l'affaire des évêques se termine. Dans un rapport du 27 juillet, André Latreille en résume l'issue pour le ministre de l'Intérieur : trois évêques résidentiels, plus Beaussart, trois prélats missionnaires et un coadjuteur pour Saint-Brieuc. Et d'ajouter : « Il est certain que l'opération décidée est excessivement limitée. Probablement l'est-elle trop du point de vue de l'autorité morale de l'Église en France. En tout cas, du point de vue de l'État, qui obtient satisfaction sur l'essentiel, elle peut paraître suffisante, d'autant qu'elle est achevée avant l'ouverture d'une période électorale où l'incertitude dans ce domaine aurait pu être un élément de trouble » (*De Gaulle, la libération et l'Église catholique*, p. 66 ; dans l'original destiné au ministre de l'Intérieur Adrien Tixier, ce paragraphe est commenté par deux grands points d'exclamation en marge, Archives nationales, F7, sous-direction des Cultes, 3547).

3. Ils viennent sans doute l'inviter à la 32e Semaine sociale, qui va se tenir à Toulouse, sur la « libération de la personne », sous la présidence de Charles Flory, qui remplace Eugène Duthoit, décédé en 1944.

4. Contre sa mise à l'écart probablement.

Teitgen, avec MM. de Ribes [1], Latreille, Michelin et Colin chef du parti démocrate-chrétien. Tout bien et dans le calme [2].

25 juillet, mercredi. — Repas chez les Dominicains, 35, rue de la Glacière (XIIIe). Diverses audiences après la messe dite pour tous les Jacques morts ou vivants et pour le bon choix de nouveaux évêques [3]. À 12 h 30, je me rends chez les P. Dominicains de la rue de la Glacière. Ils sont nombreux et vigoureux. Quelques laïcs présents. Circulation de respect et de paix. L'après-midi, Mgr Antoine Akl, représentant du patriarche maronite, et le ministre Jean Baelen, de Grèce [4].
<Comtesse de Salverte [5].>

26 juillet, jeudi. — Dans la prière, le souvenir de ma chère maman m'est revenu plus vif. À midi, j'ai reçu à déjeuner M. Antonio Lago, de Predore, qui a fait fortune en France dans une fabrique d'automobiles. On voit le brave homme, ancien élève du collège Saint-Alexandre. Le reste de la journée jusqu'à 2 h du matin toujours à la machine pour écrire à Istanbul.
<Visite du colonel Bercovitch [6].>

27 juillet, vendredi. — Audiences : p. Leclercq, peintre Napal Rolando, et Mgr Liagre évêque de La Rochelle que je reçois à déjeuner. L'après-midi, visite à l'ambassade des USA avec Rocco à la recherche d'essence pour les voyages en Italie [7]. Mais je crains que malgré leurs bonnes dispositions les difficultés ne manquent pas. Le soir et la nuit, gros travail pour préparer des rapports.

28 juillet, samedi. — 10e anniversaire de la mort de mon cher père [8]. Sainte messe et prière en union avec ma chère famille de Sotto il Monte. Cum sanctis suis in aeternum. Gros travail

1. L'ancien ministre Auguste Champetier de Ribes.
2. Une belle brochette de démocrates-chrétiens et de catholiques sociaux.
3. Derrière la question des démissions se profile celle des nominations (au rapport n° 36 n est jointe une note de Mgr Pacini sur celles-ci… que nous n'avons pas).
4. Il faut comprendre : représentant la France en Grèce.
5. Ce nom, qui figure bien dans le *Bottin mondain*, reviendra plusieurs fois avec une orthographe erronée.
6. Ou Bancovitch (voir plus haut en date du 12 avril) ?
7. En vue de leurs vacances prochaines.
8. Battista Roncalli est mort le 28 juillet 1935.

toute la journée. À 6 h, accompagné de Giulio et salué à la gare par Pacini et Rocco, je pars en train pour Toulouse [1].

29 juillet, dimanche. — Toulouse. Arrivé après un bon voyage et un excellent accueil de Mgr Saliège, sainte messe à la maison pour mon père. À midi, repas en l'honneur du nonce, en présence du Commissaire de la République, avec Mgr Théas, de Montauban, de Courrèges, Flory et plusieurs prélats de Toulouse. L'après-midi, avec Mgr de Courrèges et le prof. Androli*, visite de Saint-Sernin, des Jacobins, et de la ville.

30 juillet, lundi. — Ma sainte messe du Saint Esprit à la cathédrale Saint-Étienne avec de nombreuses communions. Assistance à la 1re conférence Flory [2], et au repas : mon toast, dont je ne suis pas content, mais qui est très applaudi. L'après-midi, je reçois longuement don Masiello ; et je reste à la maison jusqu'au dîner avec les évêques de Montauban et de Carcassonne.

31 juillet, mardi. — À Toulouse, sainte messe à la maison. Le matin, audience P. Paolino et jeune Padouan démocrate-chrétien. À 13 h repas au Palais National chez le *Comm.* Prof. Bertaux avec le préfet et le maire. Grands compliments, insinuations insistantes de Bertaux pour le chapeau rouge à Mgr Saliège. Chacun se situe sur le morceau de réalité qu'il a sous les yeux et ne se préoccupe pas de toute la réalité [3].

À 16 h 30 départ avec Giulio dans la petite auto de Mgr Saliège, mais essence de la nonciature. Très bon voyage, à 19 h me voilà à Lourdes. Excellent accueil au chalet de Mgr Choquet [4]. Mais je n'ai pas eu le temps de descendre à la grotte. On m'a offert la chambre où le cardinal Hlond, archevêque de Posen, a été exilé pendant trois ans [5].

1er août, mercredi. — *Lourdes.* Journée de très douces impressions après une nuit laborieuse. À 8 h messe à la grotte, assisté

1. Cinquième voyage, pour la Semaine sociale, et première rencontre réelle avec Mgr Saliège.

2. Reproduite dans *La Documentation catholique* du 19 août, col. 579-592.

3. D'emblée, le nonce juge indiscrètes les pressions en faveur de Saliège.

4. Qui figurait sur la liste Latreille, mais pas sur la liste Bidault.

5. Le primat de Pologne, archevêque de Gniezno et Varsovie, a la charge de Posen (Poznan) jusqu'en 1946.

par Mgr Choquet : beaucoup de monde, des jeunes en vacances. J'ai fait un tour en ville et acheté une canne. À 13 h, repas chez l'évêque avec Mgr de Limoges, le préfet et le maire de Lourdes. Bonne rencontre. À 17 h je suis allé à Bétharram avec le secrétaire de l'évêque don Pietro. Le soir, mon rosaire à la grotte et assistance à la procession aux flambeaux et au credo. Journée de grande consolation.

2 août, jeudi. — Jeudi 2, Saint Alphonse. À 7 h 30 ma messe au Rosaire, autel de la Pentecôte entouré de souvenirs émouvants : Mgr Radini, Cavezzali, Aquaderni. À 9 h 30 départ avec une brève halte à Saint-Gaudens. Arrivée à Toulouse à 12 h 30. Déjeuner. À 17 h 30 j'assiste au cours de la Semaine sociale. Longue conversation avec Mgr l'archevêque d'Albi sur les affaires de Mende [1].

3 août, vendredi. — Toulouse. À 8 h sainte messe à la maison où je reste jusqu'à 10 h. Je sors avec Giulio pour une visite au Commissaire Bertaux, que je trouve à nouveau insinuant pour le chapeau Saliège, et dur et vindicatif par rapport aux Italiens prisonniers et internés. Repas à la maison avec plusieurs invités. À 17 h 30, conférence Tessier que j'espérais plus intéressante [2]. À 21 h départ en train pour Paris.

4 août, samedi. — Arrivée à Paris à 9 h 30. Bonne nuit en train. À la gare m'attend Mgr Rocco qui malheureusement, à cause d'un retard américain dans les démarches, n'a pu partir pour l'Italie. C'est pour moi une contrariété irritante, car cela bouleverse et retarde tous les plans de mes vacances. Journée tranquille et bien occupée à la maison.

5 août, dimanche. — Dimanche vraiment tranquille : bon à prendre pour un gros travail au bureau. Le révérendissime P. Albareda, préfet de la Bibliothèque vaticane, passe d'Espagne à Rome. Je le traite en hôte très cher. Sa compagnie est heureuse et intéressante, également pour l'évocation de beaucoup de personnes et de choses romaines connues de nous deux.

6 août, lundi. — Peu de visites et beaucoup de travail épistolaire. Je reçois l'archevêque de Rennes Mgr Roques que je

---

1. C'est-à-dire sur le cas de Mgr Auvity.
2. Gaston Tessier, secrétaire général de la Confédération française des travailleurs chrétiens, a parlé de « L'organisation professionnelle ».

garde à déjeuner [1]. Vers 17 h grand dérangement à cause d'un refroidissement à l'heure de la digestion. Soirée terrible, comme quelques autres fois durant ces 10 ans. La dernière à Sotto il Monte en 1938. C'est la faute de mon étourderie [2].

7 août, mardi. — Audiences : M. Francesco Bianchi, de Panico, qui s'associe à M. Lago pour payer l'Hymnaire Bergomense [3].

Dans la journée, beaucoup de travail de bureau. Le soir, je reçois le ministre de l'Afghanistan, musulman qui raisonne mieux que beaucoup de chrétiens. Après le dîner, je sors me promener avec le bon P. Albareda.

8 août, mercredi. — Audiences : Supérieur des Jésuites d'Oran. Père de famille d'Arcueil. 65 % des foyers éteints au retour des prisonniers [4]. Aumônier militaire de l'aviation ; comtesse de Lavarent – Saint Sépulcre. L'après-midi, travail incessant. Le soir, après le dîner, promenade avec le P. Albareda. Puis continuation des lettres familiales.

9 août, jeudi. — Audiences : consul d'Italie Gino Cecchi et marquis Cavalletti, vice-consul ; MM. Flory et Michelin de la Semaine sociale ; prof. Latreille ; et d'autres personnes ; M. Ferretti. Après le dîner, longue promenade jusqu'au Louvre et retour le long du quai avec le P. Albareda : un peu fatigué, mais dans un état qui me permettra de travailler jusqu'à 25 h [5].

10 août, vendredi. — Quelques audiences, et bon travail. Je rappelle celle d'hier du P. Boisard, nommé supérieur de Saint Sulpice, avec son 1er assistant. Aujourd'hui les deux secrétaires de l'Association des femmes catholiques, et le soir Mgr Neveu. Après le dîner, je suis sorti me promener avec le P. Albareda jusqu'au pont en fer au-delà de la tour Eiffel.

Vif souvenir in precibus de ma XLIe année de sacerdoce [6].

---

1. Premier contact personnel avec ce prélat, qui obtiendra le chapeau au prochain consistoire.
2. C'est aussi ce jour-là qu'a explosé sur Hiroshima la première des bombes atomiques américaines.
3. Il fournit les 150 000 francs qui manquent (lettre à Mgr Bernareggi du 21 août, *Questa chiesa che tanto amo*, p. 281).
4. Évaluation bien pessimiste.
5. *Sic.*
6. Angelo Giuseppe Roncalli a été ordonné à Rome le 10 août 1904.

11 août, samedi. — À la messe ce matin, j'ai eu avec M. Ferretti les deux enfants de l'ambassadeur d'Italie à Paris, Giovanni et Ernestina Saragat. Chers enfants. Mgr Rocco est parti ce matin en vacances. J'ai eu à déjeuner Mgr Neveu et le P. Boulard, de Solesmes. L'après-midi, reçu les époux Bianchi qui m'ont remis 150 000 francs pour l'hymnaire et beaucoup d'argent italien pour de la bienfaisance en Italie.

<J'ai visité avec le P. Albareda : les ministres de Suisse et de Hollande, et Notre-Dame, Couronne d'épines et Sainte Croix.>

12 août, dimanche. — Sainte messe à 7 h chez les pauvres Clarisses, 5, villa de Saxe, Paris [1]. Fonction simple, sine verbis, mais dévote et pieuse. Puis entretien religieux avec les bonnes sœurs Clarisses qui fournissent les hosties à la nonciature. À 15 h, fonction à Saint-Gervais et Protais : mes paroles après le discours d'un missionnaire d'Ars. Beaucoup de participantes, mais toutes des vieilles femmes malades, *épaves* de la société [2]. Le P. Albareda était avec moi.

13 août, lundi. — À 11 h 30 départ pour Clermont en auto avec le P. Albareda [3]. Après 6 heures, bref arrêt chez M. Costanzo Emmanuelli, frère de Dino mon bon chauffeur, et ensuite reçu chez Mgr Piguet, évêque de Clermont. Dîner au collège, et longue conversation avec le bon prélat rentré des prisons allemandes [4]. Impression très heureuse de sagesse, de zèle, de bon esprit.

14 août, mardi. — Sainte messe à la nouvelle chapelle de Mgr Piguet : décoration picturale ultra-moderne. Visite à la cathédrale avec Mgr Piguet et poursuite du voyage vers Le Puy. Arrivée à 13 h. Accueil cordial. Je reçois la visite du préfet Bechoff, à qui je la rendrai le soir à la préfecture, et du maire Michel Versepuy [5]. Au dîner sont présents les archevêques de Bourges, Lefebvre, et de Chambéry, Durieux. Impression d'ensemble très agréable et plaisante.

---

1. Dans le VIIe arrondissement.
2. Saint-Gervais se trouve dans le Marais, quartier populaire où vivaient beaucoup de juifs (IVe arrondissement).
3. Sixième voyage.
4. Le mot est faible, puisqu'il s'agit du camp de concentration de Dachau.
5. En fait, le maire du Puy est le modéré Paul Bény ; le nonce confond avec une personnalité culturelle de la ville.

15 août, mercredi. — Au Puy. Pontifical à 10 h, messe seulement pour les *rapatriés* [1] : foule immense d'*hommes seuls*. Belle cérémonie. À l'évangile, mon allocution en français, simple et bien comprise [2]. Au déjeuner, notables et chapitre. À 15 h grande procession, très belle. À 17 h réception splendide à la mairie : don de la *dentelle* pour le rochet [3]. Le soir, un peu fatigué, mais content : *populus iste fidelis et pius* [4].

16 août, jeudi. — Sainte messe encore devant la Vierge du Puy *pro mea devotione*, puis visite à l'imposante et caractéristique forteresse de Marie : basilique, cloître, musée, environs, montée jusqu'à la grande statue, où nous disons l'*Angelus*. L'après-midi, retour à Clermont avec un bref arrêt à La Chaise-Dieu, magnifique église bénédictine avec un cloître dont il reste peu de chose. Dîner chez M. Emmanuelli et nuit à l'évêché avec Mgr Piguet.

17 août, vendredi. — Sainte messe dans la chapelle de Mgr Piguet ; à 7 h 30 départ pour Paris. Très bon voyage en conversant avec le cher P. Albareda. Nous arrivons à 13 h. À 17 h je suis reçu par le général de Gaulle après une conversation avec Palewski : j'en ai été satisfait, bien que le général ait le verbe un peu sec [5], encore que gentil et cordial dans ses manières. Après le dîner, promenade avec le P. Albareda avenue Martin [6], et à 23 h son départ pour Rome.

18 août, samedi. — Audiences et incertitude au sujet de mes vacances. J'ai fait peu de choses le matin. À 12 h 30 visite à M. Bidault : plein accord sur les critères de jugement et d'action [7]. Puis visite à Chauvel – question de l'évêque aux

---

1. Prisonniers rapatriés.
2. « L'explication de la guerre est là. C'est l'excès partout, l'excès dans la recherche fiévreuse des plaisirs, des richesses, de la domination. Ce <trop> est passé des individus aux masses, et non plus seulement aux privilégiés de la vie, mais aussi aux masses ouvrières » ; curieuse explication morale, qui ne tient pas compte de la spécificité idéologique du conflit, associée au leitmotiv, déjà présent dans le discours de Lyon : si on avait écouté le pape, on aurait évité bien des souffrances (*Souvenirs d'un nonce*, p. 71-73, citation, p. 72).
3. La dentelle est une des spécialités du Puy.
4. Le Velay est en effet une région de chrétienté comme les aime le nonce.
5. Bien plus sec que le nonce, en effet.
6. Avenue Henri-Martin, XVIe arrondissement.
7. Après cette visite et celle à de Gaulle, le nonce peut enfin faire preuve d'optimisme.

armées. Picard de La Vacquerie déjà accepté [1]. Le soir, très longue visite au cardinal Suhard, entente complète. À 10 h je reçois à la gare de l'Est mon cousin Sandrino Roncalli et sa fille Luisa.

19 août, dimanche. — Sainte messe avec la participation de mes cousins qui me plaisent plus que je ne m'y attendais. Puis longue audience des époux Staderini. À midi, j'attendais l'ing. Lago, qui n'est pas venu. Les cousins sont sortis le matin avec Domenico, et l'après-midi avec moi en auto pour visiter Notre-Dame, la Victoire, le Sacré-Cœur et le Bois de Boulogne, enchantés et très satisfaits. À 6 h je reçois le chanoine Leroquais.

20 août, lundi. — Audiences à la maison : les plus importantes, l'amiral d'Argenlieu avec son cas de conscience personnel [2] ; l'évêque d'Évreux ; le nouveau chargé d'affaires de Colombie. À midi je mange avec mes cousins et au dîner aussi. Je me suis rendu avec eux visiter Saint-Denis. Le P. Albareda était là aussi. Impressions toujours plus profondes. Montini télégraphie que je devrai différer mes vacances jusqu'au retour de Mgr Rocco à Paris.

21 août, mardi. — Le retard de mon départ me perturbe quelque peu : mais je me mortifie volontiers. Qu'est-ce que l'obéissance si elle ne s'accompagne de quelque souffrance ? Diverses audiences. À midi, déjeuner avec les cousins, et le soir aussi. L'après-midi, je sors pour accompagner le P. Albareda aux Invalides et au Panthéon : édifices très imposants. Le soir, je les salue en leur faisant un cadeau (5 000 F) *Deo gratias.*

---

1. Curé résistant de Saint-Lambert de Vaugirard, dans le XVe arrondissement, qui a évité de peu la déportation en Allemagne, et sur lequel il a demandé des renseignements le 8 juillet au père Merklen. « Au mois d'avril dernier, il avait été question de nommer un aumônier général afin de coordonner l'activité des aumôniers attachés aux unités françaises en occupation. Le Nonce en avait conclu avec une grande satisfaction que le gouvernement envisageait la création définitive d'un service d'aumônerie pour toute l'armée et notamment pour les unités stationnées en France » ; mais la loi du 8 juillet 1880 s'y oppose ; on peut seulement reprendre le décret du 13 mai 1921 « portant création d'un poste d'aumônier-inspecteur de l'Armée du Rhin » (note du 29 novembre, AMAE).

2. Le 16 août, il a été nommé haut-commissaire de France en Indochine, poste très exposé et peu compatible avec son état religieux.

22 août, mercredi. — XXXIe anniversaire de la mort de Mgr Radini. Je prie toujours pour lui. À la sainte messe j'y associe le suffrage pour le cher Pero Petrov, de Pancalti. Audiences : Bianchi, P. Eugène-Marie, Carme, Serpieri, prof. Latreille, M. Valentin, Ferretti et journée maussade et pluvieuse. Les nouvelles de Mgr Marina [1] m'attristent un peu. Souffrir ainsi est signe d'amour « Quand on aime on a Dieu dans le cœur », dit Bossuet.

23 août, jeudi. — Diverses audiences ; l'après-midi, je suis allé avec l'architecte Barge visiter l'église Sainte-Odile, qu'il a dessinée et bâtie [2]. Une des rares de style nouveau qui ne me déplaisent pas [3]. Il y a même ici quelque chose de très intéressant. Le soir, après le dîner, promenade solitaire avec le cher P. Albareda, avec qui nous nous consolons et nous encourageons mutuellement.

24 août, vendredi. — Audiences : P. Carme contemporain de l'amiral d'Argenlieu ; comte Charles de Montalembert ; général Vanier, ambassadeur du Canada ; p. Pruès, Mariste ; M. Beauchesne, éditeur ; aumônier Jules Monnin ; M. Baroni ; M. Ramazzotti ; supérieure générale des Dames de l'Assomption. Le soir arrive Mgr Martin [4] en route vers Rome.

25 août, samedi. — J'ai voulu offrir une petite distraction au P. Albareda et à Mgr Pacini avec une visite à Reims en auto [5]. Tout s'est bien passé. Visite au cimetière de 5 000 Italiens à Bligny, très beau [6] ; à Reims, cathédrale et Saint-Remi. Mgr Marmottin extrêmement courtois. De Reims à Soissons route semée de tas d'obus. À Compiègne, visite de

---

1. Mgr Alcide Marina est le successeur de Roncalli à Istanbul comme délégué apostolique.
2. Église en briques rouges, construite entre 1936 et 1938, sous l'impulsion de Mgr Loutil (Pierre l'Ermite), curé de la paroisse voisine de Saint-François de Sales (2, rue Stéphane-Mallarmé, XVIIe arrondissement). L'architecte Jacques Barge est celui de la nonciature.
3. Ainsi se confirment les réserves du nonce en matière d'art religieux contemporain.
4. Comme la suite le montre, il s'agit de Mgr Jacques Martin, *addetto* à la Secrétairerie d'État pour les affaires françaises (2e section).
5. Septième voyage.
6. Bligny est, avec Ville-en-Tardenois, l'un des deux cimetières champenois où ont été regroupés les restes des soldats italiens tombés sur le front français pendant la Grande Guerre.

la Rotonde, mais sans le wagon de l'Armistice [1]. Visite cathédrale de Senlis.

26 août, dimanche. — Je pense à la Saint Alexandre où j'attendais le début de mes vacances [2]. L'obéissance m'est plus chère. Une seule audience importante, le capitaine Boussel, fiancé de Mademoiselle Badetti, d'Istanbul. L'après-midi, j'assiste en mozette à la clôture des honneurs pour saint Louis IX à Notre-Dame. Belle manifestation : de celles qui font du bien aux catholiques français, et que le grand monde néglige.

27 août, lundi. — Audiences : p. Pruès, brave aumônier des prisonniers de Riom [3]. L'après-midi, abbé Le Meur, adjoint de Rodhain, et p. Keller, Dominicain qui se rend en Allemagne ; don Martino de Martini avec qui je vais me promener, et le soir Mgr Paro, de Trévise, et un frère mister Klark qui se rendent en Irlande. Intéressantes nouvelles de Rome.

28 août, mardi. — Après une visite aux principaux monuments les deux voyageurs Paro et Klark sont partis. À la maison, peu d'audiences. L'après-midi, sorti avec l'architecte Barge chercher du papier peint pour mon bureau. Trouvé ; j'ai visité avec lui Saint-Julien le Pauvre et les deux églises nouvelles du Saint-Esprit et de la Cité Universitaire – celle-ci seulement de l'extérieur. Un peu de beau avec une laide ornementation [4].

---

1. Rethondes, en fait, où furent signés, dans un wagon de chemin de fer, l'armistice du 11 novembre 1918 et celui du 22 juin 1940, imposé par Hitler dans le même lieu, à titre de revanche symbolique.

2. Le saint patron de Bergame, un soldat, fut martyrisé à la fin du IIIe siècle ou au début du IVe, un 26 août selon des récits de sa passion postérieurs ; de nombreuses églises lui sont dédiées dans le diocèse, à commencer par sa cathédrale. Mgr Roncalli est très attaché à ce saint et à sa fête à laquelle il regrette de ne pouvoir une fois de plus participer.

3. En fait le père Bernard Pruès remplace seulement l'aumônier en titre de cette prison du Puy-de-Dôme où sont enfermés nombre de condamnés pour collaboration.

4. Quel contraste entre Saint-Julien le Pauvre (Ve arrondissement), transition du roman au gothique, et les deux églises modernes des XIIe (Saint-Esprit, de Barge) et XIVe arrondissements (Sacré-Cœur, de Paquet), construites à la fin des années 1930 ! Ce sont surtout les sculptures de Georges Saupique (Christ en majesté entouré des symboles des quatre évangélistes et des quatre Pères de l'Église d'Occident) qui déplaisent au nonce.

29 août, mercredi. — J'ai préparé aujourd'hui tout le dossier de l'évêque aux armées qui doit être à Rome demain par l'entremise de Mgr Martin. Beaucoup de travail. L'après-midi, audience de la duchesse de Broglie, la pauvre, elle est timbrée[1]. Patience. Ce matin, j'ai eu à déjeuner Mgr Devreesse ; le soir, bon entretien avec Mgr Martin, jeune qui promet : esprit droit et pieux.

30 août, jeudi. — Audiences : aumônier Magrin qui vient du camp d'Ulm où se trouvent 200 Italiens chassés là par les Russes dont ils étaient les prisonniers : il refait le récit des mauvais traitements et de la malheureuse politique d'occupation pratiquée par les Français[2]. Reçu aussi le jeune prêtre annamite Pierre Ngo, ancien élève de la Propagande ; M. Ferretti. Lecture de la thèse de Mgr Martin[3]. Intéressante.
<Audiences : époux Marcionelli secrétaire consul de Suisse.>

31 août, vendredi. — Diverses audiences : l'aumônier de Fresnes[4] Thiévenaz ; abbé Bernard Calle cérémoniaire de Notre-Dame ; aumônier Magrin ; soldat Francesco Garelli, fils de Filippo, enfin libre ; chanoine secrétaire de Mgr Grente que j'ai retenu à déjeuner ; prof. Lenz-Médoc[5], qui reviendra demain. Visite importante d'hier : dom Bernard, Bénédictin de la Pierre-qui-Vire, curé de Vézelay.

1er septembre, samedi. — Audiences : P. Petiteville s. j., aumônier des bouchers pour la messe du soir ; p. Merklen, directeur de *La Croix* que je garde à déjeuner. L'après-midi, Mgr Pacini est parti pour Lille en auto, saluer quelques familles de sa connaissance depuis Vichy. J'ai reçu de Rome un courrier apporté par Mgr Bouquin, de l'agence Fides. Je ne suis pas sorti le soir.

2 septembre, dimanche. — Journée tranquille à la maison. Visite de deux Yougoslaves : un prêtre de Sebenico et un jeune

1. *E' pazza.*
2. Le comportement des Français dans leur zone d'occupation en Allemagne a souvent été jugé sévèrement, y compris par les historiens.
3. Publiée ultérieurement sous le titre *La Nonciature de Paris et les affaires ecclésiastiques de France sous le règne de Louis-Philippe (1838-1848)*, Paris, Beauchesne, 1949 (dans une lettre du 19 octobre 1946, le nonce se félicite *« della prossima stampa del suo bel lavoro »* [« de la prochaine impression de votre beau travail »]).
4. Célèbre prison de la banlieue sud de Paris.
5. Intellectuel catholique allemand antinazi réfugié en France.

laïc de Ljubljana qui me racontent les excès de Tito comme persécuteur de l'Église [1]. À midi j'ai eu pour un déjeuner intime les deux Milanais Ferretti et Baroni. Bonne rencontre *qui proficiat animae et corpori.*

<Abbé Ferd. Kolednik pour les prêtres slovènes échappés en Italie.>

3 septembre, lundi. — À 7 h départ en train avec Giulio pour Strasbourg [2]. Bon voyage par Meaux – Toul – Nancy, etc. Bon accueil. Je salue la dépouille du défunt Mgr Ruch ; puis la cathédrale en détail. Le soir, dîner à l'évêché avec Mgr Weber, nouvel évêque, avec les cardinaux Suhard et Gerlier. Je suis l'hôte de la maison-collège Sainte-Clotilde.

4 septembre, mardi. — Sainte messe dans la chapelle de Sainte-Clotilde ; puis à 9 h j'interviens aux funérailles ; en cappa magna avec leurs Éminences et comme eux, et je donne la deuxième absolution. Belle manifestation de douleur et d'amour : grandiose pour Strasbourg. Repas au collège Saint-Étienne. L'après-midi, visite à Sainte-Odile, montagne splendide, et sanctuaire plus splendide encore. Impression inoubliable.

5 septembre, mercredi. — Ce matin, mauvais lever, on dirait à Rome une « alzataccia ». À 4 h 30. À 6 h 30 j'étais dans une micheline très commode qui était à Paris pour 13 h 30. Bon voyage : dormir, prier, contempler la nature, la terre de France en traversant le long de la Meuse et de la Marne des localités résonnant encore de tant de batailles anciennes et récentes. L'après-midi entier au bureau.

6 septembre, jeudi. — Rares audiences. Précieuse visite de Mgr Leprêtre, délégué apostolique de Syrie et du Liban, que j'ai reçu avec beaucoup d'amabilité. L'après-midi, visite à Son Éminence le cardinal Suhard, entente à propos du nouvel évêque aux armées et grand développement sur tout le reste. Le soir, travail jusqu'à une heure très tardive : lettre au *comm.*

---

1. La victoire de Tito entraîne une répression immédiate, notamment en Croatie et en Slovénie, que va dénoncer la lettre collective des évêques du 20 septembre, *La Documentation catholique*, 6 janvier 1946, col. 9-18. Du coup, Mgr Pacini n'a pas rejoint le poste auquel il avait été nommé à Belgrade.

2. Huitième voyage, pour les funérailles de l'évêque Mgr Charles Ruch, décédé le 29 août. Mgr Weber devient donc *ipso facto* évêque de Strasbourg.

Cane, de Canto di Pontida, *brave homme* mais certes pas *diplomate*.

7 septembre, vendredi. — Audiences : Mme Dussi et sa fille. Nouvel ambassadeur de Yougoslavie Ristic ; Mgr Touzé [1] ; Mgr Leprêtre avec le fr. Raphaël ; puis le P. Boisard, supérieur des Sulpiciens : ces ecclésiastiques resteront tous déjeuner. L'après-midi, P. Robert Picard de La Vacquerie nommé évêque aux armées ; Mgr Fontenelle de Rome. Puis je suis intervenu à la réception du Brésil, avec des entretiens : Palewski, Chauvel, Menemençioglü, etc.

8 septembre, samedi. — Audiences : la plus importante, Bernardino Nogara. Puis le maire et les conseillers du Raincy (Versailles) venus plaider pour garder leur curé. L'après-midi, prof. Lenz [2], Baroni, etc. Réception de la Chine. Rencontres intéressantes : ministres Marine et Instruction ; président Cour des Comptes, ambassadeurs, ministres Italie, Bulgarie, Liban, etc.

9 septembre, dimanche. — Dimanche tranquille avec peu d'audiences : marquis de Canisy, et MM. Reynès et Mahé attachés aux fabriques de Lisieux. À midi j'ai fêté au déjeuner le *comm.* Nogara en rappelant en même temps le jubilé sacerdotal de son frère archevêque d'Udine [3], qui tombe aujourd'hui même. L'après-midi entièrement consacré à ma correspondance familiale.

10 septembre, lundi. — Audiences : archiduc d'Autriche ; M. Filliol, des Affaires étrangères [4] ; aumônier militaire Piero Solero, d'Ivrea, à qui je donne un subside de 10 000 F pour l'aide aux pauvres Italiens de l'Isère ; M. Baroni ; abbé Jacques Pasqueron de Fommervault, de Poitiers ; marquis Monferrato, etc. Toujours gros travail au bureau. À mes moments perdus,

1. Paul-Louis Touzé est auxiliaire du cardinal Suhard, vicaire général et archidiacre de Notre-Dame.
2. Lenz-Médoc : son nom de guerre.
3. Giuseppe Nogara a été ordonné le 4 août 1895.
4. « Récemment, M. Filliol rappelait au Nonce le désir du Gouvernement de voir ces deux évêques [Feltin et Marmottin] écartés de la pourpre, et Mgr Roncalli parut étonné de voir le Ministère revenir sur une question qui avait été réglée précédemment » (Note pour Monsieur Dejean, 2 octobre). On peut penser qu'il a été question aussi des nominations épiscopales, puisque les archives du Quai d'Orsay conservent une note datée du 11 septembre qui comprend le communiqué proposé par la nonciature, suivi d'une contre-proposition française (AMAE).

je lis les mémoires de Mgr de Salamon, extrêmement intéressants [1].

11 septembre, mardi. — Pieux pèlerinage avec Mgr Pacini et Giulio à Lisieux [2]. J'ai assisté à la messe de Mgr Pacini, puis suis entré dans la clôture, très bien accueilli par sœur Agnès et d'autres sœurs. Repas chez Mgr Germain. Puis visite de la nouvelle basilique que j'ai trouvée très belle, vaste, imposante [3]. Nous reprenons le voyage en auto en nous arrêtant brièvement pour visiter les ruines des bombardements de Rouen.

12 septembre, mercredi. — Audiences : provincial et nouveau gardien des Frères mineurs de la rue des Solitaires [4] ; sous-prieur dominicain de Montpellier ; ensuite, l'après-midi, évêque et auxiliaire de Versailles ; *dott.* Domenico Russo ; M. Ferretti. De bon matin le *comm.* Nogara (200 000 F). À midi pour déjeuner, chanoine Fontenelle, de Rome, avec le curé Sédillière, de Saint-Séverin, et l'abbé Jacquin.

13 septembre, jeudi. — Audiences : sénateur Piccio avec Ferretti ; ministre du Liberia ; ambassadeur Escobar d'Argentine ; *comm.* Nogara et Maillardoz que j'ai reçus à déjeuner ; l'après-midi, prof. Lenz-Médoc avec P. Villain ; abbé Le Meur avec P. Galbraith ; don Fortunato Benzoni, avec qui je me suis rendu à Vitry-sur-Seine chez les sœurs de M. Cabrini [5]. À la maison, j'ai trouvé Mgr Riberi, délégué apostolique.

14 septembre, vendredi. — Audiences : chanoine Potevin, aumônier de Pétain [6] ; Mère Gilberta des Franciscaines missionnaires du Sacré-Cœur ; Mère Mariella, de Sion ; M. Mahé et M. Soualle ; père [ ] des Pères de la Société de Saint-Paul. Le soir, visite au marquis Canisy qui habite près de la nonciature, et à 20 h dîner à l'ambassade des États-Unis.

---

1. *Mémoires inédits de l'internonce à Paris pendant la Révolution, 1790-1801*, édités par l'abbé Bridier, Paris, Plon-Nourrit et Cie, 1892.
2. Neuvième voyage.
3. Aux antipodes des audaces de l'art contemporain, le triomphalisme monumental de la basilique de Lisieux plaît beaucoup à Mgr Roncalli.
4. XIXe arrondissement.
5. Qui y tiennent un orphelinat.
6. Le chef de l'État français a été condamné à mort par la Haute Cour de justice le 15 août ; gracié par le général de Gaulle conformément au vœu de ses juges, il est interné au fort du Portalet avant de rejoindre l'île d'Yeu ; le chanoine Michel Potevin, promoteur du diocèse de Paris depuis 1944, et à ce titre chargé des prisons, a dû l'assister depuis son retour en France et son internement le 24 avril.

Rien que des braves gens. Amb. Belgique, Grèce, Italie, Turquie, Égypte, etc. et la princesse de Bragance.

15 septembre, samedi. — Audience très précieuse : Mgr Bernardini [1] qui reste déjeuner avec Mgr Riberi [2]. L'après-midi : ingénieur Léonce Reynès, de Lisieux ; p. provincial des Missionnaires d'Afrique ; un jeune aumônier militaire de Versailles ; Baroni et Ferretti avec M. Casoz*, arménien ; ensuite, après le dîner, conversation avec Mgr Riberi.

16 septembre, dimanche. — Tranquille et laborieux à la maison. Audience marquise Benzoni ; à déjeuner Mgr Bernardini pour fêter *l'arrivée de Mgr Vagnozzi* [3] nouveau conseiller. Dans l'après-midi, nous sommes tous sortis : Bernardini, Pacini, Vagnozzi et moi, pour une très agréable visite aux jardins royaux de Versailles. Ensuite, travail habituel jusque tard dans la nuit.

17 septembre, lundi. — Audiences : Barge et son assistant ; Bonasso, de Calabre, et travail pour une note à propos des immeubles d'Istanbul. L'après-midi, je l'ai remise à l'ambassadeur Menemençioglü, qui l'a bien accueillie. J'étais avec Vagnozzi. Puis je me suis rendu au Quai d'Orsay où j'ai parlé avec Chauvel en lui montrant la liste des 4 nouveaux évêques *sub secreto* [4].

18 septembre, mardi. — Préparation du voyage. Aujourd'hui, avec Mgr Vagnozzi et l'abbé Rodhain, j'ai visité le camp de prisonniers de Chartres [5] ; très bien accueilli par les officiers

1. Son cher ami le nonce à Berne Filippo Bernardini.

2. Mgr Antonio Riberi, délégué apostolique pour l'Afrique, en attente à Rome d'un autre poste.

3. En principe destiné à Lisbonne, Egidio Vagnozzi vient remplacer Mgr Pacini... qui n'est pas parti pour Belgrade (lettre de Roncalli à Giacomo Testa du 21 novembre).

4. Sur les sièges touchés par l'épuration probablement : Aix-en-Provence, Arras, Mende et, peut-être Blois (voire Saint-Brieuc ou Oran). « Le choix est extrêmement difficile car peu de noms peuvent être retenus. M. Michelin nous soumettra dans une dizaine de jours une liste, et doit d'autre part se renseigner sur les quatre noms communiqués par le Nonce » (Conversation avec Monsieur Michelin du 18 septembre, AMAE). Alfred Michelin, administrateur général de la Bonne Presse, est un grand notable du catholicisme social qui a déjà joué un rôle de conseiller officieux pour les nominations sous les nonciatures Maglione et Valeri.

5. Dixième voyage, au camp où se trouvent environ 400 séminaristes (photographie dans *Questo è il mistero della mia vita*, vol. I, p. 142).

français, et aussi par 15 mille Allemands. Mais quelle impression douloureuse devant tout cet esclavage. Et l'état des 40 sous-alimentés, squelettes ambulants. Oh ! quel brisement de cœur[1] !

19 septembre, mercredi. — À midi, on fait honneur une fois encore à Mgr Bernardini qui partira avec moi. Il y avait aussi l'ing. Antonio Lago. Reçu plusieurs personnes venues me souhaiter bon voyage. J'attendais le retour de Mgr Rocco : patience. Il est raisonnable que j'évite tout retard. De fait il est certainement en voyage.

20 septembre, jeudi. — Départ à 8 h 45 avec Mgr Bernardini, Giulio m'accompagne et Enrico Sartori conduit la La Salle[2] qui file à bonne allure[3]. À 12 h 30 à Dijon, où j'ai déjeuné à l'évêché, très bien accueilli par Mgr Sembel[4] ; à 18 h nous étions à Pontarlier, à 20 h à Berne dans la jolie nonciature de Mgr Bernardini. Deo Gratias.

21 septembre, vendredi. — Nuit reposante à Berne, si bien accueilli par la bonté de Mgr Bernardini. À 9 h départ avec Mgr Sensi. Déjeuner à Fluener ; traversée du Gothard, à 18 h à Chiasso où Sensi s'arrête, et à 19 h 30 arrivée à Sotto il Monte. Chiasso, Côme, Brivio. Ici je trouve tout bien, sauf mon frère Giuseppino, maigre et pâle comme quelqu'un qui cache un mal insidieux[5].

22 septembre, samedi. — Grande fête à la paroisse en l'honneur du Sacré-Cœur[6]. J'assiste en mantelet : un P. <Dominicain> prêche[7]. Repas chez le curé[8]. L'après-midi,

---

1. On pourrait penser, à le lire, que Mgr Roncalli éprouve plus de pitié pour ces prisonniers allemands que pour leurs victimes ; mais il se lamente sur ce qu'il voit. Les pouvoirs publics eux-mêmes s'émeuvent de leurs conditions d'alimentation et de santé.

2. Il s'agit d'une voiture américaine, dans la gamme de modèles créée par la firme General Motors en 1927, dont la fabrication s'est arrêtée en 1940 ; elle n'est donc pas toute neuve.

3. Ainsi le nonce part-il en vacances, contre son gré il est vrai, au moment où la rentrée politique et culturelle bat son plein à Paris.

4. Qui figurait sur les listes Bidault et Latreille.

5. Du fait de la guerre, Mgr Roncalli n'est pas retourné chez lui depuis l'automne 1941.

6. Cette fête est célébrée solennellement à Sotto il Monte le quatrième dimanche de septembre. Le nonce, qui regrette d'avoir manqué la San Alessandro, a voulu arriver à temps pour celle-ci.

7. Surcharge sur « Francescano ».

8. Giovanni Birolini.

je bénis la première pierre de la nouvelle école maternelle et prononce un bref discours [1] ; puis vêpres et procession du Sacré-Cœur vers Bercio [2] ; mon discours final : beaucoup de joie spirituelle en tous. Les « reduci » étaient à l'honneur et se comportèrent très bien [3].

23 septembre, dimanche. — Sainte messe à la paroisse. J'ai donné la 1re communion et la sainte confirmation aux enfants Luciano et Gianfranco Bertoli, et Ettorino et Gabriella Sanguinetti. J'ai assisté solemniter à la messe du prof. Riolghini et parlé à l'évangile sur la Madonna delle Caneve, protectrice de tous durant les années difficiles [4]. Repas chez le curé. Après-midi pluvieux qui a empêché la procession. Mon exhortation : comment reprendre la vie après la guerre. Foule immense. Bénédiction du saint sacrement.

24 septembre, lundi. — Je vais à Bergame avec mon frère Giuseppino que je fais examiner à la clinique Gavazzeni : anémie pernicieuse. Puis je vois au séminaire Mgr Bernareggi, lui remets l'*Hymnarium* [5], visite avec Enrico et Giulio la cathédrale et Sainte-Marie [6], puis Greppi [7] ; je me rends à Boltiere où je rencontre Mgr Testa [8] ; à Longuelo je vois ma

1. Roncalli s'intéresse depuis longtemps aux problèmes de l'école maternelle de son village.

2. Sotto il Monte s'étend entre la plaine et une barre de collines qui culmine au mont Canto. C'est un ensemble de hameaux comme Zandona (lieu de naissance de la mère du nonce), Brusicco (où se trouve la Colombera, sa maison natale), Gerole (où il acquiert pour son frère une maison, voir plus loin en date du 26 octobre) et Camaitino (sa résidence de vacances). Les autres hameaux cités dans l'Agenda sont : Corna, Boarolo, Bedesco, Case Nuove et Bercio, nom du village dans les documents les plus anciens.

3. Le terme *reduci* est vague : déportés ou prisonniers rapatriés, combattants démobilisés ?

4. Petit sanctuaire du XVIIIe siècle dans lequel se trouve une toile représentant la Vierge assise avec un enfant Jésus bénissant ; ce sanctuaire est cher au nonce depuis son enfance. Bergame et sa région n'ont pas trop souffert de la guerre.

5. Que son ami Roncalli a donc acheté pour que ce précieux livre fasse retour à l'Église de Bergame (lettre citée du 28 juillet, *Questa chiesa che tanto amo*, p. 280) ; voir sur cette rétrocession l'article de *L'Eco di Bergamo* du 27 octobre : « Vicende di un preziosissimo "Innario" del Quattrocento ».

6. Sainte-Marie Majeure, église du XIIe siècle proche de la cathédrale San Alessandro.

7. L'entreprise « Pietro Greppi » de Bergame, dont le directeur, Marco Tiraboschi, est l'homme de confiance de Mgr Roncalli pour les questions financières, familiales et personnelles.

8. Gustavo Testa est né à Boltiere en 1886.

sœur Assunta, puis je vais à Chignolo pour rendre visite au comte Guido Roncalli.

25 septembre, mardi. — Je reçois à la maison le curé Pedrinelli, de Carvico [1] et don Valtellina que je retiens à déjeuner. Diverses visites : comtesse Maddalena Medolago et Stanislao ; époux Guido Roncalli, Madame Gioconda Agazzi et époux Vanni Rossi. L'après-midi, je suis allé visiter avec le curé les belles restaurations de S. Maria di Brusicco [2]. Bien réussies, mais elles ont besoin d'être achevées au-dedans et au-dehors.

26 septembre, mercredi. — Avec Mgr Testa, visite à Cenate [3], à Pianico, à Lovere : ici repas chez les sœurs de Maria Bambina [4] qui nous reçoivent à déjeuner. Au retour, visite à don Gentili et à M. Enrico Lago, de Predore, puis à la famille Pizzigoni, à Montecchio in lacrymis, à la famille Azzoni, à Mgr Belotti à Grumello, à don Valoti à Chiuduno et dîner à Seriate chez l'archiprêtre Carozzi.

27 septembre, jeudi. — Repos à la maison ; mais quel repos ! Audiences toute la journée. Humbles gens et personnes distinguées : époux Soro et prof. Baslini, de Merate ; curé de Calusco ; deux séminaristes [5]. À la maison, j'ai feuilleté divers souvenirs de jeunesse. Pas fait grand-chose de pratique. Les bien belles journées continuent.

28 septembre, vendredi. — À Bergame avec le curé Birolini. Visité l'*Eco* [6], les prêtres du Sacré-Cœur, les filles du Sacré-Cœur [7] chez lesquelles déjeuner, repos, et conversation très plaisante et pieuse. J'ai déposé ma carte au maire [8], au préfet [9],

---

1. Compagnon d'études de Roncalli à Rome, don Angelo Pedrinelli fut écarté en 1910 du séminaire de Bergame, où il enseignait l'histoire, et nommé curé de Carvico ; il aide depuis 1938 le nonce pour la publication des Actes de la visite de Charles Borromée à Bergame en 1575.

2. Église du XVe siècle où le futur nonce a été baptisé, a fait sa première communion et a célébré sa première messe solennelle le 15 août 1904.

3. Lieu de naissance de Giacomo Testa (1909), toujours en poste à Athènes. Il n'y a pas de lien de parenté entre les deux Testa.

4. Nom populaire des Sœurs de charité des saintes Bartolomea Capitanio et Vincenza Gerosa, fondées à Lovere (Bergame) en 1832.

5. Mgr Roncalli met autant de soin à noter ses nombreuses visites au pays que ses audiences parisiennes.

6. *L'Eco di Bergamo*, fondé le 1er mai 1880 par des notables catholiques, est le quotidien du diocèse que le nonce reçoit et lit assidûment à Paris.

7. Congrégation fondée à Bergame en 1831 par Teresa Verzeri et le chanoine Giuseppe Benaglio.

8. Le démocrate-chrétien Antonio Cavalli.

9. Le socialiste Ezio Zambianchi.

et au chef de l'administration alliée [1] ; puis je suis allé à Stezzano à la maison Morlani ; chez le curé Brevi ; ensuite je suis passé au sanctuaire [2] et j'ai visité le curé Fogliardi don Pio.

29 septembre, samedi. — À Bergame chez les Prêtres du Sacré-Cœur. Réunion avec tous les confrères après les Exercices ; l'évêque présent ; ma parole confiante [3]. En sortant je suis passé chez les Terzi Osvaldo, que j'ai trouvés réunis aux Crocette : grande et forte famille. Personnes rencontrées : Mgr l'évêque, Patelli, Vistalli, Dentella, Carminati, etc. don Angelo Rossi m'a accompagné en auto.

30 septembre, dimanche. — Sainte messe à la maison, et ensuite je suis allé à Redona [4] ; assistance à la messe de Mgr Merati, discours P. Brianza pas compris ; grande procession du Sacré-Cœur. Mes paroles à la fin pour encourager. Rencontre avec les parents Bresciani et Taragni ; visite à mon frère Giuseppino que je ne trouve guère mieux, et cela me peine beaucoup. À la maison, dîner avec tous les prêtres. Curé, vicaire et don Angelo Rossi.

1er octobre, lundi. — Sainte messe à la maison. À 8 h départ pour Rome. Je salue en passant ma sœur Assunta ; avec Mgr Testa nous rejoignons Boltiere, etc. : à midi Piacenza. Déjeuner à la maison Radini [5] ; visite à la cathédrale et à Mgr Menzani ; étape à S. Carlo chez les PP. Scalabriniens où nous dînons. Rencontres : époux Radini et sœur Marie. Visite aussi à S. Lazzaro : j'ai parlé avec P. Castagnoli.

2 octobre, mardi. — Sainte messe bien servie à S. Carlo ; à 8 h départ. Arrêt d'une heure pour réparations à Fiorenzuola d'Arda ; col de la Cisa ; déjeuner à Sarzana, à la Villetta et visite à la tombe du cardinal Pellegrinetti à Camaiore, et à la Sainte Face à Lucques, où je vois aussi l'archevêché ; je visite à Capannori la sœur de Mgr Pacini ; et à Segromigno les parents, femme et enfants de Giulio. Dîner et logement chez l'archiprêtre Pietro Bandellini.

---

1. Sans doute le colonel anglais David Morley Fletcher ; l'administration militaire de la région prendra fin le 31 décembre 1945.
2. La Madonna dei Campi, sur la commune de Stezzano.
3. Petite congrégation diocésaine fondée par Mgr Radini Tedeschi, dont Roncalli fut l'un des premiers membres externes entre 1911 et sa consécration épiscopale en 1925 ; il y reste très attaché spirituellement.
4. Où se trouve une maison des religieux montfortains.
5. Dans la famille de l'évêque de Bergame, Mgr Giacomo Maria Radini Tedeschi dont il fut le secrétaire de 1905 à sa mort en 1914.

3 octobre, mercredi. — Sainte messe à l'église de Segromigno. Piovani très courtois. Hier, journée pluvieuse : belle aujourd'hui. J'ai laissé Giulio aux siens. Départ pour Montecatini et Sienne ; ici déjeuner chez l'archevêque Toccabelli, courtois ; visite cathédrale, musée et librairie. Le voyage continue par Monte Oliveto [1]. Abbé Perego, vieux, mais toujours accueillant ; visite au monastère : peintures de Sodoma et Signorelli. Dîner intime et cordial, ma prière avec les Pères.

4 octobre, jeudi. — Sainte messe au Monte Oliveto, autel de Maria Bambina. Départ à 8 h : béni et bénissant. Par Radicofani, Viterbe, Vetralla, Capranica, Acquapendente, Montefiascone, etc. [2] nous sommes à Rome à midi : bref incident avec un Indien, une aile abîmée. Bon accueil 70, via Scrofa chez Mgr Viganò ; je sors ensuite avec Mgr Righi pour S. Agostino, Palais de la chancellerie, S. Filippo.

5 octobre, vendredi. — Sainte messe à la maison. À 9 h Vatican, longue audience Valeri et Tardini [3], saluts à quelques-uns. Révision de mes comptes avec Mgr Testa : réprimé une amorce de mauvaise humeur à propos des 1 100 dollars de Marina refoulés. Déjeuner rue de la Scrofa. Puis visite à M. Maria Felice Radini Tedeschi, 46 via Dandolo, très cordiale ; ensuite visite à Mgr Solari à Sainte-Marie Majeure, vraiment fraternelle. L'auto me rend grand service.

6 octobre, samedi. — Toujours messe à la maison avec le calice et la belle aube de Mgr Viganò. Au Vatican, rencontre avec le prince Louis de Bourbon et avec Mgr Montini [4]. Dans l'après-midi audiences : P. Giusto, don Martino, Sup. Manzoni, Missionnaires d'Égypte ; sorti pour Monti, Giordano ; recherche de Mgr Tullori ; visite au P. Albareda.

7 octobre, dimanche. — Repas de midi chez les Frères, qui furent très aimables ; j'étais avec Mgr Righi ; auparavant, visité

---

1. Célèbre abbaye toscane qui est le siège de la congrégation des Olivétains, parfois appelés Bénédictins blancs.

2. Les localités traversées ne sont pas données dans l'ordre...

3. La liste des questions à aborder avec Mgr Tardini énumère : nomination d'évêques ; titres de coadjuteurs ; titres des démissionnaires ; lettres de consolation pour Arras, Mende et Beaussart ; bulles pour Strasbourg ; puis évêque aux armées ; question scolaire ; bureau de presse à la nonciature ; personnel et fonctionnement de celle-ci (note manuscrite).

4. Liste plus courte et plus elliptique : prisonniers ; bureau de presse ; personnel ; Valeri et Istanbul (note manuscrite).

Saint-Pierre avec Enrico et reçu Mme Ferrari. En revenant, j'ai visité la famille Buccalo : les fils Gilberto et Adriano. Puis avec Mgr Testa je suis allé à Castel Gandolfo : promenade extérieure et visite des jardins. Bonomelli très gentil. Il y avait le fils Longinotti, et De Gasperi[1] avec qui j'ai longuement conversé. Retour de nuit avec escorte militaire.

8 octobre, lundi. — Le soir à 7 h chez Colonna et dîner. Le matin, visite au Vatican pour l'audience du Saint Père que j'ai trouvé en bonne santé, confiant, indulgent[2]. Il m'a demandé mon jugement sur les cardinaux à nommer en France. <J'ai indiqué Roques et Petit de Julleville[3].> Déjeuner chez Mgr Borgongini[4] ; longue conversation avec le cardinal Tisserant ; puis avec le cardinal Caccia, et dîner intime avec Mgr Colonna et son frère.

9 octobre, mardi. — À midi – 13 h – repas chez Mgr Solari. Le matin, visite au recteur du Collège français, puis à Mgr Savino, et ensuite au Vatican conversation avec Mgr Valeri, fraternelle, rencontre avec Mgrs Rotta, Jervolino, Barbetta, Montini, Giobbe, Dell'Acqua. Déjeuner chez Mgr Solari avec sacristain médisant don Rossi ; visite à Saint-Jean de Latran avec Farges : séminaire et basilique <puis Mgr Ronca> ; visite au duc Capace <suite mise dans les notes de septembre après le 29> au duc Capace di Galesta, au cardinal Fumasoni, préfet de la Propagande, très expansif. Repas à l'ambassade de France suivi d'une longue conversation intime avec l'ambassadeur Maritain. Combinaison pour Mgr de Courrèges avec sa nomination à Saint-Louis des Français[5]. Bonne et rassurante entente.

---

1. Première rencontre avec le futur chef de gouvernement démocrate-chrétien. Contrairement à ce qu'écrit Giancarlo Zizola, elle se produit *avant* et non *après* l'audience pontificale, et pas le 7 *décembre* (*L'utopia di papa Giovanni*, Assise, Citadella Editrice, 1973, p. 126, qui renvoie au *Diario* Bonomelli, *Concretezza*, Rome, 16 août 1964, p. 17).

2. Peu explicite ! La feuille manuscrite préparatoire à l'audience fait état de l'heureuse issue de la question des évêques, des pressions en faveur de Saliège, du glissement de l'opinion française vers la gauche (« *tutto ciò che porta verso il popolo, e alla consecrazione più viva delle realtà democratiche* », « tout ce qui porte vers le peuple, et à la consécration la plus active des réalités démocratiques »), de la question scolaire, soluble seulement après les élections.

3. Les archevêques de Rennes et de Rouen, qui auront le chapeau ; pas Feltin ni Marmottin, mais pas Saliège non plus.

4. Son ami le nonce auprès du gouvernement italien, Mgr Francesco Borgongini Duca.

5. Un tel transfert présente des avantages : un évêque résistant pour

10 octobre, mercredi. — Hier soir dîner à l'ambassade de France en mon honneur, et première visite au cardinal Fumasoni. Ce matin assistance aux funérailles du P. Hertzog à Saint-Louis [1] ; visite à la Secrétairerie d'État, déjeuner chez le P. Albareda ; puis visite au cardinal Pizzardo, Marchetti et Mgr Ottaviani. Rencontre avec plusieurs autres personnes et conclusion un peu bousculée de ma visite à Rome, que je trouve du reste très satisfaisante [2].

11 octobre, jeudi. — Au moment du départ, je reçois encore M. Maritain. En auto avec Mgr Testa, je vais à Tarquinia prier sur la tombe de Mgr Drago. Déjeuner chez don Perracchi, curé. Poursuite du voyage avec panne à Podere S. Caterina : en retard à Livourne pour un nouveau *pneu.* Arrivée à Montecatini. Hôtel Pellegrini. J'y rencontre Mgr Malla, de Saint-Élie, et Arata. Échanges de beaucoup d'amabilités.

12 octobre, vendredi. — À Montecatini sainte messe église de la Vierge Immaculée. Départ vers la Porrettana : arrivée à Bologne à 10 h 30. Visite au cardinal Nasalli et à Saint-Pierre à la tombe du cardinal Gusmini. Repas à Modène avec lasagnes et lambrusco. Arrivée à Bergame, avec collision de la voiture au Maglio del Lotto [3]. Je vais voir mon frère Giuseppino que je trouve mieux. Dîner et repos chez les prêtres du Sacré-Cœur.

---

l'église des Français à Rome ; mais aussi des inconvénients : priver Mgr Saliège d'une aide précieuse.

1. L'ancien procureur général de Saint-Sulpice est mort à Lausanne le 27 septembre.

2. Les renseignements fournis par l'Agenda sont trop peu explicites pour évaluer l'impression qu'il retire de sa visite. La lettre à Mgr Giacomo Testa du 21 novembre est plus précise : « *Roma mi parve un po' poveretta in confronto di Parigi : molta gente anche fra gli ecclesiastici reca evidenti i segni delle limitazioni patite e che durano ancora [...] Il resto dell'ambiente romano e specialmente quello vaticano piuttosto stanco e malcontento. Io ebbi buone accoglianze presso il S. Padre e in Segreteria ; ma preferii tenermi al puro necessario e scappare presto. Infatti non mi fermai in Roma che 6 giorni* » (« Rome m'a paru un peu pauvrette par rapport à Paris : beaucoup de gens aussi parmi les ecclésiastiques rendent évidents les signes des limitations subies et qui durent encore [...]. Le reste du milieu romain, et spécialement du milieu vatican, plutôt las et mécontent. J'ai eu un bon accueil chez le Saint Père et à la Secrétairerie ; mais j'ai préféré m'en tenir au strict nécessaire et m'échapper bien vite. En fait je ne suis resté à Rome que 6 jours » (*Giacomo Testa nel solco di Angelo Giuseppe Roncalli*, p. 122).

3. « *Ho saputo del suo ritorno di Roma con gli incidenti stradali extraurbani ed urbani* », lettre de Mgr Bernareggi, du 13 octobre (« J'ai entendu parler de votre retour de Rome avec les incidents routiers extra urbains et urbains », *Questa chiesa che tanto amo*, p. 282).

13 octobre, samedi. — Bonne nuit. Sainte messe chez les prêtres du Sacré-Cœur. Reviviscence de cordialité fraternelle. Je rentre à la maison en auto de l'entreprise Campi. L'après-midi, grande réception à Calusco avec 30 chevaux et des centaines de bicyclettes. D'abord discours à l'église : salutations, souvenirs, invite à la grande manifestation du lendemain. Bénédiction solennelle.

14 octobre, dimanche. — À Calusco, journée pleine de saintes émotions [1]. Ma sainte messe et communion générale. À 10 h assistance à la sainte messe du Gardien de Baccanello [2] et mon discours sur la Vierge : *Elle et nous*. Déjeuner avec les notables. Assistance à la grande procession en rochet et mantelet, puis troisièmement mon sermon et bénédiction solennelle. Grande dévotion du peuple envers l'évêque [3].

15 octobre, lundi. — Journée calme à la maison. Oh ! puissent toutes ces journées être comme celle-ci. Cela nonobstant plusieurs nouvelles de certains. Il faut accepter. Je n'ai pas pu sortir car Enrico est parti à Brescia chez ses parents et y restera une semaine. Il a naturellement profité de la voiture dont il fallait réparer la direction.

16 octobre, mardi. — Encore bonne journée, ou plutôt bonne matinée. Sainte messe en souvenir de ma sœur Enrica dont c'est le XXVIIe anniversaire de la mort. À midi la comtesse Bera Mapelli est venue me prendre en calèche pour le déjeuner que m'offrait la baronne Scotti [4] dans sa villa de Mapello, où j'ai trouvé réunies les notabilités du pays et des environs.

17 octobre, mercredi. — Sainte messe à la maison. Plusieurs audiences : des gens qui se recommandent de parents éloignés. Le soir avec Giovanni ascension tranquille et facile au Canto [5] ; où je fus fort bien reçu par MM. Cane. Bénédiction

---

1. Depuis 1749, la fête de la Vierge du Rosaire y est célébrée le deuxième dimanche d'octobre.
2. Tertiaire franciscain en 1896, Roncalli a depuis longtemps un rapport privilégié avec ce couvent de frères mineurs situé dans une fraction de la commune de Calusco d'Adda.
3. C'est-à-dire lui-même…
4. Maria Scotti (Perego), veuve de Gianmaria Scotti et propriétaire de la maison de Camaitino que loue le nonce.
5. Colline de 710 mètres, au nord de… Sotto il Monte.

à Santa Barbara [1], et logement chez don Vigilio qui m'entretient d'exorcismes, de bénédictions et de procès.

18 octobre, jeudi. — Journée entière sur le Canto. Sainte messe. Communion et confirmation des enfants Elvira Cane. Tout bien passé, intime, avec grâce, avec la participation des fidèles, cordiale. Visite au Saint-Nom de Marie [2] : icône byzantine ; puis à Fontanella [3] ; descente difficile pour mes jambes.

19 octobre, vendredi. — Sainte messe à la maison. Bien reposé. Plusieurs visites le matin à la maison. Le soir, les visites continuent ; puis je me suis rendu avec le curé et don Angelo à la Colombera, où j'ai visité les champs et le terrain de chasse aux oiseaux en attendant le retour de Giuseppino de l'hôpital Gavazzeni. Odyssée de ce retour qui s'est ensuite bien passé.

20 octobre, samedi. — À Stezzano. Bénédiction nuptiale Cecilia Morlani avec le marquis Gentile Filippo, de Gênes. Tout réservé et limité à la proche parentèle [4]. À 12 h 30 repas à l'évêché avec Mgr Testa et Perico et le vicaire général Carrara. Puis Mgr Bernareggi montre le musée [5]. Visite à Santa Grata [6] ; le soir, dîner à la maison Locatelli avec Bertulessi et Vicentini. Dans la journée, longue conversation avec le comte Dino Secco Suardo [7] sur la question de l'émigration.

21 octobre, dimanche. — Bergame. Sainte messe au séminaire. Paroles ensuite : rappel des 50 ans de ma première tonsure – 1 le Conserva, me, Domine – 2 le Voluntas Dei pax *nostra* – 3 la prière invoquée par les séminaristes. Repas familial avec les professeurs. À 15 h 20 visite aux

---

1. Église commencée vers 1530, d'après le *Rotulus bonorum* de 1536 du prieuré clunisien S. Egidio di Fontanella (voir ci-dessous en date du 19 septembre 1947).

2. Oratoire privé construit entre 1722 et 1724.

3. Hameau autour du prieuré clunisien de S. Egidio, que dessert son église romane.

4. Lettre du 16 octobre, à Mgr Bernareggi, *ibid.*

5. Le *futur* musée serait plus juste : l'évêque rassemble alors, au fil de ses visites pastorales, des œuvres menacées destinées à un musée diocésain d'Art sacré qui ouvrira en 1961.

6. Monastère le plus ancien de Bergame, *intra muros*, où vivent des moniales cloîtrées de la Congrégation bénédictine du Mont Cassin.

7. Ancien dirigeant du Parti populaire devenu, à la fin des années 1930, un expert en matière d'émigration pour le compte du ministère des Affaires étrangères.

Ursulines de Gandino[1] ; et paroles. À 18 h visite à Medolago : don Santo et famille des Conti ; à 19 h 30 dîner avec des prêtres chez les Bertoli.

22 octobre, lundi. — Aujourd'hui réunion avec mes condisciples à Calcinate. Beaucoup d'amabilité. Présents : Colombo, Montanelli, Villa, Spada, Casari, Filippi, Mazzoleni, Castelli. Piero Carminati, avocat Perletti et Cavadini[2]. Grande foule à l'église : mon discours très écouté. Au retour, je prends à Bergame Mgr Perico, qui est mon hôte extrêmement apprécié[3]. J'ai eu aujourd'hui le rochet de Mgr Morlani (20 000 lires).

23 octobre, mardi. — Bonne conversation avec Mgr Perico. À midi, déjeuner avec lui à Bonate Sotto dans la famille Terzi. J'y accepte le cadeau d'un grand portrait de Mgr Ragazzoni[4]. Visites : M. Bruni, mon neveu Angelo et à Bonate Sopra le curé Paleni ; à Terno le vicaire Palamini, vieilli mais toujours doux et bon. Nous visitons aussi les trois églises.

24 octobre, mercredi. — Dames du Sacré-Cœur à 8 h J'étais avec Mgr Perico dont j'ai entendu la messe. Chères retrouvailles avec les religieuses[5]. Brève visite à l'église de Villa d'Adda et d'Odiago chez don Volpi. À midi, déjeuner à Pontida où je rencontre l'abbé Boche[6]. Visite basilique : audition des grandes orgues. J'ai été très content de cette visite au monastère de Pontida[7]. Nous passons ensuite à Caprino pour visiter le curé Locatelli, malade et résigné.

---

1. Dénomination populaire des « Suore Orsoline di Maria Vergine Immacolata », fondées à Gandino (Bergame) en 1818 par Maria Bona Rovelli et don Francesco Della Madonna.
2. Ses compagnons au séminaire de Bergame entre 1892 et 1900.
3. Le Bergamasque Carlo Perico ne tardera pas à rejoindre Rome, pour travailler à la Congrégation orientale.
4. Girolamo Ragazzoni fut évêque de Bergame de 1577 à 1592, ce qui ne l'empêcha pas d'assurer une nonciature en France de 1583 à 1586 (dont la Correspondance a été éditée par le père Pierre BLET, *Acta Nuntiaturae Gallicae*, Rome-Paris, Faculté d'histoire de l'Université grégorienne-École française de Rome, 2, 1962 ; le volume figurait avec dédicace dans la bibliothèque de Jean XXIII).
5. Congrégation d'origine française, fondée en 1800 par Madeleine-Sophie Barat (canonisée en 1925).
6. Qui poursuit le nonce jusque pendant ses vacances.
7. Monastère bénédictin d'origine clunisienne qui a repris vie en 1910.

25 octobre, jeudi. — À 16 h 30 conférence sœurs de Gandino[1]. Matin à S. Giovanni avec Mgr Perico : journée magnifique, puis aux Caneve et déjeuner à la Colombera. Il y avait aussi Mgr Gustavo Testa. Délicieuse réunion champêtre. Après-midi plein de visites. Castruccio et fils Pierre ; M. Baroni Ausonio et fils ; conférences aux sœurs. Ensuite arrivée du tableau de Mgr Ragazzoni. Le soir réunion de mes frères.

26 octobre, vendredi. — Journée sombre et humide : propice au travail de bureau. Mis de l'ordre dans mes papiers. L'après-midi, visite du chanoine Pacchiani et de l'abbé Baronchelli ; époux Perico Antonio et fils ; comptable Angelo Airoldi et fils. Avec ces derniers, en présence de mes frères Saverio et Giovanni, j'ai signé les préalables du contrat pour la maison et la propriété des Gerole (1 300 000 lires[2]).

27 octobre, samedi. — À la maison jusqu'à midi : toujours des audiences. Puis départ pour Chignolo où je visite Mme Marietta Ambrosini, et le comte Roncalli et sa famille. J'y suis resté déjeuner et ai reçu ensuite les notables du pays. Après quoi, visite comte et comtesse Mapelli à Sottoriva où je trouve beaucoup de chers souvenirs du p. Mozzi[3] et un accueil très aimable.

28 octobre, dimanche. — Sainte messe à la maison. À 14 h 30 départ pour Grumello, où j'arrive pour la prédication du Sacré-Cœur[4] ; vita et resurrectio, pax et reconciliatio ; puis procession en mantelet : très dévote. Chez Mgr Belotti désormais plus de là-bas que d'ici et chez son frère don Pietro avec les amis Negroni et Brigenti, douces effusions sacerdotales fraternelles.

29 octobre, lundi. — À Grumello sainte messe et longue communion[5]. J'assiste à la messe en pontifical ; discours

1. Qui ont en charge l'école maternelle de Sotto il Monte.
2. Le nonce achète dans ce hameau une maison pour son frère Giuseppino et ses dix enfants.
3. À Locate di S. Pietro se trouve la villa Mapelli Mozzi où a vécu le jésuite Luigi Mozzi (1746-1813), connu à Bergame, puis dans toute l'Italie, après la reconstitution de la Compagnie de Jésus.
4. En 1945 à Grumello, la fête du Christ-Roi est remplacée par une fête en l'honneur du Sacré-Cœur, en remerciement pour la fin de la guerre.
5. La fête du vœu de 1898 à la Vierge du Rosaire a été déplacée en 1926 au dernier lundi d'octobre, quand le dernier dimanche a été dédié au Christ-Roi.

l'après-midi : la Vierge, doctrine et pratique de la dévotion. La pluie empêche la procession. Rencontre avec de chères connaissances ecclésiastiques, archiprêtre Telgate, etc. Le soir, j'ai acheté à la foire du livre, et visité chez eux le maire Don Azzoni et sa femme Concetta.

30 octobre, mardi. — À Grumello, messe à l'institut des Poverelle ; visite au jeune Giovanni Marini victime d'un accident ; puis église de Pianico ; *cav.* Lago et sa femme à Predore ; à midi, déjeuner à Pianico chez don Ghitti avec M. Bianchi ; visite à la tombe de Mgr Plebani et au nouvel archiprêtre de Clusone, Spada. Le soir, arrivée à Alzano, hôte de mon très cher Mgr Negroni.

31 octobre, mercredi. — À Alzano. Sainte messe à la chapelle avec communion. Affectueuses salutations. Passage à Ranica où je visite la quasi bienheureuse Verzeri [1] et le noviciat ; à Redona où je ne trouve pas les Bresciani ; au Piccolo Credito [2], conversation avec le comptable Villa et le notaire Locatelli [3] au sujet de l'acquisition des Gerole ; à l'*Eco* où j'ai conversé avec le directeur Spada [4] et avec le comptable Belotti, et acheté des livres [5]. À la maison, je trouve Giulio ; puis je reçois les époux Roncalli avec le petit Francesco, à qui je donne une croix d'argent byzantine slave. Le soir, je reçois les prêtres avec don Giorgio Mazzola et mon frère Saverio dont la conversation m'édifie et me console.

1er novembre, jeudi. — À Carvico. Sainte messe de communion très nombreuse, et assistance en pontifical avec discours à la grand messe, puis réception des « Reduci » : tout s'est très bien passé : foule et sentiment. L'après-midi, discours à Sotto il Monte, et procession au cimetière en mitre blanche et chape. Journée pleine de chères émotions et, je le pense, d'édification pour tous.

---

1. Il faut comprendre « à la dépouille » de Teresa Verzeri (1801-1852), fondatrice des Filles du Sacré-Cœur dont le noviciat se trouve à Ranica. Elle sera béatifiée le 27 octobre 1946 (et canonisée le 10 juin 2001).

2. Le Piccolo Credito Bergamasco est la banque fondée en 1891, sous forme coopérative, par le Mouvement catholique pour défendre les milieux populaires, urbains et ruraux, contre l'usure. Mgr Roncalli y a ouvert un compte à la fin des années 1920, moment où elle s'est transformée en société anonyme.

3. Giuseppe Locatelli dirige le Piccolo Credito depuis 1931.

4. Directeur du journal depuis 1938.

5. *L'Eco* est logé dans la « Casa del Popolo », inaugurée en 1908, qui abrite aussi une librairie, un théâtre, un hôtel-restaurant et de multiples organisations catholiques.

2 novembre, vendredi. — Célébré la messe auprès de mes chers défunts, puis heures de recueillement à la maison. Après midi reçu M. Bianchi Francesco, de Pianico (avec 200 000 lires) ; le soir, visité aux Gerole la maison acquise pour Giuseppino : belle, mais petite. Puis assisté au rosaire et à la bénédiction à la paroisse.

3 novembre, samedi. — Sainte messe à <Fontanella : manifestation émouvante>. Puis à Bergame visite au Piccolo Credito et entente avec le notaire Locatelli. Déjeuner chez le chanoine Pacchiani avec Mgr Testa, sardonique et peu aimable. Ensuite, réception au chapitre, très confiante [1] ; chez Mgr Bernareggi toujours bon [2]. À 16 h ma conférence aux Dames chez les Sacramentines [3] avec plusieurs rencontres ; visite au prof. Donizetti chez lui.

4 novembre, dimanche. — [[Saints Martyrs aux Carmes 100 prêtres 1 archevêque et 2 évêques exécutés. Messe pont. à 10 h. Déjeuner avec conseiller et secrétaire 12 h 30. Vêpres pont. à 17 h 30 [4].]]

Précieuse journée passée entièrement à Celana, en l'honneur de saint Charles avec messe, communion générale et 3 discours [5]. J'ai beaucoup joui spirituellement, et fus bien édifié. En revenant, j'ai visité la famille Perico à la Rossera. Rencontre conviviale à la Colombera.

5 novembre, lundi. — Sainte messe à la maison et visite sur visite. À midi j'ai eu à déjeuner les prêtres de la paroisse Birolini, Minola et Rossi et le directeur de l'*Eco* don Andrea Spada et don Valtellina. Puis toujours des audiences. Le soir,

---

1. Roncalli est chanoine honoraire de la cathédrale depuis 1921.

2. Celui-ci lui écrit le soir même pour évoquer le possible retour à Bergame de don Fortunato Benzoni, que le nonce encourage à plusieurs reprises (voir *Souvenirs d'un nonce*, 1945, *passim*) : il attend son passage à Annecy, où il s'occupe des Italiens émigrés ; et pour lui demander de lui acheter des publications françaises, dictionnaires notamment : « *Chissà quante belle opere sono uscite in questi anni in Francia. Ma ora siamo ancora pienamente all'oscuro di tutto* » (« Qui sait combien de beaux ouvrages sont parus ces années-ci en France. Mais nous sommes maintenant encore totalement dans l'ignorance de tout », *Questa chiesa che tanto amo*, p. 282-284).

3. Le « Suore Sacramentine di Bergamo » ont été fondées en 1882 par les bienheureux Caterina Comensoli et don Francesco Spinelli.

4. Le nonce avait noté ces rendez-vous, qu'il ne peut honorer et qu'il a rayés (voir plus haut en date du 7 mars).

5. Fondé par Charles Borromée, ce petit séminaire de Milan est devenu collège diocésain de Bergame. Le jeune Roncalli y a été élève en 1891-1892.

préparation du départ : réception des comptables Airoldi et Villa ; conversation avec mes frères toujours sereine et aimable.

6 novembre, mardi. — Sainte messe d'adieu à la Madonna delle Caneve ; 3 000 lires aux cousins Mazzola ; visite à la maison de Boarolo, déjeuner ; adieux calmes et effusions consolantes au départ : cimetière. Colombera : cloches, gens à la porte : beaucoup d'émotion. À Concorezzo visite au cimetière à Mgr Cavezzali, à Monza à la famille Sala-Rossi et Tagliabue. Via Doria, je reçois Muzio et Cruciani, *cav.* Rossi, etc.

<Chez les Filles du Sacré-Cœur, 17, via Doria.>

7 novembre, mercredi. — Bonne nuit reposante. Sainte messe à la maison ; puis audience de M. Ausonio Baroni, lettre à Montini, à Clarizio pour lui. À midi, déjeuner chez M. Sanguinetti et famille, étant présents le directeur et le délégué de l'Alfieri et Lacroix, dont nous visitons ensuite les bureaux et les ateliers. Chez les sœurs, rencontré Mlle Zavaglio, Mme Flessati, prof. Cruciani ; puis méditation aux sœurs : *voluntas Dei, pax nostra.*

<M. Mario Sanguinetti, 9 via Vittore Pisani, Milan.>

8 novembre, jeudi. — Aphonie complète : il doit y avoir eu un peu d'air hier soir. Patience. Ce matin, après la messe à la cathédrale, visite à saint Charles dont la dépouille était visible [1], et au cardinal Schuster chez qui je suis revenu pour déjeuner [2]. Entre-temps, visite à S. Simpliciano, splendide siège de l'Ordre du Saint-Sépulcre rénové par S. E. Macchi. J'y ai rencontré les sœurs de Mgr Cavezzali. L'après-midi, visite à la librairie SEI et au P. Gemelli à l'Université du Sacré-Cœur [3].

9 novembre, vendredi. — Sainte messe chez les sœurs. Puis, avec Cruciani, visite à l'Ambrosiana, très bien accueillis par Galbiati, Castiglione, Saba. Mais quelle pitié et quelle ruine [4] !

---

1. Elle est exposée dans les jours qui suivent sa fête le 4 novembre.
2. Le bénédictin Alfredo Ildefonso Schuster est archevêque de Milan depuis 1929.
3. Université catholique fondée en 1921 et dirigée depuis par le franciscain Agostino Gemelli, alors menacé d'épuration du fait de son attitude sous le fascisme.
4. « *La mia biblioteca Ambrosiana subi danni immensi ; proprio le sale dei libri di Federico Borromeo polverizzate, e cosi pure le gallerie nuove in onore di Leonardo da Vinci* » (« Ma bibliothèque ambrosienne a subi d'immenses

Puis visite à l'œuvre du cardinal Ferrari [1] et au Cénacle. L'après-midi, départ pour Côme. Magnifique coucher de soleil automnal. Mgr Macchi toujours un frère est trop bon pour moi : *de thesauro suo nova et vetera.* Communications télégraphiques avec le comptable Villa pour les Gerole.

10 novembre, samedi. — Sainte messe dans la grande chapelle de l'évêché de Côme. Une aube d'exception. À 10 h départ suivi par Bianchi. À Airolo à 14 h. Auto sur le train jusqu'à Wassen. Route difficile et pleine de neige et de pluie jusqu'à Lucerne. De là nous tournons à Olten pour prendre la belle route de Berne. Ici, surprise. Rencontre avec Mgr Gustavo Testa. Heureux accueil de Mgr Bernardini.

11 novembre, dimanche. — Berne. Messe à la nonciature. Journée neigeuse de repos complet avec mon cher confrère Mgr Bernardini qui entrait aujourd'hui dans sa 62e année. Mgr Testa ajoute sa note d'hilarité. L'après-midi, j'ai eu la visite de Madame Berio, chargée d'affaires pour l'Italie à Berne. Évocations de la vie en Turquie et souvenirs tristes et chers de connaissances communes de cette époque.

12 novembre, lundi. — Il neige toujours en Suisse. Parti de Berne, par Lausanne et Genève, je suis arrivé à Annecy pour 13 h 30. La ville m'a paru toute changée depuis que je l'ai visitée pour la première fois avec Mgr Radini le 1er août 1911. Bon accueil de l'évêque Mgr Cesbron, qui le soir, après la visite à la Visitation où il m'accompagne, a réuni pour dîner ses deux vicaires généraux et don Benzoni [2].

13 novembre, mardi. — Temps très froid et neigeux. Mais quelle consolation de célébrer la sainte messe devant les reliques de saint François et de sainte Fr. [3] de Chantal ! La supérieure m'a fait cadeau des œuvres complètes du saint de Sales, 26 vol. Voyage accompagné du P. Bianchi, avec beaucoup de neige sur les Vosges [4]. À 14 h à Bourg. À 18 h à Dijon,

---

dommages ; les salles des livres de Federico Borromeo vraiment pulvérisées, et de même les nouvelles galeries en l'honneur de Léonard de Vinci »), écrit le nonce à Giacomo Testa le 21 novembre. La ville a durement souffert des bombardements alliés.

1. Nom donné à cette importante Maison du peuple fondée par le cardinal Andrea Carlo Ferrari (1850-1921), archevêque de Milan béatifié en 1987.
2. Voir plus haut en date du 3 novembre.
3. Sainte *Jeanne.*
4. Le Jura, plutôt que les Vosges.

à 24 h à la maison à Paris. J'ai remercié le Seigneur avec une grande effusion de sentiment.

14 novembre, mercredi. — *Paris.* Reprise de ma vie à la nonciature avec consolation, avec joie, et avec courage. Dans l'après-midi, je me suis rendu à l'archevêché pour apporter un salut et la bénédiction du Saint Père à l'Assemblée des cardinaux et archevêques réunie. Bref échange d'heureuses impressions ; ensuite, à la maison, je dépouille la correspondance, me mets au courant des affaires. Mes trois collaborateurs Pacini, Vagnozzi et Rocco tous en ordre et en paix.

15 novembre, jeudi. — Les audiences commencent par des invitations à des réunions de jeunes dans les prochains jours ; puis abbé Boche retour de Rome, abbé Dubois, archevêques Dubourg, de Besançon, Moussaron, d'Albi, et Saliège, de Toulouse. Ces deux derniers restent déjeuner ; ensuite archevêque Feltin, de Bordeaux. Avec les rencontres, les affaires : mais il n'y a pas de difficultés graves pour le moment, et ensuite, à la grâce de Dieu [1].

16 novembre, vendredi. — Aujourd'hui trentième jour après la mort du beau-père de Dino mon chauffeur, j'ai célébré la messe des morts à la chapelle pour le défunt en présence de sa petite famille, Dino, sa femme, et Piero, tous ont communié. Puis audiences, parmi lesquelles les sœurs de Cluny ; les sœurs de l'Assomption ; l'architecte Barge. Francesco Bianchi à déjeuner. L'après-midi, ma visite à Mgr Saliège au séminaire des Missions étrangères [2].

17 novembre, samedi. — À 17 h Institut Com. Newman. Diverses audiences. Le soir, je suis intervenu à l'Institut catholique pour la commémoration de Newman [3]. Trois Oratoriens ont bien parlé : mais ils auraient dû être plus concrets [4]. Je me suis tu parce que je n'ai pas été invité à parler : et puis je

1. Dans des termes voisins, Mgr Dutoit et Mgr Auvity ont annoncé leur démission à leurs diocésains au début de novembre (Marc MINIER, *L'Épiscopat français du Ralliement à Vatican II*, p. 166). Les 3 et 6 novembre ont été nommés le nouvel archevêque d'Aix (Charles de Provenchères), et les nouveaux évêques d'Arras (Victor Perrin), de Blois (Louis Robin) et de Mende (Maurice Rousseau).

2. Désormais, le nonce connaît bien l'archevêque de Toulouse.

3. Pour le centième anniversaire de son passage au catholicisme.

4. Apparaît ici un important trait du caractère du nonce : son souci du concret et de la simplicité, qui le rend défiant envers les théologiens (voir déjà son incompréhension du discours du père Brianza (plus haut, en date du 30 septembre).

tremble toujours. J'aurais dit : a) qu'il faut connaître plus et mieux Newman ; b) que sa *dignitas et simplicitas* restait un grand exemple [1].

18 novembre, dimanche. — Sainte messe, repas et réunion du soir jusqu'à minuit : tout au 104 [2], qui est une maison de l'étudiant – comme celle que j'ai conçue et fondée à Bergame en 1918 [3] – existant déjà depuis 25 ans. Je m'y suis trouvé comme un poisson dans l'eau. À la réunion des anciens élèves, j'ai dit quelques mots qui dérident et encouragent.

19 novembre, lundi. — Aujourd'hui, plusieurs belles audiences. À noter les évêques Lebrun, d'Autun, et Pinson, de Saint-Flour, que je garde à déjeuner. L'esprit est incertain au sujet de la crise de Gaulle – communistes [4]. J'ai prié à la chapelle *ut Deus omnia benevertat.* Parmi les visites : Maurice Denis [5], sœur Gilberte, des Missionnaires du Sacré-Cœur, et le doct. Mahieu, des Archives nationales. Le soir, un peu de *tresette* [6] avec mes collaborateurs.

---

1. Professeur au grand séminaire de Bergame, l'abbé Roncalli s'est inspiré, entre autres, de la théorie newmanienne du développement dogmatique, comme l'a montré Lucia Butturini pour les années 1908-1909 (« Tradizione e rinnovamento nelle riflessioni del giovane Roncalli », *Un cristiano sul trono di Pietro. Studi storici su Giovanni XXIII*, Servitium Editrice, Gorle, BG, 2003, p. 37-45).

2. La Réunion des étudiants, 104, rue de Vaugirard, dans le VIe arrondissement : célèbre foyer tenu par les Maristes, où sont passées des personnalités comme François Mauriac, Jean Guitton et François Mitterrand.

3. La première en Italie.

4. Pendant l'absence du nonce, d'importants changements politiques ont eu lieu en France : le référendum du 21 octobre a décidé la création d'une IVe République, dont la constitution doit être préparée par l'Assemblée constituante, élue le même jour. Ce scrutin fixe un rapport des forces qui n'est pas favorable à de Gaulle ni au MRP (arrivé en seconde position avec 25,6 % des suffrages exprimés). Les communistes sont en tête (26,1 % des suffrages) et ils détiennent la majorité absolue avec les socialistes (24,6 %). Mathématiquement, l'évolution vers une démocratie populaire est possible. La tension pour la constitution du nouveau gouvernement est donc vive, car de Gaulle refuse aux communistes les Affaires étrangères, l'Armée et l'Intérieur. Un compromis sera trouvé le 21 novembre, après un premier retrait du général le 16 : le secrétaire général du PCF, Maurice Thorez, devient ministre d'État et trois de ses amis obtiennent des portefeuilles secondaires.

5. Ce n'est pas le peintre symboliste chrétien, mort en 1943, mais l'adjoint de l'abbé Rodhain au Centre catholique de secours.

6. Ou *tre sette* (jeu de cartes) ?

20 novembre, mardi. — <à 20 h 25 à Saint Denis. À 21 h 30 au Centre universitaire, 61 rue Madame – 18 rue Guynemer> Visite de l'ing. Buitoni, du Saint-Sépulcre ; serment du P. Lemoine, Bénédictin qui est aux archives, *de secreto servando.* Mgr Pacini parti pour Nice. J'ai été fidèle aux deux rencontres indiquées. Au second j'ai parlé : *Veritatem et pacem diligite.* Neige épaisse et dangereuse.

21 novembre, mercredi. — Vif souvenir des Caneve et prières pour les miens [1]. Diverses audiences, bien que le temps continue avec de la neige épaisse. Parmi celles-ci Marc Sangnier, avec qui j'ai évoqué septembre 1910, quand Mgr Radini, à Milan, exalta dans la lumière de saint Charles son humilité à se soumettre [2]. Hier soir j'ai eu à dîner le chanoine Hamayon et nous nous sommes entretenus sur le problème scolaire. Ce soir, accompagné avec Rocco Mgr Vagnozzi en partance pour Berne.

22 novembre, jeudi. — Audiences : sœur Gendron, salésienne ; Giorgino Lubrina, et dans l'après-midi ses parents. Puis hier et aujourd'hui le peintre qui a apporté les portraits de mes prédécesseurs Cerretti, Maglione et Valeri, très bien réussis ; enfin le P. Butzi [3] qui m'a parlé du drame pour la cosmogonie, suite aux admonitions au prof. Lapparent [4]. À 19 h, rendu visite au ministre du Liban à l'occasion de la fête nationale.

23 novembre, vendredi. — Audiences : doct. Parturier, de Vichy ; François Veuillot ; ministre du Danemark J. C. W. Kruse ; p. Capucin [ ] ; colonel Deveau, commandant militaire de Lyon ; peintre Loffredo. Enfin sont arrivées les caisses d'Istanbul avec mes objets et mes livres [5]. Deo

---

1. Jour de la fête du sanctuaire cher au nonce.

2. Après la condamnation de son mouvement, le Sillon, par lettre de Pie X aux évêques français du 25 août, Marc Sangnier s'est en effet soumis sans état d'âme. En 1945, il a accepté de devenir président d'honneur du MRP.

3. Il pourrait s'agir du père Denis Buzy, supérieur général de la Société des prêtres du Sacré-Cœur de Bétharram, par ailleurs bibliste (Sylvaine GUINLE-LORINET, *Pierre-Marie Théas*, p. 285-287).

4. Le sulpicien Albert F. de Lapparent, chargé de cours de géologie à l'Institut catholique de Paris, vient d'être obligé de retirer du commerce sa brochure, *Nos origines : les données de la Bible et de la science*, Paris, Société auxiliaire de l'Œuvre des catéchismes, 1944 : destinée aux catéchistes, elle a semblé trop audacieuse.

5. La difficulté persistante des communications après la fin de la guerre explique ce long délai de onze mois.

gratias. Récréation laborieuse pour leur trouver un peu de place. C'est notre pauvre vie : un peu <ici> un peu là.

24 novembre, samedi. — Sœurs de l'Assomption. Assistance pontif. Messe chantée Mgr Neveu, évêque assomptionniste [1] ; tout s'est bien passé ; ensuite, compliments des sœurs et très nombreuses élèves.

Journée occupée par les audiences et par mes petites choses : trouver de la place pour les livres qui me sont chers. Le soir, pour achever ma 64e année, psaume de pénitence et litanies des saints.

<À déjeuner le nouvel archevêque d'Aix Provenchères [2].>

25 novembre, dimanche. — Je suis entré dans ma 65e année. Miserere et Magnificat. Prière calme à la maison, avec audiences. À midi, j'ai à déjeuner M. Bianchi ; puis je me suis distrait au milieu de mes livres ; quelques lettres et regard confiant vers l'avenir. Beaucoup d'évêques et de prêtres étaient saints à 65 ans. Que le Seigneur m'aide, tant qu'il m'en donne le temps.

26 novembre, lundi. — Sainte messe en l'honneur de sainte Geneviève *Ardentium*. Entretien décisif avec Mgr de Courrèges [3]. Plusieurs autres visites. À midi, p. Faure et Mgr Chappoulie, tous deux à déjeuner. Puis M. de Schonen, des Affaires

---

1. Mgr Pie-Eugène Neveu, qui fut évêque de Moscou entre 1926 et son retour vers la France en 1936 (Antoine WENGER, *Rome et Moscou, 1900-1950*, Paris, Desclée de Brouwer, 1987).

2. « Les récentes nominations d'Évêques ou de Coadj. soumises au gouvernement, *n'ont pu faire l'objet de remarques officielles, mais* témoignent du souci de la Nonciature de *ne* choisir *que* des candidats dont la médiocrité garantit l'obédience totale au Saint-Siège, mais ne contribuera *certainement* pas à relever la valeur de l'Épiscopat français » (note du 29 novembre, qui porte, à la main : « corrigée par M. Couve ») ; les passages en italique y ont été rayés. Ce document concorde avec le sentiment exprimé par Bidault à Maritain le 24, selon lequel, pour le choix des cardinaux, le nonce est « peu enclin à donner suffisamment de valeur, dans le jugement à porter sur un prélat, à l'attitude que celui-ci avait occupée sous l'occupation » (AMAE). Une lettre de Bidault au nonce du 8 novembre ne voyait pas d'objection à la nomination de Mgr René Piérard, vicaire général de Châlons-sur-Marne comme coadjuteur de son évêque Mgr Tissier, ni à celle du chanoine Pierre Puech, supérieur du petit séminaire de Castres, comme coadjuteur de Mgr Saliège ; la première se fera le 29 décembre, pas la seconde (AMAE, copie). Le 21 décembre encore, Mgr Roncalli annonce à l'abbé de Solesmes, dom Cozien, la nomination de trois ou quatre coadjuteurs.

3. Pour son transfert à Rome sans doute (voir plus haut en date du 9 octobre).

étrangères, et plusieurs points douloureux[1] ; ensuite, ensemble p. Braun et MM. Marquiset, Millot et Aumonier du « Secours Intern.[2] » enfin évêque de Soissons ; capitaine Thole et P. Voban avec deux Américains du Welfare, que je reçois à dîner.

27 novembre, mardi. — Œuvre des Campagnes, 4, rue Henri Moissan, à 14 h 30. (7e arrond.) chez le comte Laboulaye. Bonnes paroles encourageantes[3]. À 11 h j'étais allé à Saint-Pierre de Chaillot, puis passage Notre-Dame de Boulogne ; ensuite, visite aux « Fils de la Charité » dirigés par l'abbé Courtois. Là, bel accueil prêtres, garçons et filles de l'Action catholique. J'étais avec Rocco, ils m'ont gardé à déjeuner. Au dîner, reçu Mgr Petit, de Verdun. Journée très laborieuse.

28 novembre, mercredi. — <Institut catholique, déjeuner 12 h 45>

Le matin, nombreuses audiences : quelques-unes renvoyées ; reçu prof. Whittemore. Assistance au repas à l'Institut, puis en capc à la séance annuelle[4] avec écoute de discours : Calvet, Mgr Blanchet et cardinal Suhard : tout bien. À la maison, reçu cap. Slengen au nom du général Boulay ; MM. Leycan* et Mahé pour Lisieux ; archimandrite du Liban Jean Maroun[5], et Mgrs de La Villerabel et de Provenchères à dîner[6].

29 novembre, jeudi. — Visites épiscopales nombreuses : archevêque de Sens, Lamy ; évêque de Sées, Pasquet ; de Beauvais, Roeder ; d'Agen, Rodié ; de Nancy, Fleury ; de Clermont, Piguet ; du Puy, Martin. Je garde ces deux derniers

1. Mgr Roncalli n'a pas caché « sa désillusion de n'avoir pu obtenir la nomination d'un aumônier général et, par suite, l'organisation d'un service d'aumônerie pour toute l'armée française ». On se rabat donc sur la solution de 1921 (aumônier pour les seules troupes d'occupation en Allemagne), avec accord officieux sur Picard de La Vacquerie (confirmé dans la note du 29 novembre). De plus, « Mgr Roncalli accepte volontiers de dissuader le Card. Suhard de rendre visite au camp de séminaristes allemands, prisonniers près de Chartres » (note intitulée « Visite à la nonciature », AMAE).

2. Les concurrents de l'abbé Rodhain ne se découragent pas…

3. Éric MENSION-RIGAU, *Le Donjon et le Clocher. Nobles et curés de campagne de 1850 à nos jours*, p. 438-439.

4. Qui célèbre aussi le centenaire de la fondation de l'École des Carmes.

5. Responsable de la communauté maronite à Paris.

6. L'ancien et le nouvel archevêque d'Aix-en-Provence. Charles de Provenchères était supérieur du petit séminaire de Moulins.

à déjeuner. Puis Mgr vic. génér. de Coutances, qui m'invite à une fête pour la fin de juillet 1946, comme celui de Nancy qui m'invite pour le 8 septembre. Autres visites : abbé Georges Le Meur, M. Baroni et époux Gruzalle, de Lille.

<Nina Trad du Liban. Mme de Biron née Anne de La Rochefoucauld, 93, rue de l'Université>

30 novembre, vendredi. — <Visite Archives, M. Mahieu, 60, rue des Francs-Bourgeois, 15 h>

La liturgie de saint André me touche profondément. Aujourd'hui aussi visites : prof. Whittemore, Bonomelli Eugenio, Barge, etc. L'après-midi, très cordiale visite des Archives accompagné par M. Mahieu, et reçu avec amabilité. Splendide collection pour l'histoire de France.

<Abbé Martin demande pour Château de Corcelles par Trévoux, Ain>

1er décembre, samedi. — Audiences : [[Bidault]] 12 h. Présid. de Gaulle. J'y suis allé avec Vagnozzi, que je lui ai présenté, ainsi qu'à Palewski. Très bien passé [1]. L'après-midi, reçu les époux La Rosière qui se lamentent sur le cas de leur fille ; Mme Jervolino et 5 autres dames italiennes à qui j'ai offert un bon thé, et le prof. allemand. Dans la journée, quelques consolations et de petites piques.

<Visite M. Della Sudda Stefano>

2 décembre, dimanche. — Travail paisible à la maison. À midi, le général Beynet, commissaire français en Syrie et au Liban à déjeuner : brave officier, bon catholique savoyard. Le soir, M. Eugenio Bonomelli à dîner. Il habite à Tarbes et fait commerce de charcuterie : bon frère de mon ami le *dott.* Emilio, de Castel Gandolfo.

3 décembre, lundi. — Repas Jésuites Études <15>, rue Monsieur. J'ai été édifié par la sobriété de ces pères et leur bonne compagnie. Auparavant, à 11 h j'étais allé au Quai d'Orsay pour une audience du ministre Bidault, qui m'a très bien accueilli. Nous décidons de nous voir deux fois par

1. Elliptique ! La note du Quai d'Orsay du 29 novembre rend, on l'a vu, un tout autre son : outre les points déjà évoqués, insuffisance de l'épuration et irrecevabilité des objections de santé contre le chapeau pour Saliège. Le nonce s'entend visiblement mieux avec le chef du gouvernement qu'avec son ministre des Affaires étrangères.

mois [1]. À la maison, l'après-midi, longue conversation avec M. Pichon, journaliste.

4 décembre, mardi. — Collège Sainte-Barbe : assistance à la messe 9 h. Local et chapelle ont besoin de restaurations : mais belle et chaleureuse réunion. Après la messe, mes paroles : félicitations, souvenirs de sainte Barbe : Ismit et S. Maria Formosa. Les enseignements : dignitas, simplicitas, libertas. Si la « Sainte Barbe » saute tout est fini. À 11 h visite au musée byzantin, à 13 h Whittemore et Garelli à déjeuner. À 17 h, assistance 1re conférence du P. Fernessole, chaire de la « Papauté [2] ».

5 décembre, mercredi. — Sainte messe pro meipso. Audiences : ministre Ahmed Bey Daouk et conseiller Ayoub de la légation du Liban, puis le député Pierre Schneiter de la Marne ; le chanoine Thellier de Poncheville et Mgr Fernández de la Secrétairerie d'État : je retiens ces deux-ci à déjeuner. Du contact avec Fernández, j'ai compris que je dois veiller constamment sur mes expressions devant n'importe qui. Un « vous n'avez pas peur du sang ? » proféré ironiquement à un père français qui se rendait en Espagne, a été interprété là-bas comme un signe de ma mauvaise opinion sur le régime actuel. Or c'était au contraire une façon de parler pour corriger l'esprit français si disposé à voir tout mal en Espagne [3]. Donc attention [4].

6 décembre, jeudi. — Saint-Nicolas : audiences et travail. Deux évêques : Mgr Gustave Marie Birraux, évêque d'Ombi, supérieur général des Pères blancs ; et Mgr Le Hunsec, supérieur des Pères du Saint-Esprit. Le soir, avec Mgr Fernández, visite au cardinal Suhard et à la maison gros travail de rapports jusqu'à une heure très tardive. Reçu aussi Mlle Ferrari Fulvia envoyée par don Benzoni.

---

1. Cette décision, qui ne sera pas respectée, marque une sensible amélioration des rapports entre les deux hommes, en dépit des problèmes non résolus.

2. Religieux de la Société des prêtres du Sacré-Cœur de Bétharram, historien et apologiste, chargé d'un cours public sur l'histoire de la papauté à l'Institut catholique de Paris.

3. Sans rompre tous les liens diplomatiques avec Madrid, la France va fermer sa frontière pyrénéenne en mars 1946.

4. Il faut dire que l'expression, même prononcée sur un ton ironique, prête à confusion. Mais comment la Secrétairerie d'État en a-t-elle été informée ? Les nouvelles se transmettent vite dans ce petit monde diplomatique !

7 décembre, vendredi. — L'année dernière, dans la nuit du 6 au 7, le télégramme qui m'annonçait ma nomination à Paris. Comme je dois remercier le Seigneur des grâces de cette première année ! Dans la journée, plusieurs audiences : curé de Saint-Luc que j'ai invité pour le 3 février, abbé Joly, de Saint-Denis, M. Jean Daujat, Mlle présidente de l'Union féminine civique et sociale [1], marquis de Birot ; le soir M. Reynès et ministre de Syrie, et l'ing. Antonio Lago.

8 décembre, samedi. — À Besançon [2]. Pontific. demain. Bon voyage avec Rocco. Arrivés à 17 h 30. Belle réception des notabilités du clergé ; ensuite réunion au beau séminaire : discours du recteur et ma réponse prolixe qui m'a paru heureuse. Puis dîner avec les supérieurs et les élèves. Mgr Dubourg archevêque extrêmement aimable ; présents également Mgrs Delay, de Marseille, et Sembel, de Dijon [3]. Mon hébergement à l'archevêché. Froid intense.

9 décembre, dimanche. — À Besançon. Mon Pontifical solennel avec tierce et chant et cérémonie dans les parfaites règles romaines. Mon homélie en me laissant aller : je crois cependant avec bon effet. À déjeuner, notabilités et nouvelle prise de parole. Assistance en cappa aux vêpres et fonction vespérale : beaucoup de monde et grand froid. Mais l'Immaculée honorée. Ensuite visite au juvénat des Frères des écoles chrétiennes à Saint-Claude : réunion très douce et édifiante.

10 décembre, lundi. — Départ de Besançon après la messe à la chapelle épiscopale. Arrêt à Vesoul avec Mgr Dubourg, puis à Luxeuil où j'ai visité les vieilles et les nouvelles pierres, c'est-à-dire le monastère et le petit séminaire ; puis à Faverney celui des philosophes, avec l'abbaye et l'église du miracle eucharistique de 1644 [4]. Parlé aux séminaristes. Rencontres très réconfortantes.

11 décembre, mardi. — À Paris. Le retour d'hier. Rocco a continué sur Berne avec l'abbé Maurice Blanc ; j'ai été bien mais j'ai pris froid aux pieds. D'où un problème d'estomac,

1. Andrée Butillard.
2. Onzième voyage.
3. Si Dubourg n'a jamais été menacé d'épuration, tel n'est pas le cas de Sembel et de Delay.
4. L'incendie déclaré au monastère bénédictin dans la nuit de Pentecôte, du 23 au 24 mai *1608* a épargné l'ostensoir qui est resté en lévitation à deux mètres au dessus du sol. Cet établissement de Haute-Saône abrite désormais le cycle philosophie du grand séminaire de Besançon.

mais pas grave. Reçu aujourd'hui le nouvel évêque d'Arras, Mgr Perrin : bonne impression[1]. L'après-midi, visité avec Mgr Pacini M. Girod de l'Ain, père (92 ans) de Mlle Alix. À la maison, je mets en ordre les livres dans la nouvelle bibliothèque. Beaucoup d'affaires en cours.

12 décembre, mercredi. — Journée laborieuse. Visites reçues de MM. Lozé et Dumaine, ancien et nouveau chefs du protocole[2]. À midi j'ai eu à déjeuner Mgr Perrin et Mgr Michel Even, recteur de Pontmain. L'après-midi, je me suis rendu avec Pacini à la légation de Hollande où j'ai assisté à un film de guerre. Véritablement un spectacle horrible. Que le Seigneur préserve le monde de nouveaux désastres.

13 décembre, jeudi. — Toujours audiences : abbé Boche, Mgr Chappoulie, Mgr Bressolles, abbé Rodhain et Dubois, à propos de l'assistance militaire. Le soir, télégrammes d'Istanbul au sujet du procès. Un ensemble de circonstances mettent ma patience à l'épreuve ; je sens que j'ai tout à faire et peu réalisé. À 17 h je me rends à la vente de charité de Saint-François de Sales ; rencontre de Mgr Loutil et achat de quelques livres (5 000 F).

<Audiences : Marcionelli, secr. Suisse et Mam* présid. Croix Rouge hongr.>

14 décembre, vendredi. — Audiences : abbés Boche et Papin, l'un et l'autre ont toujours au cœur leur Claire de Loublande[3]. Puis je reçois le P. Paul, supérieur des Olivétains[4] comme j'ai reçu hier les sœurs oblates ; ensuite en longue audience les abbés Guérin et Hua et Millard de la J.O.C. ; les deux missionnaires du Cameroun Pogliani et [ ], le P. Placide de

1. Une telle formulation semble indiquer que le nonce ne connaît pas personnellement le prêtre qu'il a contribué à promouvoir (supérieur du grand séminaire de Rennes et vicaire général auparavant).

2. Est-ce à l'un d'eux qu'on doit la « Note pour M. Coulet » intitulée « Visite à la nonciature » du même jour ? Accord pour la visite du camp de Chartres, mais mise en garde contre Mgr Harscouët (auquel la note du 29 novembre reprochait d'avoir refusé de serrer la main du maire socialiste et de son conseil à l'occasion du 11 novembre). Le nonce ne comprend toujours pas l'hostilité du gouvernement envers Mgr Feltin, qui « pourrait faire éventuellement un excellent archevêque de Paris » (AMAE).

3. On apprend ainsi que l'une des difficultés avec l'autorité ecclésiastique, pour leur projet apostolique, concerne leur lien avec la visionnaire Claire Ferchaud, issue de ce village des Deux-Sèvres, dont ils sont proches géographiquement et spirituellement.

4. Dom Paul Grammont.

la *Pierre-qui-Vire*. J'ai eu à déjeuner Nogara, Fummi et les frères de l'abbé Blanc. Ensuite, ma visite à Braun et à Numan Menemençioglü.

15 décembre, samedi. — <Visite Della Sudda Stefano, 86 bis, Boul. de La Tour-Maubourg, 17 h>
Audiences : marquis de Gibon, cap. Reich, ministre Norvège. À 15 h rentrée à la Sorbonne, habit simple sans cape, première place à droite du Présid. de Gaulle ; visite à Della Sudda, bonté et simplicité ; repas à la Sorbonne première place à droite de Madame Roussy, femme du recteur. Compétition des invités diplomates et professeurs pour accoster le nonce [1].

16 décembre, dimanche. — Dimanche de parfait recueillement. Aucune visite. Quelques distractions de lecture des nouveaux volumes sur l'histoire de France achetés à la vente de Mgr Loutil ; quelques lettres. Le soir, lanciné par le mécontentement de ne pas faire plus et plus efficace, aussi bien dans ma correspondance personnelle que dans la rédaction de rapports épistolaires. « Et pourtant je tourne. »

17 décembre, lundi. — Peu d'audiences. Parmi elles, le général Vanier, ambassadeur du Canada, que je garde à déjeuner. À 15 h j'ai assisté à la séance annuelle de l'Institut [2], galerie Mazarine, en écoutant le prof. Caullery, puis le prince de Broglie sur les « atomes » et sur Perrin. Science nouvelle dans un milieu ancien. Ensuite, reçu le P. Sanson de l'Oratoire et l'abbé Martin, promoteur d'enregistrements de Palestrina [3].

18 décembre, mardi. — Audiences : p. Martin, nouveau préfet apostolique de Saint-Pierre-et-Miquelon [4], puis comtesse d'Esclaibes ; puis ancien chargé de l'organisation de la nonciature au temps de Cerretti. L'après-midi, très occupé à la mise en ordre et l'expédition de la correspondance. Rocco sorti pour l'achat du cadeau aux époux Bidault [5].

---

1. Première visite du nonce au sanctuaire de l'Université laïque : ce ne sera pas la dernière.
2. Séance commune aux cinq académies.
3. Pierre Sanson, prédicateur écarté en 1927 parce qu'il développait dans la chaire de Notre-Dame les thèses du père Laberthonnière ; et son confrère le musicien et musicologue Émile Martin.
4. Le spiritain Raymond Henri Martin, qui remplace son confrère Alphonse Poisson, contraint de se retirer du fait de son attitude pendant la guerre.
5. Le ministre va se marier avec sa collaboratrice Suzanne Borel, qui

19 décembre, mercredi. — Peu d'audiences, mais impressionnantes. Entre autres, trois messieurs, un général, un capitaine et un monsieur, qui me parlent de la prochaine catastrophe en France et en Italie, et de la nouvelle Jeanne d'Arc [1]. Nous avons pour hôtes Mgr Riberi et le *dott.* Fezia. Beaucoup de travail pour préparer la lettre de vœux au Saint Père.

Parmi les visiteurs, le nouvel évêque d'Oran, Bertrand Lacaste [2].

20 décembre, jeudi. — Toujours des audiences : parmi celles-ci les trois du comité de Toulouse [3], la marquise de Monferrato. Au déjeuner j'ai eu Mgr Lacaste qui me laisse bien augurer d'Oran. Longue conférence avec Mgr Riberi à propos de l'assistance aux prisonniers. Ce matin, Mgr Pacini parti pour l'Italie comme courrier, conduit par M. Bianchi Francesco. Le soir, longue visite de Ferretti.

21 décembre, vendredi. — Visites : architecte Barge, ministre Rép. Dominicaine, prince de Béarn ; à déjeuner p. Kunilaert* des PP. blancs d'Alger ; l'après-midi, abbé Jacquin, dr. Mahieu, marquis de Castellane, un autre voyant légitimiste [4] ; le soir, chanoine Rodhain qui reste dîner. Audiences et travail sans entracte : p. Ricaud, de Solesmes, à qui j'ai donné deux lettres pour l'abbé et Mgr de La Villerabel.

22 décembre, samedi. — Parmi les visites d'aujourd'hui, abbé Cozien de Solesmes <et Mgr Courbe> que je retiens à déjeuner. L'après-midi, toujours travail d'audiences et de correspondance. Le soir, longue conversation avec Mgr Riberi [5]. Situation à Rome, au Vatican, un peu incertaine. Mais il convient de tout regarder avec sérénité [6].

23 décembre, dimanche. — Sainte messe : sœurs de Saint-Maur – 8 h 30. Je vais avec Mgr Riberi rue de l'Abbé Grégoire, qui a pris le nom de Saint-Maur [7]. Réception et cérémonie

---

fut professeur d'histoire comme lui, avant d'entrer dans la carrière diplomatique.

1. Premiers des « prophètes de malheur » qui ne vont pas tarder à assiéger le nonce.
2. Originaire du diocèse d'Aire et Dax (Basses-Pyrénées), nommé le 12 janvier 1946, sans problème apparemment.
3. Pour Mgr Saliège ?
4. Dans le même sens catastrophiste, probablement, que les deux visiteurs du 19 décembre.
5. Qui sera nommé internonce en Chine l'année suivante.
6. Allusion au consistoire imminent ?
7. VIe arrondissement.

marquées d'une solennité cordiale. Mes paroles à l'évangile, exhortant à la douceur. Réception familiale, avec toutes les sœurs, puis confiante avec les nombreuses Bergamasques. Nous restons déjeuner. Mgr Rocco était là aussi.

24 décembre, lundi. — Les nouvelles d'hier soir vraies. Le pape annonce 32 cardinaux : parmi eux Saliège, Roques et Petit de Julleville [1]. Le premier, je ne m'y attendais pas car trop paralysé, mais je m'en réjouis [2]. Ainsi tous contents. Dans la journée, beaucoup de visites de vœux, et lettres, etc.

25 décembre, mardi. — Les trois messes à la chapelle, à minuit avec quelques-uns : Soto, enfants Saragat, époux Staderini, Mlle de Miribel [3] et Ferretti. Puis en paix à la maison : j'écris des lettres à Mgrs Dutoit [4] et Auvity [5]. Dans l'après-midi je visite l'hôpital militaire [ ] et distribue les dons du pape : j'y ai trouvé des détenus français, allemands et des femmes [6]. Émouvant. Ensuite visite à Mgr Beaussart [7].

26 décembre, mercredi. — Journée de demi-repos. Je me distrais au milieu des livres et des souvenirs. La correspondance, copieuse. Bonnes nouvelles de Sotto il Monte qui encouragent et donnent confiance. L'après-midi, visite au magasin d'argenterie Dafourcat [8] où j'admire le cadeau des diplomates pour les noces Bidault et vois de belles choses, et peux dire de bonnes paroles de réconfort.

---

1. Outre l'archevêque de Toulouse, celui de Rennes, Clément Émile Roques, et celui de Rouen, Pierre Petit de Julleville.

2. D'après Suzanne Bidault, il aurait dit : « Ce sac de pommes de terre n'aura pas le chapeau » (*Je n'ai pas oublié...*, Paris, La Table Ronde, 1971, p. 93).

3. Secrétaire du général de Gaulle à Londres dès 1940, puis représentante de la France libre au Canada et aux États-Unis, enfin correspondante de guerre, Élisabeth de Miribel est alors chargée du service de presse du chef du gouvernement provisoire (son témoignage est erroné sur deux points : la messe à laquelle elle assiste ne date pas de décembre 1944 et ne se déroule pas à l'ambassade italienne, mais à la nonciature : *La vérité souffre violence*, Paris, Plon, p. 168).

4. Reproduite dans *Souvenirs d'un nonce*, p. 142 (« vous avez à rendre encore de nobles services à la Sainte Église et aux âmes »).

5. Lettre chaleureuse par laquelle il lui envoie sa bulle de nomination comme évêque titulaire de Dionysiana (copie dactylographiée complète et copie manuscrite partielle par Auvity).

6. Photographie dans *Questo è il mistero della mia vita*, vol. I, p. 142.

7. Que Suhard a nommé doyen du chapitre de Notre-Dame. Ainsi, en cette fin d'année douloureuse pour eux, le nonce prend-il soin de réconforter les quatre évêques démissionnaires.

8. Il pourrait s'agir de la célèbre maison Puiforcat.

27 décembre, jeudi. — Je revis le souvenir de mon éloignement de l'Orient par voie aérienne. Cela fait un an aujourd'hui. À midi repas chez S. E. le cardinal Suhard avec Mgrs Riberi, Courbe, Debray, de Meaux, Vagnozzi et Charles. Bien. À 15 h grande réception au Quai d'Orsay pour les époux Bidault, rencontre de très nombreuses notabilités. Beaucoup question du futur consistoire.

28 décembre, vendredi. — Toujours audiences le matin. Au déjeuner je reçois avec Mgr Riberi le p. Merklen dir. de *La Croix* et le missionnaire des pères d'Albino, don Marcelloni de Bracca. Suivent et s'étendent les commentaires sur le consistoire, en général très bienveillants [1]. Travail à la machine pour préparer le rapport au Vatican.

29 décembre, samedi. — Dernier jour de Mgr Riberi parmi nous. Hier, Mgr Rocco est revenu.

Dans la journée, audiences et travail. Depuis 15 jours le travail se prolonge jusqu'à 2 h du matin. Entre autres, j'ai préparé ce soir les lettres d'information personnelles au sujet de mes collaborateurs Pacini, Vagnozzi, Rocco. Mots flatteurs pour tous, qui en vérité le méritent.

30 décembre, dimanche. — Dimanche tranquille à la maison. Visite du marquis Canisy. Tristes constatations à propos du danger évident de batailles et de persécutions contre l'école libre. C'est le problème le plus redoutable pour demain et après-demain [2]. Que le Seigneur nous assiste et protège la liberté de ses enfants. Aujourd'hui à déjeuner j'ai eu Mgr Paolo Mulla de l'Institut oriental [3].

31 décembre, lundi. — Sainte messe de S. Sylvestre avec dévotion. J'ai remercié de tout cœur pour toutes les grâces de cette année. Elles ont été nombreuses et grandes. Serait-ce que le Seigneur veut me préparer à des croix futures ? Quand il me soutient, je suis prêt et me jette moi-même à la mer.

---

1. *L'Humanité* (communiste), *Action* et *Franc-tireur* (progressistes) sont cependant critiques sur Roques et Petit de Julleville considérés, sans nuances, comme vichystes.

2. Crainte exagérée : avec la suppression des aides accordées par Vichy, les militants laïques ont obtenu ce qu'ils souhaitaient. Il y aura bien ultérieurement un regain de tension sur la question scolaire, mais du fait des revendications des partisans de l'école privée.

3. Musulman turc, converti dans la mouvance de son maître le philosophe Maurice Blondel ; il enseigne l'islamologie.

Simon, quare dubistati ? Peu de visites reçues. Sœur Jean-Baptiste de Sion.

Inspecteur de l'Institut des Missions étrangères ; vœux de Mgrs Touzé, Courbe, Brot, et deux autres archidiacres avec le chanoine Hamayon et [ ] de l'archevêché. Au déjeuner et au dîner, je suis resté avec mes deux chers Vagnozzi et Rocco, avec qui je m'attarde. Au passage de l'année nouvelle, je suis à la chapelle, remerciant et suppliant encore.

<Visite Flori et M. Ferrari [1]>

1. Des listes de dépenses, d'adresses et de réceptions placées en fin d'année dans l'édition italienne, qui n'apportent rien sur le fond, ont été supprimées, pour cette année et pour les suivantes.

1946

LES DIFFICULTÉS S'ACCUMULENT

Au début de l'année 1946, Mgr Roncalli peut s'estimer satisfait : l'épineux dossier de l'épuration épiscopale a été refermé à son avantage et les nominations de substitution se sont opérées sans trop de mal. Son optimisme sur les choses et les gens le porte à penser que ses épreuves initiales de nonce à Paris sont terminées. Il se comporte d'ailleurs comme si tel était le cas en acceptant la plupart des invitations religieuses qui lui sont faites, tant dans la capitale et sa banlieue qu'en province : dix-sept voyages d'une journée ou plus hors de Paris contre onze en 1945. Aussi se fait-il plus rare au Quai d'Orsay qui le déplore [1]*, et s'installe-t-il dans un rôle inédit de visiteur de l'Église de France.*

Le nonce ne tarde pourtant pas à buter sur de nouveaux obstacles qu'on peut ranger dans trois registres différents. Son comportement, assez différent de celui d'un diplomate ordinaire, suscite un certain mécontentement chez ses supérieurs romains : perceptible dès le 2 avril dans l'Agenda, ce mécontentement lui est confirmé de vive voix par Pie XII lors de l'audience du 27 septembre. Sa facilité de parole et son goût pour les bons mots entraînent Mgr Roncalli à des imprudences ; il est trop souvent sur les routes de France pour renseigner correctement le Saint-Siège sur la situation politico-religieuse de l'Hexagone.

Le cas toulousain montre que ses déboires en matière de nominations ne font que commencer. Il faut dire que Mgr Roncalli se heurte là à une conjoncture particulièrement délicate. Fief électoral d'une gauche volontiers anticléricale et région refuge des Républicains espagnols vaincus, le Sud-Ouest a connu une Libération mouvementée, jalonnée d'atrocités allemandes en représailles à la guérilla des maquis, maîtres du terrain. Aussi l'épuration y fut-elle vigoureuse et parfois expéditive, le gouvernement provisoire ayant du mal à s'imposer aux chefs charismatiques des partisans [2]*. Quelques*

1. Note du 8 décembre, AMAE.
2. *La Libération dans le Midi de la France* (Rolande TREMPÉ dir.), Toulouse, Éché, 1986.

manifestations anticléricales se sont produites à Toulouse ou ailleurs et nombre de notables catholiques ont été enfermés dans les camps vidés par la déportation des étrangers ou des juifs[1]*. D'autres catholiques ont pourtant joué un rôle majeur dans la Résistance, à l'exemple de Charles d'Aragon dans le Tarn*[2]*. Et ils n'ont pas été désavoués par leurs évêques, bien au contraire : quatre des six protestations épiscopales contre les rafles antisémites de l'été 1942 proviennent de la région ; deux évêques, Théas de Montauban et Rodié d'Agen, ont failli être déportés, tout comme le recteur de l'Institut catholique de Toulouse, Mgr Bruno de Solages. Quant à son archevêque, Mgr Saliège, il fait figure d'incarnation de cette Résistance chrétienne, malgré son loyalisme envers Pétain.*

Or le nonce continue de penser que son infirmité le rendait indigne du cardinalat. Obligé d'aller lui imposer la barrette au début de mars, il fait pression sur lui pour qu'il accepte un coadjuteur. Saliège n'est pas hostile au principe, mais veut intervenir dans le choix, d'où l'échec de la solution Puech, probablement ; d'autant plus que son auxiliaire, Mgr de Courrèges d'Ustou, vient d'être nommé recteur de Saint-Louis des Français par le gouvernement, le choix inhabituel d'un évêque à ce poste étant justifié par la volonté d'imposer jusqu'à Rome l'image d'une France catholique résistante. Et voilà que Roncalli veut transférer de Montauban à Tarbes et Lourdes ce Mgr Théas dont Saliège est proche au point de l'envoyer siéger à sa place à l'Assemblée des cardinaux et archevêques quand il ne peut se déplacer. Ainsi privé potentiellement de deux de ses principaux collaborateurs, l'archevêque de Toulouse réagit brutalement : il conseille à Théas de refuser l'offre et ne mâche pas ses mots dans sa lettre au nonce du 29 mai.

Ajoutons à ces contrariétés le refus par le gouvernement de Mgr Douillard pour le siège d'Amiens, en vertu de l'accord de 1921 qui donne quinze jours au Quai d'Orsay pour présenter des objections, politiques exclusivement, aux choix romains ; et la longue négociation qui finit par aboutir à la nomination de l'abbé Picard de La Vacquerie comme évêque-inspecteur des troupes françaises en Allemagne. Aussi les chiffres sont-ils trompeurs : cinq promotions épiscopales en 1946 comme en 1945, mais trois d'entre elles, datées du 12 janvier, étaient acquises à la fin de l'année précédente (Armand Coupel comme coadjuteur de Saint-Brieuc, Bertrand Lacaste pour Oran, René Piérard comme coadjuteur de Châlons-sur-Marne). Les

1. Jean-Louis CLÉMENT, *L'Église catholique et l'opinion publique à la Libération, La Libération dans le Midi de la France*, p. 377-386 ; *Monseigneur Saliège archevêque de Toulouse, 1929-1956*, Paris, Beauchesne, 1994, p. 305-332.

2. *La Résistance sans héroïsme*, texte présenté par Guillaume Piketty, Genève, Éd. du Tricorne, 2001.

deux seuls nouveaux venus sont donc Robert Picard de La Vacquerie et Léon-Étienne Duval pour Constantine. Quant aux autres nominations de coadjuteurs dans les diocèses pourvus de titulaires âgés, elles marquent le pas. Et le Quai d'Orsay conteste toujours les choix du nonce[1]*.*

Fort du succès de son voyage à Rome en mai, au cours duquel il a défendu avec éclat les théologiens qui ont été les maîtres à penser de la Résistance spirituelle, le cardinal Saliège ne craint pas de faire peser sur la nonciature, dans sa lettre du 29 mai, le lourd soupçon d'intégrisme. Rien dans l'Agenda ne permet alors d'étayer une telle accusation. Mgr Roncalli n'est pas encore assiégé, comme il le sera ensuite, par des émissaires de la droite catholique et son jugement sur l'intégralisme du Mouvement pour l'Unité du père Fillère et de l'abbé Richard reste mitigé (26 janvier, 19 juin). En revanche, il ne ménage pas ses compliments à la Mission de France (24 février), aux Éditions du Cerf (26 février), au couvent d'études dominicain du Saulchoir (25 mars) et surtout à la Mission de Paris (11 avril et 14 novembre), dont l'appartenance à l'aile marchante de l'Église de France ne fait aucun doute. Une inflexion s'esquisse néanmoins en fin d'année, c'est-à-dire après les mises en garde pontificales de septembre contre la « nouvelle théologie ». Quelques inquiétudes quant à l'influence nocive des idées ambiantes au sein du catholicisme français sont apparues antérieurement dans l'Agenda (23 avril ou 20 juin) ; elles se multiplient après le retour de vacances du nonce (25 octobre, 9 novembre, 13 novembre, 8 décembre). Elles sont pourtant le fruit de rencontres avec des personnalités qu'on ne saurait taxer d'intégrisme : l'archevêque de Bourges, Mgr Joseph Lefebvre, le supérieur général des Sulpiciens, M. Boisard, ou le provincial des Dominicains de Paris, le père Motte. L'Agenda enregistre néanmoins cette saute du vent doctrinal qui s'amplifiera l'année suivante. Ainsi, de trois manières différentes au moins la seconde année du mandat de Mgr Roncalli à Paris fait-elle figure de transition entre les combats victorieux de 1945 et la crise de 1947.

1. Note citée du 8 décembre, AMAE.

1er janvier, mardi[1]. — Pax et benedictio. L'année a bien commencé. Prières à minuit à la chapelle. À 10 h 45 au palais Saint-Dominique[2] j'ai lu les vœux au Président de Gaulle[3]. *Veritatem et pacem diligite*. Tout me semble s'être bien passé. Seul à la maison avec Vagnozzi et Rocco. L'après-midi je me suis rendu avec eux à Montmartre pour consacrer au Sacré-Cœur l'année nouvelle. J'ai recommandé les affaires de l'école libre et l'heureux choix des évêques[4]. Puis nous visitons la crypte et les tombeaux des cardinaux Guibert, Richard et Amette[5]. Enfin, longue visite de vœux au cardinal Suhard, qui lui fait manifestement plaisir.

---

1. L'Agenda compte désormais une page par jour.

2. Le chef du gouvernement est resté au ministère de la Guerre, 14, rue Saint-Dominique (VIIe).

3. Plaidoyer pour une unité issue d'« un haut esprit de compréhension et de respect mutuel fondé sur le sentiment de l'universelle fraternité humaine et chrétienne » ; le général de Gaulle répond en invoquant un effort qui vise au « renouvellement de la France, sans nullement, et bien au contraire, renoncer à ses traditions » (*Souvenirs d'un nonce*, p. 6-8) ; photographie de la sortie (?) de Mgr Roncalli, *Souvenirs d'un nonce*, entre p. 56 et 57).

4. Le 15 janvier, le nonce écrit à Mgr Giuseppe Descuffi, évêque d'Izmir, à la consécration duquel il a participé en 1938 : *« In questo primo anno abbiamo avuto otto nomine episcopali e tre cardinalizie. Altre sono in preparazione. Buoni e santi Vescovi, tutti e solo intesi alla sanctificazione delle anime, al di fuori di ogni preoccupazione politica, sono la provvidenza più preziosa, et il pegno sicuro della resurrezione della Francia »* (« En cette première année, nous avons eu huit nominations épiscopales et trois cardinalices. D'autres sont en préparation. Bons et saints évêques, tout entiers tendus vers la sanctification des âmes, en dehors de toute préoccupation politique, ils sont la providence la plus précieuse, et le gage certain de la résurrection de la France », *Souvenirs d'un nonce*, p. 144). On sait que le gouvernement voudrait des évêques mieux adaptés au moment historique de la Libération.

5. Archevêques de Paris à la fin du XIXe siècle et au début du XXe.

2 janvier, mercredi. — Saint Nom de Jésus. Grande douceur spirituelle. Sainte Messe pour les défunts Mgrs Mazzoli et Martin dont on célèbre ce matin les obsèques à Amiens [1]. Reçu plusieurs sœurs Franciscaines missionnaires de Marie et des sœurs de saint Thomas de Villeneuve, puis l'entrepreneur Reynès, l'archevêque Gaillard de Tours, l'architecte Lygisos d'Athènes, et Ferretti. Le recteur du Collège Sainte-Geneviève, Goussault s. j. de Versailles m'a invité pour le dimanche 17 février, avec messe. Après beaucoup de bonnes propositions, je suis finalement sorti me promener avec Vagnozzi. Mais il faisait bien froid.

3 janvier, jeudi. — Diverses visites de vœux. Ce monsieur Lygizos d'Athènes m'apporte <avec> une lettre de don Di Lernia quelque embarras. À midi, le P. Filippo Barcelloni, puis le nouveau cardinal Roques, archevêque de Rennes, que je reçois, l'un et l'autre, avec les pp. Rémi et Lemoine à déjeuner. Bonne entente avec le futur cardinal qui laisse une bonne impression. À noter parmi les audiences celle du P. Fillère, de l'Institut catholique [2], assistant du mouvement pour l'Unité. C'est le cas du *« vim vi repellire licet »*. J'en parle le soir avec le cardinal Suhard que je revois à l'archevêché. La difficulté est d'accorder les moyens et la fin [3].

4 janvier, vendredi. — <Canada – 13 heures 5, rue Dosne.> Quelques visites : père supérieur des Oratoriens ; deux assistants des Eudistes qui m'offrent les Œuvres choisies de leur fondateur. À 11 h don Lesage, cérémoniaire de Notre-Dame, qui me parle de certaines exagérations anti-liturgiques qui sont un mauvais signe. Il faut veiller et porter remède [4]. À 13 h déjeuner avec Rocco chez l'ambassadeur Vanier du Canada, en compagnie des ministres Michelet et Prigent, de Flory, Schonen et du p. Couturier, excellente réunion. L'après-midi, audiences : Pichon, M. Laverve, le p. Rémi qui m'aide pour la réponse aux vœux.

5 janvier, samedi. — Peu de visites, mais riches. Le soir M. Mahieu ; à 16 h promenade avec Vagnozzi, je me sens un peu fatigué. À dîner l'*ing.* Giannattasio, un bon napolitain ami

---

1. L'ordinaire d'Amiens est mort le 26 décembre 1945.
2. Ce mariste y enseigne la psychologie.
3. Marcellin Fillère est l'un des fondateurs du Mouvement pour l'Unité (des catholiques dans la cité) qui fait preuve alors d'un grand activisme (publicité, meetings). Faute d'accord entre *« pondo e misura »*, Roncalli et Suhard hésitent à le soutenir.
4. Le nonce semble partager les craintes de son interlocuteur.

de Mgr Rocco. Parmi les visiteurs, encore Maurice Denis et deux élèves du séminaire des Missions extérieures venus préparer la cérémonie de demain. Sans compter l'ex-ministre de Monaco, une bonne parole pour lui aussi afin de le réconforter.

6 janvier, dimanche. — <Pontif. Missions Étrangères, rue du Bac. 16 h Œuvre italienne 10, rue Violet.>

Tout s'est bien passé. Dans l'église Saint-François-Xavier, remplie par les élèves, toujours plus nombreux. Exécution parfaite, cérémonie et chants. Ensuite, ma conversation avec les élèves dans un salon [1]. Paroles encourageantes et bien comprises, j'ai rappelé la vocation de Gratry [2]. Puis déjeuner avec les Pères, les élèves et des invités. À 16 h je suis à l'Hospice pour les Italiens de la rue Violet [3]. Très intéressant, œuvre à encourager, rencontre avec plusieurs dames et bons messieurs, le tout dirigé par le P. Fugazza et les sœurs de saint Vincent. Ce soir, Mgr Giovannetti, de la Secrétairerie d'État, arrivé d'Allemagne.

7 janvier, lundi. — Peu d'audiences : abbé Rupp, sous-directeur des Œuvres Catholiques [4] ; le soir, le chanoine Chenesseau, d'Orléans. L'après-midi, j'ai commencé mes visites aux membres du Corps diplomatique à qui je le devais, soit pour leur rendre, soit pour raison de convenance. 1) les ministres d'*Iran*, de *Norvège* et d'*Irlande*.

Noms : *Iran* : Zainal Abedin Rahnema. Grosses affaires en Perse pour l'Angleterre [5].

Norvège : nouveau ministre <Aubert> qui conseille la pénétration patiente en Russie.

Irlande : M. Sean Murphy, qui se plaint du cardinal manqué en Irlande. Avec lui, brave catholique, <plus> grande liberté de parole.

---

1. Messe pontificale et réception pour le séminaire des Missions étrangères de Paris.

2. Célèbre oratorien français du XIXe siècle qui, dans les *Souvenirs de ma jeunesse*, raconte comment il a retrouvé la foi à dix-sept ans et découvert sa vocation : réconcilier la science avec cette foi.

3. XVe arrondissement.

4. Le sous-directeur de l'administration diocésaine des étrangers vient peut-être parler au nonce de la Semaine pour l'unité des chrétiens.

5. Le 1er janvier, les Russes ont repoussé une proposition anglo-américaine d'évacuation simultanée de l'Iran ; alors que les Britanniques ont commencé leur retrait, ils maintiennent leurs troupes et soutiennent les partis pro-communistes, iranien et kurde.

8 janvier, mardi. — Audiences : archevêque González [Arbeláez] de Colombie résident à la Fraternité [1] ; Mgr Chappoulie, impressions écrites au sujet de l'Institut catholique [2]. Salut à Mgr Giovannetti qui repart.

À 15 h 30 je reprends mes visites : *Afghanistan*, S.E.R. le Maréchal Shah Wali Khan, bon musulman neveu du roi, très croyant et pieux.

Argentine : H. Escobar, gentil et bon, se joint à la conversation la veuve du docteur Abrami [3].

Égypte : Fakhry Pacha avec deux invités : La Taille, et deux Polonais. À la maison je reçois avec Ferretti les époux Marchesi Cavalletti, vice-consul d'Italie, un couple heureux, aux bons sentiments religieux.

9 janvier, mercredi. — Audiences copieuses. Parmi celles-ci, 4 prêtres : deux de Saint Dié, 1 de Paris, un de Besançon, venus plaider la cause du curé de [Bouxières], au diocèse de Nancy [4] ; deux sœurs du Saint-Esprit ; un P. Lazariste ; Mgr Lagier avec l'abbé du Mesnil et l'abbé Paris [5]. L'après-midi, j'ai visité avec Vagnozzi les ministres de Cuba, du Chili et de Colombie. Tous contents des nouveaux cardinaux, sauf le ministre de Colombie qui explique pourtant le pourquoi de la nomination manquée d'un archevêque colombien. Approbation générale aux choses que j'ai dites dans l'allocution du nouvel an [6].

10 janvier, jeudi. — Agréable surprise : le retour d'Italie de Mgr Pacini. Nouvelles et lettres de Rome avec une note de mécontentement à propos de l'exclusion des cardinaux italiens

---

1. Il s'agit sans doute de Mgr Juan Manuel González Arbeláez, archevêque titulaire d'Ossirinco.

2. « Le 27 novembre, les évêques protecteurs de l'Institut catholique [de Paris] se sont réunis pour mettre un terme à la situation provisoire créée en 1942 [par la mort du cardinal Baudrillart et la désignation de Mgr Jean Calvet comme pro-recteur]. Ils ont nommé un recteur [...] J'ai été nommé, à l'unanimité, moins une voix. L'élection aurait dû rester secrète. Elle a été divulguée. Elle a été suivie d'attaques grossières des journaux communistes qui d'ailleurs n'ont rien trouvé de précis, en dehors de ma sympathie pour le Maréchal. Mais cette campagne a retenti sur le plan diplomatique et a empêché l'approbation du Saint-Siège » (Jean CALVET, *De la Faculté des lettres au pro-rectorat, 1939-1945*, Paris, Dessain et Tolra, 1970, « journal inédit », 1er janvier 1946, p. 132).

3. Que le nonce n'a pas fini de rencontrer.

4. Voir plus loin en date du 8 février.

5. Responsables de l'Œuvre d'Orient, fondée en 1856, qui soutient matériellement les établissements catholiques français en Europe orientale, en Afrique du Nord, au Proche et au Moyen-Orient.

6. La réconciliation comme facteur d'union.

du prochain consistoire [1]. Avertissement pour moi de regarder en haut, au-delà de la pauvre pourpre romaine, et de ne pas faire de commentaires peu respectueux pour le Saint-Père [2].

Audiences : M. Michelin de *La Croix* ; *comm.* Michel Bulgaro, résid. à Milan, du Conseil supérieur des Conférences de saint Vincent : vœux et réponse ; Mgr Germain et Reynès en partance pour Rome. Visite aux ambassadeurs du Portugal et de la Yougoslavie. Dîner à trois chez l'ing. Giannattasio, de Naples.

11 janvier, vendredi. — Plusieurs audiences, comme d'habitude. L'après-midi, visite aux ministres de Bulgarie, de l'Équateur et de Syrie. Le premier m'informe des conditions pénibles de son pays. Même la monarchie se trouve en sérieux danger de survie. Voilà à quoi ont réussi les efforts pour la tenir à bout de bras du roi Ferdinand et du roi Boris ! Une grande tragédie [3]. Le ministre de Quito m'informe sur la liberté de son pays, et celui de Syrie explique le traitement accordé aux écoles françaises qui n'entendent pas s'adapter aux nouvelles lois d'un pays indépendant [4].

12 janvier, samedi. — Déjeuner Iran. Parmi les personnes reçues, les deux messieurs italiens Milo di Villagrazia, et le prof. De Castro, qui se rendent à Londres pour la cause de la Vénétie julienne [5].

---

1. La volonté pontificale d'internationalisation du Sacré Collège a en effet réduit la part des promus italiens à quatre sur trente-deux. Dans sa lettre de vœux à son prédécesseur Mgr Valeri, datée de l'Épiphanie, Mgr Roncalli regrette que celui-ci ne figure pas sur la liste, comme c'était l'usage pour un ancien nonce à Paris.

2. La lettre à sa famille du 17 février laisse entendre qu'il a songé lui-même au chapeau, puisqu'il avoue préférer « *restare un po' a lungo nunzio a Parigi piuttosto che cardinale a Roma* » (« rester un peu plus longtemps nonce à Paris plutôt que cardinal à Rome »). « *Non posso sentire parlare di Cardinalato per me : perché questo, quando dovesse capitarmi, non potrà essere che una grande vanità ed una grande melancolia* » (« Je ne puis entendre parler de cardinalat pour moi : parce que cela, si cela devait m'arriver, ne pourrait être qu'une grande vanité et une grande mélancolie », *Lettere ai familiari*, II, p. 35).

3. Le pays est occupé par l'Armée rouge depuis le 8 septembre 1944 ; il est gouverné depuis le 9 septembre par un Front de la patrie dans lequel les communistes, avec l'appui russe, jouent un rôle grandissant. Dans ces conditions, la monarchie paraît en sursis.

4. La volonté d'émancipation du pays menace le statut des écoles françaises, catholiques notamment, qui y sont installées.

5. Où commencera le 18 janvier la conférence destinée à élaborer les traités de paix avec les alliés de l'Allemagne, Italie comprise. On y discutera du sort de cette région que réclame la Yougoslavie de Tito. Le sort de Trieste est particulièrement préoccupant : les troupes anglo-améri-

Le déjeuner à la Légation d'Iran m'a permis de rencontrer plusieurs notabilités du monde intellectuel français. Il y avait l'ancien ministre de l'Instruction de Téhéran, le prof. Roussy, recteur de la Sorbonne [1], etc. etc. Autres visites : vicomte de Curel ; Chargé d'affaires d'Australie ; Mgr de Courrèges avec de curieuses nouvelles de Toulouse. On veut à tout prix le cardinal Saliège : or cela ne plaît pas au gouvernement qu'il se rende à Rome [2].

13 janvier, dimanche. — Hier soir, j'étais si fatigué que je me suis mis au lit à 10 h. Ce matin dimanche, soulagé. À 11 h longue audience des deux Italiens de Trieste d'hier. Leurs jugements sur Mgr Margotti [3]. À 12 h 30 j'ai eu à déjeuner Mgr de Courrèges que j'ai encouragé devant sa nouvelle mission à Rome [4]. L'après-midi, je suis sorti avec mes trois collaborateurs Pacini, Vagnozzi et Rocco pour une promenade à Meudon chez les Salésiens. Rencontre avec un avocat de Toulouse qui m'en raconte de belles à propos de la faveur des catholiques pour *les rouges* d'Espagne [5]. Beau temps le matin, pluvieux et triste ensuite. C'est un peu la vie humaine.

14 janvier, lundi. — P. Faidherbe o. p. 17 h 45. Assemblée générale groupe catholique de la Faculté de droit. Mairie du

---

caines occupent la ville et le port ; les partisans yougoslaves les abords immédiats.

1. De l'Académie de Paris, avec résidence en Sorbonne.

2. Pour y assister au consistoire et y recevoir les insignes cardinalices, comme il se doit ; première d'une série de réflexions critiques sur la situation politico-religieuse toulousaine.

3. Prédécesseur de Roncalli comme délégué apostolique à Istanbul, l'archevêque de Gorizia Carlo Margotti a mené une politique d'italianisation sans nuance dans une région soustraite à l'Autriche par les traités de 1920, qui fut le théâtre de durs combats pendant la Grande Guerre. Cette politique, bien vue du gouvernement fasciste, lui a valu de solides inimitiés dans les milieux frioulans et slovènes. Fait prisonnier par les partisans slovènes, il sera expulsé de son diocèse au début de mai, avant d'y revenir le 13 juillet, après leur retrait devant les troupes alliées (Luigi TAVANO, « L'arcivescovo C. Margotti e la chiesa Goriziana di fronte alla guerra ed ai movimenti di liberazione », *I cattolici isontini nel XX secolo. III. Il Goriziano fra guerra, resistenza e ripresa democratica [1940-1947]*, Istituto di Storia Sociale et Religiosa, Gorizia, 1987, p. 103-186).

4. Sa nomination à Rome, comme recteur de Saint-Louis des Français, a été annoncée par Maritain le 1er janvier.

5. Toulouse est la capitale de l'émigration républicaine espagnole en France ; nombre de ces réfugiés ont continué leur combat antifasciste dans la Résistance française où ils jouissent d'une réelle audience, y compris dans la Résistance catholique. Le nonce semble partager à leur égard les critiques de son informateur.

V^{e} arrondissement. Salle des Fêtes, rue Clotaire, près du Panthéon.

Parmi les audiences, la visionnaire de l'agonie et de la double vision, véritable exercice de patience [1]. Journée très froide avec frissons et mal partout. Le soir, je suis intervenu à la réunion des étudiants en droit [2], présidée par le doyen de la faculté à la Sorbonne, son discours et le mien. J'ai parlé avec cœur, mais enfin en restant mécontent et mortifié de ma pauvre langue. Cela aide à la simplicité et à l'humilité : mais cela ne doit pas me dispenser de bien me préparer.

15 janvier, mardi. — <Bénédictins de la Source à 12 h avec collab.>

Nuit mauvaise avec un peu de fièvre : c'est la grippe qui démarre.

À midi, j'ai honoré l'invitation des Bénédictins de Sainte-Marie de la Source [3]. J'étais avec tous les miens, et j'ai reçu un accueil extrêmement respectueux et cordial. J'ai répondu à l'adresse du P. Abbé avec une effusion de sentiment qui, me semble-t-il, a touché les cœurs. J'étais reçu à déjeuner en l'honneur de saint Maur. Silence et lecture. À la maison, j'ai eu la visite du *comm.* Nogara et de Baroni. Le froid continue avec l'anxiété pour tout le travail qui me reste à faire et auquel *je n'arrive pas.*

16 janvier, mercredi. — <Sainte messe fun. pour Esclaibes <92 bis, rue Saint-Denis, 1er> 10 h. Dîner *La Croix* 20 h.>

Le rhume m'a à peine permis de sortir pour la messe à l'intention du comte d'Esclaibes [4]. Il y avait le cardinal Suhard, et quelques messieurs dans l'église. Je me suis sauvé dès la fin de la messe, sans assister ni au discours ni aux absolutions et je me suis remis au lit pour me soigner et me laisser soigner. Ce sont des maladies de saison : elles viennent et s'en vont, servent à notre mortification, et à nous rappeler la caducité de cette pauvre vie. *Domine, miserere.*

17 janvier, jeudi. — Je me suis levé tard pour la sainte messe et pour passer debout le reste de la journée. J'ai travaillé activement, surtout le soir. Retourné aux repas avec mes chers

1. Premier signe de réserve envers des visions ou des apparitions peu crédibles.

2. Groupe catholique du droit, dont le dominicain Ambroise Faidherbe est l'aumônier.

3. Célèbre abbaye bénédictine *intra muros*, 5, rue de la Source (XVIe arrondissement).

4. Camérier secret de cape et d'épée.

collaborateurs Pacini, Vagnozzi et Rocco. Après le dîner, deux parties de *tre sette*, victoire foudroyante et écrasante avec Rocco contre les deux autres. Affaires de gosses, avec pour seul résultat de montrer au bon et joyeux Vagnozzi que ses victoires habituelles ne sont dues qu'aux bonnes cartes plus qu'à l'habileté à les jouer [1]. Je me suis décidé à aller au lit à 2 h du matin, étant donné les quelques lettres délicates que j'ai préparées [2].

18 janvier, vendredi. — Sainte messe et confession, et ensuite à 11 h départ pour Rennes avec Mgr Pacini et Giulio. Dino au volant. Nous arrivons vers 17 h après un bon voyage sans interruption [3]. Bon accueil respectueux et fraternel à l'archevêché : Mgr Roques, Mgrs Grente, Guerry et puis Mgrs Serrand, Cogneau, auxiliaire de Quimper, les évêques de Vannes, Luçon et Montauban, un abbé bénédictin et d'autres. Bon dîner avec des huîtres, que je n'ai pourtant pas prises. Boisson ordinaire du lieu, le cidre. Puis conversation familière avec Guerry, Théas, l'évêque de Luçon sur les conditions particulières de Toulouse, et la façon d'y porter remède.

19 janvier, samedi. — À Rennes. Journée pleine de rhume agaçant et de rencontres fatigantes. Sainte messe à la chapelle de l'archevêché où je trouve enfin un saint Joseph en terre qui me plaît, et dont je voudrais avoir une copie à Paris. J'ai assisté du trône à la consécration de Mgr Perrin et de Mgr Coupel [4]. Bien réussie dans l'ensemble, pas dans les détails [5]. Mes paroles au déjeuner au séminaire : *ministerium re conciliationis in verbo et, in factis, in virtute signorum et prodigiorum.* À 17 h réception de toutes les notabilités à l'archevêché avec le ministre Teitgen [6], mes paroles à nouveau. Dîner avec les évêques et conversation fraternelle. La nuit, rhume comme le matin.

20 janvier, dimanche. — À Rennes. Grande fête du patron saint Mélaine : très froide, obligé au silence absolu à cause de ma gorge : mais quelle splendeur d'âme. Comme à Bergame,

---

1. Leçon de modestie pour son nouveau collaborateur.
2. Lesquelles ?
3. Onzième voyage, pour la consécration de deux de ses nouveaux évêques et la fête de saint Mélaine.
4. Respectivement évêque d'Arras et coadjuteur de Saint-Brieuc, mais tous deux vicaires généraux de Rennes auparavant.
5. Nouvel indice sur l'exigence liturgique du nonce.
6. Pierre-Henri Teitgen est ministre de la Justice dans le cabinet de Gaulle ; c'est aussi un des leaders du MRP.

comme à Bergame[1] ! J'ai chanté la sainte messe et les vêpres, présidé la procession intérieure avec les reliques : tout magnifique, édifiant, émouvant. J'en garderai un souvenir impérissable. Le soir, reçu toute la famille Lebret, de Combourg, parents de Mgr Guillois. On voit les braves gens, de bonne race. J'en écrirai à Istanbul. Mon rhume toujours sans merci. D'ailleurs moi aussi je l'ai harcelé pour le bien. Le soir, j'ai reçu la première information sur les graves faits politiques de Paris, le retrait de de Gaulle, etc.

21 janvier, lundi. — Rennes-Paris. La nuit fut reposée. Sainte messe à l'archevêché. À 11 h réception solennelle au palais du Gouvernement où le Commissaire de la République[2] m'informe du retrait absolu de de Gaulle de la vie politique[3]. À 13 h salut au cher Mgr Roques, vraiment brave et digne pasteur, digne de la pourpre. Bon voyage de retour sans interruption. Laval, Le Mans, Chartres, Versailles, Paris.

Arrivé ici je trouve aussi Mgr Vagnozzi enrhumé. Je me suis aussitôt mis au lit, content de ma visite en Bretagne, même si mortifié de ce rhume et du mutisme en public.

22 janvier, mardi. — Paris. Je me suis levé pour la sainte messe à 11 h. Déjeuner au réfectoire, mais l'après-midi je me suis remis au lit pour soigner mon rhume. Et patience. Les faits du jour suivis dans les journaux : tentation de craindre de graves transformations dans les intérêts de la sainte Église. De Gaulle a-t-il bien fait d'abandonner ainsi brutalement son poste ? Je crois qu'il a bien fait sous l'angle de l'éclaircissement des responsabilités futures, de l'avertissement pour tous, de l'invitation au sérieux et à la sagesse. Quant aux résultats, il y a aussi une Providence[4]. Mgr Mac Geough de la

1. Première apparition de ce qui deviendra un leitmotiv : la comparaison avec Bergame comme modèle de chrétienté.

2. Victor Le Gorgeu.

3. Dans sa lettre de démission datée du 20 janvier, il prétend n'avoir considéré sa tâche depuis novembre 1945 que comme une « transition » réussie : la paix intérieure et l'indépendance extérieure du pays n'étant plus menacées, cette « transition » se termine (texte dans *La Documentation catholique*, 17 février, col. 117). En réalité, il ne supporte plus les dissensions internes au gouvernement, ni surtout l'esquisse de rapprochement entre socialistes et communistes, contre l'extension des crédits militaires ou pour la rédaction de la Constitution, rapprochement qui le mettrait en minorité. Peut-être espère-t-il aussi qu'on le rappellera avec des coudées plus franches, faute de pouvoir se passer de lui.

4. Le nonce approuve donc son retrait, en tant que mise en garde qui ne saurait être irréversible, mais s'interroge sur ses conséquences immédiates.

Secrétairerie d'État passant par ici, je lui ai préparé un rapport pour le Vatican [1].

23 janvier, mercredi. — Je me suis sorti définitivement du lit ; mais le rhume n'est pas encore passé du tout. Il passera avec la patience. Je suis resté toute la journée dans ma chambre sans audiences. Pendant ce temps Mgr Vagnozzi est de plus en plus enrhumé ; j'ai quitté la chambre du nonce pour la n° 15 dans la mansarde, par peur des courants d'air. Mac Geough ne part pas encore. Des instructions arrivent de Rome qui me confient la remise de la barrette au cardinal Saliège. Ainsi va le monde ! Parfois les hommes prêtent à sourire, souvent à compatir [2].

La crise politique n'est pas encore résolue [3].

24 janvier, jeudi. — Journée toute recueillie dans la pensée du bon et cher disciple de saint Paul, l'évêque d'Éphèse saint Timothée [4]. À 13 h j'ai reçu à déjeuner le ministre Louis

---

1. Rapport daté du 23 janvier, que nous n'avons pas.

2. Une telle transgression des usages choque manifestement le nonce, qui s'acquittera pourtant de la tâche qui lui est confiée (« *accade ora di recarmi a Tolosa per imporre la berretta cardinalizia in nome del S. Padre, all'Arcivescovo di quella città, che è bravissimo et intelligentissimo, ma non può tenersi in piedi, né pronunciare distintamente una parola, ed ha 76 anni. Vedete come si invertono le parti* » ; « il faut me rendre aujourd'hui à Toulouse pour imposer la barrette cardinalice au nom du Saint Père à l'archevêque de cette ville, qui est très brave et très intelligent, mais ne peut tenir debout, ni prononcer distinctement un mot, et qui a 76 ans. Voyez comme les rôles sont inversés », lettre aux siens du 17 février, *Lettere ai familiari*, II, p. 35).

3. Le vote d'investiture de l'Assemblée constituante en faveur de son président, le socialiste Félix Gouin, est du jour même.

4. D'après le programme établi par le centre dominicain Istina, le nonce devait présider ce soir-là, à l'Institut catholique de Paris, la conférence effectivement donnée par le père Congar sur « La perspective des valeurs dans la Révélation ». On peut déduire de son silence qu'il ne l'a pas fait. Mais pourquoi ? Simple hypothèse : les interventions catholiques prévues lors de manifestations pour l'unité au temple réformé de l'Étoile (11 janvier) et à l'église épiscopalienne américaine (25 janvier) ont été décommandées en fonction de « décisions que l'on m'assure avoir été prises tant par Son Éminence [le cardinal Suhard] que par le Nonce apostolique », écrit le 28 janvier Mgr Beaussart (qui demeure responsable de l'administration diocésaine des étrangers et donc de la Semaine de l'unité) au père Christophe-Jean Dumont, directeur du Centre Istina, ce qui confirme la lettre du 13 de ce dernier au père Congar. Ces difficultés ont peut-être incité le nonce à se retirer d'une manifestation où il aurait fait la connaissance du théologien dominicain. Ensuite, la célébration de la Semaine de l'unité décline à Paris, et il n'y est plus jamais question d'une participation du nonce (Archives de la province dominicaine de France et du centre Istina).

Marin, ancien homme politique, toujours sur la brèche mais poussé hors de l'arène par les jeunes. Homme de conviction catholique, modéré et personnel. Intéressant en tout cas [1]. La crise politique continue. Le plus clair, c'est que le communisme suit en tout les ordres de Moscou, qui sont des lois imprescriptibles. Pauvres gens ! Et dire qu'on leur apprend à croire que les vrais esclaves sont les catholiques fidèles aux ordres de Rome [2] !

25 janvier, vendredi. — Journée encore enfermé. À midi départ de Mgr Mc Geough pour Rome, et j'ai reçu à déjeuner Mgr Dutoit, l'ex-évêque d'Arras qui se révèle toujours davantage homme et prélat supérieur. Le Seigneur lui donnera la grâce d'accomplir dans la Sainte Église des œuvres encore meilleures que ce qu'il aurait pu faire à Arras [3]. L'après-midi, je me suis occupé et un peu fatigué avec le vieux peintre Loffredo, à qui j'ai payé le quatrième portrait (le mien) 10 000 F, mieux réussi la deuxième fois [4]. Le soir, j'ai cru bon de ne pas descendre dîner et de me coucher tôt. J'ai pu ainsi mieux prier, lire et me reposer.

26 janvier, samedi. — Toujours un peu enrhumé à la maison. Longue conversation avec le p. Fillère de l'« Unité » d'action et de combat. Il suit un peu le système des intégralistes. Il peut être un peu excessif, mais *in multis* il a bien raison [5].

---

1. Leader de la Fédération républicaine, formation de droite nationale pour laquelle votaient beaucoup de catholiques avant guerre, plusieurs fois ministre dans les années 1930, Louis Marin n'a pas accordé les pleins pouvoirs au maréchal Pétain en 1940 ; il est donc réélu député de Meurthe-et-Moselle en octobre 1945, sous l'étiquette Union nationale démocratique. Il est toutefois bien isolé dans une assemblée privée de beaucoup de ses anciens amis, qui pâtissent de leur ralliement à Vichy.

2. Après rejet par les socialistes et les démocrates-chrétiens de la candidature de son secrétaire général Maurice Thorez, le Parti communiste s'est rallié le 23 à une équipe tripartite dirigée par Gouin, où il obtient six portefeuilles, Thorez devenant l'un des vice-présidents du Conseil (*« in un primo momento dichiararono che era venuta l'ora di Thorez »*, mais *« dopo poche ore avevano ricevuto da Mosca ordine di non fare un passo per impossessarsi dal Governo »* ; « en un premier temps, ils ont déclaré que l'heure de Thorez était venue », mais « après quelques heures ils avaient reçu de Moscou l'ordre de ne pas faire un pas pour s'emparer du gouvernement », opinion de Francisque Gay le 4 février, aussitôt transmise à Mgr Tardini).

3. Confirmation de la fidélité du nonce à un évêque dont il a dû concéder la mise à l'écart.

4. Le nonce pensera trouver mieux en 1948, avec Pietro Servalli.

5. L'adjectif *integralisti* est justifié : ce mouvement a pour ambition la création d'un véritable « Parti du Christ », critique envers les partis d'inspiration chrétienne, à commencer par le MRP. L'opinion de

L'après-midi, je suis allé à un thé chez Henri Cambon, ex-ministre à Sofia. Rencontre de chères connaissances qui représentent la sagesse antique[1]. Puis je suis passé à la nouvelle Légation d'Australie où j'ai rencontré les membres du Corps diplomatique, petites et brèves impressions fugitives sur l'institution politique actuelle. Contacts utiles dans l'ensemble, *ad charitatem.*

27 janvier, dimanche. — <Sœurs de charité – 15 h. Saint-Ferdinand des Ternes, 23-25, rue d'Armaillé pour Œuvre saint François de Sales. 17 h vêpres pontif. ou assistance complies, discours. Bénédiction du Saint Sacrement. Visite aux œuvres d'Action catholique. Dîner.>

Bonne matinée dominicale reposante. L'après-midi, j'ai volontiers présidé avec Mgr Vagnozzi et le P. Fugazza à la distribution des dons des Américains au Centre familial de saint Vincent de Paul. Il y avait l'ambassadrice des USA et M. de Fontenay, pour remercier au nom de la France. À 17 h j'ai présidé à la fonction à Saint-Ferdinand pour l'œuvre de saint François de Sales, puis j'ai vu et encouragé les œuvres paroissiales[2].

28 janvier, lundi. — Hier, mon esprit bien occupé par diverses choses était présent à Istanbul pour la fête de saint Jean Chrysostome. Nonobstant le silence imposé à ces souvenirs, le cœur ne sait pas résister. Pauvres et chers gens de là-bas.

À midi aujourd'hui j'ai accepté le déjeuner de Mgr Gegout au *Lutetia* pour fêter l'Œuvre saint François de Sales et les laïcs qui la composent. J'étais avec Mgr Pacini, et il y avait aussi le p. Merklen et le curé de Saint-Sulpice.

À 18 h, longue conversation à la maison avec l'ambassadeur Maritain. Avec qui nous nous entendons bien : nominations de cardinaux, recteur de Saint-Louis, nomination de l'*aumônier* inspecteur[3].

29 janvier, mardi. — Esprit et cœur à Annecy, avec saint François de Sales mon cher saint et patron. Le matin, longue audience avec l'abbé Boche de Poitiers. J'ai répété avec

---

Mgr Roncalli est plus favorable que le 3 janvier, malgré la persistance de réserves.

1. Le nonce reste fidèle à la vieille garde diplomatique et à ses traditions, quelque peu bouleversées à la Libération.

2. Saint-Ferdinand des Ternes, dans le XVIIe arrondissement.

3. Les deux premières affaires sont réglées et la troisième paraît en bonne voie.

gentillesse mais fermeté mon point de vue à propos de ses projets, et de la situation à Poitiers [1]. À 13 h j'ai eu à déjeuner M. Maritain avec le p. Darsy o. p. [2], deux heures de conversation heureuse et pacifique.

À 16 h je suis sorti pour deux heures à pied avec Mgr Vagnozzi jusqu'à la station d'Orléans [3] où j'ai acheté des livres et tout Bossuet relié (4 200 F [4]) et d'autres petites choses. Bonne promenade qui je crois m'a fait du bien.

30 janvier, mercredi. — Je me sens assez bien remis. Audiences de ce matin : Mgr Bottinelli et l'un de ses jeunes, un ex-aumônier militaire qui revient de Prague à Coutances ; le P. Freund qui m'invite pour le IIe centenaire de saint Camille, à 15 h le 30 juin ; le p. Bellanger de l'œuvre des bateliers. Le soir, sorti avec Vagnozzi jusqu'au palais de Chaillot. Le soir, reçu M. Jacques Meurgey qui m'offre une de ses publications sur les trésors de Chantilly [5].

31 janvier, jeudi. — Audiences : le P. Merklen qui part pour Rome à l'occasion du consistoire. Échange d'impressions communes. Je l'ai présenté à Mgrs Tardini et Montini. L'après-midi, sorti avec Vagnozzi vers Saint-Sulpice pour acheter une statue de saint Joseph et quelques livres. J'ai trouvé en effet les œuvres de Mgr Pie à bon prix (10 vol. 3 000 F). C'est une bonne pâture pour mon esprit [6]. De retour, j'ai reçu la visite de l'évêque de Berlin, Mgr Conrad von Preysing qui, accompagné de trois de ses prêtres, se rend à Rome pour le consistoire [7]. Nous lui avons fait bon accueil : et je lui ai donné 30 000 F en prêt. N'est-ce pas là aussi de la charité [8] ?

---

1. Toujours dans l'impasse.
2. Chargé de mission culturelle à l'ambassade et directeur du Centre Saint-Louis-de-France inauguré le 20 décembre 1945.
3. En fait, la gare d'Orsay, tête de ligne du Paris-Orléans-Toulouse.
4. Confirmation de l'attachement du nonce au grand prédicateur.
5. *Les Principaux Manuscrits à peintures du musée Condé à Chantilly*, Paris, 1930.
6. Veuillot, Guéranger, Pie : le trio des grands intransigeants français du XIXe siècle est au complet dans la bibliothèque du nonce (10 volumes en effet, Librairie religieuse H. Oudin, Paris-Poitiers, 1887).
7. Ce prélat, qui n'a cessé d'alerter Pie XII sur les crimes du nazisme, vient d'être créé cardinal.
8. André Lazzarini insiste beaucoup sur un tel geste d'aide à un prélat dont la ville est en ruine et qui est obligé de passer par Paris pour se rendre à Rome (*Jean XXIII, sa vie, sa personnalité*, Mulhouse, Salvator, 1959, p. 102-103).

Janvier. — <Visites aux ambassades et légations.>

Janvier	7	1	Iran
"	"	2	Norvège
"	"	3	Irlande
"	8	4	Afghanistan
"	"	5	Argentine
"	"	6	Égypte
"	9	7	Chili
"	"	8	Cuba
"	"	9	Colombie
"	10	10	Portugal
"	"	11	Yougoslavie
"	11	12	Bulgarie
"	"	13	Équateur
"	"	14	Syrie

Janvier.
4 – Déjeuner Canada 13 h, 5, rue Dosne.
6 – Pontif. Miss. Étrang. 16 h 10, rue Violet.
15 – Déjeuner à La Source 12 h.
16 – 10 h Messe pour Esclaibes.
18 – Départ pour Rennes.
19 – Rennes.
20 – Rennes.
27 – Saint François de Sales <17 h Saint-Ferdinand>. 15 h Sœurs de Charité.

1er février, vendredi. — Supérieure générale des Filles de la charité ; Supérieure des Sœurs missionnaires Reine des apôtres ; P. jésuite <Durosoy> pour les ingénieurs catholiques. L'après-midi, visite chez la comtesse Voinovitch-Loiseau avec Mgr Pacini. Le soir à la maison, audiences au jeune Mahieu et à M. Baroni. Peine durable de ne pas avancer dans ma correspondance privée. Patience. Je perds du temps à la lecture de bons livres qui m'attirent. Que le Seigneur me pardonne. Le soir, j'apprends la mort du cardinal Boetto, archevêque de Gênes. C'était un jésuite que j'ai bien connu et qui m'aimait [1]. Paix à sa belle âme. Visite de Mgr de Courrèges.

---

1. Nommé en 1938, le cardinal Pietro Boetto protégea activement les juifs de sa ville et soutint la Résistance : c'est dans son palais épiscopal que fut signée la reddition des troupes allemandes (Giovanni Battista VARNIER, « La chiesa a Genova negli anni della ricostruzione », dans *Le chiese di Pio XII*, Andrea RICCARDI (dir.), Rome-Bari, Editori Laterza, 1986, p. 194-195).

2 février, samedi. — Chères évocations liturgiques. Quelques audiences de religieuses. À 11 h 30 M. Dumaine, chef du protocole ; nous discutons de diverses choses : contacts avec Gouin et avec Gay [1], cérémonie de la barrette à Mgr Saliège [2]. Reçu aussi Sampaix et Pichon. À déjeuner le journaliste Des Roches, qui m'informe de diverses choses. À 15 h visite avec Mgr Vagnozzi et l'abbé Rodhain des prisonniers allemands à Romainville <fort de Noisy [3]> et ensuite des prisonniers autrichiens prêts à partir. Bon traitement de la part des officiers français. Mais pourquoi ne les laisse-t-on pas en liberté [4] ? Visite du frère capucin Salvatore, de Borno : bonnes impressions.

3 février, dimanche. — <Chapelle de Saint-Luc des Grands Champs, 4, villa de la Fraternité, Romainville (Seine) 9 h.

---

1. Respectivement président socialiste et vice-président MRP du nouveau gouvernement. Le nonce s'est abstenu de toute intervention durant la crise, mais « *appena il nuovo Governo fù proclamato chiesi a bassa voce se una visita al nuovo Presidente sarebbe stata gradita da parte del Nunzio che è il decano del Corpo Diplomatico* » (« à peine le nouveau gouvernement fut-il proclamé, je demandai à voix basse si une visite au nouveau président serait bienvenue de la part du nonce, qui est le doyen du Corps diplomatique »), rapport à Mgr Tardini du début de février. L'avis de son interlocuteur est un peu différent : « Mon rôle en France, ronronne Mgr Roncalli en déplaçant sa calotte, est celui de saint Joseph. Je dois veiller sur Notre Seigneur et le protéger discrètement. Je me montre le moins possible à vos gouvernants, quand ils en expriment le désir. M. Bidault m'a reproché de me faire trop rare et nous sommes convenus de nous rencontrer tous les quinze jours. Le cardinal Ferrata [...] allait, chaque semaine, au Quai d'Orsay. Mais, susurre Mgr Roncalli, les Ministres d'alors étaient généralement des adversaires de l'Église ; le nonce devait leur rappeler sa présence. Ce n'est pas mon cas, je trouve des amis, je ne veux pas les compromettre » (Journal de Jacques DUMAINE, *Quai d'Orsay, 1945-1951*, Paris, Julliard, 1955, p. 62).

2. « Ce sont des hommes admirables ; ils étaient les candidats du Gouvernement. Le Pape a été très heureux de répondre ainsi aux vœux du Général de Gaulle et de Monsieur Bidault. Sur mon insistance d'ailleurs. Hé ! il y avait bien quelques difficultés. Par exemple, Mgr Saliège [...] est paralysé depuis six ans et ne peut plus prononcer un mot, Mgr Petit de Julleville [...] est atteint d'agoraphobie et doit toujours se faire accompagner. Il n'y a que Mgr Roques qui soit ingambe et qui puisse parler... c'est peu, très peu... Vos Ministres me disent qu'un prélat doit être jugé d'après son intelligence, ses vertus sacerdotales et son courage. Je leur réponds : "L'apparence physique a aussi son importance, croyez-moi, même dans le giron de l'Église et surtout à un consistoire !" » (*ibid.*, p. 62-63).

3. Banlieue nord-est de Paris ; photographie dans *Questo è il mistero della mia vita*, vol. I, p. 142.

4. Le 20 octobre 1945, les quatre puissances occupantes ont reconnu la nouvelle République d'Autriche, dont les ressortissants prisonniers doivent donc être libérés.

Départ à 8 h. Bénédiction cierges, procession, assistance messe solennelle, bénédiction nouvelles fresques. Déjeuner à 12 h avec secrétaire. À 15 h à Notre-Dame pour la Vierge de Boulogne.>

Tout s'est passé conformément au programme. À la succursale – chapelle Saint-Luc – ambiance vivante et tout bien préparé par l'abbé de Saint-Pourçain. Enfants, chœur, cérémonie, autorité, chapelle archi-pleine : naturellement majorité de femmes, et italiennes [1]. J'ai parlé après la fonction avec des encouragements. Bon déjeuner avec Mgr Rocco. À 15 h j'étais à Notre-Dame avec Son Éminence, tout beau et édifiant, de ton français [2].

4 février, lundi. — Le fait le plus notable d'aujourd'hui, journée extrêmement maussade : la visite que j'ai faite à M. Francisque Gay, ministre d'État, faisant fonction de ministre des Affaires étrangères au Quai d'Orsay. Très bon accueil, j'ai eu confirmation par lui de plusieurs choses et des informations sur d'autres que je connaissais moins bien. Impression générale triste et pleine de préoccupations. Mais cette rencontre avec un homme qui fut le familier de Mgr Maglione a beaucoup éclairé et encouragé nos âmes [3].

L'après-midi, visite au fort de Cormeilles où sont deux autres mille prisonniers allemands. Parmi ceux-ci plusieurs Autrichiens à la veille de leur libération. Colonel Calvet très gentil et compréhensif [4].

5 février, mardi. — Me revient le souvenir de la grande martyre de Catane que j'ai vénérée à son autel en mai 1923 [5]. Parmi les audiences intéressantes, celle de madame Anfuso dont le mari a servi Mussolini jusqu'au bout. Aujourd'hui, ce sont des larmes et des soupirs. Difficile d'aider dans un tel

---

1. Ce qui n'a rien d'étonnant dans cette commune populaire.

2. Cérémonie en l'honneur du passage à Paris de la statue de Notre-Dame de Boulogne, dont le « grand retour » mobilise les foules depuis 1943 : doloriste avant la Libération dans l'esprit de Vichy, ce « grand retour » adopte un patriotisme débridé après celle-ci.

3. Grand adversaire de l'Action française et principal animateur du courant démocrate-chrétien entre les deux guerres, l'éditeur et publiciste Francisque Gay était devenu, en 1926, l'un des conseillers du nonce Maglione après les sanctions romaines contre l'Action française. Il fait fonction de ministre des Affaires étrangères en l'absence de Bidault, qui est à la conférence de Londres.

4. Le fort de Cormeilles-en-Parisis se trouve dans la grande banlieue nord de Paris ; photographie dans *Questo è il mistero della mia vita*, vol. I, p. 142.

5. Sainte Agathe.

cas : et pourtant c'est un devoir de le faire[1]. J'ai passé les heures de moindre fatigue à préparer le rapport sur la situation politique[2].

6 février, mercredi. — Travail à la maison, mémoire de saint Tite, Gortyne et Crète. L'après-midi, réception de Mgr Micara[3] et du p. jésuite belge Verhoosel. Conversation plaisante durant toute la soirée. Je montre mes livres à l'un et à l'autre et je me divertis. Mgr Micara se révèle simple et bon, et j'en suis frappé au-delà de mon attente, pourtant bienveillante.

Je poursuis jusqu'à mon heure tardive habituelle le tri de ma correspondance quotidienne où je trouve quelques motifs d'affliction.

Dans la matinée, plusieurs visites, et parmi elles Mgr Gegout et le curé de Saint-Luc, Gabriel de Saint-Pourçain.

7 février, jeudi. — Toujours édifiant ce vieillard de 120 ans : saint Romuald : « Vultu adeo laeto semper ut intuentes exilaret. » Journée d'aujourd'hui tout occupée par l'hospitalité à Mgr Micara. À 13 h je l'ai eu à déjeuner avec le P. jésuite Verhoosel, Mgrs <card.> Roques, Coupel et secrét., et M. Francisque Gay ; à dîner il y avait le conseiller belge [ ]. L'après-midi, nous sommes sortis ensemble pour visiter un ex-ministre, et acheter des livres : Somme de saint Thomas et Élévations de Bossuet. Le soir, conversation affligeante et

1. Le prêtre se sent le devoir d'aider ce fasciste convaincu, alors en danger.

2. *« La successione del presidente de Gaulle fù abbastanza facile »* (« La succession du président de Gaulle fut assez facile »). Certes, Félix Gouin est socialiste, *« ma di temperamento e di tendenze misurato e calmo. Forse per queste sue qualità meglio indicato a tenere la presidenza che non fosse il generale de Gaulle, rigido ed autoritario »* (« mais de tempérament et de tendances, modéré et calme. Peut-être en raison de ces qualités est-il mieux indiqué pour tenir la présidence que ne l'était le général de Gaulle, raide et autoritaire »). L'essentiel du rapport concerne toutefois la visite à Francisque Gay du 4 février : la question de l'épuration épiscopale est close, bien qu'il eût été préférable, selon le ministre, de *« liquidare una decina di prelati »* (« liquider une dizaine de prélats ») pour *« chiudere la boca agli avversari con un gesto energico »* (« fermer la bouche aux adversaires par un geste énergique »). Sur la position du MRP : embarras du fait du retrait du général de Gaulle, incommode, mais qui reste une force ; impossibilité d'une entente avec une droite discréditée, qui entraînerait sans doute des troubles (rapport cité à Mgr Tardini).

3. Nonce en Belgique, qui vient d'être promu cardinal.

franche avec Mlle Girod de l'Ain [1]. À 10 h j'accompagne Mgr Micara au train, et salue Mgrs Roques et Kotel [2].

8 février, vendredi. — Diverses audiences, et beaucoup de travail pour la correspondance. Le cas de Bouxières au diocèse de Nancy qui dure depuis 10 ans est pour moi un motif de réflexion, sur la facilité avec laquelle laïcs et prêtres se laissent entraîner à la crédulité au sujet des visions et de l'avenir. L'obéissance est la vertu la plus compromise, et dont il convient de restaurer le culte, spécialement chez les prêtres. On croit aux visions de la Vierge et on met en avant qu'elle a enseigné *verbo et exemplo* [3]. Le soir, film dans la chambre de Mgr Rocco : mais il ne m'a pas plu, film américain insipide et vain.

9 février, samedi. — Quelques visites de peu d'importance. À 11 h 30, visite collective au palais Saint-Dominique [4] où le nouveau Président du gouvernement, M. Gouin, accueille avec amabilité tout le Corps diplomatique. Je lui ai promis une visite particulière, je me réjouis de ses heureuses dispositions à la douceur, qui est motif de succès. Je l'ai assuré que de mon côté je ne lui apporterais ni *clous* ni *épines*. Il s'est montré très accueillant et bienveillant [5]. Le soir, je suis sorti un peu me promener avec Mgr Rocco.

10 février, dimanche. — Maronites à 11 h. Assistance en rochet, déjeuner avec un de la famille. Mgr Pacini est venu. J'ai consenti à me présenter en cappa magna. La liturgie maronite brève et édifiante. Bonne musique, simple. Étaient présents le ministre du Liban et M. Lucet, des Affaires étrangères, le même qui m'a rendu les honneurs à Ankara lors de mon départ pour Paris. Le repas trop lent et trop long. Mes paroles en réponse au toast du bon Maroun, vicaire patriarcal, le salut d'Alexandre VII aux Maronites : *Rosae inter spinas*...

---

1. Pour éviter qu'elle intervienne trop dans les affaires de la nonciature, sans doute.

2. Pour Coupel.

3. Plusieurs femmes prétendent avoir vu la Vierge depuis 1938 dans ce village proche de Nancy ; avec l'appui de l'abbé Césard, curé de la paroisse, les « grotteux », comme on les appelle, se réunissent dans l'oratoire ou grotte du Pauvre-Tunnel, sans l'aval de l'autorité ecclésiastique (Joachim Bouflet et Philippe Boutry, *Un signe dans le ciel. Les apparitions de la Vierge*, Paris, Grasset, 1997, p. 294-298). Le commentaire du nonce confirme ses réticences envers les phénomènes de ce type.

4. *Sic.*

5. Les bonnes dispositions du nonce envers ce chef de gouvernement socialiste sont à remarquer.

gratia Dei florentes[1]. Grands applaudissements. À la maison audiences ing. Lago, familles Rossini et Della Pietra, Mlle Maria Teocharis, d'Athènes.

11 février, lundi. — Fête de Lourdes au séminaire de Saint-Jean, par Changis-sur-Marne (Seine-et-Marne, 10 h). Assistance à la messe solennelle avec crosse et mitre. Pacini m'accompagne. Tout s'est bien passé dans ce séminaire pour les vocations tardives. Il y avait aussi l'évêque de Meaux qui m'accueillit ensuite à l'évêché et m'accompagna au Carmel. Tout beau et édifiant.

À peine rentré à la maison, je me suis rendu à la légation d'Égypte où j'ai rencontré plusieurs diplomates, et salué la sœur du roi d'Égypte Farouk. C'était la fête de son frère. Mais quelle vie est la mienne ! Que le Seigneur m'aide à porter partout un peu de son Esprit.

12 février, mardi. — <Repas amb. Angleterre 8 h 15.>

Journée avec la seule audience du Dr Letailleur, médecin traitant de Mgr Évrard[2]. Mais très occupé par le repas et sa préparation, où je reçois le cardinal Suhard et les deux cardinaux allemands Frings et von Galen en route vers Rome pour le consistoire. Il y avait aussi Mgr de Courrèges et tous les secrétaires. S'était joint également le cardinal Petit de Julleville, de Rouen[3]. Réunion toute fraternelle et édifiante. J'ai reçu ensuite aussitôt la visite du Primat[4] de Lisbonne, le cardinal Cerejeira. Le soir, le repas à l'ambassade d'Angleterre avait pour objet d'honorer le nonce. Il y avait aussi : Caffery, des États-Unis, le prince Dimitri Romanov, etc.

<Ce matin, agréable surprise, le retour de Vagnozzi qui n'a pas pu continuer le voyage vers Rome.>

13 février, mercredi. — Hier cardinaux français et allemands, aujourd'hui arrivée des Américains à Orly avec Spellman, l'évêque de Saint-Louis[5], et Mgr Tien, le candidat chinois.

---

1. Cérémonie en l'église Notre-Dame du Liban, 17, rue d'Ulm (V^e arrondissement). Pape entre 1655 et 1666, Alexandre VII Chigi mit trois ans à reconnaître le patriarche Georges Beseb'el, élu en 1657 et titulaire du pallium seulement en 1660.

2. L'évêque de Meaux a dû renoncer à sa charge en 1942, pour raisons de santé ; mais le nonce n'a pas renoncé à lui faire reprendre du service (voir plus loin en date du 14 mars).

3. Respectivement archevêque de Cologne et évêque de Münster, qui sont les deux autres Allemands promus (André LAZZARINI, p. 104).

4. Patriarche.

5. Mgr John Glennon *« che ha 83 anni e si tiene ritto come una pertica che non trema »* (« qui a 83 ans et se tient droit comme une perche qui ne

Ma présence à la réception fut au premier plan et fit honneur à la nonciature. Les Américains, évêques, prêtres et laïcs, et journalistes nombreux et satisfaits. Je les ai revus ensuite à la réception chez l'ambassadeur Caffery, où il y avait aussi Mgrs Touzé et Courbe au nom du clergé français. Il semble que l'élément français aurait été désiré plus nombreux et cordial [1]. Mais ces bons Français, là où on ne peut plus parler français, sont perdus [2].

14 février, jeudi. — Nuit reposante. Préparation et bon travail. À 10 h j'ai reçu à la nonciature le nouveau futur cardinal Spellman avec le cardinal Tien, plusieurs évêques et laïcs américains. Rencontre très cordiale, avec échange de sentiments de vœux conclu par le chant *Ad multos annos*. Quels braves Américains. À 12 h, reçu le nouveau ministre du Nicaragua et le comte de La Rochefoucauld. À 13 h, avec Mgr Bernardini [3], et tous mes collaborateurs, nous nous rendons à Orly pour saluer les partants pour Rome sur le « Star of Rome ». À 14 h nous avons à table Lago, Manusardi et Bianchi, toujours avec le cher Bernardini. Ensuite l'après-midi tout entier consacré à la correspondance.

15 février, vendredi. — Audiences : Sajos, ami de Castruccio ; duchesse de La Rochefoucauld ; p. jésuite directeur de la Villa Saint-Régis de Mours (Beaumont-sur-Oise, Seine-et-Oise) ; M. Star-Busmann, chargé d'affaires des Pays-Bas ; prof. Bédarida. J'ai déjeuné avec les miens place Vendôme – hôtel Ritz – invité par la famille Rossini. Dans l'après-midi, reçu la vicomtesse de Fontenay que j'ai retenue longtemps ; les pp. Ginocchini et Casaril, et puis l'ambassadeur Charles-Roux et l'ambassadeur Lafond, de l'Iran, debout [4]. Ce n'est pas mal, comme on voit. Aujourd'hui, j'ai aussi accroché le portrait de Pie IX reçu en cadeau de Mgr d'Angers [5].

16 février, samedi. — Parmi les visites, le nouveau ministre d'Autriche, M. Bischof. La situation de ce pays m'intéresse. Il a dû revenir au temps d'avant Dollfuss [6]. Repas à l'hôtel Ritz,

---

tremble pas »), mais qui mourra l'année suivante alors que Saliège vivra jusqu'en 1956 (17 février, *Lettere ai familiari*, II, p. 35).

1. Le cardinal Suhard n'est pas présent.
2. Bien qu'un peu sévère, cette remarque n'est pas fausse.
3. Nonce à Berne et ami de Roncalli, rappelons-le.
4. Pierre Lafond, ambassadeur de France en Iran.
5. Le nonce a une grande admiration pour ce pape.
6. La remarque est curieuse : en effet, l'Autriche est gouvernée de

invité avec tous les miens par la famille Rossini. L'après-midi, je suis allé me promener en auto avec Mgr Bernardini. Nous sommes passés chez de Nobele à qui j'ai payé la concordance biblique (750 F), puis chez l'habituel bouquiniste sur les quais à qui j'ai acheté plusieurs livres, entre autres : Lamartine, Histoire de la Turquie, vol. 8, Les rues de Paris (20 vol.), l'Italie illustrée, de Jousset, et la Géographie pittoresque et monuments de la France, de Brossard (5 gros et beaux volumes)[1].

17 février, dimanche. — <École Sainte-Geneviève. Versailles. Ancienne rue des Postes. Messe 8 h 30 avec communion. Je resterai déjeuner. P. Goussault s. j.>

Tout s'est très bien passé, et édifiant pour moi : un grand institut des jésuites[2]. Ordre, dignité, piété. Après les revues et les chants et la présentation des groupes, mes paroles d'encouragement à la joie et au sérieux. Il me semble que cela a eu un grand succès chez les jeunes gens. Repas en commun à côté de Mgr l'évêque Roland-Gosselin. Brève visite à de Fontenay, la vicomtesse un peu vaine et vide. Le soir, réception du cardinal Van Roey[3] à la nonciature. Je l'ai accompagné au dîner de l'ambassade de Belgique, puis à la gare pour Rome. Très aimable et de conversation agréable.

18 février, lundi. — Réception *comm.* Rossini qui veut m'offrir 100 000 F pour le Gobelins du réfectoire. À 13 h j'ai offert un repas en souvenir de la « Conciliazione » à l'ambassadeur Saragat et à ses collaborateurs[4]. Il y avait 9 personnes dont deux du consulat. Voici les noms : Saragat, Solari, Pierantoni, Staderini, Treves, Iezzi, Calenda et Penzo. En tout 14 personnes. Pour la première fois nous avons mangé dans la grande salle restaurée bien que non achevée. Et ce fut une réunion de bons Italiens fort aimables.

---

façon durable, après 1945, par une coalition entre populistes (catholiques) et socialistes... qui n'a fonctionné que brièvement en 1919-1920, bien avant l'arrivée de Dollfuss au pouvoir en 1932 ; à partir de 1920, les catholiques ont gouverné seuls ou avec l'appui de formations de droite.

1. Respectivement : *Promenades dans toutes les rues de Paris du marquis de Rochegude*, Paris, 1910 ; P. JOUSSET, *L'Italie illustrée*, Paris, Larousse, s. d. ; Ch. BROSSARD, *Géographie pittoresque et monumentale de la France*, Paris, Flammarion, 1901-1902.

2. Il s'agit du célèbre lycée dont les classes de préparation aux Grandes Écoles scientifiques sont réputées.

3. Archevêque de Malines-Bruxelles.

4. En remerciement d'une lettre envoyée pour l'anniversaire des accords du Latran (invitation du 16 février).

Puis j'ai reçu le député Paul Coste-Floret, de l'Hérault (Montpellier [1]) et Bernard Bligny, de Dijon [2].

19 février, mardi. — Visite importante du p. Marc Dubois, aumônier en chef des aumôniers d'Indochine [3]. Bonne impression et remarques graves. Sont venus aussi M. Baroni, et l'après-midi Mme Voinovitch-Loiseau avec son fils, le soir Ferretti avec M. Ogier, fils du général. Après le dîner, très agréable surprise de Mgr Bernardini avec qui nous faisons trois parties de *tre sette*, et beaucoup de bon sang. Ce soir, j'apprends la mort de l'ancien ministre de l'Intérieur, M. Adrien Tixier, un socialiste convaincu. Je sais qu'il était resté bien impressionné en faveur du nonce depuis une visite que je lui ai rendue l'an dernier [4]. Je prierai pour son âme.

20 février, mercredi. — Anniversaire de ma chère maman. Prières et souvenirs tristes et doux. Le soir à dîner, Mgr Bernardini. Brève rencontre avec MM. Maillardoz, Fummi et Rossini. J'ai reçu aussi M. Baudoin, *priseur* [5] de tableaux et de meubles. Je l'ai accompagné place de la Madeleine et j'ai continué ensuite en auto avec Bernardini ; nous nous sommes promenés derrière Notre-Dame, et j'ai acheté un livre chez les bouquinistes. Puis le cher ami est resté avec nous pour dîner et pour une partie de *tre sette*, jusqu'à ce que Vagnozzi et Rocco l'accompagnent au train pour Berne. Précieux et excellent ami.

21 février, jeudi. — Marin et Herriot à déjeuner [6]. Tout a été bien. Marin toujours calme, et Herriot d'excellente humeur. Il a beaucoup apprécié l'invitation. On a évité les allusions d'appréciation douteuse. Puis à 15 h 30 avec Mgr Vagnozzi, j'ai présidé l'assemblée générale de l'Aumônerie pour l'assistance aux prisonniers, à côté du chanoine Rodhain, en présence des divers correspondants extérieurs, qui furent bien entendus. Je me suis réjoui : j'ai félicité, encouragé, et proposé l'office central d'information sur le travail fait et à faire dans les divers pays par un bulletin imprimé [7]. Le matin, j'ai reçu la jeune Mme [ ].

---

1. Professeur de droit, résistant démocrate-chrétien, député MRP.
2. Responsable du MRP pour la Côte-d'Or.
3. Où la France s'efforce de reprendre pied, après en avoir été chassée par les Japonais.
4. Voir plus haut, en date du 17 février 1945.
5. Denis-Henri Baudoin, commissaire-priseur parisien.
6. Un homme de droite et le chef du Parti radical, maire de Lyon…
7. La concurrence entre les deux projets français de secours catholique

22 février, vendredi. — Audiences : secrétaire de la légation de l'Équateur avec une demoiselle ; vicaire général de Mende ; Mgr Robin, nouvel évêque de Blois que j'ai gardé à déjeuner ; Mme Ema Berentzwillarova, secrétaire de la Caritas de Prague.

La rencontre avec Mgr Robin me fut particulièrement agréable : *talem inveni qualem desideravi.* L'après-midi, je suis sorti en auto à la chasse aux bons livres chez les bouquinistes du quai. J'ai fait bonne prise, et à bon prix. Après le dîner, avec un appareil de Mgr Rocco, on a donné le film « Mozart » dans le couloir près de ma chambre. Une distraction pour l'imagination. Pas mauvaise.

23 février, samedi. — Le matin, travail tranquille mais de peu d'efficacité. L'après-midi, je me suis rendu en auto à Lisieux[1] avec Mgr Rocco et Giulio. Mauvais temps. À Lisieux, outre la tristesse des ruines des bombardements, cela m'a paru très froid, nonobstant les soins du bon Mgr Germain, qui me loge dans la belle chambre où le cardinal Pacelli coucha deux nuits en 1937. Les deux évêques Picaud, de Bayeux, ordinaire du diocèse, et Pasquet, de Sées, très bons et très dignes, sont déjà arrivés pour la fête de demain, pour le *jubilé de la profession religieuse de la sœur de sainte Thérèse, sœur Céline Geneviève*[2].

24 février, dimanche. — À Lisieux. Ma sainte messe lue à 10 h pour la jubilaire. Très belle et émouvante cérémonie avec le rite caractéristique de la bénédiction et de l'attribution du bâton et de la couronne. En plus des deux évêques, il y avait l'abbé de la grande Trappe et le P. Élisée, provincial des Carmes, très fidèles, air de respect et de confiance. Discours de Mgr Picaud, très beau. L'après-midi, j'ai renouvelé ma visite aux deux sœurs, mère Agnès et sœur Geneviève, celle qu'on fête, déjà vue hier soir, puis entrent dans la clôture évêques, clergé et religieux, qui visitent tout avec édification et joie spirituelle[3]. Je suis passé aussi voir le séminaire pour les

---

se termine : l'Assemblée des cardinaux et archevêques va décider le 19 mars 1946 la fusion du Comité catholique de secours et du Secours catholique international sous le nom de Secours catholique français : président, François Charles-Roux ; vice-président, Mgr de Courrèges ; secrétaire général (poste clé), Jean Rodhain (Jean COLSON et Charles KLEIN, *Jean Rodhain prêtre*, p. 274-275).

1. Treizième voyage, le second à Lisieux, pour le jubilé religieux de Céline, sœur de Thérèse.

2. Céline Martin, sœur Geneviève de la Sainte-Face en religion.

3. Écho ému de cette journée dans la lettre à sa nièce Giuseppina du 10 mars (*Lettere ai familiari*, II, p. 40-41).

campagnes également appelé Mission de France [1]. Belle jeunesse ecclésiastique et belle impression [2]. Le soir à Paris.

25 février, lundi. — Peu d'audiences. L'après-midi toujours à la maison, pour examiner les enquêtes concernant les nominations épiscopales à Amiens [3]. Temps bouché. Le soir, travail pour préparer quelques mots que j'adresserai à Mgr Saliège samedi en lui remettant la barrette cardinalice. Sobriété et amabilité, mais me garder de la politique et d'allusions qui en honorant le nouveau cardinal pourraient faire tort au reste de l'épiscopat français [4].

26 février, mardi. — <16 h, visite Éditions du Cerf.>
Diverses visites : famille de Mgr Martin, père, mère et sœur. On voit les braves gens. Puis Mme Anfuso, Mlle Teodaris, Mme Vagner Emy, venue de Rome pour retrouver et libérer son fils Jacques Allard, prisonnier à Riom [5] ; M. Fezia que je garde à déjeuner ; le chargé d'affaires de Hongrie ; M. Baudoin ; le député Schneiter, remplaçant aux Affaires étrangères [6]. Puis je me suis rendu avec Vagnozzi à la maison dominicaine du *Cerf*. Ils étaient 12 pères à me recevoir et à me montrer leur beau travail, que j'ai admiré et encouragé. À la maison, longue audience avec Mlle Ferrari qui m'apporte quelques informations intéressantes.

27 février, mercredi. — <Repas ambassadeurs 20 h avec un ou deux de mes collaborateurs – rue Foch [7].>

---

1. Le séminaire de la Mission de France, ouvert en 1942, forme des prêtres volontaires pour les zones déchristianisées, rurales *et urbaines*.

2. « Il n'y a aucun irrespect à rappeler que ce passage laissa une assez médiocre impression. Le supérieur, le Père Augros, mit assez longtemps le lendemain à nous expliquer que dans l'Église il y avait toutes sortes de charismes, qu'on ne pouvait être à la fois diplomate et missionnaire, etc. » (témoignage de Jean Lyon, qui était alors en théologie à Lisieux, 30 avril 1989).

3. Après le décès de Mgr Martin.

4. Contraint d'accomplir ce geste, le nonce refuse d'entrer pour autant dans le jeu du Gouvernement en exaltant *le* prélat de la Résistance au détriment des autres.

5. Sans doute une victime de l'épuration.

6. Trois points évoqués d'après la note rédigée par le sous-secrétaire d'État MRP : le nonce se plaint du retard pour l'évêque inspecteur des troupes d'occupation en Allemagne ; il n'entend pas donner un « caractère ostentatoire » à son séjour toulousain, mais s'inquiète malgré tout de sa réception ; selon Roncalli, le Vatican a officieusement appelé l'attention du gouvernement espagnol sur les répercussions de sa politique intérieure (AMAE).

7. *Avenue* Foch, XVIe arrondissement.

Peu d'audiences le matin et beaucoup de travail. Dans l'après-midi, à 16 h visite au dentiste Girardin pour mon « râtelier » cassé. À 19 h 30, visite à la légation Dominicaine pour leur fête nationale. Très bon accueil. Puis repas au Cercle diplomatique organisé par M. Larmeroux en l'honneur du nonce. J'y eus en effet la place d'honneur entre Herriot, le ministre de Suisse Burckhardt, les ministres de Chine et de Belgique. J'étais avec Vagnozzi ; soirée importante où je me suis entretenu avec les susdits, et avec M. Louis Marin, la duchesse de La Force, Mauriac, Vallery-Radot, académiciens, Schuman, le général de Lattre de Tassigny, le préfet de la Seine Luizet[1] et plusieurs autres. Naturellement, le plus disert et le plus gai : Herriot.

28 février, jeudi. — Mariage d'Esposito Ferdinando et Luciana <Simonini>, 9 h à la chapelle. Cérémonie très réussie. L'époux est de Villa d'Adda. C'est pourquoi j'ai tenu à lui faire honneur : j'ai offert le déjeuner à une douzaine de participants. Audiences : Mgr de Courrèges qui m'apporte des nouvelles de Rome et la barrette pour le cardinal Saliège ; puis Mgr Piérard, le nouvel évêque coadjuteur de Châlons-sur-Marne, et Mgr Grente, du Mans, avec qui je me suis très bien entendu. Je l'ai gardé à déjeuner : il a bien arrangé mon français pour l'allocution de Toulouse[2] ; le soir, je l'ai écouté au salon d'Iéna dans sa conférence sur une reine de France (sainte Clotilde). J'ai compris peu de chose parce que trop loin. Le soir, temps détestable avec vent et neige.

Février.
10 – Maronites. Assistance messe 11 h. Déjeuner
17 – Versailles : collège jésuite avec messe
21 – Assemblée aumôniers 15 h
23 – Départ pour Lisieux
24 – Lisieux. Fête de Céline

1er mars, vendredi. — [[14 h 30. Présid. Congr. Union catholique des services de santé et des services sociaux. Palais de la Mutualité 24, rue saint Victor[3]]]
<À Toulouse : remise de la barrette au cardinal Saliège.>
Journée neigeuse, assez inquiétante pour le voyage à

1. En fait, préfet de police de Paris.
2. Mgr Grente a donc participé à la mise au point de ce discours important.
3. Le voyage à Toulouse empêche le nonce d'assumer cette obligation qu'il avait acceptée.

Toulouse[1]. Préparatifs : à la gare d'Austerlitz nous avons dû attendre debout dans le froid sans appui 1 heure et demie moi, Pacini, Vagnozzi et Giulio. Finalement nous avons pu nous installer bien. Giulio avec moi, mes deux consulteurs ensemble. Il me déplaît de ne pas être seul pour voyager de nuit. Mais que faire ? Giulio est du reste très discret, très modeste et respectueux.

2 mars, samedi. — Toulouse. Arrivée à 9 h. Toute cette journée a été décrite par la presse et fixée par les photographes. Grâce à Dieu, tout a été bien, avec ordre et mesure. Notable ferveur et respect du peuple pour le nouveau cardinal, à la Daurade, à la cathédrale, le long du chemin. Le peuple répond bien à qui l'aime. La joie sincère de Mgr Saliège pénétrée de modestie et d'amour fervent pour la Sainte Église et pour le pape. Dans les manifestations verbales, absence de toute exagération et d'allusions à un ordre d'idées ou de conduite durant l'occupation militaire qui ne soient celles de Mgr Saliège. Cela fut très important et très heureux dans les rapports avec le nonce[2].

3 mars, dimanche. — Toulouse. Sainte messe avec Pacini dans la petite église des sœurs du Cénacle à la campagne ou mieux dans leur exil. Chers souvenirs du Cénacle de Milan et de Rome.

À 11 h, en présence du cardinal, j'ai été reçu solennellement à l'Institut catholique. Mgr de Solages me présente le personnel enseignant et les étudiants. J'ai répondu en français avec familiarité, très bien accueilli, si bien que le cardinal m'invite à poursuivre, comme je l'ai fait en encourageant. Nous sommes restés ensuite à l'évêché où j'ai reçu le consul Valeriani, bon catholique et italien, M. Moretti, *ingegnere*, Mgr Lassalle, curé de la Daurade et don Masiello. <Suite du 3[3].> À déjeuner le cardinal a invité avec Mgr de Solages les principaux professeurs de l'Institut[4]. J'ai exercé par deux fois

1. Quatorzième voyage, imposé celui-là, et le deuxième à Toulouse.

2. Le légat pontifical était inquiet pour sa mission : on le sent soulagé qu'elle se soit déroulée au mieux selon lui ; photographie dans *Souvenirs d'un nonce*, entre p. 56 et 57.

3. Sur la page consacrée au 4.

4. Recteur de l'Institut catholique depuis 1932, Bruno de Solages est une forte personnalité qui a joué un rôle actif dans la Résistance toulousaine. Le gouvernement aurait aimé qu'on lui confie un siège épiscopal (il figure en tête sur la liste des promouvables du 26 juillet 1944, publiée par André LATREILLE, *De Gaulle, la libération et l'Église catholique*, p. 32), mais le nonce ne l'apprécie guère : « Mgr Bruno de Solages est un soleil qui monte et il doit attendre d'être à son zénith pour parvenir aux plus

une forte action persuasive sur le cardinal au sujet d'une meilleure orientation de sa vie : c'est-à-dire, en restant à Toulouse, qu'il s'occupe par le conseil et la plume, mais qu'il laisse à un évêque coadjuteur avec pleins pouvoirs le gouvernement et l'administration du diocèse. Bon accueil [1]. Nous sommes partis le soir du 3 comme prévu ; mais nous arrivons aujourd'hui à Paris à 11 h et demie. À midi j'ai dit la messe en remerciement du bon succès de ma mission. Le soir, audition de musique classique de Palestrina dans la salle [ ]. Avec Pacini et Vagnozzi.

5 mars, mardi. — Journée reposante. Deux audiences seulement : le matin M. Ahmet Emin Yalman, directeur du journal *Vatan* d'Istanbul, et l'après-midi M. [Hamid] Frangié, ministre des Affaires étrangères de la République du Liban. Il était avec Mgr Maroun. À midi j'ai retenu à déjeuner la famille Rossini par exception – parents et enfants : Sandra, Agnès et Éléonore. Le soir, un film de distraction dans la chambre de Mgr Rocco. Malheureusement, dans un si grand nombre il est difficile de trouver un film qui ne contienne quelque image indécente. Voilà le monde qu'il faut supporter.

6 mars, mercredi. — *Saint Carême.* J'ai commencé l'*office* dans le style parfait que j'entends suivre toujours. À 9 h 30 à la chapelle – rochet et étole – j'ai béni les cendres, que je me suis fait mettre sur la tête par Mgr Pacini, et je les ai distribuées ensuite à tous les collaborateurs, domestiques et religieuses.

Dans la journée, seule audience le nouveau ministre de Finlande Johann Helo. L'après-midi, à 17 h, assisté à la conférence du ministre des Finances, Philip, sur le thème *« Le problème économique et financier »*. Au théâtre Marigny [2] archicomble. On m'a donné la première place, et le ministre, qui est socialiste, est venu d'abord me saluer. Conférence impressionnante, claire et courageuse [3].

---

hautes dignités de l'Église », aurait-il dit, selon Georges Bidault (lettre à Maritain, 24 novembre 1944, version brève, AMAE). Bruno de Solages ne sera pas nommé évêque…

1. Le nonce est persuadé que le cardinal Saliège ne peut plus exercer convenablement ses fonctions, surtout après l'affectation à Rome de son auxiliaire Mgr de Courrèges. Il lui faut un coadjuteur, d'ailleurs demandé à la nonciature en 1942 ; mais il faut croire que la solution Puech, acceptée par le gouvernement, ne lui convient pas, puisqu'elle n'a pas de suite (Jean-Louis Clément suggère, sans le nommer, qu'un ecclésiastique pressenti a décliné l'offre, *Monseigneur Saliège*, p. 335-336).

2. Lieu d'accueil de conférences réputées, au bas des Champs-Élysées.

3. Député socialiste du Rhône, il a contribué au départ du général de

7 mars, jeudi. — Saint Thomas d'Aquin. Pour me préparer à sa fête j'ai lu hier soir jusqu'à minuit la question 185 Secunda secundae, en 7 articles, sur les évêques [1]. Quelles belles choses, peu connues et de haute volée [2]. Peu d'audiences : Mgr Guérin [3], MM. Baroni, Ferretti, Rossini. Journée froide. Le soir, je suis sorti avec Pacini pour un repas à l'ambassade de Belgique : étaient présents les époux Bidault, Chauvel, La Tour du Pin, le général Gentilhomme, l'ambassadeur Cooper de Grande-Bretagne, Mme veuve Abrami, Flouret [4], préfet de police, etc. Réunion calme. Ma conversation avec Bidault : tranquille et pacifique. Pris rendez-vous pour une conversation au Quai d'Orsay.

8 mars, vendredi. — Parmi les visites de ce matin, le supérieur des Prêtres de saint François de Sales, la congrégation qui travailla naguère à Naxos et au Pirée, puis Mgr Weber, évêque de Strasbourg, mon premier-né [5]. Plaisante et précieuse conversation avec lui. L'après-midi, deux sœurs de Quimper, puis longuement le p. Merklen et Charles Pichon, deux journalistes rentrés de Rome. Ils m'ont donné des informations intéressantes sur le Saint Père, la Secrétairerie d'État et la situation en Italie *laeta et tristia*. Il faut prier pour le Saint Père : ne pas faire de commentaires et ne pas suivre les cancans du monde, et donner à tous l'exemple de la discrétion et de l'amour délicat pour le pape [6]. Parmi les visiteurs

---

Gaulle en demandant à l'Assemblée constituante un abattement de 20 % des dépenses militaires le 30 décembre 1945. Ce protestant convaincu tout à la fois barthien et chrétien social, professeur de droit et d'économie, devient ministre de l'Économie et des Finances dans le gouvernement Gouin. Son courage consiste à tenter de maîtriser l'inflation, quitte à freiner la hausse des revenus et à maintenir le rationnement.

1. Huit questions en fait : « Est-il permis de désirer l'épiscopat ? Est-il permis de refuser absolument l'épiscopat ? Doit-on choisir comme évêque le meilleur ? L'évêque peut-il entrer en religion ? Peut-il abandonner corporellement ses sujets ? Peut-il posséder quelque chose en propre ? Pèche-t-il mortellement en ne distribuant pas les biens ecclésiastiques aux pauvres ? Les religieux élevés à l'épiscopat sont-ils tenus aux observances régulières ? »

2. Intéressante profession de foi thomiste, accordée à la principale préoccupation du nonce : les évêques.

3. S'il s'agit du fondateur de la JOC, Georges Guérin, il n'est pas prélat.

4. Sans doute Marcel Flouret, préfet de la Seine.

5. L'expression est jolie, mais en partie inexacte pour ce siège concordataire où l'initiative provient du gouvernement.

6. Confirmation d'un certain malaise, auquel Roncalli ne semble pas étranger, et qui pourrait concerner la récente fournée cardinalice.

d'aujourd'hui, également M. Sampaix et son collègue de la Conf. génér. des déportés et victimes de l'oppression nazie.

9 mars, samedi. — Audiences : Dom René Vautier, moine de Saint-Wandrille [1] qui désire se rendre à Istanbul pour étudier le persan ; le p. Drujon, de Marseille, sup. gén. de la congr. du Sacré-Cœur de l'Enfant Jésus ; L. Duca, M. Ferretti et Mme Alfonsa Ferrari, directeur du cinéma ; le vicomte de Lavernette ; le nouveau ministre d'Éthiopie.

À midi, visite au ministre Bidault au Quai d'Orsay. Conversation aimable et sur des choses graves. La situation du MRP, qui a besoin de compréhension ; puis l'évêque aux armées ; les prêtres de Hollande en France ; don Vianello à Toulouse ; le Gobelins. Bidault complaisant en tout. J'ai confiance que ce ne sera pas la dernière visite que je lui rendrai en tant que ministre. Mais l'heure est grave [2].

10 mars, dimanche. — Cette nuit, j'ai écrit longuement à mes deux nièces qui se font religieuses, sœurs Anna et Giuseppina, et à leur papa. À 11 h *Te Deum* pour le Saint-Père à Notre-Dame. Fonction simple. Messe basse et chants. Belles paroles du cardinal Suhard revenu de Rome : foule discrète mais pas au niveau de ce que les catholiques de Paris bien préparés pourraient donner [3] ! À déjeuner le capitaine américain Buckley avec le lieutenant romain Arrigoni. À 17 h première prédication du P. Riquet, nouveau conférencier de carême de Notre-Dame : *Face aux ruines.* Je réserve mon jugement, dans l'attente de ce qu'il dira ensuite [4]. Puis j'ai visité Mgr Beaussart et les sœurs de l'Enfant Jésus de Cenate.

11 mars, lundi. — Audiences : M. Botero, chargé d'affaires de Colombie. Le froid d'hier a causé une conjonctivite bien gênante en même temps qu'une irritation dans la mâchoire gauche. Patience. J'ai fait venir le bon docteur Courcoux qui m'a pris aussi la *tension*, laquelle – c'est lui qui le dit – est celle d'un jeune de vingt ans. Audience lassante avec l'abbé Boche.

---

1. Grande abbaye bénédictine normande, de la Congrégation de Solesmes.

2. Allusion probable à l'élaboration de la Constitution pour laquelle le MRP se retrouve seul face aux socialistes et aux communistes pour défendre l'indépendance et l'autorité de l'exécutif, ainsi que le bicamérisme.

3. Le nonce juge insuffisante l'assistance à la cérémonie pour le septième anniversaire de l'élection de Pie XII.

4. Rentré de déportation, le jésuite résistant Michel Riquet remplace son confrère Paul Panici.

Il ne veut pas se détacher de Loublande et je ne peux évidemment pas donner mon aval à son projet de prêtres missionnaires. Dommage. Ce sont de bons sujets, et ils ne peuvent pas s'élever en vol [1]. Aujourd'hui à déjeuner le vicomte Lavernette, d'Istanbul. Le soir, vite au lit avec mal aux yeux et mal aux dents.

12 mars, mardi. — Anniversaire du couronnement du Saint Père. Déjeuner des nouveaux cardinaux et archevêques à la nonciature. Bien réussi : 6 cardinaux et 14 archevêques. Manquaient Alger, Tunis, Chambéry et Cambrai. Il y avait Mgrs Le Hunsec, Beaussart [2] et Courbe. Très bon service dans la grande salle de la place Saint-Pierre. En tout 27 personnes. J'étais à la droite du premier trio de cardinaux. Mais il conviendra de faire attention que la partie la plus auguste regarde la porte principale. J'ai levé mon verre au Saint Père et à l'esprit de fraternité et de bonté de l'épiscopat français. J'ai noté chez tous une grande satisfaction, spontanéité et confiance. L'après-midi, j'ai eu la visite de S. E. Salazar, ambassadeur du Pérou auprès du Saint-Siège, et de M. Holman, nouveau ministre d'Angleterre.

13 mars, mercredi. — Le matin, visites sans fin. À midi, déjeuner chez le cardinal avec tous mes invités d'hier. J'étais à côté du cardinal Petit de Julleville, qui va bien de la tête aux genoux [3]. J'ai parlé un peu avec les uns et les autres ; reconnaissant ma conformité de sentiments sur plusieurs choses : 1) nécessité d'un coadjuteur à Toulouse ; 2) inopportunité d'une proposition Mgr Évrard pour Amiens [4] ; 3) proposition de Mgr Blanchet comme recteur de l'Institut [5] ; 4) besoin de tempérer les esprits à propos du MRP en vue des élections, etc. Des jours graves approchent et il faut se préparer [6].

---

1. Confirmation du lien entre ce projet et la visionnaire de Loublande, Claire Ferchaud, non reconnue par l'autorité ecclésiastique.

2. L'archevêque titulaire de Mocissos est invité, bien que privé de sa charge d'évêque auxiliaire l'année précédente.

3. Le problème du cardinal de Rouen, ce sont les jambes...

4. Le nonce avait donc bien l'intention de proposer un évêché à l'ancien évêque de Meaux, démissionnaire pour raisons de santé.

5. L'évêque de Saint-Dié, valeureux *defensor civitatis* dans une ville sinistrée par la guerre en 1944, figurait en tête de la liste des prélats dont le gouvernement souhaitait la promotion à un siège archiépiscopal (André LATREILLE, p. 31). Le rectorat de l'Institut catholique ne comble pas tout à fait cette attente. Encore faut-il que Mgr Calvet laisse la place et que le candidat soit agréé par les évêques protecteurs.

6. Quelque réserve initiale que le nonce et nombre d'évêques aient pu

14 mars, jeudi. — Audiences : Mgr Grente, invité pour la remise du bref de chevalier de saint Grégoire le Grand à M. Beauchesne, éditeur catholique de grand mérite ; abbé Boche pour ses projets ; Mlle Teodaris (?) d'Athènes. À 13 h au Bristol, repas avec Pacini à l'invitation du ministre du Pérou, Aramburu. Plusieurs personnes avec leur famille. Ambassade du Pérou auprès du Saint-Siège. Le soir, au salon d'Iéna, assisté à la conférence de la duchesse de La Rochefoucauld[1] sur la façon de rendre la vie *commode au peuple* selon la phrase de Bossuet. Intéressante et d'inspiration toute catholique. À la maison, film *La Cage aux rossignols*, beau et parfait[2].

<Audience de M. Aumonier.>

15 mars, vendredi. — Pontifical en l'honneur de sainte Louise de Marillac dans la chapelle des Filles de la charité, rue du Bac, à l'occasion de sa fête. Il n'y avait que des Lazaristes et des sœurs. Émouvant spectacle de piété religieuse. Puis café, un cadeau (une aube) et une réunion avec mes paroles d'encouragement aux sœurs. L'an prochain j'espère prononcer aussi l'homélie. Ensuite, visite chez les Lazaristes, S. E. Mgr de Llobet, archevêque d'Avignon, un peu indisposé. À la maison audiences : Baudoin ; sœur Gérard, de Nîmes, qu'il faudra faire sortir, préparant une visite particulière à son Institut ; le tailleur des Lazaristes. L'après-midi, longue promenade, seul, sur les quais, avec achat de livres.

16 mars, samedi. — Toujours audiences. Entre autres l'abbé Chapuzot qui part pour le Canada ; un abbé du diocèse de Versailles, qui parle d'un article sur la « fécondation artificielle » que j'envoie à Rome[3] ; le p. Élisée, provincial des Carmes ; une veuve de Vienne, cousine de Madame Marta von Papen. Puis je me suis rendu avec M. Baudoin avenue Haussmann voir quelques tapisseries chez M. Jacques

---

concevoir à l'encontre du MRP, ils doivent le soutenir au moment où il est la seule force politique importante en lutte contre le projet de Constitution de la gauche, qui pourrait faire évoluer le pays vers une démocratie populaire. Quand on songe que certains démocrates-chrétiens étaient parmi les principaux partisans d'une épuration épiscopale, on mesure le chemin parcouru par les autorités religieuses en moins d'un an.

1. Probablement.

2. Film de Jean Dréville, tourné en 1945, qui raconte le succès d'un jeune surveillant auprès des délinquants adolescents d'une institution de redressement.

3. Pour examen par le Saint-Office, sans doute.

Thiérard[1] ; et toujours du travail à la maison jusqu'aux habituelles heures tardives. Le Seigneur me pardonne. Ces livres bénis que je viens d'acheter, même de date ancienne, me distraient.

17 mars, dimanche. — Matinée à la maison : travail tranquille. Seule audience qui m'a été très chère, le consul général à Istanbul Paul Louis Chesneau, mis à l'écart lui aussi comme vichyste. Bonne personne et excellente famille nombreuse[2].

À 17 h à Notre-Dame pour la prédication du P. Riquet, qui m'a beaucoup plu et a su s'élever à la hauteur de l'Évangile dans la justification du chrétien face à la douleur : foi, espérance et charité. À une heure tardive est arrivé par le train de Suisse le cardinal de Bruxelles, van Roey, accompagné du chanoine Leclef, secrétaire, et de Furstenberg, désormais recteur du Collège belge de Rome[3].

18 mars, lundi. — Matinée consacrée au cardinal van Roey : j'ai assisté à sa messe, lui à la mienne. Conversation aimable et tranquille. À midi je l'ai accompagné en auto à la gare du Nord pour Bruxelles. Digne et cher cardinal. L'après-midi, j'ai eu plusieurs audiences : Jacques Thiérard, marchand de Gobelins ; Mme Maria Luisa Breen, de l'œuvre d'assistance américaine ; don Jacquin ; M. Soualle. Après le dîner, je me suis rendu dans une salle de Chaillot pour assister au très beau film américain : *Going*[4].

J'étais à côté d'Auriol, président de l'Assemblée[5]. L'après-midi, j'ai eu plusieurs cadeaux et fleurs, et des livres pour ma fête de saint Joseph.

19 mars, mardi. — Sainte messe. Maîtrise Notre-Dame (IVe), 8, rue Massillon. Abbé Cuvillier. Ce fut vraiment une belle réunion au milieu de ces bons enfants. Parmi eux, il y avait aussi un Ferrari de Turin. Après la messe, dans leur salle d'étude, j'ai parlé à tous de tas de choses qui les ont beaucoup intéressés. Je leur ai laissé 5 000 F. À la maison, au déjeuner, mes collaborateurs furent toute attention et affection.

1. Jacques Thiérard est expert agréé en tapisseries anciennes, *boulevard* Haussmann.
2. Le nonce paraît regretter une telle mise à l'écart.
3. Maximilien de Furstenberg fit, à partir de 1949, une carrière diplomatique au service du Saint-Siège, jusqu'au cardinalat attribué en 1967.
4. Il peut s'agir de *Going my way*, production du cinéma catholique d'outre-Atlantique.
5. Première rencontre avec ce notable socialiste, qui sera suivie de bien d'autres.

Ils m'ont offert notamment l'ouvrage en 6 volumes « Guilbert : Histoire des villes de France [1] ».

L'après-midi, je suis sorti me promener avec le bon *ing.* Giannattasio et nous avons visité le dépôt de tapisseries de M. Thiérard. Saint Joseph fut honoré et m'a donné beaucoup de consolation. Je suis passé ce matin chez l'ambassadeur Saragat, qui s'en va [2].

20 mars, mercredi. — Quelques audiences, mais surtout préparation du repas diplomatique de 13 h. Présents : M. Bidault, les ambassadeurs du Canada, du Brésil et d'Italie, les ministres Nosek de Tchécoslovaquie, Daouk du Liban, Funk du Luxembourg, Aramburu du Pérou, de Schonen des Affaires étrangères avec La Tour du Pin, et Denardo*. Il y avait aussi M. Vergara, du Chili. Tout s'est bien passé. Bidault content m'a donné son accord pour la tapisserie [3] et pour la visite au cardinal Suhard.

L'air est plein de mécontentement et de menaces. À la maison, mon travail de correspondance pour Rome. Mgr Vagnozzi est parti ce soir comme courrier diplomatique [4]. J'ai reçu en soirée M. Gidion* compagnon de Hoover, et le baron Milo della Grazia, revenu de Londres [5].

21 mars, jeudi. — <Petites sœurs, 62 av. de Breteuil. 13 h assist. à la distrib.>

Le matin, pas fait grand-chose, jusqu'à 11 h 15 quand j'ai célébré dans nos salles la messe de bénédiction du mariage d'Arturo García avec Isabelle Goblez, secrét. Lég. du Pérou et fils de l'ambassadeur péruvien au Vatican, avec une centaine d'invités. Mes paroles familières. Tout bien [6].

À 13 h, je me suis rendu chez les Petites sœurs, où tout s'est passé à merveille. Il y avait parmi les messieurs le *maire* de l'arrondissement (13e) [7] et le député. J'ai bavardé avec tous les vieux et les vieilles et avec les sœurs. Le soir, à la maison

1. Aristide GUILBERT, *Histoire des villes de France*, Paris, Furne, 1844-1848.
2. Il quitte Paris afin de se consacrer à la vie politique italienne, au sein du mouvement socialiste.
3. Pour l'acquisition par la nonciature des tapisseries, il faut l'accord du Quai d'Orsay.
4. On aimerait bien sûr connaître la teneur de ce courrier.
5. Voir plus haut en date du 12 janvier.
6. Le nonce va se faire une spécialité de ces cérémonies privées pour diplomates.
7. L'avenue de Breteuil est dans le VIIe.

audiences Milo della Grazia, Mme Ferrari et le nouveau consul adjoint Agostino Benazzo.

22 mars, vendredi. — Journée laborieuse. Audiences : P. Fugazza ; Capucins de Lyon ; Cisterciens hors couvent ; prince de Béarn ; Mme Allard et son fils ; M. Beriot, initié de Bouxières [1] ; curé de Choisy-le-Roi, etc. À 13 h 30 avec Pacini, grand repas au George V avec Bidault, les ministres du Liban et de France, célébrant la séparation en bons termes du Liban, sa liberté et son indépendance de la France. Est-ce que tout ira bien ensuite [2] ? Temps venteux et pluvieux. À la maison, nouvelles du passage de Mgr Rocco à Rio de Janeiro. Voilà une croix [3]. Le soir, Boche et Papin, j'ai fait une lettre pour l'évêque de Poitiers.

23 mars, samedi. — Audiences avant et après midi. La pensée de Poitiers et de la situation de cet évêque m'afflige [4] ; la sérénité de Mgr Rocco devant sa nouvelle mission me réconforte. À 11 h 30 j'ai eu une longue conversation avec le cardinal Suhard à l'archevêché : visite de Bidault, ondoiement de la fille de Dumaine, Institut catholique de Paris, etc. L'après-midi, audiences : sœurs de l'Adoration ; vicaire de Saint-Philippe du Roule ; Mgr Villepelet, évêque de Nantes ; le comm. Pasquale Jannelli, conseiller d'ambassade. Je me suis rendu avec lui en auto chez Thiérard pour admirer les deux tapisseries d'Urbain VIII qui seraient très belles à la nonciature. Mais 700 000 F.

24 mars, dimanche. — Vêture bergamasque Augustine du Sacré Cœur de Marie, 29, rue de la Santé, Paris. 9 h, avec déjeuner.

Belle réunion spirituelle qui m'a occupé jusqu'à midi. J'ai déjeuné chez les sœurs avec Mgr Brot et plusieurs prêtres français. Vu 5 sœurs de Ponte S. Pietro : une gravement malade ; vu aussi le *comm.* Caniglia qui m'a parlé de sa

---

1. Bouxières-aux-Dames, lieu des apparitions lorraines (voir plus haut en date du 8 février).

2. Indépendant sur le papier depuis 1943, le Liban ne le deviendra vraiment qu'avec le départ des troupes françaises, qui vient d'être annoncé, mais se terminera seulement à la fin de l'année. Bon connaisseur du Proche-Orient, le nonce s'interroge à juste titre sur l'avenir du pays.

3. Contrariété sans objet, puisque Mgr Rocco va rester encore quelque temps.

4. Mgr Mesguen reste discuté, et l'affaire Boche-Papin augmente ses difficultés.

maçonnerie [1]. L'après-midi, à Auteuil à la mission italienne : j'ai donné la bénédiction du Saint Sacrement, parlé et ensuite assisté à un beau drame : *Il rinnegato*, bien exécuté.

À la maison, longue conversation avec M. Frangié, ministre des Affaires étrangères du Liban. Journée bien chargée.

25 mars, lundi. — Étiolles près de Corbeil 10 h 30. Assistance à la messe dominicaine. F. Declercq, avenue d'Italie – route de Fontainebleau. Ris-Orangis. Belle promenade dans la brume de la Seine, puis la lumière s'est faite plus vive. Belle cérémonie en l'honneur de la Vierge de l'Annonciation dans la chapelle provisoire du beau nouveau séminaire des PP. dominicains [2]. Et quelle belle et prometteuse jeunesse. Nouveau motif d'optimisme pour la France. Mes paroles d'encouragement dans le vaste réfectoire [3]. Au retour, j'ai fait une visite aux sœurs dominicaines toutes proches. Elles aussi nombreuses, robustes et joyeuses.

À la maison, reçu de bon matin le cardinal Suhard et le soir M. Forni, de Rome.

26 mars, mardi. — Toujours audiences. Vers midi je suis allé à Orly accueillir le cardinal chinois Tien. De Rome, lettre de nomination de Mgr Rocco comme auditeur à la nonciature de Rio de Janeiro. Pour moi, consultation au sujet de l'envoi de Mgr Pacini comme nonce à Haïti et Saint-Domingue. Je m'afflige de la séparation de deux chers collaborateurs mais je me réjouis de leur promotion [4]. L'après-midi nous nous rendons tous les trois voir la fameuse tapisserie d'Urbain VIII. Elle leur plaît aussi énormément. Nous l'emportons à la nonciature. Arrive à cet instant M. Bianchi qui l'admire et se dispose à la payer. *Deo gratias* [5]. Ne mérite-t-il pas d'être nommé chevalier ?

---

1. Première allusion à la maçonnerie, dans les agendas parisiens.

2. Le transfert du couvent d'études de la province dominicaine de France (réfugié au Saulchoir de Kain-la-Tombe, près de Tournai en Belgique, depuis le début du siècle) a eu lieu en 1939, à la veille de la déclaration de guerre ; mais les travaux d'aménagement ne sont pas terminés.

3. Appréciation d'ensemble très favorable au Saulchoir, qui reste un des hauts lieux de la théologie française, malgré l'éviction de son régent, le père Marie-Dominique Chenu, en 1942.

4. Comme il ne lui restera plus que Vagnozzi, il se demande déjà si Giacomo Testa ne pourrait pas le rejoindre à Paris (lettre à l'intéressé du 31 mars, *Giacomo Testa nel solco di Angelo Giuseppe Roncalli*, p. 126).

5. Sans doute Francesco Bianchi, qui a déjà payé la moitié du prix de l'*Hymnarium Bergomense*.

<Reçu avec le p. Ilario, la famille Nera, de Rotafuori, trois frères et deux femmes. Braves gens de chez nous.>

27 mars, mercredi. — J'ai fait accrocher la tapisserie au mur de la salle à manger et elle est très belle. À 11 h je reçois la visite du cardinal Tien. À 13 h je le revois à l'ambassade de Chine, où sont également le cardinal Suhard et Mgr Touzé.

Le soir, le même cardinal et l'ambassadeur acceptent le dîner à la nonciature. Je crois ainsi avoir accompli mon devoir. *Episcopus hospitalis et benignus.* Que dire du représentant du pape [1] ?

28 mars, jeudi. — À 9 h je me suis rendu pour la première fois à la paroisse Saint-Philippe du Roule pour une messe funéraire pour le défunt camérier de cape et d'épée Gustave Daumas. Cérémonie édifiante parce qu'il y avait tous les jeunes du lycée Saint-Louis dont le défunt était le fondateur [2]. Mais la liturgie funéraire fut très imparfaite [3].

L'après-midi, reçu Mme Niny Flessati Rho qui retourne en Angleterre, le général Marinov, nouvel ambassadeur de Bulgarie, puis je me suis rendu à la conférence du P. Panici sur *Notre-Dame et ses conférences.* Et je suis passé à la légation de Syrie où j'ai eu beaucoup de bons et utiles contacts.

29 mars, vendredi. — À Versailles, dans la cathédrale Saint-Louis, funérailles du vicomte Charles [4] de Fontenay, ex-ambassadeur auprès du Saint-Siège (1928-1932). J'y ai assisté et ai présidé la cérémonie du trône : j'étais en mozette. Puis j'ai donné l'absolution à la sépulture en chape et mitre. Brave homme ce Fontenay, avec une femme qui aimait les manifestations mondaines. Sic transit, sic transit. J'étais avec Pacini. À 15 h 30 audiences : chanoine Simonne, vicaire général de Coutances ; puis le nouveau ministre d'Irlande. Je suis allé ensuite avec Pacini et Rocco à l'ambassade de Pologne pour une réception à l'occasion du traité entre la Yougoslavie et la Pologne. Contre mauvaise fortune bon cœur – pro bono pacis, mais il s'agit vraiment d'une mauvaise fortune [5].

---

1. En tant que tel, le nonce doit accueillir, et bien accueillir, d'où les travaux dans la nonciature et l'achat de cette tapisserie.

2. Il s'agit du cours privé Saint-Louis, et non du prestigieux lycée d'État du même nom, boulevard Saint-Michel (voir plus haut en date du 13 mars 1945).

3. Le nonce ne précise pas la nature de ces nouvelles critiques liturgiques.

4. *Joseph* ou *Louis-Joseph.*

5. Mgr Roncalli doit faire contre mauvaise fortune bon cœur, alors que

30 mars, samedi. — Reçu l'ancien et le nouveau provincial des Frères de saint Jean de Dieu de France, avec siège à Lyon ; et les fr. Damien et Paul Marc des Maristes d'Athènes. À 11 h, grand repas diplomatique : Auriol président de la Chambre des députés, les ambassadeurs de Grande-Bretagne, des États-Unis, de Chine, de Turquie, de Belgique, d'Argentine, les ministres de Suisse, d'Iran, de Syrie, de Bulgarie. Le chargé d'affaires d'Italie, Mauriac, les préfets Luizet et Flouret, Dumaine, le chanoine Sédillière, le p. Merklen, M. Robert Sion, de Lille, Pacini, Rocco, le nonce ; ainsi que Suisse, Irlande, Égypte et Portugal. Tout s'est bien passé. En levant mon verre j'ai bu au printemps, et à ce qu'il signifie, aspirations et vœux d'ordre et de paix.

L'après-midi, audience : le prof. allemand Médoc [1].

31 mars, dimanche. — Dimanche passé entièrement dans ma chambre et en silence. Seule interruption, une visite de Mgr Chappoulie, puis de Mgr de La Villerabel, que j'ai gardé à déjeuner. J'ai occupé mon après-midi à écrire des lettres à Mgr Calavassy et à Mgr Testa à Athènes [2]. Cela m'a délivré d'une sorte d'obligation que je croyais avoir. J'aurais besoin de plusieurs journées de ce silence.

Avec ce dimanche de Laetare s'achève le cher mois de saint Joseph. Les pratiques de dévotion ont été plus rares cette année ; mais le sentiment d'affection, de dévotion et de confiance est le réconfort de mon cœur.

Mars.

Pour la fête de saint Joseph		
À Dino	1 000	
À Giulio	1 000	
À Domenico	1 000	
À Eugenio	1 000	
À M. de Solages	1 000	
À Enrico	1 000	
Pour les enfants de la maîtrise de Notre-Dame		5 000
21 mars. Aux Petites sœurs des pauvres de l'avenue de Breteuil		5 000
7 avril. Au Patronage Saint-Pierre de Ménilmontant pour la Passion des Salésiens		5 000

la situation politico-religieuse dans ces deux pays, le premier surtout, se dégrade rapidement pour l'Église (le traité d'alliance évoqué a été signé le 18 mars).

1. Lenz-Médoc.

2. Respectivement exarque pour les Grecs catholiques de rite byzantin et représentant du Saint-Siège à Athènes (lettre citée).

Mars.
2 – À Toulouse. Barrette du cardinal Saliège
24 – Vêture religieuse 29, rue de la Santé.

1er avril, lundi. — <18 h. Baptême fille Évangéline Baron de Schonen à la paroisse Notre-Dame de l'Assomption, rue de l'Assomption [1]. Puis thé à la maison de Schonen.>

La journée fut laborieuse : reçu l'ambassadeur du Pérou auprès du Saint-Siège ; le p. Anoge appelé à Rome pour l'agence Fides ; un jésuite qui accompagnait quelqu'un à propos d'une cause matrimoniale.

Le soir, cérémonie du baptême : supplément des cérémonies pour Marie de Schonen et baptême d'Évangéline, dans les règles, à l'église paroissiale de Notre-Dame de l'Assomption ; tout s'est bien passé. Ensuite je suis resté à la maison de Schonen où j'ai rencontré le fils du comte Sforza [2] et l'ex-ambassadeur comte de Chambrun [3].

2 avril, mardi. — <21 h. Odéon. Conférence pour les lépreux sœurs des Apôtres.>

Ce matin de bonne heure Mgr Vagnozzi est rentré de Rome. Avec de bonnes nouvelles, il a apporté aussi une pincée de cendres pour moi. J'ai bien examiné ma conscience et me suis mis aussitôt en paix en déposant sur l'autel mon insuffisance et mes défauts, et en prenant humblement résolution et encouragement pour l'avenir. Et avec tout cela je répète le *bonum mihi*, et le *Deo gratias* [4].

---

1. Dans le XVIe arrondissement.

2. Diplomate de métier, le comte Sforza fut ministre des Affaires étrangères du cabinet Giolitti (1920-1921). Il dut démissionner sous la pression nationaliste et devint ambassadeur à Paris. Hostile au fascisme, il démissionna de nouveau et anima l'opposition libérale en exil, à Paris puis aux États-Unis à partir de 1940. Il revint en Italie dès la chute de Mussolini en 1943 et participa ensuite à plusieurs gouvernements.

3. Ancien ambassadeur auprès du Quirinal, Charles de Chambrun va être élu à l'Académie française le 4 avril et y sera reçu le 17 octobre.

4. Premier signe net de mécontentement romain envers le nonce à Paris, dont nous ne connaissons pas le contenu. *« Egli mi recò da parte di Vostra Eccellenza anche un pizzico di cenere quaresimale per la mia testa. Ed anche di questo la ringrazio. In un volume recente del Conte de Chambrun :* L'esprit de la diplomatie *trovo queste parole* : Méfions-nous de nos qualités : nos défauts sont nos amis. *Sono parole sagge e ammonitrici. E' ben cosi che l'ammonimento amabile che ella si è compiaciuta farmi arrivare, non dubito e la prego di non dubitare, continuerà ad essere luce e norma per le mie quotidiane introspezioni. Non posso assicurare che riuscerò perfetto : ma certo prosiguirò i miei sforzi per esserlo »* (« Il m'a apporté aussi de la part de Votre Excellence une pincée de cendres du Carême pour ma tête. Et je vous remercie aussi pour cela. Dans un volume récent du comte de

Puis deux audiences : le prince Louis de Bourbon-Parme et le vicaire général de Poitiers, Mgr Backès. Conversation sur des choses graves et affligeantes.

3 avril, mercredi. — <Messe funéraire. Dentella, 8 h 30 rue de l'abbé Grégoire. 15 h 30 abbé Salmon.>

La messe pour les défunts très bien réussie comme fonction. J'ai ajouté quelques paroles édifiantes : culte de saint Laurent pour la Sainte Église, pour la congrégation religieuse et spécialement pour les sœurs de saint Maur et pour l'amitié [1].

Ensuite, visite Mgr Beaussart pour l'affaire Boche [2]. Audiences Mgr de Courrèges, Mgr de Valence, prêtres de la Vierge de Fatima, curé Lesage, abbé Salmon, ing. Giannattasio, Mères Eugenia et Berta de Notre-Dame des Apôtres, ing. Reynès, les jeunes Robert et Gonzague Sion qui restent dîner.

4 avril, jeudi. — <Fr. Marc, des Maristes, 10 h. Dîner Auriol ; 16 h inaug. vente de charité. Œuvre apostol. Ab. de Foucauld et M. de Laboulaye, 8, rue Jean Goujon (VIIIe).>

Le matin, audiences : fr. Paul Marc des Maristes et le p. Anoge destinés à l'*Agence Fides* [3]. À midi, petite équivoque : j'attendais à déjeuner l'ambassadeur García, du Pérou auprès du Vatican avec son épouse. Ils attendaient ma confirmation. L'ambassadeur est venu seul, mais tout a été bien. À 16 h j'ai visité la salle de vente ut supra, et laissé 3 000 F, et ensuite, avec Mgr Pacini, M. Thiérard avec qui est conclue l'acquisition des deux tapisseries Barberini pour *580 000 francs* sans réparations [4]. Le soir, repas à l'Élysée. J'étais à la droite de

---

Chambrun : *L'Esprit de la diplomatie*, je trouve ces mots : "Méfions-nous de nos qualités ; nos défauts sont nos amis." Ce sont des mots sages et un avertissement. C'est bien ainsi que l'aimable admonition qu'il vous a plu de me faire parvenir, je n'en doute pas et vous prie de ne pas en douter, continuera d'être lumière et règle pour mes introspections quotidiennes. Je ne puis vous assurer que je deviendrai parfait ; mais je poursuivrai certainement mes efforts pour y arriver »), écrit Roncalli dans sa réponse du mercredi saint (17 avril) à Mgr Montini.

1. Lorenzo Dentella était devenu un ami de Mgr Roncalli par l'intermédiaire de Giacomo Testa, originaire de Cenate dont il était le curé.

2. Sur cette affaire délicate, le nonce ne craint pas de s'adresser au prélat contraint d'abandonner sa charge d'évêque auxiliaire l'année précédente.

3. Agence de presse dépendant de la Congrégation de la Propagande.

4. Issues des ateliers du Vatican, ces deux tapisseries représentent des scènes du règne d'Urbain VIII Barberini (1623-1644) : le pape priant pendant la guerre de Trente Ans et le pape examinant les plans d'une fortification (Peter HEBBLETHWAITE, *Jean XXIII le pape du concile*, Paris, Le Centurion, 1988, p. 240).

Mme Auriol la maîtresse de maison. Belle réunion des représentants de tous les partis à la Chambre.

5 avril, vendredi. — Peu d'audiences : l'orfèvre Chobillon, le curé de Saint-Germain-des-Prés, etc.

Le soir, conférence au théâtre Marigny du ministre garde des sceaux Teitgen sur la cour de justice. Je suis resté quelque peu embarrassé. J'ai eu en effet des réserves quant à l'appréciation de la moralité de l'épuration et j'ai eu peur qu'il n'en sorte quelque observation à propos du clergé [1]. Heureusement il n'en fut rien. J'étais avec Vagnozzi avec qui j'ai fait ensuite quelques pas à pied. Temps chaud et pluvieux. La pensée de ceux qui me quittent : Rocco et peut-être Pacini, m'induit à la tristesse. Mais pourquoi m'attrister ? Le Seigneur ne suffit-il pas à mon réconfort ?

<Reçu le vicaire général d'Angers à qui j'ai donné une lettre autographe du Saint Père pour Mgr Costes [2].>

6 avril, samedi. — Matinée avec peu d'audiences. Mais importante celle du P. Épagneul, fondateur des « Frères missionnaires des campagnes » de la Houssaye [3]. J'ai gardé ensuite ce père à déjeuner. Nous étions seuls avec Mgr Vagnozzi.

L'après-midi je suis resté à la maison mais avec l'envie de sortir. Très belle journée. Comme hier, j'ai reçu Madame Livia Aldobrandini. Ce soir, reçu Mme Bettina Bergery, épouse – mais pas dans les règles – de l'ambassadeur de France à Istanbul, actuellement prisonnier à Fresnes. Situation douloureuse sur laquelle il est difficile pour moi d'influer. Mais que la charité du Seigneur trouve sa voie [4].

7 avril, dimanche. — <Invitation Salésiens Chadorge et Bernier au Patronage Saint-Pierre pour représent. de la Passion.>

---

1. Le nonce s'interroge sur le bien-fondé moral de l'épuration et il craint, à tort, que le comportement du clergé pendant la guerre ne revienne sur le tapis.
2. Remerciement pour le portrait de Pie IX ?
3. Troisième rencontre, sans doute pour inviter Mgr Roncalli le 27 avril.
4. Bon exemple de dérive politique de la gauche à la droite par attraction du fascisme, l'ancien radical Gaston Bergery n'est pas inquiété pour son ambassade à Ankara, qui était une mise à l'écart en juillet 1942, mais pour son rôle antérieur : le 10 juillet 1940, non seulement il a voté les pleins pouvoirs à Pétain, mais il a appelé à la création d'un parti unique et à la constitution d'un régime autoritaire prêt à collaborer avec l'Allemagne nazie. La femme de Bergery vient certainement solliciter le témoignage du nonce pour son mari.

À la maison, j'ai eu la visite de Mgr Renato Feuga, évêque de Mysore en Inde et des deux abbés bénédictins Salmon et [Olphe-Gaillard] de la Source. J'ai gardé ces deux derniers à déjeuner.

L'après-midi, je suis allé avec Vagnozzi au Patronage Saint-Pierre – 9, rue du Retrait – comme ci-dessus. Beaucoup de jeunes. Le drame de la Passion très bien représenté. J'ai laissé 5 000 F comme encouragement. Pour tous ces garçons participants, cette représentation est le meilleur catéchisme [1].

8 avril, lundi. — Matinée rarissime sans aucune audience. À 13 h j'ai eu à déjeuner l'évêque missonnaire de Mysore avec le Procureur général. L'après-midi nous sommes sortis avec Vagnozzi et Rocco visiter les libraires Letouzey, Bloud et Beauchesne, pour acheter certains tomes de dictionnaires et des livres [2]. À la maison, reçu Mlle Armida Ferrari avec Mme veuve Biazzi et les deux fiancés baron Pierre d'<Huart> et Annie de Lassus qui m'ont demandé de les marier à la nonciature le 30 avril.

Le soir, nouvelle inflammation de l'œil gauche. Signe de refroidissement. Patience.

9 avril, mardi. — Audience la plus importante : princesse de Polignac avec sa nièce, le fiancé, etc. J'ai dû refuser la cérémonie du mariage mixte [3]. Autre visite, la demoiselle [ ] d'Athènes. L'après-midi, le p. Jacquinot et Maurice Denis, le prince (?) Adin de Rhodes avec des salutations de Mgr Acciari, de Rome, et le soir M. Jamulle, consul de Belgique à Istanbul [4], et Madame, et M. Bianchi. Nuit occupée par la préparation de lettres à la famille. Enrico Sartori, qui part en camionnette avec notre domestique Domenico, les portera.

Le soir, le rhume avec trouble relatif de l'œil gauche, a diminué.

10 avril, mercredi. — Peu d'audiences, mais longues. Importantes les correspondances qui représentent un gros travail pour moi et pour mes collaborateurs. Nous avons eu à

---

1. Grand patronage de Ménilmontant, quartier populaire du XXe arrondissement.

2. Trois des plus importantes maisons d'édition de livres religieux, la première étant spécialisée dans la production de dictionnaires. Il s'agit peut-être des livres demandés par Mgr Bernareggi, qui sont énumérés dans sa lettre du 10 mai (*Questa chiesa che tanto amo*, p. 288).

3. Selon la règle canonique alors en vigueur, le nonce se refuse à la célébration d'un mariage où l'un des conjoints ne serait pas catholique.

4. Olivier *Jaumoulle* a été nommé à Istanbul en 1936.

déjeuner le P. Aroud, sup. des Lazaristes de Vichy, intéressant pour ses souvenirs de Chine, et de Vichy au temps où la nonciature était logée dans la maison des missionnaires qu'il dirigeait. Ce fut une vie de pénitence, en ces années de grande incertitude. L'après-midi, sorti en voiture avec Mgr Rocco pour acheter quelques livres pour lui et pour moi.

Audience le matin du p. Fernessole, de l'Institut catholique, religieux, sérieux et méritant. Il est venu recueillir des indications pour son enseignement [1].

11 avril, jeudi. — Ce grand pape inspire beaucoup de courage et une douce et sainte fierté au service du Seigneur [2].

Seule audience aujourd'hui, celle de l'abbé Jacques Hollande, sup. de la Mission de Paris, 47, rue Ganneron (XVIIIe) [3]. Ils sont 12 prêtres qui se sont faits ouvriers authentiques pour approcher le milieu ouvrier. J'admire, j'encourage et je bénis [4]. À midi, nous sommes tous sortis avec l'*ing.* Giannattasio pour un déjeuner à la campagne, « l'Aubergade », payé par Mgr Vagnozzi pour arroser sa prélature. Tout bien, mais un peu loin. Le soir, ma visite au cardinal Suhard sur l'affaire de Mgr Calvet qui quitterait l'Institut [5].

12 avril, vendredi. — Deux visites importantes : l'abbé Boche à qui j'ai pu dire avec charité des choses déplaisantes, concernant ses projets de constitution d'une association de prêtres sans se détacher de Loublande. Pour l'heure, rien à faire [6]. Puis le vieux Mgr Mério, président de la Sainte Enfance. Nous nous entendons bien.

---

1. Voir plus haut en date du 4 décembre 1945.
2. C'est la fête de saint Léon le Grand, pape et docteur de l'Église au Ve siècle.
3. Sur le conseil du cardinal Suhard, il a demandé audience pour que les prêtres-ouvriers puissent célébrer leur messe à 18 heures (lettre du 6 avril).
4. Soutien net et sans équivoque à la plus importante des nouvelles entreprises missionnaires en région parisienne. « Je ne connais que le monde paysan de mon pays, évidemment, c'est très différent du monde des fabriques et des usines de chez vous. Il faut que vos prêtres prient et soient bien en accord avec votre archevêque », aurait-il dit à son visiteur (déposition du chanoine Hollande au procès parisien, vol. III, p. 104).
5. Pour laisser les mains libres aux évêques protecteurs, il a donné sa démission de pro-recteur le 15 mars, tout en acceptant d'expédier les affaires courantes jusqu'à la fin de l'année universitaire (*De la faculté des lettres au pro-rectorat*, p. 132-133).
6. C'est donc bien le lien de ce projet avec Loublande qui pose problème.

L'après-midi, je suis sorti en auto avec Vagnozzi pour me confesser au p. Romans, des Lazaristes [1], en remplacement du p. Fugazza, puis acheter des livres chez Beauchesne et rendre visite au frère de Dino, M. Costanzo Emmanuelli, hospitalisé à Saint-Jean de Dieu, rue Oudinot [2]. À la maison j'ai reçu Mlle Girod de l'Ain qui m'apporte un peu de myrrhe avec du vinaigre [3].

<Payé aujourd'hui avec Mgr Vagnozzi à M. Thiérard les deux tapisseries d'Urbain VIII (580 000 F).>

13 avril, samedi. — Troisième déjeuner du Corps diplomatique. Autour de Chauvel, à la place d'honneur, et à partir de moi les ambassadeurs de Yougoslavie et de Pologne, les ministres d'Afghanistan, Venezuela, Monaco, Danemark, Équateur, Saint-Domingue, Haïti, Hongrie, Nicaragua, Autriche, Roumanie, Colombie, Pays-Bas. MM. Coulet et Lucet du ministère des Affaires étrangères. Puis Pacini, Vagnozzi et le P. Lemoine. Tout s'est bien passé. Vagnozzi a fait ses premiers pas. Heureuse visite de mes cousins Giov. Federico et Mario Colombo avec la sœur Agnese épouse Re, et son fils Guido. Ils sont de Pontida, depuis longtemps émigrés en France, fils de Nini Rossi, fils de Caterina, sœur de mon grand-père. Je les ai gardés à dîner. Chère et bonne impression.

14 avril, dimanche. — Le rhume continuant un peu, l'œil gauche a de nouveau rougi, et m'a fait un peu mal. Que la douleur soit bénie. Matinée occupée dévotement, mais peu efficace au bureau. À midi, audience du marquis de Canisy. Il demande que l'épiscopat donne une orientation claire à propos de la nouvelle constitution [4]. À 17 h, assisté avec Pacini et Vagnozzi à la dernière prédication du p. Riquet, et au très beau salut que lui adresse le cardinal Suhard. Bonne prédication : mais comme si dans le monde il n'y avait que les Français et la France [5]. Puis ma visite à Mgr Beaussart, toujours un peu souffrant de ses tumeurs.

---

1. Autre assistant du supérieur de la congrégation, en résidence 95, rue de Sèvres.
2. Dans le VIIe arrondissement.
3. L'expression est jolie…
4. Seuls deux prélats, Mgr Cazaux de Luçon et Mgr Théas de Montauban se prononcent clairement pour le « non » au texte élaboré par la gauche ; la plupart de leurs confrères se contentent d'insister sur l'importance du scrutin dans une perspective ecclésiale (*La Documentation catholique*, 12 mai, col. 429-433).
5. Nouveau signe de réserve face au regain d'un patriotisme marqué dans les milieux ecclésiastiques.

15 avril, lundi. — <Repas d'Huart, 41, avenue d'Iéna. 13 h avec Mgr Pacini.>

Matinée peu rentable. Audience du vicomte de Fontenay à propos des partis des catholiques face aux élections – MRP-MRL [1]. Réponse égale pour tous. La nonciature se tient sur toutes réserves : naturellement en regardant avec une bienveillance particulière ceux qui suivent le mieux les orientations pontificales [2].

À 13 h repas baron d'Huart au Bristol. Longue conversation avec la princesse veuve Sixte de Bourbon. À 17 h, visite avec Pacini et Vagnozzi à Sainte-Odile [3]. Le soir, reçu M. Ferretti, de retour de Milan, tout comme j'ai reçu ce matin M. Bianchi.

16 avril, mardi. — <Visite Secrét. Génér. Ligue Féminine d'Action cath. Française, 98, rue de l'Université (VIIe) 17 h.>

Audience ambassadeur Escobar, d'Argentine, qui part et présente le nouveau chargé d'affaires. Le soir, la visite à la Ligue féminine m'a laissé une excellente impression. J'ai vu tous les bureaux et y ai trouvé clarté de propositions et de méthode ; ferveur édifiante des œuvres. Il s'agit de l'équivalent de l'Union des femmes catholiques d'Italie dont j'ai été à Bergame l'assistant ecclésiastique de 1910 à 1920 [4]. Il y avait aussi Mgr Courbe [5] que j'ai ensuite accompagné en auto à sa résidence de Montmartre [6]. Braves femmes, bien intentionnées et organisées.

17 avril, mercredi. — Audiences d'hier : l'abbé Jacquin avec qui j'ai parlé de l'affaire de Mgr Calvet, qui ne sait pas distinguer ses amis. Aujourd'hui le même m'écrit que ce prélat garde ses lubies. Patience [7].

---

1. Il s'agit sans doute du *Parti* républicain de la liberté, qui s'efforce de faire renaître la droite classique, très affaiblie par les inéligibilités dues au vote des pleins pouvoirs à Pétain en 1940.

2. Réponse de principe qui ne variera pas : le nonce refuse de choisir entre la droite classique et les démocrates-chrétiens, mais exprime sa sympathie pour les forces qui respectent les enseignements pontificaux.

3. Sainte-Odile (XVIIe arrondissement).

4. La comparaison avec l'Italie est justifiée : la Ligue fondée en 1933, qui va tenir son congrès national à Paris les 19 et 20 juin, est le mouvement d'Action catholique générale pour les femmes, organisé sur une base paroissiale.

5. En tant que secrétaire général de l'Action catholique française.

6. 40, rue du Chevalier-de-la-Barre, XVIIIe arrondissement.

7. Il les conservera jusqu'au bout : « Il est regrettable qu'une mesure si normale – mon mandat prenait fin, je ne demandais qu'à me retirer et à rentrer dans le rang – puisse apparaître comme un acte d'épuration et fasse ainsi partie de la vaste opération d'escroquerie commise par le MRP, les socialistes et les radicaux, au profit des communistes » (*De la*

Peu d'autres audiences : parmi celles-ci, bon exercice de résistance, la vieille comtesse de Salverte ; Mgr Dib qui part pour Rome [1], le juif Sami des tapis d'Istanbul avec son gendre (?) ; l'après-midi Pichon et Mahieu. Entre-temps, j'ai écrit à Mgr Montini une lettre confidentielle de vœux de Pâques, évoquant le bon accueil fait à quelques observations d'il y a un mois [2].

18 avril, jeudi. — Sainte messe du jeudi saint, à la chapelle. J'étais en violet. Mgrs Vagnozzi et Rocco ont communié. Il y avait aussi Mme Giuseppina Saragat, femme de l'ex-ambassadeur. Ce fut sa messe d'adieu à Paris. Puis matinée tranquille en méditation et en silence. À 15 h 30, j'ai reçu S. E. Vincent Auriol, président de la Chambre, qui m'a parlé de la crise politique : MRP et constitution [3]. Entre-temps, visite de Mgr de La Villerabel. Nous sommes sortis avec Pacini pour la visite aux 7 églises : 1) Saint-Augustin pour le pape. 2) La Madeleine pour la France. 3) Saint-Dominique pour le clergé. 4) Sainte-Clotilde pour la jeunesse. 5) Saint-Séverin pour

---

faculté des lettres au pro-rectorat, p. 133, 16 septembre 1946, jour de son départ de l'Institut catholique).

1. Déjà chorévêque maronite, Pierre Dib, professeur de droit canon à la Faculté catholique de Strasbourg, sera bientôt promu à l'épiscopat.

2. Voir plus haut, en date du 2 avril ; le nonce lui envoie le 1er mai, comme « *fior di Parigi* », tous les volumes disponibles du *Dictionnaire d'archéologie chrétienne et de liturgie*, de dom Cabrol et dom Leclercq (Letouzey et Ané éditeur), dont l'érudition pourra... le délasser.

3. La visite est peu banale, car le président socialiste de l'Assemblée constituante et le nonce n'ont guère de raisons officielles de se rencontrer : « *Questi venne alla Nunziatura per indurmi delicatamente ad influire sui ministri MRP per la approvazione del primo schema della Costituzione Repubblicana* » (« Celui-ci est venu à la nonciature pour me pousser délicatement à influencer les ministres MRP en faveur de l'approbation du premier schéma de constitution républicaine »). Réponse : « *La Santa Sede e il Nunzio Apostolico rispettano scrupulosamente la prima norma della loro funzione, che é di non immischiarsi in alcun modo in affari o progetti d'ordine interno e civile. Cosi il Nunzio ha sempre fatto in questi anni e non potrà dipartirsi da questa condotta [...] Quanto ai miei rapporti col MRP soggiungevo che il Nunzio non ha un partito suo o della Santa Sede a cui sia legato in alcun modo ; ma si considera solo come il rappresentante di una paternità che è aperta a tutti e coglie la verità ed il bene dove si trovino* » (« Le Saint-Siège et le nonce apostolique respectent scrupuleusement la première règle de leur fonction, qui est de ne s'immiscer en aucune façon dans les affaires ou projets d'ordre interne et civil. Le nonce a toujours agi ainsi durant ces années et ne pourra se départir de cette conduite [...] Quant à mes rapports avec le MRP j'ai ajouté que le nonce n'a pas de parti à lui ou du Saint-Siège à qui il soit lié d'une quelconque manière ; mais il se considère seulement comme le représentant d'une paternité ouverte à tous et qui cueille la vérité et le bien là où ils se trouvent »), rappel de Mgr Roncalli à Mgr Tardini du 14 février 1949.

l'Action catholique. 6) Notre-Dame pour l'épiscopat. 7) Saint-Pierre de Chaillot pour ma famille et ma paroisse [1].

19 avril, vendredi. — Matinée aliturgique pour moi. Je me suis occupé dévotement avec les écrits de saint François de Sales à propos de la Passion de Notre Seigneur.

Mgr Devreesse, vice-préfet de la Bibliothèque Vaticane, arrive de Rome : il m'apporte une lettre de la Secrétairerie d'État, et je le garde à déjeuner.

Parmi les lettres de Rome, une copie du résumé du procès pour les immeubles d'Istanbul. Intéressant et pas affligeant pour moi. *Feci quod potui.* Le soir tard, je me suis rendu avec Vagnozzi et Rocco à Notre-Dame pour la prédication du p. Riquet sur la Passion et la procession des saintes reliques. Beaucoup de monde, mais fonction froide [2].

20 avril, samedi. — Samedi saint aliturgique pour moi. J'ai pu toutefois faire mes dévotions. J'ai salué deux Polonais, recteur et professeur du séminaire de Włokławek, évêque Mgr Radonski qui m'a rendu visite à Istanbul. L'après-midi, le p. Merklen est venu. Pas tiré grand-chose des journaux. Le fait politique important est le *non* du MRP à la constitution. Ainsi l'alliance tripartite est rompue : communistes et socialistes d'un côté, MRP et les autres dans l'opposition. Le référendum du 5 mai décidera de beaucoup de choses. À 14 h nouvelle de la mort de Mgr Choquet, évêque de Lourdes [3]. J'ai aussi des nouvelles de Bergame, de la mort du notaire Locatelli, mon très cher ami.

21 avril, dimanche. — Pâque du Seigneur. La deuxième en France. La première à Paris. J'ai célébré la messe pontif. à Saint-Germain des Prés, tout s'est bien passé, beaucoup de monde : beaucoup de communions, mais surtout de *seniors*, beaucoup de femmes âgées ou de jeunes désargentés [4]. Le cortège du Seigneur. Je suis resté déjeuner chez le curé, le chanoine Gouget, avec Mgrs Pacini et Vagnozzi, l'avocat [Faure] maire du VIe arrondissement qui a communié, et le prof. Le Bras.

---

1. À défaut de sept basiliques romaines, sept grandes églises parisiennes.
2. Sans la chaleur italienne.
3. De Tarbes et Lourdes, plus précisément.
4. Cette partie du VIe arrondissement, entre le boulevard Saint-Germain et la Seine, est alors un quartier assez populaire, avec beaucoup de personnes âgées et d'étudiants.

L'après-midi, j'ai rendu visite au card. archev. et aux sœurs de Sion ; avec ces dernières, j'ai évoqué Istanbul et les personnes et choses chères de là-bas. À la maison, grand réconfort spirituel à parcourir les volumes des « Œuvres de saint François de Sales » qui sont vraiment pour moi « hortus delitiarum ».

22 avril, lundi. — Visites d'aujourd'hui : l'homme politique Louis Marin ; à midi Mgr de La Villerabel [1] qui reste déjeuner. L'après-midi, M. Chesneau qui fut consul à Istanbul ; l'abbé Papin de Poitiers, qui me fait souffrir à cause de son obstination et de celle de l'abbé Boche à suivre leur volonté et non celle de l'Église ; Mgr Lefebvre, archev. de Bourges, avec qui nous parlons des affaires de Poitiers [2].

Un télégramme chiffré de Montini annonce la nomination de Mgr Pacini au titre archiépiscopal de Germia d'Hellespont – celui de Mgr Mazzoli – et au poste de nonce apostolique à Haïti et Saint-Domingue. J'en suis vraiment content.

23 avril, mardi. — La famille de Stefano Della Sudda est venue à ma messe pour l'anniversaire de leur mariage.

Ma satisfaction pour la nomination de Mgr Pacini continue. Il a pour première idée de se faire consacrer par le card. Marmaggi à Santa Maria in Campitelli, à Rome. À midi, j'ai eu à déjeuner S. E. Mgr Lefebvre, archev. de Bourges et le chanoine Clamorgan, notre curé de Saint-Pierre de Chaillot. J'ai voulu donner cette preuve de dévotion à la paroisse de la nonciature [3]. Conversation très intéressante sur les aberrations de la philosophie moderne de la vie et de l'histoire [4].

24 avril, mercredi. — Intéressante audience de M. Bassot sur les problèmes de l'heure actuelle. À midi, repas à l'archevêché à l'occasion du Xe anniversaire de la fondation des Jeunesses indépendantes féminines catholiques. Le cardinal Suhard a salué le nouveau nonce à Haïti, Mgr Pacini, qui m'a prié de répondre. Réunion fraternelle avec plusieurs évêques. À 17 h 30 j'ai assisté en mozette à la messe pontif. du

1. Vu deux fois en quatre jours...
2. Qui ne s'arrangent pas, malgré le conseil de l'archevêque métropolitain.
3. Mais pas de siège épiscopal pour son curé, comme le suggérait la Résistance (André LATREILLE, *De Gaulle, la libération et l'Église catholique*, p. 32).
4. Première notation pessimiste en matière intellectuelle, qui vise probablement l'existentialisme.

card. Suhard à Notre-Dame, bondée de jeunes filles [1]. Tout en chant grégorien d'un effet incomparable. Enfin beau discours du card. Liénart, beau et très habile et délicat. Dîner chez Giannattasio.

25 avril, jeudi. — Audience Madame Carniglia. Puis longue conversation avec Mgr Devreesse qui repart pour Rome. À 12 h 30 nous sommes sortis en compagnie vers Saint-Germain-en-Laye, pour le déjeuner offert par Mgr Rocco. Maître de cérémonie, l'ing. Giannattasio. À 16 h arrivée à l'improviste d'Amérique du nouveau nonce en Belgique, Mgr Cento. Lui et moi sommes les deux seuls évêques consacrés par le card. Tacci. Je l'accompagne à Notre-Dame où nous prions sur la tombe de Mgr Garibaldi [2], puis à Montmartre et au Bois de Boulogne. Excellente et encourageante rencontre.

26 avril, vendredi. — Mgr Cento n'est pas libre ce matin. À la maison, quelques audiences. Dans l'après-midi pluvieux je sors avec mon hôte visiter la ville. Nous allons à l'Hôpital des sœurs Augustines du Cœur Immaculé de Marie – 29, rue de la Santé – où, pendant que je vois M. Carniglia, Mgr Cento se fait soigner la jambe qui menace infection. Le soir, heureux entretien, dans le souvenir d'événements de la vie ecclésiastique contemporaine.

Parmi les audiences d'aujourd'hui, à noter Mgr Bernardini que je me contente pourtant de saluer, et M. Daniel-Rops, auteur de la nouvelle vie de Jésus, *Jésus-Christ en son temps* [3].

27 avril, samedi. — <Avocat Marchat, juge d'instruction, 10 h. Déjeuner chez M. Bassot, La Petite Grange Coubert. Tél 1 Inter. Seine-et-Marne.>

Mgr Cento est parti en avion. Audience avocat Marchat, qui recueille ma déposition en faveur de Bergery [4]. J'ai eu la visite brève du baron *dott.* Filippo Milo della Grazia, de Gorizia, Trieste, et du nouveau ministre de Roumanie Stoilov. À midi, je

1. Congrès de la Jeunesse indépendante chrétienne féminine au stade Roland-Garros, les 23 et 24 avril ; fondé en 1935, ce mouvement rassemble les jeunes filles des classes moyennes, étudiantes exclues.

2. Antonio Garibaldi fut nonce à Paris de 1850 à sa mort en 1853 ; son inscription funéraire se trouve dans la chapelle Sainte-Madeleine.

3. Ce best-seller, dont le titre exact est *Jésus en son temps* (Paris, Librairie Arthème Fayard, 1945), ne se veut pas une vie de Jésus, mais une tentative pour restituer le fondateur à son époque.

4. Mgr Roncalli a donc accédé à la demande de la femme de l'accusé : il témoigne en faveur de celui-ci.

me suis rendu à la propriété de M. Bassot à La Petite Grange Coubert. J'étais avec Vagnozzi. J'y ai trouvé les élèves du P. Épagneul, et lui aussi[1]. Distraction très plaisante avec la famille Bassot et avec ces jeunes. De retour à la maison, j'ai reçu Ferretti avec l'orfèvre Bellatti. À dîner Mgr Bernardini *ut frater*.

28 avril, dimanche. — *In Albis*. Matinée calme. Audiences p. Rémi[2] et M. Baroni. Mgr Bernardini est venu déjeuner, et la bonne épouse de Giulio, d'accord avec les sœurs pour faire honneur à notre hôte, a préparé un beau plat de « fettuccine » à l'italienne.

L'après-midi, nous sommes sortis, Bernardini, Vagnozzi et moi pour une visite à Saint-Denis, admirable basilique qui aujourd'hui m'est apparue plus belle avec ses tombes royales découvertes et ses vitraux remis en place. J'y ai rencontré l'abbé Joly et le nouveau jeune curé <Levavasseur>. Mgr Bernardini est resté aussi dîner et la fête fut complète.

29 avril, lundi. — Visites d'aujourd'hui. 4 évêques : Mgr Terrier, de Bayonne ; Mgr Raymundos, de Santorin, l'un et l'autre gardés à déjeuner ; Mgr Richaud, de Laval et Mgr Bernardini ; puis le curé de Saint-Jean Saint-François, M. Dehlinger ; le soir le *dott.* Filippo Milo della Grazia. À 20 h, dîner au Bristol que nous offre, à Rocco et à moi, l'ambassadeur du Brésil, où j'ai rencontré Duhamel, les ambassadeurs du Canada, de Turquie et du Mexique. Ce matin, j'ai appris par des lettres de Naples et Mgr Vagnozzi que Mgr Rocco ne part plus pour le Brésil, où va Mgr Marchioni. Nouvelles du 15 courant et rien ne nous en a été communiqué ici[3]. Intéressante visite d'une demoiselle américaine en tournée, la première assistante des Filles de Marie.

<Vu le jeune Filippo de Nattes* revenu de Mapello où vit sa famille Colombo.>

30 avril, mardi. — Mariage du marquis Pierre d'Huart à la nonciature avec Anne-Marie de Lassus-Saint Geniès,

---

1. Dans « la maison de campagne de l'ami parisien à qui nous devons notre Association d'Amis », écrit Épagneul ; bon moment de détente assombri un instant par un chant humoristique des frères sur la polenta : on ne plaisante pas avec un plat typique de l'Italie du Nord ! (*Semailles en terre de France*, p. 165) ; photographie dans *Souvenirs d'un nonce*, entre p. 56 et 57.
2. Kokel.
3. Le nonce devrait pourtant être le premier averti du sort de ses collaborateurs.

petite-nièce du musicien Charles Gounod. À 11 h : tout s'est bien passé dans le maximum de simplicité avec beaucoup de monde dans les deux salles de réception. Mes brèves paroles à la fin. Le mari est parti ensuite, avec son épouse, comme consul en Allemagne. Audience Mgr Lebrun, évêque d'Autun. À déjeuner Mgr Bernardini. L'après-midi, 4 garçons Xavier, Gérard, Patrice et Michel Sion ; puis la famille de Robert Sion avec sa femme, sa fille Agneau [1], et Robert avec sa fiancée Christiane, puis le p. Édouard Tiberghien, neveu de Mgr Jules et sa sœur [2] ; le journaliste Savary [3], de la *Tribune de Genève*. À 18 h je suis allé au thé du Quai d'Orsay pour honorer les trois ministres des trois grands avec Bidault.

<J'ai vu Molotov mais n'ai pas eu de contact avec lui [4].>

Avril. — Allocution mariage d'Huart : 1) célébration silencieuse, trop pour une petite-nièce de Gounod. Silence extérieur qui monte la garde pour la musique intérieure des cœurs. C'est le premier vœu nuptial. Réserve faite de douceur, de compréhension, de patience, d'amabilité mutuelle. 2) fête de sainte Catherine de Sienne : les deux amours de l'Église et de la patrie. Pour un diplomate de carrière, magnifique programme de vie et d'aspirations. 3) l'image de la Madone de Sassoferrato préside au mariage et le bénit, inclinée sur son bébé qui dort. *Omnia nos habere voluit per Mariam.* Vœu et réconfort pour la nouvelle famille qui naît.

1er mai, mercredi. — À Meudon Salésiens. Messe 8 h 30. Tout bien à Meudon. Ma messe avec communion : bons garçons. Assistance en mitre à la messe solennelle de Mgr Pacini. Repas fraternel. Malheureusement une note triste : les Salésiens vont devoir laisser la place à d'autres. Le père Guillaume est pourtant si bien. À 16 h 30 j'ai assisté à la réception chez Gay pour sa fille Odile, mariée aujourd'hui à Saint-Sulpice au capitaine Robert Cadiot. J'ai été reçu avec beaucoup d'égards et j'ai eu des contacts avec nombre de

---

1. Pour *Agnès*, sans doute.

2. Membres d'une grande famille d'industriels du textile de Tourcoing, qui a donné plusieurs des siens à l'Église. Mgr Jules Tiberghien, notamment, fut un influent représentant du catholicisme français à Rome au début du XXe siècle.

3. Le publiciste Léon Savary, transfuge du protestantisme, vient d'être nommé correspondant de son journal à Paris.

4. Incise amusante : le nonce n'a quand même pas voulu rencontrer le chef de la diplomatie soviétique. Après la conférence de Londres, les quatre Grands tentent d'accorder leurs violons sur les traités avec les alliés du IIIe Reich, avant la conférence de Paris.

personnes qualifiées : ministre Letourneau des Postes et Télégr., Luizet, Flouret, Marc Sangnier, des académiciens, Streichter[1], etc. Le soir à la maison, chère compagnie de Mgr Bernardini.

2 mai, jeudi. — <14 h 30. Parc des Princes. Cœurs vaillants avec card. Suhard.>

Audiences : le comte de Porquier de Lagarrigue, camérier secret, etc. Il est de Bayonne. Intéressant. Comtesse de Rouvre, 19, av. George V ; P. Capucin Ritzl, aumônier milit., 26, rue Boissonade, Paris XIVe. À déjeuner, plusieurs amis de Mgr Rocco qui partira ce soir : Mac Donald, Davella, Denardeau*, un ministre du Brésil, presque tous amis de Vichy[2]. À 14 h 30, magnifique spectacle de 55 000 adolescents Cœurs vaillants au Parc des Princes[3]. Inoubliable. Cela a duré 4 heures. Dîner intime à la maison, avec Mgr Bernardini. À 22 h adieux à la gare de Lyon de mon cher et précieux Mgr Rocco qui est parti pour Rome.

<Abbé Pieters – 51, rue N.-D. des Champs.>

3 mai, vendredi. — <Lazaristes. Confrérie Agonie N. S., 95, rue de Sèvres.>

Nuit bien reposée après la tristesse d'hier. Plusieurs audiences : marquise de Monferrato à qui j'ai donné un émail pour la tombola de la rue Violet ; prince de Béarn ; deux ingénieurs Rydlevsky et Abrantchik, biélorusses ; le curé de Saint-Martin-des-Champs, l'abbé Rebufat[4] ; l'*abbé Martin* à qui j'ai dit *verba veritatis et caritatis* ; le jeune protestant allemand Peters[5], etc. À midi, j'ai eu Mgr Bernardini qui est revenu pour le dîner, toujours très cher. À 15 h 30, présidé la belle fonction du centenaire de l'Archiconfrérie de la Passion chez les Lazaristes, et j'ai ajouté quelques brèves paroles au discours de [ ] en citant trois exemples d'amour de la Passion et de la Croix : saint Charles Borromée, [x] et saint Denis.

<Ensuite visite à Oliva avec Mgr Pacini.>

1. Sans doute Schneiter, car le nonce est l'invité d'une éminente famille démocrate-chrétienne.

2. Où Mgr Rocco a été en poste auprès du nonce Valerio Valeri.

3. Le plus grand stade de Paris a été investi pour l'occasion par ce mouvement d'enfants qu'animent les Fils de la Charité (Gaston Courtois, Jean Pihan, etc.) de l'hebdomadaire illustré du même nom ; Mgr Roncalli le recommande aussitôt à sa cousine de Reims Agnese Formenti, pour son fils (lettre du 4 mai, *Lettere ai familiari*, II, p. 49).

4. Paroisse du Xe arrondissement.

5. Première mention de rencontre avec un protestant qui ne soit pas un diplomate.

4 mai, samedi. — Ce monsieur Marcovitch reçu aujourd'hui est vraiment une digne personne : bon catholique et bon Français. J'espère le revoir. À midi, Mgr Bernardini me tient compagnie pour la dernière fois. Il repart ensuite en avion dans l'après-midi. J'ai reçu encore le prof. Andrieu, doyen de la faculté de théologie de Strasbourg, qui m'a dit du bien de Mgr Gaudel, évêque de Fréjus [1] comme probable ou éventuel recteur de l'Institut catholique de Paris ; l'abbé Combes du même Institut et M. Domenico Russo. Les craintes pour les lendemains de la France sont graves. Que le Seigneur sauve son peuple et bénisse son héritage [2].

<Marcovitch et *dott.* Filippo Milo *11 h.*>

5 mai, dimanche. — <Saint-Germain-en-Laye – 10 h messe pontif. IIe cent. Fr. des Écoles chr. 17 h 30 au Cénacle.>

Belle messe pontificale à la paroisse de Saint-Germain, cérémonie parfaite : chant choisi, discours de Mgr Roland-Gosselin, évêque de Versailles, vibrant, riche et prudent. Réception chez les Frères, avec le maire socialiste Raymond Vidal [3] ; mes paroles : les notions de temps et d'espace en rapport avec les Frères. Repas ennuyeux de trois heures [4]. Autres paroles. J'étais avec Pacini. À 17 h 30 au Cénacle de Montmartre pour fêter sœur Camille Dogni, ses sœurs et sa famille. Mes paroles ; plusieurs bons prêtres présents. Revu M. Thomas. Le soir et tard dans la nuit, attente anxieuse des résultats du référendum sur la constitution.

6 mai, lundi. — *Dies albo signando lapillo.* Le référendum d'hier a été un triomphe du bon sens et un encouragement pour les gens d'ordre à ne pas avoir peur et à continuer la marche en avant contre le communisme. J'en bénis le Seigneur [5]. Mes messes célébrées à cette intention furent donc utiles. À la maison, beaucoup de joie sereine et confiante. Parmi les visites à noter, le prof. Eugène Jarry qui m'a offert

---

1. Et ancien professeur de cette faculté d'État : rien n'est donc encore joué pour Mgr Blanchet.

2. On est à la veille du référendum constitutionnel.

3. Cette commune très bourgeoise de Seine-et-Oise, à l'ouest de Paris, eut bien ce socialiste pour maire entre 1945 et 1947.

4. Seule ombre dans cette célébration du second centenaire de la fondation des Frères des Écoles chrétiennes.

5. Le « non » l'a emporté avec un million de voix d'avance : le refus du projet issu de la gauche socialiste et communiste est donc net. Mgr Roncalli ne peut que s'en réjouir. Mais il va falloir élire une nouvelle Assemblée constituante.

ses livres de géographie historique [1]. Le soir, le prêtre [ ] de Trieste, et le prof. De Castro venu pour les discussions des *Quatre* au sujet des conditions de paix pour l'Italie [2]. Sorti me promener avec Vagnozzi.

7 mai, mardi. — Audiences : encore le prof. De Castro ; puis Mgr Moussaron, archev. d'Albi ; à midi le marquis Antonio Meli Lupi, de Soragna et le dr. Paolo Canali, chef du secrétariat particulier de De Gasperi [3].

L'après-midi, j'ai visité avec Vagnozzi au musée Galliera les « Peintures méconnues des églises de Paris. Retour d'évacuation [4] ». Pièces très intéressantes. Puis, à la maison, je reçois le vieux Reverdy de *La Croix* et de l'Action catholique ; Mlle Girod de l'Ain, qui dit beaucoup de choses sur elle et son travail caritatif, mais avec mesure ; ensuite M. Bianchi. Toujours gros travail à la maison.

Pour la première fois j'ai porté l'anneau avec le sou d'or de Constantin Porphyrogénète [5].

8 mai, mercredi. — Une pensée pour saint Michel et sainte Jeanne d'Arc. Audiences : deux sœurs de Saint-Joseph de l'Apparition, une venue d'Athènes ; veuve Perpignani ; Mme Garelli et son fils Francesco ; le comte de Pierredon (ministre de l'Ordre de Malte ?) [6] ; le curé de Saint-Joseph et de l'Immaculée-Conception ; M. Luis de Villalonga, de Biarritz ; le p. Thomas d'Aquin, de Vézelay, avec une dame de la Croisade pour la paix [7]. À 13 h, à déjeuner Mgr Grente et l'académicien Duhamel. À 15 h 30 M. Francisque Gay, vice-présid. du Conseil ; M. Thiérard ; l'orfèvre Chobillon, M. Ferretti et Gaston Palewski, secrét. de de Gaulle [8]. Donc

---

1. Professeur d'histoire à l'Institut catholique de Paris, il est l'auteur de *Provinces et pays de France I. Formation de l'unité française*, Paris, 1942.

2. Voir plus haut en date du 29 avril.

3. Chef du gouvernement italien depuis décembre 1945, et ministre des Affaires étrangères.

4. Le catalogue figurait dans la bibliothèque du nonce.

5. Monnaie portant un Christ en majesté que Gaston Bergery offrit à Mgr Roncalli quand ils étaient tous deux en poste en Turquie (mémoire de sa femme Bettina Bergery pour le procès parisien, 16 février 1970, vol. III, p. 430). Constantin VII Porphyrogénète régna sur Byzance dans la première moitié du Xe siècle.

6. Le point d'interrogation est de trop.

7. Troisième tentative auprès du nonce, qui sera la bonne ; mais cette fois la guerre est finie.

8. Sans doute venu lui apporter le billet de remerciement du général, daté du 7 mai, pour « les souhaits que Votre Excellence m'a adressés le jour de Pâques » (Charles DE GAULLE, *Lettres, notes et carnets*, p. 198). « Permettez-moi qu'à la lumière de la Résurrection du Christ je vienne

journée très chargée. De Rome, Mgr Rocco télégraphie sa nomination en Argentine.

9 mai, jeudi. — Audiences sans fin. Parmi les plus notables : Mgr Chappoulie, que j'ai gardé à déjeuner. Nous nous entendons sur la consécration de Mgr Pacini. À Rome ils veulent qu'on fasse vite et on fera vite : le 1er juin plutôt que le 11. Sainte Jeanne d'Arc à la place de saint Barnabé. L'après-midi, audience du député Colin, secrét. général du MRP. Il y a de bonnes dispositions à bien traiter les évêques, lesquels de leur côté doivent être très prudents [1]. De Quimper, on m'annonce la mort de l'évêque, Mgr Duparc, doyen de l'épiscopat [2]. Me trouvant sur la route il est facile de m'y rendre pour les funérailles.

10 mai, vendredi. — Journée de préparation du voyage d'Angers. Lettres et audiences.

11 mai, samedi. — *<Angers.>*
Je pars à 9 h 15 avec Dino et Giulio [3]. À 10 h 30 à Chartres, à midi au Mans, à 12 [x] à Solesmes. Très bon accueil. À 15 h je reprends la route avec Mgr de La Villerabel [4]. À 16 h à Angers. Belle réception sur la place devant l'évêché. Paroles de l'évêque, le très cher Mgr Costes, et d'un jeune dirigeant d'Action catholique. Ma réponse inspirée par l'obligeance et l'encouragement. Je reçois ensuite la visite du préfet d'Angers, et je la lui rends à la préfecture. Choses faites avec amabilité et discrétion. À la maison, dîner avec les grands vicaires, puis je me retire dans ma chambre pour prier et dormir.

12 mai, dimanche. — *<Angers.>*
Angers. Fête de la jeunesse. À 8 h messe à la chapelle de l'évêché. À 9 h 30 j'assiste en cape, avec l'évêque, à la cérémonie civile de l'anniversaire de la Libération. À 11 h place La

---

frapper à votre solitude et vous dire que je n'oublie ni votre personne ni les grands services par elle rendus à la patrie Française ni la haute signification de votre silence », lui avait écrit le nonce le 21 avril.

1. Décidément, la nécessité d'unir les forces antimarxistes a bien rapproché les points de vue. On date généralement de ce printemps 1946 le ralliement, tardif, des évêques au mouvement démocrate-chrétien (le visiteur est André Colin, ancien président de l'Association catholique de la jeunesse française, député du Finistère).

2. Il occupe ce siège depuis le début de 1908.

3. Il s'agit du quinzième voyage du nonce, mais du premier depuis sa légation à Toulouse en début de mars, pour la remise de barrette du cardinal Saliège.

4. Fort actif, pour un démissionnaire !

Rochefoucauld, messe du congrès des jeunes. Ils sont environ 20 000. Inoubliable spectacle d'amour du pape et de l'Église. Mes paroles à l'évangile : foi, espérance et charité [1]. Toujours sous la pluie. Repas au séminaire. Mes paroles très écoutées. Conclues avec Bartolomeus Colleo de Andegavia. L'après-midi, avec Mgr de La Villerabel, visite au château de repos pour évêques, des pères canadiens de la Fraternité sacerdotale. Très bonne impression. Le soir, dîner à l'évêché avec les aumôniers d'Action catholique organisateurs du congrès.

13 mai, lundi. — <À Béhuard.>

Sainte messe à la chapelle. À 10 h départ pour Béhuard [2]. Là, tout bien. J'assiste en mitre et crosse à la messe au Calvaire. Mes paroles à l'évangile : Vierge blanche, homme blanc, hostie blanche avec application au nombreux clergé présent [3]. Repas discret. À 15 h précises départ avec Mgr de La Villerabel pour Châteaubriant, Redon, Hennebont, Vannes, Quimperlé, Quimper. J'y trouve un excellent accueil. Longue conversation avec le card. Roques, de Rennes ; dîner avec les évêques présents. À ma droite Mgr de Poitiers, avec de bonnes paroles pacificatrices. Je vois que l'esprit est bizarre mais bon. Et j'espère au moins une trêve [4].

14 mai, mardi. — Funérailles de Mgr Duparc, ordonnées et imposantes. Peuple nombreux et respectueux le long des rues, mais pas au point de rejoindre l'intérêt et la ferveur des manifestations que j'ai vues à Bergame, Brescia, Milan, Crémone, etc. [5]. J'ai assisté à la place d'honneur en cappa magna face au card. de Rennes. Mgr Mesguen [6] a chanté la messe. Repas au séminaire, éloge insigne de Mgr Duparc. Puis j'ai accueilli à l'évêché plusieurs sœurs Adoratrices de la Retraite du Sacré-Cœur avec sœur M. Elisa, de Milan, et d'Issoudun avec sœur Tarcisia Corti, de Villa d'Adda. J'ai accompagné en auto Mgr de La Villerabel à la gare et visité les environs. À dîner à l'évêché avec Mgr Cogneau et les vicaires généraux. Bien.

---

1. « C'est bien la sainte messe qui est le foyer ardent de toute action catholique », dit-il avant de développer les trois vertus théologales. « On a beau construire ou reconstruire le monde sur la justice, sans la charité aucune justice ne pourra tenir » (*Souvenirs d'un nonce*, p. 74-76).

2. Sanctuaire marial angevin dont la statue a été couronnée en 1923.

3. Ces « trois choses blanches » reviendront plusieurs fois dans les allocutions du nonce.

4. Dans une situation qui reste donc tendue.

5. La Bretagne aimerait-elle moins ses évêques que la Lombardie ?

6. Évêque de Poitiers.

15 mai, mercredi. — [[Messe camériers de cape et d'épée, 44, rue du Cherche-Midi, séance et déjeuner avec secrét. 12 h 30, 33 Boulevard de Courcelles. Cercle d'étudiants de la Résistance [1].]]

Hélas, les funérailles de Mgr Duparc m'ont empêché d'assister à l'assemblée des camériers de cape et d'épée. Désappointé pour eux et vive blessure pour moi que je chercherai à réparer. De Quimper à Paris. Bon voyage. Visite de Sainte-Anne d'Auray qui m'a laissé une profonde et douce impression [2]. Puis visite du tombeau et de la chapelle de saint Vincent Ferrier dans la cathédrale de Vannes. Je m'attendais à une plus grande ferveur de culte [3] ; à 13 h je suis arrivé au Mans, où Mgr Grente m'a accueilli pour déjeuner, noblement comme toujours [4]. Mon compagnon de voyage : Mgr Harscouët, évêque de Chartres.

16 mai, jeudi. — <15 h 30 départ pour Chartres.>

À Paris, travail intense sur la correspondance en retard. À 15 h 30 départ pour Chartres [5] avec Vagnozzi et l'abbé Le Meur : accueil très remarquable au séminaire des prisonniers allemands. Réunion de tous les séminaristes avec un beau programme de chant et de lectures. L'abbé Stock a parlé en français et en latin ; un professeur a disserté en latin sur la primauté du pape. J'ai répondu en latin en parlant des *alepas* du curé Bolis, et de la signification de l'*Obœdientia et Pax* du card. Baronio très aimé des Allemands. Tout très bien [6]. Le soir, dîner à l'évêché de Chartres ; visite vespérale à l'extérieur de la cathédrale, puis à la chapelle sous terre toujours éclairée. Impressions très douces.

<Longue conversation sur des choses artistiques dans la chambre du secrétaire Pierre André, et étude de la cathédrale.>

17 mai, vendredi. — Séminaire des prisonniers, Chartres. Sainte messe à 8 h. Matinée incomparable. La chapelle rustique des prisonniers semblait un cénacle incandescent de foi, de jeunesse mortifiée et pourtant vibrante d'une piété très vive. J'ai distribué à tous la sainte communion (480). Puis j'ai

---

1. Engagement que le nonce n'a pu honorer à cause des funérailles épiscopales quimpéroises.
2. Il s'agit du grand sanctuaire breton, dans le Morbihan.
3. Décidément, la Bretagne semble au nonce en dessous de sa réputation de terre chrétienne.
4. Photographie dans *Souvenirs d'un nonce*, entre p. 72 et 73.
5. Seizième voyage.
6. Photographie dans *Questo è il mistero della mia vita*, vol. I, p. 142.

présidé au déjeuner des jeunes et des professeurs : je leur ai dit plusieurs bonnes choses en français. Ensuite, visite à l'infirmerie, à la cuisine, au dortoir. À 12 h j'ai présidé avec Mgr Harscouët la table des officiers : beaucoup de cordialité. Puis visite de l'hôpital des prisonniers à Nogent[1] et de nouveau à la cathédrale de Chartres où j'ai fait quelques achats. À 19 h de retour à Paris.

<Je me suis mis au lit à 2 h 30 du matin. Nuit de travail.>

18 mai, samedi. — Départ pour Clermont[2]. 5 heures de voyage. Une panne à Paris, aussitôt réparée en 3/4 d'heure. Nous arrivons à 4 h 45. Excellent voyage à travers des campagnes vertes et fleuries. Nous touchons les villes de Nevers et Moulins. Excellent accueil chez Mgr Piguet. J'y ai trouvé les évêques de Dijon, Tulle et Moulins, et l'abbé de Lérins, avec le p. Riquet. Après le dîner, à la cathédrale, discours du P. Riquet. Foule énorme. Discours bien fait avec plusieurs rappels à Dachau[3] ; un ensemble de remarques et de principes qui feront certainement du bien aux âmes. Mgr Sembel, de Dijon, a donné la bénédiction du Saint-Sacrement. Musique discordante[4].

19 mai, dimanche. — Clermont. Sainte messe pontif. à Notre-Dame du Port. Habillé à la sacristie. Cérémonie comme ci comme ça, nonobstant le bon cérémoniaire[5]. J'ai eu le trône *in cornu epistolae* face au trône épiscopal, alors qu'hier à la cathédrale j'avais le côté opposé. Avant la messe, allocution du curé, avant l'évangile allocution de l'évêque. Mon sermon en français ex abundantia cordis qui semble avoir plu. Déjeuner et repos chez le curé. Puis procession solennelle. J'ai suivi en cappa magna la statuette de la Vierge[6]. Jeunesse et foule extraordinaire, ordre, sérieux, dévotion sincère. Je suis

1. Photographie, *ibid.*
2. Dix-septième des sorties hors de Paris, qui se bousculent en ce printemps 1946 : dix jours d'absence du 11 au 20, en pleine campagne électorale pour l'élection de la seconde Assemblée constituante. *« Sono occasioni preziosissime per conoscere molto cose e persone senza darlo ad intendere. Ho il progetto per la estate visite e feste a Clermont, a Marsiglia, a Verdun, a Viviers, a Coutances, a Vézelay [...] ed infine a La Salette [...] Come vede, 7 uscite in 4 mesi. Ma quanto profittevoli per il compito mio »* (lettre à Mgr Bernareggi du 10 mai, *Questa chiesa che tanto amo*, p. 289-290). Tous ces projets se réaliseront ; il faudra même leur ajouter Strasbourg et Lyon.
3. Où le père Riquet et Mgr Piguet ont été déportés.
4. De nouveau !
5. Toujours un peu d'insatisfaction sur la liturgie à la française.
6. Le nonce est venu pour la fête annuelle de Notre-Dame du Port.

resté stupéfait et édifié. Le soir, repas à Massillon avec ma réponse et toast. <Dies albo signanda lapillo.>

20 mai, lundi. — À Clermont. Sainte messe en l'honneur de saint Bernardin dans la crypte de Notre-Dame du Port. Nombreuses communions de vieilles femmes [1]. Puis visite au préfet avec Mgr Piguet ; visite à Costanzo Emanuelli, frère de Dino, et retour à Paris par un temps pluvieux. À Riom, accueil chaleureux du clergé, des enfants des écoles, et à la mairie. Visite des deux églises du Marthuret et de Saint-Amable [2]. Oh ! quel accueil surprenant et plaisant ! Je ne l'oublierai jamais. Nous tournons ensuite sur Vichy où je suis descendu à la maison des missionnaires, séjour de la nonciature pendant 5 ans. P. Aroud et Lazaristes très bons et m'invitent à revenir. Repris la route. Heureuse arrivée à Paris à 20 h.

21 mai, mardi. — <15 h 30 départ pour le camp de prisonniers.>

Paris. Audiences : prof. Dauvillier de l'Université de Toulouse ; les deux Sampaix et Leprouski* (10 000 F) : je les ai recommandés au P. Riquet ; M. Borgnoli ; l'archiprêtre orthodoxe Giovanni Kourakin, de Florence [3]. J'ai eu à déjeuner le P. Rémi et le p. Cabon, cérémoniaire des Spiritains, ainsi que le procureur et l'économe des Oblats de Marie Immaculée <P. Edmond Dubois et sup. Procure de Paris> ; celui-ci dépose à Mgr Vagnozzi environ 21 millions pour le compte du Saint-Siège.

À 15 h 30, avec Vagnozzi, visite à Le Meur, à l'hôpital des prisonniers allemands de Voisenon [4], environ 400 : acte pénible mais réconfortant. Je suis passé ensuite à la paroisse voisine au bel institut de Notre-Dame de Nazareth. Compliments, chants, fleurs et mes paroles de bénédiction.

22 mai, mercredi. — Audiences : commandant Delamaire, de Quimper, camérier de cape et d'épée ; le mosaïste Guillemin, chevalier du Saint-Sépulcre ; le P. Santiano, dir. de Massillon [5] ; des Bénédictines de Meaux qui vont à Rome ; la comtesse Salverte, et le soir Ferretti et M. Giorgio Madras, de Marseille. L'après-midi, je suis sorti avec Vagnozzi pour visiter

1. Foules importantes, mais peu de ferveur adulte.
2. Notre-Dame du Marthuret et Saint-Amable, églises gothiques.
3. Seconde visite signalée d'un chrétien non catholique.
4. En Seine-et-Marne, près de Melun.
5. Directeur de l'École Massillon, cours secondaire privé tenu par les Oratoriens, 2 *bis*, quai des Célestins, IVe arrondissement.

le musée d'art chrétien médiéval au Palais de Chaillot, extrêmement intéressant [1]. Le soir encore, l'abbé Jacques [2] Jacquin de l'Inst. Cath. Travail ensuite jusqu'à 2 h du matin : lettres à Pervivitch, et examen de la correspondance.

23 mai, jeudi. — Peu d'audiences, mais occupations sérieuses : p. Merklen, abbé Rupp, p. prieur de Solesmes, abbé Lesage, cérémoniaire du cardinal, dott. Piantoni. L'après-midi, sorti pour la vente au profit du clergé de la campagne (2 000 F [3]), puis pour un thé chez le baron Loiseau où j'ai rencontré plusieurs hauts personnages. À midi, j'ai reçu le ministre du Costa Rica. Gros effort pour la nomination de l'Aumônier général de l'armée française [4]. Mgr Vagnozzi se rend chez le ministre de la Guerre pour négocier. Ils proposent de nouveaux changements [5].

24 mai, vendredi. — À 10 h 30 visite à Son Ém. Suhard. Audiences : provincial Frères mineurs qui part pour le Maroc, Mgr Maroun, l'amb. Raphaël, de Grèce, Mgr Théas, évêque de Montauban qui reste déjeuner [6]. L'après-midi, je visite le Vice-Prés. Gay, et reçois la visite de M. Dumaine [7], chef de cabinet du ministre de la guerre Michelet. L'affaire de la nomination de l'évêque aux armées est toujours compromise

---

1. Il s'agit du Musée des Monuments français (sans étiquette chrétienne), où sont exposés des moulages de sculptures et des reproductions de fresques, médiévales surtout ; le nonce y reviendra plusieurs fois.

2. *Robert.*

3. Manifestation de l'Œuvre des campagnes, sans doute.

4. Répétons qu'il ne s'agit pas de l'aumônier général, dont rêve le nonce, mais d'un aumônier-inspecteur pour les seules troupes d'occupation en Allemagne, avec rang épiscopal malgré tout.

5. Mécontent de ne pas avoir été consulté, le ministre de la Guerre Edmond Michelet soutient un autre candidat que le Quai d'Orsay et la nonciature : Mgr Daguzan (Xavier BONIFACE, *L'Aumônerie militaire française*, p. 426-427).

6. Le nonce lui a transmis par lettre datée du 22 (mais arrivée le 17 selon son destinataire), sa nomination comme administrateur apostolique du diocèse de Tarbes et Lourdes, avec en charge l'organisation des pèlerinages, sans retrait de Montauban. « Moi-même les 26 et 27 mai, j'avais adressé deux express au Nonce pour lui dire : 1. Ma volonté d'obéir en toute hypothèse au Saint-Siège. 2. Ma conviction que la solution était nuisible au diocèse de Montauban, au diocèse de Tarbes et à moi-même » (ajout manuscrit sur la copie de la lettre de Saliège à Roncalli du 29 mai). Car Théas avait fait appel de cette « promotion » à son métropolitain qui est aussi son ami.

7. Qu'il ne faut pas confondre avec le chef du protocole du Quai d'Orsay : il s'agit de *Roger* Dumaine, agrégé de lettres et futur président de la Paroisse universitaire, union des catholiques de l'enseignement public.

par l'acceptation de Picard de La Vacquerie. Il faut savoir comprendre ces messieurs, et avoir de la patience. Je suis sous la pression des attaques possibles des partis adverses [1]. Ne suivent-ils pas trop les voies de la prudence humaine ?

25 mai, samedi. — Audiences : abbé Boche qui revient de Rome ; les époux Flaut, de Bayonne ; le nouveau ministre de Hongrie ; la marquise de Canisy. J'ai eu à déjeuner MM. Robert et Fugazza, des Lazaristes ; l'après-midi l'abbé Calle, maître de cérémonie, le capitaine d'aviation du Bouchet, retour d'Indochine ; M. Dumaine, chef de cabinet du ministre Michelet ; M. Mahieu des Archives. La question de l'*aumônier général des armées* ne s'arrange pas encore. Le ministre de la Guerre semble têtu, et l'est trop. J'attendrai de nouvelles informations et communications.

26 mai, dimanche. — <Sainte-Philomène – Frères de saint Vincent de Paul – 27, rue de Dantzig [2].>
Assistance pontif. mitre et crosse. Cérémonie bien réussie. J'ai dit quelques mots à la fin, évoquant les vicissitudes du corps de sainte Philomène et exhortant à la simplicité et à la confiance [3]. Il y avait beaucoup de jeunes réunis par les Pères, ou Frères de saint Vincent comme ils s'appellent. À déjeuner, nous avions le curé de Saint-Lambert, Picard de La Vacquerie, avec qui je suis revenu à la nonciature en discutant de son cas. Nous sommes devant un acte qui serait une injustice et une inconvenance. Je ne puis y collaborer [4]. Le soir, longue promenade avec Vagnozzi jusqu'à Saint-Germain l'Auxerrois [5].

27 mai, lundi. — Audiences : dott. Erkeletian Atam [6] avec sa fiancée Marie, Arméniens ; *dott.* Milo della Grazia ; capitaine médecin [ ] avec M. [ ] rentrés du camp de Trèves ; deux sœurs « Virgo fidelis » ; le soir, l'ing. Giannattasio que je garde

---

1. Telle n'est pas la question, mais un problème de préséance entre ministères et ministres (tous deux catholiques en l'espèce).
2. Où se trouve un patronage ancien et important tenu par les Frères de saint Vincent de Paul (XVe arrondissement).
3. La chapelle des Frères est dédiée à Notre-Dame de La Salette et à sainte Philomène, nom attribué à des restes exhumés en 1802 à Rome et baptisés ainsi du fait de la traduction erronée d'une inscription ; le culte de cette « sainte » a connu un grand développement en France au XIXe siècle, sous l'impulsion du curé d'Ars notamment.
4. Si Edmond Michelet est têtu, le nonce ne l'est pas moins : il ne peut pas et ne veut pas céder.
5. Dans le Ier arrondissement, en face du Louvre.
6. Orthographe fournie par l'éparchie des Arméniens catholiques de Paris.

à dîner. Comme hier, je suis sorti pour une brève promenade jusqu'au Palais de Chaillot, mais seul.

La question de l'aumônier général se résout bien, grâce au bon sens de M. Dumaine et à mon refus déclaré de plaider auprès du Saint-Siège une cause injuste par rapport à Picard de La Vacquerie [1].

28 mai, mardi. — Matinée pluvieuse comme tous ces jours-ci à Paris, mais tranquille. Seule audience Mgr Chappoulie. Repas chez Francisque Gay [2] avec sa famille et quelques invités, Cooper, Vanier et Luizet, avec le directeur de *L'Époque* [3]. Le soir, arrivée de Mgr Cento en route vers Bruxelles. À 18 h 30 je suis reçu par le Président de la République Félix Gouin [4]. Beaucoup d'amabilité, grande distinction de sa part dans l'accueil, mais rien d'extraordinaire sinon ma réitération : mesure, bienheureux les doux et les pacifiques ; le Saint-Siège et son nonce étrangers à tout parti. J'étais content d'avoir pu démontrer cela *verbo et exemplo* [5].

29 mai, mercredi. — <Concert à Saint-Eustache – Messe de Beethoven.>

Ce matin aussi, comme hier et lundi, litanies des saints à l'autel après la messe offerte *pro frugibus terrae*. Audiences : Madame Villy que j'ai persuadée de ne pas insister dans sa demande du titre de *Conte romano* pour son mari ingénieur. À 15 h, j'ai visité le Louvre avec Mgr Cento : extrêmement vaste et extrêmement riche. Puis à 18 h à l'Hôtel [ ] le ministre d'Éthiopie, Tesfaie Teguegn pour l'affaire du nonce à Addis-Abeba [6]. À 20 h 45, avec Mgr Cento, audition

---

1. La conciliation va en effet finir par l'emporter : les aumôneries d'inspection en Allemagne et en Autriche sont créées par décret le 15 juin ; un arrêté du 8 juillet y nomme le chanoine Picard de La Vacquerie pour le culte catholique, avec rang de général de brigade premier échelon ; la nouvelle est publiée simultanément au *Journal officiel* et dans *L'Osservatore Romano* les 16-17.

2. Alors vice-président MRP du gouvernement Gouin, rappelons-le.

3. Quotidien parisien qui se définissait comme « un grand organe catholique d'information », *L'Époque* a reparu au début de mai 1945, sous la direction d'André Pironneau ; il se situe nettement à droite de l'échiquier politique.

4. Loin d'être président de la République, Félix Gouin n'est que le chef d'un gouvernement en sursis : une nouvelle équipe doit sortir des élections du 2 juin.

5. Toute la « politique » du nonce est dans ces quelques lignes : pas d'intervention dans les affaires intérieures françaises (Gouin pouvait craindre son soutien au MRP en cette période électorale) et volonté de conciliation dans les rapports Église-État.

6. Ce pays, qui a recouvré son indépendance, est soucieux de nouer

à Saint-Eustache de la « Missa Solemnis » de Beethoven : oh ! quelle stupeur, oh ! quelle joie. Cela a surpassé de très loin ce que j'imaginais [1].

30 mai, jeudi. — <Après-midi – 15 h. Chelles, route de Coulommiers – porte de Vincennes – 38, rue de Lagny vers Meaux* 20 kil. de Paris – Sœurs de Jésus Crucifié – Bénéd. du nouveau prieuré et profess. de 3 sœurs abbé Gaucheron.>

Tout s'est bien passé à Chelles [2]. Mgr Cento est venu avec moi. Nous avons entendu un beau discours de l'abbé Chaigneau, missionnaire diocésain de Meaux. La profession des deux nouvelles sœurs belle et émouvante. À mon retour, lettre affligeante du card. Saliège à propos de la nomination de Mgr Théas [3]. La prière et l'effort pour rester calme aident et réconfortent. Le matin, j'ai visité avec Cento les musées de la Marine et de l'Homme [4].

31 mai, vendredi. — <École Massillon. Confirmation. Bénéd. Statue de saint Philippe 11 h. 2 bis, quai des Célestins. P. Santiano.>

Encore une belle réunion. À la fin de la confirmation, mes paroles de confiance et d'encouragement, bien accueillies par

---

des relations diplomatiques normales avec Rome, ce qui ne sera pas tout à fait le cas : à partir de 1947, l'*Annuario Pontificio* y mentionne un « envoyé spécial du Saint-Siège », Mgr Teodoro Monnens.

1. Confiée aux Oratoriens, l'église Saint-Eustache est, dans le quartier des Halles (Ier), un haut lieu de la musique religieuse.

2. En Seine-et-Marne.

3. « Mgr Théas sort de l'Archevêché [...] Je lui ai fortement conseillé de ne pas accepter une combinaison nuisible à deux diocèses et à sa personne. Il m'a dit d'ailleurs que c'était l'avis du Cardinal de Paris qui, lors d'une visite, ne lui avait pas laissé ignorer son sentiment. Permettez-moi d'ajouter qu'en France, les Évêques ont l'habitude de parler si peu clairement qu'on ne les comprend pas, et que, lorsque un Évêque parle clairement, il est taxé de violent. Permettez-moi d'ajouter qu'il y a une vague d'intégrisme à Paris et même, dit-on, à l'avenue du Président Wilson. Je suis en relation avec beaucoup de milieux universitaires. Cette vague d'intégrisme fait beaucoup de mal au catholicisme en France. Je connais mon pays, je connais les diverses opinions et les diverses métaphysiques qui se partagent les esprits. Je sais aussi les complicités chrétiennes qu'on peut trouver chez beaucoup d'incroyants qui feraient un pas décisif s'ils trouvaient un clergé plus compréhensif et plus accueillant » (lettre du 29 mai, copie). L'admonestation est en effet rude, mais dans quel but ? L'archevêque de Toulouse, qui vient de faire à Rome un séjour remarqué, comprend-il la proposition du nonce, qui est plutôt une promotion (le diocèse de Tarbes et Lourdes possède l'un des plus grands sanctuaires de la catholicité), comme un éloignement de son ami Théas, qu'il pourrait désirer comme successeur ?

4. Dans les bâtiments du palais de Chaillot.

les enfants et les parents. J'ai eu à déjeuner l'ambassadeur et l'ambassadrice Guillaume, de Belgique, pour honorer le nouveau nonce, qui du reste sait être reconnaissant et sympathique.

L'après-midi, sorti avec Mgr Cento pour visiter le Musée chrétien [1] au Palais de Chaillot, puis les Invalides, puis le card. Suhard. J'ai trouvé à la maison le cher Mgr Arrigoni, conseiller de Bruxelles et nouveau nonce au Pérou. Fête de souvenirs communs.

Mai. — Dante appelle le dialecte romain « reistiloquium turpissimum », dans le *De vulgari eloquentia.* Il n'est pas plus gentil pour les dialectes milanais, bergamasque, etc.

Une autre phrase : écrire au crayon – c'est-à-dire parler à voix basse (Madame Swetchine).

Mai.

3 – PP. Lazaristes. Confrérie Agonie N.S.
5 – Saint-Germain-en-Laye. Messe P. 10 h.
12 – Angers. Réun. Jeunesse.
31 – École Massillon. 11 h. Confirmation.

1er juin, samedi. — Déjeuner à midi – 47, rue des Solitaires [2]. Franciscains. J'ai dû échanger ce déjeuner contre un dîner à 19 h 30, et je me suis entretenu avec ces bons pères qui me rappellent Baccanello et Santa Maria in Draperis avec grande joie de fraternité franciscaine simple et bonne. À 19 h j'ai dû en revanche faire honneur au repas que l'ambassadeur Guillaume m'a offert pour honorer le nouveau nonce en Belgique, et Mgr Arrigoni nonce au Pérou. Il y avait aussi Pacini et Vagnozzi. C'est comme une onde de charité qui se répand. En ce premier juin, j'ai donné le bon ton dans la prière avec la Litanie du Sacré-Cœur et le *Veni Creator.*

2 juin, dimanche. — <10 h 30 Choisy-le-Roi. Paroisse Saint-Louis. Abbé Guiller – Assist. en mozette au Pontif. de Mgr Touzé.>

Tout bien. Curé fervent : église pleine, en grande partie de femmes. Et il s'agit d'une paroisse de 20 000 âmes. Mes paroles après la messe : saint Pierre dans la célébration d'aujourd'hui. Estote prudentes, vigilate in orationibus, mutua charitas quae operit multitudinem peccatorum. Rencontre simple et fraternelle. Puis assistance au drame sacré

1. Voir plus haut en date du 22 mai.
2. XIXe arrondissement.

« Jésus-Christ : vie et passion ». Très bien comme effort d'apologétique populaire [1]. Ensuite, à la maison, repos sur des livres et attente des résultats de la journée électorale.

3 juin, lundi. — Grande victoire électorale pour le MRP, c'est-à-dire pour les catholiques sociaux. Donc un bon pas en avant qui confirme la confiance [2]. Le matin j'ai eu la seule visite du P. Ercole M. Germini, provincial des PP. Montfortains de Redona. Il est d'Anagni. Je l'ai gardé à déjeuner et l'ai chargé de mes salutations pour les connaissances de Brescia et Taragni de Redona.

L'après-midi, je suis sorti seul faire un petit tour jusqu'à la tour Eiffel qui sert maintenant à recevoir des visiteurs parisiens, et par la rue Camou je suis rentré à la maison, mais indisposé de l'estomac. Quelque chose au déjeuner d'aujourd'hui qui m'a fait mal.

4 juin, mardi. — Je me suis bien reposé et ai très bien dit ma messe et ma prière. Au milieu de la matinée, j'ai eu un fort dérangement de l'estomac qui m'a tenu au lit pour toute la journée. Soyons attentifs aux repas, et à manger doucement. Pour manger, les yeux et le bon appétit ne suffisent pas. Le repos m'a servi pour de bonnes lectures et de bonnes pensées utiles à bien vivre et à bien mourir.

5 juin, mercredi. — Le malaise d'hier est passé. Je me suis remis à mon travail. Peu d'audiences : le nouveau ministre de Cuba, deux sœurs de Saint-Maur, dont l'une est sœur Balestra, maîtresse des novices à Cenate. Le soir, j'ai reçu à la chapelle les trois serments de Mgr Pacini. J'étais en rochet et mozette. Hôte agréable de ce jour : Mgr Riberi, qui attend de partir comme nonce en Chine [3]. De Rome, communications diverses. Premiers journaux italiens qui annoncent la victoire de la république sur la monarchie pour peu de voix de

---

1. Le nonce n'est donc pas hostile aux paraliturgies, qui divisent alors le mouvement liturgique. Choisy-le-Roi est une commune ouvrière de la couronne sud de Paris, peu pratiquante.

2. Les élections pour la seconde Assemblée constituante voient en effet la victoire du MRP qui devient la première force politique en France, avec 28,2 % des suffrages exprimés (26,8 aux communistes et 21,3 aux socialistes, qui ne disposent plus d'une majorité absolue virtuelle).

3. Il y sera nommé internonce le 6 juillet.

différence [1]. Eh ! pauvre monarchie, à péché public, pénitence publique ; vieux péchés, les jeunes les paient [2].

6 juin, jeudi. — <Confirmation Cours Saint-Louis, 17, rue de Monceau [3]. Sainte messe, communion et confirmation 8 h. Abbé Escoffier.>

Ce fut une belle *réunion* avec quelques menues imperfections : par exemple les chants durant les moments les plus importants : confirmation donnée de l'autel, assis, aux garçons un à un chaperonnés par leur parrain [4]. J'ai confirmé Philippe, le fils de l'ambassadeur de Belgique Guillaume. Les deux parents à la communion. À la maison, à midi Mgr de Bagdad, M. Blanquet du Chayla [5], à déjeuner avec Mgr Riberi ; puis le chanoine Landry, official, le secrét. du card. Suhard ; et de petites égratignures et peines au long de la journée. Audience : Aumonier, Millot [6]. Toujours patience.

7 juin, vendredi. — <Confirmation Collège Sévigné [7] ; 10 h chez les sœurs Augustines, 29, rue de la Santé. P. Leblond, de l'O. [8]. 16 h audience Mgr Courbe, Stourm, etc. Action catholique.>

---

1. 12 718 000 voix pour le passage à la République et 10 709 000 pour le maintien de la monarchie au référendum du 2 juin.

2. Il serait exagéré de tirer de ces remarques une indication précise sur la position personnelle du nonce : tout juste une sympathie quelque peu apitoyée sur le sort des monarchies. Il est beaucoup plus net en privé : *« Io conosco i difetti del sistema monarchico, ma per il popolo credo che la monarchia sia preferibile alla repubblica, naturalmente una monarchia con spirito democratico che è quello del Vangelo. Ora poi che la casa Savoia si è riconciliata con la Chiesa, e che tanto il Principe Umberto come la sua famigliuola vengono su coi principi cattolici e religiosi, non vedrei perché si debba arrischiare l'incertezza di un' altra forma di regime »* (« Je connais les défauts du système monarchique, mais pour le peuple je crois que la monarchie est préférable à la république, naturellement une monarchie avec un esprit démocratique qui est celui de l'Évangile. Et maintenant que la maison de Savoie s'est réconciliée avec l'Église, et que le prince Umberto aussi bien que sa petite famille grandissent avec les principes catholiques et religieux, je ne vois pas pourquoi il faudrait risquer l'incertitude d'une autre forme de régime », à son frère Giovanni, le 10 mars, *Lettere ai familiari*, II, p. 43).

3. Dans le VIIIe arrondissement ; photographie dans *Souvenirs d'un nonce*, entre p. 72 et 73.

4. Le perfectionnisme liturgique du nonce se confirme.

5. Religieux carme, archevêque latin de Bagdad.

6. Roger Millot est vice-président du Centre catholique des intellectuels français ; André Aumonier en est secrétaire général.

7. Célèbre institution privée pour jeunes filles, sans caractère confessionnel explicite, dans le Ve arrondissement.

8. De l'Oratoire.

La cérémonie rue de la Santé, en raison d'un ensemble de circonstances, a été particulièrement émouvante. Mes paroles plus fluides, pénétrantes, et, je l'espère, édifiantes. J'ai visité ensuite le *comm.* Caniglia, l'ai félicité et obtenu qu'il signe sa renonciation à la secte maçonnique [1]. À 16 h j'ai reçu le juge d'instruction pour la commission rogatoire de von Papen [2]. À 17 h Mgr Courbe avec l'abbé Stourm et Rémy Montagne : rencontre sérieuse et je l'espère fructueuse [3]. Puis j'ai reçu don Candela et l'inspecteur des Salésiens. Le soir, repas chez les *Polonais.*

8 juin, samedi. — Grande joie : l'arrivée de Mgr Rocco de Rome avec l'assurance de rester ici un bon moment. Le P. Rémi, qui me présente le jeune P. Vincent [4], donc une double Providence qui m'arrive. De Rome, on voit qu'un bon vent souffle du côté de la nonciature de Paris. À propos des cancans romains je dois et je veux me tenir toujours au-dessus, et indulgent dans mon jugement. Je veux surtout être parfait et extrêmement délicat en ce qui concerne la personne du Saint Père [5]. Le souvenir des exemples de Mgr Radini est toujours devant moi.

Aujourd'hui est arrivé le IVe volume des « Atti della Visita di S. Carlo ». Deo gratias [6].

9 juin, dimanche. — Sainte messe à la maison ; à 10 h 30 assistance en cappa magna à la messe solennelle dans la chapelle des Pères du Saint-Esprit. J'y ai trouvé beaucoup de sérieux et de dévotion. On me lut ensuite une adresse d'hommage au Saint Père. J'ai répondu en encourageant après avoir cité deux lectures : une page de Bossuet sur l'Esprit Saint

---

1. Voir plus haut en date du 24 mars. L'antimaçonnisme du nonce est sans équivoque en la circonstance.

2. Mgr Roncalli est sollicité comme témoin à décharge dans l'instruction du procès contre l'ancien chancelier allemand, qu'il a connu ambassadeur à Ankara pendant la guerre. Von Papen fait partie des accusés du procès de Nuremberg, où il sera acquitté.

3. L'abbé René Stourm, du diocèse de Paris, est secrétaire général adjoint de l'Action catholique, donc le bras droit de Mgr Courbe ; Rémy Montagne est vice-président de l'Association catholique de la jeunesse française.

4. Le père Kokel présente son jeune confrère Vincent Delouf, qui va lui succéder auprès du nonce.

5. Un peu de réconfort pour Mgr Roncalli, dont la confiance en Rome n'a pas faibli, malgré les racontars.

6. *Gli atti della visita apostolica di S. Carlo Borromeo a Bergamo (1575)*, Angelo Giuseppe RONCALLI (dir.), vol. II : *La diocesi*, parte IIa, Firenze, Leo S. Olschki, 1946.

consolateur et un article de *Réforme*, journal protestant, où Renan est opposé à Renan[1]. J'ai fini en encourageant les jeunes à l'optimisme. Puis grand repas présidé par S. E. Suhard qui dit ensuite d'excellentes choses. De retour à la maison j'ai joui du repos et du recueillement.

10 juin, lundi. — Veille de la grande cérémonie de la consécration de Mgr Pacini. J'ai accueilli le serment « de secreto servando » du jeune p. Vincent. J'ai confiance que ce nouvel élément m'apportera de l'aide et un bon service pour la nonciature. L'après-midi, je suis sorti avec dom Lemoine visiter l'admirable exposition « La Tapisserie française du Moyen âge à nos jours » ouverte ici, à côté de la nonciature. Quelle merveille pour les yeux et pour le sentiment artistique. Je n'ai pu voir qu'un tiers de l'exposition[2]. Le soir, accueil à la famille Sion venue pour la consécration de Mgr Pacini.

11 juin, mardi. — Consécr. de Mgr Pacini à Saint-Pierre de Chaillot, la paroisse de la nonciature. Ce fut très bien, avec dignité, avec richesse du décor et des fleurs, avec une vraie solennité. Je me suis senti à l'aise en tout. Le cardinal Suhard présidait en cappa magna et au trône : j'ai eu un petit trône sans baldaquin en face. Auditoire noble et fourni. Les représentants dipl. de Chine, Turquie, etc., plus attentifs que les autres. Le banquet à la nonciature lui aussi très réussi. Ont parlé seulement Pacini, le cardinal et moi. J'ai exprimé trois pensées : bénédiction du pape ; souvenir du card. Pellegrinetti ; saint Barnabé, *filius consolationis*, augure, maître, patron.

12 juin, mercredi. — <Déjeuner Courcel *12 h 30.*>

Matinée assez reposante après les chères émotions d'hier. À midi je suis sorti avec Vagnozzi pour déjeuner chez les Visconti, époux et épouse de Courcel, et sœur de celle-ci, princesse d'Arenberg, veuve et active pour les œuvres de bien dans la banlieue.

Depuis hier matin j'ai pour hôtes à la nonciature Mgrs Pirozzi et Lupi, de la Secrét. d'État qui partent pour l'Amérique, le premier pour Caracas et l'autre pour Costa

1. Si la première référence est banale, la seconde ne l'est pas, bien que le nonce s'en serve contre Renan : elle prouve un certaine curiosité dans l'information. *Réforme* est un hebdomadaire créé en 1945 par des protestants résistants et proches de Karl Barth.

2. Exposition du Musée national d'art moderne (presque en face de la nonciature, avenue du Président-Wilson) de laquelle on date le renouveau de la tapisserie d'art en France.

Rica. L'après-midi, je suis sorti me promener avec le second. Le reste de la journée et de la nuit, travail intense au bureau.

<Audience sœurs de Versailles avec une maison au Canada.>

13 juin, jeudi. — Peu d'audiences. Ministre Aramburu du Pérou qui passe en Colombie ; M. de Mougins qui m'apporte des livres que m'envoie l'abbé Rochias, archiprêtre de Riom, en mémoire de mon passage là-bas et de saint Amable ; don Giovanni Penco, de la société de saint Paul de Milan. J'ai eu à déjeuner le p. Romuald [1], procureur des Assomptionnistes, les frères Marc et Noël d'Istanbul et du Pirée, ainsi que don Candela et le provincial des Salésiens de France. L'après-midi, j'ai fini de visiter l'exposition des tapisseries de France et je me suis promené avec Mgr Rocco.

14 juin, vendredi. — <12 h : visite à M. l'amb. de *Grèce.*>

Toujours audiences : parmi celles-ci, le p. Merklen pour affaires d'organisation de la presse. À midi j'ai rendu sa visite à l'ambassadeur de Grèce Raphaël [2]. Don Giovanni Penco est venu pour la deuxième fois et je l'ai gardé à déjeuner. Chers souvenirs d'Italie et de Milan.

Le soir <pas> sorti me promener comme tant et tant de fois, m'obligeant à une immobilité absolue. On dit que cela pourra me nuire. Je me confie à la Providence. Parmi les visiteurs, j'ai eu le p. Bianco, missionnaire de Nice des Oblats de Marie Immaculée.

15 juin, samedi. — <Mgr Bertin *10 heures.*>

Parmi les audiences, Mgr Bertin qui m'a révélé le fond d'un drame douloureux [3], puis le P. Boisselot et le *dott.* Bernard de

---

1. Le byzantiniste Romuald Souarn.

2. « *Il nome del suo successore [Argyropoulos] pare il nome di uno degli arcangeli* » (lettre à Giacomo Testa du 31 mars, *Giacomo Testa nel solco di Angelo Giuseppe Roncalli*, p. 126).

3. René Bertin, jeune et brillant prêtre du diocèse d'Amiens, passé par le séminaire français de Rome, avait été remarqué par son évêque, Mgr André du Bois de La Villerabel (cousin du proscrit de la Libération), qui l'avait choisi comme secrétaire et l'avait emmené à Rouen quand il y avait été nommé archevêque en 1920. Sa carrière fut alors fulgurante : chanoine et vicaire général en 1927, à trente et un ans, protonotaire apostolique en 1933, il devint l'homme de confiance du prélat dont il partageait les sympathies Action française. Celui-ci lui délégua aussi, « à vie », sa charge de supérieur des religieuses d'Ernemont. Tombé sous une autre influence, féminine, l'archevêque chassa Bertin de l'évêché et le révoqua de toutes ses charges en mars-avril 1934, avant de lui intenter un procès en officialité, mais aussi devant le tribunal civil au printemps 1935. Le

l'Œuvre d'information catholique[1] ; le général Piccio avec 4 Italiens venus pour l'exposition de la Résistance, le cap. Palumbo, un démocrate et un socialiste de Milan, un de Turin. L'après-midi, M. Arpesani, sous-secrét. du Président du Conseil avec M. Filipucci-Giustiniani. Le soir, je suis sorti me promener avec Mgr Luigi Bellotti, de la Secrét. d'État. J'ai eu pour le repas Mgr Dib avec qui j'ai préparé les détails de sa consécration[2].

16 juin, dimanche. — <Dames Assomp. Profes. Relig. Perpétuelle avec messe solennelle. 16 heures. Semaine écrivains catholiques Instit. Cath. Stanislas, 155 bis, rue de Rennes, dîner – Oasis.>

La cérémonie à l'Assomption bien réussie. Mais une messe pontificale solennelle, n'était-ce pas trop ? L'après-midi, j'ai reçu le *dott.* Piantoni, et l'ai emmené à la clôture de la Semaine des écrivains[3]. J'ai présidé en cape à côté de Claudel. J'ai été vraiment édifié et ému par l'esprit parfaitement catholique et romain qui remplissait la vaste salle de Stanislas pour les discours de Hérissay, Bernoville, Gilson, Gaillard de Champris et Claudel, celui-ci surtout qui fut incomparable. Puis j'ai assisté avec le card. Suhard au repas à l'Oasis. Mon toast très bien accueilli.

17 juin, lundi. — Journée un peu reposante. J'ai employé ma matinée à écrire une lettre au card. Saliège en réponse aux trois siennes. *Responsio mollis...* avec ce qui suit[4]. J'ai eu

---

scandale fut énorme : le diocèse se divisa entre l'évêque et son ancien protégé, jusqu'à ce que Rome intervienne en destituant Mgr de La Villerabel le 2 mai 1936. Fort de ses appuis dans l'opinion, celui-ci tenta de résister avant de se retirer en juillet. Le 13 novembre, Mgr Bertin obtint une ordonnance de non-lieu en sa faveur et devint vicaire général honoraire ; mais une partie du diocèse, et de l'Église de France, continue de le rendre responsable de la chute de l'archevêque. « L'affaire Bertin » est née, alors qu'il faudrait plutôt parler d'une « affaire de La Villerabel » (voir Nadine-Josette CHALINE, *Des catholiques normands sous la Troisième République*, Roanne, Horvath, 1985, p. 217-224 ; et *Les Carnets du cardinal Alfred Baudrillart. 20 novembre 1935-11 avril 1939*, Paris, Éd. du Cerf, 1996, index).

1. Le dominicain Pierre Boisselot et le laïc Pierre Bernard, chevilles ouvrières des publications des Éditions du Cerf et de *La Vie catholique illustrée*.

2. Consécration épiscopale qui aura lieu le 5 juillet.

3. Reprise de la Semaine des écrivains catholiques, au grand collège de garçons Stanislas, 22, rue Notre-Dame des Champs, VIe arrondissement.

4. Nous n'avons qu'une lettre de Saliège, et pas cette réponse. Le 9 juin, le nonce confirmait à Mgr Théas sa nomination comme administrateur apostolique de Tarbes et Lourdes, sans abandon de son siège de

en audience l'abbé Antonio Cortbarvi*, le Maronite avec Mademoiselle Tradi, et le soir j'ai eu Enrico et Mgr Babini, ceux-ci toujours prompts à la critique que je crois inutile, et de plus pas toujours objective. Je constate avec plaisir la bonne impression de la réunion d'hier des « écrivains catholiques ».

En ces jours, je suis avec quelque anxiété la situation politique de la France [1]. Inutile d'en parler ou d'écrire là-dessus [2]. Je prie Dieu qu'il dispose bien les *cœurs*.

18 juin, mardi. — <Déjeuner Bulgarie 13 h 15 – 64 bis, rue de Monceau [3].>

Bon travail de mise en ordre de mes archives privées jusqu'à tard dans la nuit. Au déjeuner chez le ministre de Bulgarie, à noter l'ambassadeur Poncet [4], de France, le président de la Chambre bulgare Kolarov et le ministre de Yougoslavie, tous avec leurs épouses. Kolarov est l'un de ces réfugiés qui ont été éduqués en Russie au bolchevisme et sont revenus dans leur patrie glorieux et triomphants. Désormais toutes les notions de vérité et de justice sont changées. Et c'est une grande tristesse [5]. En revenant, j'ai rendu visite à Mgr Beaussart qui me raconte toujours des choses intéressantes. Audience Mgr de La Villerabel [6].

19 juin, mercredi. — Mon bureau est presque en ordre. Audiences : Mgr de Poncheville [7] ; comtesse Cleptowska [8] veuve de l'ambassadeur polonais ; Mgr Bottinelli ; l'abbé Richard, très intéressant animateur du mouvement pour l'Unité [9] ; Mgr Wolff, jeune évêque à Madagascar ; le p. Sanson ; l'après-midi, les deux cousins Colombo, de Reims,

---

Montauban pour le moment (nomination annoncée discrètement dans *La Croix* du 8 juillet).

1. Tractations entre communistes, socialistes et démocrates-chrétiens pour la formation du nouveau gouvernement, en fonction des récentes élections.

2. La prudence du nonce empêche de connaître son sentiment sur la question.

3. VIIIe arrondissement.

4. Sans doute André François-Poncet, éminent diplomate qui fut ambassadeur à Berlin et à Rome.

5. L'ancien délégué apostolique ne peut que déplorer l'évolution du pays vers la démocratie populaire sous la direction de responsables formés en URSS.

6. Nouvelle preuve d'assiduité auprès de prélats exclus l'année précédente.

7. Voir plus haut en date du 4 mars 1945.

8. Chlapowska, en fait.

9. Sur ce Mouvement qu'il anime avec le père Fillère, l'appréciation se fait plus positive.

Mme Jeanne Mathis, d'Athènes, M. Ferretti et les *ing.* Selmo et Giannattasio. Je suis sorti avec Mgr Pacini à Saint-Sulpice et chez M. Thiérard où j'ai pris la deuxième tapisserie d'Urbain VIII et le crucifix acheté pour moi (200 000 F). Ce soir Bidault est nommé président [1].

20 juin, jeudi. — [[Visite Hôtel Lutetia : vente de livres catholiques. 16 à 20 heures.]]

Assistance en cappa magna à la sainte messe chantée par Mgr Pacini à Issy [2], 9 h 30. Repas sur place à 12 h. Au retour, vente Hôtel Lutetia. Tout bien. À Issy, grande cordialité sincère et respectueuse. Mes paroles aux séminaristes : l'Eucharistie célèbre le Sacramentum de l'union de l'humain avec le divin et résout les problèmes de l'heure présente. Le P. Boisard avait tenu à mettre en lumière la primauté de la spiritualité sur « l'action », qui est l'hérésie d'aujourd'hui. J'ai confirmé par de bonnes paroles persuasives [3]. L'après-midi au Lutetia j'ai visité la vente de charité des écrivains catholiques, et j'y ai laissé environ 8 000 francs en livres [4].

21 juin, vendredi. — <Sœurs de Champfleur. *Tapisseries.* Collège Gonzague. Messe 8 h 30 et déjeuner.>

Belle et calme messe de saint Louis à l'Institut Gonzague [5]. Dommage que les bons pères jésuites soient presque tous désorientés en liturgie [6]. J'y suis revenu à midi pour déjeuner avec les sup. jésuites de presque toutes les maisons et œuvres de Paris. Ensuite, agréable conversation dans le jardin. À la maison, avant et après midi, plusieurs visites : M. Alvaro Vasquez, nouveau ministre de l'Uruguay, on voit le bon catholique ; M. Legourd, présid. Ass. Cheminots catholiques ; le p. Eugène, de Villeurbanne, capucin à Lyon ; trois sœurs de Champfleur à qui j'ai montré les tapisseries ; le juge d'instruction Jean de La Batie* venu pour la commission rogatoire en défense de von Papen. J'ai déposé dans les termes modestes qui m'ont été suggérés de Rome [7].

---

1. Conséquence logique de la victoire du MRP aux élections du 2 juin, la direction du gouvernement lui revient.
2. Grand séminaire d'Issy-les-Moulineaux, au sud de Paris, tenu par les Sulpiciens.
3. Réserve envers l'atmosphère religieuse de l'époque, qui favorise nettement le militantisme d'Action catholique.
4. Photographie où l'on voit Mgr Roncalli serrer la main de Paul Claudel (*Souvenirs d'un nonce*, entre p. 72 et 73).
5. Le nonce confirme sa venue de l'année précédente.
6. Encore une critique à caractère liturgique.
7. Avant d'accepter de témoigner à décharge, le nonce a bien sûr pris l'avis de ses supérieurs. Voir Stefano TRINCHESE, *Roncalli e von Papen.*

22 juin, samedi. — <À 15 h 30 à Meudon pour profession religieuse chez les Bénédictines.>

Gros travail à la maison. L'après-midi j'ai célébré à Meudon la vêture de la nouvelle Bénédictine sœur [ ]. Je me suis entretenu ensuite avec sa famille : la mère et 13 enfants vivants. Puis avec les sœurs au parloir intérieur. Le soir, j'ai accueilli pour dîner le marquis Soragna, M. Arpesani, sous-secrét. d'État et M. Furio Purini, qui se trouvent à Paris pour négocier au nom du gouvernement les intérêts de l'Italie avec les Quatre Grands [1]. Ce fut une rencontre plaisante et calme. Je pense que je dois avoir fait du bien à tous. Parmi les visites d'aujourd'hui, celle, importante, de Mgr de Courrèges.

23 juin, dimanche. — <Process. Hôpital Saint-Joseph, 12, Avenue Pierre-L. [2], 16 heures.>

Cérémonie plutôt longue mais pleine de douceur pour m'unir à Jésus qui visite et console les souffrants. Je me suis arrêté une douzaine de fois pour bénir les divers pavillons. Bel hôpital très bien tenu par les Filles de la Charité. À la maison, le matin, bon travail ; j'ai reçu le P. Nicephoros Dunavis, sup. des Assomptionnistes d'Athènes. Tristes nouvelles de là-bas. À 13 h j'ai eu à déjeuner le *dott.* Luigi Piantoni, Bergamasque, qui nous a tous un peu réjouis. Le soir, en revenant de la fonction de Saint-Joseph, j'ai eu une longue conversation avec le card. Suhard avec qui je me suis bien entendu sur beaucoup de choses.

24 juin, lundi. — <20 h dîner. Oratoire. 8, Avenue [3] Montmorency.>

Sainte messe pour tous mes Jean-Baptiste vivants et morts. Cette nuit, le ministre Bidault a réussi à former son gouvernement. Je lui souhaite sincèrement un bon succès. Je me réjouis encore que la nonciature soit restée à sa place de respect, d'attente, de réserve [4]. Audiences, avant et après midi. Les principales : le p. Nicephoros Dunavis, d'Athènes que je garde à déjeuner ; le général Piccio avec deux avocats démocrates-chrétiens de Turin et un libéral de Piacenza ; le vénér. Mgr Chollet, archev. de Cambrai ; toute la famille Rossini.

Rapporti diplomatici e strategie d'impegno comune di due protagonisti del XX secolo, Turin, SEI, 1996, p. 77-78.

1. En vue du futur traité de paix.
2. Rue Pierre-Larousse dans le XIVe arrondissement.
3. Villa en fait, comme on le lit plus loin (XVIe arrondissement).
4. Le leader démocrate-chrétien a reconduit la coalition tripartite, avec les socialistes et les communistes ; il garde le portefeuille des Affaires étrangères.

Ensuite, je suis allé à 20 h au 8, villa Montmorency, invité avec Mgr Pacini chez les P. de l'Oratoire, Sanson et compagnie.

<Reçu Mgr Paravy, vic. gén. de Chambéry.>

25 juin, mardi. — <11 h. Amb. Argent.>

Audiences : le nouveau ministre d'Argentine et Mgr Fleury, évêque de Nancy. Bonne et intéressante rencontre avec les cardinaux et archev. à l'archevêché. En paix parfaite avec tous : petites choses en cours bien expliquées. En prenant humblement les difficultés l'une après l'autre, elles se résolvent au mieux[1]. Je vois chaque jour davantage que saint Joseph, en qui je me confie, m'aide. Les tristesses et les douleurs qui me viennent des nouvelles, non d'ici, mais des parents, neveux, cousins, etc. ne me manquent pas. Je voudrais pouvoir aider bien plus. Ô Seigneur, donnez-moi patience, réconfort et bénédiction.

26 juin, mercredi. — Bon travail à la maison. Audience Mgr Petit, de Verdun ; supérieur de la Fraternité sacerdotale ; Mme Balfour. L'après-midi, visite au card. Saliège avec qui je m'accorde bien sur tout. *Deo gratias*[2]. Je me confesse au P. Romans chez les Lazaristes. Le soir, je pars à 9 h 30 pour Marseille[3]. Étant donné la distance, le train est le moyen le plus rapide. Malheureusement je ne peux pas avoir de couchette ; je suis pourtant bien avec mon Giulio en 1re classe. Les voyageurs sont respectueux ; il y a une jeune qui semble américaine, avec une petite chienne qui paraît plus intelligente et tranquille que sa patronne. Cela me fait penser à nos jeunes femmes avec tant de beaux enfants.

27 juin, jeudi. — Marseille en train à 10 h 30. Quels magnifiques paysages de Lyon à Marseille à travers la Provence, Valence, Avignon, Arles. Accueil simple mais cordial de Mgr Delay, évêque de Marseille. À l'arrivée je célèbre dans la chapelle épiscopale, belle et noble. À midi pour le déjeuner je suis entouré par les membres de la curie, vicaires généraux et chancelier. À 16 h, visite à Aix : excellent accueil à l'archevêché, à la cathédrale, au séminaire : conversation avec les séminaristes, avec compliments, touches historiques et anecdotes visant à l'encouragement des jeunes qui se montrent très satisfaits.

1. On n'en saura pas plus.
2. Théas a accepté l'administration apostolique de Tarbes et Lourdes : les difficultés sont donc aplanies de ce côté.
3. Dix-huitième voyage du nonce, pour la fête du Sacré-Cœur.

28 juin, vendredi. — À Marseille. Sacré-Cœur. *Dies albo signanda lapillo.* La sainte messe dans la vaste cour de la 1re Visitation à Saint-Jérôme. Toutes les autorités de Marseille, deux préfets, des représentants de la Chambre de commerce et d'innombrables personnes notables étaient là. Mes paroles après la messe très écoutées. À 11 h grande réception à la Bourse. J'ai répondu. À midi les notabilités à déjeuner ici à l'archevêché. À 17 h fonction solennelle à la cathédrale, mon nouveau discours. Quelle splendeur de foi et de piété religieuse. Je n'oublierai jamais. Le soir, dîner tranquille avec Mgr Delay, très justement heureux de la magnifique journée en l'honneur du Sacré-Cœur [1].

29 juin, samedi. — Marseille. Notre-Dame de la Garde. *La bonne Mère* comme l'appellent les Marseillais. J'y ai célébré la sainte messe, assisté avec grande solennité par Mgr Borel, vic. gén. et recteur ; beaucoup de personnes dévotes, avec orgue et musique. À l'évangile, avec des mots bien accueillis, j'ai rappelé que j'ai célébré ici ma première messe en France le 4 mai 1905, et j'ai uni dans la fête de saint Pierre le premier des apôtres et la prière pour le pape avec l'amour et la prière pour Marie *omnium mater.* Puis j'ai bien visité Saint-Victor et à midi, avec Mgr Delay, le séminaire où j'ai aussi parlé longuement : *Bonitatem, disciplinam et scientiam.* Au retour, j'ai visité la maison des sœurs de Saint-Joseph et la tombe d'Émilie Vialar. Départ à 20 h.

30 juin, dimanche. — <P. Freund, 15 h ; Sœurs Franc. Miss. de Marie. Avenue Reille. 2e Cent. de s. Camille.>

Le voyage en train de Marseille fut bon. J'ai eu pour compagnon de cabine le jeune Gaston Couteaux, neveu du Gustave d'Istanbul. À la maison, j'ai trouvé tout en ordre. À midi j'ai eu Mgr Scapinelli et M. Carretti, et Mlle Badaloni venus de Rome pour étudier l'organisation scolaire. À 13 h j'étais avenue Reille [2] pour la fonction du 2e cent. de la canonis. saint Camille. Procession et bénédiction avec le saint sacrement aux malades, émouvante comme à Lourdes. À la maison, visite des époux Giusti, et du card. Suhard avec de bonnes informations sur l'affaire Calvet et la nomination de Mgr Blanchet comme nouveau recteur de l'Institut [3].

---

1. Mgr Roncalli ne voit que les foules en liesse, pas le détachement religieux des milieux populaires du grand port méditerranéen.
2. XIVe arrondissement.
3. Le 27 juin, l'assemblée des évêques protecteurs de l'Institut catholique de Paris a accepté comme recteur l'évêque de Saint-Dié.

Juin.
7 – Confirmation Sévigné, 29, r. Santé. 10 heures.
16 – Assompt. Prof. relig. Messe solenn.
28 – À Marseille. Sacré-Cœur.

1er juillet, lundi. — Parmi les audiences, l'amiral d'Argenlieu qui incline toujours davantage vers ce qui lui convient le mieux dans l'ordre de sa vocation [1]. À 15 h, départ avec le p. Merklen en auto pour Verdun [2]. Conversation intéressante. Beau paysage, vert et riche. Je trouve que Verdun est une bien petite ville, mais l'ensemble cathédrale, séminaire et évêché vraiment magnifique. Plus chère encore la rencontre avec beaucoup d'archev. et d'évêques autour de Mgr Petit : Besançon, Reims, Beauvais, Langres, Nancy, Strasbourg, etc. Le soir, cérémonie à la cathédrale : j'étais en cape ; Mgr de Beauvais a prêché ; trois stations du Rosaire méditées.

2 juillet, mardi. — À Verdun. Couron. Vierge. Une belle messe pontificale. L'après-midi, j'ai béni et posé la couronne à la statue de Notre-Dame de Verdun, et assisté en cappa magna à la longue procession à travers toute la ville, sous le soleil ardent. À la fin j'étais bien fatigué ; mais j'ai adressé quelques mots à la foule avant de donner la bénédiction du Saint-Père. Ville et peuple fervents. Le souvenir de la guerre toujours vif et profond : cela donne ton et mouvement à une race forte et chrétienne qui trouve dans la dévotion à Marie un tempérament de douceur et de sérénité [3].

3 juillet, mercredi. — À Verdun. Sainte messe à l'évêché. J'ai visité avec le vic. général l'ossuaire de Douaumont, imposant et impressionnant. En revenant, j'ai mieux vu la cathédrale, les environs et une exposition d'art sacré ancien. À 10 h, salué par les évêques, je suis parti avec le p. Merklen vers Châlons. Ici, accueil de Mgr Piérard à Notre-Dame de l'Épine, très beau et cher sanctuaire, et de Mgr Tissier au séminaire évêché de Châlons. Oh ! Comme je fus heureux de la rencontre avec ce vénérable prélat. J'ai parlé aux séminaristes réunis en les

1. Redevenir religieux carme. Après la démission du général de Gaulle, il poursuit en Indochine une politique de force discutée : indépendance unilatérale de la Cochinchine le 1er juin, que le gouvernement nationaliste d'Hanoï dirigé par Hô Chi Minh considère comme un *casus belli*.
2. Dix-neuvième voyage, pour le couronnement de la statue de la Vierge.
3. Cette appréciation sur le catholicisme lorrain est assez juste ; mais le nonce n'a pas vu la Lorraine industrielle, moins fervente.

égayant et en les encourageant. Puis, avec Mgr Piérard, j'ai visité Épernay et la *Cave de Champagne* (25 kilom. et 20 millions de bouteilles de Moët et Chandon) [1].

4 juillet, jeudi. — <Famille Nera.>

À la maison, travail sur des détails. Distraction agréable et extrêmement plaisante du card. Tisserant de passage à Paris [2]. Il a daigné agréer le déjeuner intime que je lui ai offert à la nonciature. Nous étions seuls tous les deux. Dans la conversation, j'ai compris ce qui, selon lui, m'aurait fait du tort à propos de la nomination de Mgr Saliège comme cardinal : l'avoir jaugé sur son état de santé. S'il n'y a que cela à m'objecter, je m'en contente. Nul plus que moi ne reconnaît les titres de Saliège au cardinalat. Mais ce que le card. est vraiment, tout le monde le voit et le sait [3].

5 juillet, vendredi. — Cette nuit, avec Vagnozzi, j'ai attendu à Orly le passage de Mgr Cicognani, qui se rend à Rome pour la canonis. de la Bienheureuse Cabrini [4]. La rencontre m'a fait beaucoup de plaisir. Lui, mon assesseur de l'Orientale, m'est réapparu comme un vieux et bon frère [5].

Dans la journée plusieurs audiences. À midi repas au *Lutetia*, offert par l'Œuvre des Écoles d'Orient, en l'honneur des card. Suhard, Tisserant et Tappouni, et contacts avec de nouvelles personnes du laïcat. Le soir, départ pour Valence en train avec Giulio [6]. Façon de voyager commode et pratique. À la maison, j'ai rendu les honneurs à Mgr Arrigoni qui se rend à Rome pour sa consécration. Tout arrive en son temps et bien.

---

1. Dans la voiture entre Châlons et Épernay, Mgr Piérard récemment nommé coadjuteur (qui recule d'un an l'événement) aurait demandé le chapeau cardinalice pour Mgr Marmottin, archevêque de Reims : « Je lui ai sauvé sa mitre, qu'il se tienne tranquille », aurait répondu le nonce (déposition au procès parisien du 31 janvier 1969, vol. I, p. 266). Et sur la visite des caves : « Nous avons vu beaucoup de bouteilles, on n'en a pas bu beaucoup » (*ibid.*, 19 février 1969, vol. II, p. 82).

2. Il est venu en France pour les fêtes du tricentenaire de la mort de saint Pierre Fourier.

3. Malgré cette explication autorisée, Mgr Roncalli n'arrive pas à admettre que la majesté cardinalice soit ainsi diminuée par les handicaps physiques de Saliège.

4. Françoise-Xavier Cabrini sera canonisée le 7 juillet, la première depuis la fin de la guerre (*La Documentation catholique*, 4 août, col. 801-806).

5. Amleto Giovanni Cicognani, délégué apostolique aux États-Unis, fut assesseur de la Congrégation orientale entre 1928 et 1933.

6. Vingtième voyage.

6 juillet, samedi. — À Valence. Mgr Pic m'a reçu avec beaucoup de cordialité. Sainte messe dans sa chapelle. Puis visite au Collège Notre-Dame, à côté du séminaire, où j'ai présidé à la distrib. des prix et parlé aux jeunes en encourageant les *non-primés*. Ensuite visite du beau nouveau séminaire et de la vieille cathédrale. Repas amical. À 15 h je bénis la nouvelle église de Sainte-Thérèse de l'Enfant Jésus : cérémonie quasi champêtre avec beaucoup de monde, puis avec Mgr Couderc, évêque de Viviers, je me rends à Tournon ; là, grande réception à la préfecture, avec présentations et fleurs. Poursuite par Cornas : réception à l'église paroissiale : mes paroles réconfortantes et bien comprises. Je suis l'hôte de la maison Emmo [ ].

7 juillet, dimanche. — Viviers. Couron. de la Vierge de la Mure à Cornas. Beaucoup de ruraux dévots de l'Ardèche, comme au pays bergamasque [1] ; j'ai célébré à 8 h à la paroisse. Mais le sanctuaire est petit, et le *mistral* terrible et implacable comme la bora de Trieste. L'après-midi, j'ai béni la couronne et Mgr Couderc l'a posée. Étaient présents : Mgr de Llobet, d'Avignon, Martin, du Puy, Jauffrès, de Tarentaise, Pic, de Valence. Une grande fête comme une Pentecôte. Le soir, continué sur Viviers. Grande réception à la cathédrale où j'ai répondu en exhortant à la triple foi des Pères, foi à la Vierge et foi au pape. Petite ville dans la verdure, évêché demeure princière [2].

8 juillet, lundi. — À Viviers. Sainte messe à l'évêché. Puis visite à la Trappe d'Aiguebelle. Là, accueil émouvant et inoubliable. À midi retour pour le déjeuner avec le clergé à Viviers. *Bonum et jocundum.* J'ai suivi une réception des laïcs les plus méritants. Puis, avec Mgr Couderc, je suis allé à Avignon, très bien accueilli par Mgr de Llobet. Visite très intéressante du Palais des papes sous la conduite du vieux conservateur Gabriel Colombe, et de la cathédrale, toujours avec Mgr de Llobet. J'ai eu une très vive satisfaction de cette découverte d'Avignon. Les souvenirs de Pétrarque, de sainte Catherine, du card. Longo, d'Alberico da Rosciate, me réjouissent beaucoup. Le soir, départ pour Paris.

---

1. Il y a deux Ardèche : une Ardèche protestante et une Ardèche catholique qui est en effet un pays de chrétienté... comme la province de Bergame.

2. Le siège de l'évêché n'est pas à Privas, chef-lieu du département de l'Ardèche, mais à Viviers, ville ancienne et un peu endormie.

9 juillet, mardi. — Arrivé à Paris à 9 h 15. Bon voyage en cabine mais après avoir rendu par la fenêtre le repas d'Avignon. Tout va bien à la maison. À 15 h, repas avec l'amiral d'Argenlieu, les ministres Teitgen et Michelet, Colin et Schuman : tous bons catholiques membres du gouvernement français [1]. Conversation intéressante et très utile. J'ai eu aussi la visite de M. Dumaine, chef du protocole, avec qui nous nous sommes mis d'accord pour une visite officielle au nouveau présid. Bidault. À 17 h j'ai participé à la récept. pour le mariage arménien Erkeletian au George V, et chez Chauvel en l'honneur du card. Tappouni [2].

10 juillet, mercredi. — Nombreuses et intéressantes audiences : Mme Ivan Stanciov ; Mme Teresa Hamson ; M. Fordi, ces deux derniers d'Istanbul ; deux Chinois, les p. Wang et Lü des Disciples du Seigneur ; le P. Grebschichin, Russe d'Autriche avec un jeune père russe ; un curé de Meaux qui a préparé la médaille du Grand Retour [3], et mon cousin Mario Colombo à qui je ne peux pas faire la faveur qu'il me demande pour la libération de la détenue de Vierzon pour des cartes de pain.

11 juillet, jeudi. — Audiences habituelles. À midi j'ai eu à déjeuner le card. Tappouni avec Mgr Khouri [4] sup. de la Mission syrienne à Paris et Mgr Lagier, de l'Œuvre « des Écoles d'Orient ». La question du Liban est le gémissement de ces âmes, tout comme elle est certainement une préoccupation pour le Saint-Siège. Qu'il est important, et combien difficile, de tenir la politique en dehors de la religion [5]. Que le Seigneur en accorde toujours à mon esprit la grande grâce. Parmi les visiteurs, le dott. Bernardino Nogara, et l'un après l'autre MM. Baroni et Ferretti.

12 juillet, vendredi. — Nombreuses audiences : aumônier et sœur sup. de Rouen ; une prieure bénédictine qui demande une bénédiction du pape pour Vézelay ; le député

1. Dans lequel il y a aussi, ne l'oublions pas, des socialistes et des communistes.
2. Patriarche de l'Église syrienne catholique depuis 1929 et cardinal depuis 1935.
3. De Notre-Dame de Boulogne.
4. Le chorévêque Gabriel Khouri-Sarkis.
5. Surtout au Liban où le pacte de 1926, toujours en vigueur, prévoit une répartition des postes en fonction de l'appartenance religieuse et confessionnelle.

Desjardins [1] ; Mme Anfuso. Ma sœur Marie et ma nièce Enrica bien arrivées. Je me suis entretenu avec elles en bas au déjeuner. À 16 h première audience du présid. Bidault. Maintenant, on le voit, inadaptée pour une conversation paisible. L'affaire de la nomination d'Amiens et les difficultés faites par le gouvernement laissent entrevoir un mécontentement pour le manque d'attention et l'indication de noms communiquée, mais dont j'ai su le soir que Mgr Pacini avait gardé le secret. D'où une double affliction, que j'offre au Seigneur parmi les pauvres croix de ma vie [2].

<Réception abbé Prévost revenu de Genève [3] et Gaston Tessier.>

13 juillet, samedi. — Mes bonnes invitées de Sotto il Monte me sont une occasion de récréation. Les nouvelles du pays natal m'intéressent à plusieurs niveaux. Le matin, j'ai pris le petit déjeuner avec elles et les ai revues le soir après dîner. Elles s'entendent bien avec les sœurs, et elles sont sorties pour visiter Paris avec Giulio en toute simplicité. Audiences particulières : le P. Darsy, dominicain, conseiller de l'amb. Maritain à Rome ; le p. Ginocchini avec 4 jeunes nouveaux Scalabriniensi venus en France pour du bon travail : parmi eux un Consonni, de Chiuduno, un jeune Albertini, d'Ajaccio, avec son ami de Saint-Germain-en-Laye qui a vécu en exil à Mapello.

14 juillet, dimanche. — Fête de la République : Mgr Vagnozzi est allé à la Bastille me représenter. Il n'en est pas revenu enthousiaste [4]. Journée à la maison, tranquille, sans aucun visiteur. J'ai écrit quelques lettres et feuilleté çà et là. Un peu de tristesse au cœur à considérer la vanité des *sensus hominum*. Pourtant il faut en tenir compte, et avoir patience et longanimité, comme fait le Seigneur... et surtout, ayant conscience du devoir accompli, ne pas permettre que la tristesse domine

---

1. Charles Desjardins, député PRL (droite modérée) de l'Aisne.
2. Prélude à une sérieuse tension sur les nominations, voir plus loin en date du 23 juillet.
3. Il vient d'obtenir du cardinal Liénart son détachement pour s'occuper d'œcuménisme. C'est à lui que le nonce confie la rédaction d'une contribution sur la théologie protestante en France, que lui a demandée Mgr Bernareggi pour une publication collective italienne (lettres du 3 novembre 1945 et du 11 septembre 1946, *Questa chiesa che tanto amo*, p. 283 et 292).
4. Le nonce avait ignoré la fête nationale française l'année précédente ; cette fois, il y envoie un subordonné qui n'en revient pas satisfait.

mon esprit. La foi et l'amour du Seigneur ne suffisent-ils pas à ma consolation ?

15 juillet, lundi. — Audiences : abbé Haim et sa tante d'Istanbul ; ensuite celle, importante, des deux Indochinois catholiques NGUYEN MANH HA et NGUYEN DE [1], venus pour le traité franco-indochinois. Conditions complexes du catholicisme de là-bas. Nécessité pour la France de faire preuve de compréhension. Qui trop embrasse mal étreint. Il y a des missionnaires d'autres régions qui enlèvent au catholicisme son caractère nationaliste [2]. Je les reverrai. Le soir, le *dott.* Mahieu, archiviste. Pensées et pressentiments d'ordre général tristes et préoccupants pour la [ ].

16 juillet, mardi. — Vierge du Carmel : douce inspiration dans la prière, dans le repos de l'esprit confiant. Parmi les audiences : la nouvelle sup. générale des Filles de la Charité ; Mgr Bertin ; le p. Lambert, des Jésuites. À 12 h avec le Corps diplomatique rue Saint-Dominique, présentation des vœux au nouveau présid. du Gouvernement provisoire M. Bidault, que j'ai trouvé courtois pour moi et pour le Saint Père. À la maison, j'ai eu à déjeuner Mgr Chappoulie, et plus tard don Fortunato Benzoni que j'ai gardé à dîner et avec qui j'ai beaucoup bavardé. J'ai rencontré aussi MM. Rossini et Giannattasio. J'ai souffert de m'être fixé beaucoup de travail et d'en avoir peu réalisé.

<Intéressante aujourd'hui la visite que m'a faite le card. Tappouni.>

17 juillet, mercredi. — Peu de visites. L'après-midi, départ avec Dino, Giulio et Mgr Vagnozzi pour Solesmes [3], où nous arrivons dans de bonnes conditions à 18 h. Réception toujours cordiale de la part de tous les moines. Sont présents tous les abbés de la Congrégation bénédictine de Solesmes, y compris

1. Tous deux dirigeants de la jeunesse catholique vietnamienne : le premier est proche des partisans de l'indépendance ; le second jouera un rôle important dans l'entourage de l'empereur Bao Dai.

2. Remarque intéressante au moment où la conférence de Fontainebleau avec les représentants d'Hô Chi Minh, commencée le 6 juillet, tente de trouver une solution négociée, dans un climat en voie de dégradation. L'indépendance de la République du Viêtnam a été proclamée à Hanoï le 2 septembre 1945, et soutenue par un message des évêques à Pie XII du 23 ; depuis, la France hésite entre la politique de la carotte (Fontainebleau) et celle du bâton (Thierry d'Argenlieu). Les interlocuteurs du nonce sont désireux de dissocier les intérêts de l'Église de ceux de la France, et il semble partager leur point de vue.

3. Vingt et unième voyage du nonce et troisième passage à Solesmes.

des représentants du Canada et de l'Argentine. Allocution de l'abbé Cozien à qui j'offre les vœux jubilaires, et j'ajoute des encouragements aimables qui font plaisir à tous. Il me déplaît que ne soient pas encore arrivées les lettres du Vatican.

J'ai eu, tard, une intéressante conversation avec l'abbé de Ligugé à propos des affaires de Poitiers.

18 juillet, jeudi. — <À Pontmain ?>

Nuit de très bon repos à Solesmes dans le logement de l'abbé Guéranger. J'arrive à Laval à 9 h. De là en cortège avec les card. et évêques j'arrive à Pontmain. Foule immense et dévote. Fonctions en plein air avant et après midi avec procession en cape qui me fatigue un peu. Je n'ai parlé que pour un toast au déjeuner, très bien accueilli. Le soir, accompagné par Mgr Simonne, bon vic. gén. de Coutances, nous arrivons à Pontorson : de là au Mont Saint-Michel pour assister au coucher du soleil et à la marée montante. Bon accueil chez le curé et salut du maire à l'entrée. Paysage vraiment intéressant et exceptionnel.

19 juillet, vendredi. — Au Mont-Saint-Michel : journée de *merveilles*. Sainte messe dans l'église paroissiale. Visite complète de l'abbaye vraiment admirable. Déjeuner avec l'abbé Marcel Ducloué et des prêtres du voisinage. À 16 h départ par Avranches et Saint-Pair dont nous visitons l'église et la tombe des vieux saints. À Coutances, accueil chaleureux : le vieil évêque Louvard, son clergé ; visite et réception rendues à la préfecture et à la mairie : ici, tous les conseillers municipaux présents. Dîner fraternel et copieux ; puis grande fonction à la cathédrale bondée : allocution de l'évêque, impressionnante ; ma réponse de l'ambon, félicitations, encouragements, bénédiction.

20 juillet, samedi. — <À Coutances 20-21-22 Centenaire Postel.>

Visite matinale à la magnifique cathédrale de Coutances. À 9 h 30 j'étais à Barfleur, paroisse natale de sainte Marie-Madeleine Postel. J'ai célébré le pontifical. Tout m'a plu : le beau pays de pêcheurs aisés, la cérémonie, les décorations avec les filets bien étendus et fleuris, la longue procession. Le repas ecclésiastique à l'auberge, qui a duré 2 heures 3/4 m'a fatigué et ennuyé, et je l'ai laissé entendre. Le soir, nous sommes arrivés à Saint-Sauveur, la maison-mère des sœurs de sainte Marie-Madeleine Postel, dont j'ai vénéré le corps près de ma chambre. Le card. Tacci avait été l'hôte de Saint-Sauveur en août 1926, peu de temps avant de mourir ; et il y a laissé son souvenir en bénédiction.

21 juillet, dimanche. — À Saint-Sauveur-le-Vicomte. Sainte messe dans l'église abbatiale à peine remise en service. Puis exhortation et encouragement à toutes les chères sœurs des écoles chrétiennes de la Miséricorde dans le souvenir du card. Tacci, père de mon sacerdoce, pour l'âme de qui j'ai célébré la sainte messe[1]. Départ à 10 h. À 12 h 30 j'arrive à Flers après avoir traversé les ruines de Saint-Lô : peut-être les plus impressionnantes de toute la France[2]. À la Villa des Cèdres très bon accueil chez mes chères Missionnaires franciscaines du Sacré-Cœur, la Mère générale présente. Après le déjeuner ; j'ai visité le beau petit séminaire de Sées. À 18 h 30 j'étais à Paris. *Deo gratias.*

22 juillet, lundi. — Sainte messe à 5 h. À 6 h départ pour Vézelay avec le *dott.* Piantoni[3]. Le long du trajet, magnifique campagne, 216 kil. arrivée à 9 h 30, accueil chez Gaillard. Assistance en cape au Pontifical du card. Liénart. Reçu avec lui à la mairie : je réponds. Sobre déjeuner chez Dubois. J'ai chanté les vêpres en chape et mitre. Quelques mots avant la bénédiction. J'ai suivi la procession, toujours en mitre et crosse. Peuple nombreux, foi, piété, jeunesse imposante[4]. J'ai donné la bénédiction avec le Saint Sacrement. Puis, avec l'abbé Gloriès je suis passé à La Pierre-qui-Vire ; très bon et joyeux accueil, dans la salle du chapitre. Dîner et complies avec les moines, délicieux. À 9 h j'étais au lit comme eux.

23 juillet, mardi. — Nuit très reposante à la Pierre-qui-Vire : de 9 h à 6 h. J'en avais besoin. Sainte messe assisté par les moines, qui communièrent. Retour heureux : visite à Pontigny et à la cathédrale de Sens, nouvelle merveille.

Nous sommes arrivés à Paris à 13 h précises. J'ai reçu à déjeuner le cher *dott.* Piazzani[5]. J'ai trouvé Maria et Enrica bien. Le soir, réponse du Gouvernement au sujet de l'évêque d'Amiens. Elle me déplaît, mais ne me trouble pas. Mieux

---

1. Secrétaire de la Congrégation orientale qui a consacré Roncalli évêque le 19 mars 1925.
2. La zone que le nonce vient de traverser a été ravagée par les combats de l'été 1944.
3. Vingt-deuxième voyage : à peine revenu, le nonce repart.
4. Pèlerinage international pour la paix des 18-22 juillet à l'occasion du VIIIe centenaire de l'appel à la deuxième croisade.
5. Pour Piantoni sans doute.

vaut éviter l'incident et prendre la forme de l'entente que tout net l'attitude d'opposition [1].

24 juillet, mercredi. — Audiences : ministre et conseiller de la légation du Liban. Ils demandent que le Saint-Siège envoie immédiatement un nonce [2] ; puis Frère Brunon, d'Athènes ; les époux Rubini, de Bergame. Arrivée très bienvenue de Mgr Bertoli, d'Haïti, et fête autour de lui [3]. L'après-midi, il m'accompagne au palais de Rohan [4] pour l'exposition des documents diplomatiques les plus anciens et les plus précieux que la France possède. Notre guide est M. Mahieu. Puis nous rendons visite à la nouvelle sup. générale des Filles de la Charité, rue du Bac. Le soir est passé aussi Mgr Martin, de la Secrét. d'État que j'ai bien accueilli et qui est parti pour Lorient.

25 juillet, jeudi. — Quelques audiences : le ministre d'Abyssinie pour l'affaire de la nonciature d'Addis-Abeba [5] ; le *dott.* Duhamel ; deux sœurs bénédictines de Jouarre qui partent pour l'Amérique. À midi, dernière réunion conviviale avec le cher Mgr Pacini. Étaient présents avec moi et avec lui Vagnozzi, Bertoli, Rocco, dom Lemoine, le p. Vincent, Mgr Chappoulie, le p. Rémi et le curé Clamorgan de Saint-Pierre de Chaillot. Tout simple et bien. Autres audiences : P. Achard, jésuite de Poitiers, MM. Garelli et Baroni. À 10 h j'accompagne et je salue Mgr Pacini à la gare de Lyon, où je salue aussi le card. Tisserant qui retourne à Rome.

---

1. « Aucun des noms que le Gouvernement avait suggérés ne fut retenu et c'est dans ces conditions que le Ministre des Affaires Étrangères refusa au mois de juin dernier *[sic]* de donner son agrément à la nomination du chanoine Douillard au siège d'Amiens », Note pour le cabinet, s. d. (« 8 décembre 1946 » au crayon rouge, AMAE). L'archiprêtre de Cholet (Maine-et-Loire) est pourtant « interdit » dans sa paroisse « à la fin de l'occupation, pour avoir tenu un langage trop patriotique », selon Marc MINIER, *L'Épiscopat français du Ralliement à Vatican II*, p. 191.

2. Comme l'Éthiopie, le jeune État veut des relations officielles avec le Saint-Siège. Son vœu sera exaucé plus rapidement : en mars 1947, Charles Hélou devient ambassadeur près le Saint-Siège et Mgr Alcide Marina, successeur de Roncalli comme délégué apostolique à Istanbul, nonce à Beyrouth.

3. Paolo Bertoli, que Mgr Pacini va remplacer, sera nonce à Paris entre 1960 et 1969, puis cardinal ; Mgr Roncalli l'a connu en Orient.

4. Siège des Archives nationales (IVe arrondissement).

5. Voir plus haut en date du 29 mai.

26 juillet, vendredi. — <M. Chiha – audience 11 h.>

Le départ de Mgr Pacini me laisse au cœur la satisfaction d'une bonne action de justice et de charité menée à bon terme avec sagesse.

Aujourd'hui, deux audiences importantes : M. Chiha du Liban, et l'après-midi le prêtre député, l'abbé Pierre, de Nancy [1]. J'ai voulu que Mgr Vagnozzi sente aussi cette âme fervente qui, de fait, ne désire que la vérité et le bien. Il propose des attitudes qui supposent des précautions pour tirer profit aussi de ce qui est imparfait plutôt que des luttes pour le triomphe du bon droit [2]. Parmi les visites, je n'oublie pas celle du bon Francesco Benigna, de Chiuduno.

27 juillet, samedi. — Visite au ministre du Mexique. Elle était prévue depuis longtemps, mais je n'avais pas pu la faire. Patience. Audiences : Mme Anfuso ; Mgr Lemaire, nouveau sup. des Missions étrangères avec le vieux P. Robert ; Mgr Rousseau, évêque de Mende ; M. Osborne, ministre de Grande-Bretagne auprès du Vatican ; le p. jésuite Charles Bourgeois qui arrive de Moscou, et dit des choses intéressantes [3] ; Mgr Dib [4] que je garde à déjeuner. L'après-midi don Martino de Martini (à qui j'ai donné 100 dollars pour 100 messes que m'a remis Mgr Bertoli) et M. Hubert Guérin, qui de La Haye part comme ambassadeur au Brésil [5].

28 juillet, dimanche. — <17 h. À Saint-Christophe – Bénéd. et dîner, 28 rue de la Convention. P. Aymard Faugère.>

De bon matin j'ai assisté à la fin de la messe de Mgr Rocco et lui ai donné l'ultime salut. Peut-être pourrai-je jouir encore un peu de sa compagnie ? Faxit Deus. Dans la matinée, seule audience le comte de Saint-Rome avec deux collègues de la confrérie des camériers de cape et d'épée du Saint Père. À déjeuner j'ai eu les époux Garelli avec leur fils aîné Francesco. Belles évocations de l'Orient. À 17 h assisté à la cérémonie à Saint-Christophe comme annoncé. Belle et curieuse église moderne, mais où saint Christophe, du reste saint aussi

1. Il s'agit bien sûr de l'abbé Pierre (Grouès), député MRP de Meurthe-et-Moselle depuis octobre 1945.

2. Mgr Vagnozzi est sans doute plus réservé que le nonce sur la personnalité originale de l'abbé Pierre.

3. Religieux de rite byzantin qui a passé deux ans dans les prisons soviétiques (1942-1944) avant d'être attaché à l'ambassade de France à Moscou, puis d'être rapatrié en avril 1946.

4. Qui va devenir évêque maronite du Caire.

5. Ancien chargé d'affaires du gouvernement provisoire auprès du Saint-Siège.

sympathique qu'il soit, encombre trop. Puis réunion fraternelle avec les chers pères Assomptionnistes [1].

29 juillet, lundi. — Bon travail au bureau. À midi, j'ai eu à déjeuner M. Osborne, représentant de la Grande-Bretagne au Vatican. Contact utile. À 16 h assisté à l'inauguration de la Conf. de la paix au Luxembourg. J'ai eu une place distinguée et on m'a traité avec beaucoup d'égards. Il est bon que j'aie été présent. Mon absence aurait été mal interprétée [2]. Le soir, repas avec Vagnozzi chez la veuve Abrami [3]. Il y avait beaucoup de gens, bien assortis. À la maison, j'ai fait bon accueil à la sup. générale des Franciscaines du Sacré-Cœur avec sœur Gilberte de Flers ; nous avons mangé avec Maria et Enrica. Autres audiences.

30 juillet, mardi. — <Déjeuner Liban 1 h 30 Bristol.>
Parmi les audiences, le p. O'Reilly du *104* [4] avec un confrère et deux sœurs Maristes. J'ai conseillé de recourir à Bernardino Nogara. À 13 h 30 déjeuner au Bristol à l'invitation du ministre du Liban. Rencontre avec plusieurs personnes : amb. Chine et Turquie, Benzoni, ministre d'Égypte, etc. L'après-midi, longue conversation avec Armida Ferrari : choses de Rome et d'Italie. Parmi les visiteurs, je ne dois pas oublier l'avocat Della Rocca, et le jeune Piccioni, tous deux de Rome.
Le soir, dîner avec Maria et Enrica, nous seuls, au réfectoire. Vagnozzi et Bertoli étaient sortis.

31 juillet, mercredi. — Saint Ignace : grande tête, grand cœur. Chez ses fils que j'aime tant, je relève parfois quelque chose d'excessif [5]. Mais l'ensemble de son œuvre, grandiose et imposant. Aujourd'hui, peu d'audiences, et beaucoup de travail au bureau. Le soir, je suis resté seul avec Mgr Bertoli qui, en tête à tête, révèle les meilleurs dons de son esprit. Préparation de lettres et de rapports. Parmi ceux-ci, un sur l'Abyssinie, important [6]. Vagnozzi est parti vite pour la campagne,

---

1. Église Saint-Christophe de Javel, dans le XVe arrondissement, desservie par les Assomptionnistes, proches du nonce.
2. Conférence décisive où les représentants des vingt et un pays vainqueurs de la guerre vont présenter aux alliés du IIIe Reich les conditions de paix qu'ils ont arrêtées.
3. Première invitation du nonce dans cette maison.
4. Il s'agit du mariste qui dirige la Réunion des étudiants, 104, rue de Vaugirard.
5. Première réserve, non précisée, sur les Jésuites.
6. Sans doute sur la reprise des relations diplomatiques entre ce pays et le Saint-Siège (voir plus haut en date des 29 juin et 25 juillet).

baptême Davella. Il faut laisser un peu s'ébrouer ces bons jeunes gens. Préparation fébrile pour le départ de demain matin vers Strasbourg.

Juillet.
2 – À Verdun.
7 – Viviers. N.-D. de la Mure Cour.
19 – Pontif. Lazaristes[1].
20 – Barfleur (?)
21 – Cherbourg (?)
22 – Saint-Sauveur-le-Vicomte (?)

1er août, jeudi. — <1er août.> *Alzataccia*, comme ils disent à Rome : c'est-à-dire très peu de sommeil. Sainte messe à 5 h 30, et départ en micheline avec Giulio. Arrivée ponctuelle, grande réception : évêque, préfet et toutes les autorités de Strasbourg[2]. Mes brèves paroles au salon d'honneur, photographies, etc. Je suis accueilli avec grande courtoisie et bonté à l'évêché par S. E. Mgr Weber – le premier évêque nommé sous ma nonciature.

L'après-midi, j'assiste à la leçon du prof. Montagne qui traite avec une grande clarté du problème scolaire[3]. Beaucoup de monde : le double de Toulouse, et vif intérêt. Y assistent quelques évêques : Mgrs de Périgueux, Autun, Mende, Mgr Dib, etc.

Mgr Weber a réuni autour de l'évêque et du nonce une couronne choisie d'invités – à midi et au dîner.

Après celui-ci, grande cérémonie à la cathédrale sous ma présidence[4]. La lettre du pape est lue avec solennité, puis suit une méditation eucharistique de Mgr Chevrot, curé de Saint-François-Xavier à Paris, dont pourtant je ne saisis que quelques mots. Enfin je donne la bénédic. solennelle du Saint Sacrement. Mon estomac ne fonctionne pas bien.

2 août, vendredi. — À Strasbourg. Sainte messe à la chapelle de l'évêché. À 10 h réception et assistance à la leçon

1. En voyage en Normandie, Mgr Roncalli n'a pu participer à cette cérémonie.

2. Vingt-troisième voyage, pour la Semaine sociale dont le thème est « La communauté nationale » (*La Documentation catholique*, 18 août, col. 865-898).

3. La leçon sur « L'école au service de la communauté nationale » a été prononcée par Pierre-Henri Simon, professeur aux Facultés catholiques de Lille.

4. C'est sans doute lors de cette cérémonie qu'a été prise la photographie reproduite dans *Souvenirs d'un nonce*, entre p. 72 et 73.

de M. Montagne sur la jeunesse [1]. Mes considérations silencieuses et vagabondes. La personne humaine, les droits de l'individu, de la communauté, de la jeunesse ? Très bien, mais les devoirs ? Et l'Évangile, et la *valeur* de l'obéissance du Christ et les « vertus passives » mais qui de fait exigent force, action, maîtrise [2] ?

À 13 h 30 grand repas à la préfecture en l'honneur du nonce et de la Semaine sociale. Il y avait aussi le ministre d'État Francisque Gay et d'autres hommes politiques. L'après-midi, avec Mgr Weber visite au curé et au village d'Herrlisheim. Rencontre à l'évêché avec plusieurs évêques, etc.

3 août, samedi. — Strasbourg. Nuit très reposante. À 8 h messe à Sainte-Clotilde : plusieurs semainiers présents et communicants. Mes quelques mots : vidit cuncta... et erant valde bona. Tenir à la parole du pape : ordre dans les esprits, charité dans les cœurs. Puis, avec Mgr Weber, visite à l'Université. Magnifique accueil qui m'honore. J'en suis demeuré extrêmement satisfait. Visité le sémin. internat. des PP. Lazaristes [3] ; puis rendu hommage *au soldat inconnu.* À 13 h à l'évêché, repas avec le préfet et des notables. À 18 h salut à la gare par Mgr Weber, etc., retour à Paris en « micheline », en conversant avec le p. Merklen, fleuri et inépuisable en anecdotes historiques intéressantes [4].

4 août, dimanche. — Paris : goûté à nouveau l'enchantement de Strasbourg. Matinée tranquille. Longue audience de l'abbé Cozien [5]. À midi, repas chez les Dominicains de la rue Saint-Honoré [6]. Belle rencontre. Mes paroles à la fin, très bien accueillies, sur les notes clefs de saint Dominique et saint François : *veritas, charitas, pax.*

Il y avait des P. Franciscains et des laïcs : Schuman [7], etc.

Après-midi solitaire et peu efficace à la maison. Journée très chaude. La pensée des suites de la guerre pour les peuples,

---

1. « La jeunesse dans la communauté nationale ».
2. Pour le nonce, les jeunes n'ont pas seulement des droits, mais aussi des devoirs.
3. Qui accueille, comme l'indique son nom, des séminaristes étrangers venus faire des études supérieures ecclésiastiques à Strasbourg.
4. Le directeur de *La Croix* depuis 1927 est l'une des éminences grises de l'Église de France.
5. De Solesmes.
6. Siège de la province dominicaine de France (222, rue du Faubourg-Saint-Honoré, VIIIe arrondissement).
7. Député MRP de la Moselle et ministre des Finances du gouvernement Bidault, Robert Schuman est aussi un spirituel d'une piété profonde.

attristante. S'y ajoute que j'attends en vain le nouvel auditeur Oddi, et le conseiller Vagnozzi en souffre un peu.

5 août, lundi. — La pensée de Sainte-Marie Majeure avec des souvenirs de tant d'années.

Journée extrêmement chaude et donc peu efficace. Seul visiteur, le nouvel évêque aux armées ou mieux Inspecteur militaire Mgr Picard de La Vacquerie. Sa nomination finalement obtenue est pour moi motif de consolation et de satisfaction. Si je n'avais pas résisté résolument au Gouvernement nous serions encore en haute mer [1]. Le nouvel élu souffre un peu d'eczéma, mais est d'un très bon esprit. Aujourd'hui Mgr Vagnozzi a annoncé aux domestiques l'augmentation de leur rémunération avec quelques avertissements qui ont été bien accueillis.

6 août, mardi. — Pour la première fois j'adopte le système de ne pas donner d'audiences le *mardi* et le *vendredi*. Mais je n'ai pas pu refuser M. Alex Bogojavlenski qui m'apporte des lettres et des nouvelles de ses parents de Sofia. De cette famille russe, seuls les deux fils Georges et Cyrille survivent. Pauvres familles russes de la diaspora.

À 13 h j'ai eu à déjeuner le jésuite Ch. Bourgeois qui m'a apporté des mémoires écrits sur la situation actuelle de Moscou, etc. Quelle douleur ! Le mensonge et l'iniquité menacent de submerger le monde et, en dehors du pape, personne n'ose se rebeller et protester [2] !

7 août, mercredi. — Plusieurs audiences. Le déroulement de la Conférence de la paix laisse le cœur froid et méfiant [3].

Personne n'est joyeux : tous ont quelque amertume. Et il y a les cas de pauvres parents ou amis qui demandent grâce pour des condamnés à mort ou des adoucissements de peines, ou au moins un traitement moins dur en prison. Et on ne peut y arriver. Ce cas, par ex., recommandé par Fr. Veuillot [4].

---

1. Mgr Roncalli a gagné sur la personne, mais perdu quant à l'étendue de ses fonctions, comme il le reconnaît d'ailleurs : le ministère de l'aumônier-inspecteur ne concerne que les troupes françaises d'occupation en Allemagne.
2. Voir notamment les encycliques *Orientalis Ecclesiae* du 9 avril 1944 et *Orientales omnes Ecclesias* du 23 décembre 1945.
3. Les conditions des vainqueurs seraient-elles jugées trop dures ?
4. François Veuillot, neveu du célèbre publiciste intransigeant, est lui-même journaliste.

On essaie : mais cela est bien difficile face aux communistes et socialistes pleins de haine et de l'esprit de l'antéchrist. Domine miserere populi tui [1].

8 août, jeudi. — Nombreuses audiences. La supérieure gén. des Franciscaines Missionnaires de Marie ; à midi, Mgr de La Vacquerie à déjeuner ; le soir, me faisant un peu violence, je suis sorti en cape pour la réception au Quai d'Orsay où je me suis trouvé ensuite content de rencontrer beaucoup de gens du monde diplomatique international. Comme me le disait Fr. Gay, après le traité de Vienne en 1816 [2], c'est peut-être la rencontre de diplomates la plus nombreuse. Mais je n'ai pas rencontré les Russes. Il manquait dans ces salles somptueuses la joie de la paix : partout à voix basse des paroles de méfiance et de découragement [3].

9 août, vendredi. — Journée qui devait être sans audiences. J'ai pourtant reçu l'amb. Maritain, le colonel van der Kroon, attaché militaire à l'ambassade de Hollande, l'abbé Calle, cérémoniaire, et le soir S. E. Bonomi [4] avec Pierantoni, de l'amb. ital., et M. Ferretti. Tout dans la plus grande cordialité et simplicité. Mgr Vagnozzi fut absent aux deux repas. J'ai pu ainsi tenir compagnie à Maria et Enrica.

10 août, samedi. — 42e anniversaire de ma sainte ordination sacerdotale. J'ai tout revu et repensé, reconnaissant, ému, désireux de ne pas faire déshonneur à l'amour de Jésus pour moi.

Nombreuses audiences : M. Michelin ; le comptable Cislani, de Botta, avec sa sœur et sa belle-sœur ; le P. général de l'Ordre de saint Jean de Dieu ; la comtesse Salverte ; Irma Negroponte ; l'ambassadeur d'Espagne Mateola [5] avec un conseiller. J'ai gardé ces deux-ci à déjeuner. L'après-midi : Mlle M. A. Fouillard qui se dit fille illégitime de Lyautey ; Madame Le Garrec-Even, locataire de Mgr Lagier ; sœur

---

1. Décidément, le nonce n'admet pas l'épuration, qu'il impute à tort aux seules forces de gauche, les plus actives il est vrai en ce domaine.
2. *1815* en fait.
3. La grande alliance antinazie épuise à Paris son dernier souffle.
4. Ivanoe Bonomi est une grande figure de la vie politique italienne : socialiste réformiste avant la Première Guerre mondiale, interventionniste en 1915, il fut plusieurs fois ministre ensuite, et chef de gouvernement en 1921-1922 ; il se retira de la vie publique sous le fascisme, mais reprit du service après la chute de celui-ci. Il participe à la conférence comme président de la Commission italienne pour les traités internationaux.
5. Miguel *Mateu Pla*.

Marie-Bernadette Yableau*, sortie du couvent de Riom ; Mme la *dott.* Françoise Deuben-Boche*, de Rodez. À dîner, M. Colin, sous-secrét. à la Présidence.

11 août, dimanche. — Dimanche solitaire et silencieux. Peu de résultats, mais j'ai pourtant fait quelque chose au bureau. Seule longue visite : M. Girod de l'Ain avec son accompagnatrice. Le soir, Mlle Ferrari qui revient de Belgique. J'ai passé un peu de temps avec elle à rappeler et lire des choses de Bergame et à revoir des souvenirs de jeunesse. Ces deux jours-ci j'ai lu et médité le même chapitre de Bossuet : « La sainte Eucharistie sacrement de notre mort. »

Quel réconfort ! Que le Seigneur me donne la grande grâce de mourir ainsi avec Lui : mon corps uni au sien en gage, en certitude de la résurrection !

12 août, lundi. — « Gloriam suam non in ora hominum ponere, sed intra conscientiam *contegere.* » Paroles de saint Grégoire répétées en l'honneur des saints, aujourd'hui de sainte Claire. Quelle doctrine et quel encouragement.

Ce matin peu d'audiences. À midi, j'ai eu l'abbé général [Blandeau] des relig. de saint Jean de Dieu à déjeuner [1]. Le soir, je suis allé avec Vagnozzi à la réception de l'ambassade du Canada où j'ai rencontré plusieurs personnes à qui je tenais à dire de bonnes choses selon les désirs de la Secrét. d'État. Vanier, Président du Gouvernement canadien, Chargé d'affaires du Liban. J'ai vu aussi Thorez : mais compliment bref [2].

13 août, mardi. — Journée de voyage en auto Paris-Lyon. J'ai eu avec moi Maria et Enrica dans un rigoureux incognito [3]. Moi devant, avec Dino, elles derrière avec Giulio. Petit casse-croûte dans un bosquet à mi-chemin. J'ai voulu que ce soit un pèlerinage de dévotion à la Vierge, avec un peu de pénitence. À 15 h, brève mais chère visite à Ars. À 17 h 30 nous étions à Fourvière, où j'ai rencontré Mgr Béchetoille, toujours

---

1. Éphrem Blandeau, prieur général ; ces religieux hospitaliers sont appelés aussi Fate Bene Fratelli.

2. Mgr Piérard place la rencontre à l'ambassade de Bulgarie : « Monsieur le Président, je suis content de vous connaître. Vous être gros [...]. Moi aussi. On dit que les gros sont bons. J'espère que c'est vrai pour vous, Monsieur le Président » (déposition au procès parisien du 31 janvier 1969, vol. I, p. 265). Le secrétaire général du Parti communiste français est alors vice-président du Conseil des ministres.

3. Vingt-quatrième voyage du nonce, qui y emmène sa sœur et sa nièce ; il aura été absent de Paris plus d'un mois, de mai à août.

très aimable[1]. Vue de Lyon depuis la balustrade du Sacrement, puis de la cathédrale Saint-Jean. Recherche de Vénissieux[2] où j'ai laissé Maria et Enrica. Revenu à Fourvière avec Dino. Dîner avec le card. Gerlier et longue conversation[3]. À 10 h 30 au lit à Vénissieux.

14 août, mercredi. — Vénissieux. Grenoble. La Salette. Sainte messe et chère rencontre avec les sœurs de N.-D. des Apôtres : courtoises observations sur les chants durant la messe[4]. À midi à Grenoble, Maria et Enrica à Sion, moi fort bien reçu par Mgr Caillot. À 16 h départ pour La Salette. Voyage en montagne difficile. À La Mure, visite de la maison du Bienheureux Eymard : j'arrive un peu fatigué car la *purée* à la table de l'évêque m'a été pesante. Mais en revanche la compagnie de Mgr l'évêque m'a été très plaisante. À Grenoble même Mgr Caillot m'a fait visiter la nouvelle église du Sacré-Cœur : très belle comme structure et comme organisation, et beaucoup plus acceptable que beaucoup d'églises modernes[5]. À La Salette, dîner de vigile sobre et bienfaisant.

15 août, jeudi. — À La Salette. Dans une toute petite cellule, nuit très reposante. J'en éprouvais le besoin. Le matin, prière calme et complète en l'honneur de la Vierge de l'Assomption. À 10 h j'ai participé en cape à la procession sur la montagne[6]. Chose redoutable et inoubliable. Puis ma messe pontificale *en plein air* devant la porte de la basilique. Discours de Mgr Caillot (85 ans) à l'évangile. Mes paroles avant la bénédiction papale. Repas fraternel avec les Pères de La Salette. Avec moi le vic. gén. Cuzin. Puis j'ai assisté à la bénéd. du Saint Sacrement, j'ai fait avec le P. Paul Laurent le tour de la montagne, spectacle de toute beauté, et je suis parti avec Mgr Caillot, toujours très intéressant et intarissable. Prélat de bon sens très fin[7].

---

1. Sur ce prélat, voir plus haut en date du 25 juin 1945.
2. Banlieue industrielle à l'est de Lyon.
3. Frustrant !
4. Encore une réserve d'ordre liturgique.
5. Confirmation du peu de goût du nonce pour la nouveauté en matière d'architecture religieuse.
6. Pour le centenaire des apparitions.
7. On ne sent pas ici la réserve envers La Salette que mentionne le père Vincent Delouf dans sa déposition du 3 décembre 1968 (procès parisien, vol. I, p. 122).

16 août, vendredi. — À Grenoble : nuit également bien reposante. À 8 h j'ai célébré la sainte messe dans la chapelle des bonnes sœurs de Sion qui accueillent Maria et Enrica. Puis échange de visites avec le préfet de Grenoble. Mgr Caillot y participa et ce fut un *signum reconciliationis*[1]. Nous sommes ensuite tous partis pour la Grande Chartreuse. Excellent accueil du prieur, le P. Ferdinand, bon déjeuner et visite très intéressante, édifiante et inoubliable. Je me suis séparé de Mgr Caillot pour le voyage de retour par Aix-les-Bains et Chambéry. À 18 h 30 j'étais à Annecy, bien accueilli au monastère. Longue conversation avec la nouvelle et l'ancienne supérieure. Le problème du nova et vetera à la Visitation.

17 août, samedi. — À Annecy. Sainte messe à la basilique de saint François, entre les deux corps de Sales et de Chantal. Don F. Benzoni m'assistait, puis longue convers. avec toutes les sœurs, et visite à l'évêque Mgr Cesbron avec un échange intéressant. J'y rencontre Mgr Rodié, évêque d'Agen. Repas en commun avec don Benzoni, Maria, Enrica, Dino, Giulio en joie comme hier soir. Départ à 14 h 30, traversée de l'Ain à Seissiers[2]. Arrivée à 19 h à Paray-le-Monial, à la Visitation, où je loge avec Giulio dans l'appartement de l'évêque. Je suis dans la même petite pièce où il y a environ 41 ans le card. Perraud invita Mgr Radini Castelli[3], deux vic. gén. d'Autun. J'étais présent. Ma prière au Sacré-Cœur pendant que les sœurs récitent l'office de la Vierge.

18 août, dimanche. — À Paray-le-Monial. Oh ! quelle paix intérieure en ce lieu béni ! Je l'ai savourée pleinement, me souvenant, priant, lisant et me reposant. Ici la pensée des affaires de l'Église de France qui me sont confiées est plus vive mais en même temps calme et confiante dans le Sacré-Cœur. J'ai prié intensément pour la sainte Église, pour les âmes, pour certaines notamment qui me tiennent plus à cœur en vue du bien commun, pour le Saint Père, pour la paix qui sort si difficilement de la réunion de Paris, pour la paix de l'Italie et de la France ensemble. *Cor Jesu : pax et reconciliatio nostra*. Comme il est doux de le répéter ici !

---

1. Parce que le très pétainiste Mgr Caillot, évêque d'un diocèse où de nombreux chrétiens ont résisté, figurait en bonne place sur la liste d'épuration du 26 juillet 1944.

2. C'est ce qu'on croit lire, mais il doit s'agir de *Serrières*.

3. Lapsus pour Radini *Tedeschi* ? L'épisode ne figure pas dans G. BATTELLI, *Un pastore tra fede e ideologia Giacomo M. Radini Tedeschi, 1857-1914*, Genève, Marietti, 1988.

19 août, lundi. — Ce matin à Paris après une nuit de bon repos, j'ai goûté toute la joie du voyage bien réussi et de la consolation que mes bonnes Maria et Enrica m'ont apportée. Hier au retour, en passant par Nevers, nous avons visité la tombe de sainte Bernadette Soubirous, la voyante de Lourdes [1]. À la maison, j'ai eu l'agréable surprise de revoir Mgr Rocco, qui partira d'ici pour l'Argentine. L'après-midi, audiences : le p. Épagneul avec 9 des siens [2] ; nous avons vu ensemble un film catéchétique, et le soir j'ai reçu S. E. Alcide De Gasperi, chef du gouvernement italien et de la délégation pour la paix. Il m'a laissé une excellente impression [3].

20 août, mardi. — [[Pontifical saint Bernard à Soligny la Trappe (Orne).]] Les occupations de la maison m'ont privé de l'occasion d'aller à Soligny pour fêter saint Bernard. Ce sera pour une autre année.

Bien qu'aujourd'hui ne soit pas jour d'audiences, j'en ai reçu beaucoup [4] : l'abbé Carol [5] ; l'abbé Le Meur de l'Aumônerie qui m'a présenté 9 prêtres et frères allemands qui se sont consacrés à l'assistance de leurs compatriotes prisonniers. Je les ai encouragés de mon mieux [6]. Puis le journaliste des

---

1. Que de saints et saintes français visités en quelques jours...

2. Quatrième contact, que ne signale pas l'intéressé dans son livre.

3. *« Oggi stesso trovandomi in un copioso circolo diplomatico, potei cogliere senza darmi la pena di fare il curioso, impressioni unanimente favorevoli al discorso da lei pronunciato alla Conferenza ed al tutto insieme della presentazione Italiana »* (« Aujourd'hui même, me trouvant dans un large cercle diplomatique, j'ai pu saisir, sans me donner la peine de jouer les curieux, des impressions unanimement favorables au discours prononcé par vous à la Conférence, et à tout l'ensemble de la présentation italienne »), lui avait-il écrit pour l'inviter après sa prestation remarquée du 10 août, en faveur des intérêts italiens. *« Mitemente nei miei contatti io amo ripetere – al di fuori delle rivendicazioni territoriali di cui non mi debbo occupare – che un buon accordo fra Francia e Italia che regoli per sempre in forma equa e fraterna gli sviluppi della emigrazione, potrebbe essere a debita scadenza, uno dei più benefici avvenimenti della storia dei rapporti fra i nostri due paesi. Il resto conta poco »* (« J'aime répéter doucement dans mes contacts – en dehors des revendications territoriales dont je n'ai pas à m'occuper – qu'un bon accord entre la France et l'Italie qui règle pour toujours de façon juste et fraternelle les développements de l'émigration pourrait être à terme l'un des événements les plus bénéfiques de l'histoire des relations entre nos deux pays. Le reste compte peu »), ajoutait-il.

4. Il a été absent si souvent...

5. Né en 1872 (ou 1882 selon l'*ordo* parisien), Joseph Carol est un prêtre titré éloigné depuis longtemps de Pamiers, son diocèse d'origine, et vicaire auxiliaire à Saint-Charles de Monceau (XVIIe arrondissement) depuis 1945.

6. Photographie dans *Questo è il mistero della mia vita*, vol. I, p. 142.

Roches, le comptable Cislani de la Botta avec son frère Michele et le *dott.* Baroni.

21 août, mercredi. — Audiences : Leone Piccioni, journaliste ; deux sœurs ursulines ; Mgr Laroche, le nouvel aumônier des cheminots [1]. Le soir, réception à la légation tchécoslovaque où j'ai rencontré Spaak, Herriot [2], Menemençioglü. Auparavant, j'avais porté des billets aux Bulgares Gueorguiev et Kulitchev. Le ministre Letourneau, des Postes et télégr. m'a reconduit en auto à la nonciature et nous avons prolongé l'intéressante conversation. Le soir, j'ai eu à dîner les trois délégués de l'Italie à la Confér. de la Paix, De Gasperi, Bonomi, Saragat [3]. Avec ceux-ci j'ai eu une conversation dans la matinée. J'étais avec Rocco, réunion conviviale, simple mais très intéressante et bonne.

22 août, jeudi. — Audiences : chanoine du Mesnil, de l'Œuvre pour l'Orient ; Mgr Bertin ; Mgr de La Villerabel que j'ai gardé à déjeuner.

À 17 h M. Kulitchev, ministre des Affaires étrangères de Bulgarie avec le père Ausone A.A. [4]. Puis, avec Vagnozzi et le P. Grillon réception du Brésil. Trop de gens, ce qui ne permet pas d'échanges confiants d'idées et d'impressions. Rencontre du ministre des Affaires étrangères du Brésil, Neves da Fontura, qui le matin avait défendu l'Italie, et plusieurs diplomates de la Conférence. Mais je le répète, trop de monde ; et puis il faut se garder de ceux avec qui on s'entretient sous le regard des photographes. Quelle vanité et quelle inanité !

23 août, vendredi. — Audiences : l'avocat Guido Miglioli, le fameux député de Soresina de mon époque, il y a une quarantaine d'années. Après 25 ans passés à l'étranger : France, Espagne, Russie ; intelligent, croyant, catholique, mais séduit par l'idéal social et unilatéral russe : un illuminé ;

---

1. Responsable de l'Union catholique du personnel du chemin de fer.

2. Auquel il offre le 25 août *« la più recente illustrazione pittorica de "La Comedia" di Dante che riaffirma nei giorni sereni e tristi l'immutabile fraternità di pensiero e di inspirazione delle genti Latine »* (« La plus récente illustration de *La Comédie* de Dante qui réaffirme, les jours sereins comme les jours tristes, l'immuable paternité de pensée et d'inspiration des Latins »).

3. Mais le nonce s'est refusé, au nom de la neutralité du Saint-Siège, à intervenir en faveur de l'Italie auprès du gouvernement français (rapport du 4 septembre cité par Giovanni SALE, « De Gaspari alla conferenza di pace di Parigi », *La Civiltà cattolica*, 16 octobre 2004, p. 112-113).

4. L'assomptionniste Ausone Dampérat.

on dirait qu'il recherche l'accord entre des choses inconciliables : digne de respect, mais manquant d'équilibre dans son exubérance, et d'accord entre la théorie et la pratique [1]. Je l'ai bien écouté. Le cœur des hommes est dans les mains du Seigneur. L'après-midi, Mgr Harscouët et son secrétaire. Ils sont peinés avec moi du retard de la nomination du card. légat à La Salette [2].

24 août, samedi. — Audiences : général de Grancey avec l'aumônier Clerc, pour l'organisation de l'assistance militaire ; deux supérieurs de Noisy et de Vitry des Missionnaires du Sacré-Cœur ; Jean Mitraud et sa sœur ; le prof. Robin d'Istanbul et son frère salésien. Le soir, repas intime avec intervention : Kimon Gueorguiev, chef du Gouvernement bulgare ; Kulitchev, ministre des Affaires étrangères ; M. Kolarov, présid. du Parlement, et le général Marinov, ministre de Bulgarie en France, le p. Ausone, supérieur de Plovdiv, et moi. Personne de la nonciature, car Vagnozzi et Rocco étaient absents. Excellente réunion, sérieuse et aimable [3].

25 août, dimanche. — Sainte messe dévote en l'honneur de saint Louis pour implorer une bénédiction sur toute la France. À 10 h 30 j'ai assisté en pardessus à la célébration de la libération de Paris sur la place de l'Hôtel de Ville : à ma place de doyen [4]. Bogomolov à côté de moi. Échange de bonnes paroles, mais sans fond ; il m'a présenté Fedor Goussev, amb. à Londres, l'un des deux qui remplaceront Litvinov [5]. Manifestation de peu d'enthousiasme dans la foule. L'après-midi, j'ai assisté de ma fenêtre au long défilé « La marche vers l'avenir ». À la fin un char et une banderole : « Laissez chèque pour l'*Humanité.* » Pauvre France de saint Louis [6].

---

1. Syndicaliste, démocrate-chrétien de gauche et antifasciste, Guido Miglioli a fui l'Italie mussolinienne avant d'y être emprisonné de 1941 à 1943. Il rêve toujours d'une alliance entre chrétiens et communistes que le nonce ne saurait approuver.

2. C'est le cardinal Gerlier qui assurera la clôture de ces cérémonies le 8 septembre.

3. Les Bulgares ont plaidé pour leur pays à la Conférence de Paris, le 14 août. Cette invitation montre que le sort de leur pays reste cher à Mgr Roncalli, qui ne veut sans doute pas qu'elle subisse un traitement trop rude, malgré sa fâcheuse évolution politique.

4. Première apparition du nonce à une fête patriotique.

5. Le vice-ministre des Affaires étrangères d'URSS a été relevé de ses fonctions le 24 ; il a été remplacé par Fedor Goussev et Jacob Malik.

6. Le fait qu'on collecte de l'argent pour le quotidien communiste dans un cortège célébrant la libération de Paris choque le nonce ; à rapprocher des réserves de Mgr Vagnozzi sur le 14 juillet.

26 août, lundi. — Audience : Bischof, ministre d'Autriche, plaide pour la liberté des habitants du Haut Adige [1] ; le soir Gius. Stoica, ambassadeur de Roumanie à La Haye : conversation très intéressante. Les Russes s'imposent par leur domination politique : pour le moment gémir et se taire [2] ; les époux Robin, d'Istanbul ; le p. Orset, de La Salette, que je garde à déjeuner, l'abbé Rossi, vic. à la cathédrale d'Ajaccio, élève du Sémin. Romain. Là aussi pourquoi jamais d'évêques issus de Corse [3] ?

Le soir, Maria et Enrica reviennent de Lisieux et Mgr Vagnozzi de Troyes. Je reste au travail de bureau, avec quelque impatience de ne pouvoir tout faire.

27 août, mardi. — Audiences variées et intéressantes. À midi le ministre d'Autriche Bischof est revenu pour m'accompagner chez son ministre des Affaires étrangères Gruber. Ce ne fut pourtant pas une conversation très significative [4]. J'ai eu à déjeuner le comte et la comtesse Rizzardi, de Rome : la comtesse est la nièce du Saint-Père Pie XII du côté Rossignani : deux bonnes âmes. L'après-midi, reçu le marquis Cavalletti, nouveau secrét. de l'ambassade d'Italie, parent de M. Cavalletti, du Cénacle ; et le soir Mlle Ferrari, heureuse de l'approbation de son école [5].

28 août, mercredi. — Audiences : plusieurs suppliques pour des prisonniers, pour voyager en Italie ; comtesse Jean de Suzannet – 20, rue Greuze (XVIe) – députée du PRL. Intéressante [6]. L'après-midi, ma visite au card. Suhard : questions diverses abordées ; au retour brève rencontre dans la cuisine avec Maria et Enrica et les épouses des employés de la nonciature, Nella, Giannina, Solange : omnes bonae mulieres. Monsieur Chollet. Le soir, Maria et Enrica repartent

---

1. Cette province alpine est disputée depuis trois quarts de siècle entre l'Autriche et l'Italie. Un accord interviendra sur son sort entre Gruber et De Gasperi le 7 septembre : elle restera italienne, mais obtiendra un statut particulier en 1948.

2. En Roumanie aussi, la marche vers la démocratie populaire s'accélère.

3. Cette suggestion en faveur de la nomination d'un évêque « indigène » est intéressante.

4. Bel exemple de mutisme ! D'après Giovanni SALE, la médiation du nonce a permis la rencontre austro-italienne qui aboutira à l'accord du 7 septembre (« De Gasperi alla conferenza di pace di Parigi », p. 113-114).

5. École italienne à Paris.

6. Hélène de Suzannet fut députée de Vendée, pour le compte de cette formation de droite à la première Constituante.

pour Sotto il Monte. Elles sont restées ici un mois et demi : elles se sont comportées avec beaucoup de discrétion, et sans soulever d'observations ou de mécontentement, simples, cachées, aimables. Ce fut très bien ainsi, et édifiant.

29 août, jeudi. — Peu d'audiences : les époux Bajola, de Rome ; à midi Mgr Dutoit que j'ai retenu à déjeuner. À 16 h longue audience avec De Pio sur la coopération et autres choses.

Le soir, télégrammes de Rome, bienveillants : mes vacances sont accordées. Dans l'ensemble il faut bénir le Seigneur pour plusieurs choses, ou plutôt non : pour toutes choses. Il les dispose toutes bien.

30 août, vendredi. — Peu d'audiences, et j'ai été plus appliqué au bureau. L'après-midi le journaliste Savary de la *Tribune de Genève*. Le matin, longue conversation avec Mgr Babini, qui était cependant plus calme et mesuré, toujours fervent et solide. Les journaux rapportent les attaques violentes d'hier contre la Constituante. La liberté d'enseignement ouvre la porte au mépris des communistes pour l'épiscopat français. L'allusion à cette liberté a été exclue du préambule de la nouvelle constitution par une majorité de deux voix. Avec cela la division en France reste bien grande et douloureuse [1].

31 août, samedi. — Peu d'audiences. Les plus notables : Mgr Zhanel, chef militaire de la mission tchécoslovaque de Paris avec le député catholique Bohdan Chudoba, de Brno ; puis S. E. Mgr Gius. Rancans, auxiliaire de Riga avec le ministre de Lettonie à Paris ; enfin Mgr Leprêtre, délégué ap. de Syrie que j'ai gardé à déjeuner pour une aimable conversation. Comme il est difficile de concilier les impressions sur les choses et les personnes ! Ce problème du Liban est très complexe et dangereux. Il faut connaître tous les points de vue et juger avec objectivité [2]. Ce matin, ultime salut à Mgr Rocco.

Août.
15 – Salette.
20 – Grande Trappe [3].

---

1. Le 29 août, après un vif débat, la seconde Assemblée constituante a en effet écarté la liberté d'enseignement de la future Constitution par 274 voix contre 272 (prises de position reproduites dans *La Documentation catholique*, 13 octobre, col. 1151-1164). Sur la question du maintien d'une stricte laïcité, la gauche reste donc majoritaire, mais de peu.
2. Les visiteurs se suivent, l'incertitude du nonce subsiste.
3. Où le nonce n'a pu se rendre.

1er septembre. — Ce matin, le nouvel auditeur, Mgr Silvio Oddi, de Piacenza, ma chère connaissance, est arrivé d'Italie. Je lui ai fait fête : qu'il soit béni et qu'il apporte la bénédiction. Comme première chose j'ai voulu assister à sa messe, et y répondre ; l'après-midi je l'ai accompagné avec Vagnozzi à Notre-Dame. Au déjeuner il y avait les époux romains Bajola et le p. Fugazza notre confesseur, lui aussi de Piacenza.

J'ai confiance qu'il fera bien et allégera le poids quotidien de la nonciature.

2 septembre, lundi. — Peu d'audiences : un certain Melloni, de Rome, venu ici avec femme et enfants chercher du travail, sans entente préalable ; puis Mgr Mulla, de Rome, que j'ai gardé à déjeuner et qui nous a intéressés à ses études d'islamologie [1]. Le soir, De Pio, à qui j'ai donné une introduction pour De Gasperi. Après le dîner, j'ai assisté à la grande réception à l'ambassade anglaise en l'honneur de Bevin [2]. Je fus très bien reçu et traité. J'ai parlé avec divers diplomates et appris plusieurs choses, presque toutes tristes. Je suis parti dans les premiers. L'ambassadeur Cooper a voulu m'accompagner jusqu'à la voiture.

3 septembre, mardi. — Journée de préparation du départ en vacances : beaucoup de travail, assez calme. Oddi s'y est mis un peu à la fois et bien.

J'ai quelque malaise aux dents, mais j'espère que ce n'est pas grand-chose.

Le soir, nous allons tous en taxi car notre La Salle est en réparation, au couvent de la rue Marie-Rose [3], bâti par Mgr Leprêtre. Dîner franciscain avec Mgr et tous les frères, nombreux et sympathiques. Mon toast familier à la fin, et prière du soir avec eux à la chapelle. *Bonum et jocundum.*

4 septembre, mercredi. — Hier soir, choses interdites pour mon estomac : melon, jambon, tomates crues. Cette nuit et toute la journée j'ai fait pénitence. Purge, obligé de rester au repos absolu ; et puis plus de départ pour demain, pas de voyage en Suisse par Bâle et Constance selon le premier projet.

Le soir, je suis descendu au milieu du repas pour faire honneur et tenir compagnie au noble et cher invité, le gén.

---

1. Voir plus haut en date du 30 décembre 1945.

2. Secrétaire au Foreign Office du gouvernement travailliste dirigé par Clement Attlee.

3. XIVe arrondissement.

Vanier, amb. du Canada, à qui j'ai pu toutefois recommander les affaires d'Italie[1]. J'ai invoqué saint Joseph pour qu'il m'éclaire sur ce que je devrais faire demain. Le mal de dents toujours impitoyable.

5 septembre, jeudi. — Nuit de souffrance confiante. Le matin je me confesse à mon P. Fugazza : saint Joseph bon conseiller. À 8 h 30 je me suis rendu à pied sous la pluie rue Saint-Dominique chez le jeune dentiste Girin qui m'arrache aussitôt la dent malade et j'en suis immédiatement soulagé. Le soir même le dentier postiche était prêt : et le tout pour peu de frais : 480 F.

Journée à la maison tout occupée à écrire et à faire copier des lettres aux évêques pour m'acquitter de tas de petites choses[2]. Mes deux collaborateurs Vagnozzi et Oddi m'aident bien. Tout se passe pour moi dans le calme.

6 septembre, vendredi. — Départ de Paris à 8 h 30 dans la La Salle avec Enrico Sartori au volant. À 13 h nous sommes à Dijon dans de bonnes conditions, à 14 h à Dole où nous mangeons quelque chose à l'Hôtel de Genève (1 400 F), puis rencontre avec la pluie qui ne nous a jamais quittés. Nous traversons le Jura, beau quand le temps l'est. À 7 h 30 nous sommes à Ferney-Voltaire, traversons Genève, puis Lausannc, Montreux, etc. et à 21 h 30 nous arrivons à l'abbaye Saint-Maurice d'Agaune, où Mgr Bertoli nous avait précédés et

1. Mgr Roncalli, qui part avant la fin de la Conférence de la paix, confie les intérêts italiens à son ami Vanier ; il affirme avoir fait tout son possible, aux marges de cette Conférence « *verso il rispetto della giustizia ed il riguardo ai piccoli, agli umili ed ai più sofferenti* » ; « pour le respect de la justice et de l'attention aux petits, aux humbles et aux plus souffrants » (lettre à son confrère Pietro Ciriaci, nonce au Portugal, 6 septembre), ce que confirme l'article de Giovanni Sale, citant largement le rapport du nonce à Paris du 4 septembre. Elle adoptera les clauses du traité avec l'Italie le 8 octobre, et se terminera le 15, en l'absence du nonce, mais surtout des délégués yougoslaves, mécontents du statut international attribué à Trieste.

2. Le 19 août, le nonce répondait sur Poitiers à une lettre de Mgr Lefebvre du 10 (que nous n'avons pas) : « À mon avis – aussi bien que au Vôtre – quoique certaines circonstances paraissent conseiller une solution rapide, l'exemple du *Fabius cunctator* va réussir mieux et rendre un plus grand service des âmes. » Dans une lettre du 5 septembre sur le même sujet (en réponse à des notes de Lefebvre que nous n'avons pas non plus), il précise : « Les affaires de ces jeunes prêtres qui se remuent autour de Loublande vont justifier l'Évêque et sans doute adoucir sa situation vis-à-vis du Saint-Siège. L'apocalypse de St Jean constitue un grand mystère des siècles futurs : gardons-nous bien, nous pauvres gens, de la prétention de l'anticiper. »

annoncés [1]. Très bon accueil de l'abbé Mgr Louis Haller, évêque tit. de Bethléem, et du procureur André-Marie de Bavier.

Rome (37) v. Ant. Bosio, 17.

7 septembre, samedi. — À Saint-Maurice. Bonne nuit et sainte messe fervente parmi les reliques et les souvenirs des grands héros du christianisme. Visite très intéressante de l'abbaye, trésor et souterrains. Départ à 9 h, avec Bertoli jusqu'à Brig. De là très heureux voyage par le Simplon. À Domodossola à 13 h (14 h ital.), à Baveno, « Albergo Italia », bon déjeuner. À 17 h à Milan, à 18 h à Sotto il Monte. *Deo gratias.* J'ai trouvé tout le monde bien et en paix. Même la nièce Chiara, malade du typhus à l'Ospedale Maggiore.

Je remercie le Seigneur pour ce bon voyage et la tranquillité trouvée. En entrant à Sotto il Monte, je suis monté à la Colombera et au cimetière.

8 septembre, dimanche. — Fête de Carvico. Don Pedrinelli et tous m'attendent. Pouvais-je y manquer ? J'ai célébré la messe avec de très nombreuses communions. J'ai assisté à la sainte messe solennelle du P. vicaire de Baccanello, et j'ai prêché. En fond de tableau, la fête de la Vierge ; au premier plan, les saintes reliques et saint Louis [2]. Enseignements pour la jeunesse : sacrifice et pureté. La reconstruction ne pourra se faire que sur ces deux bases. Repas chez les anciens combattants au Palazzo Medolago. À ma droite, le maire communiste M. Albini, de Milan. Communisme tout banal. Au fond, braves gens [3]. Tout s'est bien passé, dans une paix parfaite. Le soir, procession en mantelet. Mes derniers mots à la bénédiction pour ceux qui souffrent, pour les jeunes, pour la paix.

9 septembre, lundi. — À Camaitino [4]. Magnifique journée de soleil, de verdure, de paix.

Je l'ai passée parmi mes lettres, mes souvenirs, et ceux qui me sont chers. Que valent les richesses et les splendeurs

1. Célèbre abbaye suisse du Valais.

2. La fête patronale de Carvico est dédiée en alternance à ces trois dévotions. Elle tombe en principe le premier dimanche de septembre, mais on a attendu Mgr Roncalli.

3. Les élections administratives de mars 1946 ont été gagnées à Carvico par une liste d'union entre socialistes et communistes. Le nonce esquisse là une distinction précoce entre la doctrine, mauvaise, et les braves gens qui la professent.

4. Rappelons qu'il s'agit du hameau de Sotto il Monte où se trouve la maison de vacances de Mgr Roncalli.

mondaines à côté de cette douceur et de cette beauté spirituelle qui est dans la nature et dans les âmes ? Oh ! je ne cesserai jamais de remercier le Seigneur d'être né ici, dans la simplicité et dans la pauvreté sanctifiées par la grâce du Seigneur *qui humilia respicit.*

10 septembre, mardi. — À Bergame. Ma La Salle me rend maintenant les meilleurs services. J'ai eu avec moi le curé Birolini. Arrêt important aux Grazie, au Piccolo Credito où j'ai parlé avec le comptable Villa de mes affaires, et avec le *cav.* Bertulessi. Puis je suis allé déjeuner à la maison Azzoni – 34 via S. Giacomo – où j'ai rencontré Mgr Battaglia et où nous avons goûté ensemble la douceur de cette excellente famille, avec de nombreux enfants, nobles et bons. Puis longue conversation avec Mgr Bernareggi, toujours aimable et érudit [1]. Brève visite à Sainte-Marie Majeure, achats de l'*Olivetti*, visite de Chiara à l'hôpital, et arrêt de 10 minutes au Gromo [2] dans la famille La Torre.

11 septembre, mercredi. — À Camaitino. Repos spirituel. Seule interruption, la visite du curé Paleni, de Bonate sopra, et le soir après le dîner toute la famille Sala dont j'ai béni les noces en 1926 dans la cathédrale de Monza. J'ai écrit quelques lettres ici et là, à Mgr Montini [3], à don Biscara. Visite de la comtesse Maddalena Medolago avec son fils Stanislao.

12 septembre, jeudi. — À Camaitino. Journée aussi reposante parmi les livres et les lettres.

Le matin, j'ai célébré la sainte messe à S. Maria à l'autel de la Vierge, puisque c'est aujourd'hui la fête de son saint nom. J'ai fait découvrir la statue. L'apparition de ce visage si beau et si modeste, du visage de l'enfant, quelles émotions pour mon esprit dans les souvenirs de mon enfance et de ma jeunesse qui furent familières avec cette image si dévote ! Suffit. Nos cum prole pia benedicat Virgo Maria. La *pia proles* de Brusicco entourait mon autel.

---

1. Pour le remercier de son accueil, Mgr Roncalli lui envoie les derniers numéros de *La Vie spirituelle*, de *La Vie intellectuelle*, et même de l'hebdomadaire protestant *Réforme* (lettre du 11 septembre, *Questa chiesa che tanto amo*, p. 106).

2. Hameau de Mapello où se trouve la villa Antona Traversi Grismondi de la première moitié du XVIIIe siècle.

3. Lettre précisant que, sauf contre-ordre, il partira pour Rome le 22 (en fait le 23) et y restera deux semaines (soit deux fois plus que l'année précédente).

13 septembre, vendredi. — À Camaitino. Les visites n'ont pas manqué. Mgr Gustavo Testa qui continuait sur Côme ; la princesse de Broglie, de Paris, venue m'inviter à une promenade sur le Lac Majeur à la maison Guirche, Villa Sarti, Cerro di Laveno.

J'ai rencontré cette dame chez les Abrami à Paris. Elle semble pieuse : mais elle me dit aujourd'hui qu'elle est séparée de son mari. Pauvre monde et pauvres filles ! Le soir est venu Mgr Giacomo Testa [1]. Oh ! quelle joie de le revoir depuis la Noël 1942 [2]. Mais quelle tristesse d'entendre les nouvelles d'Athènes [3].

14 septembre, samedi. — À Stezzano. J'y suis allé avec Mgr Giacomo Testa. J'ai célébré à la paroisse le pontifical pour le cinquantenaire du couronnement de la Madonna dei Campi, le 5 septembre 1896 [4]. J'ai aussi prononcé le discours : les souvenirs, les enseignements, les encouragements d'un demi-siècle. L'après-midi, visité la famille Morlani : j'ai participé à la procession très solennelle dans la rue du village à côté de Mgr Bernareggi, lui en cappa magna, moi en mantelet. Puis S. E. m'a invité à clore la très imposante procession par un nouveau discours bref pour invoquer la protection de Marie : sur les jeunes « reduci », sur les familles, sur les champs d'où vient la prospérité.

15 septembre, dimanche. — Encore à Stezzano. Mais hier soir, je suis retourné à la maison, où j'ai célébré ce matin la sainte messe. En revenant, j'ai accompagné Mgr Testa à Cenate, où j'ai salué le nouveau curé, don Faustino Conti, dont je fus jadis le professeur.

À Stezzano, j'ai assisté au pontifical et au discours de Mgr Bernareggi. Déjeuner avec les notabilités laïques du

---

1. Ce Bergamasque de Cenate, protégé de Roncalli depuis la fin de ses études cléricales, est devenu son secrétaire à Sofia en octobre 1932, avant de le rejoindre à Istanbul en mars 1935.

2. Retrouvailles tardives : après cette date, Mgr Roncalli n'a pu se rendre en Grèce où Giacomo Testa le représentait (selon Alberto MELLONI, son séjour se situe entre le 14 novembre et le 21 décembre, *Fra Istanbul, Atene e la guerra. La missione di A. G. Roncalli [1935-1944]*, Genève, Marietti, 1992, p. 265).

3. Sous contrôle anglo-américain, le référendum constitutionnel du 1er septembre a plébiscité la monarchie, ouvrant la voie au retour de Georges II. Cette restauration s'accompagne d'une répression contre les forces de gauche qui prélude à la guerre civile.

4. Le cardinal Ferrari, archevêque de Milan, a présidé la cérémonie du couronnement de la statue, qui s'appelle ainsi parce que Stezzano est une commune rurale au sud de Bergame.

village. Puis avec Mgr Bernareggi dans ma La Salle, j'ai visité au Théâtre Rubini l'assemblée des Zélatrices missionnaires [1] et, invité, j'ai parlé pour encourager ; puis à Zanica, visite au curé Togni malade, et à Stezzano j'ai participé à la dernière procession qui a accompagné aux Campi la statue très vénérée de la Madone.

16 septembre, lundi. — À Camaitino. Les fêtes de Stezzano auxquelles j'ai participé m'ont laissé au cœur la plus douce impression. Je suis reconnaissant au curé Davide Brevi qui m'a invité, comme l'aurait fait son prédécesseur et mon cher Mgr Gius. Carminati. Aujourd'hui à la maison j'ai reçu le cher Mgr Gustavo Testa, que j'ai gardé à déjeuner et fait raccompagner en auto ; les curés de Ponte S. Pietro et de Presezzo, Lombardi et Locatelli, puis le soir Mgr Testa junior qui reste mon hôte pour quelques jours. Après le dîner, j'ai reçu le jeune Ermanno Farina, de Carvico, que j'ai connu soldat à Athènes.

17 septembre, mardi. — De Camaitino, je me suis rendu avec d. Giac. Testa à Baccanello où j'ai fait deux réunions pour tous les prêtres du secteur de Terno qui y étaient rassemblés. Rencontre sacerdotale qui m'a beaucoup plu, positive et intéressante pour tous : ce fut un examen pratique de la vie et des responsabilités de chacun en face de : a) sa propre vie intérieure ; b) son zèle pastoral ; c) les principales exigences de l'heure présente [2]. Repas aimable avec les frères. De là je suis allé à Pontida où j'ai présenté mes respects au nouvel abbé Paolazzi. Je suis monté avec quelque fatigue au Canto, où j'ai réconforté d. Attilio Bertuletti, quasi mourant ; j'ai visité avec Cane don Vigilio et béni à S. Barbara femmes, jeunes et bébés. Je suis redescendu à Pontida, et de là par Ambivere à Camaitino.

18 septembre, mercredi. — À Camaitino aujourd'hui, grande fête à la maison. J'ai eu Mgr Bernareggi, Mgrs Testa Gustavo et Giacomo, Mgr Perico, Mgr Carrara, vic. gén., d. Federico Berta, secrétaire et le curé Virolini, le curé don Minola et don Angelo Rossi qui sont restés déjeuner, repas bien réussi avec simplicité et distinction. L'après-midi, je suis allé avec les deux Testa et Perico à Cenate, visiter la maman de don Giacomo et

---

1. Rencontre diocésaine annuelle des volontaires dédiés, dans les paroisses, à la propagande en faveur des missions.

2. Mgr Roncalli affectionne particulièrement ces rencontres sacerdotales sur le plan local.

la nouvelle maison où il l'a installée avec Bortolo et sa sœur Martina, à l'imitation de Camaitino. Venait justement d'arriver de Toulon la sœur religieuse, sœur Francesca, après 15 années d'absence. En revenant, arrêt à la maison paroissiale pour y voir don Faustino et le curé Personeni, puis à Seriate mon cher don Carozzi.

19 septembre, jeudi. — À Camaitino. Estomac perturbé depuis deux jours. À 11 h brève visite au Gromo, où j'ai fêté à leur sortie du *rite du mariage mixte* les deux époux della Torre-Bayle. J'y ai rencontré toute l'aristocratie bergamasque : Suardo, Medolago, Mapelli, Scotti, Sala, Morlacchi, Paolo Caccia, Stampa, <Morlani>, prince d'Oria, etc. etc. Martinelli, le curé Candido Valsecchi, et don Riva, de Valtrighe. Rencontre simple et distinguée. Je crois que ma présence n'aura pas fait de mal [1]. Puis je suis allé déjeuner à la Colombera avec mes frères pour ma et leur grande consolation. Comme la vocation sacerdotale rapproche les cercles et réunit les classes sociales !

20 septembre, vendredi. — Camaitino. Je ne dis pas les jours, mais même les heures passées au calme dans ma solitude me sont chères. L'après-midi, j'ai suivi le bon Rico qui demandait de l'essence et suis allé à Bergame, où j'ai visité la 1re expos. d'art sacré moderne préparée aux Tre passi [2]. Dans l'ensemble il faut s'en contenter, si l'on tient compte de l'inanité des efforts que l'on voit ailleurs, France comprise [3]. J'ai rendu visite aussi au directeur de l'*Eco*, don Andrea Spada et j'y ai salué le nouveau rédacteur Pizzola, ma bonne connaissance de jeunesse. Au retour, je me suis arrêté brièvement chez les curés Lombardi et Locatelli de Ponte S. Pietro.

21 septembre, samedi. — Belle promenade aujourd'hui à Côme où je n'ai pas vu Mgr Macchi [4] dont je n'ai pas eu de bonnes nouvelles de sa santé. De là au séminaire de Venegono [5] pour y visiter Mgr Rotta, vrai motif de ma sortie.

---

1. Le nonce ne peut assister à une cérémonie que l'Église désapprouve, mais il participe à la réception qui la suit.
2. La Démocratie chrétienne de Bergame patronne alors, du 15 août au 29 septembre, la première exposition nationale d'art sacré vivant (peinture et sculpture) dans le Palazzo dei Tre Passi.
3. Les tentatives pour rénover l'art d'Église paraissent plus supportables à Mgr Roncalli en Italie qu'en France.
4. Évêque du lieu.
5. Grand séminaire de Milan, inauguré en 1935 par le cardinal Schuster.

Intéressante rencontre avec lui et avec les professeurs du séminaire, dont le recteur de Philosophie m'a accompagné avec Mgr Rotta au sanctuaire de Varese. Visions enchanteresses de beauté à l'aller et au retour [1]. Le soir, heureux de dîner à Bercio dans la villa du *dott.* Sanguinetti. J'étais avec le curé, et avec le curé Minola et M. Giuseppe Alberto, un ami de l'hôte. Joyeuse et pacifique réunion de famille.

22 septembre, dimanche. — Fête du Sacré-Cœur à Sotto il Monte. Peu solennelle cette année et peu préparée par le curé, qui est bon et attentif mais de tempérament naturel froid et pas enthousiaste. J'ai célébré la sainte messe à la paroisse avec de nombreuses communions d'enfants. J'ai assisté solemniter à la grand-messe chantée par le P. Tarcisio, de Baccanello. Peu de monde. Mon discours bref et simple, mais je crois touchant : *Cor Jesu, pax et reconciliatio nostra, miserere nobis*. Repas du curé ; présents également les prêtres de la paroisse d. Agostino Guerra et d. Angelo Rossi. L'après-midi après les vêpres, j'ai donné solemniter la bénédiction. Pas de procession. Pourtant l'après-midi il y avait beaucoup de monde. Le soir, travail de prépar. du voyage à Rome.

23 septembre, lundi. — Voyage à Rome en auto. Avec moi Mgr Gustavo Testa et Perico. À l'Ave Maria, 6 h, nous partions de Bergame via Treviglio, Lodi, Piacenza, Fidenza, Fornovo, La Cisa, Pontremoli, Sarzana, Livourne – ici arrêt de deux heures en quête d'essence – puis Cecina, Tarquinia, Civita Vecchia, Rome. Arrivée à 20 h 30. Casse-croûte dans la pinède de Viareggio. Sans l'arrêt pour l'essence, nous aurions pu arriver à 19 h.

Enrico le chauffeur, excellent. Aucun incident. Deo gratias et à saint Joseph. Comme toujours mon logement chez le cher Mgr Viganò, 70, via della Scrofa.

24 septembre, mardi. — Rome, *dies* I. À 10 h 30 premiers contacts au Vatican. Tardini longuement, Barbetta, Grano, Montini longuement ; j'ai rencontré Ryan, Sigismondi, Riberi, Œuvres de relig. de Ströbel, Lupi, Silli. Déjeuner via della Scrofa. À 16 h visite Gammarelli et commandes pour environ 80 000 lires. Puis visite à Saint-Pierre avec l'ancien système : autel du Saint Sacrement, Vierge, saint Grégoire de Nazianze,

1. La promenade du Sacro Monte est en effet magnifique, avec ses quatorze chapelles du XVIIe siècle consacrées aux mystères du Rosaire, qui conduisent à Santa Maria del Monte ; mais elle n'est pas de tout repos pour un homme de soixante-cinq ans.

Confession et baiser du pied : *Oboedientia et Pax*. Visite à saint Grégoire le Grand et à saint Jean Chrysostome et aux derniers papes. De là, je me suis rendu 7, viale S. Pio V pour voir ma nièce Giuseppina, heureuse chez les sœurs de N.-D. du S. Cœur où il y a avec elle 5 filles de Sotto il Monte, religieuses ferventes [1]. Grand réconfort pour mon esprit.

25 septembre, mercredi. — Rome, *dies II.* Je suis passé à la Congrégation des religieux ; j'ai passé ensuite la matinée aux *Œuvres de religion* avec Mgr Jorio, et retiré une forte somme pour mes besoins et pour des messes. Puis, à Santa Maria, longue conversation avec l'ex-générale des Filles de la Charité qui m'a connu à Paris, et m'a offert à déjeuner avec Mgrs Testa, Rossi et Sigismondi. J'y ai rencontré de chères connaissances de la Secrétairerie, Carboni, Baggio, Pavani, Martin et Lolli des Œuvres de religion. À 16 h, j'ai reçu l'abbé Salmon, de Saint-Jérôme, don Biscara à qui j'ai donné *100 dollars* pour 100 messes. Avec Testa, je suis allé au 39, Corso Vittorio [2] pour rendre visite à Mgr Bernardini qui nous a conduits aux Quatre Saints, où nous avons vu des antiquités et des parements, et prié près de la tombe du card. Respighi.

26 septembre, jeudi. — Rome, *dies III.* J'ai eu une bonne heure de conversation avec Mgr Tardini, puis avec Mgr Barbetta et Grano. Je vois qu'ils sont contents du nonce [3]. Le Saint Père est un peu impressionné à cause des sorties du nonce pour des fêtes ou autres, alors que de fait c'est une des meilleures façons de faire connaître et aimer le Saint Père. Si celui-ci veut que je n'accepte pas d'invitations, rien de plus cher pour moi que l'*oboedientia et pax*. L'après-midi, je suis sorti à pied avec Enrico et j'ai visité plusieurs églises : Madeleine, Panthéon, Minerve, Saint-Ignace, Gesù, Saint-André. J'ai remis la lettre pour Mgr de Courrèges à Saint-Louis des Français. Le soir, Mgr Luttor est venu m'intéresser aux Hongrois de France ; comme ce matin je fus heureux de la visite de sœur Cecilia et de ma nièce Giuseppina.

27 septembre, vendredi. — Rome, *dies IV. Dies benedictionis.* Le Saint Père m'a fait de façon fort aimable trois

1. Les Filles de Notre-Dame du Sacré-Cœur ont été fondées en 1874 à Issoudun (France, département de l'Indre), par le père Jules Chevalier, pour aider ses Missionnaires du Sacré-Cœur datant de 1854.

2. Emanuele ?

3. Impression un peu optimiste, comme le montrent les phrases suivantes, et surtout l'audience pontificale du lendemain.

observations : 1) j'envoie trop peu de rapports ; 2) quelqu'un lui a dit que je suis un peu *bavard* ; 3) *La Croix* dit que je suis trop souvent hors de Paris pour des fêtes, etc. [1]. J'ai tout accueilli avec sérénité et avec humilité, reconnaissant à Dieu qu'il me mortifie ainsi, et qu'il me mortifie si peu ; j'ai donné quelques explications respectueuses, mais sans insister dans ma défense. J'ai l'impression que le Saint Père est resté bien impressionné. À la fin, et après avoir parlé d'autre chose, il s'est montré aussi plus affectueux dans ses paroles, dans ses manières, dans son accolade. L'audience <3/4 d'heure> a eu lieu à Castel Gandolfo. *Benedicamus Domino.*

28 septembre, samedi. — Rome, *dies V.* Avec une grande paix spirituelle, j'ai pensé cette nuit et ce matin aux paroles de l'*Imit.* I, ch. XII : *Bonum est quod patiamur quandoque contradictione et quod male et imperfecte de nobis sentiatur, etiam si bene agimus et intendimus.* Cela confirme ma sécurité et ma joie intérieures.

Dans la journée, visite à Mgr Traglia et au card. Marchetti, puis à Mgr Ang. Mercati et aux Archives secrètes où j'ai admiré, ému, le dossier du nonce Ragazzoni [2]. Déjeuner chez Mgr Arata avec le card. Tisserant et Mgrs Bernardini et Sensi. J'ai trouvé les billets d'audience pour trois prêtres de Besançon, et visité l'amb. Bérard à Sainte-Marthe [3] avec Sigismondi et Mgr Godfri [4], et San Stefano Rotondo avec Biscara et Ryan.

29 septembre, dimanche. — Rome, *dies VI.* Particulièrement béni pour ma famille. Ce matin, j'ai imposé le voile à ma nièce Giuseppina, née avec mon épiscopat – mars-avril 1925.

---

1. Voici donc les reproches faits au nonce : ne pas tenir sa langue ; se comporter plus en visiteur de l'Église de France qu'en diplomate au service du Saint-Siège. « *Occorrerà che in avvenire mandiamo più rapporti... essendo il Papa sempre ricordevole dei miei rapporti da Sofia e da Istanbul che egli seguiva con vivo interesse. Sarà nostro grande piacere il farlo contento. Siamo in posto per questo* » (« Dans l'avenir il nous faudra envoyer davantage de rapports... car le pape se souvient toujours de mes rapports de Sofia et d'Istanbul qu'il suivait avec un vif intérêt. Ce sera notre grand plaisir de le contenter. Nous sommes là pour cela »), écrit-il le 3 octobre à Mgr Vagnozzi, auquel il demande par ailleurs de lui préparer le dossier des nominations épiscopales, avant de partir lui-même en vacances.

2. Historien à ses heures, Mgr Roncalli s'intéresse beaucoup à ses différents prédécesseurs.

3. Léon Bérard, ambassadeur du gouvernement de Vichy près le Saint-Siège, est toujours réfugié au Vatican. Il ne sera autorisé à revenir en France que le 9 juin 1948.

4. Sans doute le délégué apostolique en Grande-Bretagne, William *Godfrey.*

Cérémonie simple et mémorable dans la chapelle des sœurs de N.-D. du S.-Cœur – 7, via Casale S. Pio V. Mgr Perico était avec moi ; à midi est venu aussi Mgr Gustavo Testa.

Grande joie pour moi. Confirmet Deus quod operatus est. L'après-midi je suis sorti avec Mgr Viganò en auto pour visiter Saint-Paul qui était déjà fermée, Saint-Jean de Latran ouverte, le Séminaire Romain que j'ai trouvé misérable, et la Villa Borghese. À la maison Mgr Morera, cher évêque de Tempio, vieille connaissance, et j'ai écrit à mon frère Giovanni pour lui dire la joie de sa fille.

30 septembre, lundi. — Rome, *dies VII.* Je suis sorti avec le bon Mgr Morera vers Saint-Calixte, j'ai visité Mgr Pasetto aux Religieux, puis le card. Canali qui a été très aimable, Mgr Ottaviani au Saint-Office.

Avec Mgr Testa je suis allé à l'abbaye Saint-Jérôme[1] où le père abbé Salmon nous a accueillis au repas monastique, avec Mgr Vannucci, abbé de Saint-Paul, et l'abbé général des Cisterciens ; il m'a montré ensuite le travail biblique.

J'ai salué une fois encore ma sœur Maria Angiola et ses compagnes. L'après-midi, toujours avec Mgr Testa, j'ai visité à la Propagande Mgr Celso Costantini, puis Mgr Riberi à la villa Levi où l'on m'a fait cadeau de 100 litres d'essence[2].

1er octobre, mardi. — Rome, *dies VIII.* Mois du Rosaire. Je veux le sanctifier avec une référence particulière à la sainte Église et à ma mission en France, et en implorant des grâces spéciales pour la sainte Église et pour le Saint-Père.

Le matin, visite au Concile (Fagiolo) pour l'affaire de Monaco[3], aux Études, longue conversation avec le card. Pizzardo, au Saint-Office avec Mgr Ottaviani. Repas à la maison Bajola Parisani (101, via Clementino) avec Mgr Grano, intéressant !... et bon. À la maison, reçu don Pietro Pavani avec des nouvelles d'Istanbul, puis la visite de Mgr Gio. Costantini. Ensuite, réunion autour des affaires en cours au Saint-Office. Après le dîner, avec Mgr Morera et d'autres, Maccarrone, etc. fonction du Rosaire à la chapelle.

<Visite Mgr Leprêtre via della Scrofa.>

---

1. Fondée en 1933, l'abbaye Saint-Jérôme est vouée à la révision de la Vulgate.
2. Cadeau précieux, en cette époque de rationnement.
3. Mgr Rivière, né en 1871, aurait-il des problèmes ? C'est ce que suggère son ancien subordonné l'abbé Jean Boulier, qu'il a expulsé de Monaco car il était résistant (*J'étais un prêtre rouge. Souvenirs et témoignages*, Paris, Éd. de l'Athanor, 1977).

2 octobre, mercredi. — Rome, *dies IX.* Fête de mon saint Ange et ma fête. Messe pieuse et fervente. Gros travail de bureau pour préparer la nouvelle rencontre avec Mgr Ottaviani au Saint-Office – affaires Loublande, Poitiers et Rouen [1]. Celle-ci terminée, visite à Mgr Colonna, convalescent. Repas avec Mgr Testa à la nonciature [2] chez Mgr Borgongini extrêmement aimable, comme toujours. Il y avait aussi ses collaborateurs Paupini et Alibrandi. De là, visite à Mère Maria Felice Radini Tedeschi, 46, via Dandolo. *Finem habet.* Puis à Sainte-Marthe, visite à Mgr Valeri à peine rentré de vacances, au card. Di Belmonte (96 ans) florissant et très aimable, à la supérieure des sœurs. À la maison, amabilités de Mgr Viganò, etc., pour ma fête.

3 octobre, jeudi. — Rome, *dies X.* Matinée en prière à la patronne de la France, sainte Thérèse de Lisieux, et contacts à la Congrég. Orientale : card. Tisserant, Mgrs Arata, Moioli, Perico ; nouvelle rencontre avec Mgr Leprêtre. À 13 h déjeuner chez les frères évêques Costantini, Celso et Giovanni à la Propagande. J'étais avec Mgrs Testa et Vigano. Cordiale rencontre. À 16 h, avec Mgr Testa, nouvelle visite aux Archives secrètes sur le dossier Ragazzoni, plus que jamais intéressant pour moi. J'espère revenir là-dessus un jour ou l'autre. Puis j'ai visité à la Chancellerie le doyen de la Rote Mgr Jullien, et reçu à la maison la visite de trois démocrates-chrétiens, le député Pastore et MM. Savoini et Bonacina, venus m'intéresser à l'émigration italienne en France.

4 octobre, vendredi. — Rome, *dies XI* et dernier. Visites d'adieux au Vatican : Mgrs Tardini, Barbetta, Sigismondi, Pavani, Dell'Acqua, Grano, etc., etc. Je suis passé encore une fois aux Œuvres de Religion. Repas via della Scrofa. Après 16 h j'ai soldé les comptes très lourds du tailleur Gammarelli, puis j'ai emmené le card. Micara en promenade dans mon auto, à S. Francesco a Ripa pour une brève visite, et enfin à Saint-Pierre, cour de la Sacristie, où j'ai eu une bonne conversation avec Mgr Marina, mon successeur à Istanbul.

À la maison, convers. avec le P. Cavallera, de Toulouse [3], puis j'ai remis personnellement avec Perico ma carte à

1. Trois affaires concernant la Suprême seulement ? Les deux premières sont liées et la troisième concerne Mgr Bertin.
2. Auprès de la République italienne.
3. Ferdinand Cavallera est jésuite et professeur de théologie positive à l'Institut catholique depuis 1909.

l'ambassade de France [1]. Préparatifs pour le départ, sans avoir pourtant tout conclu à Rome.

5 octobre, samedi. — Retour en auto de Rome à la maison. J'étais avec Mgr Gust. Testa et Gius. Rossi. Nous sommes partis à 5 h de la place Saint-Pierre ; 3/4 d'heure d'arrêt à Livourne pour de l'essence et encore 3/4 d'heure dans une châtaigneraie sur La Cisa pour une brève collation. À 18 h nous étions à Bergame sans le moindre incident. Avant 19 h, après être passé chez Sudorno et chez Longuelo, où j'ai salué Assunta et les siens, j'étais à Camaitino. Onze heures et demie d'auto. J'étais un peu fatigué, mais sans excès. J'ai encore une fois béni le Seigneur qui a tout disposé *in pondere et mensura* consolations et menues mortifications, pour faire grandir la confiance en Lui et la bonne ferveur au service de son *Église*.

6 octobre, dimanche. — Fête du Rosaire [2]. À 8 h messe ici à S. Maria avec la belle statue exposée. Mes paroles familières et bien comprises. À 9 h 30 rencontre avec Mgr Bernareggi à Villa d'Adda. Je suis ensuite resté seul, et j'ai fait l'assistance solennelle et tenu le discours. Joie, douleurs et gloire de notre vie humaine dans la lumière de Jésus et de Marie. Voilà le Rosaire : enseignements et encouragements. Excellente musique de Piemonte. Repas fraternel avec les prêtres. À 16 h procession en mantelet : le pas trop lent m'a beaucoup fatigué. J'ai donné la bénéd. euchar. avec des paroles vibrantes de louange et d'encouragement sur la *triple* bénédiction de Jésus. Foule immense et dévotissime. De retour à la maison, j'y ai trouvé le *dott.* Piantoni, mais il était très fatigué.

7 octobre, lundi. — À Camaitino : journée de vrai repos, pourtant entre lettres et livres. Seule audience le curé de Sabbio venu pour organiser la cérémonie du 20 : ordinations et fête du Rosaire auxquelles m'a invité hier Mgr l'évêque Bernareggi.

Je jouis vraiment de cette journée douce et sereine : je sens que cela me réconforte dans le travail au service du Saint-Siège.

8 octobre, mardi. — À Camaitino : 32e anniversaire de la mort de mon grand-père Angelo <8-XI-1914>. Sainte messe pour lui et pour tous mes autres défunts. À midi j'ai reçu à

---

1. Le nonce n'a donc pas rencontré Jacques Maritain.
2. À Villa d'Adda, la fête de la Madone du Rosaire est célébrée solennellement le premier dimanche d'octobre.

déjeuner le curé de Carvico, don Pedrinelli : nous avons discuté du Ve volume [1] et d'autres choses en grande familiarité et paix. Le soir, je suis allé avec le curé rendre visite aux morts au cimetière ; et après le dîner avec Ancilla, Battista et Enrica, et aussi Enrico Sartori, le chauffeur, nous sommes allés à la Colombera, où j'ai pu jouir de toute l'intimité familiale : les hommes occupés à faire le vin, avec les femmes en bonne conversation ; puis tous au Rosaire familial pour nos morts et pour les vivants.

9 octobre, mercredi. — Sainte messe chez les religieuses du Sacré-Cœur à Villa Peschiera [2]. Réunion annuelle toujours pleine de consolation pour les sœurs et pour moi. À l'évangile, j'ai uni les deux souvenirs de saint Denis, premier apôtre de la France, et de saint Gio. Leonardi, apôtre en Italie de la renaissance de l'esprit d'apostolat dans le monde. Puis longue conversation avec les sœurs. À midi, j'ai eu à déjeuner à Camaitino la baronne Scotti avec sa fille Niny et son oncle Tofi. Contact intéressant, en réévoquant le passé dans la vision de l'avenir. Pour la première fois depuis que je suis en Italie, journée pluvieuse : elle est bien acceptée aussi car la pluie est la nourriture de la campagne.

10 octobre, jeudi. — À Camaitino. Hélas non sans distractions. Visite de plusieurs prêtres. Hier le curé de Grignano, Ceresoli, aujourd'hui don Frosio, d'Almenno, don Giacomo Drago, de Ponte S. Pietro ; la famille Cane : madame et ses trois fils Virginio, Tito et Constantino, avec Tettamanzi compagnon de prison de Virginio en Afrique. Venus pour remercier de l'aide envoyée là-bas – 50 000 F français au nom du Saint Père.

Le soir, ma nièce Chiara est rentrée de l'hôpital guérie du typhus. Sont venus avec elle dans mon auto ses parents et ma sœur Assunta avec sa fille Pierina et sa belle-sœur Maria. À la maison, longue et plaisante conversation qui fait remonter les souvenirs de jeunesse.

11 octobre, vendredi. — À Camaitino. Matinée de repos. L'après-midi j'ai fait une visite à Centrisola [3] où j'ai été reçu

---

1. Des Actes de la visite de saint Charles Borromée à Bergame en 1575 ; cependant le nom de ce prêtre n'apparaîtra pas sur ce dernier volume, daté de 1957, mais fini le 5 août 1958 et publié seulement en 1959, très probablement.

2. Leur résidence à Villa d'Adda, non loin de Camaitino.

3. Mgr Roncalli se rend à Chignolo d'Isola, uni avec Madone en 1928, pour former la commune de Centrisola.

chez la bonne Marietta Ambrosioni, 88 ans ; et chez le comte *Roncalli et la comtesse <de qui> j'ai reçu le précieux cadeau de la toile « Mariage de sainte Catherine »* de très belle composition, appartenant jadis au comte Alessandro Roncalli. La présence du curé, puis du marquis Pino Terzi, a empêché les époux Roncalli de me dire leurs peines pour les difficultés que leur font [ ].

12 octobre, samedi. — Sainte messe à Camaitino. Puis très beau tour à la Cornabusa avec Enrica, Aurelia et Letizia de Giovanni, et Raffaella, Angelo, Mariolina, Battista et Bertramino de Giuseppino. Avec Enrico, le chauffeur, nous étions 10 grands et petits. J'ai beaucoup profité de la joie innocente de ces petits et de leur façon de s'ouvrir à la dévotion à la Madone [1]. Les impressions de ce pèlerinage grandiront avec eux. En passant par S. Bartolomeo j'ai fait remettre 100 messes à don Marcello Colombi, que je n'ai pas vu, et au retour j'ai rendu visite au curé Arioldi et au curé don Angelo Rossi, comme j'avais visité le curé Gritti de Cepino et le curé Nosari et les sœurs. À Almenno S. B. j'ai rencontré les prêtres Sana et Bulla.

<Le soir, dîner chez Riccardo Terzi à Calusco.>

13 octobre, dimanche. — Sainte messe à la maison. Puis je suis allé à Desenzano pour la clôture du Ve centenaire de l'apparition [2]. J'ai assisté en mantelet au pontifical de Mgr Bernareggi. Repas modeste et cordial avec Mgr et avec les curés des alentours, tous mes chères connaissances, dans la maison du curé Belotti. J'ai participé ensuite à la procession en mitre et chape avec Mgr Bernareggi en crosse. À l'invitation de l'évêque, j'ai clos l'imposante procession par quelques mots sur la place, entendus par peu de gens : *Dans sanitatem, vitam et benedictionem* (Qo 34, 20). Je suis revenu en ville avec Mgr Bernareggi, qui a profité de mon auto jusqu'à Borgo S. Caterina. Journée triomphale d'amour de Marie.

14 octobre, lundi. — Belle journée à la maison, assez rare et reposante pour me dispenser de tout commentaire.

---

1. Le sanctuaire de la Vierge de Cornabusa (Cepino) est situé dans une grotte à flanc de colline qui s'ouvre sur la fraction de Roncaglia, berceau de la famille Roncalli de Sotto il Monte.

2. Le 9 octobre 1440, la Vierge (dite ensuite du miracle ou de la jambe) a guéri la jambe d'une jeune paysanne dans cette localité, fraction de la commune d'Albino ; d'où l'érection d'un sanctuaire sur le lieu de ce miracle. L'anniversaire de celui-ci a pu être reporté de quelques années du fait de la guerre.

15 octobre, mardi. — Annivers. du décès de ma sœur Enrica 15.X.1918, toujours vivante dans mon cœur. J'ai célébré ma sainte messe au cimetière en souvenir et prière pour tous mes chers disparus. Au petit déjeuner j'ai voulu ma sœur Teresa et ma nièce Teresina. Le reste de la <matinée> j'ai reçu plusieurs personnes, et je me suis occupé entre les livres et les lettres. Vers midi je suis allé à Sudorno prendre Mgr Testa et avec lui je me suis rendu à Rosciate pour un déjeuner chez Mgr Rossi. Il y avait aussi Mgrs Carozzi et Merisio. Bonne rencontre. Nous sommes passés par Ranica où le corps de la bienheureuse Verzeri était enfermé dans sa chambre [1], puis à S. Bernardino pour une visite aux sœurs des Poverelle, ensuite au marquis Mariani et enfin à G. Tecchi à Su[dor]no.

16 octobre, mercredi. — Sainte messe aux Caneve. Toujours dévotion intime et douce. Puis j'ai visité mes cousines Maria et Elisa Mazzola ; Mme Clelia Rattini chez elle et enfin mes neveux et petits-neveux Virginio Ghisleni à la Zandona. J'ai eu beaucoup de plaisir à fouler à nouveau les sentiers de mon enfance. À midi, rencontre familiale, conviviale et très joyeuse à la Colombera où j'ai fait venir l'Angelina du Luigi de la Cornalida. Ce fut vraiment une chère journée semée de joies domestiques pures.

17 octobre, jeudi. — Camaitino. Quelques audiences et arrivée très bienvenue de Mgr Giacomo Testa et de Mgr Paolo Bertoli. Déjeuner avec eux. L'après-midi est venu aussi le frère avocat de Mgr Bertoli et sa belle-sœur, et ils sont repartis ensemble pour Milan.

Moi en revanche, j'ai accompagné Mgr Testa à Cenate, où j'ai visité madame Giacinta, sœur du défunt curé Dentella. J'ai reçu en cadeau deux copies du volume *I vescovi di Bergamo* [2]. En revenant par Seriate, je me suis entretenu familièrement avec Mgr Carozzi, puis j'ai apprécié toute la soirée en ville, pour dîner et tenir une aimable conversation avec les prêtres du Sacré-Cœur, avec lesquels j'ai eu beaucoup de plaisir à dire le Rosaire et les oraisons habituelles.

18 octobre, vendredi. — Bergame : bonne nuit chez les prêtres du Sacré-Cœur. Sainte messe à S. Giuseppe pleine de chères émotions, à cause des souvenirs [3]. Puis audiences : le

1. Pour la prochaine béatification.
2. Lorenzo DENTELLA, *I vescovi di Bergamo (notizie storiche)*, Bergame, Società Editrice Sant'Alessandro, 1939.
3. C'est l'église des prêtres du Sacré-Cœur, du XVIIe siècle.

comptable Cislani, M. Brignoli, M. Farina. De là, belle promenade à pied avec don Giavazzi et visite aux Filles du Sacré-Cœur, qui me font la fête : je leur ai offert 10 000 lires pour la béatification de la bienheureuse Verzeri [1] ; visite au notaire Sandro Locatelli [2] ; et aux Célestins. Repas confiant avec les prêtres du Sacré-Cœur, avec qui j'ai eu un plaisir particulier d'encourager les jeunes. En revenant à la maison, j'ai accompagné don Casari à Ponte S. Pietro où j'ai visité le *dott.* Agazzi et sa famille, et à Sotto il Monte M. Riccardo Terzi.

19 octobre, samedi. — À Camaitino : pas un seul moment de calme et de silence. L'institutrice Donghi, de Sotto il Monte, qui se marie ; don Angelo Rossi ; ma nièce Anna ; MM. Cesare Rossi photographe graveur et son fils qui restent déjeuner avec les prêtres de la paroisse et avec don Rossi et Valtellina. L'après-midi, audience des conjoints Conti Suardo. Puis le prof. Cruciani, et toute la famille Roncalli, comte Guido et Antonietta et leurs enfants Albalisa, Laura et Francesco ; les deux neveux Giuseppino et Zaverio Marchesi, la cousine Camilla Lozza et la cousine Maria Mazzola que j'aide à formuler un petit testament selon ses pieuses intentions. Le soir, j'ai reçu le *dott.* Sanguinetti.

20 octobre, dimanche. — À Sabbio. À l'invitation et au nom de Mgr Bernareggi j'y ai ordonné ce matin deux prêtres, don Colombi, de S. Andrea en ville, et dom Mattevi, moine de Pontida. Cérémonie émouvante bien réussie [3]. Mes paroles à la fin aux nouveaux prêtres qui sont saints et sanctificateurs. Au peuple de Sabbio qui donne et multiplie les apôtres. Assistance à la grand-messe en mantelet, mon discours sur le Rosaire : trois tableaux : naissance couronne d'épines ; descente de l'Esprit saint ; la vie chrétienne sanctifiée et glorifiée dans la famille, dans la souffrance, dans l'Église. Puis confirmation [4]. Chère réunion sacerdotale. Puis retour à la

---

1. Qui aura lieu le 27 octobre.
2. Alessandro Locatelli (1898-1951), fils de Giuseppe lui-même notaire (voir plus haut en date du 31 octobre 1945).
3. Ces ordinations solennisent un peu plus la fête traditionnelle de la Vierge du Rosaire.
4. Le nonce ne précise pas qu'il a, contre l'avis du curé du lieu, don Beniamino Cortesi, autorisé un jeune communiste à devenir parrain, après avoir testé sa foi catholique. « *Eh ! questi tempi burrascosi fanno sorgere casi di disciplina ecclesiastica alla cui soluzione bisogna pensare due volte* » (« Eh ! ces temps orageux font naître des cas de discipline ecclésiastique à la solution desquels il faut réfléchir deux fois »), écrit-il à Mgr Bernareggi le 1er novembre, tout en souhaitant que la nouvelle ne

maison parmi les occupations de la préparation du départ pour Paris.

21 octobre, lundi. — Retour à Paris. Tout s'est bien passé à la maison dans les dernières heures. Paix parfaite et joie dans la famille. Affaires en ordre : hier soir réunion de tous à Camaitino et Rosaire à la chapelle. Comment bénir le Seigneur ?

À 8 h dernier salut à la Colombera après la messe chez les sœurs Ursulines [1]. À 8 h 30, je visite au cimetière d'Olginate la tombe encore fraîche de Mgr Orsenigo [2]. À 10 h à Côme sans pouvoir voir l'évêque. À 11 h à Chiasso ; heureuse traversée du Gothard ; à Goldau nous nous trompons de route et contournons le lac. Le soir à Berne à 19 h 21. Quelle beauté de paysages et de couleurs dans cette Suisse enchanteresse ! Je n'ai jamais vu un automne aussi riche et aussi plaisant. Mgr Bernardini toujours *hospitalis et benignus.*

22 octobre, mardi. — À Berne, nuit reposante. À 8 h 30 de nouveau la route avec mon bon Enrico Sartori, valeureux chauffeur. À 10 h nous sommes à la frontière. À 13 h au-delà de Dole ; de Dijon nous pouvions filer sur Troyes, mais nous passons par Langres, et nous sommes à Paris à 20 h 30. Long, ce voyage aller et retour y compris Bergame, Rome et vice-versa, mais sans le moindre incident d'auto. Ma La Salle a été parfaite.

À la maison, accueil le plus joyeux et le plus aimable de mes collaborateurs Vagnozzi et Oddi que j'ai trouvés bien accordés entre eux, et des domestiques. J'ai remercié de tout cœur le Seigneur, et saint Joseph mon fidèle protecteur.

23 octobre, mercredi. — À Paris. Sainte messe pour les morts. Dans la matinée, seule visite du prof. Dauvillier, de Toulouse, et le soir M. Ferretti à qui j'ai donné une photographie. Maintenant qu'il a régularisé son mariage il m'est aussi plus cher. À midi, repas avec 6 cardinaux : Liénart, Suhard, Gerlier, Saliège, Petit de Julleville et Roques, et avec les archevêques. Grande cordialité avec tous. À la maison, j'ai pu m'occuper à

---

s'ébruite pas (*Questa chiesa che tanto amo*, p. 293-294) ; l'évêque de Bergame lui répond le 6 novembre qu'un journal local « rouge » a quand même utilisé son geste pour l'opposer à l'attitude du curé en question (lettre du 6 novembre, *ibid.*, p. 295). Or Sabbio se trouve sur la commune de Dalmine où est installée une grosse usine métallurgique.

1. Qui tiennent l'école maternelle de Sotto il Monte (voir plus haut en date du 25 octobre 1945).

2. Le nonce en Allemagne est mort le 1er avril 1946 à Eichstätt, où il s'était retiré pour échapper aux troupes soviétiques.

mettre en ordre livres et lettres. Sont arrivés à la nonciature les 36 vol. de l'« Enciclopedia Italiana » et les 21 vol. de la « Storia dei Papi » de Pastor, que j'ai acquis moi-même à Rome. L'achat a été fait aux frais de la nonciature et les deux collections resteront ici. Après le dîner, vision plaisante des films améric. de Mgr Vagnozzi.

24 octobre, jeudi. — Saint Raphaël est un bon protecteur. Je l'ai invoqué ce matin pour voir clair dans certaines grosses affaires et il m'a aidé. À midi j'ai eu à l'archevêché deux conversations importantes avec les card. Petit de Julleville et Saliège. À la maison, j'ai reçu à déjeuner le nouvel évêque des armées, Mgr Picard de La Vacquerie, et M. Cabral, de Lisbonne, grand ami de Mgr Ciriaci et de sa nonciature. L'après-midi, j'ai fait une visite à Mlle Girod de l'Ain, hospitalisée à la clinique de la rue Violet, et reçu à la maison celle de Mgr Blanchet, évêque de Saint-Dié, nouveau recteur de l'Institut cath. de Paris [1]. Je me suis très bien entendu.

25 octobre, vendredi. — Travail calme au bureau. À midi l'évêque d'Ermland, Mgr Kaller, obligé de quitter son diocèse divisé entre Polonais et Russes [2]. Il est resté déjeuner avec son secrétaire laïc. À 16 h, brève visite aux bouquinistes, et au card. Suhard avec une longue conversation à propos de plusieurs choses : a) extravagances de jeunes ; b) affirmations intégralistes ; c) bonne disposition envers le gouvernement MRP par principe ; d) divers noms pour l'épiscopat, etc. [3]. Dans l'ensemble, bon accord et bon travail.

À la maison, vu l'ing. Giannattasio, tout réjoui d'avoir une fille. Que le Seigneur la lui garde pour sa consolation.

---

1. Il a été nommé pour dix ans par décret de la Congrégation des séminaires et universités du 28 août. Le pro-recteur, Mgr Calvet, a donné sa démission « pour des raisons de santé », indique *La Documentation catholique* du 24 novembre, col. 1371...

2. L'Ermland ou Varmie est la partie de la Prusse orientale qui a été coupée en deux par la nouvelle frontière russo-polonaise. Mgr Kaller va mourir en exil le 11 juillet 1947.

3. Il est rare d'avoir dans l'Agenda une telle énumération des sujets abordés, aussi faut-il en profiter : un coup à gauche (les extravagances des jeunes), un coup à droite (les affirmations intégralistes) et route au centre : soutien de principe au gouvernement *à direction* MRP, qui confirme le chemin parcouru depuis deux ans. Le nonce était absent de France lors du référendum ambigu du 13 octobre qui a validé le second projet de Constitution de la IVe République, compromis entre les composantes du tripartisme : 36,1 % de « oui », 31,3 % de « non », 31,2 % d'abstentions.

26 octobre, samedi. — Aujourd'hui une seule visite : l'archevêque d'Albi, Mgr Moussaron. Bonne entente sur plusieurs choses. À la maison, bon travail. J'ai donné un peu de temps à la préparation spirituelle pour la béatification de la mère Teresa Eustochio Verzeri à Saint-Pierre de Rome. Même de loin je dois y assister. Sa vie, écrite par Mgr Arcangeli, est peut-être un peu prolixe dans la répétition du travail intérieur que la grâce a opérée dans le cœur de mère Verzeri, dans le sens de son anéantissement et de son humilité. Mais quelle lumière et quel réconfort dans cet exemple vraiment insigne de sainteté [1].

27 octobre, dimanche. — Sacré-Cœur. Montmartre. Assistance en cappa à la messe solennelle du Christ-Roi. 10 h. Mgr Oddi m'a accompagné en cape noire. Simple mais belle cérémonie. La pensée et la prière à Rome.

Honneur, amour et gloire du Sacré-Cœur à Saint-Pierre comme à Montmartre. Toujours la sainte Église catholique qui associe autour du Christ roi d'amour les saints anciens et nouveaux, les défunts et les vivants.

À déjeuner, nous avons eu le p. [Bender] [2] dominicain, professeur de droit can. à l'« Angelicum ». C'est un Hollandais. Le reste de la journée, j'ai continué jusqu'à tard dans la nuit à lire la vie de la Bienheureuse Verzeri.

28 octobre, lundi. — Bon travail interrompu par quelques audiences : deux anciens juifs d'Istanbul (5 000 F) qui me donnent des nouvelles peu joyeuses de Luigi ; M. [ ] Tutussian, ma bonne connaissance de Sofia et aujourd'hui attaché à la légation française : nouvelles affreuses de là-bas ; Mgr Chappoulie, qui me donne des informations utiles pour moi. Le soir, avec Vagnozzi, je suis allé à l'amb. tchécoslovaque pour l'anniversaire de la libération, etc. J'y ai rencontré les conjoints Paon, et M. Vanier de l'*Unesco*, qui étrenne de bonnes intelligences avec Mgr Vagnozzi. Il me semble brave homme, catholique, et en bons termes avec Mgr Forni [3].

---

1. La religieuse bergamasque (1801-1852), fondatrice de la Congrégation des Filles du Sacré-Cœur pour l'éducation chrétienne des jeunes filles, sera béatifiée le lendemain (Giacinto ARCANGELI, *Vita della venerabile Teresa Eustochio nob. Verzieri*, Bergame, 1896).
2. Probablement.
3. Première évocation, plutôt positive, sur la nouvelle organisation internationale pour la culture en voie d'installation à Paris. Raffaele Forni est chargé d'affaires intérimaire du Saint-Siège à Prague.

29 octobre, mardi. — Le cours ordinaire des affaires continue d'absorber tout mon temps, qui ne suffit même pas à tout. Mais je vois que tout s'organise avec calme, aussi j'espère que bientôt il me restera un temps plus large pour beaucoup de choses. Le matin, aucune visite, en dehors d'un brave ingénieur de Pamiers qui me dit du bien du recteur du petit séminaire et de Mgr de Solages, recteur de l'Institut de Toulouse [1]. L'après-midi, M. Ferretti avec M. Madaule, écrivain catholique intéressant et bon [2]. Avec Vagnozzi je suis allé à la réception en l'honneur de la Turquie. Très bon accueil et quelques rencontres.

30 octobre, mercredi. — Une seule visite aujourd'hui : le journaliste Sampaix, connaissance d'Athènes, qui vient plaider pour l'abbé Blanc, en mauvaise posture canonique. L'après-midi un jésuite hollandais de la rue de Grenelle qui s'occupe de sauver un jeune homme.

Avec Oddi, je sors pour visiter l'exposition du P. Charles de Foucauld aux Invalides. Deux aumôniers qui l'ont organisée m'y accueillent : les abbés Louis et Gorrée. Elle est vraiment intéressante et édifiante. L'abbé Louis me disait justement que le père de Foucauld est un précurseur. Donc comme saint Jean Baptiste, au désert, mal nourri, mal vêtu, mais d'un apostolat impressionnant [3].

31 octobre, jeudi. — Le mois du Rosaire commencé à Rome au milieu de beaucoup d'affaires s'achève pieusement à Paris, à mon poste. Les petites épines ne manquent pas : mais elles ne sont rien en comparaison de celles de la couronne du Seigneur. Le matin j'ai reçu Mère Gilberta avec un beau groupe de sœurs italiennes franciscaines du Sacré-Cœur de Gemona venues pour renforcer la communauté de France. À 11 h j'ai rendu visite au Quai à M. Schneiter qui représente M. Bidault, présid. trop occupé par la campagne électorale. Bonne rencontre. « Nous sommes Gallicans [4]. » L'après-midi, visites à Letouzey, Beauchesne et à la librairie du Cerf pour les commandes de Bergame [5]. À la maison, l'abbé Jacquin.

---

1. Recommandations pour une promotion épiscopale à coup sûr.

2. L'enseignant et écrivain Jacques Madaule, éminent spécialiste de Claudel, alors démocrate-chrétien.

3. Exposition pour le cinquantenaire de l'assassinat de l'ermite du Sahara, que le nonce ne semble pas bien connaître.

4. Les guillemets indiquent qu'il s'agit d'une affirmation du visiteur, que le nonce ne reprend pas à son compte ; il n'y a rien dans les archives du Quai d'Orsay sur cet entretien.

5. Mgr Roncalli s'acquitte d'une commande de son ami Bernareggi en

1er novembre, vendredi. — Toussaint : tout à la maison. Le matin, visite intéressante de Mgr Chappoulie. Après midi nous sommes sortis tous les trois en auto jusqu'au cimetière près d'Orly [1] où nous avons prié sur la tombe du beau-père de Dino, notre chauffeur. Ensuite, à la maison, travail et méditations sur les leçons de la vie et de la mort. Le soir, j'ai récité avec Oddi le rosaire entier selon un bel usage de Piacenza et j'en ai été bien content.

La pensée de tous ceux qui nous ont précédés, *in signo fidei et dormiunt in somno pacis* donne beaucoup de réconfort, et encourage à la préparation de l'ultime rencontre.

2 novembre, samedi. — J'ai célébré les trois messes à la chapelle avec l'assistance de Mgr Oddi, des domestiques Giulio, Domenico, Dino et leurs épouses. Il y avait aussi Enrico avec la sienne. Cérémonie simple et édifiante. Au long de la journée, bon travail, interrompu par une visite avec Vagnozzi au Crillon où le ministre d'Abyssinie invita ensuite en l'honneur de son empereur, et repris jusqu'à minuit avec Oddi pour la préparation d'un rapport au Saint-Siège sur la situation politique en France en cette veille d'élections [2].

3 novembre, dimanche. — Le matin, seule visite de Madame Teresa Hamson et de sa fille mariée.

Chères évocations d'Istanbul. L'après-midi, départ avec Vagnozzi pour Cambrai [3] où je suis arrivé en 3 heures et 15 minutes. Très bon accueil chez Mgr Chollet qui célébrera demain le *60e* anniversaire de son sacerdoce, à 84 ans encore florissant, et Mgr Guerry son cher coadjuteur.

Au dîner sont présents aussi les vicaires généraux. Conversation intéressante avec Mgr Guerry à propos de sœur Eugenia Ravasio, sup. générale des sœurs de N.-D. des Apôtres. Les faits extraordinaires qui la concernent sont impressionnants et méritent le respect.

4 novembre, lundi. — À Cambrai. Sainte messe à l'archevêché en l'honneur de saint Charles. Puis j'ai visité la cathédrale, avec la Vierge des grâces et la tombe de Mgr Fénelon.

---

dictionnaires, livres et revues (lettre du 1er novembre à l'évêque de Bergame, *Questa chiesa che tanto amo*, p. 293).

1. Commune de la banlieue sud de Paris où se trouve l'un des aéroports de la capitale française.

2. Les élections législatives pour désigner l'Assemblée nationale, décisives pour l'avenir politique de la France, doivent avoir lieu le 10 novembre.

3. Vingt-cinquième voyage, pour le jubilé sacerdotal de l'archevêque.

À 10 h je suis allé en auto avec Mgr Chollet à Valenciennes où j'ai assisté à Notre-Dame du Saint-Cordon au Pontifical jubilaire solennel et au très beau discours du vénérable jubilaire. Mes paroles ensuite : 1) Bénédiction du Saint-Père et honneurs ; 2) le IVe commandement : éloge de Mgr Chollet et enseignement pour tous ; 3) *Valerio vita : Augustino vita.* Assisté ensuite au repas ecclésiastique au collège Notre-Dame, mes autres paroles : *pastoralis sollicitudo gloriosum reddidit.* La louange de saint Charles, de Mgr Chollet et du bon clergé de Cambrai [1]. À 20 h je suis de nouveau à Paris.

5 novembre, mardi. — <17 h. Flory et Dorgival.>

Peu d'audiences : oh ! comme il est reposant de pouvoir travailler ainsi. L'après-midi, j'ai reçu don Fortunato Benzoni, toujours cher prêtre ; Mme de Jouvenel avec son fils Bertrand, un homme qui pense et écrit [2], puis M. Flory avec M. Dorgeval, bon catholique et père de famille, en poste à la banque Franco-Américaine où le Saint-Siège a 40 % des actions [3].

Dans la journée ce sont les élections qui importent. Naturellement les évêques y prennent une part notable... parfois excessive dans la forme. Aussi déceptions et inquiétudes ne manquent-elles pas [4].

6 novembre, mercredi. — Audiences : M. Luigi Ferri avec la vie de la voyante Dejardins défunte et bienfaitrice ; le curé Rebufat de Saint-Martin des Champs ; M. François Veuillot. À midi le roi exilé Pierre de Yougoslavie, un jeune homme de peu d'apparence, mais je crois de bon fond. Il a 25 ans. J'ai pu

---

1. Un tel soutien n'est pas dépourvu de sens, quand on sait que le très conservateur archevêque de Cambrai était l'une des victimes désignées de l'épuration, et que son coadjuteur, lui aussi menacé, va prendre la défense du comportement de l'épiscopat pendant la guerre (Mgr Émile-Maurice GUERRY, *L'Église catholique en France sous l'occupation*, Paris, Flammarion, 1947).

2. D'une famille de journalistes, Bertrand de Jouvenel (1903-1987) fut l'un des jeunes « non conformistes » des années 1930 en lutte contre le désordre libéral et parlementaire ; ses sympathies pour les régimes autoritaires ont attiré l'attention de la propagande allemande et lui ont valu quelques affronts après la libération.

3. Charles Flory est banquier retraité.

4. « Partout, lors des dernières élections, des consignes épiscopales ont été données », constate Étienne Gilson (lettre à Maritain du 12 janvier 1947, *Correspondance*, Paris, Vrin, 1991, p. 157). Celles-ci inquiètent le nonce qui répondait le 30 octobre à une solliciteuse : « Mais je dois vous dire que, tout en souhaitant le succès aux catholiques convaincus et militants, pour le vrai bien de la France, la Nonciature Apostolique se tient complètement à l'écart de toute compétition politique. »

lui parler en prêtre et en évêque. M. Carry l'accompagnait ; mais la conversation fut intime [1]. À déjeuner, nous eûmes d. Fortunato Benzoni (5 000 F).

L'après-midi, je suis sorti me promener avec Oddi : nous sommes passés aux bouquinistes où j'ai acheté *tout* Lamartine et des essais de Fénelon. À la maison, j'ai reçu M. Benazzo, du consulat, et M. Ferretti.

7 novembre, jeudi. — Audiences : supérieure et sœur des Missionnaires du Sacré-Cœur de sainte Cabrini ; assistante et secrétaire des sœurs Auxiliatrices du Purgatoire ; abbé dom Gontard de Saint-Wandrille ; abbé de Lérins que j'ai gardé à déjeuner ; abbé [ ] de Grenoble. Le soir, longue conversation avec M. Antonio Aguirre, présid. (en exil) de la République Basque [2].

J'ai profité de l'après-midi pour une nouvelle visite aux bouquinistes sur la Seine afin d'acheter les œuvres complètes en 10 vol. de Bossuet et d'autres livres [3]. Un peu de récréation avec Oddi, plaisante comme une heureuse prise de gibier pour des chasseurs.

8 novembre, vendredi. — Encore des audiences : Mlles Bastien* et Kaminski, amies du jeune Jean Chatellier en exil à Bergame ; le père franciscain Jean Abd-el-Jalil de Rabat, intéressant [4]. Le P. Gilloz et Robert Soualle. L'après-midi le père Giov. Timolina, des Missions étrangères de Parme ; le chanoine Sédillière, curé de Saint-Séverin ; les époux *Gr. Uff.* Erminio Cidonio et Leonetta Blasi, nièce du card. Canali, en voyage de noces, en compagnie du frère et de la belle-sœur. Plaisante conversation, avec souvenirs de Rome et d'Italie.

Ces audiences entourées d'un intense travail de bureau.

9 novembre, samedi. — À 8 h 30, sainte messe chez les excellentes sœurs Auxiliatrices du Purgatoire, 16, rue de la

1. Roi quelques semaines en mars-avril 1941, entre son coup d'État contre le régent Paul et l'invasion allemande, Pierre II vit en exil à Londres.

2. La visite de José Antonio Aguirre y Lecube ne peut qu'être mal perçue à Madrid.

3. Il s'agit vraisemblablement de l'édition de l'abbé Guillaume (Lyon, Briday, 1877), ou de sa réimpression à Paris par Berche et Traslin en 1885.

4. Le religieux converti de l'Islam est bien originaire d'une noble famille de Rabat, mais il vit à Paris où il enseigne à l'Institut catholique.

Barouillère[1]. La chapelle pleine de vieilles femmes et d'affligées. J'ai dit à la fin quelques mots de soutien à la dévotion des morts. Puis j'ai visité la nombreuse famille religieuse qui compte 5 ou 6 Bergamasques. Tout édifiant. À la maison, longue conversation avec le prov. des Dominicains, le p. Motte, autour des idées et des esprits inquiétants[2]. J'ai recommandé aux PP. Prêcheurs de corriger par leur exemple le défaut français, de toujours parler, dans tous les discours, de la patrie terrestre[3]. Dans l'après-midi, audiences : l'ing. Carozzo qui m'a offert *Les Bucoliques*[4] et le jeune Mahieu, des Archives.

10 novembre, dimanche. — Grande journée d'élections. Mgr Vagnozzi à Lille, Oddi à Lisieux, moi seul à la maison. À midi, pour me tenir compagnie à déjeuner, j'ai fait venir le bon don Martino de Martini, mon collègue au Séminaire Romain. Puis je suis resté à ma table de travail. Le soir, Rodhain, qui part pour Rome, est venu. Je lui ai longuement parlé de l'émigr. italienne et de l'assistance spirituelle pour la préservation et la santé. Dans la journée, attente un peu anxieuse, mais sans énervement, des résultats des élections. Aux premières nouvelles elles s'annoncent bonnes, de nature à s'en contenter. Mais les communistes gagnent un peu[5].

11 novembre, lundi. — Saint Martin. Le cher et grand saint que j'aime. Mgr de Blois[6] m'a assuré avoir mis la plaque de marbre que je lui avais commandée près de la tombe à Tours « Ang. Ios. Roncalli Bergomas, in Gallis nunt. Apost. S. Martini Touron. Humilis cliens. Beate Martine serva Gallorum clerum et plebem. Ubique protege tuos ». Je ne suis pas allé avec le Corps dipl. à l'Étoile pour le soldat inconnu :

---

1. VIe arrondissement.

2. Cette conversation pessimiste avec le père Antonin Motte, provincial de France, fait suite aux discours de Pie XII à la congrégation générale des Jésuites (17 septembre) et au chapitre général des Dominicains (22 septembre), qui vont lancer la controverse sur la « nouvelle théologie ».

3. La mise en garde contre un excès de patriotisme dans les sermons est nette.

4. De Virgile.

5. Les résultats complets ont dû rendre le nonce moins optimiste : avec 28,8 % des suffrages exprimés, les communistes reprennent la tête, devant le MRP, 26,3 %, et les socialistes de la SFIO qui reculent à 18,1 % : la question de la direction du gouvernement est de nouveau posée.

6. « Son » évêque, Mgr Robin, ancien recteur de la basilique Saint-Martin.

j'ai envoyé Mgr Oddi. Il vaudra mieux que j'y aille moi-même[1]. Audiences : le journaliste Savary, de la *Tribune de Genève* ; M. Hubert Beuve-Méry, directeur du journal *Le Monde*, présent. par Ferretti, et Mgr Alexandre Vachon, archev. d'Ottawa, avec son vic. gén. Mgr Gust. Chartrand.

<À 19 h repas offert aux époux Cidonio, parents du card. Canali.>

12 novembre, mardi. — Plusieurs audiences : Veuve Mary de Luca (5 000 F) ; sœur Elena Capart, des Pammakaristos d'Athènes[2] avec quelques informations un peu affligeantes ; M. Caniglia, de la Croix-Rouge ; M. Pierre Salvadori, chef d'escadron, et d'autres personnes ; un représentant des industries libanaises ; le p. Miccinelli. J'ai eu au déjeuner le P. Cozien, abbé de Solesmes, revenu du Canada. Nous avons parlé de la question agaçante des monastères pleins de moines et de la campagne en quête de prêtres pour le ministère. Je suis d'accord : *monaci sint* donc basés au monastère. Reste pourtant le douloureux problème des campagnes[3].

13 novembre, mercredi. — Toujours des audiences : le P. O'Reilly du *104* avec une intéressante conversation autour des idées inquiétantes[4] ; puis le P. Miccinelli qui reste déjeuner. L'après-midi sœur Helena avec la comtesse amb. de France à Athènes, puis avec Maria Theocaris, M. Ferretti ; à midi le nouvel ambassadeur d'Iran que j'ai bien connu à Ankara ; Madame James Leclerc, le curé de Saint-Étienne à Sainte-Geneviève[5]. Le soir, Mgr Vachon, archev. d'Ottawa avec son vic. gén. que je garde à dîner. Ils partiront ensuite pour Lourdes et je leur ai confié une bonne prière à la Vierge, pour qu'elle m'aide dans le choix définitif de l'évêque de là-bas[6].

---

1. Le nonce se rend compte que son absence répétée aux cérémonies patriotiques peut faire mauvaise impression.
2. Sœurs de la Theotokos Pammakaristos, de rite grec, fondées en 1921-1922 par Mgr Calavassy.
3. Vaste question que la concurrence de fait entre le clergé séculier et le clergé régulier, plus prestigieux, pour le recrutement sacerdotal et religieux. Tout en se ralliant au point de vue de son interlocuteur, le nonce s'inquiète du manque de prêtres dans les campagnes.
4. Second écho pessimiste, après celui du 9 novembre.
5. Saint-Étienne du Mont près du Panthéon, ancienne église Sainte-Geneviève, V^{e} arrondissement.
6. Qui n'interviendra qu'au début de l'année suivante, en la personne de Mgr Théas.

14 novembre, jeudi. — Audiences : Mgr Grente ; l'abbé Hollande, sup. de la Mission de Paris [1] ; le p. Maxime, des Frères mineurs ; à midi je suis allé avec Vagnozzi et Oddi à un repas au Ritz, invité de MM. Cidonio ; et le soir j'ai revu ces braves messieurs venus me saluer. Lettres pour le card. Canali et pour ma nièce sœur Maria Angiola. Après le dîner, conversation prolongée avec Oddi au sujet d'un petit commerce d'*autos* américaines, qui ne me plaît pas beaucoup et que je ne ferai jamais, mais que je ne crois pas devoir interdire absolument [2]. Ce matin, j'ai célébré la sainte messe pour le déf. Card. Caccia, mon vieil ami [3]. *O mors o mors !*

15 novembre, vendredi. — Audiences : M. Carry de *L'Époque*. L'après-midi : M. De Pio ; Mgr Chappoulie ; les ing. Barge et Giannattasio.

16 novembre, samedi. — Dans l'après-midi, départ pour Bourges [4], de façon à être de retour pour le 18. Très bon voyage avec Mgr Oddi et Giulio. Trois heures et demie de bonne route. Fontainebleau-Gien. Réception fraternelle à l'archevêché. Le préfet Roux est venu me faire une visite que je lui ai rendue quelques minutes après avec Mgr l'archevêque Joseph Lefebvre, zélé, sensé et très cher prélat. Pour l'occasion sont venus à Bourges les évêques de Clermont, Limoges et Troyes, ainsi que celui de Saint-Flour, Mgr Pinson, natif de là [5]. Dîner avec les vicaires généraux et quelques laïcs des plus méritants dans une sainte fraternité.

---

1. À la demande du cardinal Suhard, le supérieur de la Mission de Paris va partir à Rome, avec le supérieur du séminaire de la Mission de France, Monsieur Augros, pour y défendre les jeunes expériences apostoliques françaises. Sur ce voyage, qui commence le 22 novembre, voir Émile POULAT, *Les Prêtres-Ouvriers. Naissance et fin*, Paris, Éd. du Cerf, 1999, p. 498-510.

2. Mgr Oddi semble donc mêlé à un tel commerce que le nonce désapprouve sans l'interdire. Remarquons qu'ensuite le nonce ne roule plus dans la La Salle (déjà américaine), mais en Packard (voir plus loin en date du 30 août 1947) ou en Mercury (23 mai 1948) : deux autres modèles américains.

3. Cardinal de Curie décédé le 12 novembre.

4. Vingt-sixième voyage, pour la fête de saint Ursin, premier évêque de la ville.

5. « Surtout je tiens à vous assurer d'avance du grand bonheur que sera pour moi la rencontre de N.N. Seigneurs les Évêques autour de leur vénéré Métropolite. Ces réunions sont très opportunes – à mon humble avis – pour l'édification des fidèles, et pour l'encouragement des Pasteurs. Je regretterai infiniment l'absence de mons. de Poitiers à qui le contact avec le Nonce et avec Votre Excellence aurait pu réussir bien réconfortant, après les entretiens que j'ai eu récemment à Rome. Mais... patience et courage ! » (lettre à Mgr Lefebvre du 12 novembre).

17 novembre, dimanche. — [[Abbé Rebufat. Curé de Saint-Martin des Champs, 36, rue des Marais (X^e^) près Place d. l. République Fête de saint Martin, 16 h vêpres. Mitre et crosse, discours du P. *Riquet*[1]]]

À Bourges : à 10 h messe pontificale pour saint Ursin. La cathédrale, vrai poème d'histoire et d'art était bondée de fidèles. Musique et liturgie exécutées à la perfection. Mes paroles après le pontif. Le nonce salue, au nom du pape, encourage, bénit. Évocations rapides d'histoire locale, satisfaction pour ce qui reste encore de bon et confiance dans la reconstruction religieuse[2]. Ensuite au séminaire mes paroles aux élèves, repas avec le clergé ; assistance aux évêques et au discours éloquent de Mgr de Troyes, bénéd. Dîner avec les curés <de Bourges. Tout très bien et avec grande édification et paix>.

18 novembre, lundi. — <Fontgombault.>

À Bourges pour diverses visites, et retour à Paris le soir. Première visite plus détaillée de l'admirable cathédrale ; puis avec Mgr l'archev. à Sainte-Marie du Blé où naît un institut agricole pour l'éducation des enfants d'agriculteurs qui portera des fruits bénis ; puis à Fontgombault, magnifique abbaye jadis cistercienne et maintenant séminaire pour les vocations tardives, enfin au petit séminaire Saint-Louis. Partout j'ai trouvé jeunesse, ferveur sacerdotale, et promesses d'heureux avenir pour cette région très riche matériellement, mais religieusement désolée[3]. J'ai dit partout des paroles encourageantes.

19 novembre, mardi. — Je me suis bien reposé, mais trop brièvement. J'ai trouvé à la nonciature Mgr Taffi, conseiller de Costa Rica qui revient après 8 ans et est destiné à Rio de Janeiro. Il m'a fait bonne impression. À 15 h grande inauguration de l'Unesco à la Sorbonne. J'y ai eu la première place à côté du ministre Letourneau. Ma présence a été très appréciée. Elle signifie qu'on peut nous trouver à notre poste. Cette grande initiative sera ce qu'elle sera. Au moins pourra-t-on

---

1. Engagement que le nonce ne peut assumer, du fait de son déplacement à Bourges.

2. « Parfois je vous écoute vous plaindre, vous inquiéter de ce que sera demain. Mais voilà la vraie France, voilà l'avenir ! Ce pays va reprendre les bonnes traditions de l'Évangile, en unissant l'Ancien et le Nouveau Testament, en se montrant fidèle aux enseignements de la Sainte Église, source unique de la prospérité même humaine » (*Souvenirs d'un nonce*, p. 76-79, citation, p. 78).

3. Appréciation juste : le Berry est une province bien peu fervente.

dire que la bonne volonté du Saint-Siège ne lui aura pas manqué pour la faire réussir. Malheureusement *nihil sine Deo* [1].

20 novembre, mercredi. — Audiences sans fin. La principale, celle de deux représentants de l'Union *« pro Deo »* en opposition aux Bezbojniki russes [2] ; le p. Maillot dominic. [3] et le délégué de la Belgique. Agréable aussi la visite du nouveau directeur des éditions du Cerf, également dominicain [4]. Le soir, j'ai eu à dîner le card. Hlond, archev. de Varsovie avec son secrét. Et Mgr Weber avec le chan. Boisard, et Mgr Taffi. Puis je me suis rendu en cape de nouveau à la Sorbonne pour la célébr. du cinquantenaire de la mort de Pasteur [5]. On m'a donné la première place d'honneur absolu entre Bogomolov et Vanier. À noter le matin la visite que m'a faite M. Dumaine, chef du protocole aux Affaires étrangères [6].

21 novembre, jeudi. — 18 h. Petit séminaire de Conflans. Récept. et bénédict. du saint sacrement avec renouvellement des promesses. Repas avec les supérieurs. Tout s'est bien passé. À la réception, j'ai répondu aux compliments du sup. le chan. Lallier [7] ; s'agissant de plus de 300 garçons, j'ai peut-être été trop long et moins efficace. J'ai présidé ensuite la cérémonie du renouvel. des promesses de la vocation : *Dominus pars haereditatis meae* que m'ont faite les professeurs. Tout édifiant. Post coenam conversation avec les enseignants.

1. Ainsi le Saint-Siège est-il représenté officiellement à cette conférence inaugurale de la nouvelle organisation : malgré quelque perplexité, l'attitude du nonce est plutôt positive.

2. Organisation créée dans les années 1930 pour s'opposer à la propagande des « Bezbojniki », c'est-à-dire des « Sans-dieu militants » soviétiques et de leurs émules occidentaux.

3. C'est ce qu'on croit lire, sans pouvoir retrouver un religieux de ce nom.

4. Il s'agit du père Dominique Dubarle, d'après le compte rendu de la réunion du 18 décembre, Archives des Éditions du Cerf.

5. La commémoration du célèbre savant catholique conduit le nonce en Sorbonne pour la seconde fois en deux jours.

6. « J'ai rendu visite au Nonce ; chaque rencontre avec lui me divertit. Mgr Roncalli est plus finaud que fin mais il a de l'expérience et une bonhomie pittoresque. Il apporte un grand soin à ne pas se mêler de politique intérieure et à n'être que le représentant diplomatique du Souverain Pontife. Il connaît, en effet, le reproche habituellement décerné au Nonce en France : se mêler de l'activité interne du clergé français et s'immiscer dans les prérogatives des évêques. Je doute d'ailleurs que son apparente discrétion réussisse à le tenir à l'écart » (Jacques DUMAINE, *Quai d'Orsay, 1945-1951*, p. 137). Le refus de l'engagement politique est net chez Mgr Roncalli, mais on peut douter de son retrait ecclésial.

7. Marc Lallier dirige le petit séminaire diocésain, 1, impasse de Conflans, à Charenton-le-Pont (proche banlieue sud-est).

<L'abbé de Lérins le p. Marie-Bernard fut au repas. Le soir visite à Pont Colbert [1].>

22 novembre, vendredi. — Audiences : Luigi Ferri ; les époux Francesco et Jolanda Giustiniani qui quittent Paris pour Savone ; le jeune Filippo de Nattes* parent des Colombo de Mapello ; le duc de La Rochefoucauld di Bisaccia ; le p. supérieur de Paris des Pères de Sion avec la question des juifs [2] ; l'après-midi Mgr Kaller, l'évêque allemand resté sans diocèse et nommé prélat pour tous les Allemands hors juridiction épiscopale. Il revient de Rome et m'apporte les saluts et bénédictions du Saint-Père [3].

23 novembre, samedi. — Travail matinal et à 11 h départ en train pour Bordeaux [4] avec Mgr Vagnozzi. Nous traversons Orléans, Tours, Poitiers, Angoulême, contrées intéressantes même dans la grisaille hivernale. Les signes des bombardements, surtout à Orléans, Tours et Poitiers, sont désolants [5].

Très bon accueil à Bordeaux par Mgr Feltin et les siens. Je reçois immédiatement dans le bel archevêché la visite officielle du préfet, puis du maire. Le soir, premières approches avec les notabilités du clergé et du séminaire. Première impression excellente. Archevêque vénéré et aimé [6].

---

1. Abbaye cistercienne proche de Versailles, vouée à l'adoration du Saint-Sacrement, qui dépend de la Congrégation de France sous l'abbé de Lérins, M.-B. Chalagiraud auquel Roncalli écrivait le 27 septembre : « La Nonciature Apostolique a été informée que des prêtres soumis à des pénitences canoniques et confiés à l'abbaye du Pont-Colbert n'observaient pas strictement la clôture monastique imposée. Le Révérendissime Père Dom Janssens étant placé, je crois, sous votre autorité, je vous serai reconnaissant de dire si les faits reprochés sont bien exacts et quelle est la situation de cette Abbaye » (Archives de Lérins).

2. La rencontre est certainement liée au sort des enfants juifs cachés pendant la guerre dans des maisons catholiques, celles des pères et sœurs de Sion notamment, que diverses autorités juives réclament instamment. Sollicitée par des évêques, la nonciature a demandé des instructions à Rome : elles lui sont arrivées du Saint-Office par l'entremise de la Secrétaire d'État le 28 septembre. Elle les a répercutées le 23 octobre au secrétariat de l'épiscopat : si les parents les réclament et s'ils n'ont pas reçu le baptême, ils pourront être rendus. La divulgation de ces documents a suscité une vive polémique début 2005, dans le contexte du procès de béatification de Pie XII.

3. Voir plus haut, en date du 25 octobre.

4. Vingt-septième voyage pour la Saint André, patron du diocèse, dont le programme a été envoyé le 10 novembre par Mgr Feltin.

5. Ces nœuds ferroviaires n'ont pas été épargnés.

6. On peut pourtant douter que les débats concernant son attitude pendant la guerre soient entièrement clos.

24 novembre, dimanche. — [[Cérémonie des cheminots Mgr Laroche, dès 21 h 15, Boulev. du Temple IIIe]]

À Bordeaux. À 10 h mon pontif. solennel dans la cathédrale Saint-André archibondée. J'ai parlé à l'évangile en partant du *Dilexit Dnus And... in odorem, etc.* et répondu à l'archev. Feltin en exaltant l'apostolat ad discendum, ad docendum, ad moriendum avec une attention particulière pour l'Action cath. [1]. L'après-midi j'ai chanté les vêpres, écouté le discours et donné la béned. Cérémonie très imposante et bien menée. Au déjeuner et au dîner, heureux contact avec des membres du clergé. Dans l'ensemble, impression excellente du pasteur et des fidèles.

25 novembre, lundi. — Bordeaux. Mon pontifical au grand séminaire après la consécration de la chapelle par Mgr Feltin. Réunion du clergé nombreuse et édifiante. Mon toast au banquet et paroles aux séminaristes dans le salon. Puis cérémonie émouvante du renouvellement des promesses ; *Dnus pars hereditatis, etc.* Ensuite beau discours de M. Boisard, sup. des Sulpiciens [2] ; et ma bénédict. du Saint Sacrement. Rencontre joyeuse et heureuse avec 12 sœurs bergamasques de Saint-Maur. Puis avec Mgrs Feltin et Vagnozzi nous avons rendu leur visite au préfet et au maire en admirant le palais Rohan et les beautés de Bordeaux. À 9 h 30 départ en wagon-lit pour Paris. Alleluia.

26 novembre, mardi. — Retour à Paris à 7 h 30 après un bon voyage. À la nonciature je me suis reposé un peu, et j'ai repris les audiences. J'ai eu des nouvelles réconfortantes de la maison. Mon frère Giuseppino quitte la Colombera et passe avec sa famille aux Gerole. Ce sera certes un peu douloureux mais tout s'adoucira ensuite.

Ici je suis tourmenté par le retard dans la préparation du dossier des nouveaux évêques. Cela me sera une bonne leçon pour la suite.

27 novembre, mercredi. — À la nonciat. plusieurs audiences : les deux aumôniers en chef d'Indochine (Dubois) et de Paris

---

1. « Comme dans les temps antiques, au ministère caractéristique de l'épiscopat et du sacerdoce, s'unit aujourd'hui – et le Pape l'évoque continuellement – la coopération des fidèles, invités à s'unir, toujours bien entendu sous la direction de l'épiscopat et du clergé, pour la propagation de l'Évangile, le *verbum Dei*, avec ces formes d'Action catholique que je sais florissantes en cet illustre diocèse » (*Souvenirs d'un nonce*, p. 80). Ce coup de chapeau prudent à l'Action catholique mérite d'être souligné.

2. Qui dirigent ce séminaire.

<Badré[1]> ; le secrét. général de l'évêché de Coutances ; Mme Anfuso ; l'institutrice Ada Corsi qui était enseignante à Istanbul. À midi, repas de l'Institut catholique à l'archevêché. Rencontre gaie et cordiale avec les cardinaux et les évêques. Puis à 15 h j'ai assisté à l'inauguration de la nouvelle année académique à la place et avec les égards d'honneur : une dizaine de discours, entre autres une belle comm. de Mgr d'Hulst, le fondateur, par l'évêque de Verdun. Rencontre sérieuse et satisfaisante. À la maison, je reçois l'amiral d'Argenlieu avec heureux échange d'impressions[2].

28 novembre, jeudi. — <Mgr Devreesse à déjeuner, 13 h.>

Audiences : comtesse de Suzannet ; dép. av. Petit, maire de Biarritz[3] ; p. Rumselart* des Pères Blancs ; don Carol[4] ; Mgr Devreesse, que je garde à déjeuner avec le Père Blanc. À 15 h j'ai assisté pour la première fois à la réception à l'Académie du duc[5] d'Harcourt, avec son discours et le discours magnifique de Mgr Grente : tout bon mais siège très inconfortable, salle grise et sourde *sous la coupole*[6]. À 17 h réception pour l'*Unesco* à l'hôtel de Condé, rue Monsieur. J'étais avec le card. Suhard pour recevoir. Rencontre heureuse avec plusieurs représentants du monde parisien, écrivains, diplomates. Je suis intervenu aussi à la réception donnée à la Mairie, toujours pour l'*Unesco* qui ne m'inspire pas encore une grande confiance[7].

---

1. Jean Badré, chef du service central de l'aumônerie pour l'armée de terre (*Un homme d'Église dans l'histoire. Entretiens avec Michel Fourcade*, Montrouge, Nouvelle Cité, 1990, p. 79).

2. La situation en Indochine s'est pourtant sérieusement aggravée, après l'échec de la Conférence de Fontainebleau (simple relevé de conclusions entre Hô Chi Minh et le ministre Marius Moutet). En représailles contre l'attaque de garnisons et contre des attentats individuels, les troupes françaises ont bombardé le port d'Haïphong le 23 novembre (plusieurs milliers de victimes civiles). La première guerre d'Indochine commence.

3. Guy Petit, élu sous étiquette PRL et Républicain indépendant (droite modérée).

4. Une seconde fois…

5. *Comte* d'Harcourt.

6. Ces inconvénients matériels n'ont pas empêché le nonce d'écouter l'éloge du maréchal Franchet d'Espérey par le récipiendaire et l'éloge de celui-ci par l'évêque du Mans (*La Documentation catholique*, 22 décembre, col. 1447-1472). L'entrée du germaniste de l'Institut catholique sous la Coupole est un signe de la volonté de renouvellement de l'Académie : il n'a cessé, depuis les années 1930, de mettre en garde les Français, et tout spécialement les catholiques français, contre le nazisme.

7. Volonté de présence confirmée, non sans réserves sur cet organisme.

29 novembre, vendredi. — Audiences : le prêtre Ivan Der, de Hongrie, envoyé par le card. de Budapest pour l'assistance des Hongrois, et pour la bonne propagande en faveur de ces catholiques malheureux ; le prêtre Léon Horosko, idem pour les Biélorusses ; le fr. Franç. de Sales, secrét. gén. des Frères des Éc. Chrétiennes. L'après-midi, l'évêque de Limoges Rastouil ; Mme Pierre Abrami ; les époux Staderini avec la maman, venus d'Istanbul ; l'amb. Charles-Roux avec le chan. Rodhain. À 18 h je me rends avec Oddi au théâtre Marigny pour une conférence de Francisque Gay que j'ai caractérisée par trois mots : *franchise, mesure, dignité.* J'y fus très bien accueilli par la famille Gay, mère et enfants.

30 novembre, samedi. — Cher saint André, aimé de Jésus, donne-moi toujours plus ardent l'amour de la croix.

Ce matin, peu d'audiences, étant donné aussi le temps très pluvieux. Je mentionne quand même Mgr Boleslav Sloskans, évêque tit. de Cillium, qui s'occupe des Lettons, des Estoniens et des Biélorusses [1]. Il est venu avec l'abbé Léon Horosko. Le soir, le commandant Delamaire, de Quimper, cam. de cape et d'épée ; puis le comte de Saint-Rome à qui j'ai donné une photographie. À 15 h je suis allé seul au musée Cernuschi pour une exposition d'art turc ancien et moderne. Peu de neuf et rien pour moi, mais j'y ai rencontré plusieurs connaissances françaises d'Istanbul et j'ai fait grand plaisir à Menemençioglü et aux Turcs. N'était-ce pas une bonne chose ?

1er décembre, dimanche. — Le saint Avent inauguré dans un calme total. Le matin, travail tranquille au bureau. À 11 h ma présence à Notre-Dame en rochet et manteau violet, avec Mgr Vagnozzi, pour la messe à l'intention de l'*Unesco* ; à l'évangile est arrivé aussi Mgr Suhard ; beaucoup de gens hétérogènes, mais la cérémonie simple et solennelle doit avoir fait bonne impression. Les paroles de l'Américain, Mgr [ ] très à propos. La sainte messe fut célébrée par l'évêque indien de Bangalore Mgr Tomaso Pothakamuri. J'ai eu ensuite à déjeuner Mgr Sloskans avec l'abbé Léon Horosko. L'après-midi, ma visite au marquis Canisy ; le soir lecture édifiante du triptyque des card. Agliardi, Cavagnis [2] [x].

---

1. Ancien administrateur apostolique de Mohilev et Minsk, consacré secrètement par Mgr d'Herbigny en 1926, arrêté l'année suivante, déporté en Sibérie puis expulsé.

2. Antonio Agliardi (1832-1915) et Félix Cavagnis (1841-1906) sont deux cardinaux (1896 et 1901) issus du diocèse de Bergame. Du second, le nonce possédait les *Institutiones iuris publici ecclesiastici* ayant appartenu à Mgr Radini Tedeschi (Rome, Desclée, 1906, 2 vol.).

2 décembre, lundi. — Nombreuses visites : Mme Geneviève Chauvat, voyante retour de Rome sans avoir vu le pape ; M. Grandmaison, direct. de la *France Catholique* [1] ; comte et comtesse Giansanti Coluzzi ; M. Dupuy-Mazuel des films catéchistiques ; ing. Gianni Caproni, de Taliedo ; et l'après-midi M. André Colin, secrét. à la Présidence du Conseil.

Le soir, je suis allé avec Oddi à l'amb. chinoise pour réception *Unesco* et y ai rencontré plusieurs personnes. Ponsot, d'Argenlieu, Roussy, Tournon, des Beaux-Arts [2] et plusieurs messieurs dont le nom m'échappe. Contacts fastidieux, mais pas toujours entièrement inutiles.

3 décembre, mardi. — Célébration fervente de l'apôtre des Indes. Peu d'audiences : comte Giansanti Coluzzi ; l'abbé Jean Der, de Buda ; le soir Bischof, ministre d'Autriche, destiné à Moscou ; le ministre de l'Équateur et son épouse. À 16 h 30, avec Oddi, j'ai rendu visite au directeur des Beaux-Arts Tournon. Petit groupe ; des choses magnifiques que je reviendrai voir. Rencontre avec les époux Ponsot, le baron Rothschild et [ ].

Mme de Jouvenel m'attrappe au vol pour une invitation à dîner chez elle. J'ai mal fait d'accepter et je m'excuserai fort civilement, en la priant de me dégager [3].

4 décembre, mercredi. — Parmi les visiteurs d'aujourd'hui le père Georges Germain s. j., recteur de l'Université de Shanghai. Modeste, mais vif et large d'horizon.

De mon côté *fervet opus* pour la préparation du dossier des évêques [4]. *Illumina lucernam meam Domine, illumina tenebras meas.*

En ville et dans les esprits se répand de plus en plus un sentiment de peur. La formation du gouvernement de la Rép. devient toujours plus pénible. Hier Thorez a été battu : aujourd'hui c'est le tour de Bidault. Les bons, ceux qui désirent l'ordre et la paix, ne savent pas s'unir entre eux. Voilà le plus grand mal [5].

---

1. Jean Le Cour Grandmaison, président de la Fédération nationale d'Action catholique, mouvement généraliste pour les hommes, dont *La France catholique* est l'hebdomadaire.
2. L'architecte Paul Tournon, qui a beaucoup travaillé pour les Chantiers du cardinal Verdier en région parisienne, est membre de l'Académie des Beaux-Arts depuis 1942.
3. Signe précoce de lassitude des réceptions.
4. Qui n'avance guère…
5. La formule gouvernementale de gauche « Thorez sans Bidault » n'a

5 décembre, jeudi. — Les audiences se succèdent, mais avec calme. Vagnozzi est allé faire un tour à Berne, pas pour affaires de la nonciature. À 13 h j'ai offert dans la salle d'angle un déjeuner où la place centrale en face de moi était occupée par l'amiral d'Argenlieu/p. Philippe de la Trinité : à sa droite et à sa gauche le prof. Gustave Roussy, recteur de la Sorbonne et le P. Germain s. j. recteur de l'Université « Aurore » de Shanghai ; à mes côtés Mgr Grente l'académicien, et Mgr Blanchet, rectreur de l'Institut cath. ; au milieu le prof. Gabriel Le Bras, de la Sorbonne, et Mgr Oddi. Rencontre très bien assortie et réussie [1].

6 décembre, vendredi. — Audiences, et travail très intense que j'ai prolongé jusqu'après 3 h du matin. Visiteurs : prince Caracciolo ; deux représentants de la Lituanie en exil ; le fils de Charles-Roux, secrét. de légation à Athènes. L'après-midi, l'abbé Jacquin, qui m'apporte les portraits de quelques-uns de mes prédécesseurs, Lambruschini, Fornari, Garibaldi ; puis M. Charles Pichon qui m'entretient de ses études [2]. La nuit, j'ai préparé le rapport pour la nomination de Mgr Théas à Lourdes. Que la Madone m'assiste en m'accordant *gaudium sanitatis mentis et corporis* qui reste une chose importante pour mon service du Saint-Siège et des âmes.

7 décembre, samedi. — Peu d'audiences. Je pense qu'il y a environ deux ans, la nuit entre la Saint Nicolas et la Saint Ambroise j'ai reçu ma nomination pour Paris, hors de toute attente et de toute aspiration de ma part. Je m'en sens encore, comme alors, indigne, et je bénis le Seigneur qui *humilia respicit.*

À 14 h 15 départ seul avec Giulio et Dino pour Moulins. J'étais encore fatigué de la nuit presque sans sommeil. Voyage en auto excellent via Fontainebleau, Nemours, Montargis, Briare, La Charité, Nevers, Moulins. Arrivée à 18 h 30. Très bon accueil de Mgr Georges Jacquin et des deux évêques d'Autun et de Mende.

---

obtenu que 259 voix sur les 310 nécessaires, le 4 décembre à l'Assemblée nationale ; et la formule démocrate-chrétienne « Bidault sans Thorez », 240 voix le 5. Le nonce rêve sans doute d'une union nationale excluant les extrêmes, impossible dans la conjoncture de l'époque : la droite parlementaire est encore trop faible.

1. Déjeuner d'intellectuels où Le Bras est encore présenté comme universitaire et non comme conseiller du Quai d'Orsay.

2. Journaliste et publiciste catholique qui publiera (entre autres) l'ouvrage *Le Vatican* (Paris, Fayard, 1968).

8 décembre, dimanche. — À Moulins – clôture de l'année mariale[1]. Ma messe pontificale à 10 h dans la belle cathédrale : tout majestueux, excellent, édifiant, pour les rites sacrés bonne musique avec grégorien. À l'évangile, allocution de l'évêque au nonce. Après la messe j'ai parlé à la foule immense du clergé et du peuple : hostie blanche, vierge blanche, homme blanc[2]. Les applications à Moulins du passé, du présent et de l'avenir très appréciées de la foule immense et joyeuse. J'ai accueilli ensuite la gentille visite du préfet, que j'ai rendue. Repas au lycée du Sacré-Cœur. Puis visite aux Carissimi, à la cathédrale, à l'église de la Visitation, dans le dôme. Complies, discours de Mgr Lebrun. <Suite> Procession Mgr Rousseau donne la bénédic. Toujours grande foule, dont Mademoiselle Bidault, sœur du président provisoire[3]. Le soir, repas au séminaire où j'ai parlé aux séminaristes : bon esprit et sans extravagances[4].

9 décembre, lundi. — Lundi. À 7 h 30 messe à l'évêché ; à 10 h à Sept-Fons, la Trappe de dom Chautard[5]. Là, messe conventuelle solennelle chantée par Mgr de Mende : dans la salle capitulaire mon discours familier aux moines : félicit., apostolat également dans la solitude, encourag. à la sainteté et à la prière. Repas copieux et joyeux. Visite à la tombe de dom Chautard : *Claustrum paradisus* : heures inoubliables. Heureux retour à Paris dans la soirée.

10 décembre, mardi. — Nuit de veille et de fatigue. Mais reprise de la sainte messe et méditation sur Bossuet. Audiences : pp. Gérard, des Miss. étrangères et de la Largère s. j. qui m'annoncent la mort de Mgr Mério et l'invit. aux funérailles[6] ; M. le député Desjardins, de Soissons, avec le baron de Warenghien cam. de cape et d'épée ; le *comm.* Bernardino Nogara. L'après-midi, visite au card. Suhard avec qui je m'entends sur plusieurs choses : Bertin, Chambéry, etc. Puis promenade avec Oddi : je trouve à la maison M. Cassot, excellent catholique social, et à dîner Mgr Gerald Patrick O'Hara, évêque de Savannah-Atlanta, avec son secrét. et avec

1. Vingt-huitième voyage.
2. Seconde occurrence du triptyque des « trois blancheurs ».
3. Georges Bidault est né à Moulins en 1899.
4. Crainte des extravagances ?
5. Célèbre abbé de cette abbaye au début du XXe siècle, auteur du best-seller spirituel : *L'Âme de tout apostolat*.
6. Directeur de l'œuvre missionnaire de la Sainte-Enfance, qu'il va falloir remplacer.

le secrét. de la nonciature de Belgrade Hurley. Je les garde pour une plaisante conversation après le dîner.

11 décembre, mercredi. — Journée bien chargée de travail. Audiences : p. de Bivort de la Saudée s. j., qui s'occupe de droit social ; commandant Delamaire, de Quimper ; Mgrs Morelli, Raimondi et Cagna en route vers le Canada, Washington et Lima : de bons garçons qui promettent ; *comm.* Nogara que je garde avec eux à déjeuner. L'après-midi, abbé Wolff et Mlle Callou de l'UCSS [1] ; prof. Tournon des Beaux-Arts ; cav. Staderini devenu heureux père ; M. De Pio (Brugnet). Le soir, les hôtes reçoivent la nouvelle qu'ils doivent partir immédiatement, et cela les perturbe et leur impose de se préparer avec une hâte qu'ils n'avaient pas souhaitée. À l'horizon, graves menaces politiques.

12 décembre, jeudi. — Audiences : l'abbé Jean Der, de Budapest ; le p. Bith, provinc. des Jésuites [2] et son assistant. Hier soir je me suis distrait avec trois hôtes qui hélas durent partir ce matin pour Le Havre. À 15 h j'ai assisté en cape, à la place d'honneur dans l'amphithéâtre de la Sorbonne, à l'inauguration de l'année académique. Tout bien, malgré quelques écarts dans le discours du recteur Roussy : *dans les nuances c'est la vérité* comme dit Renan. Il s'est aventuré sur une voie trop incertaine pour lui, vieux rationaliste [3]. À 20 h j'ai assisté au repas à la Sorbonne, là aussi à la première place à côté de madame Roussy ; heureux contacts avec diverses personnes d'importance : généraux de Tassigny, Juin, Gentilhomme, professeur [x].

13 décembre, vendredi. — Sainte Odile se rencontre avec sainte Lucie : virginité et martyre, Alsace et Syracuse. Très froid dehors et peu de gens à la maison. Quelques visites, toutefois. L'après-midi je fais une folie. Je me rends seul le long du quai de la Seine, jusqu'à la hauteur de l'Académie. J'y achète plusieurs ouvrages de Maritain [4] et reviens à la maison de nuit. J'y trouve le prof. Gautherot, ancien sénateur et précieux écrivain de choses intéressantes sur l'état du

1. Aumônier et présidente de l'Union catholique des services de santé et des services sociaux.

2. Pour la province de France (c'est-à-dire de Paris).

3. Ce professeur de médecine est en effet assez représentatif de l'humanisme laïque à la française (et Ernest Renan sert une seconde fois de référence sur ce terrain).

4. Il aurait pu les lui demander... Dans la liste de ses livres, on ne trouvait que *Trois Réformateurs*, édition de 1945.

communisme en Europe *« Derrière le rideau de fer* [1] ». M. *Ferretti* passe en coup de vent.

14 décembre, samedi. — Je suis enrhumé. Audiences : l'abbé Payrière, de Versailles, qui revient sur la Vierge de Fatima. Je l'accueille avec patience mais *in verbo veritatis* [2]. S. E. Mgr Lemaire, sup. du séminaire des Missions étrangères ; M. Henry Cosme, ancien ambassadeur [3] et Madame Agikian ; les deux abbés Hua et Dewitte aumôniers d'œuvres catholiques. Nous avons à déjeuner le chan. Rupp. À 15 h je reçois le prince Otto de Habsbourg, tout simple et seul. À 16 h je me rends avec Oddi à l'archev. pour remettre la grand croix du Saint-Sépulcre au card. Suhard. Au retour je reçois longuement le p. Thomas Philippe, des Dominicains, prof. à Étiolles [4]. Le rhume continue. Patience.

15 décembre, dimanche. — Ce matin je me suis bien reposé et le rhume a presque disparu. À la maison, j'ai continué le bon travail que j'ai repris après avoir assisté avec les miens à la distribution des cadeaux de Noël de la part de l'American Catholic Welfare au patronage des jeunes filles à Malakoff – 51, rue Gambetta. Il y avait aussi le ministre Prigent qui dit quelques bonnes paroles, mais sans le mot *« Dieu »*, observa à côté de moi la sup. générale des Filles de la Charité. Et pourtant c'est un bon ministre et un catholique [5]. En passant, j'ai vu cette immense ruche humaine qu'est la banlieue de Malakoff. Quel bien à faire là et combien peu d'ouvriers [6] ! À la maison, encore du travail jusqu'à 1 h 30 du matin.

16 décembre, lundi. — Encore un froid intense. Quelques audiences le matin, et préparation laborieuse d'un rapport que Mgr Vagnozzi portera lui-même à Rome. Visiteurs : Mgr Torrazza, de Gênes, qui revient d'Amérique latine où il est allé pour le compte du Saint-Siège ; M. Maurice

1. Gustave GAUTHEROT, *Derrière le rideau de fer* (Paris, chez l'auteur, 1946) figurait dans la bibliothèque du nonce.

2. La statue de la Vierge portugaise a été couronnée le 13 mai 1946. Et le nonce doit probablement tempérer l'ardeur d'un de ses dévots.

3. Henri Cosme a connu Roncalli à Athènes entre 1937 et 1941, avant d'être ambassadeur en Chine à la fin de la IIIe République et sous Vichy.

4. Le régent des études du Saulchoir a dû lui parler de ses difficultés avec certains professeurs et aussi des premiers débats autour de la « nouvelle théologie ».

5. Robert Prigent, ministre MRP de la population dans le gouvernement Bidault, est en effet un pur produit de l'Action catholique ouvrière du Nord de la France, mais il respecte la neutralité laïque.

6. Cette commune de la couronne sud de Paris est un fief communiste.

Demarle[1]. À 13 h, avec Oddi, déjeuner chez l'amb. de Belgique, le baron Guillaume. J'y rencontre diverses personnalités notables. Le soir, nouvelles conversations avec Mgr Torrazza à propos de la situation à Gênes[2]. Je reçois aussi M. Carozzo, éditeur, avec M. Milani. Torrazza reste à dîner et part ensuite avec Mgr Vagnozzi qui prend ses vacances.

17 décembre, mardi. — Rhume de retour, et insistant. Patience. Je reçois quelques visites : le p. Robert Rouquette, jésuite des Études[3] ; le sécrét. de Mgr Pinson qui me remet un beau volume sur Mgr de Salamon[4] ; le ministre Louis Marin qui me présente l'abbé Yves Lambermont, curé de Éply (Nancy), l'un des mécontents de l'évêque et qui voudrait faire autre chose[5]. L'après-midi les audiences se poursuivent : Mgr Chassaigne, évêque de Tulle ; sœur Marie Eugénie, d'Ernemont ; M. Mattei (pseudonyme) ; Mlle Armida Ferrari. Je rappelle ici en plus des visites d'hier deux sœurs de la Sagesse et Mgrs Backès et Manceau, vicaires généraux de Mgr Mesguen de Poitiers, qui se trouve en maison de santé[6].

18 décembre, mercredi. — Audiences et froid : abbé Pierre Sacré, sous-directeur des œuvres à Luçon ; Mgr Bučko, évêque ukrainien en visite dans la diaspora ; le frère et la sœur [ ] que je crois un peu anormaux ; un musicien de Rennes, nécessiteux ; l'après-midi visite chez Oliva pour lui commander une mitre, chez Beauchesne pour payer une dette de Mgr Bernareggi[7]. À la maison, occupation poursuivie : à 17 h 50 une commission pour la Sainte-Enfance. Depuis hier j'ai commencé la bénédiction eucharistique dans

---

1. Qu'on reverra souvent chez le nonce ; lui date sa première audience de février 1946 (*Mon ami Angelo Giuseppe Roncalli, nonce apostolique, le futur Jean XXIII*, Paris, Éd. Saint-Germain des Prés, 1984).

2. Où Mgr Siri, qui a remplacé le cardinal Boetto en mai 1946 et vient d'être promu cardinal, subit de violentes attaques de la gauche laïque tout en devant gérer un conflit entre les ACLI et l'ONARMO (Benny LAI, *Il papa non eletto. Giuseppe Siri cardinale de Santa Romana Chiesa*, Rome-Bari, Laterza, 1993, p. 84-85). Aurelio Torazza est responsable de l'ONARMO, et, par là, des chapelains d'usine.

3. Première rencontre avec le chroniqueur religieux de la revue qui écrira, après la mort de Jean XXIII, l'article contesté intitulé « Le mystère Roncalli », juillet 1963, p. 4-18.

4. La bibliographie pourtant exhaustive de Charles Ledré (*L'Abbé de Salamon, correspondant et agent du Saint-Siège pendant la Révolution*, Paris, J. Vrin, 1965, p. 269-280) ne permet pas d'identifier ce livre.

5. L'évêque de Nancy est Mgr Fleury depuis 1934.

6. Ce qui n'arrange pas les affaires de son diocèse.

7. Pour les livres achetés à son intention.

la neuvaine de Noël. Mgr Oddi la donne et je chante le « Quem terra [1] ». Il me semble redevenir un gosse à Sotto il Monte.

19 décembre, jeudi. — Hier matin j'ai célébré la messe pour don Lorenzo Togni, curé de Zanica, ami de mon enfance. En 1896 nous allions ensemble chanter à S. Maria del Civicino. Chers et doux souvenirs.

Ce matin à 7 h 30 je suis allé avec Oddi à Saint-Germain l'Auxerrois pour présider l'office funèbre du P. général des Frères Mineurs [2] ; froid très intense à cette heure-là ; mais avec vive satisfaction spirituelle. Je pensais aux célèbres funérailles du frère du roi Louis XVI, qui se sont terminées dans le désordre dans cette église, et à celles d'un fils de saint François. Audiences : comte Giov. Piccinelli, de Bergame ; le soir, le chan. Arquillière ; Mgr Chappoulie ; M. Gaston Palewski qui reste dîner [3]. À midi déjeuner chez l'amb. du Mexique Alfonso Rosenszweig Diaz.

20 décembre, vendredi. — Matinée de travail au bureau. Seule visite Mlle Rascol, des Filles du Cœur de Marie. Après-midi douloureuse et pieuse à Fontainebleau avec Oddi pour la visite de l'hôpital des prisonniers allemands, réunis là à partir de plusieurs hôpitaux que j'ai vus l'année passée. Plus de 400 : je suis passé auprès de tous. Outre les officiers : colonel [ ] et médecin [ ], m'accompagnaient les aumôniers Calvet, Lesage et le capucin qui exprimait dans toutes les salles le sentiment d'humanité paternelle du Saint Père. Journée très froide, contemplation de la misère et de la guerre, de la pitié de tant de vies et de familles. Parce Domine parce populo tuo [4].

---

1. Hymne ancien (VIIe-VIIIe s.) de l'office des lectures pour le commun de la Vierge.

2. Le père Valentin Schaff, premier Américain à occuper cette fonction, depuis juillet 1945, est mort le 2 décembre.

3. Maintien d'un lien discret avec le général de Gaulle, lequel, depuis son discours de Bayeux du 16 juin, s'est vivement opposé aux pourparlers constitutionnels et à la politique menée par ses successeurs.

4. La fidélité du nonce aux prisonniers allemands ne se dément pas, comme le confirme l'écho de cette visite dans sa lettre à son frère Giuseppe du 3 janvier 1947 (*Lettere ai familiari*, II, p. 78).

<À 11 h 30 ma visite à M. Lapie – Quai d'Orsay, sous-secrét. à la Présid. et substitut de Blum aux Affaires étrangères [1]. Bonnes impressions [2].>

21 décembre, samedi. — Peu d'audiences. À midi j'ai eu à déjeuner Mgr Raymundos, évêque démiss. de Santorin ; Mgr Bučko, visiteur des Ukrainiens et Biélorusses avec Mgr [de Perridon], un Hollandais de la mission ukrainienne. L'après-midi, le p. Léon Horosko de Biélorussie [3]. Parmi les visiteurs Mgr Roland-Gosselin, évêque de Versailles, avec son auxiliaire Mgr Audrain, l'un et l'autre très chers prélats. Ils sont venus pour les vœux de Noël. Le soir arrive Mgr Sensi, conseiller de Bruxelles à qui nous faisons le meilleur accueil. Ce sont des jeunes qui ont besoin de joie autour d'eux et d'encouragement. Malheureusement je ne peux m'entretenir que peu d'heures, et le temps est très froid.

---

1. Faute d'accord entre les trois grands partis (communiste, socialiste et démocrate-chrétien), Léon Blum a constitué le 16 décembre un gouvernement socialiste homogène pour expédier les affaires courantes ; il est soutenu par les communistes et les démocrates-chrétiens, mais sans leur participation ; voilà pourquoi son jeune camarade Pierre-Olivier Lapie, député de Meurthe-et-Moselle, rencontre le nonce dont les interlocuteurs étaient jusqu'ici des catholiques issus de la Résistance. Georges Bidault affirmera ensuite que le nonce « a profité du bref passage de Blum – qui n'y connaît rien – pour imposer certains noms » d'évêques (Jacques DALLOZ, *Georges Bidault. Biographie politique*, Paris, L'Harmattan, 1992, p. 114). *« Per parecchie cose tu sai che è più facile districarsi coi non cattolici che con certi cattolici fervorosi alla loro maniera »* (« Pour plusieurs choses tu sais qu'il est plus facile de se débrouiller avec des non-catholiques qu'avec certains catholiques fervents à leur manière »), confirmera Mgr Roncalli à son ami Giacomo Testa le 15 avril 1947, précisément à cause des nominations (p. 132).

2. La « Note pour le cabinet » du 8 décembre donne un avis assez différent. On y apprend que le nonce a soumis au Quai d'Orsay les propositions suivantes : chanoine Garrone comme coadjuteur du cardinal Saliège ; abbé Ancel, supérieur général des prêtres du Prado, comme auxiliaire pour Lyon ; chanoine Douillard pour Soissons (refusé précédemment pour Amiens) ; chanoine Le Baron pour Quimper ; et Mgr Théas pour Tarbes et Lourdes. Aucun accord ne sera donné avant les conclusions d'une enquête en cours : il faut en effet « prévenir certaines nominations auxquelles Rome n'a jamais cessé de penser et qui pourraient, dans tous les milieux français, prendre le caractère d'un scandale ». « À l'exception de la question des nominations épiscopales, le Nonce n'a traité que peu d'affaires avec le Département. D'origine modeste, de caractère jovial, très sensible aux honneurs qui lui sont accordés, très satisfait de son poste, Monseigneur Roncalli désire s'y maintenir et à cet égard s'attache tant à satisfaire le Gouvernement français que le Saint-Siège où il ne semble pas jouir d'un crédit considérable » (AMAE).

3. Considéré à juste titre comme un spécialiste de l'Orient, Mgr Roncalli reçoit nombre de catholiques orientaux de passage à Paris.

22 décembre, dimanche. — Chez les sœurs missionnaires du Sacré-Cœur et fête de sainte Françoise Xavier Cabrini à Noisy-le-Grand. Je suis resté toute la journée dans cet institut d'assistance aux orphelins d'Italie. Sainte messe à 9 h, où j'ai parlé de sainte Françoise Xavier Cabrini : la sainteté est de tous les siècles et de tous les lieux ; toutes les âmes sont appelées ; la grâce est dynamique ; le fondement de l'apostolat est cependant la vie intérieure. J'ai visité l'institut, donné la bénédiction eucharistique l'après-midi, assisté à une séance très réussie avec le consul gén. Segre et avec le maire de Noisy, communiste et brave homme [1]. Présents le vic. gén. de Versailles, le curé de Noisy, don Ginocchini et Mgr Babini, toujours d'humeur sombre mais zélé et pieux.

<J'ai laissé 25 000 F aux sœurs.>

23 décembre, lundi. — Le temps toujours froid et bouché entoure d'un silence bénéfique la nonciature où ne manquent cependant pas les visites de vœux. À midi j'ai eu à déjeuner l'amb. du Mexique qui s'en va. Il se dit catholique, mais à propos des vieilles misères et persécutions de son pays... et aussi de Yougoslavie, récemment visitée par lui, il incline toujours à exagérer les torts des catholiques qui font trop de politique et deviennent ensuite victimes de leurs exagérations. De fait, excès mis à part, il est certain que l'esprit de l'erreur et du mal n'est jamais à court de prétextes pour justifier l'iniquité [2].

24 décembre, mardi. — Plusieurs audiences de vœux. Personnel de l'amb. d'Italie avec le chargé d'affaires marquis Benzoni ; le secrét. gén. des Frères des Écoles chrétiennes, puis le supérieur des Jésuites de la rue de Sèvres ; Ausonio Baroni ; Mlle Ferrari. L'après-midi, avec Oddi, je suis allé visiter le card. Suhard et Mgr Beaussart, conversations intéressantes. J'ai noté avec quelque satisfaction que cette année les vœux que m'envoient les évêques sont toujours plus nombreux, aimables et intéressants [3], cela me console, mais je

1. Nouveau témoignage de dissociation entre l'errant et l'erreur.

2. Sans rappeler les persécutions mexicaines des années 1920, il faut signaler que l'archevêque de Zagreb, Mgr Stepinac, vient d'être condamné, le 11 octobre, à seize ans de travaux forcés pour son comportement pendant la guerre.

3. Par ses voyages, il en connaît personnellement de plus en plus, et il les remercie chaleureusement (lettres à Mgr Sembel, de Dijon, 30 décembre, à Mgr Lebrun, d'Autun, 31 décembre, à Mgr de Llobet, d'Avignon, le 4 janvier). « Je profite de l'occasion pour vous prier de me fournir quelques indications sur les diocèses et les œuvres de France qui

ne dois pas trop me reposer sur ces lauriers. *Bonum est* ce qui me garde humble et confiant en Dieu seul.

25 décembre, mercredi. — Mon deuxième Noël à Paris. Première messe à minuit pour une vingtaine de personnes présentes : employés de la nonciature avec leurs familles, membres du consulat italien, époux Ferretti, etc. À ces Italiens j'ai offert ensuite un chocolat, un gâteau et un verre de porto. J'ai célébré ensuite la deuxième et la troisième messes à 9 h. Puis travail en silence à la maison. L'après-midi je suis allé en auto, pilotée par Oddi, à Saint-Denis et à Sainte-Odile où nous avons salué le premier administrateur, l'abbé Girod de l'Ain et sa sœur Alix. Soir et nuit de Noël au bureau pour la préparation de l'allocution du nouvel an au Présid. Blum.

26 décembre, jeudi. — Saint Étienne à la maison, recueilli et tranquille. L'après-midi, je suis allé à l'hôpital de la Croix Saint-Simon [1] pour la distribution des cadeaux du Saint Père aux malades. Beaucoup de gens et beaucoup d'accoutrements pour une manifestation qui pouvait gagner en efficacité en restant plus simple. À la maison, bon travail jusqu'à deux heures du matin pour recopier ces sacrées paroles de l'allocution du 31 décembre. Les lettres de vœux des évêques au nonce continuent d'arriver : vraiment consolantes et bonnes, et bien supérieures à mon mérite.

27 décembre, vendredi. — Retour de la Saint Jean avec le deuxième anniversaire de mon départ définitif d'Orient. Le présage céleste fut vraiment bon : *in nubibus coeli.* À 11 h j'ai rendu une visite de vœux tant à l'ambassade d'Italie qu'au consulat. J'étais avec Oddi et je fus très bien accueilli par le Chargé d'affaires marquis Benzoni, et par le consul général Segre. Ceux-ci ont réuni tout le personnel du consulat à qui j'ai dit quelques mots et qui a voulu être béni. C'est là une des manifestations rarissimes d'égards particuliers pour mes concitoyens. *Dignum et justum est* [2].

28 décembre, samedi. — 16 h Sainte-Clotilde. Baptême Guido Staderini. En fait il fut célébré à la maison, tout le

---

mériteraient le plus d'être secourus, en tenant compte surtout des souffrances causées par la guerre », écrivait-il à Mgr Chappoulie le 24.

1. Dans le XXe arrondissement.

2. Le nonce se préoccupe pourtant beaucoup ses compatriotes et leurs œuvres, tant à Paris et dans sa banlieue qu'en province.

personnel de l'ambassade et du consulat présent. Je portais la mitre. Au nom de Guido Giovanni, et d'autres, j'ai prié d'ajouter celui d'Innocent en souvenir des saints d'aujourd'hui. Dans la matinée j'ai eu à déjeuner Mgr Courcoux, évêque d'Orléans, complètement guéri de sa grave maladie de l'an dernier. Personne très sage. Ce soir, parmi les visiteurs j'ai eu l'ambassadeur Charles-Roux, et comme hier je me suis longuement entretenu avec Mgr Guerry, coadj. de Cambrai.

29 décembre, dimanche. — À 9 h présider l'Union générale de la fraternité des Petites sœurs de l'Assomption, 57, rue Violet [1].

Ce fut vraiment une rencontre magnifique. Ces Petites sœurs de l'Assomption, fondées par le P. Pernet, font des miracles d'apostolat caché, extrêmement efficace dans les familles. J'ai parlé d'abord à toutes les sœurs ; puis j'ai célébré la sainte messe avec de nombreuses communions d'ouvriers ; enfin j'ai présidé leur grande réunion avec des paroles familières, encourageantes. À la maison, quelques visites de vœux, mais peu, au lieu de cela j'ai préparé une lettre de dévotion et de vœux au Saint Père, à qui je disais que tout autour de moi se tourne vers lui, au-dessus de mes insuffisances et de mes exubérances.

30 décembre, lundi. — Quelques visites : notamment celles de l'évêque de Meaux et de l'aumônier des œuvres catholiques d'Annecy venu chercher la Bulle de Mgr Duval [2]. Dans l'après-midi, toujours visites de vœux. Hier après-midi je suis allé à Chartres avec Oddi et l'aumônier des prisonniers Calvet pour saluer ces quelque 500 séminaristes allemands prisonniers, à qui une distribution a été faite à Noël comme cadeau du Saint Père. Les officiers français extrêmement gentils. Mais combien il serait mieux que la France laisse rentrer dans leur patrie ces jeunes qui sont la plus belle espérance de l'Église d'Allemagne [3].

---

1. XVe arrondissement.
2. Léon-Étienne Duval, vicaire général du diocèse d'Annecy, qui a été nommé évêque de Constantine le 3 novembre, après un an de vacance du siège (sans objection du gouvernement semble-t-il).
3. Nouvelle visite dans un esprit qui n'a pas changé : il faut libérer ces futurs prêtres ; photographie dans *Questo è il mistero della mia vita*, vol. I, p. 142.

31 décembre, mardi. — Quelques visites : sup. de l'Oratoire ; p. Robert avec le P. Fugazza, sup. des Lazaristes. Hier soir était venue la sup. générale des Sœurs. Vers 15 h 45 arrivent les notables de la curie archiépisc. Mgrs Touzé, Courbe, Leclerc, Delouvrier, Brot, Boisard, Hamayon. À 4 h 15 au Quai d'Orsay pour les vœux de nouvel an du Corps dipl. à Blum [1]. J'avais pourtant la gorge enrhumée et aphone, et j'ai fait lire mon adresse par Oddi, qui lit bien [2]. Blum fut très respectueux et aimable avec le nonce [3], avec qui il s'entretint ensuite au thé dans la salle voisine. Eh ! comme épisode de la vie diplomatique ce fut une belle clôture de l'année 1946 [4]. Plus chère encore la nouvelle, trouvée à la maison, de la nomination de Théas à Lourdes [5].

<Fin de la deuxième année de ma nonciature à Paris. *Laus Deo.*>

---

1. Qui est aussi ministre des Affaires étrangères, d'où le lieu de la cérémonie.

2. Le nonce ne cache pas que « des millions de vies humaines traînent encore des jours d'angoisse, dans l'attente de revoir et de reconstituer leurs foyers » (« *quasi milione di prigioneri tedeschi che ancora soffrono in Francia* » ; « presque un million de prisonniers allemands qui souffrent encore en France » ; commentaire pour Mgr Tardini du 4 janvier). Mais il salue en Léon Blum l'esprit de sacrifice « unanimement applaudi » qui lui a fait accepter la responsabilité du pays peu après son retour de déportation. Il plaide avant tout pour la paix et pour la part que la France peut y prendre : « Une France pacifique et solide est un élément extrêmement précieux pour la reconstruction de la paix mondiale » (*Souvenirs d'un nonce*, p. 9).

3. « Le devoir sacré que vous tracez, Monsieur le Nonce, aux nations fortes et dignes, la France ne s'y dérobera pas. Elle s'efforcera de concilier et de rapprocher les points de vue divergents, de réduire les antagonismes, d'affirmer jour après jour les conquêtes de la bonne volonté » (*ibid.*, p. 11).

4. Mgr Roncalli transmet à la Secrétairerie d'État, avec les deux discours, des impressions très positives le 4 janvier : Blum aurait manifesté de l'attachement envers Rome et de la sympathie pour Pie XI et Pie XII.

5. Il l'annonce à l'intéressé par lettre du 4 janvier, et lui demande « deux ou trois noms d'ecclésiastiques qui, à [son] avis, pourraient continuer [son] magnifique travail » à Montauban ; le 28 décembre, il avait annoncé au cardinal Gerlier la nomination de l'abbé Ancel comme son second évêque auxiliaire... en préjugeant de l'accord du Quai d'Orsay. Une lettre au cardinal Gerlier du 4 janvier apprend qu'Ancel a refusé cette promotion. Roncalli insiste auprès de son ordinaire pour qu'il revienne sur sa décision (confirmation dans Olivier DE BERRANGER, *Alfred Ancel. Un homme pour l'Évangile, 1898-1984*, Paris, Le Centurion, 1988, p. 138-141).

1947

CRISES

Le premier semestre de l'année 1947 est presque aussi difficile, pour Mgr Roncalli, que celui de 1945. Il se heurte d'abord à l'hostilité du gouvernement envers ses propositions de promotion épiscopale qui ne tiennent pas compte des changements intervenus en France depuis la Libération. En janvier, le ministre des Affaires étrangères Georges Bidault refuse la liste qui lui est soumise et demande à Jacques Maritain, ambassadeur près le Saint-Siège, d'en négocier directement la composition à Rome. La Secrétairerie d'État récuse une telle procédure, qui réduirait sensiblement le rôle du nonce, et rappelle Paris au respect… de la loi de Séparation des Églises et de l'État : depuis 1905, le Saint-Siège est libre de nommer qui il veut à la tête des diocèses français, sous réserve du respect des conditions de l'accord de 1921. De mauvais gré, le Quai d'Orsay finit par s'incliner en avril, non sans avoir obtenu au moins une satisfaction : le siège breton de Quimper n'ira pas à un champion de l'enseignement privé, le vicaire général de Vannes Mgr Le Baron, qui risquerait d'y ranimer la guerre scolaire. La nomination du professeur de droit Gabriel Le Bras comme conseiller des Affaires étrangères pour les questions religieuses, et sa proposition d'un système de consultations préalables avec le nonce, ne règlent que partiellement le problème, puisque le premier candidat de Mgr Roncalli pour l'évêché de Saint-Dié en Lorraine, Mgr Pirolley, vicaire général de Besançon, ne reçoit pas l'aval du Quai d'Orsay en juin. La persistance d'un différend entre Paris et Rome sur les effets souhaitables de la guerre et de la Libération quant à l'évolution du catholicisme français continue donc de compliquer sa tâche ; mais il s'en tient à sa maxime : « flectar non frangar ». *Refusé pour Amiens, Mgr Douillard va à Soissons, autre diocèse de Picardie. Le nonce peut néanmoins se réjouir des seize promotions de 1947, le plus gros contingent de son mandat français. Les fortes personnalités, destinées à marquer de leur empreinte l'Église de France, sont pourtant rares dans ce lot : Gabriel Garrone à coup sûr ; Alfred Ancel, Georges Béjot ou Pierre-Marie Théas dans une moindre mesure.*

Le début de l'année voit aussi se multiplier les attaques, françaises et romaines, contre une « nouvelle théologie » accusée de revenir au modernisme[1]. *Le moins qu'on puisse dire est que Mgr Roncalli ne paraît pas favorable aux* « stravaganze intellettuali che turbano gli ecclesiastici in Francia » *(conversation avec Jacques Maritain du 17 mai), ni aux* « fantasticherie dei moderni revisori della Teologia » *que lui signale une étude du jésuite Guy de Broglie (12 juin). Il ne comprend pas Teilhard de Chardin, contre lequel le met en garde le thomiste rigide Jean Daujat (26 mars). Outre ce dernier, on voit défiler chez lui plusieurs représentants des courants les plus intransigeants du catholicisme français. Il ne reçoit pas moins de cinq fois l'abbé Luc Lefèvre, fondateur de* La Pensée catholique *l'année précédente, auquel il fournit le 13 juin une aide financière significative de vingt mille francs. Il se rapproche aussi de Mgr Beaussart, victime de l'épuration et protecteur de la revue, dont il fait son confesseur en décembre. Le cardinal Saliège aurait-il donc eu raison avec un an d'avance ? La nonciature serait-elle devenue en 1947 un soutien pour l'intégrisme, ou du moins pour l'intransigeance ? Faute d'accès aux informations communiquées par Mgr Roncalli à ses visiteurs de la* Civiltà cattolica *le 4 août et le 22 novembre, mais surtout au contenu de ses rapports à Rome, on ne saurait l'affirmer. Il peut recevoir des intégristes sans pour autant partager leurs antipathies. Tout se passe néanmoins comme si, dans les débats intellectuels qui agitent alors le catholicisme français, le nonce encourageait plutôt, par prudence autant que par conviction, les tenants de l'orthodoxie romaine la plus stricte.*

Dans les deux cas, les tensions semblent toutefois s'apaiser en fin d'année, après une visite ad limina *nettement plus favorable au nonce que la précédente, du moins d'après les brefs échos qu'il en donne.*

---

1. Voir entre autres Étienne FOUILLOUX, « Dialogue théologique ? (1946-1948) », dans *Saint Thomas au XXe siècle*, Paris, Éd. Saint-Paul, 1994, p. 153-195.

1er janvier, mercredi. — À Montmartre. Messe de minuit pour la France et pour le monde entier. J'étais aphone et chanter la messe me fut tout à la fois pénible et joyeux. Mes premiers mots écrits en cette année furent : mon pauvre nom sur le registre des prélats célébrants au Sacré-Cœur. *Nomen et omen.* À la maison, solitude et travail. Une seule visite dans la journée pluvieuse : les époux comte et comtesse Mossiac ; on voit que ce sont de bonnes gens. Le soir, j'ai lu avec attention le discours de Noël du Saint Père : tout très beau, concepts et mots, mais pratiquement trop long. Les journaux ne le reproduisent pas et le vaste monde pour lequel il est fait ne le saisit pas. Et cela me déplaît. Mais le Saint Père sait ce qu'il veut, et ce qu'il fait [1].

2 janvier, jeudi. — Mon indisposition de la gorge m'a obligé au retrait et au silence absolu. J'ai pu ainsi mieux continuer mon travail de bureau. Le soir j'ai commencé la réponse aux vœux de la famille. J'écris en effet à chacun des 4 foyers désormais établis. Le mien à Camaitino avec mes chères sœurs Ancilla et Maria ; 2) celui de Zaverio avec sa femme Maria et Rita, nièce de celle-ci ; 3) celui de Giovanni, également à la Colombera, avec sa femme Caterina et 7 de ses 8 enfants, et mon frère Alfredo ; 4) celui de mon frère Giuseppino avec sa femme Ida, et 9 de leurs 10 enfants. Que le Seigneur les bénisse tous [2].

1. Une critique du nonce envers Pie XII est trop rare pour ne pas être remarquée. Elle ne concerne toutefois pas le fond, mais la forme. Cette allocution au Sacré Collège que *La Documentation catholique* intitule « La voix de la conscience » ne couvre pourtant que neuf de ses colonnes (5 janvier, 1-9). Elle plaide pour la paix et, de nouveau, contre les menaces de famine.
2. Ces envois sont reproduits dans *Lettere ai familiari*, II, p. 70-80.

3 janvier, vendredi. — Bonne et longue nuit que j'ai interrompue par la lecture de beaucoup de choses diverses et très intéressantes pour mon ministère en France. Le matin, je me suis trouvé plus en voix. Sainte messe propre de sainte Geneviève, patronne de Paris. À déjeuner j'ai eu Mgr Maroun, vicaire patriarcal des Maronites ; l'après-midi visite de M. Gaston Palewski ex-chef de cabinet du gén. de Gaulle qui m'a fait tenir une lettre de ce dernier en réponse à mes vœux, lettre qui m'a fait plaisir car pleine d'excellents sentiments pour le Saint Père [1].

4 janvier, samedi. — Le silence profite à ma voix, qui revient. À noter le déjeuner que j'ai offert aujourd'hui à Mgr O'Hara qui repasse par ici pour se rendre à Bucarest comme agent pontifical. Pauvres Américains, que les embarras obligent à s'y coller [2]. J'ai réuni autour de lui les anciens amb. de France : Ponsot, Charles-Roux, Henri Cambon ; M. Norton, chargé d'affaires du Portugal, et le baron de Schonen, chargé des cultes au Min. des Affaires étrangères. Ce fut une très belle rencontre, sympathique, utile. Le soir, j'ai eu la visite de M. Mahieu qui m'a offert le volume « Panneau de l'Agneau » de Eyck [3], admirable, et M. Ferretti avec le journaliste Carlo Pellegrini de Milan.

5 janvier, dimanche. — <12 h 15 Déjeuner Franc. Marie-Rose. 15 h 30 Saint-Étienne du Mont. Pour sainte Geneviève. Vêpres en cappa magna ; procession ; bénédiction du S. Sacr.>

À la maison, visite de l'abbé Courtois de l'« Union des Œuvres catholiques de France » avec deux des siens [4] ; puis du marquis Canisy. À midi repas familial chez les chers Franciscains de la rue Marie-Rose. À 15 h 30 j'ai assisté en cappa magna à la fonction pour sainte Geneviève comme indiqué ci-dessus. Discours intéressant de Mgr Évrard : bon et sérieux, mais trop imaginatif et fébrile. Ce cher prélat présente

1. Cet échange de vœux montre que le nonce n'oublie pas celui qui a permis une épuration minimale de l'épiscopat, au moment où il éprouve des difficultés avec ses successeurs pour les nouvelles nominations.

2. Remarque qui, à sa manière, confirme l'accroissement de l'influence américaine à Rome au lendemain de la guerre.

3. Un livre sur le retable dit de l'Agneau mystique, du peintre flamand Jan Van Eyck, qui se trouve dans l'église Saint-Bavon de Gand.

4. Le Fils de la Charité, déjà cité à propos de son rôle de fondateur et d'animateur du mouvement d'enfants « Cœurs vaillants » (voir plus haut en date du 2 mai 1946), dirige aussi cette Union dont le 59e Congrès aura lieu à Bordeaux du 9 au 11 avril sur le thème : « Évangélisation 1947 ».

toujours des symptômes d'un équilibre mental imparfait. Voilà un cas qui donne à penser à propos des nominations d'évêques. Et si cela arrive à des nonces d'une valeur jugée indiscutable [1]...

6 janvier, lundi. — <Pontifical séminaire Missions étrangères. 10 h. Clôture triduum béatif. martyrs Franc. Miss. de Marie. 36, avenue Reille. 18 h. Bénéd. euch.>

Les deux cérémonies ont été bien : une chaude atmosphère d'apostolat et de martyre chez les braves jeunes du séminaire des Missions étrangères, ouverts, vigoureux, sereins – à qui j'ai parlé après la fonction – et avec qui je suis resté déjeuner ; et dans l'essaim blanc et juvénile des Missionnaires de Marie célébrant la glorification de leurs 7 sœurs martyres des Boxers [2]. Ainsi la journée fut-elle pleine et vraiment sanctifiée. *Imitari non pigeat quod laudare delectat.*

7 janvier, mardi. — <À midi -13 h déjeuner Pietro Solari 1er secrét. Sofia avec Mgr Évrard et le père Privat.>

Plusieurs audiences de vœux : à noter René Pinon, chroniqueur de la *Revue des Deux Mondes* ; le Conseil supérieur de la Confér. de saint Vincent de Paul, avec qui je me suis entretenu aimablement ; Mgr Lamy, archev. de Sens ; Mgr Joseph Évrard, évêque tit. de Dionisiopolis, résidant à Saint-Omer, que j'ai retenu à déjeuner avec M. Pietro Solari, secrét. de l'ambassade d'Italie transféré à Sofia ; l'après-midi le bon prof. Lesourd, qui enseigne la missiologie à l'Instit. Catholique [3]. Il me fut difficile et délicat d'inviter Mgr Évrard à abandonner ses espoirs d'une promotion à un siège épiscopal. Mais je crois

1. Remarque intéressante sur l'incertitude des nominations. Promu évêque en 1937 sous la nonciature Maglione, Mgr Évrard a dû démissionner pour raisons de santé en 1942, et il est moins bien rétabli que ne l'espérait Mgr Roncalli quand il voulait lui faire reprendre du service (voir plus haut en dates des 12 février et 14 mars 1946).

2. Le 9 juillet 1900, cinq frères mineurs, sept franciscaines missionnaires de Marie, cinq séminaristes et neuf laïcs de la Mission franciscaine de Tayuanfu (Shan-shi) ont été tués lors de la révolte dite des Boxers contre l'impérialisme occidental en Chine et ses implantations militaires, commerciales ou religieuses. Ces victimes, reconnues martyres de la foi, viennent d'être béatifiées (24 novembre 1946), et seront canonisées par Jean-Paul II en octobre 2000.

3. Ce personnage, passablement conservateur et bien introduit dans certains milieux vaticans, vient probablement pour la succession de Mgr Mério à la tête de l'œuvre de la Sainte-Enfance (voir plus loin en date du 24 janvier).

avoir réussi. C'est du reste un prélat bon et sérieux bien qu'anormal comme tension cérébrale [1].

8 janvier, mercredi. — Ma voix s'améliore, mais lentement : et c'est ma faute. Peu d'audiences. Parmi elles : Mme Anne de La Rochefoucauld, pas bien mariée avec Armand de Gontaud-Biron, et d'abord le P. Privat [2] de Belgrade ; les sœurs de N.-D. des Apôtres ; et l'après-midi Madame Grasset, épouse de l'éditeur [3], ainsi que le *dott.* Demarle ; l'officier de marine Lafont ; et le prêtre [ ], un Père de Haïti. Dans la conversation avec Lafont des choses graves apparaissent quant à la poursuite d'un enseignement, *ore et scriptis*, qui compromette le sens orthodoxe de la doctrine catholique. Se distinguent dans cette propagande certains PP. Jésuites. Ce qui donne à penser et à craindre [4].

9 janvier, jeudi. — <13 h. Déjeuner avec Oddi. Ambassade d'Irlande. 17 h. Les Filles du Cœur de Marie, 39, rue N.-D. des Champs. Salutations puis quelques mots. 20 h 15 grand dîner au Quai d'Orsay.>

---

1. Ainsi tombe une hypothèse à laquelle le nonce a pourtant cru (voir plus haut en date du 5 janvier).

2. L'assomptionniste Privat Bélard.

3. Il s'agit de Bernard Grasset que son attitude pendant l'occupation soumet aux foudres de l'épuration, alors qu'il traverse une grave dépression nerveuse. Sa femme vient sans doute demander au nonce d'intercéder en sa faveur.

4. Par l'intermédiaire de cet officier de marine, milieu où les catholiques intransigeants sont nombreux, c'est un écho de la querelle de la « nouvelle théologie », dans laquelle les jésuites Henri Bouillard, Jean Daniélou, Gaston Fessard et Henri de Lubac font figure de principaux accusés, qui parvient aux oreilles du nonce. Cette rencontre ne fait d'ailleurs que confirmer l'opinion, autrement importante pour lui, de son ami Mgr Bernareggi : à la lecture des livres et revues français reçus de Paris : *« Ho avuto l'impressione che ci sta preparando ad una grave crisi, forse più grave ancora di quella del modernismo : crisi che quasi vorrei dire inevitabile, perché ci sono problemi che devono essere risolti, e che nella gravità dell'ora si presentano caoticamente. Il mese scorso p. Garrigou-Lagrange mi parlava con preoccupazione di certe teorie teologiche esposte costì. E mi sono ricordato di quanto lei mi ha detto queste vacanze »* (« J'ai eu l'impression que l'on se prépare à une crise grave, peut-être plus grave encore que celle du modernisme : crise que je voudrais presque dire inévitable, parce que ce sont des problèmes qui doivent être résolus, et qui dans la gravité de l'heure se présentent de façon chaotique. Le mois dernier le p. Garrigou-Lagrange me parlait avec préoccupation de certaines théories théologiques exposées là-bas. Et je me suis rappelé ce que vous m'avez dit durant ces vacances »), lui écrivait-il (lettre de Noël 1946, *Questa chiesa che tanto amo*, p. 296).

Audiences : *dott.* Guido Radici, de Bergame, et M. Gaston Sondaek[1] de Rouen, celui-ci venu pour les affaires de Rouen après la nomination des trois prélats. Le déjeuner à l'ambassade d'Irlande particulièrement réussi ; ma conversation avec Gay à propos de Chappoulie. À 17 h très belle et précieuse rencontre chez les Filles du Cœur de Marie. Mon discours familier rappelant sainte Geneviève. À 20 h 15 avec Oddi, repas au Quai d'Orsay, une vingtaine de personnes, distingué et en même temps confiant. Il était donné en l'honneur du nonce par M. Lapie. *Bonus odor Christi in omni loco*[2].

10 janvier, vendredi. — <Pastor Angelicus 17 h.>

Audiences : p. Atamian avec son neveu le dott. Erkeletian et son épouse ; à déjeuner j'ai eu le *dott.* Radici ; l'après-midi Mgr Blanchet. Puis je suis sorti avec Oddi pour la vision privée du film « Pastor angelicus » qui m'a plu et qui, je crois, rencontrera le goût français[3]. À la maison, travail jusqu'à une heure tardive.

« Faites, Seigneur, que je fasse bien vos affaires : c'est là que je mets toute ma capacité : si on me blâme, si on me méprise, si on me traverse, si on m'accuse de toute sorte de faussetés, je le souffre pour le nom de mon Sauveur » Bossuet. Médit. sur l'Évang. La Cène IIe part. XVe jour.

11 janvier, samedi. — Mgr Vagnozzi est revenu ce matin. Points affligeants habituels[4]. Je bénis le Seigneur : *Bonum mihi ; bonum mihi.* Audiences : abbé Richard ; M. Georges Simonnet de Kustendilo ; à déjeuner l'ex-ministre de Menthon et Letourneau, l'ex-ministre Émile Dard, avec lesquels nous poursuivons ensuite une intéressante conversation. Le soir, des pères Dominicains : le direct. de *La Vie intellectuelle*, Maydieu, et des édit. du Cerf Labourdet[5], retour de Rome.

---

1. C'est ce qu'on croit lire ; mais il pourrait s'agir de l'abbé Sontag, prêtre hostile à Mgr Bertin.
2. Et pourtant la crise couve sur les nominations épiscopales.
3. Film sur Pie XII tourné en 1942 par Romolo Marcinelli, sur un scénario de Luigi Gedda (« Pastor angelicus » est la devise du pape dans la pseudo-prophétie de Malachie) ; il est recommandé aux patronages et aux œuvres.
4. Rappelons qu'il revient de Berne.
5. Dominique Dubarle en fait (sur ce voyage, Yves CONGAR, *Journal d'un théologien, 1946-1956*, Paris, Éd. du Cerf, 2000, p. 135 et 139). S'il y avait confusion, dans l'esprit du nonce, avec Marie-Michel Labourdette, dominicain du couvent d'études de la province de Toulouse à Saint-Maximin, critique envers la pensée des Jésuites que les Éd. du Cerf accueille dans ses revues et dans ses collections (« Sources chrétiennes »), elle ne manquerait pas de sel.

12 janvier, dimanche. — <Chez Pichon. Cercle. Ass. prof. presse religieuse, 172, Boulv. Montparnasse, p. tem.>

Travail tranquille dans la matinée, si tranquille et si peu troublé qu'on peut parler d'un vrai repos sabbatique.

L'après-midi, je suis sorti avec Oddi pour cette réunion amicale de plusieurs écrivains catholiques chez M. Charles Pichon. Tout bien : il y avait au début un fils du publiciste, jeune prêtre qui poursuit ses études à l'Institut catholique. Il me semble que tout a été réussi, sérieux, calme et édifiant. Je rappelle quelques noms : Michelin, Massiani, Carry, etc. Le soir tard j'ai accepté de dîner avec Vagnozzi et Oddi chez le bar. ing. Giannattasio, heureux de ses bambins.

13 janvier, lundi. — Audiences : Madame [ ] présid. de la Flamme française pour l'assistance aux prisonniers [1]. Dans l'après-midi : P. Paolino et deux confrères de la bonne presse ; Mgr Dubourg, archev. de Besançon ; les frères marquis de Rosanbo, pour un legs de leur père au Saint-Siège.

14 janvier, mardi. — Toujours gros travail. Audiences : abbé Boche ; archev. Dubourg, de Besançon, que je garde à déjeuner. L'après-midi, visite à l'ex-ambassadeur Ponsot qui recevait chez lui. Journée froide et dangereuse. Le soir et la nuit, long travail de correspondance.

15 janvier, mercredi. — <Déjeuner chez le card. 12 h.>

Journée très intense. Audiences ; abbé Gilloz, Mgr Bottinelli, jeune Aurigemma, de Rome. À 12 h audience de Lapie au Quai d'Orsay : exhaustive quant à la question du *regard* du gouvernement sur la nomination des évêques dont je revendique pour le Saint-Siège la seule compétence. Je suis satisfait [2]. Maintenant on verra bien. Déjeuner chez le cardinal.

---

1. Victimes de l'épuration sans doute.

2. À tort ! « Je viens d'apprendre, tout à fait par accident, qu'il existe un désaccord entre le Vatican et Paris touchant à la désignation de plusieurs évêques français », écrivait le philosophe Étienne Gilson à son ami Jacques Maritain, le 12 janvier. Et il ajoutait : « Je crains que le recrutement de nos évêques soit tel que le mal le plus grave dont souffre l'Église de France ne s'en trouve aggravé. Ce mal est une aliénation mutuelle des catholiques français et de leur hiérarchie. Je dis aliénation au sens propre. Il ne s'agit ni d'une hostilité ni d'une scission ; simplement, ils se deviennent mutuellement étrangers. Je ne dis pas qu'un seul côté soit responsable de ce qui se passe, mais le choix que l'on fait de nos évêques y est pour beaucoup. » Puis : « Rome seule a le droit d'en décider. Nous supplions seulement Rome de vouloir bien tenir compte, à sa place et à son rang, du problème dont je viens de parler, car il intéresse beaucoup de catholiques français. Je serais extrêmement surpris, si le retard

Mes conversations avec les cardinaux Gerlier, Liénart, Petit de Julleville, Saliège, ainsi qu'avec Mgrs Feltin et Lefebvre. À la maison, je reçois Mgr de Sens qui part pour Rome ; le prof. Alim Idris, de Brousse, représentant des musulmans turcs de Crimée et autres lieux dominés par les Russes ; l'abbé Prévost, de Lille : il parle des conversations avec les protestants [1].

16 janvier, jeudi. — Audiences : Mgr Grente, évêque du Mans ; les époux René Finkelstein, secrét. gén. de l'Action catholique ; puis je me suis laissé photographier : oh ! pauvre de moi ! Déjeuner hâtif à Versailles où j'ai assisté à la place d'honneur à la nomination du nouveau Présid. de la République, Vincent Auriol, socialiste de bon esprit conciliateur. Cela me fait plaisir d'assister à un acte aussi solennel. Malheureusement nous sommes de ce monde. Les bonnes volontés ne manquent pas. *Omnia probate : quod bonum est tenete.* C'est déjà un avantage que je sois en bons termes avec M. Auriol [2].

17 janvier, vendredi. — Deux seules visites dans la matinée. Les deux Mitrani, frère et sœur, bons mais chimériques et naïfs. Je leur ai pourtant dit toute la vérité pour les aider à sortir de leur ensorcellement. L'après-midi dom Achille Nivesse, abbé cistercien de Sainte-Marie du Mont [3] qui m'invite formellement pour le 2 juin après la fête de Lille. Singulière position que la mienne. Sortir un peu fait un grand plaisir aux évêques, au clergé et aux fidèles : ceux-ci m'invitent ; le service que je rends au Saint Père est évident : mais Sa Sainteté ne l'entend pas ainsi, et je veux plutôt donner mon

---

apporté par le Quai d'Orsay à ratifier certaines désignations romaines ne signifiait pas *d'abord et principalement* ce désir de mettre en évidence un problème dont il n'est pas assez tenu compte, bien qu'en trouver la solution soit aussi urgent pour l'Église que pour la France » (*Correspondance* citée, p. 156-158).

1. C'est lui que le père Congar accuse, quelques semaines plus tard, d'avoir fait capoter une rencontre des œcuménistes catholiques, par l'envoi à Rome de son programme (*Journal d'un théologien, 1946-1956*, p. 136-137).

2. Le président socialiste de l'Assemblée nationale, ancien ministre des Finances de Léon Blum au temps du Front populaire, est élu au premier tour de scrutin, par le Congrès réuni à Versailles (452 voix contre 242 au président MRP du Conseil de la République Auguste Champetier de Ribes). Pour le nonce, c'est *« un socialista onesto e di mia buona conoscenza »* (« un socialiste honnête et que je connais bien », lettre à son neveu Battista Roncalli du jour même, *Lettere ai familiari*, II, p. 82).

3. Il s'agit en fait de l'abbaye trappiste (cistercienne réformée) du Mont des Cats, dans le département du Nord.

sang et tout abandonner que ne pas suivre ou ne pas faire plaisir au Saint Père [1].

18 janvier, samedi. — Audiences : Mme veuve Edmond Joly, écrivain et apôtre de la Vierge : brave femme, cela se voit, mais un peu exaltée ; l'après-midi, longue visite du bon don Martino de Martini que je voudrais pouvoir aider mieux, puis Baroni et enfin Ferretti avec deux messieurs italiens, Muller et Vicentini, qui se trouvent à Paris pour les affaires des centrales électriques sur la nouvelle frontière italienne de Brigue et Tende [2]. La vie civile suit l'effort de Ramadier pour constituer le nouveau gouvernement. Pendant ce temps j'attends le « nihil obstat » pour les nouveaux évêques, et cette attente m'est pénible [3].

19 janvier, dimanche. — Travail tranquille à la maison. Dans l'après-midi je me suis rendu rue du Regard pour la bénédiction des sœurs du Saint-Esprit qui suivent l'apostolat des pères Spiritains. Ensuite, conversation amicale avec les sœurs, bonnes, édifiantes.

Le soir, visite de l'abbé Jacquin avec qui je m'entends sur la recherche des portraits de mes prédécesseurs nonces en France.

20 janvier, lundi. — Peu d'audiences. À midi arrive le nouveau secrétaire provisoire, don Bruno Bernard Heim,

---

1. Le 19 janvier, le nonce demande à Mgr Montini l'autorisation d'honorer quatre invitations qu'il n'a pas découragées : Limoges, Saint-Brieuc-Tréguier, Lille et Paray-le-Monial (après ses voyages à Bordeaux, Bourges et Moulins, ces deux derniers dans des *« diocesi desolate dove l'apparizione del Nunzio Apostolico è ritenuta molto opportuna per un risveglio di fede e di devozione al Santo Padre »* [« diocèses désolés où l'apparition du nonce apostolique est estimée fort opportune pour un réveil de la foi et de la dévotion au Saint Père »]).

2. Malgré les protestations italiennes, le traité de paix qui va être signé le 14 février prévoit le rattachement à la France de ces deux localités du sud des Alpes et de quelques petites zones frontalières. Elles passeront le 16 septembre sous juridiction française, confirmée à 91 % par référendum le 12 octobre.

3. Le 14 janvier, le Quai d'Orsay a demandé à Maritain d'intervenir directement auprès de la Secrétairerie d'État pour bloquer les propositions du nonce ; le 16, le ministre plénipotentiaire Bourdeillette écrivait de Rome : « Évidemment l'affaire a été bien mal engagée. Et il paraît maintenant impossible de revenir sur le cas Douillard [refusé pour Amiens mais de nouveau pressenti pour Soissons]. Il paraît même très difficile d'insister pour que l'on modifie la promotion en cours. Mais il est absolument nécessaire de reprendre le problème dans son ensemble, en passant par-dessus la tête du Nonce » (AMAE).

prêtre suisse de Bâle, et élève de l'Académie ecclésiastique. Dès les premiers contacts il se révèle brave prêtre : j'ai confiance qu'il fera bien. Je l'accueille avec charité et l'encourage.

21 janvier, mardi. — Le souvenir de l'illustre martyre romaine [1] donne suavité et parfum à cette journée. Parmi les visites le chan. Rodhain et M. Denis. Bonne entente. L'après-midi je suis allé me promener avec don Bruno : visite à la galerie Charpentier de l'exposition de paysages italiens de Poussin, Corot et autres auteurs français anciens et modernes. Les pièces exposées ne me semblent pas extraordinaires. Puis j'ai continué la longue marche jusqu'au Louvre et aux bouquinistes, où j'ai acheté quelques livres. Le marquis Maillardoz à dîner. Vive douleur devant les obstacles soulevés pour le nihil obstat à la nomination des évêques. Je télégraphie au Saint-Siège [2].

22 janvier, mercredi. — Rares audiences, travail plus intense au bureau. La nuit passée, j'ai veillé jusqu'à 2 heures pour finir le petit discours au Présid. Auriol. L'après-midi de ce soir je suis passé 76, rue Ancel avec le chan. Rupp pour visiter le *comm.* Domenico Russo. Nous avons parlé de l'émigration italienne et des dispositions complexes dont elle a besoin. En rencontrant des gens, beaucoup de choses viennent à se savoir qui en dévoilent et en voilent d'autres. J'ai confiance dans le Seigneur qui réconforte les humbles.

23 janvier, jeudi. — Peu d'audiences. L'après-midi je participe à la réception du ministre du Luxembourg pour l'anniversaire de son archiduchesse. C'était au Crillon. Oddi et Heim m'ont accompagné ; plusieurs rencontres. Palewski dit que le retour de de Gaulle est une affaire de quelques mois [3]. Puis nous sommes passés chez madame Abrami [4]. Il y avait beaucoup plus de gens de la diplomatie et de la politique. Plusieurs désireux de voir le nonce et de lui parler : mais je n'ai pu me consacrer qu'à très peu. Colin était de ceux-ci : mais je

---

1. Sainte Agnès.
2. Le 20, le Quai d'Orsay a demandé de surseoir « aux nominations d'évêques proposées par le Nonce » en attendant le résultat de la démarche de Maritain (AMAE).
3. En effet, son discours de Bruneval du 30 mars ouvrira la voie à la création du Rassemblement du peuple français (RPF), le 7 avril, dont l'objectif est la réforme de la Constitution après la conquête du pouvoir.
4. Première apparition du nonce dans ce salon dont il deviendra familier.

n'ai pu aborder un discours sérieux sur la situation que le retard du *nihil obstat* aux nominations épiscopales crée pour le Saint-Siège… et aussi pour le MRP. Ce soir, nouveau long télégramme à Mgr Tardini.

24 janvier, vendredi. — <Jacquin – 3 h – visite Bibl. Nat. Estampes Littré *86.37.*>

Audiences : Mme Anfuso et Petites sœurs des Pauvres ; puis l'abbé Roger Brion qui m'invite à Saint-Roch pour la fête de saint Ben. Labre [1]. L'après-midi, avec Heim et Jacquin je vais à la Bibl. Nat. département des estampes – plus de 6 millions – à la recherche des portraits des anciens nonces en France. Merveilleuse récolte. Puis je reçois à la maison les trois représ. de la Sainte-Enfance : le p. Gérard, le p. Pasquier, procur. des Lazaristes, et le prof. Lesourd. Je leur communique l'approbation du Saint Père. L'œuvre reste à Paris ; on respecte le statut en vigueur ; le Saint Père approuvera Bertin [2]. Position difficile, mais braves gens. Saint Joseph, aide-moi.

25 janvier, samedi. — <Audience Assoc. responsables des journaux de province, 11 h.>

Peu d'audiences, mais deux importantes.

Les représ. de la presse provinciale m'ont demandé plusieurs choses sérieuses : a) si *La Croix* avait un mandat spécial du Saint-Siège en faveur du MRP susceptible d'être imposé à toute la presse catholique française ; b) si la convergence ou la liberté de chacun était préférable. Préférable la bonne entente sur les choses principales, la liberté selon les cas. Toujours audito episcopo [3]. L'après-midi, conversation avec Mgr Chappoulie que j'avais retenu à déjeuner. Le soir, Ferretti ; l'av. Montagne et le P. Motte de retour de Rome. Vagnozzi souffre beaucoup du foie : il a déjà eu deux attaques violentes. J'espère que ce n'est rien de grave.

---

1. Il y dirige l'œuvre de Saint-Benoît-Labre.

2. *Statu quo* donc pour cette œuvre missionnaire donc la direction est vacante depuis la mort de Mgr Mério ; contre l'avis de ses responsables semble-t-il, le nonce veut y caser Mgr Bertin.

3. Après les représentants de la presse catholique nationale (12 janvier), Mgr Roncalli reçoit ceux de l'Association nationale des périodiques catholiques de province. L'évolution des autorités catholiques en faveur du MRP est telle que ses visiteurs paraissent craindre un véritable monopole. Le nonce dément : liberté et concertation, sous l'autorité des évêques.

26 janvier, dimanche. — Dimanche laborieux et reposant. Mais pas pour Mgr Vagnozzi qui souffre depuis hier d'une crise de foie très douloureuse et d'une grippe qui circule en ville. Un autre médecin a été appelé parce que l'habituel M. Joly était en déplacement.

Pour moi, plus douloureuse que la grippe est la pensée des évêques choisis que l'on ne réussit pas à faire accepter [1]. C'est une croix inattendue et bien dure. Mais je dis aussitôt : *« pas assez »*. Que le Seigneur m'éprouve et me mortifie, mais que la liberté de l'Église ne subisse pas d'humiliations.

27 janvier, lundi. — Entre hier soir et aujourd'hui, j'ai préparé 4 rapports intéressants que l'évêque de Troyes emporte à Rome : 1) demande de visite des archives secrètes de 1885 pour le P. Bivort [2] ; 2) l'amiral d'Argenlieu [3] ; 3) nomination du directeur de la Sainte-Enfance. Le Saint Père préfère Mgr Bertin [4] ; 4) note sur la situation politique [5]. Puis j'ai fait d'autres lettres. Seul visiteur, Mgr Mercier, vic. gén. de Sées. Je me dispense de me rendre solennellement à Montligeon le 22 mai et exprime longuement mon douloureux désappointement pour la question des évêques. Il vaut mieux, il est plus parfait de contenir ma peine. Oblation au Seigneur et basta.

28 janvier, mardi. — La maladie de Vagnozzi n'est pas préoccupante, mais sérieuse. Conformément à son désir et au conseil du médecin il a été transporté ce matin à la clinique

---

1. D'après son télégramme du même jour, Maritain a vu Mgr Tardini, qui a vu le pape : on s'étonne au Vatican de la lenteur de la réponse, puisque la liste a été communiquée depuis quinze jours au gouvernement : selon l'accord de 1921, le délai d'objection de celui-ci est clos. Bien qu'il s'agisse d'une question de principe, l'ambassadeur obtient un sursis à la publication (AMAE).

2. Qui ne sont pas ouvertes aux chercheurs pour cette date. Le jésuite Jacques de Bivort de La Saudée prépare alors sa thèse complémentaire sur l'encyclique de Léon XIII *Immortale Dei* du 1er novembre 1885 (lettre du père de Gorostarzu, assistant de France au père Villain, directeur de l'Action populaire, 3 octobre 1946, Archives françaises de la Compagnie de Jésus, Vanves).

3. Qui est retourné en Indochine, où les combats s'intensifient.

4. Rome demeure favorable à ce prélat, malgré l'opposition qu'il continue de susciter au sein du catholicisme français.

5. Le socialiste Paul Ramadier a accepté le 21 de former un gouvernement d'union nationale, avec les communistes et les démocrates-chrétiens, qui sera investi par l'Assemblée le 28. Après l'intermède Blum-Lapie, Georges Bidault redevient ministre des Affaires étrangères dans cette combinaison, et donc le principal interlocuteur du nonce.

voisine de la rue Bizet où le confort sera parfait [1]. Aujourd'hui plusieurs audiences : une commission de Lituanie, deux laïcs et un prêtre, ex-ministre d'État, demande au pape aide et protection pour leurs compatriotes [2] ; M. Madaule qui part pour Rome ; Mgr Liagre, évêque de La Rochelle ; Ferretti avec un directeur de banque, bon catholique qui est déjà venu à la messe de minuit : Vallarché. Je ne réussis pas à ne pas souffrir et à faire totalement silence sur la triste affaire des évêques qui ne peuvent être nommés publiquement.

29 janvier, mercredi. — L'état de mon cher malade devient sérieux, et commence à préoccuper. *Salus infirmorum ora pro nobis.* L'après-midi je présente à l'Élysée les vœux du Corps diplomatique au nouveau Présid. Auriol. Tout a marché avec une harmonie parfaite. Mon adresse et la réponse. Puis le présid. s'est montré très aimable avec moi et m'a remercié de l'allusion au « bienheureux les doux, bienheureux les pacifiques », du sermon sur la montagne [3]. J'y ai rencontré aussi Bidault qui s'est montré gentil, et m'a promis de me recevoir [4]. Ce soir, je me sens porté par mon devoir accompli avec sincérité et avec délicatesse.

---

1. Clinique privée réputée du XVIe arrondissement, rue Georges-Bizet.
2. Les pays baltes ont été annexés par l'URSS qui entend y détruire par la force toute velléité d'opposition nationaliste.
3. Paroles de paix et de « concorde libératrice » du nonce, en effet bien accueillies : « Il nous appartient de créer cet ordre juste, cette paix fondée sur la compréhension des esprits et l'organisation des choses, sur la confiance des peuples et la sagesse de leurs dirigeants » (*Souvenirs d'un nonce*, p. 11-14, citations, p. 12 et 13). « Le Nonce, Son Excellence Roncalli, me fait un compliment délicat et disert avec onction sur le thème de la paix. Je le remercie de ses vœux et m'associe à ses espoirs de concorde internationale » (Vincent AURIOL, *Journal du septennat, 1947-1954*, t. I, [1947], Paris, Armand Colin, 1970, p. 39). Dans son rapport à Mgr Tardini du 30, le nonce insiste sur l'accueil fait en privé par Auriol à la citation des Béatitudes que la presse n'a guère relevée, *« tanto l'atmosfera di freddo laicismo avvolge queste manifestazione ufficiali »* (« tant l'atmosphère de froid laïcisme entoure ces manifestations officielles »).
4. Maritain lui a transmis le 29 la lettre n° 556/47 de la Secrétairerie d'État du 27 janvier, qui demande au gouvernement français le respect... de la loi de Séparation et de l'accord de 1921 sur le délai de quinze jours. Le Saint-Siège « ne peut renoncer à la liberté et à l'indépendance qui lui sont propres dans le choix des évêques. D'autre part, il est évident que le Saint-Siège seulement est à même de juger des qualités qui doivent orner les prêtres qu'il destine au gouvernement spirituel des diocèses ». Ce qui n'empêche pas le Quai d'Orsay d'inviter l'ambassadeur à une nouvelle démarche tant « la politique vaticane qu'elle soit exprimée à Rome ou à la Nonciature à Paris, s'est montrée systématiquement hostile aux vues du Gouvernement français » (AMAE).

30 janvier, jeudi. — Audiences : consul Touche qui est venu pour son mariage ; chan. Chenesseau, d'Orléans ; Mgr de La Vacquerie, qui arrive de Rome ; les 4 Italiens *ing.* Carozzo, Milani, Traverso et Tensi de la Démocratie Chrétienne. On voit les braves gens qui cherchent le bien avec bon esprit. Je leur exprime mes encouragements à la mesure des formes extérieures de mon soutien [1]. La maladie de Vagnozzi commence à m'inquiéter. Je vais avec Heim à la clinique du 23, rue Georges-Bizet, pour prendre des nouvelles mais je n'entre pas dans la chambre pour respecter la consigne des médecins. Je télégraphie au Vatican et récite à la chapelle les 7 psaumes pénitentiels. *Dominus conservet eum.*

31 janvier, vendredi. — Matinée de relative consolation. Vagnozzi va un peu mieux. Le P. Fugazza, mon confesseur et le sien est allé auprès de lui à sa demande : il l'a confessé et communié : cela l'a beaucoup remonté. À midi, bonnes nouvelles ; à la maison, peu d'audiences : M. Luigi Ferri avec 5 000 F que je donnerai demain aux sœurs géorgiennes. L'après-midi, le prêtre biélorusse Horosko à qui j'ai donné 7 500 F pour 50 messes au S. S. ; le prof. Dauvillier, de Toulouse.

De Rome j'ai reçu un télégramme de Tardini sur la question des évêques. Très bien. Nous sommes en pleine conformité [2] ; et un télégramme de Montini sur la maladie de Vagnozzi qui entre demain dans un moment crucial. Mais ce soir l'amélioration continue. Laus Deo.

1er février, samedi. — Sainte messe encore pro infirmo. C'est la prière la plus efficace. Pour lui et pour les pauvres morts dont l'intercession lui obtiendra la vie sauve.

Dans la journée, travail habituel. Deux seules audiences, le soir Staderini, et Ferretti. Sur le cœur qui se gonfle de l'espoir de la guérison de Vagnozzi demeure pourtant toujours l'affliction pour le retard des nominations des évêques. Oh ! cette attente, cette façon de faire attendre les âmes, quelle responsabilité pour qui en est la cause !

2 février, dimanche. — Dimanche neigeux et froid. Vagnozzi s'améliore mais lentement. Audiences : le seul Baroni à qui j'ai précisé plusieurs choses. Le soir, je suis allé avec Oddi à la gare de Lyon saluer Mgr Gaillard qui part pour la visite ad limina.

---

1. Refus d'un engagement trop prononcé, semble-t-il.
2. Ce télégramme, que nous n'avons pas, doit reprendre l'argumentation de la lettre à Maritain.

La liturgie de la septuagésime saisit et exalte mon esprit. Les 9 leçons du bréviaire : Genèse avec l'Hexaméron ; saint Augustin dans l'Enchiridion. Et saint Grégoire dans l'homélie, quelles choses extraordinaires pour la doctrine et aussi pour la magnificence littéraire.

3 février, lundi. — J'ai pu voir pour la première fois Mgr Vagnozzi qui sort maintenant de la crise à la clinique. Ce fut une grande épreuve pour lui : elle est surmontée désormais. Je bénis le Seigneur avec lui.

Le matin, audience abbé François Cegielka, sup. de la mission polonaise. Je lui promets de nouvelles aides au nom du Saint Père.

Mgr Bertoli est arrivé et cela me distrait un peu [1]. Je sors l'après-midi avec Heim le long du quai, et cela me fait du bien. La peine pour la question des évêques me suit partout et me pèse. Mais *omnia possum in eo qui me confortat.*

4 février, mardi. — À la maison, je reçois deux sœurs géorgiennes, Cristina et Andrea, souvenirs de 14 ans et plus (10 000 francs). De 12 à 13 h importante conversation au min. des Affaires étr. avec M. Bidault [2] à qui j'ai apporté des explications, rappelé des principes inviolables, écouté les observations et les doléances sur la grosse question des évêques choisis. *Flectar non frangar* [3]. Bidault reste calme et

1. Désormais en poste à Berne auprès de Mgr Bernardini.

2. Qui télégraphie à Maritain que ses objections portent moins sur tel ou tel nom que sur « le fait que les choix du Saint-Siège se portent uniformément sur des hommes semblables à ceux que les fidèles ont regretté, dans un récent passé, de trouver aux plus hautes charges de l'Église de France. Sur l'observation qui en avait été faite au nonce, ce dernier avait demandé une liste de candidats mieux adaptés aux conditions présentes. Cette liste lui a été remise. J'ai le regret de ne retrouver aucun des noms cités dans celle qui est actuellement présentée ». « De l'ensemble de ces constatations je conclus ou que le Saint-Siège n'apprécie pas à leur pleine valeur les indications qui lui sont données sur l'orientation des esprits en France, ou qu'il est mal renseigné par son représentant en ce pays » (on ne connaît pas cette liste, qui pourrait s'apparenter à celle du 26 juillet 1944, publiée par André LATREILLE, dans *De Gaulle, la libération et l'Église catholique*, p. 31-32 ; y figurait, mais pour un archevêché, le nom de Mgr Théas, nommé par Rome évêque de Tarbes et Lourdes). D'où « les graves dangers d'une politique qui tend à mettre à la tête de l'Église de France des prélats animés d'un esprit à ce point différent de celui de la majorité de leurs fidèles » (malheureusement sans date, AMAE) ; mêmes arguments dans Jacques DALLOZ, *Georges Bidault. Biographie politique*, p. 114.

3. Formule chère au nonce qu'illustre le cas de Mgr Douillard : puisque le gouvernement n'en veut pas pour Amiens, il le propose pour Soissons...

bon. De ce contact prolongé je pense qu'il sortira du bien. Mon esprit se sent tranquille. Sur 6 nominations, une seule reste en suspens [1]. J'estime que c'est là une grâce de saint Joseph à qui il me plaît de dire ici aussi ma tendre gratitude.

5 février, mercredi. — <Institut cath. 17 h.>
Je travaille rasséréné après les conversations d'hier. J'ai préparé un long télégramme qui a dû coûter un peu à Oddi. Le matin, reçu Mgr Lamy, archev. de Sens, retour de Rome, Mgr Mégnin, évêque d'Angoulême que je garde à déjeuner. À 17 h je suis allé avec Heim à l'Inst. Catholique pour l'inauguration du Centre d'études de droit international, où la présence du nonce fut bien à sa place [2]. Au retour je suis allé voir Mgr Vagnozzi qui va toujours mieux, et j'ai trouvé à la maison l'abbé Pierre, député [3]. J'ai dîné et eu une longue conversation avec Mgr Bertoli. Je dois mortifier un peu les jeunes langues : bonnes, mais enclines à égratigner la charité [4].

6 février, jeudi. — De nouveau la neige et le froid. Bertoli est parti vite vers la Hollande. Il reviendra. Matinée laborieuse en silence. Après midi, je revois le fils de ma cousine Mario Colombo qui m'apporte de bonnes nouvelles de sa sœur qui a réussi aussi à entrer en France ; puis visite de Mahieu avec un abbé de Caen, prof. de mathématiques au séminaire de cette ville ; ensuite Mgr Babini toujours Aristarque, mais toujours bon prêtre animé d'un esprit droit et apostolique.
Le souvenir liturgique de saint Tite me renvoie à Gortyne (10 mai 1938) et me donne tranquillité et paix.
<M. [ ] polonais que j'ai déjà vu à Istanbul, 5 000 F.>

7 février, vendredi. — Audiences : Maurice Denis et un aumônier militaire hollandais ; à midi le jeune André Couteaux que j'ai connu enfant à l'hôpital italien d'Istanbul. Il poursuit aujourd'hui le rêve d'un grand journal universel à fond chrétien. L'après-midi je suis sorti à pied avec Heim, j'ai visité longuement le card. Suhard, puis nous sommes passés rue Bizet pour y voir Vagnozzi qui se porte désormais bien ; mais il devra *remonter la pente* avec beaucoup de prudence.

---

1. On verra qu'il s'agit de celle du chanoine Charles Le Baron pour Quimper.
2. Centre animé par l'abbé Jean Boulier, qui ne tardera pas à faire parler de lui.
3. Toujours député de Meurthe-et-Moselle.
4. Les collaborateurs du nonce ont sans doute lâché des propos un peu trop vifs à son goût (sur les difficultés ambiantes ?).

8 février, samedi. — Audiences : M. Jules Compte-Calix, 25, rue Galvani (XVIIe) direct. de l'Istanbul ; Mgr Babini que j'ai gardé à déjeuner et Ferretti. Journée entièrement mangée par la rédaction du grand rapport sur l'audience avec Bidault [1].

9 février, dimanche. — Réunion des « Cadettes du Christ » à Montmartre – P. J.-M. Derély, dans l'après-midi, 14 h 30 au 40, rue du Chevalier de la Barre.

J'ai assisté à cette belle réunion de petites filles de condition moyenne. À la fin des discours, les leurs et celui du P. Derély, j'ai adressé quelques mots de satisfaction et d'encouragement [2], et pris l'occasion d'une allusion au « silence » du nonce Maglione [3] : en louant moi aussi mon prédécesseur j'ai loué le silence comme la vertu très délicate d'une « cadette du Christ » toute pénétrée de l'esprit du Sacré-Cœur. Grande attention et dévotion au souvenir d'une si bonne doctrine qui touche la vie pratique.

10 février, lundi. — Audiences : P. Boisselot avec le secrét. des Semaines sociales ; l'abbé Pierre, député ; deux demoiselles, une journ. Belge avec Agnastopoulos, d'Athènes. Celle-ci a quitté les siens pour se faire religieuse et une émule de sœur Hélène [4]. Bonnes nouvelles de Grèce. S'il y a des roses elles fleuriront [5]. Le soir, j'ai eu la consolation de recevoir Mgr Paolo Giobbe de La Haye, avec qui nous avons échangé des souvenirs joyeux et tristes [6]. À 22 h j'ai cru bon de participer à la réception solennelle à l'Élysée avec les signataires de la paix. À Bidault, qui avait présidé aujourd'hui à l'événement et qui fut très aimable pour le nonce, j'ai dit : L'épouse est la bienvenue, même si elle est un peu boiteuse [7].

---

1. Ce rapport manquant serait bien sûr d'une grande utilité sur l'affaire des nominations épiscopales.

2. Les « Cadettes du Christ » dont le jésuite J.-M. Derély est l'aumônier constituent la section eucharistique de l'Apostolat de la prière.

3. À la différence de Mgr Roncalli, son prédécesseur était réputé pour son manque de loquacité.

4. La Belge Hélène Capart, sœur de la Theotokos Pammakaristos (voir plus haut en dates des 11-12 novembre 1946). *« È passata qui suor Capart e l'ho aiutata del moi meglio »* (« Sœur Capart est passée ici et je l'ai aidée de mon mieux », lettre du 15 avril à Giacomo Testa, p. 133).

5. Cet optimisme ne peut concerner qu'un éventuel essor du catholicisme local, car le pays s'enfonce au même moment dans la guerre civile.

6. Rappelons que Paolo Giobbe, nonce aux Pays-Bas, est un vieil ami de Mgr Roncalli.

7. La signature solennelle des traités entre les vainqueurs et les cinq alliés du IIIe Reich (Bulgarie, Finlande, Hongrie, Italie et Roumanie) n'enthousiasme pas le nonce, dont la boutade sera souvent reprise : il

11 février, mardi. — Audience après une longue conversation avec Mgr Giobbe : Mgr Chappoulie ; *comm.* Jean Schwartzenberg, chargé d'affaires d'Autriche. Je suis sorti en auto avec Mgr Giobbe. À la maison [x] Pichon et récept. à l'amb. d'Égypte avec diverses rencontres.

Les impressions au sujet de la paix d'hier sont tristes. D'autre part il était logique qu'on arrive à une conclusion. Il faut réchauffer l'optimisme. Il faut faire confiance à Dieu plus qu'aux hommes. Vierge de Lourdes, reine de la paix, priez pour nous [1].

12 février, mercredi. — Visites encore aujourd'hui : M. Roy, qui plaide en faveur d'un poste pour son frère ; M. Glachevitch, diplomate ; don Crivelli, de Lucerne ; Mgr Timoteo Raymundos, de Santorin ; l'après-midi, frère Stanislas des Maristes du Leonino à Athènes. Puis je suis sorti avec Giobbe pour une visite à Notre-Dame, et un bref tour à pied sur les quais autour de la cathédrale. Temps humide et dangereux. À la maison, retour de Bertoli de son voyage d'agrément en Hollande et en Belgique. Les bavardages durent un peu : souvent avec des commentaires désagréables, parfois sans bienveillance. *Domine, miserere* [2].

13 février, jeudi. — <13 h 15 déjeuner G. Bretta.>

Mgr Giobbe est parti ce matin. Notre rencontre fut un motif de consolation pour tous les deux. Audiences : nouveau ministre d'Autriche que j'ai invité à déjeuner pour le lundi 17 ; avv. Guala, de Turin, qui vient pour l'Unesco ; M. Paul Auer, ministre de Hongrie. À 13 h déjeuner à l'amb. de Grande-Bretagne. Duff Cooper. J'y ai trouvé le prof. Huxley, présid. de l'Unesco qui m'a dit sa satisfaction pour la participation du Vatican à l'*Unesco* [3] ; les époux de Margerie et plusieurs autres messieurs tous de droite [4]. L'après-midi je suis resté tranquille au bureau. Le soir est arrivé Mgr Antoniutti, dél. apost. au Canada. Bertoli et Oddi l'ont reçu pour moi. Je l'ai accueilli fraternellement et il m'a fait une excellente impression.

---

trouve les conditions trop dures pour les vaincus, surtout pour les plus faibles d'entre eux.

1. Confirmation d'un jugement réservé.

2. Voir plus haut en date du 5 février.

3. Le mot « participation » est excessif, car les réserves de Rome envers le nouvel organisme sont loin d'être apaisées. Le zoologiste anglais Julian Huxley a été élu directeur général de l'UNESCO le 6 décembre 1946.

4. Un peu curieux, car le Royaume-Uni est alors dirigé par les travaillistes.

14 février, vendredi. — Bonne journée avec Mgr Antoniutti. Le doct. Courcoux a examiné mes mains, et suggéré des remèdes ; rien de préoccupant. De Vagnozzi j'ai des nouvelles pas très gaies. Espérons que ce n'est pas une rechute. Audiences : curé de Bondy ; archev. de Besançon ; l'après-midi, M. Talent, entrepreneur, *ing.* Carozzo. Je suis sorti ensuite en auto avec Mgr Antoniutti jusqu'au Sacré-Cœur de Montmartre. Conversation instructive sur la situation au Canada. Le monde entier est un pays, mais dans ce pays il y a aussi un grand bien, fait ou à faire. Monseigneur est parti ensuite le soir pour Rome.

15 février, samedi. — Je suis allé voir Mgr Vagnozzi. La température revient à la normale, et lui conserve bon esprit. Que le Seigneur le sauve. Aujourd'hui, peu d'audiences. L'après-midi le card. Gerlier et M. Guala. L'imminence de la publication des évêques [1] me conseille d'envoyer Mgr Oddi à Toulouse [2] et peut-être à Pamiers [3]. Il est parti ce soir. À la maison, longue conversation et récitation du bréviaire avec Mgr Bertoli.

L'audience la plus notable de ce matin est celle de l'ambassadeur de Pologne, M. Stanislas Skrzeszewski, qui quitte son poste pour devenir ministre de l'Instruct. Publique à Varsovie. Je lui ai rappelé le fait de la photographie et recommandé la tradition polonaise.

---

1. Le 12 février, Maritain télégraphie qu'il a vu Tardini, mais après la rencontre Bidault-Roncalli à Paris. « En ce qui concerne les griefs formulés par Votre Excellence à l'égard de certains candidats du nonce, Monseigneur Tardini a paru très surpris que certains d'entre eux eussent eu des liens avec l'Action Française. Il m'a dit qu'il attirerait l'attention du nonce sur ce point. » Les objections perdurent à l'encontre de Le Baron et du titre de coadjuteur pour Garrone. « Une des considérations que j'ai fortement fait valoir [...] est que la situation toute nouvelle qui s'est créée en France à la suite de la guerre exige une compréhension, non seulement des nécessités pastorales, mais des besoins profonds de la nation que le cercle limité des fréquentations du nonce ne lui permet pas d'acquérir aisément ; Mgr Tardini, tout en affirmant la valeur des informations "très complètes" de la nonciature n'a pas caché d'autre part qu'il avait peu d'estime pour les qualités diplomatiques de Mgr Roncalli. » Maritain propose de fournir des indications complémentaires, ce que ne refuse pas son interlocuteur (AMAE).

2. Il faut en effet prévenir Mgr Saliège de l'imminente nomination de son futur successeur... qu'il ne connaît pas (Marc MINIER, *L'Épiscopat français du Ralliement à Vatican II*, p. 179).

3. Où va se poser le problème de la succession de Mgr Marceillac, évêque depuis 1916, qui mourra le 10 juin.

16 février, dimanche. — <8 h N.-D. mon assistance messe card. Suhard pour le XXVe anniv. fond. Un. Cath. services santé et serv. sociaux. Abbé Wolff. Mlle Callou [1]. 15 h, 36, rue d'Ulm. Octave de la Réparation. Sœurs de l'Ador. Réparatrice. Assist. et bénédiction.>

Journée bien pleine, et tout bien comme ci-dessus. Aux sœurs j'ai rappelé : rapport entre la Réparation et la partie centrale du dogme catholique, le Christ rédempteur, etc. À la maison, maître Refice que j'ai gardé à déjeuner avec le P. Privat, de l'Assomption [2]. Le soir, dernier dîner avec le cher Mgr Bertoli. Finalement s'est ajouté M. Carroll, qui va en Amérique.

17 février, lundi. — Oddi est revenu de bon matin de sa mission à Toulouse-Pamiers, avec un bon résultat. Aujourd'hui froid très intense, bon exercice de patience. À 13 h j'ai eu à déjeuner le prince Schwartzenberg et le nouveau ministre d'Autriche à Paris Vollgrüber, braves gens. L'après-midi je suis sorti pour une visite à Vagnozzi dont l'état s'améliore, mais lentement. Le soir, j'ai reçu Ferretti et Baroni. Plus précieuse, une lettre de Mgr Montini qui, de la part du pape, accepte mes quatre sorties de cette année hors de Paris. Rien de plus agréable que de complaire au Saint Père. Ne suis-je pas ici pour cela [3] ?

18 février, mardi. — Journée très froide. Longue audience du prof. Médoc [4] qui revient d'Allemagne. Informations sur beaucoup de misères de là-bas ; qualité spécifique de ce peuple, qui conserve cependant une certaine fierté dure qui demeure en tous, même chez les bons, en partie explicable, en partie moins plaisante. À 13 h repas chez les Dominicains des Éditions du Cerf. Braves jeunes religieux pleins de ferveur [5]. Le soir, conversation avec le chan. Rupp, sur des problèmes intéressants : action catholique, émigration italienne. Arrive ensuite don Fortunato Benzoni que je garde à dîner *(5 000 F)*.

19 février, mercredi. — Ce matin j'ai béni les saintes cendres : Mgr Oddi me les a imposées, et je les ai imposées à don Heim,

---

1. Respectivement aumônier et présidente de cette organisation professionnelle d'Action catholique.
2. Bélard.
3. Après les reproches qui lui ont été faits, Mgr Roncalli a dû se limiter, et solliciter la permission.
4. Lenz-Médoc.
5. Observation favorable, sans aucune réserve, pour cette seconde visite.

aux sœurs, à Giulio et à Domenico. Ainsi s'ouvre une période de recueillement particulier, de travail et de mortification. Café noir seulement le matin, dîner sans viande et sans vin ; bréviaire récité à temps et comme au chœur. L'après-midi je suis sorti avec Heim jusqu'à l'Institut, trajet un peu long. En rentrant j'ai eu une longue audience qui m'a empêché de visiter Mgr Vagnozzi, lequel cependant se porte mieux. *In nocte* j'ai commencé avec Oddi la récitation de Matines, comme je me propose de le faire pendant tout le carême. Visite du P. Privat et de Jean Bourgoin, 6, Théoph. Gautier.

20 février, jeudi. — <Déjeuner chez l'av. Grente, 8, rue des S. Pères.>

Je reçois aujourd'hui un ami de Mgr Marella qui m'apporte des informations extrêmement intéressantes sur le Japon d'aujourd'hui [1]. À 13 h avec Oddi et Heim, déjeuner chez les Oratoriens, Villa Montmorency. Froid très intense. À 18 h 30 audience au Quai d'Orsay. Bidault cède aussi quant à la nomination de Garrone comme *coadjuteur* [2]. Nous nous entendons sur plusieurs autres choses, dans la paix. À 20 h dîner avec Oddi chez l'av. Grente, neveu de Mgr du Mans. Il y avait des notabilités du tout Paris. Les académiciens Mgr Grente et comte d'Harcourt ; puis les av. Boizelot, Vigier et de Royaume avec madame. Tout bien avec simplicité et dignité.

21 février, vendredi. — Journée de neige. À 9 h rencontre avec le prof. Fillère ; à 10 h je préside aux funérailles de l'abbé de Stotzingen, primat de saint Anselme [3], à la Source. En revenant, je visite avec Heim Mgr Vagnozzi dont l'état ne cesse de s'améliorer. Je reçois ensuite les époux Lo Russo (baron) recommandés par le P. Ceresi, et je les confie à Mgr Oddi. L'après-midi je reçois l'abbé Pierre Marie Cordier,

1. Mgr Paolo Marella, qui succèdera à Roncalli, est encore pour quelques mois délégué apostolique au Japon, avant de le devenir en Australie.

2. Le supérieur du grand séminaire de Chambéry ne figurait pas dans la liste publiée par *L'Osservatore Romano* du 18 : Théas (Tarbes et Lourdes), auquel le nonce a pu enfin annoncer la bonne nouvelle le 15 ; Douillard (Soissons), Droulers (Amiens) et Ancel (auxiliaire de Lyon). Seul le vicaire général de Vannes Le Baron reste donc sur le carreau, « écarté à cause de ses sentiments marqués en faveur de l'école libre. "On" aurait dit qu'il ne fallait "pas de second Cazaux en France". En l'occurrence, "on" serait le MRP (tendance plus ancrée à gauche) » (lettre d'Yvon Tranvouez à Étienne Fouilloux, 5 novembre 1985).

3. En fait, abbé-primat de l'Ordre bénédictin.

curé de Saint-Gobain de Soissons, qui m'intéresse à certaines méthodes de la propagande communiste dans les campagnes [1].

22 février, samedi. — <11 h René Benjamin.>

Encore de la neige. La rencontre avec René Benjamin longue et intéressante. Âme ulcérée, mais d'intentions bonnes : apporter une contribution au soutien de la seule barrière capable de résister au communisme, c'est-à-dire le pape et l'Église catholique [2].

Dans l'après-midi je suis allé à Clamart pour porter mes vœux à la M. Provinc. des sœurs de N.-D. du S. Cœur : la famille religieuse où est entrée ma nièce Maria Angiola. Était présente aussi la Mère générale. Bonne conversation avec les prêtres invités à la fête jubilaire et avec les sœurs, jeunes et vieilles.

23 février, dimanche. — Matinée tranquille. Mgr Oddi s'est rendu à Coutances pour traiter avec ce vieil évêque Mgr Louvard une question de religieuses. L'après-midi j'ai lu la belle lettre pastorale du card. Suhard, très à propos [3]. À 17 h je suis allé à Notre-Dame avec Heim pour la 1re prédication du P. Riquet. Audition malheureuse pour moi à cause du haut-parleur [4]. De ce que j'ai pu comprendre il a dit de bonnes choses, et en promet de meilleures. Eh ! pour qui a Monsabré dans ses souvenirs de jeunesse, bien entendu aucun orateur ne réussit à le surpasser [5]. Mais il faut être indulgent. *Omnia probate quid bonum est tenete.* J'ai parlé au cardinal de l'opportunité de préparer une belle fête du pape.

---

1. Trois des six députés de l'Aisne, où se trouve Saint-Gobain (au nord de Soissons), sont communistes, ce que ne suffisent pas à justifier ses implantations industrielles.

2. Il n'est pas étonnant que ce proche de l'Action française, thuriféraire du maréchal Pétain et mis à l'index par le Comité national des écrivains, soit ulcéré de la situation issue d'une Libération dont il est victime ; sa profession de foi catholique contre le communisme est saisissante. Il mourra en octobre 1948.

3. Commentaire favorable, mais assez lapidaire, sur *Essor ou déclin de l'Église*, qui va faire un certain bruit ; le nonce a-t-il été consulté pour sa rédaction ?

4. « *Autoparlante* » dans le texte, pour *altoparlante*.

5. Pour Mgr Roncalli, les anciens semblent souvent préférables aux modernes. Le religieux dominicain s'est illustré dans la chaire de Notre-Dame entre 1872 et 1890 par une explication systématique de la foi catholique, du premier mot du *Credo* au dernier.

24 février, lundi. — <30, rue Vaneau. Communauté ecclésiast. 12 h 30 avec Oddi et Heim.>

Seule audience : MM. Zamanski et Fourmond de la Conféd. française des professions [1]. À midi et demi je suis allé déjeuner avec les braves aumôniers de l'Action catholique 34, rue Vaneau (VIIe) sous la présid. du chan. Le Cordier [2]. Il y avait aussi le chan. Rupp. À 13 h 30 est arrivé aussi Oddi, revenu de son expédition à Coutances. Le soir, gros travail à la suite des télégr. de Tardini à propos des évêques en cours. Entente tranquille et puis ma fatigue nocturne jusqu'à 2 h du matin. Aujourd'hui, en passant par la rue Monsieur j'ai lu la pierre que la ville de Bergame a fait apposer sur l'immeuble où s'élevait la maison mortuaire de Lorenzo Mascheroni. Grand mathématicien qui a mal fini [3].

25 février, mardi. — Ce matin je continue un gros travail de correspondance. Au déjeuner je reçois le P. abbé de Lérins venu pour les affaires du Pont-Colbert [4].

Le soir je reçois le chan. Rodhain avec M. Denis qui m'apportent le programme des réunions de la prochaine semaine du Secours catholique que je devrais présider. Espérons que tout se passe dans la paix. L'affaire des évêques me tient toujours au travail. Le Saint Père se préoccupe aussi, justement et saintement, des petites choses qui peuvent avoir rapport à la pureté de la doctrine des candidats [5]. Ses collaborateurs immédiats qui ne sont pas sur place me fournissent

1. La Confédération française des professions a été fondée en 1926 pour rassembler les patrons chrétiens, elle deviendra en 1948 la Confédération française du patronat chrétien.

2. Directeur des œuvres du diocèse de Paris.

3. Né dans la province de Bergame en 1750, ordonné prêtre en 1767, Lorenzo Mascheroni enseigna la géométrie à Pavie ; député de la République cisalpine, il vint à Paris en 1797 et y mourut trois ans plus tard.

4. Voir plus haut en date du 21 novembre 1946.

5. Écho de la conversation de Maritain avec Pie XII du 19 février ? Selon lui, « le Gouvernement s'était cru en droit de se demander si les choix faits par le Nonce ne témoignaient pas d'une politique d'hostilité. Là-dessus le Pape s'est vivement récrié et m'a déclaré avec chaleur qu'une telle interprétation était à l'extrême opposé à ses intentions véritables. J'ai indiqué alors qu'à mon avis le Nonce ne se rendait pas un compte exact de la situation et avait tendance à réduire à des questions de personne ou de coterie un problème de fond ». Le gouvernement, en revanche, « avait conscience de la gravité de ce problème et ne trouvait pas chez le Nonce une compréhension correspondante ». Et Maritain d'expliquer la position du Quai d'Orsay. « En somme, vous estimez qu'ils [les évêques] sont des émigrés de l'intérieur ? », répondit le pape, « ce que je n'ai pas manqué de confirmer » (AMAE). Rome n'en continue pas moins de privilégier l'orthodoxie des futurs promus, lui répond indirectement le nonce.

l'occasion d'expliquer, et de répéter, ce qui est un grand travail [1].

<Visite au chan. Chenesseau à l'hôp. du Bon Secours.>

26 février, mercredi. — Audiences plus rares, mais serrées : comtesse de Fontgalland [2] ; l'abbé qui s'intéresse à saint Benoît Labre [3]. L'après-midi, visite à Mgr Vagnozzi qui va de mieux en mieux, mais tout doucement. À 18 h 30 j'ai participé à la deuxième réception chez la veuve Abrami où je rencontre Fr. Gay et diverses personnes. Contacts trop rapides, mais qui suffisent à donner une bonne impression laquelle, en son temps, porte de bons fruits [4]. La *grève* des journaux dure depuis deux semaines [5]. Il faut que je me demande si je ne passe pas trop de temps à feuilleter journaux et livres. Les années qui me restent à vivre sont peu nombreuses, peut-être très peu, et alors *quid prodest* toute cette fièvre de savoir ?

27 février, jeudi. — Audiences : abbé Léon Horosko. Déjeuner à l'amb. de Hollande : toujours accueilli avec honneur. Dans l'air, nouvelles ou rumeurs pas bonnes. Mieux vaut pourtant l'optimisme. L'après-midi, M. Denis, puis Mgr Chappoulie toujours sage et modéré. À 18 h je reçois l'ex-député de la Gironde M. P. E. Guillet, secrétaire du Président Ramadier venu me fixer l'audience à Matignon [6] pour le lundi 3 mars à 15 h. C'est un socialiste de formation catholique, cultivé et vif comme tout, à qui manque la main droite perdue dans un accident. Parleur génial et coloré, il apporte un sentiment de justice et de modération qui fait plaisir. Je crois que nous sommes restés contents l'un de l'autre [7].

28 février, vendredi. — Audiences : M. Leverve qui me parle de l'immeuble de la rue Bosquet ; l'abbé Courtois, Vigne, etc. et secrét. qui partent pour Rome ; Mgr Courcoux, évêque d'Orléans, puis Mgr Droulers, nouvel évêque d'Amiens.

---

1. Manière de se défendre contre des critiques persistantes ?
2. Toujours pour la cause de béatification de son fils.
3. Roger Brion (voir plus haut en date du 24 janvier).
4. Voir plus haut en date du 23 janvier.
5. Des mouvements sociaux ont eu lieu dans la presse dès le mois de janvier, suivis d'un lock-out patronal. La grève s'est déclarée de nouveau le 14 février et durera jusqu'au 15 mars, sans aucun résultat.
6. L'Hôtel Matignon, dans le VIIe arrondissement, est le siège de la présidence du Conseil des ministres.
7. Encore un bon socialiste, d'après le nonce.

L'après-midi j'ai visité – rue Auguste-Vacquerie [1] – la marquise Villefranche avec son fils Emmanuel, disposée à recevoir pour quelque temps Niny Scotti. Je conviens qu'il faut attendre le retour de la marquise de Rome où un autre de ses fils épouse la duchesse Salviati. J'ai visité ensuite Mgr Vagnozzi. Le mois se termine avec un grand froid et de la neige.

1er mars, samedi. — Saint Joseph ouvre son mois par une journée de beau temps et de soleil. À la maison, toujours des visites : Mgr Roeder, évêque de Beauvais ; Mgr de Llobet, archev. d'Avignon ; Mgr de Courrèges qui arrive de Rome ; Mgr de La Villerabel, archev. d'Enos : tous bons serviteurs de la sainte Église [2]. Dans l'après-midi, je suis sorti pour une visite à Vagnozzi avec Heim, comme hier. Le convalescent progresse. Aujourd'hui pour la première fois je l'ai vu debout et en soutane. Mais aux rayons on a découvert quelques traces de bacille de Koch [3]. Dieu veuille que ce ne soit pas quelque chose de grave. Ce mois de saint Joseph, je veux le consacrer spécialement à mon grand Patron.

2 mars, dimanche. — Quelques visites nonobstant le jour dominical. Mgr José Maria Bueno y Monreal, évêque de Jaca en Espagne, et Mgr de Courrèges venus pour le congrès d'études pour le Secours international [4]. Je les ai gardés à déjeuner. L'après-midi, l'amb. Ponsot qui m'entretient de l'O.I.R., c'est-à-dire l'Organis. internat. des réfugiés, et le soir Mgr van Eynde, vic. gén. de Malines, le prof. et ancien ministre Appelmans (ou Heymans [5]), le prince Frédéric de Mérode, et une demoiselle appartenant à la commiss. belge.

J'ai envoyé un télégramme à Bergame pour le XXVe anniversaire des Fucini de là-bas [6], en rappelant la précieuse joie de mon ministère chez les jeunes. Cette nuit, travaillé jusqu'à 2 h du matin pour préparer le discours de demain.

1. XVIe arrondissement.
2. Y compris le dernier, contraint de démissionner à la Libération.
3. Bacille de la tuberculose.
4. Réunion à Paris, du 3 au 5 mars sous la responsabilité du Secours catholique, des délégués de vingt-huit nations pour mettre au point la coordination des organisations charitables du monde entier, à laquelle le nonce va accorder beaucoup de temps.
5. Ce pourrait être Paul Heymans, professeur à l'université de Gand, ministre des Affaires économiques en 1938-1939, président du Secours d'hiver à partir de 1940.
6. Membres de la Federazione universitaria cattolica italiana, mouvement d'Action catholique pour les étudiants.

3 mars, lundi. — Journée laborieuse. À 9 h 15 assistance à la sainte messe chez les Lazaristes, et long discours de Mgr Raymundos. Belles choses mais peu intelligibles. À 10 h 30, au Lutetia, inaugur. réunion d'études pour le Secours catholique. Mes paroles[1]. À 13 h repas social sans vin. À 15 h visite à Ramadier à l'Hôtel Matignon. Il se dit anticlérical : mais nous sourions ensemble de l'appellation et de sa signification[2]. À la maison, je reçois Mgr de Besançon, l'amiral d'Argenlieu, Mgr Leynaud, archev. d'Alger. À 18 h 30 je participe à la réception au Lutetia, où je suis abordé par beaucoup de gens. Comme d'habitude je me retire dans ma chambre à une heure tardive. Mais journée laborieuse et bonne.

4 mars, mardi. — <7 h messe Clarisses. 5, avenue de Saxe, Paris. Centenaire sainte Colette.>

Nonobstant l'heure matinale et le froid intense, l'esprit s'est réjoui de la fonction chez les bonnes Clarisses. Puis je me suis entretenu aimablement avec elles. À 10 h j'ai présidé le congrès au Lutetia. Repas à la maison avec Mgr Paravy, de Chambéry, qui m'a fait une excellente impression[3]. Je me suis ensuite mis à travailler jusqu'au soir, lisant et écrivant. J'ai eu la visite du Fr. François de Sales, secrét. gén. des Frères des Écoles chrétiennes. Au congrès du Lutetia il y a eu un peu de bagarre sur l'*amont* et l'*aval* des instituts de charité : mais avec des armes pacifiques, et sans lacérer la charité. *Deo gratias*[4].

---

1. Faire preuve de prudence et d'humilité pour renouer les liens rompus par la guerre (Charles KLEIN et Jean COLSON, *Jean Rodhain prêtre*, Paris, SOS Éditions, t. II, 1984, p. 39-40).

2. Un bon anticlérical, donc.

3. Vicaire général et directeur des œuvres, ce prélat est en effet l'une des chevilles ouvrières du diocèse qui vient de perdre son chef, Mgr Durieux, décédé le 3 février ; mais cette bonne impression ne suffira pas à en faire un évêque.

4. *« L'altra settimana ho presieduto in nome della Santa Sede ad un convegno di rappresentanti di 28 nazioni invitati a dare indicazioni per una organizzazione mondiale della carità cattolica. C'è stato per lo meno uno sforzo di buona intesa e di carità nelle forme. Quello che fa la Croce Rossa di ispirazione protestantica non dovrebbe poterlo fare con attrezzatura imponente la unione dei cattolici di tutto il mondo ? »* (« La semaine dernière j'ai présidé au nom du Saint-Siège un congrès de représentants de 28 nations invités à donner des indications pour une organisation mondiale de la charité catholique. Ce fut pour le moins un effort de bonne entente et de charité dans les formes. Ce que fait la Croix-Rouge d'inspiration protestante, l'union des catholiques du monde entier ne devrait-elle pouvoir le faire avec un équipement imposant ? », lettre du 11 mars à Mgr Bernareggi, *Questa chiesa che tanto amo*, p. 301 ; photographie dans *Questo è il mistero della mia vita*, vol. I, p. 138).

5 mars, mercredi. — Repas de l'assemblée des card. et évêques à la nonciature 13 h [1]. À 10 h je suis allé au Lutetia où j'ai prononcé quelques mots de clôture : remerc., félicit., encourag. Temps toujours horrible. Déjeuner à la maison tout à fait réussi, grande cordialité et excellent service – 25 couverts. À 18 h réception des congressistes pour la Charité. Très bien déroulée aussi : s'est prolongée par le film « Pastor Angelicus » qui a beaucoup plu à tous. Nous étions environ 120 personnes. La journée eut une pointe de tristesse sur la fin, mais fut incontestablement une belle journée, de bon service du Saint-Siège.

6 mars, jeudi. — Je me suis un peu reposé. Presque pas d'audiences, à part l'abbé Boche, de Poitiers, et le soir le p. jésuite Butel avec le diacre Georges Lapouge qui m'a parlé de choses mystérieuses dans le mouvement anticommuniste de certains catholiques. Je ne sais vraiment pas quoi en penser [2]. À 12 h 30 je me suis rendu à l'archevêché pour déjeuner avec les card. et archev. Bons contacts avec tous. Avec le card. Gerlier j'ai discuté du cas Bertin [3]. Dans l'après-midi je suis allé à Versailles avec Heim pour visiter l'évêque Mgr Roland-Gosselin, en fin de vie. Prélat édifiant jusque face à la mort. Aujourd'hui j'ai vu aussi mon lointain cousin Mario Colombo et sa sœur Maria que j'ai aidée pour son voyage depuis l'Italie (5 000 lires).

7 mars, vendredi. — Cette année, saint Thomas est passé sans pouvoir me retenir même un peu devant lui, homme et saint, et devant sa pensée. Nous restons cependant toujours bons amis [4].

Audiences : l'abbé Silvano Martelli, curé de deux paroisses dans le diocèse de Beauvais, et son cas de conscience ; la marquise Labouré, de Dijon, parente du pauvre Mgr Lupé en prison [5] ; la visite officielle du nouveau ministre d'Autriche ;

---

1. Photographie dans *Souvenirs d'un nonce*, entre p. 88 et 89.

2. Il s'agit sans doute de l'ecclésiastique qui servira quelques années plus tard d'intermédiaire entre la mouvance intégriste et le père Congar (*Journal d'un théologien*, p. 391-397).

3. Le primat des Gaules n'est pas favorable au prélat discuté.

4. *Sic.*

5. Le « pauvre » Mgr Mayol de Lupé, prélat excentrique, s'est autoproclamé aumônier de la Légion des volontaires français contre le bolchevisme, puis de la division SS francophone Charlemagne. Arrêté en zone d'occupation américaine, il est arrivé à Paris en septembre 1946 et doit passer en jugement (René BAIL, *Les Croix de Monseigneur Mayol de Lupé*, Paris, Christian Bartillat, 1994 ; hagiographique).

à 11 h une réunion supplémentaire de divers membres de la Caritas pour l'assistance au rapatriement des prisonniers.

L'après-midi, Mme Agikian, fille de M. Viollet, d'Istanbul ; et toujours du travail.

8 mars, samedi. — Audience : P. Olivier, capucin, qui quitte Constantinople pour un couvent dans son pays en Bretagne : c'était un vieux missionnaire des Indes, un peu naïf mais bon. Il m'apporte des nouvelles du Bosphore. À 13 h j'ai eu à déjeuner Mgr de La Villerabel, archev. d'Enos, et Mgr von Horstein, prof. de pastorale à Fribourg. Le soir, j'ai visité Mgr Vagnozzi, et au retour, j'ai reçu la princesse Ruspoli qui m'a invité à bénir le mariage de son fils, qui épouse une Delmas. Puis j'ai reçu M. Ferretti, revenu d'Italie d'où il rapporte des nouvelles bonnes et tristes. Mais toutes sont animées par une grande espérance de reconstruction.

9 mars, dimanche. — Bon travail dominical. Agréable après une semaine chargée de soucis. À midi j'ai reçu les salutations de la Commission d'Espagne venue pour la « Caritas », Mgr l'évêque Bueno y Monreal, et messieurs Fernández Maza, Jesus García Valcarcal et Miguel Zapata Echeverria marquis de Villalba : braves gens qui font honneur à l'Espagne. À 17 h conférence du P. Riquet à Notre-Dame, audition pour moi difficile et fastidieuse. Mais j'avais lu la conférence avant : très belle à mon avis [1]. Puis j'ai visité Mgr Beaussart que j'ai trouvé plutôt mal en point. Nous avons discuté avec tristesse à propos des idées inquiétantes [2].

---

1. Le jésuite parle *« su un tema forte e difficile ed è ascoltato con ansia da una grande folla,* <Le Chrétien face à l'argent>, *mi dice che è assalito dagli attachi di tanti e tanti convinti di essere buoni cristiani, ma in realtà molto discordi nella pratica della dottrina evangelica. L'altro ieri finiva la sua conferenza – "Cristianesimo e capitalismo" – col richiamo del ricco epulone. Impressione grandissima »* (« sur un sujet fort et difficile et est écouté avec anxiété par une grande foule <*Le chrétien face à l'argent*> me dit qu'il est assailli par les attaques de tant et tant de gens convaincus d'être bons chrétiens, mais en réalité fort éloignés dans la pratique de la doctrine évangélique. Avant-hier il finissait sa conférence – "Christianisme et capitalisme" – par le rappel du mauvais riche. Très forte impression »), lettre citée du 11 mars à Mgr Bernareggi, p. 300.

2. Son hôte ne doit pas être bien optimiste sur la situation politico-religieuse. On sait qu'il a couvert de son autorité la fondation, en octobre 1946, de la revue intégriste *La Pensée catholique* (Paul AIRIAU, *« La Pensée catholique », 1946-1956 : romanité à la française ou intégrisme ?*, mémoire inédit pour le diplôme d'études approfondies, Institut d'études politiques de Paris, 1995, p. 18-28).

10 mars, lundi. — Bonne journée d'impressions salutaires. À 10 h j'ai assisté aux funérailles d'Aug. Champetier de Ribes à Notre-Dame [1]. J'étais avec le Corps diplomatique en bon ordre : habit bordé mais en pardessus court et pesant. Belle cérémonie à l'intérieur, mais avec des réductions *ad usum Galliae* ; et manifestation civile convenable sur le *parvis* [2]. Présents le cardinal, le Présid. Auriol, Herriot, Ramadier et tout le gouvernement, mais je n'ai pas vu les communistes [3]. Le défunt était excellent catholique. À la maison j'ai eu à déjeuner le P. Paolino Beltrami et Mgr Basetti-Sani. L'après-midi : abbé Duclaud, chan. Arquillière, abbé Courtois, etc. qui m'a dit des choses intéressantes, s'agissant notamment des impressions de sa visite à Rome.

11 mars, mardi. — Journée également laborieuse. Le matin audiences : Mgr Douillard, nouvel évêque de Soissons à qui j'ai rappelé : se faire aimer de son clergé, et soigner la perfection du dire [4] ; M. Le Cour Grandmaison, bon journaliste [5]. À 12 h 30 repas rue S. Honoré chez les Dominicains pour honorer le nouveau P. général Suarez, qui était de passage [6].

Dans l'après-midi, vision du film « Un giorno nella vita », impressionnant et superbe techniquement aussi [7]. Puis j'ai reçu le *dott.* Lesourd qui m'apporte de mauvaises nouvelles sur l'élection manquée du nouveau Président de l'œuvre de la Sainte-Enfance : exclus les 4 proposés, Mgr Bressolles nommé [8]. J'ai exprimé mon désappointement. Audience abbé Papin.

12 mars, mercredi. — <16 h. Réunion Dames de Charité, 10, rue Violet.>

---

1. Le vieux leader démocrate-chrétien est mort le 6.
2. La République lui accorde des funérailles nationales.
3. Ils n'ont guère de raisons d'être présents aux obsèques de celui dont ils viennent de combattre la candidature à la présidence de la République.
4. Refusé par le gouvernement pour Amiens, ce prélat doit à l'obstination du nonce le siège de Soissons, où il n'est pas forcément le bienvenu ; il doit donc se faire accepter.
5. Rappelons qu'il dirige l'hebdomadaire conservateur *La France catholique*.
6. Yves CONGAR, *Journal d'un théologien, 1946-1956*, p. 136-143.
7. Film d'Alessandro Blasetti, qui date de l'année précédente.
8. L'Œuvre n'ayant pas retenu la candidature de Mgr Bertin, le nonce devra donc le caser ailleurs. Prélat passablement conservateur, Mgr Adrien Bressolles est vice-recteur de l'Institut catholique de Paris et aumônier en chef de la marine.

S. Grégoire le Grand et pape Pie XII : unis aujourd'hui dans ma pensée et dans mon affection. À la maison, plusieurs visites : parmi elles le diacre Puga [ ] avec des informations importantes ; l'abbé Charles, aumônier des étudiants de la Sorbonne [1] ; le chan. Borie ; M. Vachet ; la comtesse Salverte ; à déjeuner Mgr Courbe, chan. Rodhain, M. Maurice Denis. L'après-midi, je visite avec Oddi l'œuvre des sœurs italiennes de la rue Violet présidée par le P. Fugazza. Très bien ; je parle pour encourager. Au retour, le cas du P. Lemoine tombé de bicyclette me chagrine, et je vais lui rendre visite à la clinique de la rue Bizet. État grave et préoccupant. Le soir, Ferretti retour d'Italie ; Mgr Moncelle [2].

13 mars, jeudi. — Toujours des visites : dom Rengival de Solesmes [3] ; abbé Thivet, aumônier des artistes. À 9 h à l'Académie avec Heim, pour la réception de Claudel, avec son discours et celui de Mauriac : très beaux et très catholiques de contenu, mais de présentation malheureuse [4]. Je suis revenu ensuite pour un long trajet à pied et sous la pluie. J'ai reçu à la maison l'abbé Courtois. La journée fut un peu fatigante. Cette nuit j'ai lu le dernier livre du malheureux Buonaiuti : Pie XII, ouvrage « injuste et mauvais ». Quelle peine d'assister à ce naufrage de la foi, provoqué par la science *quae inflat* [5].

---

1. Maxime Charles, fondateur et animateur du Centre Richelieu, qui vient sans doute inviter le nonce à la cérémonie du 20 mars.

2. Paul Moncelle fut brièvement conseiller canonique de l'ambassade de France près le Saint-Siège pendant la Seconde Guerre mondiale, sous l'ambassadeur Léon Bérard.

3. Dom Paul *Ringeval* en fait.

4. Élu à l'Académie française le 4 avril 1946 sur le fauteuil de l'historien d'art Louis Gillet, Paul Claudel n'est donc reçu que le 13 mars 1947 (discours dans *La Documentation catholique*, 30 mars, col. 427-446 et 13 avril, col. 483-497). *« E pensare che qualche decina di anni fa nessuno avrebbe avuto il coraggio di pronunciare il nome di Gesù sotto quella cupola »* (« Et dire qu'il y a quelques dizaines d'années nul n'aurait eu le courage de prononcer le nom de Jésus sous cette coupole »), commente le nonce pour Mgr Bernareggi, lettre citée du 11 mars, p. 300-301.

5. *Pio XII*, Rome, 1946, 419 p. Ancien condisciple du nonce et chef de file du modernisme italien, Ernesto Buonaiuti est mort le 20 avril 1946. *« Ho letto in questi giorni il volume* Pio XII *di E. Buonaiuti. Un volume* ingiusto e cattivo. *Che da Urbano VIII in qua tutto il governo della Chiesa Cattolica sia andato per falsa strada, anche con questi ultimi Papi della nostra vita sacerdotale, da Leone XIII a Pio XII ? Povero Buonaiuti mio compagno di studi a Roma, e cosí fuorviato da quando la presunzione di sé gli ha obnubilato prima e poi spento completamente il lume della fede ! Che fine poi, poveretto. E dire che mi assistete, proprio lui, nella mia ordinazione sacerdotale »* (« J'ai lu ces jours-ci le volume *Pie XII* de E. Buonaiuti. Un ouvrage *injuste et mauvais*. Depuis Urbain VIII jusqu'ici l'Église aurait fait fausse route, y compris avec ces derniers papes de notre vie sacerdotale, de

14 mars, vendredi. — Audiences importantes : Mgr Grente ; les époux comte et comtesse Giansanti Coluzzi ; le nouveau ministre du Chili <González>. L'après-midi à 14 h visite de l'exposition d'art sacré moderne avec S. E. le card. Suhard au musée Galliera. Une véritable perversion du sens artistique [1]. À 18 h, toujours avec le card., j'assiste à la salle d'Iéna au discours de Mgr Grente sur saint Jean Chrysostome, tribun populaire. À 21 h avec Oddi je participe dans la grande salle du cinéma Pleyel à la manifestation solennelle en l'honneur du Saint Père. Plusieurs milliers de Français tout frémissants d'enthousiasme pour le pape. J'ai dit moi aussi quelques mots à la fin, acclamés. Le souvenir de Pie IX. « Ils m'ont tout pris mais je n'ai pas peur : le cœur de mes fils me porte [2]. » Aud. P. Cayré et abbé Gilloz.

15 mars, samedi. — 9 h – Messe pontif. pour sainte Louise de Marillac au 140, rue du Bac. La cérémonie se passe bien. Également consolante la rencontre avec toutes les sœurs et les novices. À midi je visite le P. Lemoine, qui m'a reconnu, à la clinique Bizet et je ramène Mgr Vagnozzi à la maison après 50 jours d'hospitalisation. À déjeuner j'ai eu l'ambassadeur Cora, bien connu de moi à Sofia [3]. À 17 h, assisté à la conf. du prof. Enrico Josi sur les fouilles dans les souterrains de Saint-Pierre [4]. Beaucoup de monde. Puis j'ai fait une brève visite à la maison Ponsot, où il y avait une réception. Journée de prière, de travail et aussi de distraction laborieuse et pas inutile.

16 mars, dimanche. — <Mission italienne bénéd. après-midi 15 h 30.>

À 11 h 15 belle cérémonie à N.-D. bondée de clergé et de fidèles de l'A.C. pour prier pour le S. Père. Le card. Suhard a présidé ; j'étais en face de lui avec Oddi et Heim. Corps diplomatique fourni : messe basse et Te Deum. Manifestation

---

Léon XIII à Pie XII ? Pauvre Buonaiuti, mon compagnon d'études à Rome, ainsi fourvoyé depuis que sa présomption a d'abord occulté, puis complètement éteint la lumière de la foi ! Quelle fin, le pauvre. Et dire qu'il m'a assisté, lui-même, pour mon ordination sacerdotale », *ibid.*, p. 299-300).

1. Confirmation du conservatisme artistique du nonce, en accord d'ailleurs avec la mise en garde du Saint-Office du 10 décembre 1946, rendue publique le 25 février (*La Documentation catholique*, 21 décembre 1947, col. 1609-1612). L'exposition s'intitule « Vingt-cinq ans d'art sacré français » (mars-avril 1947).

2. Pie IX et Pie XII unis dans une même louange.

3. Il y a représenté l'Italie à partir de 1930.

4. Le professeur Enrico Josi est responsable des fouilles de Saint-Pierre, à la recherche de la tombe de l'apôtre.

magnifiquement réussie. D'autant plus consolante qu'il m'a suffi d'un mot glissé dans l'oreille du card. archev. pour la préparer et l'organiser bien[1]. L'après-midi le P. Riquet a évoqué cette occurrence avec de belles paroles d'introduction à sa conférence. Entre les deux cérémonies à N.-D. j'ai trouvé le temps, à 15 h, de participer avec discours et bénéd. à l'inauguration de la chapelle italienne restaurée à Montreuil[2]. Au déjeuner à la maison, j'ai eu le prof. Josi.

17 mars, lundi. — Audiences les plus importantes : M. Gaston Tessier, secrét. de la Conféd. trav. Catholiques[3] ; Mgr Harscouët, évêque de Chartres, avec Mgr Lefebvre, archev. de Bourges. L'après-midi, je suis allé avec Oddi et Heim aux Buttes-Chaumont, au *studio*, pour assister avec plusieurs autres ecclésiastiques invités au premier *tour de manivelle* du film de Maurice Cloche sur saint Vincent de Paul[4]. Je n'ai rien noté d'inconvenant[5]. Mais ce fut une vraie surprise pour moi et pour beaucoup, du reste intéressante et instructive. C'est tout un monde qui passe dans ce « *studio* » où il y a place pour tout, pour le bien comme pour le mal.

18 mars, mardi. — <À déjeuner Mgr Fontenelle et Sédillière.>

Audiences : p. Pogliani des P. du S. Cœur d'Albino ; *avv.* Jacobelli, de Rome ; M. Carry ; M. Ferrari, M. Ferretti avec M. [ ]. À 13 h j'ai eu à déjeuner Mgr Fontenelle, avec le chan. Sédillière, curé de S. Séverin, son hôte, et le P. Ringeval de Solesmes. Celui-ci caresse l'idée de se faire ermite. Que dire ? Dans les litanies des saints il y a place pour les moines et aussi pour les ermites[6].

19 mars, mercredi. — Sainte messe pieuse et dévote à saint Joseph pour le 22e anniv. de ma consécration épiscopale. À la chapelle, avec simplicité : remerc., componction, amour et consécr. pour le reste de ma vie.

---

1. Manifestation pour le huitième anniversaire de l'élection du pape Pacelli (voir plus haut en date du 23 février).
2. Rue de Montreuil, XIe arrondissement.
3. Confédération française des travailleurs chrétiens (CFTC).
4. *Monsieur Vincent*, avec Pierre Fresnay dans le rôle-titre de saint Vincent de Paul, qui aura un réel succès et que Mgr Roncalli défendra avec conviction (photographie dans *Souvenirs d'un nonce*, entre p. 88 et 89).
5. En matière de cinéma comme en d'autres, le critère moral est premier pour le nonce.
6. Le bénédictin mettra son projet à exécution en 1950.

À 10 h j'ai présidé le congrès de la Ligue féminine d'A.C. J'étais avec Mgr Courbe à la Mutualité. Beau discours de M. Dujat, avec référence à certaines tendances modernes [1]. Au déjeuner avec Mgr Pinci, il y avait aussi Vagnozzi. Puis j'ai accompagné avec Heim Mgr Pinci à Notre-Dame et au Sacré-Cœur. Mon anniversaire toujours devant les yeux et le cœur. À la maison, long entretien avec l'amiral d'Argenlieu que j'espère revoir vite. P. Louis de la Ste Trinité [2].

<Aux domestiques, 1 000 F chacun pour ma fête.>

20 mars, jeudi. — Petites Sœurs – 75, rue Picpus XIIe 12 h 30. Repas des vieux. Toujours exercice de charité, plaisant et édifiant. Je le fais depuis 13 ans et j'ai l'impression de commencer. J'y ai rencontré divers prêtres de Paris. Le curé local de l'Immaculée Conception, don Lucien Pétion, m'accompagne pour visiter le cimetière de Picpus, à côté, consacré aux souvenirs de la Révolution [3]. Il y avait la salle des ambassadeurs d'où partaient les anciens nonces pour leur entrée solennelle. À la maison, après 16 h, plusieurs visites : le jeune Villa, de Bergame, boursier à la Sorbonne, que m'envoie Mgr Pacchiani ; Mgr Brizgys, de Kaunas ; le dép. Colin ; deux députés de Haute-Savoie ; Mgr Rousseau, de Mende.

21 mars, vendredi. — <7 h 30 – Messe de confirmation pour les étudiants.>

Belle réunion estudiantine dans l'église des Maronites de la rue d'Ulm. Sainte confirmation et messe avec nombreuses communions. À la maison, belle audience du député du Cameroun le doct. Aujoulat [4] avec le p. Pogliani, miss. d'Albino ; puis l'abbé Quillevéré, de Quimper et d'Évreux, mutilé de guerre et malheureux.

---

1. Il s'agit probablement de Jean Daujat. L'intervention de ce thomiste conservateur au congrès national de la puissante Ligue féminine d'Action catholique (thème : « Pour la paix du monde… l'unique message ») prouve son influence. Il ne cessera ensuite de prévenir le nonce contre les tendances doctrinales qui lui paraissaient nocives.

2. Tel est donc bien le but des multiples rencontres du nonce avec cette personnalité hors du commun.

3. Dans cet ancien couvent des chanoinesses régulières de Saint-Augustin, les révolutionnaires parisiens ont ouvert en 1794 des fosses communes pour les personnes décapitées place de la Nation ; on estime que plus de mille trois cents corps ont été inhumés dans ce charnier.

4. Étudiant en médecine puis médecin, Louis-Paul Aujoulat a été l'un des pionniers du laïcat missionnaire. Il s'est installé au Cameroun avec sa famille en 1936. Élu député, il revient à Paris en décembre 1945 et s'inscrit au groupe MRP dont il contribuera à définir la politique coloniale, dans le sens d'une émancipation progressive des peuples soumis.

Au déjeuner j'ai eu le p. Fugazza avec le p. Vincent pour l'adieu à Mgr Vagnozzi qui part avec Oddi pour Menton, où l'accompagnent les vœux de tous pour une guérison complète. À la nuit, je salue aussi Mgr Pinci qui retourne à Berne, emportant de bonnes impressions de l'accueil aimable et mérité qu'on lui a fait.

<Dott. Erkeletian.>

22 mars, samedi. — Audiences : p. Willibrord De Wilde, de Meudon ; Mgr Babini ; Mgr Vincent Brizgys, auxiliaire de Kaunas. Je garde ces deux derniers à déjeuner. L'après-midi, l'*ing.* Carozzo et l'artisan Flaminio Bertone, de Varese ; le soir, l'abbé Stock, recteur du séminaire des prisonniers de Chartres avec trois braves catholiques de Fribourg-en-Brisgau que je garde à dîner. À 18 h j'ai visité le nouvel ambassadeur d'Italie Quaroni [1] avec qui j'ai longuement discuté la question de l'immigration italienne en France [2].

23 mars, dimanche. — <Saint-Germain des Prés. Messe des Beaux-Arts – 9 h 45. Aum. Émile Thivet.>

J'y suis allé seul : mozette et mantelet violet ; beaucoup de gens mais cérémonie peu artistique. Mgr Pinson, évêque de S. Flour, a fait un bref discours à l'évangile que je n'ai pas bien entendu. Nombreuses communions. J'ai donné enfin la bénéd. du Saint Père et ce fut tout. Il conviendrait d'organiser quelque chose de plus simple, de plus liturgique, de plus pénétrant [3]. À 13 h à la maison bonne réunion conviviale. Le ministre Teitgen [4] et son père, le dép. Colin, l'amiral d'Argenlieu. Bonne entente avec Teitgen sur la nomination de Chappoulie et la question Ruhr et Sarre [5]. Je ne suis pas allé à N.-D. pour le discours Riquet qui s'est achevé sous les applaudissements. Je crois avoir bien fait.

---

1. Ambassadeur à Kaboul, puis chargé de la reprise des relations de l'Italie avec l'URSS en 1944, Pietro Quaroni est l'un des meilleurs diplomates de carrière italiens ; il restera en poste à Paris jusqu'en 1958.

2. Qui préoccupe beaucoup Mgr Roncalli.

3. Une fois de plus, le nonce n'est pas satisfait de la cérémonie.

4. Pierre-Henri Teitgen est vice-président MRP du gouvernement Ramadier, comme le communiste Maurice Thorez. Les démocrates-chrétiens au pouvoir voudraient promouvoir le secrétaire de l'épiscopat à un siège épiscopal, ce qui ne se réalisera pas dans l'immédiat.

5. La conférence de Moscou ouverte le 10 mars, qui réunit les ministres des Affaires étrangères des quatre « Grands », accordera à la France le rattachement économique et politique temporaire de la Sarre, mais refusera ses prétentions industrielles et minières sur la Ruhr, en contrepartie des dommages subis du fait de la guerre.

24 mars, lundi. — Saint Gabriel, Angelus Dni, clôt l'Ancien Testament et ouvre le Nouveau par ses annonces. Ce matin, deux audiences : Henri Lepeytre qui offre un volume sur la paix, et le prodigieux sculpteur Aldo Bartelletty-Daillion, qui propose un concours pour le dessin d'un visage du Christ. Son père est toscan. Lui est à Paris depuis 46 ans et naturalisé français. Artiste extrêmement intéressant [1]. Dans l'après-midi je suis allé chez Mgr Beaussart. Remarques graves et importantes sur la circulation de certaines idées pour le moins extravagantes [2]. J'en ai parlé ce matin aussi avec le P. Lambert s. j. supérieur du collège Gonzague [3].

25 mars, mardi. — Fête tout intérieure. Lu Bossuet dans les *Élévations sur le mystère de l'Annonciation.* Mgr Oddi est revenu ce matin de Menton où il a accompagné Mgr Vagnozzi. Audiences ce matin : marquis Emm. de Villefranche ; nouveau ministre du Panama avec secrétaire ; vice-amiral Penfentenyo de Kervereguin qui offre un livre de lui au Saint Père [4]. L'après-midi, le brave Le Cour Grandmaison qui demande un radiomessage pontifical [5] ; Mgr Fontenelle, chan. de Saint-Pierre ; M. Esposito, de Villa d'Adda. Puis étude de la pensée du P. jésuite Teilhard de Chardin que je ne parviens pas à comprendre [6].

26 mars, mercredi. — Nombreuses audiences : le *comm.* Delamaire ; le sup. provincial des Frères de saint Jean de Dieu ; le comte Léon de Poncins qui m'a donné plusieurs de ses intéressantes publications sur la maçonnerie, le judaïsme et le communisme [7] ; le fr. secrét. et le Frère Marc des Frères des

---

1. Il expose depuis les années 1920 des œuvres figuratives très classiques.

2. Voir plus haut en date du 9 mars.

3. Nouvel écho sans doute de la crise dite de la « nouvelle théologie », et de sa polarisation sur quelques jésuites français.

4. Membre d'une famille éminente de la noblesse bretonne, ce personnage sera l'un des responsables du mouvement intégriste la Cité catholique.

5. Probablement pour le prochain congrès de la Fédération nationale d'Action catholique qu'il préside (voir plus loin en date du 18 juin).

6. Les polémiques en cours ont dû attirer l'attention du nonce sur le savant religieux. Ce premier contact a manifestement été rude. Mais qu'a-t-il pu lire ? De rares articles scientifiques, seuls rescapés d'une censure vigilante, ou bien les manuscrits spirituels et théologiques circulant sans autorisation ?

7. Personnalité d'extrême droite, qui a travaillé avant-guerre à la *Revue internationale des sociétés secrètes* de Mgr Jouin, antimaçonnique, antisémite et anticommuniste (*La Dictature des puissances occultes : la Franc-*

Écoles chrétiennes ; Madame Leflaive qui m'a fait cadeau de son dernier ouvrage [1] ; la princesse Ruspoli et Madame Delmas ; M. Ferretti, Mgr Chappoulie qui est resté déjeuner. Intéressant, le prof. Daujat qui s'est montré bien au courant des fausses idées en circulation inspirées par les articles du P. Teilhard de Chardin [2]. Le soir, nous sommes allés à S. Séverin saluer Mgr Fontenelle qui retourne à Rome.

27 mars, jeudi. — <Institut. Maintenon 12, rue Michel-Ange (XVIe). 8 h 30. S. Comm. Pascale.>

La cérémonie à l'Institut Maintenon, sérieuse et édifiante. Plus de 400 fillettes ont fait la s. communion. À l'évangile, sur fond de l'épisode de la Madeleine j'ai mis en relief la foi et l'amour qui doivent disposer à la s. communion.

28 mars, vendredi. — Nombreuses audiences, tant et tant : p. Atamian ; capitaine Remolino, de Coll'Alta ; comte du Plessis (5 000 F) ; M. Sampaix (2 billets pour gala) (2 000 F) ; Sœurs auxiliatrices de la bien. Soubiran [3] ; M. De Pio. L'après-midi : comtesse Salverte ; p. Greco s. j. ; abbé Jacquin ; p. Charles, de la Trappe de Lille. Entre les audiences travail fiévreux.

29 mars, samedi. — <Déjeuner chez Mgr Courbe.>

Bon travail au bureau. Mais journée fatigante. À 13 h avec Oddi et Heim je suis allé à Montmartre pour un déjeuner chez Mgr Courbe. Il y avait l'av. Reverdy, l'abbé Stourm et l'abbé [ ]. Rencontre utile et familiale. Au retour j'ai repris le travail à la maison. À 20 h avec les mêmes Oddi et Heim j'ai accepté de dîner chez l'*ing.* Giannattasio où se trouvaient aussi l'*ing.* Ippoliti, de Naples, et sa femme. Je me suis trouvé un peu remonté par les souvenirs de Naples. De fait, revenu à la maison, j'ai travaillé jusqu'à 1 h du matin et me suis préparé à la semaine sainte. Parmi les audiences, Mgr Bertin et l'abbé Luc Lefèvre [4].

Maçonnerie d'après ses documents secrets, Paris, Beauchesne, 1941, figurait dans la bibliothèque du nonce).

1. *Stéphanie de Virieux*, Paris, Éd. du Pavois, probablement.

2. Jean Daujat est en effet un adversaire déterminé de Teilhard et du teilhardisme.

3. Religieuses de Marie-Auxiliatrice, fondées au milieu du XIXe siècle en Languedoc par Marie-Thérèse de Soubiran, béatifiée le 20 octobre 1946.

4. Ancien disciple du père Le Floch au Séminaire français de Rome et l'un des fondateurs, l'année précédente, de *La Pensée catholique*. Cette première rencontre signalée empêche de faire du nonce l'intermédiaire du Vatican pour la fondation de cet organe intégriste, comme l'ont

30 mars, dimanche. — Les Rameaux. C'est le dimanche où les Français vont le plus à la messe. Mais pauvre France, beaucoup n'y vont même pas aujourd'hui [1]. Ma journée fut très laborieuse au bureau, sans répit. À 13 h j'ai eu à déjeuner, seuls, les époux Jules Guillaume, amb. de Belgique et Élisabeth, avec leurs 4 enfants Philippe, Cécile, Alain, Béatrice. J'ai fait une grande exception mais je m'en suis trouvé bien : j'imagine Oddi avec ces enfants ! À 17 h j'ai assisté à Notre-Dame à la dernière prédication du P. Riquet. Audition pour moi très défectueuse, auditoire énorme, ce qui est bon signe. *Ubi plura nitent*, etc.

31 mars, lundi. — Parmi les audiences d'aujourd'hui : trois braves messieurs de l'APEL, parents des élèves de l'école libre [2] : MM. Charles Lesay, de Lille, présid., l'av. Robert Drouineau, de Poitiers, M. Marret, de Paris. Puis Mademoiselle Jolicœur, d'Annecy, envoyée par don Benzoni ; M. Davella et l'abbé Muller, curé de S. Philippe du Roule ; deux Mékhitaristes de Venise, résidant à Paris.

1er avril, mardi. — <16 h. Visite au studio du peintre roumain Nasturel 18, rue de l'Univ. Hôtel Rollin – 10 h Bartelletty.>

Le sculpteur Aldo Bartelletty est revenu, et il a proposé très sérieusement d'agir contre le mauvais goût, la déformation et le grotesque [3]. Intéressante visite du *dott.* Roclore, ministre d'État au ravitaillement. Il m'a intéressé aux choses de Dijon [4]. L'après-midi j'ai envoyé une lettre à l'am. d'Argenlieu qui reçoit aujourd'hui la médaille militaire. Puis avec Oddi et le p. Vincent nous sommes allés au studio du peintre roumain Nasturel, dont on voit bien qu'il est brave, mais dans un style

---

affirmé certains de ses animateurs, l'abbé Victor-Alain Berto notamment (Paul Airiau, *« La Pensée catholique », 1946-1956 : romanité à la française ou intégrisme ?*, p. 28).

1. On peut discuter la première appréciation : les fêtes de Noël et de la Toussaint sont aussi très fréquentées ; mais pas la seconde, qui évoque pour la première fois le détachement religieux français dans son ensemble.

2. Association des parents d'élèves de l'enseignement libre, puissant groupe de pression au service de celui-ci.

3. Ce qui ne peut déplaire au nonce.

4. Dont il est député républicain indépendant (de droite modérée), tout comme le maire de la ville, le célèbre chanoine Kir. Son poste est particulièrement exposé, puisque le rationnement atteint des sommets en 1947.

non italien. J'ai visité ensuite M. Girod de l'Ain, malade, et assisté à Pleyel à l'oratorio turc « Yunus Emre [1] » qui m'a plu.

<Mlle Cantin Bakaru : Milani.>

2 avril, mercredi. — Audiences : Mgr Le Hunsec et l'un des siens, <P. Baraban> revenu d'une longue visite apost. en Afrique ; M. Gundolff, de Paris, initiateur d'une assistance caritative aux prisonniers. À 16 h 30 longue visite au card. Suhard pour un tour d'horizon de diverses questions. À la maison, je reçois M. Texier [2] retour de Rome ; le jeune Barone, de Vérone avec d'autres noms. Oddi est allé au Quai d'Orsay pour un *regard* sur le nom de Mgr Fauvel, choisi comme évêque de Quimper, dont la nomination est arrivée hier soir [3]. *Deo gratias* pour ce beau cadeau de Pâques tant attendu.

3 avril, jeudi. — Jeudi saint. Le nonce *seul* célèbre la sainte messe : les sœurs, les domestiques avec leurs épouses ont communié. *Ut decebat.* Dans la journée, beaucoup d'audiences. Parmi elles : prof. Gabriel Le Bras, nouveau conseiller au Quai d'Orsay pour les nominations épiscopales [4]. Celui-ci me révèle plusieurs choses intéressantes. Puis les deux supérieurs de Stanislas. L'après-midi : le prieur de La Pierre-qui-Vire qui me parle du corps de saint Benoît [5] ; puis M. Gaston Palewski avec des informations intéressantes [6]. Le soir, grand recueillement dans la piété et la solennité des souvenirs.

---

1. Poète mystique d'Anatolie qui fut, à la charnière des XIIIe et XIVe siècles, l'un des inventeurs de la langue turque moderne et de sa littérature.

2. En fait, le secrétaire général de la CFTC Gaston *Tessier*.

3. Directeur des œuvres du diocèse de Coutances, André Fauvel s'est beaucoup investi dans l'Action catholique, en milieu rural surtout ; mais il a aussi fréquenté le groupe d'enseignants de l'école publique animé par Marcel Légaut.

4. Mgr Roncalli soulignera auprès de Mgr Montini *« il fatto che egli è stato nominato in questo anno al posto delicatissimo e pieno di interesse nei rapporti col la Santa Sede, di "Consiglier al Ministero degli Affari Esteri per gli Affari Religiosi" con riferimento speciale alle informazioni circa le nomine episcopali »* (« le fait qu'il a été nommé cette année au poste très délicat, et plein d'intérêt dans les rapports avec le Saint-Siège, de "Conseiller au ministère des Affaires étrangères pour les affaires religieuses" avec référence spéciale aux informations concernant les nominations épiscopales »), lettre du 15 mai 1947. Il remplace Louis Canet, avec lequel le nonce ne paraît pas avoir eu de contact.

5. Un doute subsiste sur son emplacement : au Mont Cassin, ou à Saint-Benoît-sur-Loire, comme le pensent nombre de spécialistes ?

6. Le Rassemblement du peuple français va être fondé le 7 avril, sous l'égide du général de Gaulle.

4 avril, vendredi. — Méditation et prière à la chapelle en suivant exactement le Guéranger[1]. Les souvenirs des fonctions de ces jours célébrées pendant 20 ans à Sofia et à Istanbul m'ont tenu bonne compagnie. Au long de la journée quelques visites : M. Aumonier ; et la commission Flory-Michelin qui prépare la Semaine sociale de Paris. Journée très pluvieuse. Le soir beaucoup de travail. Je rencontre Pasteau, Giannattasio, Ferretti. J'aurais bien voulu m'appliquer plus longuement à la prière et à la méditation. Mais il faut quitter le Seigneur pour le Seigneur. De la maison m'arrivent de tristes nouvelles : malades, disette, etc. Que le Seigneur nous donne la patience comme lui a souffert.

5 avril, samedi. — Au séminaire des clercs prisonniers de Chartres. J'étais là avec Giulio et Dino à 8 h. Je suis resté en fonction jusqu'à 12 h 30. Bénédiction du feu ; Exultet ; Prophéties, litanies <2>. Sainte confirmation <4> ; messe solennelle avec ordination de 5 exorcistes et acolytes et de deux prêtres du diocèse de Ratisbonne. Tout très bien. À 13 h le gén. Buisson[2] m'a offert un repas de 25 couverts : officiers ; Rodhain et associés, Macloski[3], etc., bienfaiteurs. Il y avait aussi Mgr l'évêque de Chartres. À 15 h rencontre avec musique et trois allocut. : l'abbé Stock, gén. Boissau, et moi. Je crois m'être fait comprendre, et je suis resté dans la mesure. Grande consolation pour tous dans la lumière du Christ ressuscité et Sauveur[4].

6 avril, dimanche. — Pâques à la maison. Sainte messe avec peu d'assistants : époux Staderini, et M. Madaule qui ont communié, Madame Ferretti, domestiques et sœurs. Madaule est resté ensuite longuement, parlant de littérature et lisant des pages de P. Claudel[5]. À midi j'ai eu à déjeuner le P. Riquet s. j. prédicateur de N.-D. Conversation intéressante comme échange d'impressions. Je lui ai parlé ouvertement du P. Teilhard de Chardin : *pro bono pacis*[6].

---

1. Sans doute le volume de *L'Année liturgique* intitulé *La Passion et la semaine sainte*, publié par le restaurateur de Solesmes en 1857.

2. Général Robert *Boissau*, responsable des prisonniers de guerre.

3. Le camérier secret de cape et d'épée Matthew MacCloskey, par lequel transite l'aide américaine de la National Catholic Welfare Conference.

4. Cette journée d'ordination marque le sommet de l'intérêt du nonce pour le séminaire allemand du Coudray, qui sera dissous en juin ; elle représente le vingt-huitième voyage du nonce, mais le premier de 1947 (trois photographies dans *Questo è il mistero della mia vita*, vol. I, p. 142).

5. Dont il est un éminent spécialiste et un proche.

6. Volonté d'apaisement du nonce, sur un cas qui manifestement le préoccupe.

Tout l'après-midi à la maison, seul, j'écris des lettres à ma famille de Sotto il Monte, et en union avec le Seigneur qui *resurrexit a mortuis*[1].

7 avril, lundi. — *Cognoverunt in fractione panis.* Nous continuons tous à vivre dans la lumière de cet épisode. Histoire, liturgie, vie catholique en marche.

Dans la matinée, de 10 h à 12 h j'ai eu chez moi le sculpteur Bartelletty qui, pendant que je travaillais au bureau, a fait le pastel de ma pauvre tête. C'est une chose inachevée qui révèle cependant la force de l'artiste.

L'après-midi j'ai reçu le nouvel évêque désigné de Quimper, le chan. Fauvel, qui m'a fait bonne impression : humble, simple, sérieux et aimable[2]. *Dominus vivificet eum.*

8 avril, mardi. — Les journées se suivent sans visites spéciales. Aujourd'hui j'ai eu le colonel Dorange qui m'a apporté des lettres et des nouvelles de Grèce de Mgr Testa. Le soir, l'amb. Adam Tarnowski que j'ai bien connu ministre de Pologne à Sofia et qui fut ministre des Affaires étrangères à Londres. Aujourd'hui il est malade avec un tremblement des mains, et en quête de guérison. Il m'a fait beaucoup de peine. Il s'en va à Zurich en cure. Je le reverrai. Pauvre Pologne, dans quel malheur elle s'est trouvée et se trouve[3] !

Plus tard sont venus successivement Ausonio Baroni et Ferretti. Je continue d'être attentif aux événements, aux gestes de de Gaulle[4], etc., et je poursuis mon travail de correspondance.

9 avril, mercredi. — Visites d'aujourd'hui : p. Merklen, directeur de *La Croix* ; le jeune étudiant Mario Dieci, de Rome, neveu de mon cher Mgr Giovanni Dieci, secrét. à la Propagation de la Foi de 1921 à 1925. Je l'ai gardé à déjeuner et après 16 h l'ai accompagné aux Invalides, visiter le tombeau de Napoléon. Au retour, j'ai reçu le nouveau ministre

---

1. On trouve dans ce courrier deux allusions aux ordinations du camp de Chartres, *Lettere ai familiari*, II, p. 86-87.

2. On a l'impression que le nonce ne connaît pas personnellement le nouveau promu.

3. Les élections législatives du 21 janvier ont vu le triomphe du Bloc démocratique, dans des conditions de légalité douteuse. Le communiste Bierut a été élu président de la République le 5 février, et le gouvernement du socialiste procommuniste Cyrankiewicz a été installé le 7. Le 20, le Parlement a adopté la « petite Constitution », texte destiné à régir le pays jusqu'à l'élaboration de la Constitution définitive. L'évolution vers la démocratie populaire est presque achevée.

4. Lancement du RPF la veille.

d'Argentine S. E. Victorica Roca ; la famille Ruspoli : le prince Edmond, la princesse et leur fils Mario, avec sa fiancée Claudia Delmas ; enfin le chan. Charles, de l'archevêché [1]. Oddi s'est rendu ce matin en mon nom à la chapelle grecque orthodoxe pour la cérémonie funèbre après la mort du roi Georges [2] ; puis il est allé à Chartres avec le p. Vincent [3]. Le soir j'étais bien fatigué.

10 avril, jeudi. — Audiences diverses : M. Francisque Gay [4] ; le directeur <Delsinne> des Petits chanteurs de Roubaix. À midi, j'ai célébré le mariage du prince Mario Ruspoli avec Claude Delmas à Ste Clotilde, cérémonie solennelle et aristocratique. Mon bref discours : fides, castitas, mutua dilectio : Amor Domini ; et les souhaits de longue vie, de prospérité, de bénédiction. J'ai fait allusion au père de la mariée, fusillé par les Allemands. Après le repas, je me suis rendu chez les Delmas pour un verre de champagne. À la maison, j'ai reçu : Calenda, Vanier amb., Diart*, un exalté qui voulait que je dise le Pater noster avec lui, Daniel-Rops et sa femme. Aujourd'hui, à midi, don Bruno Heim est rentré de Suisse.

11 avril, vendredi. — Audiences : M. Dussi et sa fille ; sup. Auxiliatrices ; abbé Cuvillier directeur Maîtrise N.-Dame [5].

L'après-midi je suis allé visiter M. Émile Dard, ministre de France à l'étranger et membre de l'Institut. C'est le premier ministre français que j'ai rencontré à Sofia [6] ; et nous sommes

---

1. Eugène Charles, secrétaire du cardinal Suhard, à ne pas confondre avec l'aumônier d'étudiants Maxime Charles.

2. Georges II est mort le 1er avril après un règne agité, entrecoupé de longs exils.

3. Delouf.

4. Le leader démocrate-chrétien, *qui n'est plus ministre*, va se rendre à Rome où il rencontrera Pie XII. Le 1er mai, Jacques Maritain rend compte au Quai d'Orsay de l'effet positif de sa visite, utile « pour placer dans sa vraie perspective la question des nominations épiscopales et contrebattre les impressions fausses et illusoires auxquelles risque de donner lieu la documentation insuffisante ou tendancieuse qui parvient au Saint Père de son représentant à Paris et de quelques évêques français, comme de certains visiteurs laïques » (AMAE). « La tension avec le Gouvernement, notamment au sujet de la nomination aux évêchés vacants, aboutit à une crise si grave qu'un Ministre d'État *[sic]* fut envoyé à Rome pour en traiter avec le pape personnellement (l'audience eut lieu le 20 avril 1947) », écrira Gérard JACQUEMET dans l'article « Jean XXIII » de l'encyclopédie *Catholicisme*, vol. VI, col. 495.

5. Il s'agit de l'école de musique pour les enfants de chœur de la cathédrale, qui leur assure aussi un enseignement général.

6. Et non *« il primo ministro di Francia »* tout court, comme l'écrit à tort Ezio PELLEGRINI, *Giacomo Testa nel solco di Angelo Giuseppe Roncalli*, lettre du 15 avril, p. 132.

restés en bons termes. À Paris nous reprenons des relations plus heureuses. Aujourd'hui il est mourant. Je ne crois pas que ce soit un grand pratiquant ; mais il a voulu les sacrements et m'a fait demander. Quand je suis arrivé, il était déjà dans le coma, mais à peine eut-il entendu ma voix, il commença à sangloter et me donna un signe certain qu'il me comprenait. Je récitai pour lui la prière de la recommandation de l'âme.

12 avril, samedi. — Départ pour Limoges par train à 7 h avec Heim et Giulio [1]. Arrivée à 13 h : tout bien, compartiment réservé. Première rencontre à l'évêché avec plusieurs Excellences. À 15 h assistance, à Saint-Michel-des-Lions, à l'inauguration de la tête de saint Martial. Foule immense, bonne et dévote. On ne dirait pas que Limoges est une ville aussi communiste [2]. J'ai reçu à l'évêché la visite du préfet. À 8 h 30 au *Cirque* de la ville, bondé, j'ai assisté au *Mystère de saint Martial* [3] sur un texte excellent de l'abbé Chalmette avec le jeu d'une compagnie d'artistes. Les deux principaux, venus de Paris, forcèrent un peu la note ; mais dans l'ensemble le succès fut bon et les applaudissements mérités [4]. Mon logement avec Heim et Giulio au séminaire.

13 avril, dimanche. — À Limoges, ville de 110 <mille> habitants je n'ai vu que des catholiques, au pontifical dans la basilique de Saint-Michel, avec mes paroles à la fin, et le soir à la cathédrale archi-pleine. Deux banquets, au séminaire et le soir chez les sœurs avec des toasts interminables [5]. Ces laïcs des groupements de S. Martial, S. Aurélien et S. Loup sont bien intéressants. Journée vraiment très pleine et consolante. Mais *quid sunt inter tantos* [6] ? Le soir, j'ai prononcé moi aussi

---

1. Vingt-neuvième voyage du nonce, pour l'ostension des reliques de saint Martial, conservées dans l'église Saint-Michel-des-Lions. Ce type de cérémonie populaire est très apprécié dans une région pourtant bien peu fervente (*« diocesi la più desolata di Francia »*, écrivait le nonce à Mgr Montini le 19 janvier) ; voir *Les Ostensions limousines*, livraison spéciale d'*Ethnologie française*, octobre-décembre 1983.

2. Entre 1945 et 1947, son maire est l'instituteur communiste Georges Guingouin, chef légendaire des maquis du Limousin.

3. Paradoxe du Limousin largement détaché du catholicisme, mais fidèle à ses dévotions traditionnelles.

4. Charles CHALMETTE, « Le mystère de saint Martial », manuscrit inédit, Bibliothèque municipale de Limoges.

5. Photographie dans *Souvenirs d'un nonce*, entre p. 88 et 89.

6. *« Ero circondato da 10 vescovi ; tutta la porzione dei cattolici presente et festante : gli altri... che avevano ufficialmente minacciato di non voler ammettere il card. Suhard – tanto bravo e sant'uomo – rispettosissimi invece di mons. Nunzio »* (« J'étais entouré de 10 évêques ; toute la fraction des catholiques présente et en liesse ; les autres... qui avaient officiellement

quelques mots au banquet des confréries. Il est plaisant de constater combien il en faut peu pour que ces cœurs français se laissent toucher et virent au bien.

14 avril, lundi. — À Limoges. J'ai célébré la messe dans la grande chapelle de ce beau séminaire où l'on m'a hébergé. Les séminaristes étaient peu nombreux, à cause de certains partis *summo mane* pour les vacances de Pâques. *Nolite timere pusillus grex* [1]. Mes paroles pour réconforter les quelques présents. J'ai rendu ensuite sa visite au préfet, et visité le musée des céramiques et l'atelier Blancher où a été fait l'émail de saint Martial qu'on m'a offert hier soir. Puis visite à S. Pierre à la petite église des bouchers. Déjeuner à l'évêché, visite avec Mgr Rastouil et le chan. Chalmette à Solignac, l'abbaye de saint Éloi, qui m'a beaucoup plu. À 16 h départ en train avec Mgr Pinson [2], excellent et heureux voyage, arrivée à la nonciature à 9 h 50.

15 avril, mardi. — Matinée reposante. Je trouve à la maison, arrivé hier soir, Mgr Samorè, de Rome, et aujourd'hui est arrivé Mgr Rossi, de La Haye : deux excellents garçons de Piacenza à qui Oddi et moi faisons fête. Impressions de Limoges et de Piacenza, le présent et le passé s'animent ensemble. Seule visite le p. Greco, un jeune jésuite qui connaît bien Bergame et est revenu d'Annecy où il a aidé d. Benzoni dans son bon travail pascal chez les émigrants italiens. Enfin est arrivé aussi le nihil obstat du gouvernement pour Fauvel à Quimper. *Patientia mirabilia operatur* [3].

16 avril, mercredi. — <15 h 30 Bartelletty.>
Audiences : abbé Malmanche avec une demoiselle institutrice qui parle bien italien ; Hurter beau-frère de Gius. Beretta ; M. P. L. Chesneau, ex-consul gén. à Istanbul ; Maurice Demarle. À 10 h j'ai assisté aux funérailles d'É. Dard

---

menacé de ne pouvoir admettre le card. Suhard – si brave et si saint homme – respectueux en revanche de Mons. le nonce »), lettre à Giacomo Testa du 15 avril, p. 132.

1. Le Limousin n'est pas riche en vocations.

2. Est-ce pendant ce voyage que le nonce aurait dit à l'évêque de Saint-Flour, à propos de la querelle autour de la « nouvelle théologie » : « Je me demande ce que la charité peut gagner à toutes ces controverses » ? (déposition de Mgr André Baron au procès parisien, 25-27 février 1970, vol. III, p. 368).

3. Ce prêtre, doté d'une certaine réputation d'ouverture, convient à coup sûr mieux au gouvernement que le chanoine Le Baron.

à Saint-Léon : tout beau en apparence mais quel massacre[1] des lois liturgiques ! Mon intervention à ce geste de piété me fut cher et fut certainement édifiant pour beaucoup. Dans l'après-midi, le sculpteur Bartelletty mit quelques touches au pastel de ma tête. Puis je suis sorti faire quelques pas avec don Heim. À la maison agréable conversation avec mes hôtes Samorè et Rossi.

17 avril, jeudi. — <Baptême Calenda. Parr. S. Thomas d'Aquin 16 h.>

Peu d'audiences : *avv.* Annibale Bernardini et Spigarelli, de Rome : le premier est un neveu de Mgr le nonce à Berne. La compagnie de mes hôtes de Piacenza m'est toujours agréable. À 16 h je suis sorti avec Oddi pour baptiser dans l'église de Thomas d'Aquin[2] le bébé Fabio Marcello Calenda, fils du brave vice-consul d'Italie. À la maison, j'ai trouvé les collègues Staderini et Cavalletti et [ ] avec leurs épouses respectives. Puis je me suis rendu rue [ ] pour inaugurer les locaux de l'Unesco et de l'Office pour l'immigration. Chan. Rupp ; Mgrs Blanchet et Courbe ; Millot, etc.

<À déjeuner, pour honorer mes hôtes j'ai fait inviter M. Fugazza qui est revenu le soir pour le portrait.>

18 avril, vendredi. — Ce matin mes deux hôtes Samorè et Rossi sont partis, l'un pour Washington, l'autre pour La Haye. Ce sont de bons garçons. Le Seigneur les bénira. Matinée tranquille à la maison, au bureau. La lecture des journaux m'est une nécessité et une tristesse[3]. Audiences : abbé Stock, du séminaire des prisonniers de Chartres et Ferretti. Celui-ci me dit que le mouvement pour de Gaulle prend vigueur[4]. L'autre que le retour des prisonniers est encore retardé : prévaut l'esprit qui ne comprend pas le précepte évangélique :

---

1. « Massacre », rien de moins (Saint-Léon se trouve dans le XVe arrondissement).

2. VIIe arrondissement.

3. Le pire est pourtant à venir en cette « année terrible ». Mais le nonce écrivait la veille à son ami Amleto Cicognani, délégué apostolique à Washington : *« Le cose invece d'ordine politico e civile sempre più si volgono ad augurio e ad implorazione dell'assistenza Americana. Pare che sia questa la missione segreta che il Signore ha affidata all'America, sorta all'ultima ora servire di* baculum senectutis *all'Europa minacciata di [ ] e di rovina »* (« En revanche les choses d'ordre politique et civil tournent de plus en plus au souhait et à l'imploration de l'aide américaine. Il semble que ce soit là la mission secrète que le Seigneur a confiée à l'Amérique, surgie à la dernière minute pour servir de *baculum senectutis* à l'Europe menacée de [ ] et de ruine »).

4. Tel est en effet le cas.

ne pas faire aux autres, etc. et cette incompréhension menace de perdre la France qui aurait tant de raisons de vivre [1].

<Reçu comtesse Esterhazy.>

19 avril, samedi. — À 8 h sainte messe chez les Lazaristes pour les participants à la Conférence, qui ont communié. Je n'ai pas parlé. À la maison, audiences : p. Lambert avec le cérémoniaire ; Mlle Perpignani qui retourne à Istanbul. À 13 h j'ai eu à déjeuner les deux neveux de Mgr Bernardini : Bernardino et Annibale avec le jeune *avv.* Spigarelli. Puis je suis sorti avec eux visiter le très intéressant musée chrétien [2]. À la maison, je me suis occupé ensuite, tout seul, de la correspondance pour Mgr Marina et pour Luigi à Constantinople.

20 avril, dimanche. — <Confér. S. Vinc. 10 h. S. Roch. Fête S. Joseph [3] Labre 17 h. Project. et Bénéd. M.P.>

La réunion de la Conférence – 101, Bd. Raspail – vraiment solennelle. Mes paroles à la fin. À l'heure des comptes, voilà ce qui vaut le plus : la fraternité dans le Christ en aide à ses pauvres : c'est vrai dans l'ordre individuel, domestique et social. Inutiles, les conférences politiques : faisons la charité [4]. Puis les beautés de l'apostolat laïc en coopération avec l'apostolat sacerdotal ; voilà Ozanam et Ferrini [5]. Le Christ est tout à fait moderne : la charité pénètre partout et triomphe. Bénédiction du Saint Père. Le soir, à Saint-Roch pour saint Benoît Labre : réunion populaire ; quelques mots d'encouragement et bénédiction.

21 avril, lundi. — Sainte messe à la maison. Quelques visites au long de la journée : parmi elles l'évêque de Tarentaise qui m'apporte de bonnes nouvelles de l'évêque de Saint-Jean de Maurienne [6]. Il ajoute que pour Chambéry on désire voir un

---

1. Le nonce comprend de moins en moins pourquoi on ne les libère pas plus vite, puisqu'un accord franco-américain a été signé le 13 mars leur laissant trois mois pour choisir entre le rapatriement et le statut de travailleurs libres en France.

2. Musée des monuments français (voir plus haut en date du 22 mai 1946).

3. *Benoît*-Joseph ; participation demandée au nonce les 24 janvier et 26 février.

4. La charité comme seule politique.

5. Pour le second, voir plus loin en date du 22 ; le premier, fondateur des Conférences de Saint-Vincent-de-Paul (1813-1853), a été béatifié à Paris par Jean-Paul II le 22 août 1997.

6. Mgr Jauffrès sur Mgr Duc, ordinaires de ces deux petits diocèses des Alpes.

jeune, même si nouvel évêque déjà rompu au ministère [1]. À 20 h j'ai présidé le repas des confrères des Conférences et dit quelques mots. Pro fratribus nostris absentibus ; et j'ai laissé le souvenir et le souhait : *via charitatis, via veritatis*. Au retour on m'informe de l'arrivée de l'abbé Bosschaerts, mais je ne le vois pas car il s'est retiré pour se reposer.

22 avril, mardi. — <Réception Ligue fémin. d'Action catholique française. 128, rue de l'Université. 16 h 30.>

J'interviens, mais sans prendre la parole. Je l'ai prise au contraire ce matin à la séance solennelle de l'Institut catholique pour le cinquantenaire de la faculté de droit, en rappelant le *faire confiance* au pape et à Rome. J'ai cité des faits et fait des réflexions. Souvenirs de Gasparri et de Boudinhon, succès de l'un et de l'autre [2], et du Bien. Contardo Ferrini, romaniste insigne dont le culte de l'Église honore sa gloire de juriste [3]. À la maison, je fais les honneurs à l'abbé Constantin que j'accompagne avec Mgr de Vogues* au Sacré-Cœur et à qui je rappelle les souvenirs de Sofia *1925* [4].

23 avril, mercredi. — <Bartelletty 15 h 30.>

Audiences : Motte, provinc. des Dominicains ; Mgr Leoncolo [5], recteur de l'Inst. Cath. d'Angers ; Mgr J.-P. Huibers, évêque de Haarlem avec trois de ses prêtres ; le curé de Saint-Jacques-du-Haut-Pas ; le p. Gabriel, direct. du lycée français de Budapest ; Mlle Theocaris ; M. Caudron, cam. de cape et

1. Rappelons que leur archevêque métropolitain vient de mourir.

2. Qui y ont enseigné, avant de s'illustrer dans la rédaction du Code de droit canon de 1917 ; et le premier comme secrétaire d'État de Benoît XV et de Pie XI (1914-1930).

3. Éminent juriste et homme d'œuvres, mort de la fièvre typhoïde en visitant des malades, Contardo Ferrini (1859-1902) vient d'être béatifié, le 13 avril.

4. Moine bénédictin de l'abbaye flamande d'Afflighem, Constantin Bosschaerts a été séduit par les projets œcuméniques de dom Lambert Beauduin, qui comprenaient initialement un espoir d'implantation en Bulgarie. Délégué apostolique à Sofia depuis la fin d'avril 1925, Mgr Roncalli avait besoin d'un secrétaire : Beauduin lui « prêta » Bosschaerts, qui assura cette fonction pendant quelques mois, avant de retourner en Belgique à la fin de juillet. Il entra ensuite chez les Olivétains dont il est abbé commissionnaire en 1947 (Francesca DELLA SALDA, *Obbedienza et pace. Il vescovo A. G. Roncalli tra Sofia e Roma, 1925-1934*, Genève, Marietti, 1989, p. 35-37 ; Raymond LOONBEEK et Jacques MORTIAU, *Dom Lambert Beauduin (1873-1960). Liturgie et Unité des chrétiens*, Chevetogne-Louvain-la-Neuve, 2001, t. I, p. 613-615).

5. Prélat inconnu ; en revanche, Mgr Léon Gry a été recteur d'Angers entre les deux guerres.

d'épée ; M. Sala, et deux messieurs de Modène, de la Conf. de S. Vincent.

24 avril, jeudi. — Audiences : ministre Gentil, récemment nommé pour représenter le prince de Monaco auprès du Vatican ; Mgr Bressolles, nouveau directeur de la Sainte-Enfance. Paroles pacifiques et positives sur le fait de cette nomination [1] ; le clerc Maurice, de Limoges ; un prêtre qui travaille avec Mgr Beaussart ; le procureur des Spiritains et le nouveau vic. apostolique à Madagascar qui sera consacré à Auteuil pour la Pentecôte. L'après-midi Charles Pichon avec qui nous avons longuement parlé d'art, d'histoire et de politique. *La Croix* communique les noms des trois nouveaux évêques Fauvel, Garrone et Béjot [2]. Une nouvelle période anxieuse qui finit bien. *Deo gratias* [3].

25 avril, vendredi. — Anniv. de mon arrivée en Bulgarie : plein de souvenirs plus émouvants maintenant après la transform. de ce pays [4]. Audiences : MM. Baufine, sup. du sémin. d'Issy et Pressoir, sup. de la Solitude ; fr. Fabien des Écoles chrét. ; abbé Cordier, curé de S. Gobain ; abbé Nicolas Iung,

---

1. Non souhaitée par le nonce, rappelons-le.

2. Pour Quimper, Toulouse (le supérieur du grand séminaire de Chambéry y devient coadjuteur) et Besançon (le vicaire général y devient auxiliaire).

3. Le nonce se réjouit peut-être trop vite. Une « Note pour Monsieur Coulet » du 26 prouve en effet la persistance de l'insatisfaction du Quai d'Orsay et sa volonté de maintenir la pression sur le Saint-Siège pour obtenir « des garanties “professionnelles” supérieures à celles du corps épiscopal français dont le Ministre déplore la médiocrité, le peu d'entrain, l'attitude réservée à l'égard des réformes politiques et sociales qui ont illustré les débuts de la IVe République ». Elle insiste sur « la nécessité de promouvoir un esprit nouveau dans l'Église de France ». Pour ne pas sembler s'immiscer dans les affaires ecclésiales, elle suggère une nouvelle procédure : enquête préalable sur les intentions de la nonciature ; rapport du conseiller pour les affaires religieuses ; en cas de désaccord, intervention officieuse auprès de la nonciature (AMAE). Les trois dernières nominations sont pourtant plus satisfaisantes que les précédentes à cet égard : Gabriel-Marie Garrone est familier des idées du temps et Georges Béjot a contribué au développement de l'Action catholique, de la JOC notamment.

4. Le 8 septembre 1946, à 300 000 voix de majorité, un référendum a préféré la République (proclamée le 15) à la monarchie, provoquant l'exil du roi Siméon ; le 27 octobre, les élections législatives ont donné une forte majorité au Front de la patrie, dominé par le PC ; le 23 novembre, dans un gouvernement où communistes et non-communistes sont à égalité, le leader communiste Georges Dimitrov a remplacé Kimon Gueorguiev, qui conserve pourtant les Affaires étrangères. Le processus de soviétisation s'achève.

juriste. Je me suis rendu avec lui à l'Institut pour la leçon sur le card. Gasparri, premier professeur de droit canon. J'ai emmené avec moi pour déjeuner le P. Creusen, prof. à la Grégorienne.

Dans l'après-midi, le journaliste des Roches ; prof. [von Hornstein] de Fribourg-en-Brisgau. Le soir, la baronne Maria Scotti et Niny arrivées de Bergame avec Henri après un excellent voyage en auto.

26 avril, samedi. — <À déjeuner : Claudel et Madaule. Saint-Jacques-du-Haut-Pas pour B. Soubirous. 16 h pour le salut après le panégyrique : 250, rue S. Jacques au coin de la rue de l'Abbé de l'Épée.>

Audiences : Dia Tageddine, fils du Présid. de la Syrie ; aumônier militaire hollandais.

J'ai eu à déjeuner Mgr Grente, les acad. Claudel et Madaule. Belle rencontre. L'après-midi je suis allé à Saint-Jacques-du-Haut-Pas pour la bénéd. après le panégyrique du P. Parra, à l'occasion du triduum pour B. Soubirous[1]. Public religieux féminin – très peu d'hommes[2]. Puis conversation familière au presbytère avec plusieurs prêtres intervenus. Je n'oublie pas, le matin, le prof. Le Bras et le soir la bar. Scotti.

27 avril, dimanche. — <Séance Écrivains catholiques. 16 h 30. Dîner 20 h. 10h. Martino Belotti 2, rue François Carel – Drancy – Seine.>

J'ai reçu ce jeune que j'ai bien connu en 1918-1921 avec son père via Solata. Il est maintenant à Paris : lui aussi a sa triste histoire et sa situation irrégulière. Mais il garde les bons principes et je l'ai bien écouté. À midi, avec Oddi et Heim, j'ai eu à déjeuner la bar. Scotti et Niny. Elles savent très bien se tenir. Puis après-midi très chargée. Je reçois d'abord le card. van Roey, de Malines, qui se rend à Rome. À 16 h je préside – 101, Raspail – la séance de clôture des Écrivains catholiques, mais je n'ai pas parlé. Je leur ai donné ensuite la bénéd. aux Carmes, dont j'ai visité avec dévotion la crypte des martyrs. Je suis rentré à la maison pour assister et accompagner le card. van Roey, puis j'ai présidé le dîner à l'Oasis.

28 avril, lundi. — Le repas des « Écrivains catholiques » à l'Oasis, avec les paroles que j'ai prononcées, particulièrement

1. La fête de la voyante de Lourdes, canonisée en 1933, se situe le 16 avril.
2. La paroisse se situe dans le Ve arrondissement, qui reste assez populaire.

bien accueillies, m'a laissé vif au cœur le sentiment du devoir accompli. Ce matin j'ai eu peu d'audiences. J'ai été heureux du retour de Mgr Vagnozzi en excellent état. À midi j'ai eu à déjeuner le P. <Bartolomeo> des Fr. Mineurs, un Canadien que j'ai connu à Alep en octobre 1939. L'après-midi, je suis sorti avec Oddi et le p. Dumont visiter un immeuble pour l'œuvre des Dominicains au service des Russes et nous l'avons trouvé excellent [1]. À la maison, conversation avec l'*ing.* Carozzo.

29 avril, mardi. — Audiences : le p. Lefèvre, nouveau vic. apost. de Rabat, au Maroc [2]. Madame Henri Cosme, ex-ambassadeur ; l'ancien ambassadeur d'Amérique à Paris M. Bullitt.

30 avril, mercredi. — Cette sainte Catherine m'a beaucoup plu, virgineo fragans odore au jour de l'octave de saint Joseph. Lui et elle, oh ! quels précieux protecteurs.

Audiences d'aujourd'hui : un M. Cancilla, de Palerme, qui voudrait faire du tourisme au Vatican ; puis l'abbé Guérin et le présid. général de la JOC ; l'après-midi Mgr de La Villerabel, le cousin Mario Colombo, le sculpteur Bartelletty, le père Bith, provincial des Jésuites, et avec lui longue conversation sur les questions futiles des intellectuels [3] ; Mgr Maroun, du Liban, Armida Ferrari. Le soir commence la dévotion du mois de mai, en suivant le Muzzarelli. Un peu ancien, mais qui évoque des souvenirs d'une jeunesse fervente [4].

1er mai, jeudi. — <Déjeuner Dr Erkeletian 13 heures tél. Littré 53.27 – 58, rue d'Assas 4e ét. gauche.>

En audience le p. Rouquette, des Études [5] ; un prêtre de Nice qui apporte une lettre d'un prêtre de là-bas pour Rome.

1. Sans doute la propriété de Boulogne-sur-Seine où le père Christophe-Jean Dumont veut installer le Centre d'études Istina, désormais distinct de la paroisse russe catholique de la rue François-Gérard (XVIe arrondissement).

2. Le franciscain Amédée Lefèvre, nommé le 4 avril pour remplacer son confrère Mgr Henri Vielle, décédé le 7 mai 1946, qui ne semble donc pas avoir été exclu comme prévu en 1945.

3. Ces questions sont-elles si futiles, puisqu'il s'agit sans doute encore de la « nouvelle théologie », que l'on impute à certains jésuites ?

4. Alfonso Muzzarelli, s. j., *Le Mois de Marie ou le mois de mai consacré à Marie par le moyen de différentes fleurs de vertu que toutes personnes peuvent pratiquer dans les églises ou dans les maisons particulières*, Avignon, multiples éditions, 1827, 1842...

5. Le nonce ne se défie pas systématiquement des Jésuites, puisqu'il

2 mai, vendredi. — Audiences ; p. Dumont, qui a reçu l'autorisation pour l'achat de l'immeuble pour « Istina [1] ».

La nouvelle supérieure des Dames de l'Assomption ; le comte av. Las Cases ; l'amiral d'Argenlieu qui accepte de ne pas prendre d'engagements d'ordre public avant son retour définitif au Carmel [2].

3 mai, samedi. — 10 h. Messe pontificale au séminaire des Polonais avec ordination de 4 diacres. Tout en ordre parfait dans cette dévote chapelle du séminaire des Irlandais : au n° 5 de la rue homonyme près du Panthéon. De retour à la maison après le déjeuner où j'ai évoqué mes souvenirs de Pologne pour encourager cette belle communauté, j'ai eu une longue conversation avec le *comm.* Russo. Nous avons discuté de sa revue *Res publica*. Bon travail au bureau jusqu'à une heure tardive. J'ai vu aujourd'hui également l'abbé de Lérins avec son prieur ; puis Mgr Duménil, vic. gén. d'Autun ; M. Lo Duca qui veut se marier à l'église et, pour de bon, après deux divorces.

4 mai, dimanche. — <Colonier* Venard chev. de S. Grégoire. 9 h 15. Jésuites Gonzague 50 ans. Assistance solennelle mitre et crosse. Messe jubilaire. Entrée 5, rue Camoens. Le soir dîner avec évêque de Mayence Albert Stohr avec secrétaire p. Smit et P. Badré 19 h 30.>

Tout très bien chez les Jésuites de l'Inst. S. Louis de Gonzague. Cérémonie bien préparée : repas de 700 couverts ; mon adresse : *continuer de jouer*. Grande gaieté et sympathie de tous les anciens élèves [3]. À la maison j'ai trouvé les trois représentants du gouvern. italien pour le congrès de l'Union postale ; puis M. Lo Duca. Ensuite Maria et Niny Scotti. Enfin l'évêque de Mayence que j'attendais. Brave prélat : fort et raisonnable. Conversation confiante.

---

s'est rabattu sur lui, après la défection de l'abbé Robert Prévost, pour la contribution sur la pensée protestante en France demandée par Mgr Bernareggi (lettre à celui-ci du 11 mars, *Questa chiesa che tanto amo*, p. 298) ; chroniqueur religieux des *Études*, Rouquette connaît bien le sujet.

1. Il a pour cela l'appui de la Congrégation orientale.

2. La politique de force menée par le haut-commissaire en Indochine a échoué, sans éviter la guerre : il est remplacé le 5 mars par Émile Bollaert, et se trouve donc disponible : il n'y a plus d'obstacle pour son retour à la vie religieuse.

3. Célébration du cinquantième anniversaire du célèbre collège jésuite du XVIe arrondissement.

5 mai, lundi. — 10 h P. d'Ouince, directeur des *Études*. Toujours bonne entente au sujet d'une vigilance et d'une prévoyance pacifiques[1]. À midi j'ai accueilli le chan. Garrone, nouvel archev. coadjuteur nommé de Toulouse, qui confirme les très bonnes impressions détectées. Je l'ai gardé à déjeuner. Autres visites : command. Delamaire, de retour de Rome ; Mgr de La Vacquerie, évêque militaire ; frère François de Sales, secrét. des Fr. des Éc. chrétiennes avec le supérieur de Brétigny ; M. Salm, qui représentera avec Vagnozzi le Vatican au congrès postal. Puis je suis sorti avec Heim pour une longue promenade, avec visite à Mlle Girod de l'Ain qui va un peu mieux[2].

6 mai, mardi. — Audiences : P. Lambert, du collège Gonzague ; p. Dumont pour les Russes, achat de l'immeuble pour « Istina[3] » ; comtesse Balfour Vanuoe (?) affaire d'annulation[4] ; Mme Labouré-Gontard, parente de Mgr [Mayol de Lupé[5]] ; les pères Gérard et Pasquier avec le prof. Lesourd de la S. Enfance. J'ai préféré « faire bonne figure à un mauvais jeu » et tout envelopper dans une atmosphère de charité indulgente et encourageante[6] ; Mgr Devreesse, vice-préfet de la Vaticane, avec l'abbé Muller, curé de Saint-Philippe du Roule.

7 mai, mercredi. — <Déjeuner des Roches – 35 km. Évry Grammont – Prép. avec Vagnozzi. Départ à 12 h.>

Audiences : l'abbé Boche, de Poitiers ; Mgr Maroun, des Maronites, avec qui je m'arrange pour ne pas aller chez eux dimanche ; Pietro Vinci, secrét. légation italienne à Sofia avec sa femme et sa belle-mère ; Mgr Gillet, archev. de Nicée ; puis p. Épagneul. À midi, avec des Roches, je suis allé à Évry dans la famille Grammont. À 15 h au Luxembourg j'assiste à l'inauguration du congrès de l'Union postale, où Vagnozzi et Salm représentent la Cité du Vatican. Dans la soirée, je suis sorti me promener avec Heim.

---

1. Prévenu de divers côtés des inquiétudes du nonce, le jésuite est sans doute venu les désarmer.
2. Il est étonnant que le nonce ne fasse aucune allusion à la grande nouvelle politique du jour qu'est l'exclusion des communistes du gouvernement Ramadier : tournant décisif de la IVe République, elle marque la fin de l'essai d'unité de la Résistance consécutive à la Libération.
3. Le déménagement sera achevé le 16 mai.
4. Balfour-*Rouvre*, vraisemblablement.
5. Voir plus haut en date du 7 mars.
6. Puisque ce n'est pas son candidat, Mgr Bertin, qui a été choisi.

8 mai, jeudi. — Audiences : M. Chanson, de Beaune, auprès de qui je m'excuse de ne pas aller là-bas pour la fête du vin [1] ; la baronne Scotti ; sœur Eugénie, d'Ernemont ; l'après-midi, le beau-frère de M. Beretta et un de ses amis hôtelier. Tout seul, je vais sur les quais où j'achète le Sainte-Beuve [2] et plusieurs autres publications avec lesquelles le soir je me distrais un peu, manquant en cela à la perfection. Mon travail doit être ordonné : d'abord les choses de ma charge, puis les distractions littéraires. *Dominus mihi parcat.* Parmi les audiences d'aujourd'hui, à noter celle de M. Gundolff qui s'occupe d'assistance aux prisonniers.

9 mai, vendredi. — <Audiences : *comm.* D. Russo à propos de sa *Res publica.*> Mgr de Quimper à déjeuner. Ce cher Mgr Fauvel est vraiment bon et brave. Je le présente aussi aux sœurs. Il est simple et en même temps il a de la largeur de vues et de la générosité dans l'action [3]. Audiences : un certain monsieur qui menace pour des injustices commises par des ecclésiastiques en matière de causes matrimoniales. Il cite le cas de Pétain [4]. Je l'ai reçu et calmé, je ne sais si la bonne impression que je lui ai faite durera ; puis l'*ing.* Carozzo, la baronne Scotti et sa fille. À la maison, j'ai continué de me distraire avec les achats d'hier, les volumes de Sainte-Beuve. Je lis les moralistes français : Pascal, La Bruyère, La Rochefoucauld, etc. [5].

10 mai, samedi. — Peu d'audiences : abbé Lefèvre. À 10 h 30 je vais à la gare de l'Est recevoir le card. Sapieha, archev. de Cracovie, 80 ans, qui poursuivra sur Rome. Personne très digne, simple et sympathique. Je l'accompagne au séminaire des Polonais. L'après-midi je rends une visite au card. Suhard avec qui je m'entretiens longuement. Je le trouve encore un peu gêné de la gorge. Nous nous accordons bien sur

---

1. Il refuse désormais des invitations, surtout quand leur caractère religieux ne paraît pas évident (après avoir demandé l'avis de l'évêque de Dijon, Mgr Sembel, lettre du 7 mai).

2. Du grand critique littéraire français du XIXe siècle, le nonce possédait, d'après la liste de sa bibliothèque : *Port-Royal* (5 vol., Hachette, 1860) ; *Galerie de portraits historiques* (Garnier Frères, 1883) ; *Nouvelle galerie des grands écrivains français* (2 vol., Garnier Frères, 1881-1889) ; *Galerie de portraits littéraires* (Garnier Frères, 1898).

3. Portrait assez juste d'un des bons choix du nonce.

4. Marié civilement à une divorcée en 1920, le maréchal Pétain l'épousa religieusement le 7 mars 1941, après annulation du premier mariage de sa femme en cour de Rome.

5. Sans doute le recueil *Les Moralistes français. Pascal, La Rochefoucauld, La Bruyère, Vauvenargues*, Paris, Garnier Frères, 1875.

tout. Le soir, Mgr Oddi est revenu de sa pérégrination en Belgique et en Hollande qui lui a fait du bien et lui a rendu plus agréable encore la nonciature de Paris [1].

11 mai, dimanche. — <Arméniens.> Messe et déjeuner. J'y suis arrivé – 10, rue Thouin – seul à 11 h 30, quand Mgr Bahabanian [2] avait déjà dépassé l'élévation. Chapelle archi-pleine mais petite [3]. Beau chant, plein de tendre mélancolie, et bien exécuté comme à Istanbul. Après la messe, mes paroles réconfortantes au nom du pape, très écoutées : saluts, encouragements, bénédictions. J'ai déjeuné avec 18 membres de l'éphorie et les Mékhitaristes au *Lutetia.* Dans la matinée j'ai assisté à la revue pour Jeanne d'Arc et pour la libération, place de la Nation. Il y avait M. Churchill, que j'ai salué, mais je crois qu'il ne comprend pas le français [4]. C'est bien que j'aie pu être présent [5]. Manifest. bien réussie mais sans enthousiasme populaire. À 16 h j'ai visité rue de Lubeck [6] la vente pour l'école libre.

12 mai, lundi. — <Dîner Rops : 28, boul. V. Hugo, Neuilly-sur-Seine – 20 h.>

J'ai reçu hier la nouvelle de la mort subite du *comm.* Domenico Russo seulement 24 heures après notre entrevue à la nonciature. Cela m'afflige sincèrement et je vais écrire mes regrets à son bon fils, le p. François, jésuite [7]. Une autre lumière de ma jeunesse qui s'éteint. Aujourd'hui j'ai eu à déjeuner le card. Sapieha et le card. Suhard avec le recteur du collège polonais d'ici, et avec le secrét. épiscopal de Cracovie. Le soir, je suis allé avec Oddi dîner chez Daniel-Rops : assistance modeste mais intéressante : M. Couderc de S. Amand [8] ; le directeur du *Tablet* et madame ; Mme Canconi et Armida Ferrari.

---

1. *« Mons. Oddi che vale per tre »* (« Mgr Oddi, qui en vaut trois », lettre à Giacomo Testa du 15 avril, p. 130). Songerait-il à s'en aller ?

2. Recteur de la mission arménienne à Paris.

3. Dans le Ve arrondissement.

4. Du moins le français du nonce, qui ne semble pas comprendre l'anglais.

5. Cette fois, le nonce est présent en personne à une manifestation patriotique ; on le voit même en compagnie de l'ambassadeur soviétique (*Questo è il mistero della mia vita*, vol. I, p. 139).

6. XVIe arrondissement.

7. Il s'agit du père François Russo, polytechnicien, juriste et philosophe des sciences, aumônier de l'École polytechnique et de l'Union catholique des scientifiques français.

8. Pour Saint-*Chamant.*

13 mai, mardi. — <Audiences de M. Lozé, min. de Monaco, et du P. Lefèvre, nouveau vic. ap. de Rabat.> Mgr Devreesse à déjeuner ; il y avait aussi S. E. Adam Tarnowski, ex-ministre de Pologne en Bulgarie et aujourd'hui ministre des Affaires étrangères du gouv. polonais de Londres. Il est très malade ; sa situation est bien délicate, comme la mienne, face au double gouvernement [1]. Le soir, mon audience avec Bidault au Quai d'Orsay. Situation de Russie floue, incertaine, préoccupante [2] ; ici, dans les rapports pour les nominations épiscopales, *bien* : en bonne voie dit-il, celle qui a d'ailleurs toujours été empruntée [3] ; question de l'attaque contre les soutanes : je lui ai donné des inform. précises ; il m'a assuré de l'intérêt du ministre de la Justice [4] ; affaire de l'évêque de Trèves [5] ; autres allusions aimables à propos de Ramadier. À 21 h j'ai salué le card. Sapieha en partance pour Rome.

14 mai, mercredi. — 17 h abbé Lefèvre ; le matin Oddi s'est senti mal et s'est mis au lit. Audiences : outre l'abbé Lefèvre, sœur Eugénie, d'Ernemont ; p. Eudiste de Versailles avec la correspondance du bénéd. visionnaire du Pont-Colbert [6]. À midi, j'ai eu à déjeuner la baronne Scotti avec Niny, qui restera à Paris [7]. À la partante je confie des lettres pour Patelli,

---

1. Le 12 mai, Georges Putrament a été nommé ambassadeur à Paris par le gouvernement de Varsovie, avec lequel le Saint-Siège n'a pas de relations, tandis qu'il en conserve avec le gouvernement polonais à Londres.

2. La conférence de Moscou vient d'aboutir, le 25 avril, à un désaccord complet entre les Russes d'un côté, et les Occidentaux de l'autre, sur le sort de l'Allemagne notamment ; de son côté, le président américain Truman a annoncé le 12 mars sa volonté de lutter partout dans le monde contre le communisme, spécialement en Grèce et en Turquie : la « guerre froide » s'annonce.

3. Optimiste au vu d'un passé récent.

4. Sous le titre-choc « Le complot des soutanes », la presse de gauche accuse depuis la fin du mois de mars les couvents de soustraire des « collaborateurs » à la justice ; l'affaire suscite une vive polémique dans laquelle s'engagent, à décharge, des résistants catholiques notoires comme le père Riquet ou François Mauriac. Elle fera long feu, mais elle a inquiété les milieux catholiques (le ministre de la Justice du gouvernement Ramadier est le radical André Marie).

5. Il s'agit de Mgr Bornewasser, dont le diocèse inclut l'essentiel de la Sarre, qui s'oppose aux prétentions ecclésiastiques françaises dans un territoire pratiquement annexé (Sylvaine GUINLE-LORINET, *Pierre-Marie Théas. Un évêque à la rencontre du XXe siècle*, Tarbes-Toulouse, 1993, p. 236-238).

6. Le père Daniel, dont les commentaires de livres de l'Ancien Testament et de l'Apocalypse paraissent déraisonnables au nonce, qui en écrit à l'abbé de Lérins le 28 mai (Archives de Lérins).

7. La propriétaire de la maison de Camaitino, dont il a déjà été

le chan. Guerini, ma sœur et le curé Birolini. Le soir, audience prof. Le Bras [1] qui part pour Rome [2]. Inform. intéressantes comme hier, celles des Pères Blancs, des Mineurs, comme avant-hier lundi celles du nouveau vic. apostolique de Rabat, le p. Lefèvre.

15 mai, jeudi. — Fête silencieuse de l'Ascension à la maison. Quelles belles paroles saint Augustin nous répète pour le mystère d'aujourd'hui ! « In illo nostri generis corpore nos Christi mors vivificavit nos resurrectio erexit, nos ascensio consacravit. In illo nostra originis corpore coelestibus regnis archam nostrae condicionis imposuit... Ipso affectu pariter et profectu ascendimus post illum etiam per vitia et passiones nostras... » (Sermon 176, conclusion). Bréviaire, vendredi avant la Pentecôte.

16 mai, vendredi. — <Dîner Patrons au Palais d'Orsay 20 heures.>

Quelques audiences ; et bon travail au bureau. Le soir, rencontre avec la Fédération des patrons ou employeurs à l'Hôtel d'Orsay, très bien réussie : rencontre conviviale mais rendue plus savoureuse par plusieurs toasts pleins de verve et d'esprit chrétien. Il y avait le card. Suhard qui pourtant ne put parler à cause de son enrouement têtu, et Mgr Blanchet. Je fus invité à parler en dernier et j'ai l'impression d'avoir réussi de manière particulièrement heureuse, et bien comprise : évocation de souvenirs de jeunesse à propos des apôtres de la

---

plusieurs fois question, est venue accompagner sa fille unique Maddalena, dite Niny, qui va passer trois mois à Paris pour apprendre le français.

1. Le nonce le recommande chaleureusement à Mgr Montini, et par son intermédiaire au pape, par lettre du 15.

2. Il y rencontre Mgr Tardini pour lequel : « Une conversation préalable entre Nonce et Gouvernement (ou agent officieux) est peu désirable car : 1) il en résulte des retards, des indiscrétions et une disposition de l'État à repousser les noms qui ne figurent pas sur ses propres listes ; 2) l'expérience espagnole confirme ces craintes ; 3) on ne saurait être plus minutieusement renseigné sur les hommes que nous le Saint-Siège. » À cet égard, Le Bras répond « que, si minutieuse que soit l'information du Saint-Siège, la connaissance des hommes et des conditions locales reste, par force de nature, toujours incomplète et que j'avais eu l'occasion de le prouver deux fois depuis deux mois. » Mgr Tardini aurait renoncé à argumenter sur ce point, car « il semble peu favorable au Nonce », mais il s'est refusé à accepter un droit de veto de l'État ; et Le Bras l'a rassuré : seules l'attitude des candidats pendant l'occupation et/ou une hostilité déclarée de leur part envers le régime politique actuel peuvent constituer des obstacles (raisons qui entrent bien dans le cadre de l'accord de 1921), « Voyage à Rome », note s. d. (« 1er juin 1947 », au crayon), AMAE.

doctrine sociale. Pottier, Toniolo, Bergame et observations encourageantes pour l'avenir. Heim était avec moi.

17 mai, samedi. — Voir ci-dessus au 15 courant. J'ai tout réalisé. La visite à Brétigny, un enchantement de printemps et de jeunesse avec le collège des Frères. Le secrét. général, fr. François de Sales, m'a accompagné. Cérémonie religieuse en plein air trop longue ; puis bons chants, mais le gros des garçons n'y prend pas part. Repas bruyant dans le grand salon de la villa. La partie supérieure transformée en chapelle que j'ai bénite *more simplici* [1]. À mon retour, j'ai reçu la visite de Maritain, ambassadeur auprès du Saint-Siège. Nous nous sommes bien entendus : je l'ai vu avec plaisir bien orienté au sujet des extravagances intellectuelles qui troublent les ecclésiastiques en France [2].

18 mai, dimanche. — Sainte messe à 7 h. À 8 h 30 départ avec Oddi pour Saint-Brieuc, où nous arrivons à 16 h 30 après un heureux voyage en auto [3]. Nous avons mangé un morceau à mi-chemin dans un bosquet. La ville de Saint-Brieuc a dépassé mon attente : bien située, propre, moderne. Mgr Serrand m'a très bien accueilli : il comprend tout et parle, mais les mains tremblent sans cesse. J'ai visité avec Mgr Coupel la cathédrale : trop de colifichets et de banderoles [4] ; la maison des Franciscaines missionnaires de Marie avec un vaste et très beau parc ; le séminaire, grand et nouveau, mais je n'ai pas pu voir les séminaristes. Le soir, je loge à Guingamp dans le château des marquis de Kéroüartz.

19 mai, lundi. — Je suis arrivé à Tréguier (S. Brieuc) à 9 h après avoir célébré la messe dans la chapelle du château. Première personne rencontrée à Tréguier, le p. Hervé, capucin de Saint-Louis à Péra : mais je ne l'ai plus revu ensuite. J'ai participé à la fête du centenaire de saint Yves : messe solennelle du card. Roques, avec discours du card. Gerlier, procession très

---

1. Visite au collège des Frères des Écoles chrétiennes, dans la grande banlieue sud de Paris.

2. Confirmation des inquiétudes du nonce, mais qui force un peu la position de Maritain : au fond, le philosophe thomiste redoute la « nouvelle théologie », mais l'ambassadeur craint l'effet de lourdes sanctions à l'encontre du catholicisme français, comme le montre sa position apaisante dans le débat Saint-Maximin-Fourvière (Étienne FOUILLOUX, *Dialogue théologique ? 1946-1948*).

3. Trentième voyage, pour le sixième centenaire de la canonisation de saint Yves.

4. Mgr Roncalli n'apprécie pas l'excès du décor.

longue en cappa magna ; repas d'environ 4 heures avec 12 discours. Foule immense et digne sans une fausse note. Mais le nonce, invité avec tant de ferveur, a contribué par sa présence : il n'a été convié ni à une prière ni à une parole ni à une bénédiction [1]. Au retour nous avons fait un tour le long de la côte, Perros, Trégastel et Lannion. Nouvelle soirée au château hospitalier des marquis de Kéroüartz.

20 mai, mardi. — Sainte messe chez les Salésiens de [ ]. Adressé quelques mots aux jeunes. Saint Yves, saint Bernardin, saint Jean Bosco : tous saints de la jeunesse et de la joie. Puis les Belges sont arrivés... et je me suis échappé. À Saint-Brieuc, je suis retourné chez l'évêque Mgr Serrand, et avec lui, en touchant plusieurs points de la côte, je suis arrivé à Créhen, la maison mère des sœurs de la Providence [2]. Très grand institut et très impressionnant. Déjeuner noble et distingué. Il y avait Mgr Hervé, le vic. gén. Rose et les aumôniers. Je suis resté l'après-midi avec les sœurs, et en conversation prolongée avec Mgr Hervé sur les questions actuelles. Le soir, j'ai mangé peu et ce fut bien. J'ai pu travailler jusqu'à une heure tardive.

21 mai, mercredi. — Sainte messe dans la riche chapelle des sœurs. À 9 h 30 départ avec Mgr Hervé vers sa paroisse que j'ai visitée à Dinan, superbe, et Saint-Malo qui dut être une merveille et est aujourd'hui une ruine [3]. Saint-Malo et les environs me rappellent la beauté d'Istanbul [4]. Nous passons à Saint-Servan où je visite les *Petites sœurs* et les locaux où est née l'œuvre immortelle de la charité [5]. Repas au presbytère avec Mgr Coupel et un nombreux clergé. Départ de nous seuls. Bref arrêt à Dol pour voir l'admirable cathédrale ; un autre au Mont-Saint-Michel pendant qu'Oddi est monté avec Giulio voir la « merveille », puis brève visite à Montligeon et à 10 h 45 heureuse arrivée à Paris.

22 mai, jeudi. — À la maison, tout bien : peu d'audiences. Bon travail de correspondance. Audiences de Mgr Bertin, de M. Georges Eudes au nom de M. Grandmaison et de Niny Scotti.

---

1. Il n'apprécie pas non plus d'être réduit à un élément de ce décor (photographie dans *Souvenirs d'un nonce*, entre p. 88 et 89). Aucune allusion à Ernest Renan, illustre compatriote de saint Yves.
2. Qui desservent la nonciature.
3. La ville a été détruite lors des combats de la Libération, en 1944.
4. Quelle curieuse comparaison quand on connaît les deux villes !
5. Jeanne Jugan leur fondatrice est originaire du port de Cancale.

Le soir, en présence d'environ 25 personnes au salon j'ai remis à M. Daniel-Rops les insignes de comm. de saint Grégoire le Grand, et j'ai dit quelques mots d'éloge et d'encouragement. Manifestation simple mais bien digne du valeureux et si bon écrivain catholique.

23 mai, vendredi. — 10 h. Avec Beauchesne à la campagne, au « Château de Fontenelle », à 30 km dans la Brie : véritable oasis de beauté et de paix. C'est un hospice pour jeunes et vieux, tenu avec soin par les sœurs de la Présentation de Tours [1]. Le soir arrivée de Mgr Panico, de Sydney, avec son vic. gén., et qui repart dans la soirée pour Rome. Je le revois avec plaisir 24 ans après notre rencontre en train au fond des Pouilles. Il était absent de Rome depuis plus de 11 ans. Donc retour bien mérité. De Rome est arrivée la nomination de Mgr Pirolley pour Saint-Dié, mais je crains des soucis avec le gouvernement. Il en est pourtant bien digne [2].

24 mai, samedi. — Audiences : le curé de la Sainte-Trinité et M. Couderc de Saint-Chamant. Autre visiteur : le jeune André Couteaux avec son projet d'un journal international à base catholique, apôtre de la justice et de la paix. J'écoute volontiers, mais n'est-ce pas une utopie ? Il me plaît de lui donner une bonne impression et un encouragement tout en lui laissant entrevoir aussi les déceptions et les tribulations de ces rêves de jeunesse. Le soir est plein et adouci par le mystère de la Pentecôte imminente.

25 mai, dimanche. — Assistance au sacre d'un vic. apost. de Madagascar à Auteuil : Mgr Batiot [3]. Le consacrant était Mgr Le Hunsec. D'autres évêques Spiritains étaient présents. Cérémonie bien réussie : était présent également le ministre du Commerce Letourneau. J'ai participé ensuite au banquet avec une foule représentant la Vendée et Madagascar. J'ai clos la série des toasts en associant à la fête d'aujourd'hui mes premiers souvenirs de Madagascar, que saint Alphonse voulait évangéliser, et l'heureuse réalité d'aujourd'hui source d'encouragements et d'optimisme pour tous. *Renovabitur facies terrae* [4].

---

1. Photographie dans *Questo è il mistero della mia vita*, vol. I, p. 138.
2. Le nonce n'hésite donc pas à choisir un prélat, vicaire général de Besançon, dont il sait qu'il risque de déplaire au gouvernement ; et qui ne sera d'ailleurs pas accepté.
3. Vicaire apostolique spiritain de Majunga.
4. Il est étonnant qu'en l'occasion le nonce ne fasse aucune allusion à la révolte nationaliste qui fait rage dans la grande île depuis la nuit du 29 au 30 mars.

26 mai, lundi. — <Audience Mlle Motte à 11 h.>
Madame Motte Stoikov que je connaissais de Sofia et d'Istanbul m'apporte des nouvelles importantes des connaissances bulgares. Son grand-père Dobrovitch si bon pour moi est mort. La mère et la sœur de Stanciov sont en Suisse, Giovanni et sa famille en Amérique. « À Sofia, Muranov et Burov encore vivants. Le Métropolite Stefan comme toujours aide l'hypocrisie : en dehors des 20 mille communistes qui gouvernent le pays, tous tremblent sous le joug et attendent la fin [1]. » Journée pleine de méditation et de silence.

27 mai, mardi. — Audiences : secrét. gén. de la CFTC ; au lieu de Tessier un Vincenzo Samozzi, chargé des émigrants italiens ; colonel Colliez-Le Magnen ; Mgr Béjot ; abbé René Besle premier vic. honor. de la Madeleine, qui recommande ce malheureux Zade Corlulu converti par Mgr Guillois, mais de fait un anormal, comme c'est le cas de presque tous ces musulmans que j'ai vus se convertir [2]. Cela soulève devant mon esprit le problème de la conversion des Turcs. Je les aime toujours du reste, parce que j'ai trouvé parmi eux des âmes droites et bonnes. Ô, Seigneur, lumière, lumière.

28 mai, mercredi. — Parmi les audiences l'ambassadeur Pozzi qui doit être d'origine protestante. Il a été en service à Istanbul et ministre au Caire. Il est maintenant retraité et fait des études, mais désirerait faire autre chose. Autre visite, celle de Bernardino Nogara. Le pape Pie XII lui a dit : Je ne m'y connais pas en administration économique. Je vous laisse à votre poste, et c'est là le signe de ma confiance [3]. Dans les faits il le laisse tranquille, mais aux projets de réparations ou de constructions il répond souvent : plus tard.

29 mai, jeudi. — <[[Déjeuner avec Cam. de cape et d'épée.]] Récept. académ. Gilson puis visite dans les salons du Comité France-Amérique 9 et 11, av. du Président Wilson de 17 h 30 à 20 h.>
Je suis intervenu au repas des camériers secrets, bonne compagnie, bien assortie. Également à la réception de Gilson à l'Académie : la première fois que j'ai bien tout compris [4].

---

1. L'élimination des opposants ne va pas tarder : Nicolas Petkov, chef du Parti agraire, est arrêté le 5 juin, condamné à mort et pendu le 23 septembre ; sa formation a été dissoute le 26 août.
2. Manifestement, Mgr Roncalli ne croit pas à ces conversions.
3. Rappelons que ce laïc s'occupe de la gestion des fonds liés à l'application des accords du Latran.
4. Au lieu de faire, comme le veut la coutume, l'éloge de son prédé-

Quelques réserves sur certaines pointes de Vallery-Radot[1]. Puis je suis allé à Saint-Germain-en-Laye pour une visite au card. Suhard qui se repose, et soigne l'état de sa gorge. À la maison, à dîner le *comm.* Nogara. En audience ce matin l'abbé Chaillan, sup. de l'œuvre de l'Enfance délaissée de Marseille.

30 mai, vendredi. — Quelques audiences. L'après-midi, départ en auto avec Heim pour Saint-Sulpice, localité du diocèse de Beauvais[2], où le p. Épagneul a ouvert récemment dans un vieux château son second « Prieuré saint Vincent de Paul ». J'y ai trouvé Mgr Roeder, évêque du diocèse, avec quelques-uns des membres principaux de son clergé, venu tout exprès pour honorer le nonce. Après le dîner nous sommes montés sur la colline Saint-Sulpice dans un inoubliable coucher de soleil. Des gens venus de la campagne ; fonction mariale ; mes paroles invitant à la dévotion à la Vierge et à la coopération pour multiplier le clergé des campagnes. Puis retour à pied en priant et chantant. Procession champêtre, longue mais inoubliable[3].

31 mai, samedi. — <Départ pour Lille. Arrêt pour déjeuner chez les Frères des campagnes du P. Épagneul.>

Sainte messe avec les jeunes de Saint-Sulpice. Prieuré de S. Vinc. de Paul dans l'Oise – départ pour Lille en traversant Arras. Arrivée à 11 h. Très bon accueil par le cardinal Liénart et les anciens de son clergé. Il y avait aussi Mgr Dutoit. L'après-midi, visite avec le card. à l'Université catholique : un ensemble de magnificence, de délicatesse et de sérieux. J'ai répondu à l'adresse de Mgr Delépine, rappelant, admirant, encourageant. Je suis passé à la clinique et ai visité les malades, et parmi eux tous les tuberculeux. Professeurs, sœurs, élèves tous présents. De là je me suis rendu au séminaire, très beau. Adresse et ma réponse avec conseil encourageant. À l'évêché, j'ai reçu ensuite 29 sœurs de Saint-Maur, toutes Bergamasques.

---

cesseur Abel Hermant, exclu pour collaboration, le philosophe thomiste présente son propre parcours intellectuel et spirituel (*La Documentation catholique*, 6 juillet, col. 858-870).

1. Il présente l'œuvre d'Étienne Gilson (*ibid.*, 20 juillet, col. 921-937).

2. Quelques kilomètres au sud de Beauvais, dans l'Oise (trente et unième voyage du nonce, pour l'inauguration de la nef de Notre-Dame-de-la-Treille à Lille).

3. « Votre fondation des Frères des campagnes est comparable à une greffe faite sur la crosse », aurait dit Mgr Roncalli (Michel-Dominique ÉPAGNEUL, *Semailles en terre de France*, p. 166).

1er juin, dimanche. — <À Lille.>
À Lille : magnifique cérémonie à la cathédrale. J'ai chanté la messe ; étaient présents : card. Liénart, archev. Chollet et Guerry, de Cambrai, Liagre, de La Rochelle, Perrin, d'Arras, un mission., Mgr Dutoit, deux abbés Trappistes. Très bon service et belle musique grégorienne. Paroles du card. à l'évangile, et les miennes après la bénédiction de la grande nef centrale et des bas-côtés. Repas à l'évêché : les seules personnes ayant rapport avec la cathédrale. Dans l'après-midi, assistance à la représentation « Le grand jeu de l'Église dans l'Île », de Brochat, très intéressante ; et bénéd. du S. Sacr. donnée par Mgr Dutoit [1]. Journée chaleureuse. Avec le card. Liénart, grand échange de fraternité épiscopale.

2 juin, lundi. — J'arrive à 9 h 30 à la Trappe du Mont des Cats. Ma nouvelle messe pontificale à l'intention des morts alliés. Au déjeuner, beaucoup de laïcs en plus du card. et des évêques : le ministre Prigent [2], le présid. Paul Reynaud, celui qui a annoncé la guerre contre l'Allemagne [3]. Mon toast, accueilli par tous avec émotion. Puis commémorations et fleurs civiles. À noter l'amb. Vanier. Rencontre avec 6 autres sœurs Bergamasques de Saint-Maur. Puis repos spirituel à la Trappe, qui m'a beaucoup plu : aussi bien située que bien organisée. Ma rencontre avec tous les religieux – une centaine – dans la salle du chapitre : paroles encourageantes et qui bénissent.

3 juin, mardi. — Sainte messe privée à la Trappe, et départ avec l'abbé venu de Chine. À Lille, visite aux trois églises de Saint-Maurice, Sainte-Catherine et du Sacré-Cœur. Je suis passé ensuite à Tourcoing, route magnifique. Visite à la maison de Mgr Jules Tiberghien [4], où j'ai eu beaucoup de consolation. Son neveu, Charles, avec son fils Benjamin, m'ont très bien accueilli. Ils étaient depuis 8 jours en deuil de la maman. J'ai visité au cimetière la tombe de Mgr, et des siens ; puis visite à la famille de Robert Sion, et repas chez S. E. le vicomte Eugène Tiberghien, avec une belle suite de

---

1. Qui n'est donc pas du tout mis à l'écart.
2. Ministre de la Santé publique, depuis le remaniement gouvernemental de mai, consécutif à l'exclusion des ministres communistes.
3. Paul Reynaud a peut-être annoncé la guerre, mais c'est Édouard Daladier qui dirigeait le gouvernement français au moment de sa déclaration en septembre 1939 ; Reynaud lui a succédé le 22 mars 1940. Il n'est plus, en 1947, que député républicain indépendant du Nord (droite modérée).
4. Voir plus haut en date du 30 avril 1946.

parents et d'amis. À 15 h départ par Lille et Arras ; bref arrêt à Corbie, et à Amiens où j'ai vu la cathédrale. À 21 h à Paris. Deo gratias.

4 juin, mercredi. — Peu d'audiences, et une certaine détente de l'esprit : marquis de Colbert, cam. de cape et d'épée ; le pro supérieur provincial des Jésuites. En attendant le temps a encore changé, du très chaud à un froid acceptable. Patience. J'ai reçu le nouveau ministre d'Afrique du Sud M. G. W. Parminter. Il est protestant, de tendance modérée.

5 juin, jeudi. — <Issy. Pontif. comme d'habitude, déjeuner avec mes trois collaborateurs. 17 h 30 Confirmation à Saint-Sulpice. École Bossuet – 6, rue Guynemer.>
Tout s'est bien passé à Issy : cérémonie parfaite, chant grégorien très agréable, entretien avec les séminaristes en réponse aux compliments bien préparés du P. Boisard, sup. gén. des Sulpiciens : avec une spontanéité ailée j'ai pu toucher ce qu'il y a de plus important au sujet de l'*Unam Sanctam Catholicam*. Fête précieuse et complète. Vagnozzi, Oddi et Heim étaient avec moi au déjeuner. Belle aussi, la confirmation à Saint-Sulpice pour les enfants de l'externat Bossuet. Rencontre ouverte et cordiale avec le chan. Garand et ses collaborateurs de la rue Guynemer : j'y ai vu pleinement développé mon dessein de la Maison de l'étudiant [1].

6 juin, vendredi. — Nombreuses audiences. Parmi elles, l'abbé Gilloz ; l'abbé Veuillot ; l'abbé Servant, de Pamiers ; Mgr Arquillière ; père Joannon ; conseiller Rezzonico, de Suisse ; l'abbé Dentin ; le ministre Lozé, de Monaco ; Mgr Boyer-Mas que j'ai gardé à déjeuner. Journée mauvaise et pleine de tristesse : les morts de Bergame, *dott.* Minelli et à Brescia M. Gius. Barca ; les nouvelles de la maison : Battista malade, Zaverio opéré de l'appendicite ; ensuite choses tristes également d'Istanbul, sans parler des malheurs internes de la France : suicide du recteur Roussy, de la Sorbonne [2].

7 juin, samedi. — Audiences : L. de Grandmaison ; l'abbé Prévost qui part pour Rome [3] ; le jeune Paolo Garelli et

---

1. L'École Bossuet, dans le VIe arrondissement, est l'un des établissements catholiques les plus réputés de Paris.

2. Inculpé dans une affaire de fraude fiscale, l'ancien recteur a tenté de se donner la mort.

3. Le nonce le recommande ce même jour tant à Mgr Montini qu'à Mgr Ottaviani : il le connaît depuis trois ans et ne doute pas de sa capacité à tenter « *con misura di prudenza e di carità questa forma di penetrazione*

M. Luis de Villalonga, apparemment antifranquiste et monarchiste [1]. Le soir, M. Ferretti avec le vice-présid. de Colombie. Mlle Girod de l'Ain est arrivée jusqu'ici ; mais ses jambes la portent mal. Du Quai d'Orsay nouvelles déplaisantes sur la nomination de Pirolley à Saint-Dié [2]. C'est triste, mais cela ne me trouble pas. J'ai confiance dans le Seigneur : ma conscience est nette et bien intentionnée. J'accueillerai l'invitation du min. Bidault à discuter. Saint Joseph me sera une bonne aide et un protecteur comme il est un protecteur de la Sainte Église.

8 juin, dimanche. — Fête-Dieu à la Sainte-Trinité. Messe pontif. et procession, déjeuner au presbytère. Arriv. 9 h 50. Tout s'est très bien passé. La belle église pleine de jeunesse. Heim prêtre assistant. Dans l'atmosphère, quelque chose de familial et de convaincu. Puis bonne conversation avec les jeunes prêtres qui mènent la vie commune avec le curé Lancrenon [3], et semblent bien accordés comme esprit. Paroisse de 28 000 âmes, dont on peut dire qu'environ 3 000 (trois mille) sont pratiquants [4].

Le reste de la journée en parfaite tranquillité et solitude laborieuse au bureau [5]. Depuis deux jours, grève générale des chemins de fer. *Domine, Domine, adiuva nos* [6].

---

nel campo dei fratelli separati ed avversi per affrettare il loro ritorno alla unità della Chiesa. Ai cattolici lo sforzo, al Signore il successo » (« avec une dose de prudence et de charité cette forme de pénétration dans le terrain des frères séparés et s'employer à hâter leur retour à l'unité de l'Église. Aux catholiques l'effort, au Seigneur le succès », à Montini). Pour l'assesseur du Saint-Office, il ajoute de la part du cardinal Liénart une remarque qui en dit long sur les méthodes de la Suprême : *« Sua Eminenza mi esprimeva confidenzialmente il desiderio, nel caso che ci fosse qualcosa da correggere, di esser piuttosto prevenuto [...] che messo innanzi ad una pubblica dichiarazione che potrebbe recare confusione ed afflizione »* (« Son Éminence m'exprimait confidentiellement le désir, au cas où il y aurait quelque chose à corriger, d'être plutôt prévenu [...] que mis devant le fait accompli d'une déclaration publique qui pourrait apporter confusion et chagrin »).

1. Ce qui ne semble pas effrayer le nonce.

2. Voir plus haut en date du 23 mai.

3. Figure de la Résistance catholique parisienne ; une telle expérience de vie commune entre prêtres séculiers n'est pas encore très répandue.

4. Quartier du grand commerce et des théâtres dans le IXe arrondissement.

5. Exemple : une lettre à Mgr Montini pour lui recommander Bruno Heim.

6. Depuis l'exclusion des ministres communistes, le climat social s'est dégradé : la grève paralyse le réseau ferroviaire du 6 au 12 juin.

9 juin, lundi. — Audiences : P. Butel, jésuite aum. des marins ; Michel Gluchevitch ; prof. Médoc[1] ; M. Guani, ministre de l'Uruguay. À 14 h je suis allé avec Oddi chez les Frères de saint Vincent de Paul à l'inauguration de l'exposition missionnaire pour les enfants. Il y avait des représ. de presque toutes les sœurs de Paris, et M. Luc Sion, et Mme Damez, directrice. J'ai dit quelques mots aux exposantes : enseigner aux petits à grandir ; j'ai cité les papes Benoît XV et Pie XI avec les petits de la Sainte-Enfance. À la maison, reçu M. Khalil El Khoury, fils du Présid. du Liban, bon catholique, en voyage de noces. Choses réentendues sur la situation du Liban à l'heure actuelle.

10 juin, mardi. — Audiences : M. Bassot et secrét. sup. gén. de la Fraternité sacerdotale ; Fr. Veuillot ; Mgr de La Villerabel ; ing. Muller et madame.

11 juin, mercredi. — Miss Geneviève Tyler, de l'Inst. amér. des aveugles ; ab. Auvray, curé de Saint-Louis-en-l'Île ; Dr Fisquet et comte Fournant, de l'Ass. des Présidents ; archiprêtre de la Treille de Lille, et Mgr Bottinelli.

12 juin, jeudi. — Travail et peu d'audiences. L'après-midi nous nous rendons, Vagnozzi, Oddi et moi à S. Germain-en-Laye pour y visiter le card. Suhard. Il venait de quitter la clinique. J'en ai profité pour admirer, du jardin de Saint-Germain, l'immense panorama de Paris. Vraiment, rien ne manque à cette capitale comme attrait et comme beauté. À la maison, j'ai accueilli de nouveau le bon Pellicioli à qui j'ai donné une lettre pour les miens. Voilà un petit <sage> de nos gens, devenu grand et riche sans perdre sa simplicité bergamasque native. Cette nuit j'ai apprécié un beau texte du P. de Broglie sur les rêveries des modernes réviseurs de la théologie[2].

1. Lenz-Médoc.

2. Il pourrait s'agit d'un appendice au cours dactylographié « De virtute fidei », professé par le jésuite Guy de Broglie dans sa chaire de théologie morale spéculative, à l'Institut catholique de Paris au deuxième semestre de l'année universitaire 1946-1947. Intitulé « De Spiritu modernismi vitando », il dénonce la dépréciation de la connaissance conceptuelle, le relativisme et l'évolutionnisme philosophique ou théologique, la trop grande liberté des études, sans citer aucun nom (pages numérotées 247-259). Mgr Roncalli semble en plein accord avec le théologien.

13 juin, vendredi. — Fête intime du Sacré-Cœur. Je l'ai savourée dans la prière et la lecture de Guéranger [1]. Quel plaisir de remonter aux sources de cette dévotion ! J'ai travaillé toute la matinée autour d'un rapport pour Mgr Bertin et pour les sœurs d'Ernemont qui prennent le nom du Sacré-Cœur [2].

Au déjeuner j'ai voulu le P. Fugazza, mon père spirituel, et celui de Vagnozzi et Oddi. Comme je voudrais voir régner dans cette maison l'esprit d'indulgence et de bienveillance envers tout et tous [3] ! Dans la soirée, audiences de M. Vallery-Radot, chef de cabinet du ministre de la Guerre et de l'abbé Lefèvre, à qui j'ai donné 20 000 F pour *La pensée catholique* [4] ; Mgr Chappoulie, en partance pour Rome.

<Je visite le directeur de la Croix de bois, maîtrise [5].>

14 juin, samedi. — Déjeuner Paolo Garelli – Paris. Hôtel Orfila. 60, rue d'Assas – Genève 7, place Claparède. À 18 h 30 aud. Tsvetkovitch. Celui-ci est venu mais ne m'a pas trouvé. J'étais occupé par une conversation avec Bidault au Quai d'Orsay, pour l'affaire du nouvel évêque de Saint-Dié. Un peu plus d'effort pour passer par-dessus faciliterait tout. Mais il faut saisir le moindre mal. Si un sujet ne réussit pas aujourd'hui, il est garanti pour demain [6]. Il m'a plu d'entendre dire que personne en France n'estime que le nonce serait au service du Gouvernement et du Parti [7]. Mgr Roncalli sert le Saint-Siège et suit sa propre route. C'est déjà quelque chose pour ma consolation.

15 juin, dimanche. — <16 h pèlerinage Italiens église Saint-Antoine de Padoue, Bld Lefebvre, porte de Versailles.>

Dans la matinée je suis allé à Montmartre présider le pèlerinage de l'Assoc. des employés de la nouveauté. Belle rencontre : un discours comme d'habitude *fiers d'être*

1. Seconde référence à l'utilisation de *L'Année liturgique*.

2. Mgr Bertin demeure supérieur de ces religieuses rouennaises, ce qui pose problème.

3. Tous ses collaborateurs ne seraient-ils pas indulgents et bienveillants ?

4. Ainsi le nonce aide-t-il financièrement cette revue intégriste, d'une façon qui n'est pas seulement symbolique.

5. L'abbé Fernand Maillet, responsable de la manécanterie des Petits Chanteurs à la Croix de bois, fondée à Paris en 1907, qu'il dirige depuis 1924.

6. Mgr Roncalli a la tentation de passer en force, mais il choisit d'attendre une conjoncture meilleure : le chanoine Émile Pirolley deviendra évêque de Mende... en 1951.

7. Revendication d'indépendance par rapport au politique en général, et au Mouvement républicain populaire en particulier.

catholiques et d'être Français[1]... À 16 h magnifique rassemblement des Italiens à Saint-Antoine. Ils étaient nombreux, mais tous d'humbles gens. Je leur ai parlé de ce qu'il y a avec saint Antoine, le petit enfant, le livre, le lis, la flamme, j'en ai expliqué la signification. Je suis revenu avec Rupp. Bon travail à la maison jusqu'à une heure très tardive.

16 juin, lundi. — Nombreuses audiences : sup. générale et assistante des sœurs Auxiliatrices de la Charité ; général Le Joindre ; provincial des Rédemptoristes polonais ; Mgr Béjot ; p. Gervais Quenard, gén. des Assomptionnistes ; p. Rémi[2] ; chan. Desgranges, qui restent tous à déjeuner. Caractéristique, l'ancien député Desgranges[3]. Autres visiteurs d'aujourd'hui : l'am. Thierry d'Argenlieu, qui explique et demande un peu de retard jusqu'au 2 septembre pour sa reprise d'habit ; M. Pagnamento, banquier du Tessin ; M. Tsvetkovitch, ancien chef du gouvernement yougoslave[4] ; le ministre Gentil, de Monaco. Après le dîner, je suis sorti me promener avec Mgr Vagnozzi. Enfin, M. Girod de l'Ain.

17 juin, mardi. — <Religieuses S. Jos. de l'App. 107, Boulevard de Créteil. Parc Saint-Maur (Seine).>

Fête Bienheureuse Émilie de Vialar. Sainte messe 9 h. Paroisse d'Adamville (Saint-François de Sales). Place d'Adamville par Saint-Maur. Lieu agréable par beau temps et près de la boucle de la Marne[5]. Assistance à la messe à la paroisse ; réunion des jeunes élèves des sœurs de saint Joseph dans leur bel institut ; table fraternelle avec les prêtres invités à la fête de la bienheureuse fondatrice. Je me suis trouvé très bien avec des rappels pacifiques de l'Orient : journée de vrai repos spirituel, reconstituant et encourageant. À la maison quelques audiences.

18 juin, mercredi. — <Mgr Mubarak 11 h.>

Audiences : le nouvel ambassadeur de Pologne à qui j'ai dit de bonnes et claires paroles ; Mgr Mubarak[6] avec Mgr Maroun. Ma visite au card. Suhard pour l'affaire de la Fédération des Hommes. L'après-midi j'ai rendu visite au

1. Petite pointe de reproche habituelle contre l'exaltation nationale.
2. Rémi Kokel.
3. Voir plus haut en date du 13 janvier 1945.
4. Chef du gouvernement d'union nationale constitué à Belgrade en 1939, sous la régence du prince Paul, qui dura jusqu'au coup d'État du roi Pierre II en mars 1941.
5. Banlieue sud-est de Paris.
6. Ignace Mubarak est archevêque maronite de Beyrouth.

card. Sapieha et suis retourné chez le card. Suhard, suite à un coup de téléphone pacificateur du Vatican. J'ai accompagné ensuite en auto M. Le Cour Grandmaison dans sa maison du quartier d'Auteuil[1]. Dans la soirée et la nuit bon travail sur le rapport pour l'affaire de la nomination de l'évêque de Saint-Dié.

19 juin, jeudi. — <Vente des écrivains catholiques.>

9 h 30 à Notre-Dame. Mon pontifical en l'honneur de la Bien. Alice Alexia, fondatrice de la Congrégation des Oiseaux[2]. Spectacle vraiment très beau : la grand nef de Notre-Dame et une partie des nefs latérales, un parterre bigarré de milliers de jeunes fronts réunis par les filles de la nouvelle Bienheureuse pour lui rendre honneur. J'ai chanté la messe au trône en face du card. Suhard. Ensuite brève visite à Mgr Beaussart. Déjeuner au séminaire polonais avec le card. Sapieha et Mgr Bressolles. J'ai visité ensuite au Lutetia la *vente de charité des écrivains catholiques*. J'y ai laissé environ 8 000 F et rencontré Mauriac, Madelin, Bordeaux, Fumet, Pichon, Hérissay, Madame Gay, Leflon, Klein, etc., etc. Le soir, agréable conversation téléphonique avec Mgr Montini.

<Audiences : ministre Gentil, qui m'invite à Monaco.>

20 juin, vendredi. — <Dîner Congr. Fédér. Grandmaison 20 h.>

Audiences : abbé Servant, ancien curé de Sainte-Suzanne à Pamiers[3] ; abbé Callon ; dans l'après-midi Présid. Matchek[4]

---

1. Le Cour Grandmaison n'obtient pas, semble-t-il, le document romain qu'il a sollicité pour le congrès de la Fédération nationale d'Action catholique qui s'ouvre le lendemain (voir plus haut en date du 23 mars).

2. Alix Le Clerc, fondatrice des chanoinesses de Saint-Augustin à la fin du XVIe siècle, a été béatifiée à Rome le 5 mai (discours de Pie XII en cette occasion dans *La Documentation catholique*, 25 mai, col. 641-648). La maison généralice de l'Ordre est située Villeno des Oiseaux à Rome.

3. Né en 1888, prêtre du diocèse de Pamiers (Ariège) en 1912, Étienne Servant fut nommé curé de Sainte-Suzanne en 1925, après une guerre glorieuse ; accusé de collaboration par le Comité départemental de Libération, dans une zone pyrénéenne où l'épuration fut très rigoureuse, il est interné à Foix de septembre 1944 à janvier 1945, puis assigné à résidence au grand séminaire de Poitiers par son évêque, et enfin nommé curé du petit village des Issards ; mécontent de cette affectation qu'il considère comme un éloignement, il part pour Lourdes, puis pour Paris en 1947. Mgr Marceillac vient de mourir le 10 juin : déjà reçu le 6, Servant se précipite aussitôt chez le nonce pour demander justice.

4. Leader nationaliste croate, le Docteur Matchek fut vice-président du gouvernement Tsvetkovitch entre 1939 et 1941 (voir plus haut en date du 16 juin).

et son secrétaire M. Pecheel, de Croatie. Le soir, j'assiste au repas de la Fédér. Nation. d'Action catholique. Prié à la fin par M. Grandmaison je dis quelques mots : les trois choses fortes : le vin, la femme, la vérité [1] ; j'ai ajouté le *vis unita fortior* qui dissimulait plusieurs bonnes et petites choses, intéressantes, délicates. Nous demeurons toujours dans l'opposition entre les courants habituels : les vieux, les conservateurs et un peu de poussière Action Française [2] et de l'autre côté les forces spécialisées, les jeunes, les plus modernes [3].

21 juin, samedi. — <20.21.22. Congr. Fédérat. Nation. d'Action Catholique. 13 h amb. USA déjeuner.>

Quelques audiences en matinée : abbé Boche, de Poitiers. Plus il dit me parler avec simplicité plus je suis tenté de croire que ce n'est pas simple [4] ; abbé Calle, cérémon. ; la comtesse Caracciolo et sa belle-fille, qui est une Mayol de Lupé [5] ;

---

1. La trilogie a dû faire son petit effet sur l'auditoire !

2. Depuis sa fondation en 1924, la Fédération nationale catholique, ancêtre de la FNAC, a pourtant gardé ses distances avec le mouvement de Maurras.

3. Le nonce simplifie un peu, mais il sent bien les tensions de l'Action catholique en France, entre mouvements généralistes et mouvements spécialisés. « *Vostra Eccellenza nei colloqui che avrà certamente con l'Eminente Visitatore potrà intendere da lui le linee principali della situazione Francese quanto ad Azione Cattolica. In occasione della recente lettera Pontificia alla Federazione Nazionale ragionando col Card. Suhard io lo trovai cosi informato e cosi netto e preciso circa la duplice tendenza fra movimento di azione e movimento di principi e di pensiero, da farmi ritenere cio' essere molto importante a conoscersi, anche per dedurne criteri pratici circa il trattamento da farsi cosi ai seguaci dell' azione specializzata che è in auge, con qualche esagerazione, presso i giovani, come alla buona propaganda dei principi, alla affermazione dei più sacri diritti della Chiesa e della coscienza cristiana di cui si occupa preferibilmente la Federazione Nazionale* » (« Dans les conversations qu'elle aura certainement avec l'Éminent visiteur, Votre Excellence pourra entendre de lui les grandes lignes de la situation française quant à l'Action catholique. À l'occasion de la récente lettre pontificale à la Fédération Nationale, en discutant avec le card. Suhard je l'ai trouvé si informé et si net et précis à propos de la double tendance entre mouvement d'action et mouvement de principes et de pensée, que cela m'a paru très important à connaître, également pour en déduire des critères pratiques quant à la façon d'aborder les disciples de l'action spécialisée qui est à la mode, avec quelque exagération, chez les jeunes, ainsi que la bonne propagande des principes, l'affirmation des droits les plus sacrés de l'Église et de la conscience chrétienne, dont s'occupe de préférence la Fédération Nationale »), écrira-t-il à Mgr Montini le 15 juillet en annonçant l'arrivée de l'archevêque de Paris.

4. Sans cesse, ce prêtre revient à la charge.

5. Le prélat collaborateur a été jugé et condamné à quinze ans de réclusion, à la dégradation nationale et à la confiscation de ses biens le 14 mai ; libéré en 1951, il mourra en 1955 (voir René BAIL, *Les Croix de Monseigneur Mayol de Lupé* ; ici p. 336, n. 5).

M. de Joannis, d'Angers, qui demande à être camérier secret de cape et d'épée. À 13 h grand déjeuner avec le card. Suhard, Mgr Courbe, le présid. du Conseil Fr. Gay [1] et plusieurs ecclésiastiques à l'amb. des USA. Tout s'est bien passé. Le soir, la sup. gén. des Filles de N.-D. du S. Cœur avec sœur Benedetta, supérieure de ma nièce sœur Angiola, qui continue d'aller bien.

22 juin, dimanche. — <12 h – Ass. M. Inv. pour S. Nic. Flue. Congrès Féd. Nat. Ac. Cath. Grandmais. Clôture avec card. *14 h 30.* 17 h rue Violet Confirmation ? 17 h. S. Odile pour les aveugles. Mitre et crosse. Bénéd.>

Journée très occupée mais calme. Dans la matinée audiences Niny Scotti et abbé Calle ; avec ce dernier je suis allé aux Invalides pour la messe en l'honneur de saint Nicolas de Flue [2] pour les Suisses ; puis déjeuner aux *Études* des PP. Jésuites et rencontre familière à 15 h à l'Alliance Française avec le card. Suhard clôture du congrès de la Fédération, etc. À 16 h 30 cérémonie à Sainte-Odile pour le 1er pèlerinage des aveugles [3] ; à 18 h confirmation d'une vingtaine d'Italiens chez les sœurs de la rue Violet ; entretien familier avec quelques familles d'émigrants.

23 juin, lundi. — À 10 h j'ai assisté à la Maison de la chimie – rue S. Dominique – à l'inauguration du *Congrès mondial de la famille et de la population*, présidé par le Dr Sanjeanne [4] et par le ministre Prigent, deux bons catholiques. J'ai bien fait, même si je me suis trouvé presque seul du Corps dipl. À la maison, j'ai trouvé Mgr Baldini, évêque de Chiusi et Pienza, avec le gén. des Pères de la Mère de Dieu de Lucques que j'ai gardés à déjeuner avec l'ex-amb. espagnol *Quiñones de León*, antifranquiste et monarchiste [5]. Reçu aussi le nouveau ministre de Syrie.

24 juin, mardi. — Plusieurs audiences : sup. générale des Chanoinesses de Saint-Augustin ; *avv.* Migliovitch, de Rome ;

---

1. Il n'a jamais été président et n'est plus *vice*-président du Conseil des ministres.
2. Ermite de Suisse alémanique au XVe siècle, qui a été canonisé le 15 mai 1946.
3. Photographie dans *Souvenirs d'un nonce*, entre p. 88 et 89.
4. Il pourrait s'agir du docteur Maurice Monsaingeon, président de l'Union nationale des associations familiales.
5. Seconde personnalité sur ces positions reçue par le nonce, après Luis de Villalonga.

avv. Corsanego ; le p. de Jerphanion de l'Institut Orient.[1] ; l'abbé Courtois. Dans l'après-midi, Mgr Chollet, archev. de Cambrai pour les affaires de Bertin. Je suis allé ensuite au ministère de la Justice où j'ai rendu visite au Garde des sceaux André Marie, pour m'excuser de ne pas assister au gala de bienfaisance[2].

À 20 h 25 départ pour Monaco (Principauté) pour représenter le Saint-Siège au jubilé du prince Louis II[3]. Voyage avec Giulio ; mais dans un compartiment seul ; dans le train voyage aussi madame Bidault, et d'autres de la délégation française.

25 juin, mercredi. — Arrivée à Monaco à 14 h. Je ne puis dire la messe et cela me déplaît beaucoup. Très bon accueil. Je suis hébergé au palais avec M. Bidault. Avec Mgr Rivière et Laffitte[4] je visite la charmante cité : petit salut à la maison Riberi, où je vois frère et belle-sœur. À 18 h je suis reçu par le prince. À la première place. Accueil aimable avec la princ. Ghislaine et le prince héritier Rainier[5]. Je visite Mgr Rivière et la cathédrale ; et le soir dîner intime avec le prince. Je lui rappelle ses souvenirs de guerre quand il a rencontré le nonce Ratti entre l'Allemagne et la Pologne. Plusieurs autres réminiscences et commentaires sur des personnes et des choses. Tout dans un ton doux et bon.

26 juin, jeudi. — À Monaco. Messe solitaire dans la chapelle du palais. Il y avait seulement le bon colonel Millescamps*, aide de camp du prince. J'ai visité ensuite le jardin, etc. À 11 h sainte messe à la cathédrale : cérémonie simple, mais bien organisée et réussie. J'étais en cappa magna face au prince. À la fin j'ai donné la bénéd. papale. Puis j'ai assisté avec le prince, depuis le château, à une belle revue et j'ai pris congé de tous avec beaucoup d'amabilité. Repas intime à l'évêché. Il y avait aussi Mgr Rémond, évêque de Nice, et trois ou quatre laïcs. Ensuite nous avons visité les sœurs de Saint-Maur, où j'ai parlé avec une quarantaine de Bergamasques. Une foule joyeuse. Puis avec Mgr Rémond, dans l'auto du prince, je suis allé à Cannes, et de là en bateau à Lérins.

---

1. Jésuite qui a été élu le 3 avril à l'Académie des inscriptions et belles-lettres.
2. Ils ont peut-être parlé aussi du « complot des soutanes ». Un courant de sympathie passe d'emblée entre le nonce et le ministre radical normand.
3. Trente-deuxième voyage du nonce, en service commandé celui-ci.
4. Respectivement évêque et vicaire général.
5. Qui succédera à son père défunt en 1949.

27 juin, vendredi. — De bonnes heures passées à Lérins. Nuit très chaude ; mais j'ai pu beaucoup lire sur l'histoire de ce monastère. Le matin, messe de communauté avec les novices, et avec le cher P. abbé Marie-Bernard visite à l'ancien et au nouveau monastère, puis au *castro* extérieur, couvent de défense contre les pirates. Dans la salle capitulaire j'ai parlé longuement avec les chers moines très attentifs. Au repas il y avait aussi M. Gandulph, procureur du monastère et bon catholique. Tout de suite après il était temps de rejoindre Cannes en bateau mais nous sommes arrivés de justesse. En train, nous avons longé la côte jusqu'à Marseille, et de là poursuivi vers Paris.

28 juin, samedi. — <17 h 30 chez M. François Veuillot. 9, rue du Pré-aux-Clercs ; Mgrs Mubarak et Maroun déjeuner.>

Je suis revenu ce matin avec un horaire parfait. J'ai célébré la sainte messe et à 11 h j'ai repris mes audiences. J'ai reçu entre autres le jeune académicien calabrais don Di Caria, bonne connaissance de Heim, et qui s'en va à Cuba où il sera attaché à cette Délég. J'ai eu à déjeuner Mgr Mubarak, archev. maronite de Beyrouth avec Mgr Maroun. À 17 h je suis allé chez M. François Veuillot pour lui lire et lui remettre la lettre du Saint Père pour ses noces jubilaires. Vraiment un brave homme, ce neveu du grand Veuillot, intelligent, doux et pieux [1].

29 juin, dimanche. — Saint Pierre. J'ai voulu l'honorer à la paroisse, où j'ai célébré à 9 h la messe pontificale avec quelques mots d'homélie. *Et ego dico tibi* en réponse à *Tu es Christus filius Dei vivi.* Puis j'ai réuni au déjeuner à la nonciature le curé Clamorgan avec ses prêtres et avec le cérémoniaire Calle. Il y avait aussi notre hôte Di Caria.

J'ai passé l'après-midi à chercher le repos, mais sans le trouver. Le soir, après un peu de promenade avec Heim et Di Caria, je me suis occupé d'un rapport détaillé à Mgr Montini sur ma visite à Monaco. Cela m'a pris tout mon temps jusqu'à 2 h 30 du matin. Mais c'est un travail achevé.

30 juin, lundi. — <Ordin. 4 prêtres. Lormoy-Monthléry vers Orléans au sud 25 km de Paris.>

Journée de bon travail et de beaucoup de consolation dans la maison des Assomptionnistes à Lormoy, où j'ai *ordonné*

1. L'attachement du nonce à la famille Veuillot se confirme (la rue du Pré-aux-Clercs est dans le VIIe arrondissement).

solennellement 5 tonsurés, plusieurs exorcistes et lecteurs, 5 sous-diacres et 4 prêtres. La cérémonie a duré 3 heures 30, mais fut très belle. Ensuite joyeux entretien avec jeunes et vieux. Il y avait le P. Gervais, général, avec plusieurs assistants de Rome. En revenant en compagnie du même général qui m'accompagnait, j'ai visité la vieille église de Longpont, et à Sceaux les Orantes de l'Assomption. À la maison, j'ai trouvé M. Thébaud, amb. d'Haïti auprès du Saint-Siège, qui m'invite à bénir demain le mariage de sa fille Lucienne ; puis je me suis entretenu avec M. Rossi et Madame, pleins d'argent et, je crois, de malheurs.

Juin. — Noms des ordonnés d'hier

Tonsure
1 Wolfgang Stein
2 Germain Bels
3 David Laurent
4 Emmanuel Brajon

Exorcistes et acolytes
1 Jean Bernard Sapède
2 J.-Claude Deberle
3 J.-Marie Chalbos
4 Robert Ribouchon
5 Arno Burg
6 Léopold Van Berkel
7 Patrick Van der Alst
8 Ang. Engelbertink
9 Falco Führen
10 Timothy Croghan

Sous-diaconat
1 Marie René Mercier
2 Guibert Cayzac
3 Jean-Roger Héné

Presbytérat
1 Jean-Maurice Brulin
2 Raphaël Pelegry
3 Yves Lalenet
4 Edmond Barthès [1]

---

1. Cette liste de noms comptant trop d'erreurs d'orthographe a été corrigée avec l'aide d'Yves Guillauma, augustin de l'Assomption.

1er juillet, mardi. — 18-20 h récept. Canada et Grèce. Mais ce matin, avant toute chose à midi j'ai célébré la messe à Saint-Honoré d'Eylau et béni le mariage de Jean-Barthélemy Morel, attaché au Quai d'Orsay avec Mlle Lucienne Thébaud, fille du ministre d'Haïti auprès du Vatican. Il y avait beaucoup de monde et j'ai parlé, fort bien compris. Un couple qui me semble très bien. L'après-midi je suis allé chez le mari, puis à l'ambassade de Grèce où j'ai parlé avec Saldaris [1] et avec plusieurs diplomates ; ensuite à celle du Canada où j'ai rencontré aussi nombre de personnes de mon milieu. Parmi les visiteurs d'aujourd'hui l'abbé mékhitariste de Venise avec le sup. des Pères de Paris et le *dott.* Guido Radici, de Bergame, retour de Londres.

2 juillet, mercredi. — L'amb. d'Espagne viendra à 12 h. Avant lui j'ai reçu M. de Laboulaye avec l'abbé Verdier qui m'ont présenté le plan de l'exposition sur l'enseignement libre ; M. *Villard*, recommandé par Mgr Drapier et bon témoin de la situation en Indochine [2]. À 13 h j'ai eu à déjeuner M. Salm, délégué du Vatican avec Vagnozzi pour le Congrès postal ; l'après-midi j'ai reçu Mgr Chappoulie, retour de Rome, Mme Armida Ferrari, M. Ferretti avec M. Meroni directeur technique de l'Alfieri et Lacroix, de Milan. Le soir, je suis sorti avec Heim jusqu'au palais du Congrès postal. Nouvelles du jour toutes tristes en politique. La nouvelle conférence

1. « *Il mese scorso incontrai qui il signor Sald. che trovasi, ancora credo, in America. Parlammo della nunziatura di Atene. Egli si mostro ben disposto a far qualche cosa, per uscire da una incertezza di rapporti con la S. Sede che non serva a nessuno. "Voi sapete pero, Eccellenza, donde vengano per noi le difficoltà. In queste settimane poi siamo preoccupati da pericoli di altra natura interessanti la consistenza statale del nostro paese"* » (« Le mois dernier j'ai rencontré ici M. Sald. qui se trouve encore, je crois, en Amérique. Nous avons parlé de la nonciature d'Athènes. Il s'est montré bien disposé à faire quelque chose, pour sortir d'une incertitude de rapports avec le Saint-Siège qui ne rend service à personne. "Mais vous savez, Excellence, d'où viennent pour nous les difficultés. Ces dernières semaines nous sommes préoccupés par des dangers d'une autre nature intéressant la consistance même de notre pays comme État" »), lettre à Giacomo Testa du 4 août, p. 135. Comme le lui indique le leader du Parti populiste, futur chef de gouvernement et ministre des Affaires étrangères du pays, la Grèce où vient d'éclater la guerre civile a bien d'autres problèmes à régler que celui d'éventuelles relations diplomatiques avec le Saint-Siège.

2. Que le nonce évoque très peu dans son Agenda. Mgr Drapier, dominicain, est délégué apostolique à Hué.

Bidault-Bevin-Molotov insuccès complet [1]. Dans le gouvernement grave débat [2]. D'Italie, nouvelles pas gaies [3].

3 juillet, jeudi. — Amb. de Colombie 12 h. Cette visite fut précédée de plusieurs autres : p. Benoît, de Saint-Benoît-sur-Loire ; Mme Labouré-Gontard. À déjeuner j'ai eu deux députés : l'abbé Pierre et l'abbé Boganda, un noir d'Afrique [4]. Émotion de ce dernier à se sentir bien traité par le nonce apostolique. Ritournelle habituelle, même de sa part, à propos de l'absence de psychologie des Français dans leurs rapports avec les Noirs et en général avec les coloniaux. Impossible de les convertir [5]. Dans la journée, impressions douloureuses au sujet de l'échec des rencontres à trois et du fossé qui se creuse de plus en plus entre l'URSS et ses satellites et le reste du monde [6]. Le soir, longue promenade avec Heim.

4 juillet, vendredi. — Repas Mgr Chappoulie 20 h. Parmi les visiteurs d'aujourd'hui : sœur Eugénie, d'Ernemont. Commissaire de la République M. Gilbert, de Bourges ; et d'autres parmi lesquels le dr. Iung, juriste et curé à Saint-Jacques de Neuilly. Le soir, je me suis rendu à la gare pour recevoir Mgr Cento, nonce à Bruxelles, et je l'ai accompagné à dîner avec moi et avec Heim chez Mgr Chappoulie où nous avons trouvé Mgr Lavarenne, dir. de la Prop. de la foi à Lyon, le p. O'Reilly et les abbés Blanc et Vieillard [7]. Ce fut une précieuse rencontre entre âmes bonnes et sincères.

---

1. Conférence tenue à Paris du 27 juin au 2 juillet, à l'initiative des Français et des Britanniques pour tenter de convaincre, en vain, les Soviétiques d'accepter l'aide à l'Europe proposée par le Secrétaire d'État américain Marshall le 5 juin.

2. Le 17 juin, la France a accepté l'aide Marshall ; mais on ne sent pas la tension évoquée par le nonce dans le comte rendu du Conseil des ministres de ce même jour par le président Auriol (*Journal du septennat*, p. 317-325).

3. En désaccord avec ses alliés socialistes et communistes sur la politique financière à suivre, De Gasperi a démissionné pour constituer un gouvernement homogène démocrate-chrétien, avec seulement quelques experts. Ce gouvernement a obtenu la confiance le 21 juin par 274 voix contre 231. Mais la gauche proteste vivement de son exclusion des affaires.

4. Barthélemy Boganda est député MRP du territoire de l'Oubangui-Chari.

5. Seconde réserve vis-à-vis de la colonisation française.

6. L'échec de la conférence de Paris et sa conséquence prévisible – le refus de l'aide Marshall par l'Europe de l'Est – amorcent en effet la coupure du monde en deux camps affrontés.

7. Respectivement secrétaire de l'Union missionnaire du clergé et adjoint de Chappoulie au secrétariat de l'épiscopat.

5 juillet, samedi. — 18 h récept. Venezuela 5, avenue Kléber. Dans la journée bon travail, en laissant Mgr Cento sortir seul.

Mgr Vagnozzi achève son activité au Congrès postal. Il s'en est très bien tiré.

Matin et soir toujours quelques audiences pour moi. À noter celle des époux Caro Couteaux avec des souvenirs vivants d'Istanbul.

À 18 h je vais avec Mgr Cento à l'ambassade du Venezuela où il retrouve plusieurs connaissances d'Amérique, et moi l'esclandre pour les articles de *l'Osservatore Romano*, que j'ai relus avec attention en rentrant à la maison pour écrire à Rome à ce sujet [1]. Ma note à propos du ton trop haut de T. que du reste j'admire [2].

6 juillet, dimanche. — <17 heures À S. Eustache. Croix de Bois. Mozette bénéd. S. Sacr. Crosse et mitre.>

Matinée dominicale laborieuse pour la préparation de deux rapports à la Secr. d'État. Reçu le p. Lazariste recteur du séminaire de Montpellier, venu demander à nouveau un évêque coadjuteur pour Mgr Brunhes ; puis les deux Lazaristes Poiron et Le Cunuder arrivés de Téhéran avec des salutations de Mgr Pappalardo. L'après-midi, j'ai reçu la maman du domestique Domenico avec Olga sa fiancée ; puis le nouveau sup. général des Lazaristes élu hier, M. Slattery, un Américain de Baltimore. Je lui fais fête, je l'encourage et je le bénis. De là à S. Eustache, musique des enfants à la Croix de bois [3], bénéd. du S. Sacr. et à la maison, adieu au cher Mgr Cento qui continue vers Rome.

7 juillet, lundi. — Diverses audiences : notamment l'artiste émailleur Blancher, de Limoges, qui m'apporte mes armoiries sur la crosse (3 000 F), et à qui j'achète un très bel émail : la Vierge de Foligno (12 000 F). Le soir, je vais chez le dentiste Durance, 113, rue S. Dominique, et nous nous entendons sur la rénovation de ma dentition, projet d'environ 10 000 F. Mais

---

1. Le quotidien du Vatican a publié le 28 juin en première page, et le 3 juillet en page 3 des chroniques sur l'« Attività religioso-sociale dei cattolici francesi » et les « Opere dell'Azione cattolica francese », qui apparaissent bien neutres à première lecture.

2. La chronique du 3, non signée, contient toutefois une note dithyrambique sur l'action des abbés Roche (non Boche comme continue de l'appeler le nonce) et Pasqueron dans le doyenné de La Mothe-Saint-Héray, département des Deux-Sèvres, diocèse de Poitiers qui a dû contrarier Mgr Roncalli. T. pourrait être le cardinal Tisserant, leur protecteur romain (à noter que Mgr Mesguen et son vicaire général ont été reçus par Pie XII le 2).

3. La manécanterie des Petits Chanteurs à la croix de bois.

depuis plusieurs heures je ne me sens pas très bien : je dois avoir pris froid ; et craignant quelque trouble sérieux de l'estomac, je me mets vite au lit et prends une bonne purge. Eh ! pauvre nature humaine.

8 juillet, mardi. — Nuit assez bonne avec des intermèdes de longues lectures de Claudel, *La Rose et le Rosaire*[1] très intéressant et édifiant. Pendant ce temps, mon malaise passait plus ou moins. À 8 h j'ai pu célébrer la sainte messe ; mais les grâces dites je suis retourné bien me reposer sur mon « lit de mort ». J'ai reçu dans la matinée les époux Le Bras, de Limoges, venus me recommander leur fils demeuré infirme après un accident d'auto. À midi le dentiste m'a arraché deux dents et j'en ai été un peu perturbé encore après, mais pour peu de temps.

L'après-midi fut égayée par l'agréable visite du *comm.* Gio. Finazzi, de Chiuduno, grand industriel fabricant de boutons et très bon catholique.

9 juillet, mercredi. — Déjeuner. Grand croix S. Sylvestre à M. Zamanski – 100, rue de l'Université et après le déjeuner au Cercle France-colonies. Plusieurs audiences et notamment quelques-unes plus importantes comme celle de Mgr Bertin. Toujours une grande épine pour moi[2]. À midi remise de la Grand croix à Zamanski[3], bien réussie : j'ai dit quelques mots en évoquant saint Sylvestre et son temps. Puis déjeuner édifiant. Le soir, beaucoup de travail et plusieurs visites, dont le card. Gerlier, retour du Canada. Nous nous sommes entendus sur le nom de certains candidats à l'épiscopat[4]. Il finira par se résigner à la perte de son exemplaire de *La Croix*. Après le dîner, je suis sorti avec Heim.

<Avant le card. Gerlier j'ai eu la visite de Mgr de Courrèges avec des informations de Rome.>

10 juillet, jeudi. — J'ai perdu une lettre, et sa recherche inutile menace de me faire perdre mon calme. Ce matin

---

1. Livre de méditation qui vient de paraître chez Gallimard (1947). « Réception chez M. Lesourd [...]. Conversation avec le nonce Roncalli qui me parle de *La Rose et le Rosaire* qu'il a lu et relu avec la plus grande attention et q[ui] est émerveillé de ma théologie à la fois exacte et neuve » (*Journal Claudel*, t. II, 1933-1955, Paris, Gallimard, 1969, p. 619).

2. Après son échec à la Sainte-Enfance, le nonce va lui chercher un autre poste.

3. Joseph Zamanski, fondateur et responsable de la Confédération française des professions, organe patronal d'inspiration catholique.

4. Premier exemple signalé d'une telle concertation.

encore travail et audiences consistantes : le dép. Armand de Baudry d'Asson, maire en Vendée, et le général Koenig, commandant de l'occupation française de la Sarre : cette audience fut très intéressante [1]. Je me suis rendu ensuite pour déjeuner au collège arménien, invité par les Mékhitaristes de Venise. J'étais avec Heim. J'ai vu les nombreux garçons et j'ai eu plaisir à me plonger dans les chers souvenirs d'Orient [2]. Ces Arméniens sont un peu comme le peuple de Dieu. L'après-midi, toujours du travail à la maison sur les nominations des évêques. Après le dîner, promenade avec Vagnozzi.

11 juillet, vendredi. — Peu d'audiences. Parmi elles le comptable Cislani, de Bergame, avec son frère qui épousera demain à Montmorency une Française baptisée avant-hier (!). Puis le rév. Ricard, sup. du séminaire de Blois, le réviseur des publications de l'abbé Gilloz, que j'ai recommandé ce soir au cardinal Suhard pour une décoration pontificale ; le p. O'Reilly, mariste, sup. du *104* avec un de ses collègues qui demande des sœurs de Bergame. L'après-midi, l'am. d'Argenlieu qui confirme ses propositions et explique certaines choses [3]. Puis M. Ferretti qui recommande Mattioli, dir. de la Banca Commerciale. Après le dîner, je suis allé chez le card. Suhard qui se dispose à partir pour Rome pour la visite ad limina.

12 juillet, samedi. — Audiences : madame Anfuso, puis les Croix de bois de S. Joseph de Roubaix ; Mgr Éphrem Gronguier, Syrien de Beyrouth qui arrive de Montevideo où il a rencontré Mgr Righi ; *ing.* Carozzo ; chan. Duclaud pour l'Histoire de l'Église de France. À midi j'ai eu à déjeuner l'abbé de S. Lazzaro Mgr Serapione Oulouhodjian [4] avec le sup. du collège arménien. L'après-midi le prof. Gabriel Le Bras, de la Sorbonne : de nouveau père, très occupé par ses études et le bon service de l'Église et de la science sacrée, histoire et droit canonique. Il est conseiller aux Affaires étrangères pour les affaires religieuses, et juge avec droiture [5].

---

1. Un parlementaire appartenant à la droite modérée et un militaire gaulliste.
2. Ce collège se trouve à Sèvres, dans la banlieue sud-ouest de Paris.
3. Le terme fixé pour son retour au couvent est, rappelons-le, septembre.
4. Abbé général des Mékhitaristes de Venise.
5. « Je regrette fort, me dit le Nonce, de vous avoir parlé trop tard de mes intentions pour Saint-Dié. La proposition était déjà parvenue à Rome. Quand vous m'avez laissé prévoir le refus du Gouvernement, je ne pouvais me reprendre. Je m'en excuse. À l'avenir, je vous consulterai

13 juillet, dimanche. — <16 h 30 Arméniens 26, rue Troyon Pont de Sèvres. Vers les 19 h. Carmes. Clôture Études thérésiennes. Bénéd. S. Sacr. Crosse et mitre. Repas 20 h.>

Matinée à la maison, au bureau. À midi je vais rue Marie-Rose prendre Mgr Leprêtre, ex-délég. apostolique Liban-Syrie et l'emmène à la nonciature avec frère Raphaël. Ici déjeuner où intervient le prof. Le Bras. À 16 h 30 je préside la distribution des prix au collège arménien. Mes paroles d'encouragement : terre et ciel pour les Arméniens, dignité, travail, sacrifice : succès individuel et social assuré. À 18 h j'ai présidé aux Carmes la clôture de la semaine thérésienne ; puis repas à Montmartre ; mon toast : mon culte de sainte Thérèse : amour de son esprit et de son précieux héritage chez les frères, les sœurs, dans l'Église.

14 juillet, lundi. — Belotti. Je reçois un brun de la Guadeloupe : première audience après la revue du 14 juillet. J'ai bien fait d'y participer [1]. Toujours à côté de Bogomolov : peut-être pour la dernière fois [2]. Notre union physique restera comme un souvenir des communes aspirations à une union spirituelle [3]. Beau spectacle : troupes et défilés en ordre. Bonne mine de tous. À la maison, gros travail jusque tard dans la nuit. Longue conversation avec Mgr Cazaux [4]. Alix Girod de

---

avant le départ de la valise ! Il s'agira, bien entendu, de conversation privée ; je vous dirai les noms, vous me ferez savoir les chances d'agrément et nous éviterons, par avance, toute difficulté. Ce système simple est exactement celui que souhaite, me semble-t-il, le Gouvernement (puisqu'une conversation officielle est impossible) et que j'ai proposé à Rome, lors de mon voyage. L'analogie des formules verbales que j'ai prononcées au Vatican et des expressions du Nonce me donne à penser qu'il a reçu des instructions précises et achevé de se décider sur mandat. » D'où la procédure suivante : intentions du nonce ; dossier dans les dix jours par Le Bras ; soumission au Département ; avis de celui-ci transmis au Nonce. « J'ajoute que, dans nos entretiens, je m'efforcerai d'éclairer le Nonce (qui m'exprime son vif désir d'être informé) aussi bien sur les “épiscopables” auxquels il songe que sur les bonnes qualités de ceux qu'il ignore ou délaisse (et dont certains lui ont été signalés, de haut lieu). » Test sur Saint-Dié, Chambéry, Montauban et Pamiers, pour lesquels deux noms convenables, recommandation d'un troisième et enquête sur les autres, auxiliaires compris (Note pour Monsieur Coulet, 15 juillet, signée manuellement Le Bras, AMAE).

1. Confirmation du changement d'attitude à l'égard des manifestations patriotiques.

2. Ce ne sera pas le cas ; mais la phrase laisse entendre que le nonce croit alors à une rupture entre le bloc soviétique et l'Occident.

3. La formule est plus que de politesse : de nouveau elle tend à distinguer l'homme de sa fonction.

4. Évêque de Luçon, en Vendée, et fervent défenseur de l'école catholique, qui part pour Rome.

l'Ain et abbé Raymond venu me saluer en route pour Rome. Le soir Levêque, visiteur des Lazaristes à Istanbul, est venu me voir et reste à dîner. Chère rencontre : souvenirs, nouvelles, espoirs.

15 juillet, mardi. — <13 h déjeuner gén. de Lattre de Tassigny et son principal aide de camp.>

Audiences et travail de correspondance pour Rome comme hier. Quelques audiences : le jésuite belge recteur du collège de Meudon [1]. À midi génér. de Lattre de Tassigny avec son aide de camp à déjeuner : longue conversation ensuite, excellente impression. Puis j'ai reçu les sœurs de Gemona avec 12 pèlerines pour Rome ; Mgr l'archev. d'Albi et son nouvel auxiliaire Mgr Puech [2] ; le soir, le p. Fugazza qui me confesse ; prépar. de lettres pour Rome. À dîner Mgr Belotti, mon hôte ; après le dîner je vais avec Vagnozzi à la gare de Lyon pour saluer le card. Suhard [3] et d'autres qui partent pour Rome. J'y ai rencontré plusieurs personnes. Soirée chaude et fatigante mais très laborieuse.

16 juillet, mercredi. — <20 h 30. Salle [x] P. Pastol Chants d. [x].>

M. Migliovitch avec sa fille et avec le comte de Moussac ; madame Jeanne Mathis, d'Athènes ; l'abbé Dominique de Veglia. Le soir j'étais bien fatigué mais je n'ai pu me dispenser d'assister à la salle Wagram aux exercice musicaux du groupe des petits chanteurs de Plouagat du père Pastol, salésien. Ils ont fait vraiment bien ; et il me plaît de reconnaître dans ce mouvement des petits Chanteurs à la croix de bois une belle forme d'éducation des jeunes. *Qui cantat bis orat.* Il y avait

1. Collège pour les enfants de familles russes émigrées, dirigé par le père Paul Mailleux.

2. Le supérieur du petit séminaire de Castres a été nommé le 11 juin, sans difficulté apparemment.

3. L'estime pour ce prélat s'accroît, *« anche di quella parte degli uomini pubblici che la passione delle prime ore dopo la liberazione rendeve ostiche a lui quanto in generale all'Episcopato francese. C'e ancora qualche cosa da fare da parte di alcuno, anche cattolico ; ma la calma torna negli spiriti, i quali del resto subiscono oggi la preoccupazione per pericoli e di minaccie ben più gravi che sovrastano a la patria Francese »* (« même dans cette partie des hommes publics que la passion des premières heures après la libération rendait hostile à son égard comme en général vis-à-vis de l'épiscopat français. Il y a encore quelque chose à faire de la part de quelques-uns, même catholiques ; mais le calme revient dans les esprits, lesquels du reste subissent aujourd'hui la préoccupation de dangers et de menaces bien plus graves suspendus au-dessus de la patrie française »), écrit de lui le nonce à Mgr Montini dans une lettre confidentielle du même jour.

aussi le provincial des Salésiens et l'abbé Maillet[1] qui est au centre de tous ces petits chanteurs.

17 juillet, jeudi. — <Visite chan. Chalmette, de Limoges. Réunion à 21 h 30 chez Lamoureux – 43, avenue Foch pour États-Unis d'Europe. Heure trop tardive, et puis j'étais très occupé. J'ai envoyé cependant Heim pour m'excuser.>

Ce matin, mon nouveau dentiste Durance m'a fait les essais pour les nouvelles dents. À la maison, j'ai trouvé Mgr Grente, puis reçu Mgr Cesbron, évêque d'Annecy, qui se rend à Angers ; le chan. Chalmette, de Limoges, que j'ai gardé à déjeuner avec les dr. Courcoux et Vary qui ont soigné Mgr Vagnozzi. Je fais tenir ensuite à Courcoux 10 000 F pour tous les soins de ces trois années. La journée a été orageuse. Ce matin Mgr Belotti est parti et Mgr Martin est arrivé, mais seulement de passage. Michelin et Flory m'ont invité <pour la sainte messe à la Semaine sociale le 28 courant>.

18 juillet, vendredi. — Ce matin Mgr Vagnozzi est parti en vacances en auto. Je lui souhaite qu'elles ne lui causent pas un épuisement excessif comme la dernière fois. Mes audiences : sup. génér. de la Fraternité sacerdotale avec le P. procureur ; le journaliste grec *Dafnis* ; Mgr Beaussart qui se soutient à peine, et dans l'après-midi Ch. Pichon. À 19 heures je suis allé chez le dentiste. J'ai dû y attendre et j'ai appris ainsi ce que cela signifie de faire attendre les autres. J'ai occupé ce temps à dire le rosaire et à me reposer. Ces journées ont leur tourment : la crainte d'une nouvelle guerre russo-américaine se fait plus forte[2]. Que le Seigneur nous fasse miséricorde.

19 juillet, samedi. — Lazaristes. Messe pontificale 9 h, où tout a marché à la perfection. Étaient présentes les deux familles de saint Vincent ; et pour les PP. Lazaristes tous les participants à l'élection du sup. général William Slattery. Après la messe je me suis entretenu avec les novices dans la salle des reliques. Au déjeuner étaient seuls présents les Pères Lazaristes. J'ai demandé à saint Vincent la grâce du bon choix des évêques. Le soir, dans l'église de S. Philippe[3] d'Eylau j'ai baptisé la petite Adriana Isabella Cavalletti, fille du marquis,

1. Fernand Maillet dirige désormais un mouvement d'ampleur nationale.

2. Après avoir refusé l'aide Marshall, l'URSS vient d'imposer à la Tchécoslovaquie d'y renoncer ; la réaction du nonce reflète pour partie les angoisses de l'opinion française.

3. *Honoré...*

attaché à l'amb. d'Italie. Puis j'ai pris le thé chez eux. Au dîner j'ai gardé le p. Vincent pour sa fête.

20 juillet, dimanche. — 13 h. Déjeuner Fraternité sacerd. 228, Boulev. Péreire. Étoile 24-35. Ce fut une réunion très plaisante autour du nouveau sup. général [1].

Don Heim était avec moi. Le reste de la journée, travail tranquille. Le soir j'ai eu à dîner les deux PP. Lazaristes Kergoia, d'Istanbul, et Euzé, de Smyrne. Ils étaient entièrement habillés en tenue civile, comme du reste le fut aussi M. Lévêque. Je ne sais pourquoi, puisque en dehors de la Turquie la loi qui interdit l'habit ecclésiastique ne tient plus. Mais je n'ai rien dit, par prudence [2]. Du reste, ce sont d'excellentes personnes et j'ai eu du plaisir à me replonger avec eux dans les souvenirs d'une vie et d'un monde qui me furent et me restent si près du cœur.

21 juillet, lundi. — Audiences : comme toujours notable le comptable Rubini, de Bergame, avec sa femme qu'il a épousée ici l'an dernier. Ils semblent amoureux. Il m'apporte de Bergame les salutations de don Vistalli et de don Teani, et dans l'ensemble de bonnes nouvelles. Le soir, je suis allé chez le dentiste pour l'essai des nouvelles dents. C'est la cinquième visite. Autres audiences : architecte Reynès, de Lisieux ; madame Froissard qui demande une décoration « pro Ecclesia et Pontifice » pour la présidente de l'Action catholique féminine ; le nouveau ministre de Bolivie. Eh ! ces ministres, je les vois à peine. Je devrais les cultiver davantage.

22 juillet, mardi. — <Della Sudda à la messe.>

Audiences après la messe à laquelle a assisté et communié la petite famille Della Sudda : père, mère et Francesco ; j'ai pris le café avec eux. Audiences : le marquis Di Rende avec sa fiancée. Il me demande de les marier le 30 courant. J'attendrai de nouveaux échanges ; puis M. Clazio, un Italien de Casablanca qui veut épouser une demoiselle Jollivet mais ne le peut pas ; Mgr Andrieu, doyen de la faculté de théol. de Strasbourg ; Mgr Chappoulie qui reste déjeuner ; puis l'abbé Servant, de Pamiers ; le comptable Cislani avec sœurs et

---

1. Le supérieur-fondateur de la Congrégation de la Fraternité sacerdotale, Marie-Eugène Prévost, est mort en 1946, il a été remplacé par le père Joseph-André Bergeron, confirmé par le chapitre général du 24 mai 1947.

2. Le nonce s'est résigné à respecter la loi turque ; mais, au fond, il regrette la soutane.

belle-sœurs. Ce matin la veuve Alfano, présentée par le chanoine Scattini, curieuse. Elle est venue de Bergame pour chercher son fils enterré près de Rouen.

23 juillet, mercredi. — Hier soir, je n'ai pu couper à la réception du ministre d'Argentine en l'honneur de Maria Eva Perón, femme du présid. de cette république. Rencontre mondaine : mais rien d'inconvenant à part la déplaisante nudité des dames [1]. Je fus le premier à partir. J'étais avec Heim. Ce matin quelques audiences : un certain Darde qui se fait menaçant à cause d'une affaire de mariage ; 4 chers frères des Écoles chrétiennes de Sofia ; deux dames, mère et fille Monzeolis* qui restituent de l'argent pour D. Alberto Dionisi. Aujourd'hui, double surprise : le retour de Mgr Oddi, et la visite de Mgr Bernardini que je garde à déjeuner. L'après-midi, l'abbé Jacquin et ce matin le chan. Dubois, de l'officialité.

24 juillet, jeudi. — Audiences : abbé Prévost, de Lille, retour de Rome ; *comm.* Vannucci ; Mgr Babini avec l'éditeur Tallone ; le jeune Liagre, présid. de la JOC de Seine-et-Oise. À midi, au déjeuner, nous avons Mgr Bernardini. L'après-midi Mgr Cazaux, évêque de Luçon, retour de Rome ; M. Ferretti avec M. Lupi, de la Commerciale. Puis je suis allé chez le dentiste Durance pour un ultime essai du nouveau râtelier que je paie 8 000 F, chiffre inférieur à celui que j'attendais. Journée toujours très chaude.

25 juillet, vendredi. — Quelques visites : abbé Boche, retour de Rome ; 4 sœurs Franciscaines de N.-D. du Temple, au service des prêtres ; M. Henry F. Cooper, ministre du Liberia ; Mgr Bryan J. Mc Entegart, évêque d'Ogdensburg, suffr. de New York, avec Mgr James H. Griffiths, chancelier de l'ordinariat militaire d'Amérique et un aumônier militaire, tous trois retour d'Allemagne. Avec ceux-ci, conversation intéressante sur la Caritas et le Secours français. Je les garde tous à déjeuner avec Mgr Bernardini, qui les connaissait. Et ce fut bien. Le soir, dernière visite au dentiste Durance, que je soigne, notamment pour la modération de son prix. Journée d'une chaleur exceptionnelle. La comtesse Salverte est passée également.

1. Mgr Roncalli ne badine pas avec la décence.

26 juillet, samedi. — Souvenir de maman, et de la maman de la Vierge [1]. Un rayonnement de douce maternité qui puise sa lumière à la même source. Je fais mémoire en même temps de la fille aînée de mon frère Giuseppino, encore une Anna, qui se fait religieuse.

Aujourd'hui deux audiences importantes : le ministre de Hongrie [Auer] qui quitte son poste plutôt que de céder au gouvernement esclave de Moscou [2]. Homme digne de respect. Puis le soir M. Garelli qui reste dîner, et qui m'apporte de précieuses nouvelles d'Istanbul, et de tristes impressions sur ce qu'il aurait entendu en venant en France : préparation à la guerre civile, etc. [3]. Je préfère avoir confiance en la Providence.

27 juillet, dimanche. — Journée de distraction. Avec Heim, messieurs Lupo et Ferretti je suis allé à la maison de chasse du *comm.* Lago mon compatriote, dans une localité de la paroisse du Châtelet-en-Brie, près de Melun. Quelques heures de vrai repos. De là nous sommes allés à [x], habitation ordinaire du même Lago : brave Bergamasque de Predore, mais qui lui non plus ne connaît pas la paix. Nous avons trouvé aussi M. Comotti, de Bergame, et sont venus les curés des deux localités dont l'une dépend de Meaux et l'autre de Versailles. J'ai eu quelque trouble d'estomac, avertissement pour me garder de certains plats, melon, charcuterie crue, etc.

28 juillet, lundi. — Semaine sociale. 8 h ma messe à S. Sulpice ; discours de Mgr Blanchet. J'ai distribué aussi beaucoup de communions, aidé de deux prêtres. À 10 h j'ai présidé en tenue ordinaire à l'inauguration aux Carmes, discours du Président Flory, de ton juste. J'ai conclu par les mots péché originel et rédemption : avec certaines idées qui courent, c'est tout dire [4]. Je suis cependant revenu déjeuner à la maison pour tenir compagnie à Mgr Bernardini. La chaleur tropicale continue. L'après-midi, deux audiences :

---

1. En la fête de sainte Anne.

2. Il s'agit bien de Paul Auer, déjà nommé le 9 mai. Suite aux pressions communistes qui ont contraint le gouvernement de Ferenc Nagy à démissionner (30-31 mai), un gouvernement Lajos Dinnyes a été formé que plusieurs ambassadeurs refusent de reconnaître : ils restent dans le pays où ils avaient été envoyés.

3. Qui n'aura pas lieu. Le gouvernement turc a accepté l'aide américaine proposée dans le cadre du Plan Marshall.

4. Mise en garde discrète à l'ouverture d'une manifestation dont l'organisation a causé quelque souci aux organisateurs. Le nonce a peut-être été informé du veto initial de Rome contre le père de Lubac et contre le père Chenu, qui ont finalement pu s'exprimer sur « La conception de l'homme » et « La conception du devenir social ».

comm. Dortel-Claudot qui rapporte 11 millions de Lourdes pour des messes ; et le p. Negri, de Milan. Nouvelle très douloureuse : grave maladie de Mgr Macchi, de Côme. Je télégraphie et j'écris.

29 juillet, mardi. — Plusieurs audiences : chan. Lieutier, directeur de l'œuvre des vocations sacerdotales ; marquis Di Rende avec le récit douloureux de la fugue de sa future épouse ; secrét. de la légation du Pérou avec sa fiancée, qu'il épousera samedi ; à déjeuner avec Mgr Bernardini le nouveau vicaire apostolique de Rabat, Mgr Lefèvre. Après-midi comme avant, comme toujours en ces jours de grande canicule qui empêche un bon travail suivi. Mais le soir se fait un peu plus doux, et encourage à se reposer, comme je l'ai fait avec profit.

30 juillet, mercredi. — Chaleur en baisse, mais par à-coups. Parmi les audiences de ce matin : monsieur Gundolf, de l'œuvre des prisonniers. J'ai arrêté les affaires avec moi, mais d'une bonne manière. Il m'a parlé de sa fille Monique, chez les Dominicaines de Tours, obstinée à ne plus correspondre avec son père. Il m'a quitté en pleurant. Puis Mgr [1] Thellier de Poncheville, qui m'a parlé de Pamiers [2] ; le *dott.* Vittorino Veronese, président de l'A.C. en Italie, venu pour la Semaine sociale. J'ai eu à déjeuner avec Mgr Bernardini le nouvel évêque d'Amiens Mgr Droulers. L'après-midi Mme O'Brien présid. de la Légion de Marie avec une compagne. À dîner l'*avv. Veronese.*

31 juillet, jeudi. — Saint Ignace : souvenirs toujours émouvants, spécialement ici à Paris, et encourageants. À la maison, journée très chaude mais reposante en même temps. Audience de la jeune madame de La Sablière, épouse du Conseiller de France à Athènes, avec sa fillette Marie Diane. Elle m'apporte des nouvelles de Mgr Giacomo Testa ; puis Mgr Léon Kierkels, délég. apostolique des Indes Orientales. À déjeuner j'ai toujours le très cher Mgr Bernardini. Après-midi très chaude qui s'est un peu rafraîchie vers le soir. Longue conversation avec le p. Merklen, directeur de *La Croix.* À dîner Mgr Bernardini qui repartira demain pour Berne. Sa visite est toujours pour moi très chère et distrayante.

1er août, vendredi. — Mois particulièrement consacré à Marie, avant que les PP. Jésuites n'introduisent la dévotion du

1. *Sic.*
2. Pour la nomination du nouvel évêque, sans doute.

Mois de Marie. Il lui est surtout consacré en Orient et en France. Je veux le sanctifier. D'autant plus que le Saint Père me verrait bien à Lourdes le 24 ou le 25. Aujourd'hui longue audience avec le P. Bith, provincial des Jésuites que je trouve monté contre Bertin [1]. Bonnes nouvelles de Rome : nominations de de Courrèges [2] à Montauban et de Guiller, de Nantes, à Pamiers [3]. Le soir, grande réception de la Bonne Presse en l'honneur du card. Suhard, en présence des « Semainiers ». J'y ai participé avec Oddi. J'y ai rencontré beaucoup de gens, et j'ai conversé avec Colin au sujet des nominations.

2 août, samedi. — Deux beaux rappels aujourd'hui : le Pardon d'Assise et saint Alphonse. J'ai fait mes visites à la chapelle, pensant en avoir le privilège. Quant à saint Alphonse, je me confie toujours à sa protection. Il sait que je l'aime. Le matin, seule visite, l'abbé titulaire Norbert Huchet, directeur de la Légion de Marie. À 11 h dans la chapelle des Espagnols de la rue de la Pompe, j'ai béni le mariage du 3e secrétaire du Pérou, Javier Pérez de Cuellar [4] avec Maria Roberts. Mes paroles à la fin : *fides, proles, sacramentum*. Le soir, avec Heim, chez les Roberts, 45, rue de Courcelles, j'ai pris une orangeade. Rencontre avec le ministre de France à Lima, Ledoux, son jugement sur les nonces Marella, Lati, Cento et Arrigoni : ce dernier le meilleur parce qu'avant tout *vrai prêtre*. J'ai vu avec plaisir le couple García que j'ai uni l'an dernier.

3 août, dimanche. — Journée tout entière passée au bureau, à écrire des lettres. Le soir, je reçois mon cher ami et confrère Mgr Giobbe, de Hollande. Mgr Gustavo Testa m'assure de son côté qu'il viendra à Paris après l'Assomption et que nous repartirons ensemble pour Bergame. Cela me donne une grande consolation.

4 août, lundi. — Audiences intéressantes : P. Messineo et P. De Marco, de la *Civiltà Cattolica* de Rome. Conversation aimable et instructive. Ces Pères sont très libres, même pour juger les leurs : par ex. Lubak et [ ] [5]. Suivit une conversation

1. Un adversaire de plus, pour le prélat que Mgr Roncalli veut caser.
2. Celui-ci ne sera donc pas resté longtemps à Saint-Louis des Français. Sa nomination à Montauban ne peut que satisfaire Théas et Saliège ; la publication de cette promotion interviendra le 8 septembre.
3. Vicaire général et directeur de l'enseignement diocésain, il sera nommé le 29 septembre.
4. Ainsi Mgr Roncalli a-t-il marié le futur secrétaire général des Nations unies (1982-1992) !
5. On regrette bien sûr que le nonce n'ait pas retenu le deuxième nom ;

un peu ennuyeuse de M. Girod de l'Ain. Tout vient à propos pour le mieux. À déjeuner avec Mgr Giobbe il y avait aussi le P. Ginocchini et don Benzoni, d'Annecy. À 16 h je sors avec Babini pour visiter l'atelier typographique d'Alberto Tallone, où je rencontre le *dott.* Antoli ; et j'admire les belles éditions de ce typographe de bon caractère et de bon goût. Le soir, nouvelle de la mort de Mgr Macchi.

5 août, mardi. — Sainte Marie Majeure dans la pensée, dans la prière, dans les souvenirs. Peu de visites, sauf Mgr Duval, évêque de Constantine, que je garde à déjeuner, et le soir le chan. Rodhain. Je lui ai fait entrevoir des modifications et des développements futurs pour le *Secours*[1]. À 16 h avec le très cher Mgr Giobbe je suis allé à Saint-Denis ; mais les cryptes étaient fermées. Au retour j'ai visité avec lui Notre-Dame, et là la tombe de Mgr Garibaldi ; puis je l'ai accompagné faire l'emplette d'une chasuble. Toute la soirée, agréable compagnie du vieux compagnon du Séminaire romain.

6 août, mercredi. — Ce matin, deuxième messe des morts pour Mgr Macchi, qu'il me plaît de contempler dans la gloire de la Transfiguration. Mgr Giobbe m'a quitté ce matin. Peu d'audiences dans la journée. L'après-midi, je suis allé visiter S. E. le cardinal Suhard rentré de sa visite ad limina. Content et convaincu que l'atmosphère au Vatican est favorable et bienveillante pour les choses de France[2]. Nous avons échangé des impressions sur la Semaine sociale, bonne dans l'ensemble. Il m'a parlé de la proposition Leclerc comme évêque auxiliaire[3].

7 août, jeudi. — Vive le saint de la pauvreté et de la Providence[4]. Je dois l'imiter toujours davantage. Audiences

---

mais le premier suffit, même sans la particule et avec un k à la fin : les deux Jésuites romains sont venus à Paris pour la Semaine sociale dont le second fera dans *La Civiltà* un compte rendu critique sur nombre d'interventions, celle du père de Lubac notamment, mais aussi celle du père Chenu (20 septembre 1947, p. 503-506).

1. Catholique.

2. Un tel optimisme paraît exagéré, tant sur le terrain pastoral que sur le terrain doctrinal. De plus, lors de ce voyage, le cardinal s'est plaint du nonce auprès de Mgr Montini : « On lui voudrait plus de discrétion, spécialement sur ce qui lui est confié sur les candidats à l'épiscopat, et qu'il ne s'étonne pas trop si le nom de la France a une place de choix dans les cérémonies religieuses ou catholiques » (note Montini du 25 juillet retrouvée et recopiée par Jean XXIII en 1959).

3. Qui sera acceptée.

4. Saint Gaétan.

importantes : l'abbé Prévost à qui je communique confidentiellement la réponse du Saint-Office qui arrête toute son action pour les contacts avec les protestants [1]. Il a tout accueilli avec beaucoup de dignité et une humilité sacerdotale qui lui fait honneur. Après midi j'ai béni une sœur visitandine de Grasse qui part pour l'Amérique en quête d'aides pour son monastère. Je suis allé me confesser chez les PP. Lazaristes (P. Robert) en l'absence de mon confesseur ordinaire, et j'y ai rencontré le nouveau sup. le P. Slattery, et Mgr de Mende revenu du Canada.

8 août, vendredi. — Pensées et visites. Abbé Gabet. Je lui ai dit que je n'aime pas les cadeaux ; Guillemard, chev. du S. Sépulcre, mari et femme ; Mgr Antoine Abd, évêque maronite de Tripoli de Syrie, avec Mgr Maroun ; abbé Carol, puis abbé Servant ; Mgr Douillard, évêque de Soissons qui reste déjeuner. L'après-midi Mgr Rousseau, évêque de Mende, qui insiste pour changer de diocèse pour cause de tachycardie [2]. Dans l'après-midi, passage du jeune don Poledrini, de la Secrétairerie d'État, élève du Séminaire romain et maintenant destiné, paraît-il, à Istanbul. Il me fait bonne impression et je l'accueille bien, et je le garde à dîner.

9 août, samedi. — Aujourd'hui encore journée lourde de pensées et de soucis. Audiences : P. jésuite du Passage. Je l'interroge sur la visite apost. chez les sœurs d'Ernemont ; puis je reçois le doct. Moshe Sneh de l'Agence juive pour la Palestine, et l'abbé Glasberg [3] – 17, rue des Acacias. Paris (XVIIe) – Eto 35-84. Questions graves. À midi j'ai à déjeuner don Poledrini. À 16 h je reçois le chan. Boudet, du Mans, sup des prêtres du Sacré-Cœur, nous discutons de la visite d'Ernemont [4]. J'espère trouver l'issue ; puis Mgr Georges Hakim, évêque melkite de Ptolémaïde (Haïfa) avec un monsieur Kuri, et Figi ; ils tournent pour la propagande pro-arabe en Palestine, ils viennent de Rome, et sont exactement pour la thèse opposée à celle du doct. Sneh de ce matin [5]. Audience Bressolles.

---

1. Ainsi se termine un essai de reconversion dans l'œcuménisme qui n'aura pas dépassé les années 1946-1947 (Robert PRÉVOST, *Dieu n'échoue pas, 1895-1980*, Paris, Téqui, t. III, 1983, p. 79).
2. Sa nomination est pourtant récente… Mende est un petit diocèse de moyenne montagne, dans le sud du Massif central, mais de chrétienté.
3. Le prêtre converti du judaïsme et sauveur de juifs pendant la guerre est alors très engagé aux côtés du mouvement sioniste (Lucien LAZARE, *L'Abbé Glasberg*, Paris, Éd. du Cerf, 1990, p. 83-96).
4. Dont Mgr Bertin est toujours supérieur.
5. Tout à fait par hasard, Mgr Roncalli a reçu le même jour des avocats

10 août, dimanche. — J'ai entamé aujourd'hui la 49e année de mon sacerdoce. Je suis *in timore et tremore* en pensant à mes innombrables insuffisances, négligences et iniquités. Et en même temps mon réconfort en me jetant dans les bras du Seigneur. Pourquoi devrait-il me rejeter ? Me mortifier, oui, me faire souffrir dans la pénitence. Mais ensuite me pardonner et me traiter encore bien. Ainsi j'ai confiance et je me console, en regardant en avant et en reprenant le bon chemin. Je suis resté seul dans la journée et j'ai pu travailler et méditer. À midi j'ai eu à déjeuner l'évêque de Tripoli avec Maroun. L'après-midi j'ai reçu la famille Manlio Rinaldi, qui part pour Rome ; j'ai écrit des lettres aux curés de Terno et S. Pellegrino, Pesenti et Dossi à l'occasion de leur jubilé, pour leur encouragement mutuel.

11 août, lundi. — Les audiences se raréfient désormais : et c'est déjà un repos. Mais le travail ne me manque pas, ainsi que quelque anxiété, mais une anxiété modérée et confiante. Le soir j'ai eu à dîner le soi-disant archev. de Galilée, en fait évêque melkite de Ptolémaïde et de Haïfa, Mgr Georges Hakim, avec le p. jésuite Haarout, de rite grec, mais qui travaille en Égypte pour les Coptes [1]. Braves gens qui s'occupent par ailleurs d'entreprises politiques qui sont des contresens. Mgr Hakim s'est rendu chez le pape et passe par Paris pour plaider la cause des Arabes de Palestine contre les Juifs, et il parle au nom du Mufti [2]. Pauvre croisade pour la Terre Sainte !

12 août, mardi. — Jour heureux grâce à l'arrivée de Mgr Gustavo Testa, archev. d'Amasée, mon cher ami de plus de 40 ans. Je le trouve un peu fatigué et émacié ; les années

---

de la cause sioniste et des avocats de la cause palestinienne, chrétiens arabes. Le 18 février 1947, le gouvernement britannique s'est résolu à faire appel à l'ONU, incapable qu'il est de faire respecter un mandat contesté par les juifs et par les arabes. Du 28 avril au 15 mai, s'est donc tenue une séance spéciale de l'Assemblée générale de l'ONU qui a nommé une Commission chargée d'élaborer le statut futur de la Palestine : dans son rapport du 31 mai, elle présente la proposition (majoritaire) d'un partage en deux États et la proposition (minoritaire) d'un État fédéral. Les sionistes font campagne pour la partition et les arabes pour le maintien de l'unité.

1. Henry Christophe *Ayrout*, sans doute, qui a fondé en 1941 l'Association pour les écoles gratuites de Haute-Égypte.

2. Le court-circuit est un peu rapide, mais il est vrai que nombre de chrétiens arabes font cause commune avec les musulmans dans cette affaire. Le nonce ne prend pas position pour la cause sioniste : il ne fait que réitérer son opposition à l'entrée des clercs en politique.

passent pour lui aussi. Sa situation d'inactivité depuis désormais plus de 5 ans l'afflige, certes, mais ne l'abat point [1]. L'esprit est vif, et cela me fait grand plaisir. Je lui fais fête et je jouis beaucoup de sa compagnie. Dans l'après-midi, je suis allé me promener avec lui à Saint-Cloud, et de là en auto jusqu'à Villacoublay, en refaisant ensuite la route de mon entrée à Paris le 30.XII.1944. Peu d'audiences : le nouveau ministre du Portugal <*Marcello Mathias*> et la sup. gén. des sœurs du Patronage de S. Joseph.

13 août, mercredi. — Peu d'audiences. Important, le chan. Boudet, du Mans, qui m'apporte les noms d'éventuels Visiteurs des sœurs d'Ernemont. Je crois que l'abbé de Wisques serait le meilleur. La compagnie de Mgr Testa m'offre une plaisante distraction. Je sors avec lui l'après-midi voir l'exposition de l'habitat et de l'ameublement disposée le long de la Seine et dans le Grand Palais, que je vois ainsi pour la première fois et qui m'apparaît plus beau et plus intéressant à l'intérieur que vu de l'extérieur où il jure dans le panorama de Paris.

14 août, jeudi. — Vigile de l'Assomption. Audience Mgr Chappoulie qui part pour la campagne. L'après-midi nous sommes allés tous ensemble Testa, Oddi et Heim à Moisson pour une visite au Jamboree, où nous trouvons Mgr Pignedoli, du Vatican, avec les Italiens. Je prends place avec le Présid. Auriol et les ministres Ramadier, Bidault, Moutet, génér. de Tassigny, etc. à la place centrale. Spectacle de jeunesse curieux et intéressant mais qui me laisse quelques doutes et incertitudes [2]. Épisode curieux de Ramadier *en panne* de sa voiture qui trouve place dans la mienne [3]. Je suis rentré à la maison un peu fatigué.

15 août, vendredi. — <Dîner à Saint-Séverin.>

Grande fête très aimée. Je la passe dans une intimité absolue. Après la messe j'ai reçu Mgr Jullien, doyen de la Rote, arrivé de Rome. Mais je n'ai pas pu le garder. À déjeuner nous étions donc seuls et joyeux, pensant à l'Assomption de mon adolescence, et des périodes successives

1. Nommé délégué apostolique en Égypte et en Palestine le 4 juin 1934, il a dû quitter son poste du fait de la guerre.

2. Jamboree de la paix où quarante-deux nations sont représentées. Le nonce n'explicite malheureusement pas ses réserves ; Moisson se trouve en Seine-et-Oise, au nord-ouest de Mantes.

3. Un chef de gouvernement socialiste, qui se dit anticlérical, secouru par le nonce...

en des lieux variés en Orient et en Occident. L'après-midi, Testa est allé avec Oddi à Rambouillet et à Chartres. J'ai sanctifié ma solitude au bureau. Le soir, je me suis rendu avec Heim dîner à Saint Séverin chez le chan. Sédillière : celui-ci m'a fait cadeau de trois précieux volumes de Lecanuet, qui m'occuperont les heures de la nuit [1].

16 août, samedi. — Saint Joachim et saint Roch nous ont tenus bien au chaud. Une seule audience dans la journée, le P. Buzzi, Barnabite. J'ai pu ainsi me reposer un peu après la mauvaise nuit passée. Dans l'après-midi Mgr Testa est sorti avec Oddi en auto jusqu'à Saint-Germain-en-Laye. Le soir, ils ont juste pu échapper à l'orage qui parut très menaçant, mais n'a donné que très peu d'eau. Oh, pauvres de nous avec cette fournaise insolite. Et nous sommes capables de supporter si peu.

17 août, dimanche. — Dimanche solitaire et recueilli. Ni visite reçue ni visite faite, sauf le soir chez M. Khaled el Azem, ministre de Syrie, à l'occasion de la fête de la République. Il y avait peu de gens. Oddi m'accompagnait. J'y ai rencontré l'évêque de Tripoli Abd en habit éclatant, et j'ai rappelé l'inopportunité de mettre mon nom sur les journaux à côté du sien [2]. Tout cela exprimé de façon fort civile. L'après-midi, Oddi nous guida à Saint-Denis et de là à Montmorency. Mais nous sommes allés à l'aventure par de nouvelles routes et par des localités nobles et belles, mais qu'il faudra revoir.

18 août, lundi. — Peu d'audiences, mais des personnes chères : parmi elles les époux Bajola Parisani avec leur question de Monaco ; mon cher Mgr Mojoli de passage à Paris. Je lui ai fait fête au déjeuner, où nous avions aussi Mgr Grente, archev. du Mans, flatteur comme d'habitude.

19 août, mardi. — À 12 h déjeuner à la nonciature avec le journaliste Jacques des Roches et visite de Chantilly avec lui. Tout a été bien : la présence du journaliste qui est *vir amabilis ad societatem*. La visite à Chantilly avec Mgr Testa et Heim fut

1. Le nonce acquiert ainsi une vision de l'histoire récente du catholicisme français différente de ses sources intransigeantes habituelles (s'agit-il des trois volumes du *Montalembert*, Paris, 1895-1902 ou de trois des quatre tomes de *L'Église de France sous la Troisième République*, Paris, 1907-1910 pour les deux premiers, 1930 pour les deux derniers, après la mort de l'oratorien Édouard Lecanuet, par les soins de son ami Laberthonnière ?).

2. Mgr Roncalli ne veut surtout pas être compromis.

un enchantement de beauté et de surprises. Le conservateur de ce musée, le *dott.* Henri Malo, fut absolument exquis. Chantilly est, en gros et en détail, une des merveilles de la France. Dans la matinée j'ai eu une longue conversation avec Mgr Bertin. Il m'a mis au courant pour la première fois du fond des affaires de La Villerabel à Rouen. Ah ! pauvre humanité. Il acceptera la visite sans difficulté [1].

20 août, mercredi. — Ces nuits après la canicule sont toujours un peu fatigantes. Mais on somnole et on reprend le travail et la sueur. Ce matin, quelques audiences peu concluantes sinon encourageantes. Trois prêtres : le père Field, des Salésiens, don [ ], de Novare, et Mgr Pignedoli, de Reggio, chargé des scouts et camarade de régiment de Mgr Montini. À 15 h nous allons tous, Testa, Oddi, Heim, le p. Vincent [2], et moi dans un studio de la rue François Ier pour le premier tirage du film *Monsieur Vincent.* Dans l'ensemble je le trouve superbe, émouvant, tout à fait réussi. Selon son goût on peut discuter tel ou tel détail. Mais pour moi c'est un grand succès et j'en bénis Dieu [3].

21 août, jeudi. — Les miens sont sortis pour un tour à Saint-Benoît-sur-Loire et Vézelay, et je suis resté seul avec beaucoup de travail et beaucoup de pluie qui est finalement venue rafraîchir la création. Dans la matinée j'ai reçu M. Myron Taylor, ambassadeur privé du Présid. Truman auprès du pape [4]. Il ne parle que l'anglais. C'est une faute [5]. À 13 h j'ai eu à déjeuner Mgr Beaussart, et ce fut un plaisir pour moi.

1. Il ne lui avait donc pas tout dit le 15 juin 1946 !
2. Delouf.
3. Film de Maurice Cloche, dont le nonce a vu le début du tournage (voir plus haut en date du 17 mars).
4. « *Ho poi visitato Parigi, e in due occasioni ho trascorso un po' di tempo col Nunzio apostolico, mons. Roncalli, che precedentemente occupava un posto analogo a Atene e che conosce bene la Chiesa greco-ortodossa. Egli mi ha confermato l'affermazione fatta dall'arcivescovo di Canterbury che la Chiesa anglicana è in relazione piu strette con la Chiesa greco-ortodossa di qualsiasi altro gruppo cristiano* » (« J'ai ensuite visité Paris, et en deux occasions j'ai passé un peu de temps avec le nonce apostolique, Mgr Roncalli, qui occupait précédemment un poste analogue à Athènes et qui connaît bien l'Église grecque-orthodoxe. Il m'a confirmé l'affirmation faite par l'archevêque de Canterbury selon laquelle l'Église anglicane est en relation plus étroite avec l'Église grecque-orthodoxe qu'avec tout autre groupe chrétien »), lettre de Myron C. Taylor au président Truman, 25 septembre 1947, dans Ennio DI NOLFO, *Vaticano e Stati Uniti, 1939-1952. Dalle carte di Myron C. Taylor*, Milan, Franco Angeli, 1978, p. 538.
5. On peut en déduire que le nonce maîtrise mal cette langue.

Le soir un message codé de Rome, que je n'ai pu déchiffrer en attendant le retour des miens, fut pour moi un motif de vaines suppositions qui m'ont ensuite perturbé l'esprit et la nuit [1]. J'ai eu à dîner Mgr Pignedoli. Nous étions seuls, lui et moi. Conversation encourageante.

22 août, vendredi. — XXXIIIe anniv. de la mort de Mgr Radini. Quelle lumière depuis lors et jusqu'à ce jour sur mon âme dans le souvenir de lui, qui priera certainement pour moi. Seule audience, le jeune Mahieu, des Archives nationales. À 12 h 30 M. Taylor revient pour déjeuner avec nous. Heureuse rencontre [2]. L'après-midi, avec Mgr Testa et Oddi je suis allé à Versailles visiter le palais et le jardin. Nous avons été guidés par le conservateur, *dott.* [ ], un neveu de Mgr Beaussart, extrêmement courtois. Le temps n'était pas beau, mais frais. Le soir, apaisement de mon esprit et grâces rendues à saint Joseph. Le message codé ne contenait rien de préoccupant, et aux Affaires étrangères aucune nouveauté désagréable.

23 août, samedi. — Pèlerinage à Lourdes [3]. Départ de bon matin avec Mgr Testa, don Heim et Giulio en train, 12 heures de bon voyage : Blois, Tours, Poitiers, Angoulême, Bordeaux, Pau, Lourdes. Ici grande réception : préfet et maire, évêque Théas avec Mgrs Courcoux, Richaud, Robin, Piérard ; personnalités distinguées, députés et beaucoup de pèlerins menés par les P. Assomptionnistes. Temps très pluvieux. Logement à l'évêché chez Mgr Théas, très courtois et content d'avoir obéi [4]. Aujourd'hui lui sera donné un successeur à Montauban. Dîner intime avec Mgr Théas. Mgr Testa loge chez les missionnaires.

---

1. Le nonce ne saurait-il pas déchiffrer les messages codés ?

2. « *Al mio secondo incontro con lui erano presenti diversi suoi colleghi, studiosi di cose religiose, e mentre essi non hanno voluto darmi un parere sulla saggezza di un approcio verso i* leaders *della Chiesa greco-ortodossa, essi ritengono che Sua Santità il Papa potrà dare saggio orientamento in proposito* » (« À ma seconde rencontre avec lui étaient présents plusieurs de ses collègues, spécialistes des choses religieuses, et s'ils n'ont pas voulu me donner un avis sur l'opportunité d'une approche des *leaders* de l'Église grecque-orthodoxe, ils ont estimé que Sa Sainteté le pape pourra donner une sage orientation à cet égard »), lettre de Taylor à Truman du 25 septembre citée plus haut en date du 21 août.

3. Trente-troisième voyage du nonce.

4. Son transfert à Tarbes et Lourdes tient donc plus, malgré tout, de l'obéissance que du désir ; photographie des deux prélats dans *Souvenirs d'un nonce*, entre les p. 88 et 89.

<Préfet des Hautes-Pyrénées : Edmond [1] Orliac. Chef de gare : Paul Ranchet*.>

24 août, dimanche. — À Lourdes. À 10 h mon pontifical devant le Rosaire sur l'esplanade. Très beau temps ; environ 50 000 pèlerins. À l'évangile mon discours en français, ex corde : bref commentaire de l'épître : arche d'alliance, la Vierge glorieuse, le chant de la puissance et de la victoire de Dieu et de son Christ. Allusion à la paix des Pyrénées, et invitation à la prière pour la paix du monde. Repas chez les missionnaires. Dans l'après-midi je reçois les députés catholiques ; je visite le nouveau local de l'assistance médicale [2], je suis la procession où Testa porte le S. Sacr., mais il pleut. Dîner avec les promoteurs de Pax Christi [3], puis j'assiste à la procession aux flambeaux.

25 août, lundi. — À Lourdes : à 7 h 30 je célèbre à la Grotte, face aux malades. Puis longue convers. avec Mgr Théas. À 11 h je rends visite au maire, à la mairie ; puis aux confrères de saint Vincent, à la pénitencerie, <que j'encourage>. Déjeuner avec préfet, maire et évêques. À 15 h rencontre pour le très beau discours de Mgr Terrier, év. de Bayonne pour environ 300 prêtres pèlerins. Ensuite mes paroles encourageantes et aimables avertissements. Vient ensuite la procession du S. Sacr. sous un soleil splendide ; puis je passe devant tous les malades en bénissant. Quelques audiences, visite à la basilique supérieure, dîner toujours avec Mgr Théas et avec Testa. À 21 h nous repartons pour Paris, avec au cœur une grande satisfaction.

26 août, mardi. — À Paris, arrivée après une nuit bien reposée. Sainte messe à la maison ; distribution de la correspondance. Lettre à Mgr Tardini et gros travail. Le soir, dîner avec Mgr Martin qui repart pour Rome. Un peu de fatigue dans le corps ; au cœur la joie pour la bonne marche de ma mission en union intime avec le Saint Père et pour la paix sous les auspices de Marie. Je rappelle particulièrement les 4 brefs discours : 1) à la messe solennelle ; 2) aux confrères de la Conférence ; 3) aux prêtres réunis ; 4) la conversation avec 10 députés catholiques. Ce matin je n'ai pas oublié mon saint

1. *Édouard.*
2. Photographie de groupe, *ibid.*, entre les p. 104 et 105.
3. Mouvement de prière pour la conversion de l'Allemagne (nazie) dans ses origines agenaises en 1945, Pax Christi s'est transformé, sous l'égide de Mgr Théas, en mouvement de réconciliation spirituel franco-allemand, avant de s'élargir à la prière pour la paix entre les nations.

Alexandre dont je suis le chanoine [1]. B. Alexander serva clerum et plebem.

27 août, mercredi. — Audiences importantes : amiral d'Argenlieu qui fixe la fin de sa vie militaire et finalement son retour au cloître [2] ; p. Ginocchini et le procureur ou économe général don Sofia des Scalabriniens ; le p. Pellegrino, des jésuites de Rome ; M. Gustave [3] Palewski, proche collaborateur du général de Gaulle. Mon d. Heim est informé d'une attaque de sa mère et part aussitôt pour Olten, ce qui perturbe mon voyage en Suisse. Le soir tard, Mgr Vagnozzi rentre de vacances, comme ce matin Mgr Martin est reparti pour Rome en ayant terminé les siennes.

28 août, jeudi. — <À déjeuner Mgr Durrieu avec son compagnon Père blanc. 13 h.>

Bon travail dans la matinée. À 10 h arrivée inattendue, mon cher Mgr Ballo-Guercio, évêque de Mazara del Vallo, mon très cher condisciple au Séminaire romain. Je le traite de mon mieux. À 13 h déjeuner de 12 couverts : Mgrs Testa, Ballo, Durrieu, sup. gén. des PP. Blancs, moi, le gén. Boissau avec deux de ses assistants et le P. Badré, aumônier général. Conversations utiles. À 17 h je vais avec Testa porte de Versailles voir le premier projet de l'exposition sur l'enseignement libre, puis à l'archevêché où je parle avec le chan. Charles, en le priant de saluer Son Éminence. À 20 h repas au Lancaster sur invitation de M. Wolf en l'honneur du card. Tisserant dont la conversation prolongée fut <très intéressante>.

29 août, vendredi. — À 8 h j'étais avec Mgr Testa à Pontoise où j'ai célébré la messe d'inauguration du congrès de la JEC, Jeunesse étudiante catholique internationale ; une cinquantaine de jeunes participants de diverses nations. Trois pensées : saint Jean-Baptiste, le card. Perraud, oratorien, et le Sacré-Cœur à Paray. Le reste de la journée, préparation du départ pour Autun et pour les vacances. J'ai l'impression que tout est en bon ordre, et que le bon accord entre mes deux collaborateurs qui restent est assuré. Mgr Ballo est parti ce matin et m'a laissé ravi de sa visite.

---

1. Depuis 1921, Roncalli est chanoine honoraire de la cathédrale de Bergame dédiée au patron de la ville, à la fête duquel il sera de nouveau absent.

2. « Finalement » est bien le mot juste.

3. *Gaston.*

30 août, samedi. — À Autun, arrivée à 12 h. Après midi inaug. Place card. Perraud, et poursuite vers Paray-le-Monial.

Voyage avec le seul Mgr Testa, en Packard, Enrico Sartori au volant. En cinq heures nous arrivons dans les meilleures conditions. Excellent accueil à l'évêché chez Mgr Lebrun. Déjeuner avec les chanoines. À 15 h récept. à la préfecture, le vice-préfet très courtois ; ma réponse qui a suscité, semble-t-il, une grande satisfaction. À 16 h inauguration de la place card. Perraud en plein air. Belles, sobres, dignes paroles du maire ; toute ma réponse rappelle la signification des honneurs comme expression d'un vœu de libre choix commun et de concorde. Puis récept. à l'évêché ; dîner et conversations délassantes pour l'esprit [1].

31 août, dimanche. — À Paray-le-Monial. J'y suis arrivé à 9 h. Réception immédiate à la mairie. Belles paroles du maire [ ] parfaitement en accord avec le principe catholique et la ville du Sacré-Cœur. Ma réponse, qui m'a semblé heureuse et vibrante. Ensuite, ma messe pontificale en plein air. Environ 10 000 jeunes présents, avec communion générale. Alors qu'on la distribuait, je suis resté au trône, priant avec largeur et profondeur d'intentions. À l'évangile, beau discours de Mgr Lebrun, mais, comme d'habitude, avec une tonalité patriotique quasi exclusive [2]. J'ai parlé à la fin de la liturgie en illustrant le triple enseignement de sainte Marguerite-Marie [3] à la jeunesse catholique française : *oboedientia, pietas, amor.*

Ensuite, repas chez les aumôniers, maître de maison Mgr Bonamour [4] ; puis défilé de toute la jeunesse catholique réunie à Paray : je la saluais avec Mgr Lebrun depuis le portail du *Hiéron* [5]. Spectacle vraiment beau et réconfortant [6]. Puis nous sommes passés à la place du monument aux morts, sous

---

1. L'oratorien Adolphe Perraud, cardinal en 1893, fut évêque d'Autun de 1874 à sa mort en 1906.

2. Depuis le grand pèlerinage public de 1873 à tout le moins, le sanctuaire de Paray présente une forte tonalité nationale, voire nationaliste.

3. Visitandine de Paray, Marguerite-Marie Alacoque (1647-1690) a été bénéficiaire de visions du Sacré Cœur, dont elle a contribué à diffuser le culte ; béatifiée le 18 septembre 1864, elle a été canonisée le 13 mai 1920, peu avant Jeanne d'Arc (16 mai).

4. Vicaire général d'Autun.

5. Sorte de musée voué au culte du Sacré-Cœur et de l'eucharistie à travers la vie du Christ, de la Vierge et des saints.

6. Le 28 octobre, le nonce remercie Mgr Lebrun de lui avoir envoyé des coupures de presse sur ces cérémonies : « Ces manifestations de foi vive et intense et d'apostolique ardeur sont un encouragement à poursuivre ce bon travail de pénétration religieuse et de retour à la Sainte Église qui sauvera la France et qui peut seul sauver le monde entier. »

un soleil qui nous faisait griller ; là, cantiques patriotiques sans fin et paroles enflammées d'amour de la patrie comme c'est leur coutume [1]. J'ai fait ensuite une visite à la chapelle de l'Apparition, aux deux prieures Alexandrine et Clotilde, à l'intérieur du monastère et aux souvenirs de sainte Marguerite très appréciés par Mgr Testa et par moi. Le soir à 7 h 30 nous étions à Besançon, fort bien accueillis par Mgrs Dubourg et Béjot pour le dîner, et splendidement au séminaire pour le repos.

1er septembre, lundi. — Besançon – Berne – Olten – Arbon. Excellent voyage. À Berne, repas à la nonciature avec Ferrofino et Pinci. Mgr Testa y reste car il est indisposé. Je poursuis vers Olten où je visite la maman de Heim et la bénis, rencontre le curé Mgr Dubler, et avec don Bruno Heim je passe par Zurich vers Winterthur, Frauenfeld, Constance mais sans y entrer, et le long du lac je descends jusqu'à Arbon. Là, excellent accueil chez le curé Hofmann et ses deux jeunes assistants Engeler et [ ]. Bel échantillon de paroisse catholique suisse organisée de façon moderne. Le soir tard, après la visite au port, j'écoute des voix d'Italiens qui reviennent du travail.

2 septembre, mardi. — Arbon – Grisons – Coire – S. Moritz – col Maloja – Chiavenna – Dongo – Côme. Le matin, à Arbon, belle messe avec nombreuses communions. Puis avec les deux assistants je descends jusqu'à Silvaplana où nous mangeons tous. Brève visite à S. Moritz où je laisse les deux compagnons et me remets en chemin. La Suisse est toujours et tout entière un enchantement. Ayant traversé l'Engadine par Vicosoprano et Castadegna je suis à Chiavenna. De là pour Dongo je parcours tout le lac, superbe. Mais le ciel est nuageux et pluvieux. Jusqu'à Côme, où je trouve au grand séminaire le vieux recteur, chère connaissance, et un excellent accueil.

3 septembre, mercredi. — Nuit à Côme tourmentée par les moustiques. À 9 h 30 j'ai chanté la messe des trente jours à la cathédrale pour Mgr Macchi [2]. Ambiance un peu froide ; chanoines en mozette, cérémonie sans façons et avec peu de monde. J'ai eu ensuite des informations un peu affligeantes, qui ne retirent rien à la dignité personnelle et aux mérites de mon cher ami défunt. J'ai donné trois fois la confirmation à

1. Confirmation du lien entre foi religieuse et foi patriotique, dans une région où l'activité maquisarde a été forte.
2. Évêque de Côme, mort au début d'août 1947.

l'évêché, et au séminaire où je suis resté également déjeuner, accueilli avec une grande bonté. J'y ai rencontré M. Andrea Castelli, du pensionnat S. Silvestro, et Mgr Acquistapace. Mgr Testa m'y rejoint et avec lui j'ai visité la famille Grassi, et repris la route jusqu'à Sudorno. À 18 h j'étais à Camaitino. *Deo gratias.*

4 septembre, jeudi. — À Camaitino. Joie sereine de me retrouver après un an avec les miens, tous bien et en paix. Sainte messe à la chapelle pro meis vivis et defunctis. Matinée tranquille entre mes lettres et mes souvenirs. L'après-midi j'ai visité monsieur le curé Birolini, l'église, la malade Marietta, mère des deux sœurs de N.-D. du S. Cœur, puis le cimetière, et la famille de mon frère Giuseppino aux Gerole, dans la nouvelle maison où ils sont très bien logés. De là je suis passé à la Colombera où j'ai vu mes autres ménages. J'ai assisté au fracas d'un violent orage, avec un grain de tempête, heureusement sans dommages.

5 septembre, vendredi. — À Camaitino. Premières visites : curé Pedrinelli, de Carvico, et don Valtellina, de Peschiera. Puis le curé Birolini, et le nouveau vicaire rural de Terno, d. Giovanni Pesenti, mon ancien et cher élève de séminaire à Bergame. L'après-midi, la bar. Maria et Niny Scotti avec la fratrie Sion, c'est-à-dire Paolo et Savina, et les deux autres sœurs venues de Tourcoing. Cette visite m'a fait plaisir parce que c'est un signe qu'il n'y a plus de distance de temps ni de lieu. J'ai ensuite écouté patiemment toutes les jérémiades de Mme Signorini Carissimi sans prendre position. Je n'aime pas les histoires et les cancans *in omnibus caritas.*

6 septembre, samedi. — À Camaitino. Après 9 h je suis allé à Bergame où j'ai visité M. Mariano et Cislani de la Chambre de commerce ; puis dans la ville haute la famille Scotti, où était Niny avec des invités ; ensuite la cathédrale : à la curie Mgrs Carrara, Guerini, Magoni qui m'accompagnent pour déjeuner au séminaire où j'ai trouvé un accueil jeune et cordial. Puis conversation avec les professeurs et le recteur Patelli, bref repos, rencontre avec mon neveu Battista séminariste ; visite prolongée à Mgr Merati, à Sainte-Marie Majeure et à Mgr l'évêque Bernareggi avec qui j'ai longtemps discuté avec aménité et un vif intérêt [1]. Je suis rentré ensuite à la maison, content de ces rencontres qui sont un réconfort [x].

---

1. La correspondance entre les deux prélats ne dit rien de tels entretiens.

7 septembre, dimanche. — À Carvico : fête des reliques [1]. J'y ai célébré la messe de 7 h avec de nombreuses communions. À la grand messe du chan. Mazzoleni-Ferracini, mon discours : Sancti tui Dne nos ubique laetificent. Parce que : 1) ils nous assurent quant aux promesses divines ; 2) ils nous indiquent la bonne route ; 3) ils nous encouragent au sacrifice. J'ai été bien suivi et compris. Autres paroles dans l'après-midi : 1) prière pour le pape et pour la paix ; 2) pour les souffrants de l'après-guerre ; 3) pour la triple bénédiction. Les gens de Carvico auraient désiré la procession. Mais le clergé n'aime les processions ni à Carvico ni à Sotto il Monte, et c'est peut-être regrettable [2]. Je suis passé à V. Peschiera pour saluer les sœurs et un beau groupe de jeunes de l'oratoire de Borgo Palazzo, avec le chef Arizzi. À la maison, belle rencontre avec mes frères et neveux en habits de fête.

8 septembre, lundi. — Sainte messe simple à S. Maria de Brusicco, la chère église de mon baptême et de mon adolescence. Très précieux et édifiants souvenirs de ma vie. L'église était pleine de petits enfants.

Puis journée solitaire, délicieuse et sereine à la maison. J'ai revu des lettres et des souvenirs ; je me suis immergé dans la récolte des documents sur la vie de saint Charles Borromée en recherchant spécialement ceux relatifs à Bergame, selon les repères placés par moi et par don Forno [3]. Que d'années passées depuis cette première vision ! Mon travail est désormais très avancé. Je suis anxieux de voir la fin de mes volumes de la Visite de Bergame [4]. Que le Seigneur m'en accorde la grâce !

9 septembre, mardi. — Après le recueillement d'hier, triste réveil : à la paroisse, funérailles de la bonne Marietta Ghisleni Bissola. J'étais avec le clergé à titre privé ; puis j'ai accompagné le cortège jusqu'à la porte de l'église. Bonne âme : ses filles, sœurs Benedetta et Cecilia, l'ont accompagnée jusqu'au cimetière : *duo olivae.* À midi j'ai accueilli pour un joyeux déjeuner la bar. Niny Scotti avec la sœur et le frère Sion. Repas modeste, mais orné des fruits de la campagne de Sotto il Monte offerts par la famille Sanguinetti.

---

1. Voir plus haut en date du 8 septembre 1946.
2. Il n'est pas facile de connaître la raison d'une telle opposition.
3. Don Pietro Forno (1877-1938) a aidé Mgr Roncalli dans ses recherches historiques.
4. Le dernier volume ne paraîtra pourtant qu'en 1959 (voir plus haut en date du 8 octobre 1946).

10 septembre, mercredi. — À Camaitino, la tranquillité continue. Ce matin j'ai eu le curé de Carvico, don Pedrinelli, avec qui je me suis entendu pour la publication de mon dernier volume des Actes de la Visite de saint Charles. J'ai reçu aussi les deux dames Bianchi, de Calolzio, dont l'une, Armida, est la fille de M. Enrico Tremolada qui fut mon parrain à ma 1re messe à Sotto il Monte, le 15 août 1904. Lointains et pourtant chers souvenirs. J'ai gardé à déjeuner le curé Pedrinelli et don Angelo Rossi, vicaire d'Almenno S. Bartolomeo. L'après-midi toujours seul et content. La lecture de la Vie de sainte Marguerite-Marie Alacoque me passionne et m'édifie.

11 septembre, jeudi. — [[À Urgnano ; mon rapport à la section sacerdot.]]

Je ne suis pas allé à Urgnano, je suis resté à la maison ce matin. Les informations d'Oddi me laissent craindre des difficultés du ministère des Affaires étrangères au sujet de la nomination de Guiller à Pamiers, et cette crainte charge d'une note de tristesse la pensée de mes relations avec le gouvernement français. Mais peut-être me trompé-je [1]. Dans l'après-midi je suis allé au Piccolo Credito pour régler mes comptes. J'ai rencontré avec plaisir Bertulessi, Villa, et le not. Sandro Locatelli. Je suis passé ensuite à l'*Eco*, où j'ai eu une belle convers. avec Spada et les rédacteurs. À Terno j'ai visité le nouveau curé Pesenti. Mon don Birolini m'a accompagné.

12 septembre, vendredi. — Repos tranquille à la maison avec peu de visites : parmi celles-ci M. Magnetti, de Pontida, qui accompagnait le métropolite roumain Mgr Visarion, lequel jouit de la protection du Saint-Siège ; sa vie serait en grave péril en Roumanie ces temps-ci. Il est orthodoxe, et il laisse une bonne impression de bonté et de sérieux [2]. Pauvres prélats de l'Église du Seigneur. La tempête est si forte qu'elle les secoue un peu tous [3] ; aussi bien ceux qui ont commis quelque péché d'exagération politique [4], que les plus innocents et les

1. Ces craintes sont vaines, comme on le verra plus loin en date du 16 septembre.
2. Il s'agit de Visarion Puiu.
3. En Roumanie aussi, l'évolution vers la démocratie populaire s'accélère depuis les élections (truquées) du 19 novembre 1946, qui ont donné une large majorité au Bloc gouvernemental dominé par les communistes.
4. En collaborant avec le gouvernement du maréchal Antonescu, dominé par la Garde de fer fasciste et allié du IIIe Reich dans son offensive de juin 1941 contre l'URSS ?

plus zélés. Au moins aimons-nous chez nous les persécutés ou les menacés. Adjutorium nostrum in nomine Domini.

13 septembre, samedi. — En excursion avec mes neveux Martino, Zaverio, Privato, Flaviano. Magnifique parcours en auto. De Camaitino à 6 h 30 à Trezzo par l'autoroute de Novara, de là à Varallo, au beau sanctuaire sortie pour Funivia [1]. Ma sainte messe à la crypte ; visite à la chapelle, mon déjeuner chez les Oblats de S. Gaudenzio et Carlo [2], et eux dans le petit bois. Photo avec les enfants de don Orione, d'Alessandria [3]. De là course accélérée vers le lac d'Orta : brève visite à la famille Enrico Cane, à Omegna, et par Gravellona tour du Lac Majeur : visite au S. Carlone : les jeunes sont montés dans la statue [4]. Puis par Sesto, Varese, Lenno, Brivio, Villa d'Adda, nous étions tous à la maison à 20 h 30, extrêmement satisfaits.

14 septembre, dimanche. — À Urgnano : clôture du congrès eucharistique local [5]. J'y suis arrivé à 9 h en auto avec Mgr Gust. Testa et Perico. J'ai assisté à la messe pontif. de Mgr Bernareggi dans la magnifique église. L'après-midi j'ai participé à la procession, longue, très belle, mais sous le soleil et fatigante. J'ai porté le S. Sacr. dans le dernier tronçon, de l'hôpital à l'église paroissiale. Là, l'évêque m'a prié de conclure le triomphe eucharistique par quelques mots et la triple bénédiction. J'ai parlé avec chaleur de la fidélité de nos bonnes gens à l'accord entre la nature et la grâce ; entre la quête du pain quotidien pour le corps et celle du pain vivant et vital pour l'esprit. Je fus bien compris de la masse très imposante. Retour à la maison fatigué mais fort content.

15 septembre, lundi. — Hier à Urgnano, une note festive de mon esprit fut la rencontre avec tant et tant de prêtres bergamasques, vieux et jeunes, de ma connaissance, chanoines et curés, etc. Cette joie sereine s'est poursuivie aujourd'hui avec

---

1. Le Sacro Monte de Varallo, commencé à la fin du XVe siècle, entend faire revivre, par ses chapelles, les lieux et mystères de Jésus-Christ aux pèlerins qui ne peuvent se rendre en Palestine.

2. Association sacerdotale du diocèse de Novara fondée en 1616 par Francesco Quagliotti.

3. Membre de l'un des instituts religieux fondés par Luigi Orione, « apôtre de la charité » (1872-1940), au service des plus déshérités, orphelins, malades ou vieillards.

4. Monumentale statue de saint Charles Borromée érigée au XVIIe siècle, non loin d'Arona.

5. Congrès eucharistique *et marial* local.

bonheur en recevant et retenant à Camaitino Mgr Testa avec Perico et Mgrs Carozzi, archiprêtre de Seriate, et Giust. Rossi, secrét. de la Pénitencerie apost. Ce fut vraiment fête à la maison.

L'après-midi, j'ai eu la visite de don Benedetto Merati, curé de Cividate. La journée fut un peu chaude, de septembre *cola piombo*[1], mais la fraternité sacerdotale est rafraîchissement et consolation.

16 septembre, mardi. — Mgr Testa et Perico sont restés ici pour ma joie jusqu'à 17 h. Le premier a dormi à la maison ; don Carlo chez le curé. Je les ai accompagnés au vignoble de Boarolo, aux Caneve, à S. Maria, à la Colombera, aux Case nuove. Et nous sommes arrivés ainsi jusqu'à midi. Que la campagne est belle aussi sous le soleil ardent ! Ils sont partis à 17 h. Cet après-midi, j'ai eu aussi le plaisir des nouvelles de Paris, à savoir la non-opposition du gouvernement aux nominations de Saint-Dié et de Pamiers. C'est une grande joie pour mon esprit, toujours préoccupé de prévenir les incidents. Et elle arrive après l'épine de la longue attente. Épine et rose toujours bien unies. *Deo gratias*[2].

17 septembre, mercredi. — À Baccanello pour la retraite sacerdotale[3]. J'y suis allé à pied avec mes prêtres, curé et vicaire. J'ai recherché le sentier de mon enfance et l'ai retrouvé intact presque partout. Au couvent joie fraternelle en pleine expansion. Tous les curés présents sauf celui de Solza ; en plus l'archiprêtre Benigni, de Villa d'Adda, en tout 18 prêtres avec le nouveau curé Pesenti, vicaire rural. Dans les deux discours j'ai développé la pensée d'Urgnano « panis vivus et vitalis » appliqué aux responsabilités actuelles du clergé dans l'accord sur les problèmes de la nature et de la grâce. Je suis revenu,

---

1. Proverbe *(setember : cula piomb)* pour désigner les journées de chaleur exceptionnelle de septembre dans la région, à couler le plomb.

2. « *Di là [Parigi] ebbi buone notizie : le due nomine di S. Dié e di Pamiers lasciate correre, come già era accaduto per la nomina di Montauban. A misura che si incontrano meno ciottoli su la via il camminare diventà più facile e più allegro* » (« De là [Paris] j'ai eu de bonnes nouvelles : on laisse courir les deux nominations de S. Dié et de Pamiers, comme c'était déjà le cas pour la nomination de Montauban. À mesure qu'on trouve moins de cailloux sur le chemin la marche devient plus facile et plus allègre »), écrit-il à l'abbé Heim le 26 septembre. Le 29 septembre, *L'Osservatore Romano* annonce la nomination du chanoine Brault à Saint-Dié et du chanoine Guiller à Pamiers. Celle de Mgr de Courrèges à Montauban a été publiée le 8 septembre.

3. Voir plus haut en date du 17 septembre 1946.

joyeux comme un pinson, dans la voiture à cheval des Frères, conduite par le fr. Gioacchino, avec le curé Birolini.

18 septembre, jeudi. — À Camaitino toute la journée. Grandes délices, vraiment. Lettres pour Paris en réponse à Vagnozzi et Oddi. Télégramme pour Domenico qui épouse son Olga, et il fait bien.

Les nouvelles sur l'agitation sociale en Italie inquiètent un peu ; mais elles n'entament pas ma confiance dans la résistance des forces du bien [1]. Le soir je reçois M. Riccardo Terzi avec mon frère Severo, Previtali, Guerra et le secrétaire communal, en visite au nom de la commune. Je les accueille bien et les encourage. J'ai reçu aussi ce matin les époux Tagliabue et le vicaire d'Osio Sopra, et un messager du curé Ceresoli, de Grignano.

19 septembre, vendredi. — Matinée occupée autour d'un précieux document : « Rouleau inventaire des biens du vénér. prieuré de S. Egidio de Fontanella », conservé par le rév. curé de Fontanella, don Candido Valsecchi. Lecture qui m'a beaucoup intéressé [2]. À 12 h 30 Paul Sion est venu avec Niny Scotti en auto et je suis allé avec eux à Mapello pour un déjeuner d'adieu aux hôtes de Tourcoing. J'y ai rencontré la brave Mme Denise d'Hastier, de Paris, qui est venue ensuite me raccompagner à Camaitino, en s'arrêtant au retour pour visiter avec moi les églises de Terno et de Sotto il Monte.

20 septembre, samedi. — À Bottanuco, mariage Arturo Ravasio – Virginia Angioletti. Cérémonie simple et bien réussie. J'étais en tenue ordinaire. À la fin de la cérémonie j'ai ajouté l'admonition habituelle : fides, castitas, mutua dilectio, timor Domini. J'ai réconforté de mon mieux le bon curé Carrara. Déjà malade quand il était mon élève, il est aujourd'hui affecté d'un cancer à l'estomac. À 12 h 30, déjeuner à l'évêché avec Mgr Testa, Perico et Carrara. J'ai visité ensuite la tombe de Mgr Radini et des saints, S. Maria, le relieur Numa sur la place, la villa Roncalli à Colle aperto, Sudorno, et la firme Greppi en saluant M. Marco Tiraboschi. Mais ne m'étant pas reposé après midi, je me sentais fatigué. La chaleur est trop lourde.

1. La CGIL annonce pour le 20 septembre « une journée de lutte populaire contre la vie chère ». S'il y a des « forces du bien », c'est qu'il y a aussi des forces du mal.

2. Le « Rotulus Bonorum » contient deux inventaires des biens : l'un de 1536 et l'autre de 1665.

21 septembre, dimanche. — À Redona. J'y suis allé avec le curé Birolini. Mon pontifical dans l'église paroissiale en l'honneur de saint Louis Grignion de Montfort. Mon discours à l'évangile : sainteté *vive, missionnaire, mariale* du nouveau canonisé français. Rencontre conviviale chez les Montfortains, pleine de sérénité spirituelle. Je me souviens qu'il y a une vingtaine d'années j'y ai *consacré* la belle église à Marie reine des cœurs [1]. L'après-midi, au retour de la procession, on m'a prié d'adresser encore quelques mots aux innombrables participants pour exciter dans l'esprit de saint Louis de Montfort à la *timor Domini*, et à l'amour de Marie reine des cœurs [2].

22 septembre, lundi. — Bon travail à Camaitino dans la matinée. À 12 h 30 repas au Gromo, chez les La Torre, avec les parents, et la fille mariée au *dott.* Bayle, avec une petite. Il y avait aussi le comte Sommi Piccinardi ; et sont venues pour le café la bar. Niny Scotti et Mme d'Hastier. J'ai continué sur Bergame où j'ai trouvé Mgr Testa à l'*Eco*. J'ai fait d'abord une longue visite aux Filles du Sacré-Cœur à S. Orsola, en priant sur la tombe de la B. Verzeri, et en conversant avec la nouvelle générale Pessina. Ensuite, beau et rapide voyage à Brescia, où j'ai parlé avec des parents et amis d'Enrico. À 19 h à Vérone, excellent accueil de la M. Troenzi et dîner copieux. Puis nous avons logé à la Maison du Clergé près de la cathédrale.

23 septembre, mardi. — À Verona Cesiolo. J'ai célébré la sainte messe dans la belle chapelle neuve des Pie Madri della Nigrizia [3]. Grande consolation d'y trouver bien engagée au noviciat ma nièce Anna. Je lui ai parlé en particulier pour son et mon édification, puis à toutes les sœurs. À 10 h 30 j'ai visité l'évêque de Vérone Mgr Cardinale, vieilli mais encore vert. À 12 h 30 déjeuner à Botticino chez un M. Zanardini, riche et bon catholique, père de famille nombreuse, ami d'Enrico. Il y avait les prêtres de la paroisse : trois braves prêtres brescians et M. Clemente Vezzoli, autre bon ami d'Enrico, et collègue de son défunt frère. À 20 h nous étions à Camaitino.

---

1. Mgr Roncalli a consacré cette église le 30 octobre 1926, vigile de la première fête du Christ-Roi.

2. Le nonce célèbre le pontifical dans l'église paroissiale, mais la procession se termine dans la cour de l'école apostolique des Montfortains, dont le fondateur, Louis-Marie Grignion de Montfort, grand missionnaire de l'Ouest français au XVIIe siècle, a été canonisé le 20 juillet.

3. Congrégation missionnaire pour l'Afrique, fondée en 1872 par Daniele Comboni, canonisé le 5 octobre 2003.

24 septembre, mercredi. — Sainte messe à Villa Peschiera. Comme d'habitude, rencontre spirituelle pleine de réconfort pour les bonnes Mères. À l'évangile j'ai parlé de la Vierge de la Merci et de ses enseignements pour tout bon catholique à l'heure présente. Mais le temps devient pluvieux. De retour à la maison, j'y ai trouvé la comt. Maddalena Medolago avec son fils Stanislao, aujourd'hui maire, et sa fille Maria. Au déjeuner j'ai eu le curé de Fontanella don Valsecchi et don Valtellina. Après-midi recueillie à la maison. La pluie recouvre tout. Le soir, je suis allé pour la première fois dîner aux Gerole, invité par mon frère Giuseppino dans une sainte et chère fraternité avec Severo, Giovanni et Alfredo. Ancilla et Enrica servaient. Ida, la maîtresse de maison, toute contente.

25 septembre, jeudi. — <À Bonate Sotto-Peja-Gandino-Alzano.>
À 9 h j'étais à Bonate Sotto pour la 1re communion de la fillette du marquis Pino Terzi. Cérémonie intime dans la chapelle des sœurs ; déjeuner dans la villa. Entre-temps j'ai couru à Chignolo pour y visiter Mme Marietta Ambrosioni, proche des 90 ans. De Bonate avec mon curé Birolini je suis allé tout droit à Peja pour y visiter d. Agostino Guerra qui entame sa convalescence. Mgr Testa était aussi avec moi, et nous sommes passés à Gandino où j'ai salué le curé Maconi dans sa nouvelle maison, et revu avec admiration la magnifique église. De là nous sommes descendus visiter aussi le curé d'Alzano Mgr Negroni, que je n'avais pas vu depuis deux ans, et j'ai accompagné de Longuelo à Sotto il Monte mon neveu Enrico Marchesi, qui part pour la Suède avec un groupe de travailleurs italiens.

26 septembre, vendredi. — À Camaitino. Depuis trois jours il pleut sans arrêt. Aujourd'hui retraite à la maison où j'ai écrit quelques lettres et reçu le P. Paolazzi, abbé de Pontida, que j'ai gardé à déjeuner et avec qui nous avons longuement discuté. Ce soir, après le rosaire j'ai appris que mon neveu Battista n'avait pas obtenu le passage en terminale à Celana. Il en était très chagrin et je l'ai consolé. J'estime que c'est un bon garçon, et qu'il a vraiment la vocation sacerdotale, un jugement ecclésiastique excellent ; des qualités intellectuelles assez bonnes, mais une faible constitution physique. Je ne désespère pas totalement qu'il réussisse finalement et je le console et l'encourage selon la meilleure ascétique. *Iam voluisse sat.* Du reste il ne perd pas son année.

27 septembre, samedi. — Journée encore pluvieuse mais que j'espérais tranquille et reposante. Rien de cela. À midi, repas à la Colombera avec tous mes frères. Mais le retour à pied à Camaitino m'a fait mal. S'y est ajouté le dîner chez le curé avec le bon Père [ ] de Baccanello. J'ai tenu le coup, et peu mangé : mais la nuit fut mauvaise et perturbée. Je l'ai occupée un peu en terminant la lecture de la *Vie de saint Gerolamo Miani*[1] pour y puiser l'inspiration en vue de la célébration de demain à Somasca. Parmi les visiteurs d'aujourd'hui Mme Roncalli, et le peintre Gio. B. Galizzi qui m'a raconté des choses intéressantes sur la prétendue Madone des *Ghiaie*[2].

28 septembre, dimanche. — À Somasca pour la célébr. IIe centenaire béatif. Saint Gerolamo Miani[3]. Chère fête pleine de ferveur, de poésie dans les souvenirs du grand saint. Assistance au pontifical ; mon discours à l'évangile résumant les traits principaux de sa vie, après les souvenirs de ma première visite à Somasca : 1) temps d'alors, temps d'aujourd'hui : nil sub sole novum ; 2) les exigences d'alors et d'aujourd'hui : les mêmes, l'exercice de la charité : hommes de Dieu en tout temps ; 3) surtout la charité envers les petits, espoir de l'avenir, envers les humbles, les travailleurs des champs. L'après-midi j'ai participé à la procession, ajoutant un dernier mot sur la pénitence de saint Gerolamo, mère de succès et de victoires. La rencontre avec les Pères m'a laissé une excellente impression. De même pour les sœurs.

29 septembre, lundi. — Voyage en auto vers Rome avec Giovanni, Caterina et Battista. Nous avons dû dévier sur

---

1. Peut-être Giuseppe LANDINI, *S. Girolamo Miani, dalle testimonianze processuali, dai biografi, dai documenti editi e inediti fino ad oggi*, Rome, 1947.

2. En mai 1944, une fillette de huit ans, Adelaide Roncalli (lointaine parente du nonce), aurait vu la Vierge aux Ghiaie de Bonate, diocèse de Bergame ; et l'apparition lui aurait annoncé la fin de la guerre dans les deux mois… ce qui ne s'est pas produit. Dans sa lettre à Mgr Bernareggi du 23 mars 1945, le nonce a fait état des réserves de Pie XII, lors de leur entretien du 29 décembre précédent, mais se montre confiant sur la réalité des événements, tout en restant prudent (*Questa chiesa che tanto amo*, p. 278).

3. Né à Venise en 1486 dans une famille noble, prêtre en 1518, il se consacra tout entier aux pauvres, notamment aux enfants abandonnés. En 1532, il choisit pour son groupe la formule naissante des « clercs réguliers », sous le nom de « Compagnie des serviteurs des pauvres ». Il installa l'année suivante le siège de son Institut à Somasca (République de Venise, mais diocèse de Milan), près de Bergame, où il mourut en 1537 de la peste contractée auprès de ses malades. Béatifié en 1747, il a été canonisé en 1767.

Crémone et Mantoue à Ostiglia où nous avons traversé le Pô. Arrivée à Rome à 23 h. 70, via della Scrofa.

30 septembre, mardi. — Rome 1. Nuit brève, mais bien reposé. À 10 h je suis sorti, visite à Saint-Pierre avec prière brève et intense. Je monte au Vatican : ambiance sereine. Conversations prolongées avec Mgrs Valeri et Barbetta sur les nominations épiscopales. Nous nous comprenons bien. Rencontres avec Sigismondi, Grano, Prinetto, et d'autres de la IIe section, Martin, etc. J'accompagne Dell'Acqua en auto à S. Sebastianello. L'après-midi je reçois don Martino Biscara et Mgr Guidati, nouveau chan. de Sainte-Marie Majeure. Longue conversation au ton d'élégie. Je les accompagne en auto chez eux, via Labicana et S. Carlo, concluant ainsi par un geste charitable la première journée. À la maison je trouve les Bajola, père et fils.

<1er octobre, mercredi.> — Rome 2. Nuit très reposante. Sainte messe à 8 h. Je reçois ensuite sœur Benedetta et sœur Maria Angiola : tout se prépare bien. Je me rends à 10 h à la Congrég. orientale. Rencontres on ne peut plus cordiales avec Mgrs Arata, Perico, Mojoli, Spina et bonne entente. Je suis passé au Vatican à l'Œuvre de religion. Bonne et longue convers. avec Mgr Di Iorio. Je règle mes comptes. Je monte à la Secrét. : contacts avec Grano, Giobbe, Valentini, Sigismondi, etc. Repas à la maison et conversation avec Mgr Mario Muzzolese, vic. gén. de Tarente. L'après-midi, longue audience avec l'abbé Glasberg qui parle de l'affaire juive [1]. Je suis ensuite allé chez le barbier, chez Silvestrini pour deux chapeaux, et j'ai visité St Augustin, St Philippe et Ste Agnès. À la maison, nouvelle audience des époux Bajola.

2 octobre, jeudi. — Chez les sœurs de N.-D. du Sacré-Cœur, 5, viale Pio V, à 9 h profession religieuse de ma nièce Giuseppina, maintenant sœur Maria Angiola. Cérémonie intime mais touchante et solennelle. Seuls présents : mes sœurs Giovanna et Caterina, et Battista, l'abbé Salmon, le prieur et un oblat de St Jérôme avec Mgr Perico. Mon discours à la fin : pauvreté, chasteté et obéissance, efflorentes in gaudio vitae.

---

1. En juillet 1947, l'abbé Glasberg a rédigé une « Note sur la question palestinienne considérée d'un point de vue catholique », favorable à une Palestine juive mais sous contrôle international, qu'il aurait fait passer au Vatican par l'intermédiaire du nonce. Il est à Rome avec Moshe Sneh, de l'Agence juive, pour tenter d'intéresser les milieux vaticans à la cause sioniste (Lucien LAZARE, *L'Abbé Glasberg*, p. 96-98).

Convers. avec la professe, longue prière à la chapelle de 12 h à 13 h. Repas, nous seuls, c'est-à-dire les invités, Perico et Enrico. Sœur Angiola avec les sœurs. À 19 h longue convers. d'une heure et demie avec Mgr Montini. Parmi tant de choses agréables, seulement deux petites pointes [1]. *Non aegre feras sed da laudem Deo.*

3 octobre, vendredi. — Je reçois rapidement l'abbé Glasberg, juif converti, et je monte avec lui au Vatican ; Mgr Tardini me reçoit chez lui avec une grande familiarité, et à notre mutuelle satisfaction : environ une heure et demie d'agréable conversation sur des choses importantes. À 12 h je rejoins l'abbé Glasberg à Saint-Pierre [2], je lui montre les choses les plus importantes et nous nous saluons. L'après-midi je sors à pied pour de petites courses chez Gammarelli et Marietti, et puis en auto avec Viganò à la Propag. où je visite le card. Fumasoni qui me traite fraternellement. À la fin arrive Mgr Costantini, que j'ai trouvé un peu vieilli, et que je reverrai. Dans la journée, j'ai déposé ma carte chez l'amb. Maritain, qui n'était pas à la maison, et chez le recteur du Séminaire français.

4 octobre, samedi. — Visite à Son Éminence Aloisi Masella pro-préf. aux Sacrements, très aimable et simple. Puis à la Consistoriale Mgr Renzoni, bon mais affecté de paralysie. De là aux Études, card. Pizzardo, puis Mademoiselle Castoldi. Entente pour expéditions, etc. À 13 h déjeuner intime avec le P. Albareda, exquise et très précieuse rencontre spirituelle. À 17 h longue convers. avec Bern. Nogara qui m'accompagne aux galeries de tapisseries, tableaux, etc. Visions qui reviennent après plus de 40 ans. Je suis passé ensuite au St-Office : longue conversation avec le card. Marchetti et rencontre avec Mgr Ottaviani que je reverrai lundi. Journée bien pleine et le soir un peu fatigué. Je finis avec le rosaire et avec la compassion de Mgr Viganò.

---

1. On n'en saura pas plus, mais l'ambiance romaine semble meilleure pour le nonce.

2. Glasberg a-t-il, lui aussi, été reçu par Tardini, pour lequel il a une lettre de recommandation de… Mgr Beaussart, toujours responsable de l'Administration du diocèse de Paris pour les étrangers ? Son biographe ne le dit pas et se contente de reproduire une appréciation juive selon laquelle le Vatican observerait « une attitude de neutralité bienveillante à l'égard des aspirations sionistes en Palestine » (Lucien LAZARE, *L'Abbé Glasberg*, p. 98-99). Une telle appréciation est peu vraisemblable ; il n'en reste pas moins que Mgr Roncalli a aidé l'abbé Glasberg dans ses démarches.

5 octobre, dimanche. — *Dies laetitia albo signanda lapillo.* Audience du Saint Père à Castel Gandolfo : Pie XII a été extrêmement aimable, encourageant, sans aucune [épine ?], et tout de bienveillance[1]. J'ai reçu ensuite mon frère Giovanni avec Caterina, sœur Maria Angiola et Battista, ainsi que Enrico Sartori le chauffeur ; très accueillant avec tous : je leur ai donné à chacun un petit chapelet. En revenant ensemble, je me suis arrêté sur la via Appia et j'ai visité à nouveau les fouilles de Saint-Sébastien. Puis fête fraternelle à Vigna Pia avec le p. Valle et les Bergamasques : Mgrs Rosso, Sigismondi, Martinelli, Mojoli, Scola, Perico, Verdelli, etc. Mon petit discours aux garçons ; et à 19 h joyeux dîner avec les frères Mgr Celso et Gio. Costantini à la Propagande.

6 octobre, lundi. — Dernier jour de Rome : visite au *comm.* Nogara aux Musées : il m'accompagne à la visite des tapisseries, et encore d'autres salles. Puis M. Grossi, attaché à cette administration me suit. Avec lui je visite la salle Borgia et près de Sainte-Anne la fabrique de tapisseries. L'après-midi je vais à la nonciature où Mgr Borgongini m'accueille fraternellement. À la maison je trouve Morsani, don Ryan et d'autres, avec Mgr Perico qui reste dîner avec moi. Je règle mes comptes avec Mgr Viganò : j'ai acheté et je lui paie (50 000 lires) le calice d'argent doré que je laisserai ensuite à mon église de Sotto il Monte – ce doit être une vieille offrande de la commune de Rome à saint Philippe – je prépare les valises et je travaille jusque tard dans la nuit.
<Longue conversation avec Mgr Ottaviani au St-Office.>

7 octobre, mardi. — Départ. Sainte messe à 5 h. Prêt à 6 h. Sur le viale Pio V j'embarque mes Giov., Caterina et Battista, je salue sœur Maria Angiola, les sœurs et in nomine Dei on s'en va. Bon voyage : Rome, Livourne, Sarzana, Pontremoli, la Cisa, Fidenza et Piacenza : pratiquement aucun incident, du reste Enrico règle et répare tout. Dans la châtaigneraie avant d'arriver au col de la Cisa nous prenons, comme l'an dernier, une petite collation savoureuse sous les arbres. À Piacenza je visite les trois vieux Radini Tedeschi. Douceur et peine *Senectus morbus*. Le Pô est toujours non traversable. On convient de continuer par Casteggio, Pavie, Milan, Vimecate, Calusco. À 21 h 30 nous sommes à Sotto il Monte, à la Colombera et Camaitino, *feliciter, feliciter.*

---

1. La différence avec l'audience de l'année précédente est nette.

8 octobre, mercredi. — Journée reposante : peu de visites. Chères impressions des visites de Rome et du bon et encourageant accueil que j'y ai trouvé [1]. Le soir, rencontre avec mes frères après le dîner vraiment *fratres in unum*, et vraiment *bonum et jucundum*. Que le Seigneur nous garde toujours tous ainsi.

9 octobre, jeudi. — Visite à Milan. À l'Ambrosienne j'ai rencontré Mgr Galbiati et Saba ; et j'ai eu une conversation avec le *comm.* Sommariva. Déjeuner chez les filles du Sacré-Cœur – mère Foletto sup. – puis rencontre avec le jeune Albert Evin, et le prof. Cruciani qui m'accompagne avec le curé de Sotto il Monte jusqu'à l'archevêché, où cependant je ne trouve pas le card. Schuster, parti pour Côme. En revanche, je rencontre Mgr Pecora qui m'accompagne à la librairie salésienne où j'achète les œuvres de Ricciotti [2] et d'autres livres, et à la cathédrale où je peux prier dans la crypte de saint Charles qu'il me fait découvrir. Au retour je m'arrête brièvement à Monza dans la belle maison du comptable Tagliabue – 20, via Annoni.

10 octobre, vendredi. — Sainte messe aux Caneve. La petite église était pleine d'humbles gens avec beaucoup de jeunes enfants. Petit café chez Maria et Elisa Mazzola, ma cousine (10 000 lires) ; et autre café chez les Rattini où je vois avec un grand plaisir le comptable Emilio après bien des années. À la maison, je reçois les dragées de ma nièce Teresina, avec son fiancé Nino Lozza ; l'après-midi le prof. Gius. Colombo, la bar. Scotti et les époux Roncalli avec leur fils Francesco, qui vont partir pour Helsinki [3]. Après le dîner, toujours chère rencontre avec les miens, puis toujours travail au bureau, qui continue jusque dans la chambre avec la lecture de la thèse du prêtre prof. Colombi sur la pénitence dans les deux œuvres de Tertullien *De Paenitentia* et *De Pudicitia* [4].

---

1. L'Agenda est toutefois bien elliptique sur la tonalité et le contenu des entretiens de cette visite *ad limina*.

2. Né à Rome en 1890, chanoine régulier du Latran en 1906, prêtre en 1913, Giuseppe Ricciotti se spécialisa en exégèse, en histoire du judaïsme ancien et en histoire de l'Église primitive qu'il enseigna à Gênes et à Rome, avant de devenir professeur ordinaire à Bari en 1953. Il est l'auteur, entre autres, d'une *Vita di Gesù Cristo* (Milan-Rome, Rizzoli, 7e édition, 1944) et de *Paolo Apostolo. Biografia con introduzione critica e illustrationi*, Rome, Coletti, 3e édition, 1949).

3. Où le comte Guido Roncalli est nommé pour représenter l'Italie.

4. On n'a pu retrouver trace de cette thèse.

11 octobre, samedi. — À S. Maria de Brusicco j'ai béni le mariage de ma nièce Teresina avec Francesco Lozza. Cérémonie comme il faut, et modeste, mais sourire de la statue de la Vierge du Rosaire placée bien en vue. Je me suis occupé du cortège des époux de la Colombera à l'église. Dans l'après-midi, plusieurs visites d'adieu. À noter don Cesare Vitali, des Ghiaie, qui me parle des variations de la voyante depuis 1943. Je continue à garder le silence [1]. Le soir, je reçois la visite de la comt. Myriam Agliardi née Gallarati Scotti [2], avec sa fille Laura. C'est une prise de contact avec une noble famille de Bergame qui a donné de hauts personnages à l'Église et à la cité.

<À midi j'ai eu à déjeuner à Camaitino le curé, Minola, Valtellina, Radaelli, Angelo Rossi.>

12 octobre, dimanche. — Encore à S. Maria de Brusicco. J'ai célébré la sainte messe ; j'ai assisté à celle, chantée, du curé Birolini : j'ai prêché à l'évangile avec chaleur sur la dévotion à Marie, ce que j'ai fait aussi l'après-midi après les vêpres. Après la grand-messe j'ai confirmé le fils du *dott.* Agazzi et une fille de Giov. Donadoni, en présence des parents et du peuple. J'ai accepté le vermouth à Baradello, et déjeuné avec les prêtres chez le curé Minola. L'après-midi j'ai assisté à l'inaugurat. de la salle près de la nouvelle école maternelle [3] ; et à la séance des fillettes. Puis à la maison, audiences et salutations. Le soir, tous mes frères et grands neveux à dîner. J'ai d'abord visité les chers défunts en venant de S. Maria. Contact avec les vivants et les morts plein de douceur et de consolation.

13 octobre, lundi. — Départ calme et heureux pour la France à 8 h 30. Bref arrêt à Côme pour prendre de l'essence. À 12 h 10 j'étais avec Enrico au très haut col du Saint-Gothard, où nous avons fait halte pour consommer les bonnes provisions. Aucun problème dans le voyage ou à la voiture, jamais. La conduite du bon Enrico est incomparable. À 17 h 30 nous étions à Olten où don Bruno Heim m'attendait. J'ai trouvé sa maman en meilleur état. Je me suis

1. Peu sensible aux phénomènes miraculeux, le nonce est malgré tout intéressé par cette apparition (de 1944) qui le touche de près.

2. Sœur de Tommaso Gallarati Scotti, récemment promu ambassadeur d'Italie à Londres, qui deviendra un proche de Mgr Roncalli (Nicola Raponi, « La spiritualità di Papa Giovanni nella esperienza religiosa di Tommaso Gallarati Scotti », *Angelo Giuseppe Roncalli dal patriarcato di Venezia alla cattedra di San Pietro*, Firenze, Leo S. Olschki Editore, 1984, p. 47-70).

3. Voir plus haut en date du 22 septembre 1945.

longuement entretenu avec son frère, instituteur ; puis tous ensemble, avec en outre le curé Dubler et le docteur, excellent repas assaisonné de réflexions et observations intéressantes.

14 octobre, mardi. — <14-15-16 Oct. Assemblée épiscopale Paris.>

D'Olten à Paris. Bonne nuit au presbytère de Mgr Dubler qui fut vraiment brave et gentil. Nous sommes partis, don Bruno et moi, à 8 h 30 ; temps brumeux. Nous avons passé une heure à Bâle où j'ai bien visité la cathédrale et ses alentours sur le Rhin, ainsi que la nouvelle église catholique de Saint-Antoine, ce que le style moderne peut offrir de plus glacial et de plus irritant [1]. Dans un joli bois près d'Altkirch, nous avons mangé au bord de la route les provisions de don Heim et les restes de celles de Sotto il Monte ; un gros arbre tombé nous a servi de siège fort commode : ce fut un inoubliable petit tableau d'Arcadie. Nous avons continué sur Langres, Chaumont, Troyes, Paris où la congestion des moyens de transport [2] nous a mis dans un cadre désagréablement prosaïque après la vue magnifique de la campagne.

15 octobre, mercredi. — À Paris de nouveau. *Laus Deo.* Nuit reposante. Sainte messe, prières pénétrées d'une grande reconnaissance. Aussitôt des audiences : Maurice Denis, et l'amiral d'Argenlieu redevenu P. Louis de la Sainte Trinité. C'est la première grâce et c'est la première consolation de mon retour en France [3]. *Confirma hoc Deus quod operatus es.* Je reçois aussi Mgr Bertin. À côté de la rose, tout de suite l'épine [4]. Puis déjeuner à l'archevêché et reprise de contact avec tous les card. et archev. de France participant à l'assemblée. Impressions réconfortantes et encourageantes. À 15 h j'ai visité Mlle Girod de l'Ain chez son frère. Toujours pleine d'esprit et de brio ; mais plus proche de la mort que de la vie.

16 octobre, jeudi. — J'ai été aujourd'hui un peu souffrant de l'estomac, et je me suis soigné comme tous les bons chrétiens. À midi j'ai eu à déjeuner le *comm.* Giuseppe Sommariva à qui j'ai fait goûter le *vin nouveau* du « ronco delle Canne » que j'ai

1. Église en béton armé construite sur les plans de l'architecte Moser entre 1925 et 1931, des vitraux multicolores éclairent cet immense vaisseau qui a servi de modèle dans le monde germanique. Une telle architecture, bien plus audacieuse que ce que le nonce a pu voir à Paris, ne peut évidemment lui plaire.
2. Déjà des embouteillages !
3. Le nonce a enfin obtenu satisfaction.
4. Avec les affaires de Rouen.

apporté de la maison. Rappel de tant et tant de souvenirs joyeux et tristes d'une désormais longue vie. Mais lui aussi, pourtant plus vieux que moi d'une dizaine d'années, fait preuve de vigueur dans son dynamisme et ses propositions. À la maison, je me suis bien occupé à préparer des lettres de présentation du P. Louis d'Argenlieu pour le Vatican. Le soir, repas à l'amb. des États-Unis et conversations intéressantes avec Caffery et Quaroni, amb. d'Italie.

17 octobre, vendredi. — <17 h 30 St Sulpice : triduum saint Louis-Marie Grignion de Montfort – Salut mitre et crosse.>

Audiences : *dott.* Mahieu, des Archives ; et l'après-midi Mgr Ginocchini avec les deux supérieures des Poverelle d'ici et de Villeurbanne près de Lyon. Cette dernière est une Breviario, de Bonate sopra, nièce du chan. Aless. Locatelli avec qui j'ai partagé pendant 10 ans le service de Mgr Radini, de vén. mém. La cérémonie à Saint-Sulpice, bien réussie. Discours fervent de l'abbé Baufine, supérieur du séminaire d'Issy : le saint de Montfort considéré dans l'amour de la croix et de Marie.

Aujourd'hui, nouveauté : j'ai fait mettre dans la petite salle à manger le grand tableau *buffle et chiens*, qui a naguère appartenu à la bibliothèque des papes.

18 octobre, samedi. — Souvenirs de saint Luc et de sa première tombe à Thèbes en Béotie. Puis audiences : Mgr Picard de La Vacquerie, évêque militaire ; puis l'ex-ministre de Hongrie Auer avec l'ex-présid. de la chambre, le *comm.* Varga [1] ; l'ex-ambassadeur de Pologne Morawski avec M. Pulaski, de l'Académie polonaise à Paris. L'après-midi, Mgr Moussaron, archev. d'Albi qui m'annonce la demande d'un coadjuteur pour Rodez [2] ; la comtesse Myriam Agliardi, de Bergame, avec sa fille Laura qui se rendent à Laval ; M. Ferretti et le marquis de Canisy qui me parle de sa visite en Italie et de sa conversation avec le Saint Père [3]. Nécessité d'une action sociale plus intense et de se garder des confusions.

---

1. Béla Varga, chef du parti des petits propriétaires vient de se réfugier en Suisse ; il prendra la tête d'un Conseil national hongrois installé à New York.

2. Mgr Challiol a été nommé sur ce siège en 1925. Une telle démarche prouve que les archevêques métropolitains conservent un rôle non négligeable dans leur ressort.

3. Un de ces informateurs officieux qui ont leurs entrées à Rome et qui n'y chantent guère les louanges de l'Église de France.

19 octobre, dimanche. — Dimanche tranquille. Même dehors, on aurait dit que Paris, occupé par les élections municipales, était absorbé en exercices spirituels. Je l'ai traversé pour aller au Sacré-Cœur présider les vêpres en l'honneur de sainte Marguerite-Marie Alacoque. Je n'ai vu que des gens silencieux qui allaient voter. La tiède journée automnale favorisait les opérations. J'ai eu avec moi en voiture à Montmartre Mgr Gegout, qui fut l'orateur de la cérémonie. Le soir ont commencé à pleuvoir les nouvelles de la surprenante victoire de de Gaulle aux élections municipales, au détriment du MRP. À minuit succès assuré. Tout vient en temps et en heure [1].

20 octobre, lundi. — Plusieurs audiences : l'abbé Glasberg, qui s'occupe des sionistes de Palestine ; le *cav.* Jean Delteil, directeur général de l'Alliance nationale contre la dénatalité. Celui-ci me retient longuement en m'exposant ses méthodes de propagande bien intéressantes ; l'évêque auxiliaire nouvellement nommé de Rouen, Mgr Lemonnier [2], avec qui j'ai parlé de Mgr Bertin ; et l'après-midi le très apprécié Mgr Costes, évêque d'Angers, avec son vicaire général et son secrétaire, sur le point de partir à Rome. L'impression du succès de de Gaulle toujours profonde. Je pense que tout s'est passé pour le mieux [3].

21 octobre, mardi. — Audiences : Mgr Chappoulie avec un rapport sur l'assemblée épiscopale ; le chargé d'affaires de l'Irak ; Mgr Maroun qui part pour le Mexique.

Dans l'après-midi, attente de visites qui ne sont pas venues. J'en ai profité pour faire une visite aux sœurs à la cuisine, et leur ai parlé de mes vacances et de ma famille. Le soir, après le dîner, on a recommencé la petite récréation des deux parties de cartes. Est-ce que cela me plaît ? m'intéresse ? non : mais cela fait plaisir à mes collaborateurs. Alors, patience [4].

---

1. Le premier tour des élections municipales, dont le général de Gaulle a fait un test national, marque un véritable raz de marée en faveur de son mouvement, le RPF (38 % des voix), alors que le MRP s'effondre (10 %). La démocratie chrétienne retrouve l'audience, faible, qui a toujours été la sienne en France.

2. Vicaire général dont la nomination a été annoncée le 13 août, sans avoir semble-t-il suscité de problème.

3. Le nonce a deux raisons de se réjouir d'un tel succès : il écarte la perspective d'une démocratie populaire en France ; il affaiblit ses interlocuteurs démocrates-chrétiens du Quai d'Orsay réticents envers ses nominations épiscopales.

4. Plus que comme un maître de maison, le nonce se comporte à la

22 octobre, mercredi. — Audiences : p. Atamian avec son neveu médecin ; abbé Carol ; abbé Texier ; sup. des sœurs des Apôtres ; prof. Carlini et sa fille de Pise ; Mgr Courcoux ; l'après-midi Mademoiselle Ferrari.

Dans l'après-midi nous sommes sortis en auto avec Oddi, un père Scalabrinien et la sup. des Poverelle.

23 octobre, jeudi. — Audiences : Mgr Guiller, évêque nommé de Pamiers à qui j'ai recommandé les abbés Servant et Carol [1] ; M. Frangié, ministre des Affaires étrangères du Liban ; M. Gentil, ministre de Monaco [x] Saint-Siège. À 13 h déjeuner en famille chez l'amb. Quaroni. L'après-midi, p. Désiré, des Capucins ; *dott.* Tchervenakov, de Sofia ; M. Vaussard, journaliste ; ing. Giannattasio ; p. Butel s. j. Le soir, j'ai eu S. E. le card. Suhard à dîner avec le chan. Charles. Nous avons mangé ensemble le faisan que le Présid. Auriol m'a envoyé – comme il le fait pour les autres ambassadeurs – de la chasse de Rambouillet. Rencontre on ne peut plus joyeuse et confiante qui a permis d'utiles conversations sur les faits du jour, retour de de Gaulle [2], etc.

<en plus M. Jos. Zamanski qui part pour Rome.>

24 octobre, vendredi. — À noter, outre les audiences, la rencontre à déjeuner avec le *dott.* Antoine Tchervenakov ici à la nonciature. Nous sommes revenus sur la situation bulgare. Elle est douloureuse et tragique : personne ne pense pratiquement plus à la famille royale. Et durant mes dix années à Sofia elle était tout [3]... Le soir, je suis allé avec Oddi visiter l'exposition de l'enseignement catholique français dont nous avions déjà vu l'implantation avant de partir en vacances. Très réussie et intéressante [4]. L'abbé Verdier, âme et vie, était là avec le chan. Hamayon et le secr. gén. Ory-Lavollée. Je suis resté à la conférence de Mgr Calvet : geste très apprécié de lui [5].

---

nonciature comme un chef de famille, attentif à l'existence de ses employés et de ses subordonnés.

1. Deux prêtres de son futur diocèse, mécontents de leur sort, comme on l'a vu précédemment.

2. On peut alors estimer que la poussée électorale de son mouvement aux élections municipales va contribuer à ramener le général de Gaulle au pouvoir (ce qui ne sera pas le cas).

3. Les chances de restauration de la monarchie apparaissent en effet des plus réduites.

4. Manifestation nationale organisée du 14 septembre au 13 novembre dans le Parc des Expositions de la porte de Versailles, XVe arrondissement (*La Documentation catholique*, 21 décembre, col. 1631-1638).

5. Un peu de baume au cœur, pour celui qui a été évincé du rectorat de l'Institut catholique de Paris.

<Autres audiences : Père arménien dir. du collège ; fr. François de Sales, des très chers frères ; abbé Servant ; amb. d'Ormesson.>

25 octobre, samedi. — Audiences : Mgr Brault, nouvel évêque de Saint-Dié. Bonne impression[1] ; dans l'après-midi, l'abbé Prévost, content de sa nouvelle situation d'attente comme aumônier chez les Servantes du Sacré-Cœur à L'Isle-Adam ; puis le journaliste Charles Pichon et M. Ferretti qui accompagne M. Meroni, directeur artistique et technique de l'Alfieri-Lacroix de Milan. Je leur ai montré la salle de la chancellerie dans l'idée d'en faire un local d'archives avec le système Cartex du *dott.* Sanguinetti[2]. Dans la matinée j'ai reçu aussi M. Maccaferri, nouveau secrét. à l'amb. d'Italie.

26 octobre, dimanche. — *Repas du midi* de la fête du Christ Roi dans la communauté des aumôniers 35, rue de Sèvres. Telle fut la distraction qui m'a occupé dans la fête du Christ Roi. Les p. Motte, supérieur, et Bith, provincial, étaient présents. Bonne compagnie avec tous les autres, gens sérieux et travailleurs formés à un bon esprit : *una avis non facit ver.* Je n'ai pas lésiné sur les encouragements à ces Jésuites[3]. Il me déplaît d'entendre dire que de Gaulle, quand il était leur élève, se montrait intelligent mais orgueilleux[4]. Aujourd'hui, élections municipales[5]. Calme absolu en ville. Audience : M. Murat.

27 octobre, lundi. — Le soir, de 6 h à 8 h réceptions Iran et Tchécoslovaquie pour leur fête nationale. Je m'y suis rendu avec Mgr Vagnozzi. Elles étaient fastueuses. Celle d'Iran

---

1. Confirmation : le nonce ne connaît pas personnellement certains des prêtres qu'il propose pour l'épiscopat.

2. Trop gravement atteint, dom Lemoine n'est pas revenu s'occuper des archives.

3. L'avis du nonce sur la communauté des Jésuites aumôniers des mouvements d'Action catholique est très positif. Jacques Motte, de la grande famille des industriels du textile du Nord, est aumônier général de l'Association catholique de la jeunesse française depuis 1946.

4. De Gaulle a en effet été l'élève des Jésuites et a préparé l'École d'officiers de Saint-Cyr dans leur collège d'exil d'Antoing en Belgique (1907-1908). Le nonce serait-il plus gaulliste que les Jésuites ?

5. Mgr Roncalli ne dit rien du résultat de ce deuxième tour qui confirme le premier : le RPF gagne de grandes villes comme Lille, Marseille ou Strasbourg ; il domine aussi le Conseil municipal de Paris. Le lendemain, de façon quelque peu imprudente, le général lance un ultimatum aux responsables de la IVe République : dissolution de l'Assemblée et révision de la Constitution ; mais ils vont faire front contre lui et contre le mouvement social animé par les communistes.

spécialement somptueuse : l'ambassadeur Sepahbodi y recevait avec Madame. Grand entassement d'humanité dans une salle splendide. Contacts et séparations ultra-rapides. Rien d'agréable ni d'efficace. Quelques rencontres complètement sans intérêt. Bref, une pénitence. Mais la présence du nonce est appréciée des invitants et il y va. *Deus parcat.* Audiences d'aujourd'hui : Mgr Lacroix, de l'Union sacerdotale [1] ; comtesse Agliardi ; Mgr Leclerc.

28 octobre, mardi. — Saints Simon et Jude : anniversaire de la naissance de mon grand-père paternel. Je marche à reculons avec les souvenirs, au-delà d'un siècle. Les âmes une fois créées demeurent resplendissantes dans la lumière du Seigneur. Les années, qu'est-ce que c'est ?

À midi j'ai reçu le vieux comte Karolyi, grand propriétaire hongrois, nouveau représentant de ce malheureux pays [2]. Il suit le sillage de Moscou. Je lui ai parlé clair, mais aimablement. Entre Karl Marx et Jésus-Christ l'accord est impossible [3]. Dans l'après-midi je suis sorti en auto avec Oddi. Je me suis confessé au P. Peters, des Lazaristes [4], et j'ai rendu visite à Mlle Girod de l'Ain toujours plus affaiblie. J'en ai eu vraiment pitié. Elle veut le miracle. Faire la volonté de Dieu est plus méritoire que de faire des miracles [5].

29 octobre, mercredi. — Amb. Turquie récep. de 18 à 21 h. J'y suis allé avec Vagnozzi. Beaucoup de monde et beaucoup de contacts. Il me fut difficile de me sauver : connus et inconnus ou peu connus recherchaient le nonce ; et même Palewski à la

1. Mgr Simon *Delacroix*, directeur de l'Union apostolique des prêtres du Sacré-Cœur.

2. Chef du gouvernement et président de la République en 1919, Mihály Károlyi a vécu en exil jusqu'en 1946 ; cet antifasciste convaincu vient d'être chargé de représenter son pays à Paris.

3. La formule est dépourvue d'ambiguïté. Le nonce regrette le choix de ce « compagnon de route », opposé à celui de son prédécesseur. Après dissolution de l'Assemblée nationale le 25 juillet 1947, les élections du 31 août ont donné la majorité au Bloc gouvernemental, mais les communistes n'ont obtenu qu'un peu plus de 20 % des voix ; un nouveau gouvernement Dinnyes est formé le 24 septembre, où ils occupent les Affaires étrangères (Molnar) et l'Intérieur (Rajk).

4. Assistant du père Robert, comme Fugazza et Romans.

5. Le nonce confirme sa préférence pour les voies spirituelles ordinaires plutôt qu'extraordinaires, même en cas de maladie grave. *« Tu sai che io detesto il miracolismo e preferisco la pioggerella fina e continua agli acquazzoni »* (« Tu sais que je déteste le "miraculisme" et préfère aux averses la petite pluie fine et continue »), écrivait-il le 15 avril 1947 à son ami Giacomo Testa (*Giacomo Testa nel solco di Angelo Giuseppe Roncalli*, p. 131).

fin. Le seul extrêmement gentil comme toujours, mais qui n'entend certes rien : l'ambassadeur Menemençioglü.

À la maison *tranquillitas magna*. Seules audiences : Luigi Ferri toujours en adoration de la défunte et bénéfique voyante Dejardins ; et le curé Lacointe, de Saint-Germain de Charonne, qui m'invite pour le 23 à la fête des vocations.

30 octobre, jeudi. — Audiences : Mgr Grente ; un certain Rémy Sadi ; le ministre d'Autriche Alois Vollgrüber ; dans l'après-midi l'abbé Glasner [1]. Puis le nouvel archev. de Chambéry, de Bazelaire [2] que je garde à déjeuner avec Mgr Évréinoff, archev. de Pario, ancien familier de la nonciature de Mgr Cerretti et Mgr Maglione. Il est arrivé ce matin de Rome avec une mission spéciale pour les Russes de France, Belgique et Suisse. Je l'ai accueilli avec une grande cordialité. C'est la Congrégation orientale qui l'envoie. Je me rappelle l'avoir connu pour la première fois à Paris quelques jours avant Noël 1921 au 50, rue Kléber. Il était secrét. de Mgr Cerretti [3].

31 octobre, vendredi. — Audiences : abbé Jobit, prof. d'espagnol à l'Institut [4] ; présid. de la Ste-Enfance pour la France ; un certain dott. Milivoj Mostavas* de Croatie, fugitif (5 100 F) ; Mgr Giov. Bučko, évêque de Cadi, visit. apost. des Ruthènes [5] ; prof. de la Pradelle. L'après-midi je suis allé en auto visiter – 51, rue des Saints-Pères – l'église et la maison de ces Ruthènes perdus, pour me rendre compte de leur situation. Puis j'ai fait une longue visite à Mgr Beaussart qui va bien à sa façon, c'est-à-dire au coup par coup ; toujours aimable pour le nonce, et intéressant [6].

Octobre. — Projets de déjeuners diplom.
mardi 4 nov.
jeudi 20 nov.
samedi 6 décembre
jeudi 18 décembre

1. Il pourrait s'agir de l'abbé *Glasberg*.
2. Il a été nommé le 24 octobre. Âgé de cinquante-quatre ans et supérieur du grand séminaire de Nancy depuis 1928, le nouvel élu ne correspond pas vraiment au profil défini par ses suffragants de Tarentaise et de Maurienne le 21 avril : certes il s'agit bien d'un « néo-évêque », mais il ne dispose d'aucune expérience pastorale.
3. Alexandre Évréinoff est évêque ordinand pour le rite oriental en Europe occidentale.
4. Catholique de Paris.
5. Ivan Bučko a été nommé à ce poste l'année précédente.
6. Le nonce se rapproche peu à peu du prélat écarté.

1er novembre, samedi. — 9 h. Première communion et confirmation des enfants <Antonio et Anna Sofia> du cons. Benazzo. La cérémonie s'est très bien passée. Il y avait quelques parents et le consul Cavalletti. Puis je les ai reçus dans mon bureau. Seule visite dans la matinée, M. Gabriel Beauchesne, éditeur-libraire. Il m'a offert quelques livres et je lui ai donné en échange l'Évangile avec les illustrations de Gio. Galizzi très admirées. Je jouis toujours de la chère compagnie de Mgr Évréinoff, très intéressant et discret. Dans l'après-midi, Mgr Vagnozzi m'a invité à sortir me promener avec lui et j'y ai consenti bien volontiers. Journée de recueillement spirituel, de tristes et doux souvenirs et d'abandon confiant au Seigneur.

2 novembre, dimanche. — La liturgie des morts est renvoyée à demain. Aujourd'hui repos dominical parfait. Hélas, je n'en ai pas beaucoup profité pour le travail de la nonciature, mais je n'en ai pas été éloigné non plus. Entre autres j'ai fait un brouillon pour le Présid. Lebrun qui a perdu sa femme ces jours derniers. Il était juste qu'il ait un signe de condoléances de la nonciature [1]. Le soir, je suis allé avec Heim à l'inauguration de l'exposition pour le centenaire de la Sainte-Enfance, en présence de Son Éminence, de Mgr Leprêtre, du sup. des Missions étrangères et d'autres. Mgr Bressolles fit les honneurs de la maison. S. Ém. parla. Tout fut bien fait.

3 novembre, lundi. — Ce matin, liturgie des morts. Deux heures de prière, grâce à Dieu attentive et fervente. La lecture du « Liber sacramentorum » du card. Schuster m'a encouragé [2]. Audiences du matin : le journaliste et poète italien Renato Mojolo et les deux ex-dép. prof. Sansonetti et Sconamiglio, de Rome, de la Démocratie chrétienne. Intéressants : le P. Boisselot et le directeur de la *Vie Catholique* [3] qui présente ses excuses pour l'article défavorable à *Monsieur Vincent* [4]. Dans l'après-midi l'abbé Her, de Hongrie ; Mgr Douillard, de Soissons, et 4 Allemands : Mgr Jaeger, abbé Brass, Stock, et le directeur du journal *Caritas* de Fribourg-en-Brisgau ;

---

1. Lettre de condoléances au dernier président de la IIIe République, Albert Lebrun (*Souvenirs d'un nonce*, p. 153-154).
2. *Note storiche e liturgiche sul messale romano*, Turin-Rome, 1920-1938, 5 vol.
3. Georges Hourdin et le dominicain Pierre Boisselot ont fondé le magazine *La Vie catholique illustrée* en 1945.
4. « Disons-le tout net : c'est raté », écrivait Jean Cléry dans le numéro du 26 octobre (article intitulé « Pierre Fresnay a sauvé *Monsieur Vincent* »).

M. Maurice Denis ; Aus. Baroni. Nuages dans le ciel pour la réunion de demain [1].

4 novembre, mardi. — 9 h 30 chez les Lazaristes. Messe d'ouverture : réunion int. pour la charité. 11 h au Lutetia inaug. quelques mots de moi [2]. Déjeuner à 12 h 30 avec Oddi à la Mission italienne. Joyeuse rencontre sacerdotale. Puis j'ai visité la famille et les ateliers Nera, de Rota fuori. Le soir, repas diplomatique : M. Bidault, amb. Turquie, États-Unis, Uruguay, Italie. Ministres d'Irlande, Portugal, Luxembourg, Monaco. Ex-ambassadeurs Chambrun, Laboulaye, Mgr Évréinoff, Chappoulie, ministre de Syrie, Dumaine, Denardou*, d'Harcourt, Vagnozzi, Oddi, Heim, le nonce. Tout s'est très bien passé. Mais le déjeuner à 13 h est préférable au dîner à 20 h.

5 novembre, mercredi. — Ce matin j'ai reçu le prof. Médoc [3] ; Mgr Chappoulie ; et les parents Burco avec leur petit Ferruccio, prodige musical de 8 ans. Il y avait aussi M. Rossi, de Rome, et un impresario. Je les ai bien accueillis : j'ai recommandé le souci de la simplicité contre toute tentation présente et future. Le petit m'a demandé une bénédiction spéciale, et je lui ai donnée de tout cœur. L'après-midi je suis allé avec Mgr Évréinoff au collège russe de Meudon, localité charmante [4]. Puis j'ai pris part brièvement à la récep. chez la duchesse de La Rochefoucauld et ensuite chez l'amb. Charles-Roux où j'ai rencontré tous les participants de la réunion pour l'organisation provisoire de la *Caritas* internationale.

6 novembre, jeudi. — Bon travail à la maison. Audience : l'abbé Codet qui part pour Rome, *procureur* des *Fils de la Charité,* avec le désir de devenir recteur de Saint-Louis [5]. Je garde à déjeuner le bon P. Beltrame, des Bénédictins, de Parme. L'après-midi je reçois l'évêque de Dax, Mgr Clément

1. La rivalité entre deux organismes caritatifs, qui a trouvé une solution en France, est en train de se reproduire sur le plan international : la « Caritas internationalis », fondée à Amsterdam en 1924, se reconstitue sous la direction de Mgr von Hornstein et de l'abbé Crivelli ; mais l'abbé Rodhain n'a pas renoncé à son projet. D'où cette rencontre, qui rassemble des représentants de dix-neuf nations.

2. Prudence, discrétion, action provisoire... ce qui n'empêche pas la mise en place d'un comité pour la création d'un « Auxilium catholicum internationale » (Charles KLEIN et Jean COLSON, *Jean Rodhain prêtre,* p. 45-46).

3. Lenz-Médoc !

4. Voir plus haut en date du 15 juillet.

5. Ce qui ne sera pas le cas.

Mathieu, que je vois pour la première fois et qui me laisse une heureuse impression [1]. Le soir – 9 h – je participe avec Heim, à une place de premier plan, sur la rangée du Présid. Auriol, entre la Princesse de Grèce et Mme de Murville, à la grande séance à la Sorbonne pour la célébration du 1er centenaire de l'École archéologique française d'Athènes. Une plongée dans l'hellénisme [2].

7 novembre, vendredi. — Aujourd'hui agréable visite de Mère Fiorina Freti, sup. gén. des sœurs Poverelle, avec l'économe générale, sœur Aldina, sup. de Montreuil, le p. Ginocchini et l'*ing.* De Beni. Nous discutons de l'achat de la villa Montménil que j'ai visitée il y a quelques jours avec Oddi. Vient ensuite le P. Marcellino, supérieur des Paolini d'Alba à Nogent. Enfin M. Luis de Villalonga, un Espagnol monarchiste, assez excité contre Franco qu'il croit de mèche avec Staline et avec Perón, d'Argentine [3]. Dans l'après-midi j'ai reçu l'abbé Jacquin qui me parle de son travail.

8 novembre, samedi. — Peu d'audiences : M. Zamanski et M. Fourmond avec un autre monsieur, retour de Rome [4]. L'après-midi, je suis sorti pour la première fois me promener depuis la rentrée d'Italie, avec Mgr Vagnozzi. Je voulais visiter le Petit Palais, avec l'exposition du musée de Vienne. Impossible, en raison de la grève des services publics [5]. Nous avons continué jusqu'aux bouquinistes où j'ai acheté quelques volumes traitant de l'abbé Galiani [6] et de Maintenon [7]. En rentrant j'étais un peu fatigué et j'ai senti que j'avais pris une indigestion et un refroidissement.

---

1. Trois ans après son arrivée, le nonce connaît personnellement presque tous les évêques en place.
2. L'École française d'Athènes a été fondée en 1846 pour étudier la langue et la civilisation helléniques, que Mgr Roncalli semble apprécier.
3. Cette fois, le bref résumé de la conversation est plutôt critique.
4. Toujours dirigeants de la Confédération française des professions.
5. La grève des fonctionnaires parisiens a commencé le 5 novembre : elle prend place dans le vaste mouvement social, à caractère insurrectionnel parfois, qui secoue la France à l'automne 1947.
6. Le philosophe des Lumières Ferdinando Galiani (1728-1787), secrétaire de l'ambassade napolitaine à Paris entre 1759 et 1769. Dans la bibliothèque de Mgr Roncalli se trouvait sa *Correspondance*, éditée par Lucien Perey et Gaston Maugras, Paris, Calmann-Lévy, 2 vol., 1881.
7. Probablement Françoise d'Aubigné, marquise de Maintenon (1637-1719), préceptrice des enfants de Louis XIV et de Mme de Montespan, puis maîtresse et épouse secrète du roi ; fondatrice d'une école pour jeunes filles pauvres de la noblesse à Saint-Cyr, près de Versailles.

À la maison, j'ai trouvé l'abbé Servant, de Pamiers, avec son histoire. Autre visiteur de ce matin le comte du Plessis <*de Grenédan*>, ruiné et malade. Je l'ai aidé – 6 000 F.

9 novembre, dimanche. — Bonne matinée dominicale. J'ai reçu mes deux cousins Giovanni et Mario Colombo, de Pontida, émigrés à Reims. Ce sont les fils de Nino Rossi, fils d'une sœur de ma grand-mère. Ils m'ont exposé leurs désirs et leurs besoins. Je les aiderai de mon mieux. Ils ont été discrets. Je les ai gardés à déjeuner et j'ai mangé seul avec eux. À la fin de l'après-midi audience de dom Ringeval, de Solesmes, avec qui je m'entends sur le point de juger bonne son idée de se faire ermite et de commencer les pratiques. Nous avons échangé aussi quelques impressions sur la situation actuelle, politique, intellectuelle et religieuse.

10 novembre, lundi. — Visites – sœur de saint Joseph. St Maur. Adamville. 107, Boulev. de Créteil ; *Ing.* Buitoni, 43, rue Ledru-Rollin. À 13 h déjeuner chez le ministre d'Irlande Murphy. Tout conforme à ce qui était prévu à l'ordre du jour d'aujourd'hui. Audiences : la générale des Poverelle avec la compagnie d'avant-hier, mais avec un projet d'achat modifié. On achètera près d'Orly. Elles sont maintenant entre les mains d'Oddi. Puis la comtesse de Rouvre qui m'annonce la déclaration de nullité de son mariage. Excellente réunion conviviale chez l'amb. d'Irlande, où j'ai rencontré Joseph Patrick Walsh, ambass. auprès du Vatican. Bon tour avec Oddi à Adamville où j'ai visité sœur Ecestelle, de Sofia, malade, et la famille Buitoni.

11 novembre, mardi. — Saint Martin. Son histoire, son culte sont tout un poème. J'ai fait inscrire quelques mots autour de sa tombe à Tours : *Beate Martine : serva Gallorum clerum et plebem : ubique protege tuos.* À 11 h j'ai assisté à la manifestation officielle à l'Arc de Triomphe[1]. J'étais à côté du Présid. du Sénat ou deuxième chambre, M. Monnerville[2] : noir de visage et d'élocution courtoise. Grandes poignées de mains des dirigeants Auriol, Herriot, Bidault, etc. Audiences : l'abbé Bernard, d'Arras. Le soir, repas intime : M. Bidault et son épouse. Conversation plaisante et intéressante.

---

1. Le nonce s'est habitué à ces rendez-vous patriotiques.
2. Le radical de Guyane Gaston Monnerville préside le Conseil de la République, nom véritable de la chambre haute dans la Constitution de 1946.

12 novembre, mercredi. — Audiences : l'amb. de Chambrun. L'après-midi je suis allé à Choisy-le-Roi pour y visiter le château que la générale des Poverelle préfère pour l'œuvre projetée par ses filles. C'est la villa de Grignon [1], certes très convenable et adaptée. J'ai jugé tout bien et j'ai encouragé. Parmi les audiences, il y a eu aussi la sup. gén. des sœurs de saint François de Sales.

13 novembre, jeudi. — Journée de travail dense. Il devient parfois plus pesant lorsque règne autour de moi quelque anxiété. Mon devoir est de garder l'esprit calme, et d'inspirer par un exercice continuel de patience silencieuse cette sérénité spirituelle qui est la joie de la nonciature. Visiteurs : Mgr Chappoulie ; p. Slattery, sup. des Lazaristes, avec M. Maurice Denis et les membres du Comité provisoire de l'Auxilium. Le soir, MM. Ferretti et Madaule. L'après-midi, visite à Gagny dans la famille Zinetti, de Casazza, avec la tribu bergamasque qui les a suivis. Mes paroles d'encouragement dans l'église paroissiale.

14 novembre, vendredi. — Audiences habituelles : parmi elles le chan. Leflon. Le soir, nous sommes tous allés au Châtelet : moi, Vagnozzi, Oddi et Heim, pour assister au concert du petit Ferruccio Burco. Un vrai prodige. Entre les morceaux, il venait nous retrouver dans la loge. Rien d'anormal en lui, et même beaucoup de simplicité. Que le Seigneur lui conserve sa beauté et son innocence. Il fut surtout admirable dans la première symphonie de Beethoven. Ses parents voudraient que je les aide à obtenir un concert de charité à l'Opéra. Je ne serais pas raisonnable de ne pas tout confier à l'ambassade d'Italie, ce que je ferai [2].

15 novembre, samedi. — Peu d'audiences. Dans l'après-midi, je me suis rendu avec Vagnozzi à Tours en passant par Orléans et Blois et en longeant la Loire [3]. Trajet magnifique, mais dans une saison non hivernale. À Tours excellent accueil chez Mgr Gaillard, l'archev. héros de la fête avec saint Martin. J'y ai trouvé Mgr Grente et son auxiliaire Mgr Foin ; et d'autres évêques. Bonne conversation, de celles qui apaisent et rendent plus tranquille et clairvoyant le bon travail.

1. Qui se trouve en fait aux limites de Thiais et d'Orly (banlieue sud).
2. Le nonce s'occupe beaucoup de ses compatriotes, émigrés ou de passage, mais il représente le Saint-Siège, pas la République italienne.
3. Trente-quatrième voyage du nonce, le premier depuis le mois d'août.

16 novembre, dimanche. — À Tours pour la fête de saint Martin et le jubilé épiscopal de l'archev. Mgr Gaillard [1]. Ma messe près de la tombe de saint Martin, et communion générale : beaucoup de vieilles dévotes [2]. J'ai assisté au pontif. à Saint-Gatien : belle cérémonie imposante. Repas à l'archevêché : mon toast : *Hic Martinus*, avec le souvenir de saint François de Paule. L'après-midi, mes paroles dans la basilique de Saint-Martin bondée d'hommes [3]. J'ai joué la note française : l'effet fut magique : le pape, saint Martin, l'avenir de la France dans la fidélité à sa tradition catholique [4]. Puis passage et grande bénédiction à la cathédrale, que j'ai assurée. Dans l'ensemble, superbe manif. d'amour de saint Martin et de son dernier vénéré successeur.

17 novembre, lundi. — Après la messe à l'évêché de Tours, départ pour Saumur, toujours avec Vagnozzi ; et de là, par Cholet où j'ai visité la belle église paroissiale de Notre-Dame, jusqu'à Saint-Laurent-sur-Sèvre. Encore une visite sur la tombe de saint Louis M. de Montfort. J'ai visité d'abord la tombe dans la nouvelle église paroissiale, puis la maison des missionnaires de Marie, qui m'ont accueilli en me faisant fête, comme le firent ensuite les sœurs de la Sagesse, et le soir les Frères de saint Gabriel. Je fus l'hôte des Pères. Chez les sœurs, j'ai retrouvé 15 Bergamasques : la sœur Pistoni lut l'adresse. Je me suis efforcé de répandre un sentiment de douceur et d'encouragement. Avec les Frères de saint Gabriel j'ai voulu être particulièrement aimable, en passant par-dessus la question qui leur fait mal, et les fourvoie sans que ce soit de leur faute.

18 novembre, mardi. — Sainte messe dans la très belle et vaste chapelle des sœurs de la Sagesse, à Saint-Laurent-sur-Sèvre. Encore une visite à la tombe de St L. M. de Montfort. Puis voyage vers Nantes où je visite la cathédrale, très belle mais très endommagée par les bombes. À 12 h nous sommes à Angers : visite à Mgr Costes ; repas à l'Institut cath. avec le card. Roques et des évêques ; nous présidons ensemble l'inauguration de la nouvelle année universitaire. Mes paroles très bien accueillies : vous avez l'Ancien et le Nouveau Test., etc. et l'Omnia probate : *quod bonum est tenete*. Nouveau salut à

1. Photographie dans *Souvenirs d'un nonce*, entre les p. 104 et 105.
2. L'expression est peu flatteuse.
3. Des hommes, enfin !
4. Au lieu de s'irriter d'une telle osmose entre foi et patrie, désormais Mgr Roncalli l'utilise.

Mgr Costes ; à 19 h nous arrivons à Solesmes pour le dîner. Complies et repos après une longue conversation avec Mgr de La Villerabel [1].

19 novembre, mercredi. — À Solesmes. Sainte messe dévote à l'autel de la Vierge à gauche. Nous partons jusqu'au Mans avec le P. Doroteo Armao, capucin d'Istanbul. À 13 h précises et après un voyage parfait nous sommes à Paris. *Deo gratias.* L'après-midi, repos laborieux au bureau.

20 novembre, jeudi. — Dans la matinée, longue audience du P. Louis de la Trinité, retour de Rome [2]. À déjeuner j'ai réuni – M. Ramadier, présid. du Conseil, s'est excusé car il est démissionnaire depuis hier soir [3] – les amb. du Canada, de Chine, Grèce, Égypte, du Brésil ; les ministres du Nicaragua, de Bolivie, du Liban, de Panama, le conseiller Rezzonico pour la Suisse. Amb. Charles-Roux, deux frères d'Ormesson – le comte et le marquis –, le dép. Lapie, M. Vergnolle, présid. de la municipalité de Paris [4], M. Bernadotte et M. Bernard, Vagnozzi, Oddi, Heim, et le nonce. Tout s'est très bien passé, comme le dîner avec les époux Marcionelli, seuls. Autre audience : Mgr Le Bellec [5] qui part pour Rome ad limina.

<Mme Negroponte.>

21 novembre, vendredi. — Plusieurs audiences : comtesse de Fontgalland, mère de Guy [6] ; Mgr Moncelle, ex-conseiller de l'amb. de France à Rome [7] ; Mlle Aspi Tchakrian ; l'ex-frère

1. Le nonce est devenu un habitué de l'abbaye et des conversations avec son hôte forcé.

2. Ex-amiral Thierry d'Argenlieu, qui a rénové ses vœux religieux au couvent d'Avon le 14 septembre.

3. Seule cette brève allusion signale la crise grave dans laquelle est plongé un pays paralysé par les grèves : sans avoir été mis en minorité à l'Assemblée nationale, Ramadier démissionne à l'issue d'un Conseil des ministres dramatique où il n'a pu faire accepter les mesures sociales proposées par son ministre des Affaires économiques Jules Moch pour obtenir la reprise du travail, le soutien des ministres MRP, Bidault et Schuman surtout, lui faisant défaut (voir Vincent AURIOL, *Journal du septennat*, t. I, p. 554-565).

4. Le socialiste Henri Vergnolle a été choisi pour ce poste par une coalition anticommuniste en juin 1946 ; mais il vient d'y être remplacé le 17 novembre par Pierre de Gaulle, frère du Général, après le raz de marée RPF d'octobre.

5. Évêque de Vannes.

6. Le décret de la Congrégation des Rites interdisant le culte de son fils va tomber le 18 décembre (*La Documentation catholique*, 25 avril 1948, col. 522-523).

7. Voir plus haut en date du 12 mars.

Robert Walter ; Mgr Fauvel qui part pour Rome ; M. Guiraud, journaliste. À 13 h j'ai eu à déjeuner en privé : les époux Joseph[1] et Jeanne Henry, chères connaissances de Sofia. L'après-midi j'ai reçu et retenu M. Claudio Burco et son fils de huit ans Ferruccio, musicien prodige. Et j'ai travaillé toute la journée sur les lettres, sans oublier la chère Madone des Caneve qui entraîne les cœurs et les prières[2].

Ce soir est arrivée la nomination du dernier évêque en course, Mgr Duperray, coadjuteur de Montpellier[3].

<M. Jean de Lavergnolle.>

22 novembre, samedi. — Audiences : abbé Servant ; p. De Marco, jésuite de la *Civiltà cattolica*, de Rome ; abbé Lefèvre, de la *Pensée catholique*[4]. Dans l'après-midi, reprise du bon travail. À 18 h 30 je suis allé à la réception de la légation du Liban, où j'ai rencontré le ministre des Affaires étrangères de Beyrouth, M. Frangié, et plusieurs personnes dont la connaissance est précieuse. Cependant je me suis peu arrêté.

À la maison, après le dîner je me suis distrait quelque peu dans la recherche des nouvelles sur la solution de la crise gouvernementale, et dans des lectures poétiques. À la place de Ramadier, au lieu de Blum l'Assemblée a élu Robert Schuman. Ainsi le MRP revient au premier plan[5].

23 novembre, dimanche. — À Saint-Germain de Charonne, 120, rue de Bagnolet – fête des vocations. 11 h. Assistance à la messe en mozette, repas avec le curé Lacointe. Bonne rencontre avec des gens moyens et populaires dans la crypte de la nouvelle église et dans une salle voisine. À la messe, la crypte de 1 000 places était comble. J'ai dit ensuite quelques mots d'encouragement, bien entendus. J'ai accepté un verre des hommes que j'ai traités avec amabilité. Puis repas joyeux et sobre avec le clergé – des jeunes pour la plupart – dans la maison croulante de M. le curé Lacointe, qui doit être très

1. *Charles* ?

2. La fête du sanctuaire cher au nonce est celle de la présentation de la Vierge au Temple, le 21 novembre.

3. Le supérieur du petit séminaire de Montbrison, dont la nomination est publiée le 22 décembre, est l'unique évêque du nonce Roncalli issu de la liste proposée par la Résistance.

4. Ces deux visiteurs n'ont certainement pas produit des jugements bien optimistes sur l'état de santé du catholicisme français.

5. Léon Blum s'était une seconde fois résigné à jouer les pompiers, mais il n'obtient pas l'investiture de l'Assemblée le 21. Le démocrate-chrétien Robert Schuman franchit l'obstacle le lendemain, et son gouvernement est investi le 27 dans un climat de jour en jour plus tendu (Vincent AURIOL, *Journal du septennat*, p. 571-591).

populaire. Tout bien ; mais deux demi-églises et peu de prêtres pour une paroisse de 45 mille âmes [1] !...

24 novembre, lundi. — Audiences : encore l'abbé Servant qui se rend à Nantes ; le p. Lebret, organisateur du mouvement intellectuel [2] de Lyon Économie et humanisme. Religieux et savant de grand mérite. À midi le P. général des Montfortains, puis Mgr Rivière, évêque de Monaco. Je garde l'un et l'autre à déjeuner. Dans l'après-midi, visite au dentiste dr. Durance. Puis recueillement à la maison, je prie, j'écris et je lis. Et ainsi s'achève la 66e année de ma pauvre vie. J'écris à minuit pour m'abandonner avec une douce confiance à la miséricorde du Seigneur et après avoir consacré à sa sainte et divine volonté et charité la 67e année : ad omnia paratus.

25 novembre, mardi. — Devreesse à déjeuner, en audience l'abbé Iung, prof. de droit et auteur, puis M. Demarle. Je suis entré aujourd'hui dans ma nouvelle année, et l'esprit s'est bien recueilli pour méditer un si long passé, un avenir qui doit être davantage conversation céleste que temps perdu dans les embrouillaminis de la vie terrestre. Le temps qui me reste à vivre devrait être tout entier saison des fruits. Suffit les fleurs, suffit les feuilles : <sont nécessaires> la vie et les œuvres saintes qui représentent le meilleur de mon passage sur la terre.

26 novembre, mercredi. — Récept. Lesourd. 16 ter, Avenue Bosquet, de 17 h à 20 h avec Mgr Vagnozzi. Celui-ci n'est pas venu ; mais je fus heureux de démontrer par une visite que l'on oubliait les choses désagréables [3]. À midi, j'ai participé à l'archevêché au déjeuner des évêques de l'Institut catholique, et dans l'après-midi à la grande cérémonie d'inauguration de l'année universitaire. Il y avait, avec le card. Suhard, le card. de Rouen qui a du mal à se tenir [4]. Beaucoup d'égards pour le nonce ; beaux discours de Mgr Blanchet et du card. Suhard.

---

1. Il s'agit d'un des quartiers les plus populaires de Paris, dans le XXe arrondissement.

2. Le qualificatif peut surprendre, car le mouvement lyonnais se veut aussi instrument de transformation du monde, mais c'est bien ainsi que le voit son historien Denis PELLETIER (*Économie et humanisme. De l'utopie communautaire au combat pour le tiers-monde, 1941-1966*, Paris, Éd. du Cerf, 1996).

3. Allusion à leur différend sur le remplacement du directeur de l'Œuvre de la Sainte-Enfance dont le premier centenaire doit être célébré le lendemain : le nonce a soutenu en vain Mgr Bertin.

4. Et pour cause : le cardinal Petit de Julleville mourra le 10 décembre.

Celui de l'académicien d'Harcourt me fut moins agréable, comme d'habitude « sur la confession des responsabilités de l'Allemagne ». Un nouvel échantillon de la cécité française en certaines choses [1].

27 novembre, jeudi. — Cent. Ste-Enfance. Assistance à la messe à N.-D., déjeuner et conférence. Tout splendidement réussi. À Notre-Dame toute pimpante des couleurs papales ; au Lutetia où j'ai annoncé les nominations pontificales pour Mgr Bressolles, proton. apost. et commandeur. J'y ai ajouté des félicitations en m'inspirant parfois des mots « O quam felix est tu Parisius : quam felix dulcis Francia », et en me référant à la Ste-Enfance canalisée dans la *chrétienté*. Délicieuse ensuite, la conférence de Claudel à l'*Alliance française*. Belle couronne d'évêques. Pour ce début du nouveau siècle de la Ste-Enfance on ne pouvait faire mieux.

28 novembre, vendredi. — <8 h messe, 140, rue du Bac. Triduum Ste Labouré. À 13 h déjeuner nonciature avec P. d'Argenlieu, son frère dominicain malade, et le provinc. des Carmes. Journée très froide.>

Le Pontifical à 8 h à la maison de la rue du Bac, parfait : il n'y avait que les sœurs et les Lazaristes. Puis contact aimable avec les sœurs et les novices. Rien de plus céleste sur la terre. À la maison j'ai reçu à midi les époux de Poncheville, nos voisins. Il y a trois jours, ils ont perdu un fils de 23 ans, officier en Indochine [2]. Puis le déjeuner avec le P. Louis de la Trinité (d'Argenlieu), avec son frère dominicain, et le P. Élisée, provincial. Excellente et consolante rencontre. Dehors, neige toute la journée et menaces de choses graves.

29 novembre, samedi. — <Début 150 messes int. Cicognani le 8 novembre courant.>

Journée comme hier, de neige, de froidure et de menaces de désordres sociaux [3]. En Italie aussi le mouvement séditieux

---

1. Comme après la Première Guerre mondiale, la diplomatie pontificale ne veut pas entendre parler de responsabilité univoque dans le conflit récent. Elle se refuse à prendre en compte la différence des situations, mais surtout la spécificité du nazisme.

2. On apprend ainsi, de façon indirecte, que la guerre fait de nouveau rage dans ce pays.

3. Le mouvement social bat alors son plein : le 26 a été créé un Comité central de grève qui rassemble, au sein de la CGT, les seules forces favorables au mouvement. Et c'est le 29 que Jules Moch, ministre de l'Intérieur du gouvernement Schuman, présente à l'Assemblée une série de mesures qui allient la carotte (pour améliorer le niveau de vie des milieux populaires) et le bâton (pour rétablir la liberté du travail). Le 9 décembre,

attaque les centres de Milan, Gênes, Turin. Espérons que le bon sens italien prévaudra [1].

Audiences : *avv.* Nitti et *comm.* Donato de la Croix Rouge ; musicien compositeur Adolphe Borchard, un protestant éduqué chez les Dominicains qui voudrait travailler pour les films catholiques à Rome ; dans l'après-midi l'abbé Charles Briand, d'Évreux ; Mgr Sembel, évêque de Dijon. J'ai à déjeuner Mgr Abel Zayhia, archev. chaldéen d'Urmia et de Salmas en Perse. Récit intéressant – émouvant par les difficultés que les Turcs font là-bas aux catholiques [2].

30 novembre, dimanche. — Dimanche pluvieux et neigeux ; mais recueillement à la maison pendant que dehors continuent les incertitudes et les menaces. Bon travail au bureau. Seule visite le matin, le doct. Parturier, de Vichy ; et le soir M. Baroni.

1er décembre, lundi. — Journée de tempête au ciel et dans la tête des hommes. Les communistes préparent l'insurrection et commencent au Palais Bourbon [3]. Il n'y a plus ni loi ni frein. Je continue mon travail habituel. Audiences : le p. Courtois, de l'Union [4], actif et bon. Il est religieux des « Fils de la Charité » ; comte Jean Marie Joseph Arondel de Hayes, très malade, tuberculeux (encore 6 000 F) ; l'abbé Horosko, de Biélorussie ; untel, fervent de Pétain, mais qui cache son nom. Depuis plusieurs jours nous n'avons pas reçu de lettres [5]. À midi, j'ai accueilli le prince Nakkhatra Kitiyakara, ministre plénip. de Siam.

---

le Comité central de grève se résignera à la reprise du travail, suivie du départ de la CGT des militants hostiles au mouvement qui créeront la CGT-Force ouvrière, avec l'appui des syndicats américains.

1. Exemple ? Le 28 novembre, des ouvriers et d'anciens partisans occupent la préfecture de Milan pour empêcher le remplacement du préfet qu'a nommé le Comité de libération nationale par un fonctionnaire de carrière.

2. Considérés comme des alliés du Royaume-Uni, les Chaldéens (séparés et catholiques) ont eu beaucoup à souffrir des Turcs pendant la Première Guerre mondiale, puis de l'Irak après son indépendance en 1932.

3. Afin d'empêcher le vote du plan de « défense républicaine » de Jules Moch, les députés communistes font de l'obstruction à l'Assemblée nationale en se relayant à la tribune pour lire les Œuvres de Karl Marx ou de Jean Jaurès. Au terme de six jours (et six nuits) de débats ininterrompus, qui occupent 250 pages du *Journal officiel*, ce plan est adopté le 4 décembre.

4. Des Œuvres catholiques de France.

5. Les postiers sont en grève.

2 décembre, mardi. — Toujours la tempête. Audiences : P. Merklen direct. de *La Croix*. À 11 h je suis allé chez Son Éminence avec qui j'ai eu une longue conversation sur les affaires importantes. Nous nous entendons bien, comme toujours.

Dans l'après-midi, audiences : Mme Suzanne van Staene*, partiellement paralysée, abandonnée par son mari quand elle est tombée malade, et depuis de nombreuses années hallucinée par de constantes visions et apparitions qui lui confient une mission à la Jeanne d'Arc, comme il en fleurit tant en cette terre de France. Et il suffirait de bien peu pour la guérir, un peu d'humilité et d'obéissance, et un bon confesseur. Mais pour ce qui est des confesseurs, ces âmes crédules en trouvent de plus crédules qu'elles [1].

3 décembre, mercredi. — Sainte messe particulièrement fervente en l'honneur de saint François Xavier. Même mes souvenirs familiaux se sont fait jour dans mes prières : mon grand-oncle Zaverio mon parrain de baptême, et mon neveu Saverio qui grandit bien. Puis journée d'audiences : abbé Degrelle et une dame de l'assistance à un sana* près de Beauvais, le sup. gén. des Frères de saint Gabriel, le vicaire gén. Simonne de Coutances ; le prof. Daujat ; le musicien Adolphe Borchard ; le co. Villalonga, Espagnol. L'après-midi, la chargée d'affaires d'Islande Kristjin Albertson et à 17 h remise de la comm. de saint Sylvestre à M. MacCloskey, d'Amérique, en présence du card. Suhard, de Mgr Courbe, de l'amb. Charles-Roux, du chan. Rodhain et de nombreux catholiques américains. Dîner avec Oddi chez Nera.

<Curé Constantin de Saint-Sulpice et un de ses vicaires.>

4 décembre, jeudi. — Audiences : p. Désiré, des Capucins ; le soir Mgr Leclerc [2] nouvel auxiliaire de Paris ; puis le marquis Canisy ; et M. Maurice Demarle [3] et avec celui-ci une commission de Blancs qui s'occupent de l'Union française comme le doct. Aujoulat [4], et plusieurs Noirs catholiques et musulmans [5]. Je les ai accueillis avec courtoisie, les ai écoutés,

1. On ne saurait être plus clair : une nouvelle fois le nonce oppose le bon sens et les voies spirituelles classiques aux révélations privées ou prétendues telles.
2. Sa nomination a été annoncée le 13 novembre.
3. Qui a l'expérience de l'Afrique et qui rejoindra l'administration de l'Assemblée de l'Union française.
4. Député MRP du Cameroun, rappelons-le.
5. La Constitution de 1946 prévoit une Assemblée de l'Union française dont l'élection a commencé le 11 octobre.

les ai encouragés de façon très large et en me référant à la promotion des peuples noirs qui devrait être le véritable idéal de la domination française ; mais je n'ai pris aucun engagement, sinon d'en référer au Saint-Siège et éventuellement de demander un peu d'aide pour la bonne presse [1].

5 décembre, vendredi. — Audiences : abbé Bernard Calle, cérémoniaire ; P. Laurent et P. Janin, deux Assomptionnistes enfuis de Bucarest : sombre description de la pénétration et de l'invasion communiste menaçant l'Europe [2]. Le déjeuner m'est offert par M. d'Estaing en l'honneur de l'ex-impératrice d'Annam, catholique, cultivée et bonne. Il y avait les amb. Charles-Roux et Ponsot, et d'autres. Restaurant de l'Alliance fr. à St-Honoré. Puis j'ai visité Mlle Girod de l'Ain *in extremis*. J'étais avec Mgrs Évréinoff et Vagnozzi. Le soir est venu l'abbé Servant, retour de Nantes du sacre de Mgr Guiller, évêque de Pamiers.

6 décembre, samedi. — <11 h St-Eustache p. saint Éloi. 13 h 15 déjeuner à la nonciature. 20 h passage Madeleine. Rest. Lucas ; à droite Seine.>

À 9 h 30 je suis allé à la Sorbonne pour l'inauguration de la nouvelle année. J'étais à droite du Présid. Auriol qui fut très aimable pour moi. Puis à Saint-Eustache belle cérémonie pour la saint Éloi. Mes paroles et bénéd. après le discours du P. Cordier. Église pleine d'orfèvres, joailliers et bijoutiers de Paris. Tous joyeux et bons [3].

À la maison 3e repas diplomatique, présidé par Cooper, amb. de Grande-Bretagne, qui nous quitte. Bien. Dans la matinée, mort d'Alix Girod de l'Ain. Le soir, dîner au Lucas – en toute confiance – qui nous est offert à tous par *La Croix*, Merklen, Michelin, etc.

---

1. La prudence du nonce ne l'empêche pas de confirmer le sentiment exprimé à ses deux visiteurs vietnamiens l'année précédente : la colonisation n'est pas une fin en soi ; elle doit viser à l'amélioration du statut des colonisés.

2. Vitalien Laurent et Raymond Janin animent l'Institut français d'études byzantines qui avait quitté la Turquie pour la Roumanie en 1937 ; la prise en main du pays par les communistes vient de les contraindre à se replier sur Paris. Le 6 novembre, un vote de défiance de l'Assemblée nationale de Bucarest a entraîné la démission du ministre des Affaires étrangères Tataresco, remplacé par la communiste Anna Pauker, ainsi que d'autres ministres libéraux. Le 11 novembre, le leader de l'opposition Juliu Maniu a été condamné à la détention perpétuelle pour trahison et complot.

3. Éloi est leur saint patron.

7 décembre, dimanche. — Messe pontif. à l'Immaculée Conception – 34, rue du Rendez-Vous. Cérémonie très bien réussie, sauf la musique, trop antérieure au motu proprio de Pie X. Paroisse bien dirigée par le curé Pajot [1]. Déjeuner chez lui, avec ses prêtres. Excellentes impressions [2].

À 15 h 30 fonction très solennelle de l'Œuvre de la Propagation de la foi à côté du cardinal à la Madeleine. Basilique archipleine. Beau discours de Mgr Chappoulie et paroles du cardinal. Tonalité parfaite. Mauvais temps. Paris dans la tristesse rend hommage au général Leclerc et aux militaires victimes avec lui d'un accident d'avion [3].

8 décembre, lundi. — <10 h funér. Leclerc à N.-D. – 11 h 30 Ste-Clotilde. Le soir exercices à Clamart jusqu'au samedi 13.>

À 8 h j'ai célébré la sainte messe près de la dépouille mortelle d'Alix Girod de l'Ain chez elle à St-François de Sales. Un geste qui a été bien compris. À 10 h j'ai assisté à Notre-Dame, de ma place au chœur, aux imposantes funérailles du gén. Leclerc et 12 victimes avec lui [4]. Très imposantes, sauf dans la liturgie : messe basse et chant [5]. J'étais en mozette. Mes collaborateurs ne sont pas venus, et ce n'est pas bien [6]. Puis à 11 h 30 à Ste-Clotilde j'ai béni le mariage du comte Maurice de Louvencourt et de Curel. Mes paroles : passé, présent, avenir. À la maison, déjeuner seul avec Vagnozzi. Puis j'ai salué Mgr Évreinoff et me suis retiré à Clamart pour les Exercices. *Ecce, sto ad ostium et pulso.*

9 décembre, mardi. — À Clamart. Villa Manrèse des P. Jésuites. Exercices fermés. Nous sommes une trentaine de prêtres ; directeur de la maison p. <Foreau> que j'ai déjà rencontré à La Houssaye avec le P. Épagneul le 25 mars 1945

---

1. *Pétion.*
2. Sauf sur l'accompagnement musical de la messe, dans cette paroisse du XIIe arrondissement. Le nonce s'en tient sur ce registre au *motu proprio Tra le sollecitudini* du 22 novembre 1903 qui promeut le plain-chant et la polyphonie sobre, au détriment d'une musique déconnectée de la liturgie.
3. Inspecteur général des troupes d'Afrique du Nord, le général Philippe Leclerc de Hauteclocque, incarnation du refus de la défaite, puis libérateur de Paris et de Strasbourg à la tête de sa légendaire 2e division blindée, a trouvé la mort le 28 novembre au Sahara dans un accident d'avion, ce qui suscite une grande émotion en France.
4. La République leur fait des funérailles nationales.
5. Même type de reproche que précédemment : absence de lien entre la liturgie et son environnement sonore.
6. Désormais, Mgr Roncalli réprouve une telle abstention.

et que j'ai accompagné à Paris en passant par Meaux [1]. Prédicateur le P. de Soras, un Lyonnais, moderne dans la pensée et dans la forme [2]. Il a pour familiers Péguy et Claudel [3] mais n'oublie pas saint Augustin et saint Paul. Gestes et paroles vifs et intéressants. Exige beaucoup d'attention. Temps sombre et humide. Lieu tranquille et bien équipé. Horaire selon la méthode de saint Ignace. J'y suis fidèle. Mais le matin jusqu'à 10 h, heure de la méditation programmée je n'ai que la messe à la chapelle à 8 h, comme à la nonciature.

10 décembre, mercredi. — À Clamart. 2ᵉ jour : « *Misericordia tua ante oculos meos est ; et complacui in veritate tua* » (Ps 25). Le P. de Soras, qui n'est pas lyonnais mais de l'Ardèche [4], va tambour battant, avec des conceptions, des mots et un style tout à la mode d'aujourd'hui. Choses justes et pratiques ; tonalité d'ensemble *sur le plan social* [5]. Sur le fond il se guide encore sur saint Ignace et son système mais tout entier revêtu d'images et de mots d'usage courant : existentialisme, incarnation – tout s'incarne maintenant – authenticité et vice versa. Je redis que cela ne me déplaît pas : mais ne serait-il pas bon de parler à l'âme sacerdotale placée face à sa dignité, à ses devoirs, à ses responsabilités, à son travail immédiat ? Le soir, triste nouvelle. Le card. Petit de Julleville archev. de Rouen est mort cette nuit.

11 décembre, jeudi. — À Clamart. 3ᵉ jour. Heures paisibles ; mais un peu trop dans l'air du temps avec ces considérations sur « omnia cooperantur in bonum : etiam peccata ». Le père de Soras est manifestement un excellent religieux, un jésuite

---

1. Il s'agit du père Alfred Foreau, cheville ouvrière de la Jeunesse agricole catholique et ferme soutien de la fondation du père Épagneul. Il dirige depuis peu la Villa Manrèse, grande maison de retraites de la Compagnie dans la banlieue ouest de Paris, où le nonce choisit de faire ses deuxièmes exercices spirituels en France.

2. « *Li predica un giovane padre Gesuita, p. de Soras, assistente di azione cattolica. Intelligente e fervoroso. Dottrina buona, esposta in forma interessante, tutta moderna però : struttura, locuzione, immagini* » (« Ils sont prêchés par un jeune père jésuite, le p. de Soras, assistant d'action catholique. Intelligent et fervent. Bonne doctrine, exposée dans une forme intéressante, pourtant toute moderne : structure, vocabulaire, images »), confirme *Il Giornale dell'anima*, 8-13 décembre.

3. Ces références sont en effet communes à sa génération religieuse, que représente bien, sur ce point, son cadet François Varillon.

4. Il est né à Lyon en 1899, mais d'une famille originaire de l'Ardèche.

5. Alfred de Soras est assigné à l'Action populaire, fleuron jésuite du catholicisme social français. Il est de plus un ami du père de Lubac, dont le maître livre *Catholicisme*, paru en 1938, porte comme sous-titre : *Aspects sociaux du dogme.*

à la page. Il serait moins indiqué pour le clergé bergamasque, qui part du concret et veut la simplicité et l'application immédiate de la vérité au ministère des âmes pour chacun [1].

Oddi est venu dans l'après-midi pour la signature des lettres à Raymond Girod de l'Ain que je lui ai écrites hier pendant que se déroulaient les funérailles de sa sœur Alix [2]. J'ai signé plus de 40 lettres, dispenses, etc. J'ai fait une visite à l'extérieur de cette Villa Manrèse. Je la trouve belle et suffisante pour qui veut s'occuper de son âme.

12 décembre, vendredi. — À Clamart. 4e jour. Sainte messe dévote pro gratia bene moriandi. J'ai orienté dans le même sens l'adoration de l'après-midi devant le Saint Sacrement, pauvrement exposé, en récitant les psaumes pénitentiels et les litanies. Je vois indiqué là aussi un bon moyen pour nourrir mes conversations avec le Seigneur lors de mes visites au Saint Sacrement. Le p. de Soras, parlant aujourd'hui des 4 inspirations du zèle sacerdotal : le Christ Jésus, l'Église, l'humanité et le monde visible, a tout mis dans une juste lumière en soulignant les proportions. En réalité, c'est le Christ qui est la véritable inspiration théologique du zèle, le Christ et l'Église ; le genre humain est dans l'Église, et l'ordre matériel sert à la poésie comme chez saint François avec les fleurs, les oiseaux et les poissons [3].

13 décembre, samedi. — Clôture de mes Exercices à la Villa Manrèse. Hier soir après le dîner je me suis associé moi aussi aux retraitants et j'ai rompu le silence que j'ai toujours maintenu. Je les ai salués un par un, et j'ai parlé aimablement à tous ensemble. Ce matin avant de sortir de la chapelle j'ai donné la bénédiction du Saint Père more episcopali. En partant de

---

1. Pour la première fois peut-être depuis son arrivée en France, le nonce prend contact de façon approfondie avec un homme et une pensée représentatifs de l'évolution récente du catholicisme français, que nombre de ses visiteurs lui ont présentés négativement. Il est visiblement surpris, mais pas hostile. Sa principale objection, formulée de deux façons différentes, et qu'on retrouvera, concerne la trop grande complexité de ce qu'il a entendu et donc sa faible utilité pour un clergé moyen, comme celui de Bergame, voué à des paroissiens moyens.

2. Écrite le 10, à Clamart : lettre de condoléances appuyée pour les services rendus à la nonciature par sa bienfaitrice depuis les années 1920. « *Ebbi funerali come un Vescovo, e certo la piansero molti* » (« elle a eu des funérailles comme un évêque, et il est certain qu'on la pleurera beaucoup »), écrira Mgr Roncalli le 14 janvier 1948 à son prédécesseur Valerio Valeri.

3. La conception du nonce est plus christocentrique et ecclésiocentrique que celle qu'il prête au prédicateur.

Clamart je suis passé saluer les sœurs de Notre-Dame du Sacré-Cœur auxquelles appartient ma nièce Giuseppina, et avec le P. de Soras j'ai visité la maison des Jésuites de « l'Action Populaire » au 15, rue Marcheron à Vanves. Extrêmement intéressante. À la maison, j'ai trouvé tout bien. Ce soir j'ai pourtant commencé à ressentir les effets du refroidissement contracté la nuit à Clamart, par ma faute, en lisant dans le froid sans me protéger.

14 décembre, dimanche. — À la maison, messe tranquille, et reprise de mes prières habituelles. Seule visite : la Mère Eugenia Ravasio, sup. générale des sœurs de N.-D. des Apôtres, ma payse de S. Gervasio d'Adda, avec deux de ses sœurs. Conversation intéressante. J'ai accepté de me rendre à Vénissieux pour le 8 mars 1948. Au déjeuner, j'ai eu Mgr Giobbe, nonce en Hollande, qui m'a quitté aussitôt après. Visite très brève cette fois, je n'ai même pas pu en profiter 24 heures. Avec lui, il y avait aussi l'évêque malgache Ignace Ramarosandratana, vic. apost. de Miari <narivo [1]>. Puis journée de rhume et de recueillement. Le soir, vite au lit.

15 décembre, lundi. — Nuit perturbée. Sainte messe tardive ce matin ; diverses visites : le jeune Paolo Garelli (à qui je remets les 10 livres sterling promises à son père pour le cent. de la cathédrale d'Istanbul) ; le député italien Pastore et l'*avv.* Savoini avec qui nous parlons d'émigration italienne ; M. Bernardino Nogara. Je sors pour déjeuner avec Vagnozzi à la légation de Tchécoslovaquie. J'y ai de bonnes rencontres avec Mauriac, Charles-Roux, l'ambassadeur d'Italie, le dép. Colin, etc. Le soir, visite de Ferretti ; puis travail au bureau pour le débarrasser avec Oddi de la correspondance des derniers jours. Journée très chargée. Mais le rhume régresse.

16 décembre, mardi. — Je suis allé à Rouen pour les funérailles du card. Petit de Julleville [2]. Cher cardinal, si bon, si sage, si souffrant. Le Saint Père m'a dit : eh ! si je l'avais vu tout de suite aussi malade, je ne l'aurais pas fait cardinal [3]. Au contraire il l'a fait, et ce fut bien. Les funérailles ont été solennelles, mais le temps pluvieux et humide. J'étais en cappa magna avec les card. Liénart, Suhard, Gerlier, Roques et une dizaine d'autres archev. et évêques. Ma présence fut opportune. Nous avons déjeuné ensuite au petit séminaire. J'étais

1. Toujours pas d'allusion à l'insurrection malgache.
2. Trente-cinquième voyage du nonce, imprévu celui-là.
3. Lors de l'audience du 5 octobre ?

avec Heim. À 17 h 30 retour à Paris. Content de la bonne action accomplie ; mais fatigué et un peu enrhumé. Le card. défunt m'aimait bien et priera pour moi.

17 décembre, mercredi. — Je me suis levé en retard ce matin. Audiences : M. Chanson, de Dijon, à qui j'explique mes difficultés à accepter l'invitation pour la bénéd. des vignes[1]. À midi, M. Bernardino Nogara que je retiens à déjeuner. L'après-midi M. Demarle, puis Ferretti avec Mlle Élisabeth de Miribel. J'ai reçu aussi monsieur Asteri et le baron de Grandmaison ; également les époux comte Genty de La Ville de Quincy : la comtesse est une Finlandaise.

18 décembre, jeudi. — Je me suis assez bien remis. Peu d'audiences. La lettre à Mgr Tardini pour le désastre des Lazaristes[2] m'a occupé ; puis le jeune et barbu abbé Leclercq qui m'apporte le salut de Mgr Calavassy et de Varouhas. À midi Mgr Grente que je garde à déjeuner avec la dernière invitation diplomatique : étaient présents Chauvel, amb. et ministres Chili, Suède, Colombie, Équateur, Cuba, Afrique du Sud, St-Domingue, chargés d'affaires Pérou, San Salvador ; amb. Noël, Kammerer, acad. Mauriac, Gilson, ministre Haïti, Vagnozzi, Oddi, moi. Tout très bien. À 15 h à l'Académie, don de la médaille d'or pour la langue française au Saint Père Pie XII[3]. Visite Gian Paolo et Laura Agliardi de Bergame.

<À 22 h accomp. gare de l'Est Mgr Vagnozzi qui part pour Rome et New Delhi.>

19 décembre, vendredi. — Audiences : Mgr Bertin avec de bonnes nouvelles de Rouen ; Mgr Maroun, retour du Mexique ; M. Hoertig (?), ami de G. Beretta avec M. Olivier [ ] ex-secrét. de M. Philip, ministre des Finances ; Mlle Berger du Sacré-Cœur de Marie ; et l'après-midi Mlle A. Ferrari, et les deux directeurs de *L'Époque*, André Bougenot et André Pironneau. Je suis par la pensée Mgr Vagnozzi qui m'a quitté après deux ans de fidèle et joyeuse collaboration. Ambulavimus cum consensu. J'ose espérer que son expérience de Paris lui sera utile pour les

1. Voir plus haut en date du 9 mai.

2. Le nonce signale son intervention au père Fugazza le 5 janvier 1948, sans en préciser toutefois le contenu ; c'est ce « désastre » qui l'a privé d'un de ses confesseurs lazaristes, rappelé d'urgence à Rome.

3. Une telle récompense permet de mesurer quelle était alors la popularité du pape, y compris en France (voir plus loin en date du 12 avril 1948).

nouveaux services auxquels il est maintenant appelé dans la représentation pontificale en Inde [1].

20 décembre, samedi. — Audiences : Maurice Brillant avec son fils clerc qui aspire à l'Académie de Rome ; le présid. de l'assoc. St-Éloi et M. Chéret venu remercier pour mon intervention à St-Eustache le 6 courant. Dans l'après-midi madame Lilesi ; Mgr Leclerc ; le chef de cabinet de Herriot ; puis une commission de députés Moro-Giafferi, Marc Sangnier, Gilbert de Chambrun et Mme Braun [2] pour intéresser le Saint Père à arrêter l'exécution du communiste Agost. Zoroa et de ses compagnons en Espagne, condamnés à mort. Le soir, communication téléphonique avec Mgr Montini qui assure de son intérêt et a envoyé un message chiffré au nonce à Madrid [3]. Je me suis mis au lit à 10 h, un peu fatigué.

21 décembre, dimanche. — Dimanche très laborieux au bureau pour rédiger un rapport au Saint Père : a) sur la médaille de l'Académie ; b) sur le désastre des Lazaristes de Rome. Seule récréation, la visite des frères comte Gianpaolo et Laura Agliardi de Bergame qui me confirment à nouveau l'excellente impression de la première rencontre et que je garde à déjeuner. Je poursuis mon travail jusqu'à 20 h *sine interruptione et ultra*. En attendant, les vœux auxquels je ne peux pas répondre se multiplient. Et c'est là une peine qu'il faut porter avec patience.

22 décembre, lundi. — Audiences : aucune aujourd'hui parce que j'ai tenu à assister à Notre-Dame à la consécration épiscopale de Mgr Leclerc, nouvel évêque auxiliaire de Paris. Cérémonie bien faite. Puis au collège Gerson [4] repas du clergé de Paris et des évêques présents à la consécration du nouvel évêque. Là aussi tout bien. Les discours un peu longs et comme d'habitude grande débauche d'encens : j'ignore comment on peut la faire et la subir sans rougir ; mais avec une intonation parfaite. Le nouvel auxiliaire présente un

---

1. Il est nommé conseiller de la délégation apostolique des Indes orientales, que dirige Mgr Kierkels ; « *segue la sua via* », écrit le 1er janvier 1948 à son ami Gustavo Testa un nonce qui n'est pas ravi de voir défiler ainsi ses collaborateurs (voir aussi sa lettre au père Fugazza du 5 janvier).
2. Trois députés de la Seine (Madeleine Braun, communiste ; maître de Moro-Giafferi, radical, et Marc Sangnier, MRP ; plus Gilbert de Chambrun, député progressiste de Lozère).
3. Le nonce a donc accepté de transmettre la requête.
4. 31, rue de la Pompe, XVIe arrondissement.

ensemble de qualités qui le rendent satisfaisant pour tous et laissent prévoir qu'il fera très bien.

<Le soir Mgr Lemonnier, vic. capit. de Rouen [1].>

23 décembre, mardi. — Plusieurs audiences : le curé Pétion de l'Immaculée ; p. Fernessole tit. de la chaire de la papauté ; les sœurs Poverelle avec 1 million et demi. À midi reste avec nous l'abbé [Lemaître], Belge de l'Académie, orienté vers la diplomatie. C'est un ami de Heim, qui part cet après-midi pour Olten fêter Noël avec sa mère. À la maison les audiences continuent : Mgr Leprêtre, qui serait bien content de se voir occupé à quelque charge importante [2] ; Maurice Denis, et le comm. conseiller du Banco di Roma. Puis gros travail nocturne jusqu'à 3 h du matin, pour préparer l'allocution du jour de l'an.

<Abbé Séneclauze secrét. part. du card. Petit de Julleville.>

24 décembre, mercredi. — Diverses audiences de veille de Noël : Sup. gén. du Saint-Esprit ; sœurs de la rue Violet ; un p. Olivétain de Cormeilles avec la sup. des Oblates ; prof. Daujat. L'après-midi je suis allé à 16 h chez Mgr Beaussart que j'ai choisi comme confesseur à la place du P. Fugazza [3] et je suis passé à l'hôpital Saint-Joseph pour visiter le chan. Charles qui y est alité. À la maison je me suis occupé de la transcription de mon petit discours du 31 décembre à M. Auriol. Le soir, Oddi est sorti pour son bon travail de ministère rue Violet ; et j'ai invité à dîner avec moi les quatre domestiques de la nonciature : Dino, Giulio, Domenico et Eugenio. Ne sommes-nous pas tous frères en Jésus et fils de la même Rédemption [4] ?

25 décembre, jeudi. — *In nocte.* 1re messe. Chapelle pleine : sœurs et personnes de la maison avec les épouses et les enfants ; Mlle Soto avec les sœurs et avec Enrico et sa famille. Ferretti et Madame, Madaule et Madame avec leurs enfants Béatrice et Guy, cap. Forga et M. Mahieu, des Archives. Plusieurs communions ; j'ai offert ensuite le café au lait ; les sœurs ont fait de même avec les femmes des gens de la maison

1. Pour la succession du cardinal Petit de Julleville sans doute.
2. Le franciscain, ancien délégué apostolique en Syrie et au Liban, est en attente d'une affectation.
3. Nouvelle importante : le nonce choisit comme confesseur l'une des victimes de l'épuration épiscopale, qu'il n'a cessé de fréquenter.
4. La métaphore familiale vient de nouveau sous la plume du nonce.

et d'Enrico[1]. À 9 h j'ai célébré les deux autres messes. Beaucoup de joie spirituelle. Dans l'après-midi, visite à l'abbé Girod de l'Ain en mémoire de sa sœur Alix, et à Mgr Loutil (Pierre l'Ermite), extrêmement intéressant et précieux. Le soir j'étais seul à dîner ; et je suis descendu ensuite voir nos bonnes sœurs.

26 décembre, vendredi. — Peu de visites : secrét. des Écoles chrétiennes fr. François de Sales et son secrét. ; Maurice Demarle ; *comm.* Beauchesne ; à midi tout le personnel de l'amb. d'Italie à qui j'ai offert un verre de Birry*. L'amb. et l'ambassadrice Quaroni avec leurs enfants Giorgio et Alessandro : je les ai gardés pour un déjeuner intime et agréable. J'étais seul avec Oddi. L'après-midi, pas froid mais humide et pluvieux, je n'ai eu d'autre visite que l'abbé Robert Jacquin avec qui j'ai fignolé mon allocution de début d'année et à qui j'ai donné deux *torroni* de Noël. Après le dîner je suis resté à converser avec Oddi ; mais j'étais fatigué. Je me suis retiré à 11 h.

27 décembre, samedi. — Audiences : M. Carry ; Mgr Bressolles ; Mlles Delattre ; supérieure, etc. ; M. Welter ; P. Jean Robin, salésien ; Mgr Roland-Gosselin, évêque de Versailles. Bon travail pour la préparation de lettres pour Rome et de correspondance de vœux. La bonté des évêques envers le nonce est remarquable et consolante.

28 décembre, dimanche. — Dimanche pluvieux et humide. Je suis allé à 11 h au collège Ste-Geneviève de Versailles pour rendre visite à la réunion de tous les présid. de la Jeunesse catholique de France, présid. Montagne et p. Motte aum[2].

Magnifique rencontre ; à déjeuner j'ai parlé avec la pensée de Bossuet méditée le matin comme image de la Sainte Trinité, vivre, connaître, vouloir ; puis j'ai encouragé en rappelant saint Grégoire le Grand et son temps, qui se crut en ruine et fut une germination d'apostolat. De retour à la maison, je suis resté au bureau jusqu'à une heure tardive.

29 décembre, lundi. — Audiences : Mgr Chappoulie ; M. Jacques Augarde, dép. de Constantine, s.-secr. aux affaires musulmanes ; père Cassinari, visiteur de la prov. romaine des

---

1. Et la messe de Noël à la nonciature prend des allures de messe en famille.
2. Conseil fédéral de l'Association catholique de la jeunesse française.

Lazaristes que j'ai retenu à déjeuner. Le soir, Ferretti et Mahieu, Drusi sculpteur ; le secrét. de Mgr Le Hunsec.

30 décembre, mardi. — Troisième anniversaire de ma *chute* à Paris de l'avion qui m'a amené d'Ankara avec une brève escale à Rome[1]. Il est bon de rappeler les circonstances de cette année. Combien de motifs de bénir le Seigneur !

Ce matin, j'ai accueilli une vingtaine de membres avec M. Zeiller et le grand conseil des Conférences de saint Vincent. Conversation prolongée et encourageante. J'ai reçu ensuite don Ortolani, de Celana et le P. Aurelio Pruneri, de Praglia que j'ai gardés tous deux à déjeuner. Dans l'après-midi j'ai eu la visite de la sup. gén. des Filles de la Charité de saint Vincent, Mgr Pinson, évêque de Saint-Flour avec l'abbé Toulisse[2] et Mgr Duperray, nouvel évêque coadjuteur de Montpellier.

31 décembre, mercredi. — 12 h 30 – Ste-Enfance – déjeuner avec Oddi – 44, rue du Cherche-Midi. Il y avait l'am. Las Cases, Claudel, etc. Tout bien. Mgr Mério avait vraiment bien travaillé. À la maison, quelques audiences : l'abbé de la Source, et le prof. Della Rocca, de Rome. À 16 h 30 réception à l'Élysée pour les vœux de bonne année. J'étais avec Oddi, en bonne forme ; et tout s'est bien passé, sans incidents[3]. J'ai trouvé fort bien tournée la réponse d'Auriol à mon allocution[4]. Il y avait le présid. Schuman et Bidault. L'ambassadeur de Russie en grande tenue avec ses collaborateurs. Il était à côté de moi et m'a complimenté pour mes bonnes paroles[5]. Puis il y eut le buffet, animé, qui permit des épanchements de cordialité pour le nonce.

1. La surprise d'une telle mutation n'est toujours pas dissipée.

2. Aumônier national de l'Action catholique des milieux indépendants.

3. Le nonce félicite le président pour son action pacificatrice dans les conflits récents, tout en déplorant que les efforts de concorde internationale aient « subi tout récemment une interruption déconcertante », sans que le gouvernement français en soit le premier responsable, lui qui « s'emploie avec constance et une ardeur admirables à la défense du droit commun qui vise à la recherche du bien de tous au-dessus de toute différence d'opinion ou de tendance politique, au triomphe de la justice pour tous, et tout particulièrement à l'élévation et à la prospérité des classes laborieuses en faveur desquelles il y a encore tant à faire dans le monde » (*Souvenirs d'un nonce*, p. 14-15).

4. La France continuera à travailler pour la paix (*ibid.*, p. 16-17).

5. C'est toujours Bogomolov, et le nonce en sourit encore dans sa lettre à Vagnozzi du 9 février.

1948

TRANSITION

Le nonce Roncalli n'en a pas complètement fini, en 1948, avec les difficultés qui ont marqué son mandat l'année précédente. S'il encourage l'apostolat missionnaire des abbés Michonneau et Thivollier, il manque complètement son unique rencontre avec le théologien Marie-Dominique Chenu (3 octobre) et continue de soutenir des personnalités notoirement conservatrices comme Jean Daujat et l'abbé Luc Lefèvre, qu'il ne craint pas de recommander à Mgr Montini lors de sa visite ad limina *(14 septembre). En 1948 toutefois, la crise dite de la « nouvelle théologie » connaît un répit, dans l'Agenda du nonce comme dans les faits.*

Les rapports de Mgr Roncalli avec les autorités françaises demeurent plus conflictuels qu'il ne veut bien le dire, puisque l'idée de demander son rappel y a fait son chemin, comme nous l'apprennent le témoignage et le Journal de Wladimir d'Ormesson. Le nonce ne semble pas avoir eu vent d'une telle menace, mais il sait que ses propositions de nominations épiscopales continuent de déplaire, tant à certains de ses supérieurs romains qu'aux titulaires du Quai d'Orsay : le chanoine Pierre Cherdel, de Saint-Brieuc, ne deviendra pas coadjuteur de Coutances ; quant à la promotion de l'évêque du Puy, Mgr Joseph-Marie Martin, à l'archevêché de Rouen, elle ravive les oppositions de la Libération : il figurait en effet sur la liste d'épuration de 1944 (10 mai et 8-10 juillet).

Pourtant, le système d'échanges préalables imaginé par Gabriel Le Bras l'année précédente porte ses premiers fruits : les nominations de Mgr Marcel Dubois à l'évêché de Rodez, celle de Mgr Claude Flusin à l'évêché de Saint-Claude et celle de Mgr Henri Vion comme coadjuteur de Poitiers n'ont pas laissé plus de trace dans l'Agenda du nonce que dans les archives du Quai d'Orsay. Le nonce bénéficie surtout du changement de ses principaux interlocuteurs : Robert Schuman remplace Georges Bidault au ministère des Affaires étrangères, et Wladimir d'Ormesson Jacques Maritain à l'ambassade près le Saint-Siège. Les deux nouveaux venus ne sont pas plus favorables à Mgr Roncalli que leurs prédécesseurs, mais ils sont plus enclins qu'eux à la conciliation. De ce point de vue, le refus de Cherdel pour Coutances n'est qu'un héritage tardif de la période Bidault. 1948 voit aussi le renforcement des liens du nonce avec plusieurs responsables de la gauche non communiste, à commencer par le président socialiste de la République Vincent Auriol et par le ministre de la Justice radical André Marie, dont l'entremise paraît décisive pour éviter à l'Église de France un scandale financier, en fin d'année. Bien que le nonce ne manifeste aucune faiblesse envers la franc-maçonnerie, sa bienveillance naturelle commence à attirer plusieurs des partisans d'un armistice entre l'Église et ses obédiences spiritualistes : le jésuite Joseph Bertheloot d'un côté ; Alec Mellor, Yves Marsaudon ou Marc Rucart de l'autre.

Ce changement d'interlocuteurs s'accompagne d'un changement sensible des priorités de l'action de Mgr Roncalli. La page de la Libération est tournée, bien qu'il continue d'apporter son soutien à plusieurs des victimes ecclésiastiques ou civiles, de l'épuration. L'entrée dans la « guerre froide » et l'instabilité congénitale de la IVe République ne peuvent plus ne pas retenir son attention. Il se félicite ainsi de l'issue des élections italiennes du 18 avril, non sans s'inquiéter des attaques communistes contre Pie XII (14 mai) et de l'implantation du PCI jusque dans sa petite patrie bergamasque, avant que l'arrestation du cardinal Mindszenty, à la fin de décembre, ne fasse passer la confrontation avec le communisme au premier rang de ses préoccupations.

Coincée entre les gaullistes et les communistes, la « troisième force » qui gouverne tant bien que mal la France résulte de l'alliance précaire des démocrates-chrétiens avec la gauche laïque, radicale et socialiste. Or le sort des écoles de houillères nationalisées et le décret Poinso-Chapuis permettant un apport indirect d'argent public à l'école privée menacent, en rallumant la guerre scolaire, de briser la majorité gouvernementale. À la demande du président Auriol (19 janvier), et conformément aux désirs de Rome, Mgr Roncalli freine les partisans les plus déterminés de l'école confessionnelle (6 février), y compris parmi ses collaborateurs (25 février). Ce qui ne l'empêche pas de faire nommer coadjuteur de Poitiers l'un des principaux adjoints du belliqueux Mgr Cazaux, évêque de Luçon.

1er janvier, jeudi. — In nomine Xsti. Amen.

J'ai cru mieux louer le Seigneur en me reposant bien cette nuit après cette veille fatigante. C'est pourquoi ma tête était plus claire et plus gaie pour la prière du matin. Que cette année soit une année de bénédiction pour moi. Et si elle devait être une année de tribulations et de sacrifice ? Je l'accepte et l'embrasse, tout comme je baise le crucifix. À midi j'ai accueilli pour déjeuner le cardinal Hlond, archev. de Varsovie qui s'en va à Rome. Pauvre Pologne, que de tourments [1] ! Mais les âmes restent cependant solides et fidèles au Christ. Peu d'audiences : Mgr Lemaire, sup. des Missions étrangères ; abbé Degrelle et époux Cavalletti du consulat d'Italie. Seul pour dîner. J'ai vu aussi le p. Merklen de *La Croix*.

2 janvier, vendredi. — Audiences : M. Facchini et Madame ; l'abbé Calle et un jeune homme ; la sup. provinc. des sœurs Franciscaines de Marie ; le p. Atamian et son neveu médecin ; le p. Corbellini des Scalabriniens ; Mgr Gaillard, archev. de Tours ; le marquis et la marquise de Canisy ; deux Bulgares : Boris Winkov et Nicola Mladenov ; enfin le chan. Rupp.

3 janvier, samedi. — Quelques visites. La plupart se contentent de laisser leur carte ou leur nom pour n'avoir pas trop à attendre. Et ils font bien. À 13 h déjeuner avec Oddi chez M. Abrami. Il y avait plusieurs hommes politiques avec leurs épouses. Le nonce à la première place. Il y avait : le ministre

---

1. L'épiscopat polonais multiplie alors les mises en garde contre les empiétements du régime : lettre collective du 8 septembre 1947 qui critique les atteintes aux écoles confessionnelles, aux fêtes religieuses ou aux libertés publiques ; lettre à la jeunesse du 15 avril 1948 sur la nécessité de refuser une éducation matérialiste. Mais le primat se rend surtout *ad limina* pour l'épineuse affaire du bouleversement des diocèses par les nouvelles frontières du pays (comme le confirme sa lettre pastorale du 20 juin).

de la Justice André Marie ; Coste-Floret, de la France d'Outremer ; le min. de l'Agriculture[1], etc. On a parlé de choses délicates : de Gaulle[2], etc. Oddi et moi sommes restés constamment quasi muets et ce fut bien[3]. À la maison : M. Facchini, M. Lesourd, M. Havard, comte Jacowski, vicomte de Villiers, M. Michelin, de *La Croix*.

4 janvier, dimanche. — <Mission italienne. Montreuil[4] 15 h 30 – Bénéd. euchar. ; bénéd. des petits enfants – Petite comédie.>

À la maison je suis resté à ma table de travail sans faille mais sans beaucoup de résultats. L'après-midi j'ai passé quelque temps chez les Italiens. Bénédic. du S. Sacr. Bénédiction des petits enfants et bonnes paroles d'encouragement pour les petits, et pour ceux qui en portent la responsabilité la plus sérieuse. Puis une petite pièce : « Le paradis des petits ». J'ai assisté à la première partie : j'ai laissé 5 000 F pour la tombola et je suis rentré à la maison faire une lettre de vœux au prince de Monaco.

5 janvier, lundi. — Plusieurs audiences : parmi elles, M. Mazuel, du Cinéma catéchistique, qui part pour Rome. Il était avec le secrétaire de la société, M. <André> Bonzi. Le général Sigala est venu aussi, pour m'inviter à une conférence de Panici le 23. Idem l'abbé Sutter, prêtre suisse *errant* qui s'en va maintenant en Colombie ; l'abbé de Lérins Marie-Bernard : tous deux restent à déjeuner. L'après-midi j'ai reçu le P. jésuite qui s'occupe d'*Immortale Dei*[5] puis M. Mahieu. Dans la soirée, plusieurs contrariétés. Particulièrement agréable : don Franco Ortolani, qui retourne à Celana. Je lui ai confié un salut pour le recteur Alimonti, nouveau prélat domestique.

6 janvier, mardi. — Inauguré cette nuit le nouveau système. Le soir vite au lit, et le matin lever à 5 h. Cela m'a permis de

1. Le député alsacien Pierre Pflimlin, MRP.

2. Auquel il vient d'envoyer, le 1er janvier, des vœux pour le « mystérieux 1948 ».

3. Les diplomates du Vatican ne peuvent évidemment pas choisir entre le général de Gaulle et les hôtes gouvernementaux de Mme Abrami.

4. Toujours rue de Montreuil, XIe arrondissement.

5. Encyclique de Léon XIII du 1er novembre 1885, qui traite des rapports entre l'Église et les pouvoirs politiques. Le jésuite en question est Jacques de Bivort de La Saudée, venu l'année précédente demander à Roncalli une recommandation pour les Archives vaticanes (voir plus haut en date du 27 janvier 1947).

dire le bréviaire, d'écrire à la famille, etc. À 10 h Pontifical habituel au séminaire des Missions étrangères de la rue du Bac. Toujours très chère rencontre liturgique pleine de dévotion et de poésie. Après la messe, je me suis entretenu avec les Pères et les élèves, encourageant et avertissant gentiment sur un ton d'optimisme pour l'avenir de l'Église, et aussi de la France... dans l'Église [1]. Ensuite, repas habituel. Il y avait Oddi et Heim. Puis j'ai visité le p. Robert, désormais proche de sa fin. À la maison, j'ai reçu la comtesse Emilia Durini, de Monza, avec le jeune *Canestro.*

7 janvier, mercredi. — À la maison, peu de visites, ce qui m'a permis un bon travail de correspondance. Le soir j'ai reçu l'abbé de Wisques, dom Savaton, qui accepte de faire la Visite apostolique des sœurs d'Ernemont, ce dont Mgr Bertin et l'archev. de Cambrai ont été déjà avertis [2]. Ce moine me fait une excellente impression et me fait concevoir les plus heureux espoirs de pacification. Le Seigneur l'assiste.

Tard le soir, après le dîner où nous avons eu le cher abbé, un télégramme de Mgr Montini me prévient que je pourrais m'abstenir de faire la visite aux lieux des inondations d'Alsace-Lorraine et des Vosges.

8 janvier, jeudi. — Le télégramme Montini ajoute que le Saint Père met à la disposition de ces malheureux la somme de 500 000 F. Je garde mon calme et le conseille à mes collaborateurs. Évidemment le point de vue du Vatican n'est pas celui que l'on peut avoir de Paris. Quant à la visite, il est beaucoup plus commode pour moi de ne pas la faire [3]. Oboedientia

---

1. Un tel optimisme sur l'avenir de l'Église et de l'Église de France doit être remarqué, au début de la « guerre froide ».

2. C'est l'archevêque de Cambrai, Mgr Chollet, qui a naguère été chargé par Rome de signifier à Mgr André du Bois de La Villerabel sa déposition du siège de Rouen et d'assumer provisoirement sa succession, avant la nomination de Mgr Petit de Julleville.

3. Les départements du Bas-Rhin, du Haut-Rhin et des Vosges ayant connu de graves inondations, le nonce se proposait de leur apporter personnellement son réconfort. Tout en lui envoyant un secours financier de la part du pape, ses supérieurs ne le lui permettent pas. Pour ces intempéries, voir ce qu'en dit Vincent Auriol dans son *Journal du septennat, 1947-1953*, t. II, [1948], Paris, Armand Colin, 1974, p. 26. Cet incident infirme ce que Mgr Roncalli écrira le 18 février à son ancien collaborateur Pacini : « *Per altro io esco così poco : a passegio mai, fuori di Parigi, in complesso quattro o cinque volte all'anno. Ma lo scampanare è tanto che sembra che io sia sempre fuori. Debbò però riconoscere che ora anche i nostri Altissimi Superiori non sollevano alcuna osservazione. Sanno che nelle varie diocesi il passagio del Nunzio Apostolico fa del bene, nel senso di unire le persone più qualificate della Chiesa e dello Stato, e di risvegliare e di dare tono*

et Pax. J'écris à Montini dans la forme la plus discrète et soumise. L'après-midi, je reçois la visite d'un Donadoni, de Fontanella di Monte, qui fut jadis fermier des Terzi et a assisté à ma 1re messe à Sotto il Monte. Il est en France depuis bien des années avec ses fils et ses filles. Il est accompagné par un sien neveu Donadoni, de Presezzo, lui aussi bon garçon.

9 janvier, vendredi. — <Société Filles du Cœur de Marie. 37, rue N.-D. des Champs – 17 h 30 paroles pour l'anniv. de la mort du Père de Clorivière et bénédic. du S. Sacr. différée au 10.>

Audience chan. Archambault qui m'invite au collège Fénelon [1]. L'abbé Lemaître, élève belge de l'Académie ecclésiastique, passe à la nonciature. À 16 h je suis allé avec Oddi à N.-D. où je me suis confessé à Mgr Beaussart, et j'ai discuté longuement avec les époux [Dortel-Claudot [2]] propagandistes de « Pax Xsti ». Bon travail à la maison. Je reçois l'abbé Servant, de Pamiers, disculpé par son nouvel évêque, mais pas satisfait [3]. Je lui parle avec amabilité et franchise.

10 janvier, samedi. — Peu de visites : le rév. Delatte qui vient de Lorette, où il était chapelain français.

Dans l'après-midi j'ai reçu S. E. le card. archev. Suhard qui voulait me rendre ma visite de nouvel an [4] ; puis le secrét. du ministre du Panama pour les affaires douloureuses de son

---

di vivacità all'onore dei Francesi per il Santo Padre » (« Par ailleurs je sors si peu : me promener, jamais, hors de Paris, dans l'ensemble quatre ou cinq fois par an. Mais la rumeur est telle qu'il semble que je sois toujours dehors. Je dois pourtant reconnaître que, maintenant, même nos plus hauts supérieurs ne soulèvent aucune observation. Ils savent que dans les divers diocèses le passage du nonce apostolique fait du bien, en ce sens qu'il unit les personnes les plus qualifiées de l'Église et de l'État, et réveille, donne un ton plus vif à l'estime des Français pour le Saint Père »). On peut estimer que l'interdiction du voyage tient moins à la bougeotte du nonce qu'à sa destination : aux yeux du Vatican, le statut de l'Alsace, reconquise par les Français, demeure suspendu à un hypothétique traité de paix avec l'Allemagne.

1. Externat pour lycéens, dans le VIIIe arrondissement.

2. Confirmation plus loin en date du 15 mars.

3. Le prêtre victime de l'épuration a pu se justifier auprès de son nouvel évêque, sans pour autant obtenir de changer de paroisse.

4. Suhard a-t-il évoqué sa visite du 2 janvier chez le président Auriol ? « Toute onction de la tête aux pieds et du sourire au geste, le cardinal m'assure du respect par l'Église de la parole du Christ : rendez à César, etc. et qu'elle a toujours respecté les pouvoirs publics. Je l'interromps moi aussi dans un sourire : "Surtout lorsqu'ils sont légitimement établis." Il a marqué le coup d'un sourire cette fois grimaçant. Il a l'échine souple le cardinal ! », *Journal du septennat*, p. 10 (allusion perfide au soutien apportée par l'Église au régime de Vichy).

patron. À 17 h 30 je suis allé chez les Filles du Cœur de Marie comme il était annoncé pour hier. J'ai donné la bénéd. du S. Sacr. et puis, dans leur salon, je les ai entretenues de leur fondateur le P. de Clorivière, de la vie de qui j'ai tiré trois enseignements sur la base du « Omnia coop. bon. » : 1) les défauts naturels ; 2) l'état d'humiliation ; 3) la vieillesse. En prison pendant 3 ans, il en est sorti à 74 ans et est devenu jusqu'à 83 l'instrument d'un bien immense [1].

11 janvier, dimanche. — Dimanche tranquille à la maison. Je l'ai employé tout entier à mettre un peu d'ordre : livres, revues, journaux, avec Giulio et Domenico. Au déjeuner je fus seul avec Heim. L'après-midi j'ai fait deux pas avec celui-ci. Le soir est arrivé Mgr Martin, de la Secrét. d'État, appelé pour la mort subite de son père. Je l'ai bien accueilli pour dîner et passer la nuit. Nouvelles de Rome assez bonnes avec quelques rares nouveautés. Aujourd'hui j'ai donné le nihil obstat pour M. Branco Clark comme amb. du Brésil au Vatican [2], et pour Mgr Saint-Pierre, évêque tit. de Gordo, comme recteur de Saint-Louis des Français à Rome [3].

12 janvier, lundi. — 17 h 45. Salle des fêtes Mairie place du Panthéon : assemblée générale des Étud. Catholiques de Droit, prof. Jules de La Morandière et p. Faidherbe o. p. Resté au déjeuner. Ce fut une belle rencontre. Mes paroles sur le *« Legum servis sumus »*, et autres réflexions en bonne forme ; grande cordialité et sympathie.

Le matin au Quai d'Orsay j'ai eu une longue conversation avec Dumaine. Le soir, conversation importante, encore au Quai d'Orsay, avec André Marie, intérimaire aux Affaires étrangères : importance de bien traiter les Italiens si l'on veut avoir en France des ouvriers de la résurrection nationale [4].

13 janvier, mardi. — 11 h. Des Roches ; prof. Colini, de Rome, mon vieil ami archéologue, qui s'occupe maintenant

---

1. Agent de la résistance catholique à la Révolution, le père de Clorivière (1735-1820) a fondé de façon clandestine les Filles du Cœur de Marie, religieuses dans le siècle, au cœur de la tourmente ; emprisonné sous l'Empire napoléonien, il a ensuite été l'un des principaux artisans de la renaissance des Jésuites en France au début du XIXe siècle.

2. Castello Branco Clark était ambassadeur de son pays à Paris.

3. En fait, ce prélat du diocèse de Bayonne ne remplacera pas Mgr de Courrèges.

4. La question du sort de l'immigration italienne en France, qui n'est pas de sa stricte compétence, mais plutôt de celle de son confrère de l'ambassade d'Italie, préoccupe beaucoup le nonce.

aussi du *front* international de la famille. Puis Mgr Pinier, auxiliaire d'Alger, avec une barbe naissante. Ces deux-là, Colini et Pinier, sont restés déjeuner. L'après-midi MM. Facchini, René Charbonneaux, Demarle. La visite la plus importante fut celle de Mgr Sauvage, archipr. de N.-D. de Boulogne-sur-Mer – qui plaide officiellement la cause de la reconstitution de ce diocèse en le détachant d'Arras [1]. J'ai répondu que tout doit être fait *non inscio episcopo* et en pensant à la Croix et aux âmes rachetées par elle.

14 janvier, mercredi. — <Réunion Comm. Archev.>
Déjeuner chez le card. 12 h. Seul. Il y avait : les card. Suhard, Liénart, Gerlier et Roques. Les archev. Feltin et Dubourg. Tout calme et bien. Vu à l'archev. la collection de Migne, mais seulement la PL [2]. À la maison plusieurs audiences avant et après le déjeuner : p. Leblond O. [3] et Mlle de l'école Maintenon, le maire de Rouen et député M. Chastellain [4]. Dans l'après-midi aussi plusieurs personnes parmi lesquelles j'ai longuement entretenu l'abbé Raymond Girod de l'Ain, frère de la défunte Alix ; l'amb. des USA Caffery pour un mariage.

15 janvier, jeudi. — <Recteur Angers à déjeuner.>
Audiences : M. Hérissay, écrivain qui m'invite à la réunion annuelle des écrivains le 18 avril, 3e dimanche après Pâques ; puis le vic. et la vicomtesse de Curel ; puis Mgr Cléret de Langavant, de la Réunion (Saint-Denis) ; le recteur d'Angers Mgr Pasquier ; l'évêque de Saint Augustine en Floride, Mgr Jos. Patrick Hurley ; le chargé d'affaires à Belgrade avec le secrét., rév. Donald Dailey. J'ai gardé ces trois-là à déjeuner. Situation très douloureuse en Yougoslavie [5].

16 janvier, vendredi. — 9 h. École Montalembert 238, boul. Saint-Denis, Courbevoie [6]. Assistance messe chantée.

---

1. Cette demande va avoir bien des prolongements, mais pas d'issue favorable. Le diocèse de Boulogne a été supprimé en 1790, puis par le concordat de 1801 ; brièvement rétabli par celui de 1817, il n'a pas été intégré dans l'accord de 1822.

2. *Patrologia latina.*

3. De l'Oratoire.

4. Jacques Chastellain est républicain indépendant (droite modérée).

5. Avant sa rupture avec l'URSS, la Yougoslavie de Tito fait figure de démocratie populaire modèle, où le passage au socialisme se veut rapide et rigoureux : les procès contre des figures de l'opposition et contre des ecclésiastiques se poursuivent.

6. École secondaire diocésaine dans cette banlieue du nord-ouest de Paris.

Déjeuner 12 h. Belle jeunesse qui m'a laissé bien impressionné. Mais je ne lui ai pas parlé. Repas sacerdotal intéressant où j'ai pu aborder familièrement plusieurs braves prêtres qui s'appliquent à aider la jeunesse studieuse.

À la maison plusieurs visites ; pour dîner, repas à l'ambassade d'Italie où les époux Quaroni furent très déférents pour le nonce ; et j'ai rencontré plusieurs personnes : amb. Caffery, Brisson, du *Figaro* [1], des députés, etc., avec leurs épouses.

17 janvier, samedi. — 17 h. Bidault. Je fus précis et bien reçu au Quai d'Orsay où j'ai parlé de beaucoup de choses : évêques [2] ; délég. apost. Afrique Française [3] ; affaire de la mainmise sur les banques [4] ; Caritas de Fribourg ; assistance aux prisonniers travailleurs allemands, etc. Puis je suis allé me confesser à Mgr Beaussart et j'ai reçu les époux Caro. Le matin, j'avais reçu 4 représentants de la Caritas de Fribourg et l'abbé Stock plus deux autres prêtres, et dans l'après-midi les jeunes époux de Curel avec leurs parents ; j'ai reçu aussi l'oncle et le neveu Socolovitch ainsi que Silianov, ex-conseiller légation bulgare [5].

18 janvier, dimanche. — Assistance messe pont. Leclerc Œuvre Frères St Jean de Dieu <223>, rue Lecourbe Paris XVe, repas. 15 h 30 vêpres à St-Sulpice et dîner avec les Pères à 19 h 50, rue de Vaugirard. Au lieu d'assister, j'ai chanté la messe car Mgr Touzé n'y était pas [6] et tout s'est bien passé. Mais musique recommandable seulement en partie. J'ai visité

1. Directeur du grand quotidien parisien de la droite modérée, Pierre Brisson va devenir l'une des figures majeures de la presse française.

2. « Maritain m'a raconté que les indécisions de Bidault se retournaient contre sa propre politique. C'est ainsi que pour les nominations d'évêques, l'usage établi est que le Gouvernement a 15 jours, à partir du jour où le Nonce lui communique l'intention du Pape de nommer un tel à tel évêché pour émettre un veto. Or chaque fois qu'une nomination déplaisait à Bidault, celui-ci n'a usé de son droit que plusieurs semaines après l'expiration du "veto". Alors le Saint Père répondait "je regrette, mais le délai est passé et la nomination est faite". Le désordre de Bidault égale son indécision. Maritain s'en montrait exaspéré » (Journal Wladimir d'Ormesson, 21 janvier 1948).

3. La délégation apostolique d'Afrique, établie en 1930 au Kenya, a été rebaptisée le 12 janvier 1947 « délégation apostolique d'Afrique orientale et occidentale britannique ». L'érection d'une délégation analogue pour l'Afrique noire française paraît s'imposer.

4. Écho à la nationalisation des banques de crédit en France ?

5. Le nonce reçoit de nouveau un diplomate d'Europe de l'Est en rupture avec son gouvernement sous emprise communiste.

6. Leclerc ou Touzé ? L'évêque auxiliaire de Paris étant absent, le nonce officie à sa place.

tous les garçons alités. Quelle belle œuvre d'assistance de la part de ces Frères de St Jean de Dieu. Au déjeuner il y avait les autorités civiles et les bienfaiteurs. Mes paroles. Puis je suis passé à St-Sulpice pour les vêpres, beau discours du supérieur P. Boisard, et bénédiction. La famille sulpicienne au complet. On m'a gardé à dîner. Grande fraternité sacerdotale.

19 janvier, lundi. — 16 h. Visite au Président Auriol. Sainte messe à la chapelle avec l'assistance de délégués pour la Fédération des œuvres pour l'enfance catholique : abbé Courtois ; environ 20 personnes à qui j'ai parlé dans la salle pour les encourager. Visites : supérieure et assist. Filles de saint François de Sales ; nouveau sup. de la Mission catholique polonaise ; p. Lebesconte sup. gén. Eudistes ; p. Corso et Ginocchini à déjeuner. Mme Hamelin ; M. Denis ; MM. Karrer et Beretta.

La visite au Prés. Auriol a été particulièrement réussie, avec simplicité et cordialité [1]. Elle a duré 1 heure. Il est venu sur la question de l'école ; il craint la campagne des catholiques pour les subventions [2]. Pour le reste nous sommes en paix. Il ne savait même pas qu'il existait un « droit de regard » quant aux évêques [3].

1. Le président de la République ne fait que mentionner la rencontre dans son *Journal du septennat*, II, p. 43 ; mais il y revient le 10 mars : « Le clergé de l'Ouest s'agite depuis quelques semaines à propos de l'école laïque et des subventions aux écoles libres. Ce que je redoutais. Je l'avais dit au nonce il y a un mois. Ce dernier paraissait d'accord pour ne pas réveiller ces querelles » (*ibid.*, p. 140). Depuis la fin de 1946 en effet, des meetings ont eu lieu dans la région, des kermesses ont collecté des fonds et des municipalités ont même voté des subsides pour les écoles privées, aussitôt rejetés par l'autorité préfectorale de tutelle.

2. « *Auriol ne me parlò per primo della grande paura che ha di uns sollevazione dei cattolici che potrebbe minacciare l'equilibrio e quindi compromettere la pace della Francia* » (« Auriol m'a parlé le premier de la grande peur qu'il a d'un soulèvement des catholiques qui pourrait menacer l'équilibre et donc compromettre la paix en France »), lettre à Vagnozzi du 9 février. La concurrence auprès des électeurs entre démocrates-chrétiens, indépendants et gaullistes va en effet relancer l'affaire. Or une telle relance risque de mettre en péril la coalition dite de « troisième force » au pouvoir (à l'exclusion des gaullistes et des communistes) qui compte des socialistes et des radicaux, résolument laïques, et des démocrates-chrétiens.

3. « *Pensi che egli mi disse di non sapere affatto che il Governo Francese avesse le droit de regard : e che lui era d'avviso che questo fosse in contraddizione colla lege della separazione* » (« Pensez qu'il m'a dit ne pas savoir du tout que le gouvernement français avait le droit de regard ; et que lui était d'avis que c'était en contradiction avec la loi de la séparation »), même lettre. Le président de la République, dont la carrière ministérielle a commencé aux Finances, sous le Front populaire, n'a guère de raison de

20 janvier, mardi. — <11 h. Mgr Courbe et collaborateurs A.C.>

Une bonne purge m'a remis en bon ordre. Visites : curé Muller, de St-Philippe du Roule ; MM. Paternostro et Manfredini du Cercle de culture franco-italien ; Mgr Courbe et av. Reverdy ; Louis Marin ; M. Harvey, nouvel ambassadeur Grande-Bretagne.

21 janvier, mercredi. — Visite prisonniers Douai. Je suis parti à 7 h 30 avec Heim et l'aumônier capitaine [ ] via Senlis, Compiègne, St-Quentin, Noyon, Cambrai, Douai. Excellent accueil du général Boissau ; j'ai visité le dépôt, les services, quelques malades, repas avec les officiers : mes paroles de félicitations et d'encouragement. L'après-midi, visite plus ample de l'hôpital et de chaque lit : les cas les moins graves réunis à la chapelle et au salon. Bonne entente avec le général sur l'assistance aux Allemands prisonniers et mineurs. Puis visite aux houillères, *où je ne suis cependant pas descendu* ; j'y ai béni la nouvelle chapelle et j'ai parlé : j'ai revu les soldats en plus grand nombre – jusqu'à 1 500 – et j'ai encore répondu aux compliments. Un ensemble d'impressions à la fois précieuses et pénibles. J'ai dit et fait ce que je pouvais avec mesure. La retenue prolongée de ces prisonniers en France est injuste et affligeante [1]. J'ai quitté Libercourt avec tristesse ; et je suis passé à Arras où l'évêque Mgr Perrin m'a très bien accueilli et m'a servi un dîner familial et distingué.

22 janvier, jeudi. — Sainte messe à Arras dans la petite chapelle de l'évêché. À 9 h Mgr Perrin m'a accompagné visiter la librairie Brunet, la mairie et la cathédrale, vaste, mais trop blanche et froide. À 12 h précises avec le seul Mgr Heim j'étais à Cambrai. Jour anniversaire – le 34e – de la prise de fonctions de Mgr Chollet. Le vénérable vieillard (87 ans) était rayonnant. Conversation et repas joyeux avec ses deux vicaires Leduc et Mention [2]. Visite à la cathédrale, au nouveau laid monument de Mgr Fénelon [3], à la porte de l'évêché et à

---

connaître cette subtilité ; mais le nonce se rend compte de tous les ennuis qu'aurait pu lui éviter une telle ignorance.

1. Trente-sixième voyage du nonce, qui s'implique décidément beaucoup dans l'aide aux prisonniers de guerre allemands travaillant au redressement de l'économie française, ce qu'il trouve injuste (photographie dans *Souvenirs d'un nonce*, entre les p. 104 et 105).

2. Vicaires généraux.

3. « *Brutto* » (laid) parce que « *nuovo* » (nouveau), le monument du célèbre archevêque de Cambrai à la fin du XVIIe siècle et au début du XVIIIe ?

l'église de St-Géry. Au retour nous nous sommes arrêtés pour visiter N.-D. de Noyon, cathédrale extrêmement intéressante. À 18 h 30 nous étions à Paris.

23 janvier, vendredi. — <10 h. Chappoulie.>

15 h 30. Cercle intern. 33, Faubourg St-Honoré. Conf. Panici : N.-D. et ses conférences. Je n'ai pu aller à cette conférence car j'étais occupé par une longue audience avec Bidault au Quai d'Orsay. Nous nous sommes bien entendus sur plusieurs choses [1].

À la nonciature, plusieurs audiences : <Luigi Ferri> ; Chappoulie ; Tsvetkovitch présid. du gouvernement de Belgrade [2] et le journaliste Krakoff ; *comm.* Bernardino Nogara à 11 h et aussi à 17 h ; l'après-midi, également Ferretti, et le soir les deux juifs Elia Eliachar, de Jérusalem, et Eugène Weill, av. à la Cour d'appel de Paris [3]. Hier et aujourd'hui Mgr Martin, de la Secrét. d'État qui est reparti ce soir pour Rome.

24 janvier, samedi. — <St-Éloi. 16, rue Basfroi. Déjeuner Brésil 13 h 15.>

Audiences : Dalla Sudda qui part pour Alger ; Mgr Michel Backès, vic. gén. de Poitiers qui m'annonce de bonnes nouvelles de son évêque ; Mgr Laroche, aumônier des cheminots ; Mgr Vincenzo Padolskis, évêque lituanien ; deux journalistes, Roman Sladowski et Morawski ; dans l'après-midi le P. Épagneul. À midi je suis allé présider le repas des pauvres vieux de la Ste-Famille – 16, rue Basfroi – organisé par la conf. de saint Vincent et la confrérie de St-Éloi. À 13 h 30, déjeuner au Bristol, que m'offre l'amb. du Brésil en partance pour le Vatican. Intéressantes conversations avec Menemençioglü et Claudel [4].

25 janvier, dimanche. — P. Jésuites de l'Action populaire, à Vanves. Je suis allé déjeuner chez eux avec Heim. Il y avait les dirigeants de la maison parisienne avec le P. provincial Bith.

---

1. Sur instances de Mgr Montini, le nonce a plaidé la cause de Léon Bérard, ambassadeur de Vichy auprès du Vatican, toujours empêché de rentrer en France (lettre au substitut du 5 février). Il sera autorisé à revenir le 9 juin 1948.

2. Voir plus haut en date du 14 juin 1947.

3. Alors responsable de la communauté sépharade, Eliachar a écrit au nonce le 2 janvier pour venir plaider devant lui la cause juive en Palestine (Silvio FERRARI, *Vaticano e Israele del secondo conflitto mondiale alla guerra del Golfo*, Florence, 1991, p. 64).

4. « Il paraît q[ue] le nonce, Mgr Roncalli, m'appelle *magister in ecclesia* », *Journal Claudel*, II, 23 janvier 1948, p. 628.

Belle réunion, mais sans approfondissement des questions évoquées. Un repas du reste ne comporte rien de plus : circulation aimable de bonté et de fraternité et encouragement mutuel au bon travail et à l'apostolat [1].

Dans l'après-midi je me suis occupé à lire le volume de Kravchenko « J'ai choisi la liberté » : terrible réquisitoire contre le système bolchevique, bien plus absolu et tyrannique que le régime tsariste [2].

26 janvier, lundi. — Nombreuses audiences. Petites sœurs des pauvres ; sœurs de la Ste-Croix ; Mlle M. Mar Anstatt* secrétaire de l'abbé Boganda, député d'Oubangui ; Mgr Gegout que j'ai emmené avec moi à l'Hôtel Matignon, où j'ai rendez-vous à 11 h avec M. Robert Schuman, présid. du Conseil : homme et chrétien excellent et très digne [3]. Dans l'après-midi le journaliste Cavalese recommandé par Mgr Baradel : sujet un peu exalté (5 000 F) ; puis la marquise de Villefranche et la duchesse Salviati venues pour le baptême de leur petite Amanda. Sur le tard, ma visite aux légations d'Australie et du Luxembourg.

27 janvier, mardi. — Pensée pour Constantinople en la fête de son patron [4]. Audiences : chan. Lieutier, qui s'occupe des vocations au séminaire ; commandant Delamaire ; M. François Veuillot ; M. García de Pruneda, dont je baptise le fils Alberto cet après-midi à l'église espagnole de la rue de la Pompe. Tout bien : mais on pourrait faire encore mieux. Ces bons Espagnols tiennent à leur religion, mais la confondent peut-être trop avec l'Espagne : comme les Français pour une bonne part, mais avec une emphase différente [5]. Chaque peuple a sa physionomie. Il faut les prendre comme ils sont.

---

1. L'invitation a dû être faite en décembre, lors de la visite du nonce avec le père de Soras. Elle lui laisse un goût de trop peu.

2. Ce livre d'un fonctionnaire soviétique d'origine ukrainienne qui a fait défection, livre où il dénonce les tares d'un régime totalitaire, fera l'objet d'un procès à scandale que gagnera l'auteur contre ses accusateurs communistes lui reprochant d'avoir inventé, entre autres, les camps de déportation et de travail forcé.

3. *« Oh ! che bravo uomo. Come capisce tutto bene »* (« Oh ! quel brave homme. Comme il comprend tout bien », lettre à Mgr Vagnozzi du 9 février).

4. Jean Chrysostome.

5. Ce qui déplaît au nonce chez les Français ne lui agrée pas plus chez les Espagnols ; d'où cette réserve envers le national-catholicisme à l'honneur de l'autre côté des Pyrénées.

28 janvier, mercredi. — <St-Nicolas – 92, rue de Vaugirard.>
Peu de gens dans la matinée. Déjeuner à midi, et puis à 14 h en compagnie du marquis Canisy, visite à l'école professionnelle St-Nicolas, rue de Vaugirard. Bonnes paroles aux messieurs de l'administr., prêtres et laïcs, une confirmation, visite des ateliers [1].

De retour à la maison je reçois Mgr Simonne, vic. gén. de Coutances, qui au nom de son collègue sollicite la nomination d'un coadjuteur pour son évêque Mgr Louvard, nonagénaire, et désormais inapte au lourd travail de l'épiscopat [2].

29 janvier, jeudi. — <Dîner Caffery 20 h 15.>
Audiences : Père barnabite curé au Rosaire [3] ; M. Bota et colonel Linder, réfugiés hongrois ; p. Rémi, provincial des Assomptionnistes [4] ; Mme Schrumpf Pierron* dont le mari est condamné à Clermont [5] ; M. Arturo Bustamante ex-chargé d'affaires, aujourd'hui ministre du Salvador ; Mme Lefébure de la Ligue féminine d'A.C. Au déjeuner nous avons eu les époux Gandolfini, de Monfasso. À 14 h 30 audience du général de brigade Jo. Allard, Canadien qui apporte des lettres et des nouvelles de Moscou. À 17 h baptême d'Amanda de Villefranche à la chapelle de la nonciature et thé chez les Villefranche ; à 20 h dîner à l'amb. d'Amérique avec les deux futurs époux du 10 février.

30 janvier, vendredi. — Audiences : l'abbé de Saint-Wandrille et le P. Louis d'Argenlieu de la Très Sainte Trinité, qui me parle de telle façon de choses ascétiques et carmélitaines qu'on ne perçoit plus rien de l'ancien amiral [6]. À midi, je garde à déjeuner le P. abbé Cozien de Solesmes. Dans l'après-midi, j'accueille le bon commandant Delamaire, de

---

1. École industrielle et commerciale diocésaine, dans le VIe arrondissement.

2. Il est en poste depuis 1924. Par lettre du 6 février, Mgr Roncalli annonce à Mgr Louvard que sa demande a été acceptée à Rome : « Je me permets, à titre confidentiel, de vous prier de vouloir bien m'indiquer deux ou trois noms d'ecclésiastiques français sur lesquels vous préféreriez voir se poser le choix du Saint-Père. La Nonciature préparerait tout le dossier selon la procédure habituelle de la nomination des évêques de France. Naturellement, il reste dans la plus parfaite liberté du Saint Père de choisir, puis de nommer qui Il croirait le meilleur dans le Seigneur. Tout ceci sous le Secret Pontifical. »

3. Paroisse tenue par ces religieux à Saint-Ouen, au nord de Paris ; il s'agit du père Gérard Dalle.

4. Son ancien secrétaire le père Kokel a été nommé provincial de Paris.

5. Une victime de l'épuration, sans doute.

6. La mue est donc faite.

Quimper, puis Ferretti avec le général Fantaccini, un Corse qui connaît bien l'Indochine française et l'Afrique.

31 janvier, samedi. — Deux seules visites : le cam. Harmel avec deux PP. Jésuites et le secrét. de la Ligue catholique pour l'Évangile ; et le jeune John Benda, d'Istanbul. Dans la matinée arrive de Prague le nouvel auditeur Mgr Raffaele Forni, de Lugano [1]. Je l'accueille avec beaucoup de cordialité comme il le mérite. C'est un ami intime de Mgr Giacomo Testa, d'Athènes, qu'il est allé visiter en novembre.

L'après-midi il m'accompagne à Notre-Dame, où je me confesse à Mgr Beaussart. Nous revenons ensemble à pied le long des quais en observant les bouquinistes, où j'achète pour moi une histoire de Pie IX [2], et un St François de Sales dont je lui fais cadeau.

Janvier. — « Je suis venu comme un livre fermé, je pars comme un livre fermé. Je puis seulement dire que le but pour lequel j'étais venu en Hollande, je l'ai atteint » Mgr Orsenigo.

« Le nonce est un homme qui vit exilé de sa patrie pour servir l'Église dans une double mission aussi difficile des deux côtés : en rapport avec le gouvernement et avec les évêques... son œuvre est silencieuse ; dans son action diplomatique sa bouche est close, elle s'ouvre seulement pour conférer avec Rome. » P. Gemelli dans son discours funèbre pour Mgr Orsenigo.

1er février, dimanche. — Sainte messe avec la pensée du triduum de Sotto il Monte [3], et du nouvel évêque d'Imola [4], Mgr Benigno Carrara, qui a été consacré aujourd'hui à Borgo S. Caterina, et à qui j'ai envoyé en don l'anneau épiscopal reçu de mes compagnons de classe au séminaire de Bergame, où le nouveau prélat fut ensuite mon élève. À midi, j'ai eu à déjeuner Mgr Leprêtre, et le p. Rémi, provinc. de l'Assomption. Puis travail à la maison jusqu'à une heure avancée de la nuit. Dernière lecture, l'éloge funèbre de Mgr Orsenigo par le P. Gemelli. Beaucoup à apprendre pour mon édification et mon encouragement [5].

---

1. Antérieurement chargé d'affaires à Prague.

2. Sur le vif intérêt du nonce pour ce pape, voir plus loin en date du 8 décembre.

3. Célébration des quarante heures eucharistiques.

4. Le prélat bergamasque a été nommé, en fait, coadjuteur avec droit de succession, de ce diocèse d'Émilie-Romagne.

5. Cette remarque et les citations précédentes définissent le nonce que

2 février, lundi. — <Déj. P. Barnabites. Rosaire. 65, avenue Gabriel Péri – Saint-Ouen – 12 h 30 avec Oddi et Heim [1].> Audience importante avec le doct. Erkeletian qui m'informe des piètres conditions de l'assistance religieuse aux Arméniens catholiques de Paris. J'ai reçu aussi M. Victor Couvreur et un autre président <Bailly> des « Amis de saint Louis ». À 12 h 30 repas avec les P. Barnabites. J'étais avec Forni : rencontre très gaie et édifiante. Ensuite à la maison travail de bureau jusqu'à une heure tardive. J'écris entre autres à don Pedrinelli pour l'impression de mon dernier volume [2].

3 février, mardi. — Audiences : p. Horosko, de Biélorussie ; Mgr Chappoulie qui m'apporte le volume de Guillemin *Histoire des catholiques français au XIXe siècle* [3] ; Mme Gilbert, bienfaitrice du P. Épagneul ; l'amb. du Mexique, Del Rio y Cañedo, que je renvoie au chef du Protocole. Le soir, longue visite et conversation avec M. Carlo Pesenti, industriel de Bergame, et à dîner l'abbé Boganda, de l'Oubangui, et l'abbé Pierre, tous deux députés au Parlement [4]. Intéressante conversation avec l'abbé Boganda à qui j'espère être utile par de bons conseils et des encouragements. Au déjeuner j'ai eu John Benda, d'Istanbul, qui nous a fait bonne impression.

4 février, mercredi. — Audiences : p. Rinaldi, des Camilliens, avec qui je suis allé dans l'après-midi dans la Brie pour la visite du nouvel imposant hôpital en construction, qui sera confié à leurs soins. Puis sœur Marie Eugénie, des sœurs d'Ernemont, finalement consolée d'apprendre la venue du Visiteur apostolique.

---

voudrait être Mgr Roncalli, mais que sa nature joviale l'empêche parfois d'être. Prendre exemple sur Mgr Cesare Orsenigo n'est pas neutre, car celui-ci fut le représentant du Saint-Siège en Allemagne de 1930 à 1946. Du recteur de l'Université catholique de Milan, lui aussi ami de ce dernier, voir *Discorso letto in commemorazione di S. Ecc. Mons. Cesare Orsenigo S V N* (repris dans *S. Ecc. Mons. Cesare Orsenigo S V N*, supplément au n° 21 de *Vita Nostra*, Bulletin paroissial de Villa S. Carlo, Olginate, 1986).

1. Voir plus haut en date du 29 janvier.

2. Sur la visite à Bergame de Charles Borromée en 1575.

3. Ancien élève de l'École normale supérieure et professeur de littérature, Henri Guillemin est alors attaché culturel à Berne. Il fut aussi le secrétaire de Marc Sangnier et porte dans ce livre, paru l'année précédente, un regard sévère sur l'Église de France dans ses rapports avec l'évolution politique et sociale du pays (Paris-Genève-Montréal, Éd. Au milieu du monde).

4. Les deux prêtres députés ont déjà été reçus ensemble le 3 juillet 1947.

En revenant de la Brie je trouve Mgr Lemonnier, de Rouen, avec de bonnes nouvelles.

5 février, jeudi. — <Dîner 20 h avec secrét. chez Marcel Grente – 8, rue des Saints-Pères.>

Le matin, longue conversation à la maison avec Mgr Grente. Peu d'autres visites. Le soir, bonne réunion chez l'av. Grente avec plusieurs amis invités, comme l'académicien Chaumeix, le prof. La Condière [1] doyen de la faculté de droit de la Sorbonne, et plusieurs autres moins connus de moi, mais chers à la famille de l'invitant et de son oncle évêque. Tous étaient avec leurs épouses et j'étais accompagné de Mgr Heim. Tout bien et avec beaucoup de discrétion.

6 février, vendredi. — À déjeuner Carlo Pesenti et De Ponti. Ce sont deux industriels bergamasques venus à Paris pour un accord avec les industriels français. J'ai ajouté à leur compagnie l'*ing.* Antonio Lago, et ce fut une très heureuse réunion conviviale. Autres audiences : la baronne d'Huart et le soir, avec une longue discussion, MM. Charles Lesay, prés. et Édouard Marret, membre de l'Association des pères de famille. La question de l'école fut posée dans toute son âpreté. Le nonce ne peut et ne doit donner des conseils de bataille, mais de résistance. C'est l'épiscopat qui doit s'occuper des formes pratiques de lutte [2].

7 février, samedi. — <Déjeuner Pays-Bas. 13 h.>

Peu d'audiences le matin. À 13 h déjeuner à l'amb. des Pays-Bas. J'y ai trouvé l'amb. Starkenborgh Stachouwer avec M. Thiarda* très accueillant. Parmi les invités : ministres

1. Pour *La Morandière*.

2. Le nonce conseille donc la prudence au président et à un membre influent de l'Association des parents d'élèves de l'enseignement libre. En les renvoyant à l'autorité des évêques, il semble ainsi donner raison par avance au président Auriol, qui écrit dans son *Journal* le 10 mars : « Or, j'apprends avec satisfaction que, d'un côté, Mgr Roques, archevêque de Rennes, s'efforcerait de minimiser les incidents de Vendée et que Suhard est intervenu personnellement "pour que modération et compréhension à l'égard du gouvernement soient recommandés au clergé de l'Ouest". Les évêques de ces régions ont pris l'engagement d'agir en ce sens ; aussi faut-il s'attendre, disent les Renseignements généraux, si des querelles politiques nouvelles n'interviennent pas [ce qui sera le cas], à un apaisement des litiges en cours. Je fais savoir au nonce combien je lui sais gré de ses interventions » (*Journal du septennat*, t. II, p. 140). Mais le cardinal Roques est-il sûr de se faire obéir de Mgr Cazaux, évêque de Luçon en Vendée, qui n'est pas son suffragant (il dépend de Bordeaux) et qui a pris la tête des manifestants ?

Venezuela, Tchécoslovaquie et Luxembourg. Gén. Tassigny [1], M. Épinesset* des Affaires étrangères et Madame. Puis je suis allé chez Mgr Beaussart pour me confesser. À la maison, visites : Margherita Pistoni, son fils Ruggero et sa fille revenue de la profession religieuse de sœur Marie de l'Eucharistie à St-Laurent-sur-Sèvre ; *Ing.* De Ponti ; *dott.* Carozzo, etc.

Le matin, à la chapelle, confirmation de M. John Williams : Mme Caffery marraine.

8 février, dimanche. — Les trois Bergamasques, Pistoni, mère et enfants, et M. De Ponti avec sa fille Edoardina ont assisté à la messe dans notre chapelle. Je me suis entretenu ensuite avec ces deux derniers ; et j'ai eu les autres à déjeuner avec moi seul. J'ai fourni à Gabriella quelques indications bibliographiques pour son mémoire de licence. À 15 h 30 j'ai inauguré par quelques mots et la bénéd. la nouvelle chapelle de la rue Violet, fruit du zèle de Mgr Oddi ; j'ai parlé de rénovation chrétienne individuelle qui prépare l'autre. Puis je suis passé rue d'Ulm chez les sœurs de l'Adoration réparatrice. Bénédiction solennelle, puis exhortation aux sœurs dans la salle du chapitre.

9 février, lundi. — <15 h Assemblée générale.> Dames de Charité. 95, rue de Sèvres. J'y suis allé avec Forni : beaux rapports, vif encouragement et même « davantage » selon le film de Monsieur Vincent. À la maison, je suis attristé par la réponse du min. André Marie pour M. Facchini. Il faut être toujours plus prudent, même dans la pratique de la charité. Mais il ne me convient pas de me décourager des insuccès. La méchanceté des hommes prévaut souvent au détriment du juste ; souvent le juste devient lui aussi excessif et incompréhensif. Les psaumes du bréviaire en disent quelque chose.

10 février, mardi. — Mariage de John Gardner Williams et Maria Teresa Fontes à Saint-Philippe du Roule, avec beaucoup de solennité. Mes paroles : danse, joug, autel ; offrande, grâce pour la foi, la charité, l'amour mutuel, la crainte du Seigneur. Choses dites sans gêne, peut-être admirées. Reste pourtant toujours en moi un fond de mésestime et de profond mépris pour mon éloquence. J'étais avec Oddi ; j'ai déjeuné chez le curé Jean Muller : seuls avec un Père dominicain. L'après-midi à la maison avec quelque tristesse. Visite des époux Roberto Sion qui vont en cure à Nice ; M. Pesenti, de Bergame, avec ses deux sœurs Amelia et Agnese.

1. De Lattre de Tassigny.

11 février, mercredi. — Avant la messe, Forni m'a versé les cendres sur la tête et je les ai distribuées ensuite : à lui et aux autres, Heim, Giulio, Domenico, les sœurs. Oddi est venu aussi et s'est fait donner les cendres par Heim. Bien. Chose simple mais en bon ordre. Le Carême a donc commencé et je veux le sanctifier. Peu d'audiences aujourd'hui : M. di Meo et Mme Aimé [Azam] : la juive convertie qui est ma voisine : âme qui se passionne pour les prisonniers souffrants [1]. Je suis resté à la maison. Le soir, le jeune *dott.* Carlo Villa, de Bergame, qui m'apporte une lettre de Mgr Benigno Carrara. L'anneau a été remis et très apprécié.

<Audiences : P. général et secrét. Fraternité sacerdotale.>

12 février, jeudi. — <Visite au Centre de Documentation sacerdotale 19, rue de Varenne 16 h chan. Lieutier.>

Audiences : M. Maury ; famille della Sudda ; époux Migneco, néophytes d'Oddi ; MM. Silianov et Toumper ; ministre du Luxembourg et aumônier de la colonie ; p. Millini et [ ] des Scalabriniens.

La visite au Centre de documentation fut encourageante pour ce groupe de bons travailleurs et travailleuses. Un travail apostolique intense dans un humble refuge : auprès de tous. Rogate Dominum messis, ut mittat operarios. J'étais avec Heim.

13 février, vendredi. — Peu d'audiences. L'après-midi je me suis confessé à Mgr Beaussart et je suis allé chez l'orfèvre Chobillon, de Ménilmontant. Il a un grand atelier, et est un père de famille exemplaire. Au retour, M. Ferretti me demande que je présente Madame Facchini à l'ambassadeur Quaroni. J'ai refusé. Certaines choses ne devraient même pas venir à l'esprit. Le soir, la vue du volume de Guignebert, *Histoire du Christ*, m'afflige [2].

« Merito prodegit patrimonium qui recessit ab Ecclesia. » Paroles de saint Ambroise commentant la parabole du fils prodigue. Comme elles sont vraies s'agissant du destin des nations !

---

1. Il s'agit de Denise Aimé-Azam, qui dit avoir participé à une première réunion publique en faveur des victimes de l'épuration le 16 décembre 1947, et qui vient vraisemblablement intéresser le nonce au sort de ceux-ci (*L'Extraordinaire Ambassadeur*, p. 65).

2. Charles Guignebert (1867-1939) fut titulaire de la chaire d'histoire du christianisme (ancien surtout) en Sorbonne de 1919 à 1937. Professant un rationalisme militant, il utilisait à fond la méthode critique sans se soucier des dogmes. Le livre évoqué est sans doute *Le Christ*, paru de façon posthume à Paris en 1943.

14 février, samedi. — Seule audience : le P. Paolino Silli, de la Société de saint Paul pour la bonne presse, avec M. Musso. Il m'invite à la vision du film *Abuna Messias*[1].

Dans l'après-midi je reçois Mgr Marmottin, archev. de Reims, de retour du mariage du prince de Polignac, béni à Saint-Pierre de Chaillot. J'ai montré indirectement mon malaise devant ces mariages solennels *in quaresima*, en exprimant ma satisfaction d'avoir béni le mariage Williams le mardi gras[2].

15 février, dimanche. — <*dott.* Carlo Villa déjeuner.>

Journée dominicale en prière et en travail recueilli et pieux. À 12 h 30 j'ai eu à déjeuner le jeune *dott.* Carlo Villa, de Bergame, spécialiste en dermatologie. À 16 h 30 je suis allé avec Forni à Notre-Dame pour la prédication de carême du P. Riquet. J'étais en mozette et mantelet ; Forni en soutane de prélat. Foule immense et imposante. Près de nous M. Schuman, chef du gouvernement[3]. Je préfère lire l'orateur que l'écouter : de ma place, à côté du card. Suhard, acoustique mauvaise[4]. Mais le spectacle est beau et émouvant.

16 février, lundi. — Audiences : p. Anglade, des Frères mineurs de Bordeaux ; MM. Zamanski et Fourmond ; à midi un correspondant de *L'Époque* en quête d'informations sur le déf. card. Di Belmonte[5] ; dans l'après-midi le prof. Teodoro Feliks Domaradski, Polonais, avec deux compatriotes, qui vont en Amérique. Travail intense d'Oddi et de moi pour préparer le rapport en vue de la nomination de Rouen, qui est parti ce soir pour Rome. J'en ai été vraiment content[6].

---

1. Film de Goffredo Alessandrini, réalisé en 1939 (titre français : *L'Apôtre du désert*), qui relate la longue mission en Éthiopie du capucin Guglielmo Massaja dont l'ingérence dans les affaires politiques de l'Empire du négus ont finalement entraîné l'expulsion (1846-1878). Réalisé peu après la conquête du pays par les forces italiennes, le film contribue à justifier celle-ci par cet épisode plus ancien.

2. Mgr Roncalli estime le carême impropre à ce type de cérémonie.

3. Une telle présence, peu courante, confirme que l'homme d'État est aussi un fervent catholique.

4. Trois ans après son arrivée à Paris, le nonce éprouve encore des difficultés de compréhension pour les conférences publiques.

5. Le doyen du Sacré Collège est mort ce jour même à Rome ; il avait quatre-vingt-dix-sept ans.

6. Bien à tort ! Le 21 mars, le nonce écrit à Mgr Lebrun, évêque d'Autun, que le choix du pape s'est porté sur lui ; mais le prélat sollicité fait valoir son mauvais état de santé pour décliner l'offre. Le 7 avril, Mgr Roncalli s'enquiert de cet état auprès du cardinal Gerlier qui note en marge de la lettre : « Santé très équilibrée. Maladie accidentelle. Heureux de ce choix – souhaitant spect [?] sa venue à l'ACA. » Entre-

17 février, mardi. — Déjeuner chez le curé Sédillière, 61, rue Boissière, 12 h avec collaborateurs et domestique [1]. Dans la matinée, seule audience l'abbé Joly, directeur du « Foyer intern. Étudiants catholiques », 111, avenue Paul Vaillant-Couturier – Gentilly [2]. Il m'a informé d'une activité tout à fait intéressante et digne d'attention. Avec le curé Sédillière, à St-Honoré d'Eylau, je me suis trouvé bien. J'ai admiré ensuite la cité paroissiale. Vraiment imposante et surprenante. À 17 h j'ai visité le card. archev. Suhard. Bonne entente : liberté de l'enseignement [3] ; Chappoulie, Feltin. Harmonie parfaite. Je suis revenu à pied et seul. La promenade m'a fait du bien.

18 février, mercredi. — Peu d'audiences ; mais toujours bon travail. À 15 h j'ai eu à déjeuner l'ambassadeur Quaroni avec ses collaborateurs Cavalletti, Pierantoni, Maccaferri, Jezzi, Grazioli, Migneco, Fenzi, Squartini. J'ai fait cela en souvenir de la Conciliation, et comme geste de courtoisie dans les rapports avec l'ambassade [4].

Puis j'ai eu une longue conversation avec Mgr l'archev. d'Enos, Mgr de La Villerabel.

J'oubliais avoir reçu le matin l'ambassadeur de Norvège Ludvig Aubert qui quitte son poste, et le sympathique Bagini, de Bergame, qui m'a apporté une lettre et des salutations de Domenico Ambrosioni.

19 février, jeudi. — Audiences : P. Serge A.A. de Saint-Christophe [5] ; M. Della Sudda ; chanoine Desgranges que j'ai gardé à déjeuner. Très intéressant. Le soir j'ai reçu encore le *dott.* Villa, et les deux enseignantes des écoles italiennes Mme Corsi et veuve Carusi. À noter la visite du nouveau consul général d'Italie, le comte Giusti del Giardino, que j'ai bien connu à Athènes. À 20 h, dîner diplomatique à l'Élysée, le premier de la IVe République. Le nonce à la première place à droite de madame Auriol. Il y avait avec moi les amb. et ministres du Canada, de Belgique, Grèce, Suisse, Argentine, du Venezuela, de Suède, du Luxembourg. Le Présid. très cordial avec

---

temps, le nonce est revenu à la charge avec demande d'un certificat médical (lettre du 17 avril). On peut se demander si ces raisons de santé ne masquent pas le peu d'enthousiasme de Mgr Lebrun pour une charge toujours empoisonnée par l'affaire Bertin-de La Villerabel.

1. Il a quitté Saint-Séverin pour Saint-Honoré d'Eylau.

2. Il s'agit du Foyer de la Cité universitaire, dirigé par ce prêtre dynamique et inventif, ancien prisonnier de guerre, et ami du père Congar.

3. Voir plus haut en dates du 19 janvier et du 6 février.

4. Cette invitation est devenue une habitude.

5. L'assomptionniste Serge Toublan de Saint-Christophe de Javel.

le nonce. Ensuite réception : Oddi a participé. Forni et Heim non, et ce n'est pas bien [1]. <Plusieurs contacts avec des personnes qualifiées. Bidault, général Giraud, etc., etc.>

20 février, vendredi. — Audiences : prof. Bédarida, nouveau comm. de saint Grégoire qui remercie [2] ; MM. Michelin et Flory, des Semaines sociales, qui m'apportent le volume sur la dernière Semaine de Paris. Le soir, la prof. Ferrari qui m'informe de son œuvre ; l'ambassadeur Clark Castello Branco, définit. nommé au Vatican et bien content de se rendre là-bas. Je reçois aussi l'abbé de Wisques qui revient de la visite des sœurs d'Ernemont. Son impression comme la mienne : donner une satisfaction à Bertin, mais faire en sorte que l'Institut évolue de manière indépendante [3].

<Audience : p. Michel Moumdjian, curé des Arméniens.>

21 février, samedi. — Seul visiteur le doct. Erkeletian, de l'éphorie arménienne catholique. Au sujet de l'autorité religieuse de ces Arméniens, *obdormiunt multi*. Je décide de parler à nouveau avec Mgr Beaussart et de m'adresser au patriarche card. Agagianian. À midi je reçois à déjeuner l'abbé de Wisques et son secrét. dans la visite aux sœurs d'Ernemont. L'après-midi je vais chez Mgr Beaussart, mais il neige, il neige. Je trouve ce très digne prélat parfois trop rigoureux dans ses jugements, parfois trop indulgent : en général pas profondément informé [4].

22 février, dimanche. — La neige et le mauvais temps ont rendu la vie érémitique à la maison plus reposante. Je suis pourtant sorti pour la prédication : j'ai prolongé la bonne lecture de saint Grégoire dans la chère liturgie et dans les « Ordines Romani », et dans la préparation de lettres pour Rome. Sont venues me voir deux des collaboratrices de M. Girod de l'Ain, dont il semble que l'œuvre continue.

---

1. Il entend que tous ses collaborateurs honorent l'invitation.
2. Henri Bédarida, professeur d'italien en Sorbonne et président du Centre catholique des intellectuels français.
3. *« In fondo il B. se ne esce bene, ma è evidente che bisogna la Congreg. al suo sviluppo disincagliata da quella sacca »* (« Au fond, B. s'en tire très bien, mais il est évident que la congrégation a besoin de se sortir de cette impasse »), écrit le nonce à Mgr Pacini le 24 mars.
4. Bien que son confesseur, Mgr Beaussart n'est donc pas le maître à penser du nonce : trop sévère pour les hommes de progrès et trop indulgent pour les hommes de tradition, l'ancien auxiliaire du cardinal Suhard est surtout trop éloigné des affaires, désormais.

Espérons-en du bien. J'ai commencé ce soir une longue lettre à Mgr Montini sur les bons rapports entre le gouvernement français et la nonciature [1].

23 février, lundi. — Peu de visites : l'abbé Bachelez qui revient de Rome me parle des préoccupations du Saint Père face à la situation italienne [2] ; M. Maury, qui me recommande quelques condamnés politiques [3] ; l'abbé Cozien qui me parle de ses affaires et s'entretient ensuite au déjeuner avec Mgr de La Villerabel, archev. d'Enos. Dans la soirée, la comtesse Emilia Durini, de Monza, avec madame Chiovenda Canestro et le doct. Salem qui l'a guérie. Le soir, longue application pour la lettre à Mgr Montini. De mauvaises nouvelles arrivent de Prague où le communisme fait irruption sans frein [4].

24 février, mardi. — Seule audience importante : Chappoulie. Je poursuis la transcription du rapport à Montini et j'en prépare la fin. J'en suis content. Le soir, je sors avec Oddi pour assister à la Sorbonne à la grande commémoration de l'inauguration de la IIe République le 24 février 1848. J'ai été content que tout soit bien réussi. Les principes de cette fameuse année de folie étaient bons [5]. Pourquoi ne pas nous en réjouir tous ensemble ? Le discours de Léon Blum – c'est tout dire – contenait des choses intéressantes et justes [6].

25 février, mercredi. — La famille Gay à déjeuner. Francisque, Madame et leurs fils, Camille et un prêtre. Cette

1. On aimerait avoir cette lettre, qui manifeste une nette amélioration des relations en regard des difficultés des années précédentes.

2. Une telle inquiétude est attestée de divers côtés, d'où l'intense mobilisation des forces catholiques en vue des élections législatives, jugées décisives, du 18 avril. Le 8 février, Pie XII a accordé un soutien explicite aux Comités civiques de Luigi Gedda, chargés d'appuyer la campagne de la démocratie-chrétienne.

3. Le nonce est fréquemment sollicité en faveur de victimes de l'épuration.

4. Allusion à ce que l'on appelle généralement le « coup de Prague », à savoir la démission, sous la pression de manifestations massives, de douze ministres du gouvernement déjà dirigé par le communiste Klement Gottwald, et leur remplacement par des hommes plus favorables à l'évolution vers la démocratie populaire.

5. Jugement équilibré sur « l'illusion lyrique » du printemps 1848. Des « folies » certes, mais au service de principes sains comme celui de l'union par-delà les divergences idéologiques ou sociales.

6. Le nonce est plus indulgent envers le vieux leader socialiste que les étudiants communistes qui ont violemment chahuté sa venue en Sorbonne.

rencontre familiale est vraiment bien réussie. Nous avons déjeuné dans la salle d'angle qui se prête très bien à ces petites rencontres. Selon moi, M. Gay a dit du bien du modus agendi de son parti, le MRP, dont il fut le cofondateur. Mes chers collaborateurs sont au contraire pour la lutte *tout court*. Question de jeunesse et d'inexpérience. Moi aussi jadis je sentais ainsi [1].

Le soir je reçois la commission pour l'école des enfants de mineurs du Gard (Nîmes et Saint-Étienne [2]-sur-Loire) [3].

26 février, jeudi. — <20 h. Dîner chez Gay.>

Audience intéressante de M. Pierre Lhoste-Lachaume, économiste spiritualiste libéral. Idées dignes de respect avec quelques réserves [4]. À 13 h, avec Oddi, repas chez le ministre Mathias du Portugal. Rencontre avec diplomates et députés.

Le soir, dîner chez les Gay – 23, Quai d'Orsay – Plusieurs ecclésiastiques : Mgr Touzé, Fallaize*, Guérin, Chappoulie, Rodhain, Rupp et quelques laïcs. Bonne réception de la part d'une famille ex toto catholique. Dans la soirée, M. Genina [5] a retiré 5 millions de francs offerts par le pape pour l'école libre du Gard et de Saint-Étienne de Loire [6].

27 février, vendredi. — Seule audience matinale le prof. La Pradelle, grand spécialiste de droit international [7]. À 13 h, je reçois à déjeuner le cher jeune bergamasque Tito Spini, qui parle de façon très sensée. Dans l'après-midi je l'accompagne

---

1. Simple député de Paris alors, mais influent dans son parti, Francisque Gay veut sans doute ménager les alliés laïques du MRP, alors que les jeunes collaborateurs du nonce voudraient sans doute voir le mouvement démocrate-chrétien mieux affirmer ses positions en faveur de l'école privée.

2. Saint-Étienne chef-lieu du département de la Loire (mais pas sur le fleuve).

3. Conformément au programme du Conseil national de la Résistance, les houillères ont été nationalisées le 17 mai 1946. Mais que faire des écoles créées par elles auparavant ? Leur laisser un statut privé ou bien les intégrer au secteur public ? Il y a désaccord sur ce sujet au sein de la majorité de « troisième force » entre démocrates-chrétiens et gauche laïque.

4. Depuis Léon XIII à tout le moins, l'Église a en effet émis des réserves envers un libéralisme sans frein. Voir Pierre LHOSTE-LACHAUME, *Solutions libérales aux problèmes de l'étatisme*, Paris, SEDIF, 1947.

5. Président des Associations de parents d'élèves de l'enseignement libre des Cévennes, dont les houillères possédaient des écoles (département du Gard).

6. Ainsi, l'autorité romaine, qui craint les manifestations de l'Ouest en faveur de l'école privée, soutient-elle matériellement les écoles des houillères.

7. Paul Geouffre de La Pradelle enseigne à la Faculté de droit de Paris.

en auto à Saint-Denis pour sa grande joie. À 17 h 30 je vais me confesser chez Mgr Beaussart. En revenant je visite le ministre Pastoriza, de St-Domingue ; et je rentre à la maison un peu fatigué et triste. Les événements de Prague font beaucoup penser à la tache bolchevique qui s'élargit [1].

28 février, samedi. — <Récept. M. Rollet. 17 h pour les sœurs de la rue Violet. Repas baron Fontenay 12 h 45 – 9, avenue Raymond Poincaré.>

Deux repas bien réussis avec des contacts fructueux et aimables : à noter le préfet de la Seine M. Verlomme, le général Picot, M. Pironneau et Mme d'Argenlieu. Le baron de Fontenay et Madame, très bons. Bien également chez Mme Rollet, beaucoup de messieurs : tombola au bénéfice de l'œuvre italienne de la rue Violet : j'ai gagné une petite bicyclette que j'ai donnée aux sœurs de saint Vincent. À 9 h j'ai présidé aux funérailles de l'abbé Stock à Saint-Jacques-du-Haut-Pas : simples et émouvantes. Rodhain a célébré la messe ; j'ai donné l'absoute [2]. Audience de Nesle.

<Audience baron d'André nouveau camérier secret de cape et d'épée.>

29 février, dimanche. — <Cérém. à Montmartre pour les Luxembourgeois. 17 h paroles et bénéd. S. Sacr.>

Travail tranquille à la maison jusqu'à midi. À 15 h 30 je suis allé à la mission italienne pour écouter la pianiste Cardarella, puis avec Rupp j'ai présidé au Sacré-Cœur la longue cérémonie des Luxembourgeois. J'ai donné la bénéd. au nom du Saint Père après quelques mots de félicitations et de vœux pour la conservation de la foi ancestrale, pour le progrès de la charité, pour la paix. Les petits donnent le bon exemple aux grands. Belle rencontre imprégnée de franchise et de cordialité.

Février. — St Ambroise et l'éloge des patriarches :
Abraham : impigra fidei devotio.
Isaac : sincerae mentis puritas.
Jacob : singularis animi laborumque patientia.

1er mars, lundi. — Diverses audiences : médecin-colonel Jullard en faveur de Fr. Dizier ; Madame Hugo Gauthier, née

---

1. Jamais la peur d'un déferlement communiste n'a été aussi forte en Europe occidentale.
2. Après la fermeture du séminaire allemand de Chartres, Franz Stock est rentré à Paris où il meurt seul, le 24 février.

Regina Elena de Assiis*, Silveira Demarichè Bargello, de l'amb. du Brésil, M. Silianov, de Bulgarie. Le soir : M. Ferretti ; puis lettres et lettres aux miens de Sotto il Monte, confiées à Enrico Sartori qui portera à la maison deux radios puissantes comme promis à la Colombera et aux Gerole. Ce sont des formes nouvelles de contact de la campagne avec le vaste monde. Pourvu qu'on en use avec mesure, pourquoi ne pas les admettre [1] ?

2 mars, mardi. — <Dîner Chine 20 h 30.>

Aujourd'hui se sont réunis à la nonciature les 5 cardinaux de France et tous les archevêques, moins Rouen défunt et Tunis malade, pour fêter le Saint Père en l'anniversaire de son élection. Notre groupe complet comprenait Mgrs Courbe, Lamy et Pasquet, év. de Sées. Chappoulie, indisposé, nous manquait. Grande charité et grande paix. Heim s'est occupé de tout avec ordre et calme [2]. Le soir, invité par la Chine. J'étais avec Bidault, Mayer, Gay, André Marie, Schneiter, etc. Il y a toujours quelque chose à apprendre et à gagner.

3 mars, mercredi. — <Déjeuner à l'évêché.>

Quelques audiences à la maison : à noter Mgr de La Vacquerie qui fut hier également parmi les présents à la nonciature, comme il le fut aujourd'hui avec moi et mes trois collaborateurs Oddi, Forni et Heim pour le déjeuner à l'archevêché. J'étais à côté du card. Saliège qui m'a confessé qu'il lui était un peu difficile de modérer son Mgr de Solages [3]. Le soir, j'ai eu à dîner, seul et d'ailleurs dans un style d'une très grande courtoisie, l'ambassadeur Clark da Castello Branco, qui part pour le Vatican et me laisse une bonne impression. La nuit, j'ai lu un échantillon de *Passage du Malin* de Mauriac et je déplore cette malheureuse composition [4].

4 mars, jeudi. — Audiences : p. Venance Grumel A. A. qui m'apporte les Regestes des patriarches byzantins [5] ; le

1. Le nonce est favorable à cette forme de désenclavement des campagnes.

2. Festivités privées, avant les festivités publiques.

3. Une telle confidence ne va pas renforcer l'estime du nonce pour le recteur de l'Institut catholique de Toulouse, dont le discours de rentrée du 18 novembre 1947, « La pensée chrétienne sur l'évolution », proche des thèses du père Teilhard de Chardin, a fait quelque bruit.

4. Pièce de théâtre, Paris, La Table Ronde, 1948.

5. *Les Regestes des actes du patriarcat de Constantinople*, vol. I, *Les Actes des patriarches*, fascicule III, *Les Regestes de 1043 à 1206*, qu'il a édités, Paris, Socii Assumptionistae Chalcedonenses, 4e trimestre 1947.

p. lazariste hongrois Koeler ; p. Merklen, de *La Croix*. Le soir, la baronne d'Huart. Journée occupée pour le reste à lire de nouvelles publications et à me distraire par là un peu trop de mes tâches principales. Un jeudi de mi-carême auquel il faut pourtant pardonner quelque chose, mais avec le ferme propos de me remettre mieux au travail le plus important. Le soir, de nouveau le jeune Mahieu, conservateur des Archives.

5 mars, vendredi. — Ce matin oh ! quelle belle messe sans aucune distraction et avec la ferveur la plus enflammée de me tenir toujours ainsi. À 10 h je suis sorti avec Oddi à Saint-Sulpice pour les funérailles du cher chan. Eugène Charles *bonus Israelita* [1]. Audiences : M. Castelli, prof. de philosophie de la religion à l'université de Rome [2] ; le vieux clerc Chalault. Le soir, je me suis confessé à Mgr Beaussart, à qui j'ai parlé de plusieurs autres choses, notamment en matière d'argent demandé au Saint-Siège pour des œuvres au succès incertain [3].

À 18 h j'ai assisté dans la salle d'Iéna à la belle conférence de Mgr Grente sur Fénelon.

6 mars, samedi. — Quelques audiences : Bagini, de Bergame et sa femme avec Pietro Campari, de Milan ; le prof. Lenz-Médoc ; et le comte de Mun, fils du grand Albert, apôtre de l'action sociale chrétienne.

L'après-midi, je me suis occupé jusqu'au soir à lire certaines informations sur les séances de l'État-major communiste à Paris du 13 septembre 1945 au 19 mars 1946. Choses intéressantes et pénibles. Tout n'est pas mauvaise foi, mais en presque tout l'erreur, la perversion psychologique, le mépris de l'amour de Dieu et du prochain [4].

7 mars, dimanche. — Cérémonie solennelle à Notre-Dame pour le Saint Père. J'étais en cappa magna en face du cardinal. Messe basse avec de beaux chants et Te Deum. Beaucoup de diplomates et aussi quelques académiciens ; foule moins nombreuse que l'an dernier ; mais choix de délégations de l'A.C. Il serait bon de laisser à Borniol [5] ce qui concerne la

---

1. Secrétaire du cardinal Suhard.
2. Né à Turin en 1900, Enrico Castelli possède déjà une forte notoriété pour une œuvre où les rapports entre philosophie et religion occupent une place de choix (*Laberthonnière*, Milan, 1927 ; *Filosofia e apologetica*, Rome, 1929 ; *Existentialisme théologique*, Paris, 1948).
3. Mgr Roncalli doit être très sollicité.
4. On peut se demander où le nonce a obtenu ces informations et ce qu'elles valent ; mais son opposition quant au fond ne fait pas de doute.
5. Entreprise plus connue pour l'organisation des pompes funèbres.

préparation des invitations, du décor et de la réception à Notre-Dame. Mais tout s'est déroulé dans la paix. L'après-midi je suis retourné à Notre-Dame pour la prédication du P. Riquet. Le card. Suhard n'y était pas. À sa place Mgr Touzé, qui n'a pourtant pas béni.

8 mars, lundi. — Journée avec peu d'audiences, mais laborieuse et silencieuse. Les nouvelles de Rome sur la prévarication de Mgr Cippico [1] soulèvent ici aussi des commentaires amers. Nous sommes *in humanis*. Il faut comprendre et ne pas perdre la sérénité dans les jugements et les paroles. Plus je vieillis et plus je trouve cela important pour ma paix intérieure, dont je dois répandre aussi autour de moi le rayonnement et le *charme* en coopérant verbo et exemplo à une discipline de l'éloquence plus délicate et plus ferme [2]. *Pone Dne custodiam... et ostium circumstantiae*, etc.

9 mars, mardi. — Je reçois aujourd'hui un homme libéré d'un long emprisonnement, le baron Robert Fabre-Luce [3]. Toujours récits douloureux d'injustices subies, et d'exaltation spirituelle. Que faire ? Compatir, encourager, secourir aussi matériellement. Je ferais bien plus si je ne devais m'imposer une limite. Si j'étais plus libre et seul [4]... Le soir, j'ai eu à dîner Mgr Ancel, auxiliaire de Lyon. Il m'a fait une excellente impression. Puis nous sommes passés à la Mutualité pour la manifestation solennelle des Amis de l'Unité en l'honneur du Saint Père. Grande foule et vive dévotion pour le Saint Père [5].

---

1. Mgr Edoardo Prettner-Cippico était minutante chargé des archives pour les deux sections de la Secrétairerie d'État, au Vatican ; il est accusé d'espionnage et convaincu de malversations financières.

2. La leçon que le nonce tire de l'affaire est... de se taire un peu plus.

3. L'expression « *lunga prigionia* » (« long emprisonnement ») fait douter qu'il s'agisse du « non-conformiste » des années 1930 *Alfred* Fabre-Luce, séduit par l'Europe nouvelle sous direction allemande pendant la guerre et qui fit « quelques semaines de prison » après celle-ci, selon Daniel LINDENBERG (*Dictionnaire des intellectuels français*, Paris, Éd. du Seuil, 2002, p. 556).

4. En clair, si le nonce n'était pas nonce, il ferait plus en faveur des victimes de l'épuration, au nom de la charité et de la réconciliation. Cela ne l'empêche pas de plaider auprès du garde des Sceaux André Marie, le 17 juin suivant, pour l'élargissement du dessinateur Ralph Soupault, emprisonné à Fresnes après avoir collaboré à l'hebdomadaire fasciste *Je suis partout* (Bénédicte VERGEZ-CHAIGNON, *Vichy en prison. Les épurés à Fresnes après la Libération*, Paris, Gallimard, 2006, p. 310).

5. « Monseigneur Roncalli, chez qui j'avais pris un repas, le soir, m'invita à l'accompagner à une réunion organisée par des personnes à tendance conservatrice, mais dans laquelle on devait rendre hommage au Pape. Je m'excusais de ne pouvoir l'accompagner. Mais, Il me dit "Je dois

10 mars, mercredi. — Surprenant, parmi les audiences inattendues, le P. Hypathios, naguère d'Istanbul, aujourd'hui de Marseille, toujours prêtre de rite oriental. Douloureux souvenirs de Pera, et projets trop vagues pour l'avenir. Je lui fais cependant bon accueil. Dans l'après-midi, j'ai visité avec Heim l'exposition Turner des peintures anglaises du XVIIIe [1], et promenade le long de la Seine. À la maison, je lis avec plaisir et nostalgie le petit livre de Mgr Mojoli sur son défunt oncle, curé de Trescore et mon cher compagnon à Ceresoli [2]. J'écris aussitôt mes tristes et chères impressions.

11 mars, jeudi. — Audiences : P. Louis de la Très Sainte Trinité (d'Argenlieu). J'ai l'impression qu'il maigrit trop dans ses occupations carmélitaines. Mais il pense et parle bien. Voilà ce qui compte.

L'après-midi, la dame turque Hammuran Draz me montre un vieil évangile byzantin. Il est en parchemin et en grec : je le crois ancien. Je me suis pourtant refusé à recommander cette dame, ancienne élève de Sion, à quelqu'un en Bavière. Avec Oddi, je fais une visite au nouveau consul général, le comte Giusti del Giardino. À la maison, tout bien ; mais on se maintient entre des exubérances juvéniles et des essais de maturité sereine.

12 mars, vendredi. — <Théâtre Hébertot – boulev. des Batignolles, Annonce à Marie. 20 h 30.>

Je reçois M. Basile Stanciu, ex-ministre de Roumanie à Berne. Intéressant et comme il faut. Puis Mgr Beaupin et Roger Millot, présid. de Pax Romana [3]. Nous parlons des rencontres de l'ONU en septembre à Paris. Le soir, le p. Daniel s. j. À 20 h 30 je suis allé avec Oddi, Forni et Heim au théâtre Hébertot pour la représentation de gala de *L'Annonce à Marie* de Claudel [4]. J'étais en noir avec la croix d'or et la calotte. Peut-être pas conforme à l'étiquette, mais tenue modeste et digne. J'ai salué la reine Élisabeth de Belgique.

être présent quand on rend hommage au Souverain pontife" » (déposition au procès parisien, 6 décembre 1969, vol. III, p. 232).

1. L'exposition du grand peintre anglais qui tourne à travers l'Europe se tient alors à l'Orangerie des Tuileries.

2. *Giuseppe Mojoli, arcivescovo titolare di Larissa*, Rome, 1947.

3. Pax Romana, dont le siège est à Fribourg en Suisse, réunit depuis 1946 le Mouvement international des étudiants catholiques et le Mouvement international des intellectuels catholiques.

4. La pièce s'intitule en fait *L'Annonce faite à Marie* (1910).

13 mars, samedi. — Audiences : M. et Mme Jean Dupacis, M. Clichen, d'Istanbul – 76, Boulev. Sérurier, XIXe. Puis Mgr Delacroix : conversation sérieuse et intéressante à propos de l'éducation du clergé. Enfin le P. Ferrand avec 3 collègues religieux de la *Drac*[1]. À 13 h je suis allé avec Oddi déjeuner chez le prof. Le Bras. Il y avait de la compagnie : Mgrs Arquillière et Chappoulie, un prof. d'économie politique et d'Harcourt, du Quai d'Orsay ; et puis les deux bambins du bon prof. Le Bras et de Madame. À 19 h je suis sorti de nouveau pour me confesser chez Mgr Beaussart. L'affaire Cippico est au Vatican et à la maison motif de tristesse[2].

14 mars, dimanche. — Solitude et dévotion : toujours à mon bureau et silencieux ; autour des petites choses qui me sont personnelles. Dans l'après-midi, j'ai parfaitement entendu à la radio la conférence du P. Riquet : *Non occides*, et je l'ai trouvée fort à propos. J'ai eu ensuite une conversation avec le jeune prof. Simone, de Turin, à qui j'ai lu les pages de Claudel à la Vierge de la cathédrale de Milan et nous avons discuté de littérature française moderne : Claudel, Mauriac, Gide, Jammes, etc.

15 mars, lundi. — Messe pontif. Filles de la Charité pour sainte Marillac 9 h. 140, rue du Bac. Elle s'est déroulée dans une grande dévotion. La chapelle ne réunissait que les seuls religieux lazaristes et les sœurs de tous âges, pleines d'espérance. Puis j'ai conversé avec les jeunes du « séminaire » en

---

1. Ligue des droits du religieux ancien combattant, dont le père Ferrand, prêtre de Sion, est responsable.

2. Tout ce qui blesse le Saint-Siège blesse aussi le nonce. *« E non bisogna turbarci se lungo la via qualche volta si sentono cose spiacevoli, come quello caso Cippico, del quale i giornali hanno parlato a torto e a traverso. Fu certo quella una prevaricazione dolorosa. Chi sa che amarezza per il Santo Padre ! E per lui, quale accecamento ! Non pensò fra l'altro che aveva una mamma che avrebbe gettato nell'angoscia pet tutta la vita »* (« Et il ne faut pas nous troubler si au long de la route on entend parfois des choses déplaisantes, comme cette affaire Cippico, dont les journaux ont parlé à tort et à travers. Cette prévarication fut certes douloureuse. Qui sait quelle amertume pour le Saint Père ! Et pour lui, quel aveuglement ! Il n'a pas pensé, en particulier, qu'il avait une maman qu'il allait jeter dans l'angoisse pour toute sa vie »), écrit le nonce à sa famille le 15 mars (*Lettere ai familiari*, t. II, p. 145). Et à son ancien collaborateur Pacini le 24 : *« Veramente furono [i fatti Cippico] motivo di grande pena. Pensi per il Santo Padre che dolore. La storia si rinnova. Fra i dodici una ha tradito, diventando celebre e nefasto »* (« Vraiment ce fut [l'affaire Cippico] un motif de grande peine. Pensez quelle douleur pour le Saint Père. L'histoire se répète. Parmi les douze l'un a trahi, est devenu célèbre et néfaste »).

rappelant quelques traits de la belle vie de sainte Louise de Marillac.

Dans l'après-midi, audiences : le command. Dortel-Claudot qui s'occupe avec sa femme de *Pax Xsti*[1], le jeune Tito Spini, qui repart pour Bergame ; deux sœurs de N.-D. des Apôtres ; prof. de La Pradelle. Aujourd'hui Mgr Oddi, un peu souffrant, a gardé la chambre.

16 mars, mardi. — [[20 h 30 Maison de la Chimie, salle Berthelot, 28 *bis*, rue St-Dominique. Film* L'île Saint-Louis]]

Brésil Chargé d'affaires. 11 h. Cette nuit j'ai revu le livre de De Luca sur le card. Cerretti, mon prédécesseur à Paris. Brave prélat : mais quelle tristesse, et quel enseignement sur la vanité du monde[2].

Audiences : abbé Glasberg ; p. Désiré, capucin. Au sujet de l'abbé Glasberg, j'ai quelque difficulté à en recommander la personne à Jérusalem où il veut se rendre[3]. Le soir, j'ai dû renoncer à la conférence sur l'île Saint-Louis pour un repas à la légation d'Irak. Oddi est malade.

17 mars, mercredi. — Récept. comte de Saint-Rome et collègues 18 h. Ces bons messieurs méritent pourtant quelques égards. Il y a du bon en eux, qui demande à être un peu *aggiornato*[4]. Et je les ai bien accueillis. Ils étaient une dizaine. Audiences : l'abbé Callon, de St-Sulpice[5] ; Monsieur Carry ; Madame Jacques Gians, de Valenciennes. À 16 h 30 j'ai visité le ministre de l'Intérieur Jules Moch, un juif très courtois[6]. Nous avons parlé de l'assistance religieuse par des prêtres allemands pour les mineurs allemands libérés ; et de

1. C'est en effet Mme Dortel-Claudot, alors professeur au lycée de jeunes filles d'Agen, qui a eu l'idée, au début de 1945, de ce mouvement de prières pour la conversion de l'Allemagne, bientôt élargi en Pax Christi (Sylvaine GUINLE-LORINET, *Mgr Pierre-Marie Théas*, Tarbes-Toulouse, 1993, p. 154-157).

2. *Il Cardinale Bonaventura Cerretti* (Rome, 1939), livre que le nonce a réclamé le 8 décembre 1945 à son auteur, le grand historien don Giuseppe De Luca (voir leur échange de correspondance, *Souvenirs d'un nonce*, p. 141-142).

3. Le nonce est d'autant plus prudent qu'il doit avoir connaissance de l'action de Glasberg pour faire passer des juifs survivants d'Allemagne en Palestine, via la France, en lien avec les services spéciaux sionistes (Lucien LAZARE, *L'Abbé Glasberg*, p. 83-98).

4. Ce sont les camériers secrets de cape et d'épée, titulaires d'une fonction honorifique méritant quelque dépoussiérage. On remarquera l'emploi du terme *aggiornato*.

5. Professeur de théologie au grand séminaire du diocèse de Paris.

6. La définition est curieuse, car Jules Moch est un socialiste laïque détaché de toute attache confessionnelle.

plusieurs autres choses : émigration, en particulier italienne, situation du gouvernement, etc. [1]. Il m'a laissé une excellente impression.

18 mars, jeudi. — <Sœurs des Pauvres – 2, rue de Varize (XVIe) près porte de St-Cloud – repas des pauvres 13 h. 18 h conf. La Pradelle Instit. Catholique.>

Denis 10 h : l'« auxilium » en préparation à la Caritas internat. évolue bien [2]. Le repas des pauvres vieux s'est bien passé. Ces contacts fortifient mon âme sacerdotale et me font goûter la douceur de mon ministère plus que toute autre forme d'activité, diplomatique ou autre [3]. À 16 h j'étais à la *Crèche* des Canadiens ; à 18 h à la très belle conférence La Pradelle à l'Institut. Journée très dense.

19 mars, vendredi. — Sœurs de St Joseph de Cluny – 21, rue Méchain (XIVe) – 9 heures. Messe de vêture et de profession. Cette cérémonie a été solennelle. Mgr Beaussart était présent aussi. Puis avec Heim, en moins d'une heure je suis allé à Avon près de Fontainebleau, au Carmel du P. Louis de la Très Sainte Trinité. Ce furent 6 heures délicieuses. Repas monastique, visite au Carmel, au Collège, à l'Ermitage, bonnes paroles à tous : amabilités spéciales avec le P. Louis, dont j'ai visité la chambre et signé l'album [4]. En passant j'ai visité le Carmel de Pie VII [5]. Journée commencée avec la messe solitaire et conclue dans un doux abandon renouvelé à saint Joseph.

20 mars, samedi. — Quelques audiences : Le Cour Grandmaison, directeur de la *France Catholique* ; une sœur bénédictine de Meudon ; le p. Thomas Philippe, dom. sup. du Saulchoir qui m'informe au sujet de *L'Eau vive* [6].

---

1. Peut-être s'agit-il de l'audience mentionnée par le ministre dans ses Mémoires, qui aurait concerné surtout un regain d'autonomisme clérical en Alsace (*Une aussi longue vie*, Paris, Robert Laffont, 1976, p. 284-296).
2. En fait, l'Auxilium de Rodhain et la Caritas internationalis, qui vient de tenir à Lucerne une réunion du 11 au 13 mars, sont plus concurrentes que convergentes.
3. Profession de foi d'un pasteur, plutôt que d'un diplomate.
4. Il n'est pas question dans ce rapide résumé du père Jacques de Jésus, mort des suites de sa déportation pour avoir abrité pendant la guerre, dans le collège annexé au couvent, des enfants juifs.
5. Il ne s'agit pas d'un véritable couvent, mais de la partie du château de Fontainebleau où le pape, prisonnier de Napoléon Ier, a vécu une vie volontairement monacale entre 1812 et 1814 (André Latreille, *L'Église et la Révolution française*, Paris, Hachette, 1950, t. II, p. 233).
6. Le *régent* du Saulchoir (pas supérieur) s'est investi dans la création,

Nous assistons à une multiplication d'initiatives pour la jeunesse étudiante. N'y en a-t-il pas trop ? Je crois qu'ici aussi est opportun le *omnia probate, quod bonum est tenete*[1]. J'accueille avec joie le papa Augustino et la sœur Elena de Mgr Oddi, lequel est pourtant toujours au lit avec un peu de fièvre. Patience.

21 mars, dimanche. — 17, rue d'Ulm. Centre catholique Sorbonne. 8 h 30. J'assiste à la bénéd. des Rameaux et à la messe célébrée pour les étudiants de la Sorbonne par leur aumônier l'abbé Charles. Église des Maronites pleine de jeunesse convaincue et vibrante. J'ai adressé quelques souhaits de bon voyage aux 700 qui vont partir pour Rome[2]. À midi, Mgrs Bernardini et Beaussart à déjeuner. À 16 h 30 j'ai assisté avec le card. Suhard à la dernière prédication du P. Riquet à Notre-Dame. Auditoire toujours attentif et très nombreux. N'est-ce donc pas une bonne et belle chose ?

22 mars, lundi. — Audiences : Mgr Chappoulie ; pianiste Borchard ; Mgr Blanchet et chan. Rupp. L'après-midi un télégramme Montini accorde les sommes demandées pour l'Unesco pour 1947 et 1948. Difficultés et aspérités qui se dénouent d'elles-mêmes. Deo gratias. Mon tempérament ne s'accorde pas toujours et en tout avec celui de tel ou tel autre ; mais j'ai la responsabilité du mien, et c'est à *celui-ci* que je fais honneur. *Lenitas et charitas.* Autre visite abbé Jacquin qui me rappelle le « consilio suo et patientia » de 1 M 8, 3.

23 mars, mardi. — Audiences : Mlle Du Rostu, secr. génér. de l'Ac. cath. féminine ; Mgr Skaff, recteur de St-Julien le Pauvre[3] ; André Couteaux ; av. Robert Tenger au nom de Mgr Spellman ; Salvator García de Pruneda, secrét. amb. d'Espagne et son épouse ; abbé Savaton, de Wisques, Visit. ap. des sœurs d'Ernemont, avec son secrét. Mgr Bernardini à déjeuner.

Le résultat de la visite ap. aux sœurs d'Ernemont et de l'accueil fait à Rome au Visiteur me console. C'est un pas vers

---

à proximité du couvent d'études de la province de France, d'un centre international de formation spirituelle et doctrinale ainsi baptisé ; d'inspiration thomiste, il accueille des étudiants venus de divers pays, du tiers monde notamment.

1. La première impression du nonce ne paraît pas très enthousiaste.

2. Comme le 21 mars de l'année précédente, Mgr Roncalli participe au lancement parisien du pèlerinage du Centre Richelieu de Sorbonne vers Rome pour la Semaine sainte.

3. Siège de la paroisse grecque-melkite, dans le Ve arrondissement.

la pacification dans le respect de la justice, de la vérité, et du Saint-Siège [1].

24 mars, mercredi. — Mlle Vieillard m'apporte la photo du rouleau de S. Egidio di Fontanella [2]. Je restituerai ainsi le texte au curé Candido Valsecchi. Et elle m'offre la série de photos en don, au nom du bureau qu'elle dirige. J'en suis extrêmement reconnaissant et j'apprécie le prix du cadeau.

J'ai reparlé avec dom [Doyère [3]] secrét. de l'abbé de Wisques, de l'affaire Bertin-Rectorat Saint-Louis. C'est fini, car ce soir les journaux publient la nomination de Mgr Flusin. Il faut donc mettre le cap dans une autre direction [4].

25 mars, jeudi. — <Jeudi Saint.>

Ma messe à la maison, où j'ai donné la communion à Heim, Oddi, en surplis et étole, aux sœurs, puis au papa et à la sœur d'Oddi, à Giulio et à sa Nella. Mgr Forni a dit la messe rue Violet. Notre cérémonie a été simple et touchante. Le reste de la sainte journée tranquille et laborieux. Après le dîner, je suis sorti avec Giulio visiter le reposoir de St-Pierre de Chaillot. Bon moment de prière et de silence, qui s'est prolongé jusqu'à une heure tardive. L'âme se sent saisie par une atmosphère qui me pénètre toujours davantage : *charitas et patientia*. Et je remercie Dieu.

26 mars, vendredi. — <15 h 30. Epitaphios à St-Julien le Pauvre.>

À la maison, seul toute la matinée, priant, méditant, travaillant. L'après-midi j'étais à St-Julien le Pauvre pour l'Epitafion. Un beau groupe de dévots, et de chères réminiscences d'Orient. J'ai exprimé cela en quelques mots simples et bons que j'ai adressé aux présents. Notre petit groupe représentait le monde entier, ex omni gente lingua et natione ; ex omni ritu ; également ex omni aetate dans cette église si vétuste ; et tous d'accord pour accompagner notre grand frère assassiné [5].

---

1. C'est-à-dire pas trop défavorable à Mgr Bertin (voir plus loin en date du 7 juin).
2. Voir plus haut en date du 19 septembre 1947.
3. Voir plus loin en date du 5 mai.
4. Il a donc bien été question de confier ce poste à Mgr Bertin ; mais il en a été décidé autrement, car le gouvernement français ne veut pas de celui-ci. Mgr Claude Flusin, antérieurement professeur au grand séminaire de Besançon, son diocèse, était chapelain-économe de Saint-Louis depuis 1946.
5. En ce vendredi saint, l'Église latine fait mémoire de la mort de Jésus.

J'ai invité à des sentiments de pardon, d'amour fraternel, de douceur. Ce sera le commencement du salut [1].

<Audience : abbé Mgr John Kirk, secrét. de Mgr O'Hara à Bucarest. Nous sommes à la veille du martyre.>

27 mars, samedi. — <Samedi Saint.>

Aujourd'hui aussi prière solitaire et bon travail. J'ai reçu le consul d'Italie Giusti et son épouse Piantenida Baciocchi. À 11 h 45 audience Bidault. Il a été plus ami et frère que ministre : ses impressions d'Italie, nécessité pour De Gasperi de se montrer réservé ; influence de son exemple : une réunion diplomatique aux pieds de la Madone ; espérance pour les élections du 18.IV [2] ; question de l'assistance religieuse aux travailleurs étrangers, spécialement allemands ; dans l'échange de vœux, il s'est recommandé à ma prière ; je lui ai dit qu'il était le deuxième ministre à me parler ainsi : De Gasperi et lui [3]. Nous avons parlé aussi du cas Bertin, et des subventions scolaires [4]. Dans l'après-midi, audience Mgr Leprêtre et confession chez Mgr Beaussart.

28 mars, dimanche. — Sainte messe à la maison, à laquelle ont assisté le papa et la sœur de Mgr Oddi, qui grâce à Dieu se remet bien. À midi, repas tous ensemble avec des raviolis préparés in brodo par Mademoiselle Elena.

Puis je suis resté à la maison toute la journée, priant, lisant, écrivant. *Sancta solitudo vera beatitudo.* Elle m'a permis de rédiger un long rapport au Saint Père, où j'évoque la conversation d'hier avec le ministre Bidault. Ce supposé jour de Pâques fut pour moi un gros et fatigant travail.

29 mars, lundi. — J'ai poursuivi aujourd'hui le recueillement pascal. Aucune audience. Je me suis occupé à faire quelques lettres. Le soir j'ai reçu M. Baroni et poursuivi mon bon travail. Mgr Oddi va de mieux en mieux.

30 mars, mardi. — <Barteletty 10 h. P. Bonaventura 10 h 30.>

---

1. Leçon d'égalité et d'universalité qui a dû être sensible à la petite communauté melkite.

2. Qui seront un triomphe pour la démocratie-chrétienne italienne.

3. « *Anche stamani vidi il Ministro Bidault sempre più calmo e buono e devo dire... anche religioso* » (« Ce matin encore j'ai vu le ministre Bidault toujours plus calme et bon et je dois dire... religieux aussi »). Sa rencontre avec De Gasperi l'a édifié et encouragé, lettre à Mgr Rocco, 27 mars.

4. Il n'est plus question des nominations épiscopales.

Quelques audiences : la plus fatigante, celle du P. Bonaventura, frère mineur qui me semble un peu extravagant ; et un certain capitaine I. Helpern*, juif de Palestine qui demande la protection explicite du Saint Père pour la constitution de l'État juif, y compris pour préserver les minorités catholiques de l'oppression arabe [1]. Autres visites MM. Pesenti et Longhi, Mgr Maroun, chan. Nogues, de l'officialité de Paris. À midi, Mgr Heim est revenu d'Olten.

31 mars, mercredi. — <George V Élysée – 79-81 – Kamouran Draz 10 h.>

Hier soir j'étais très fatigué par les audiences et tout ce que j'avais en tête. C'est pourquoi je me suis reposé tôt à 21 h 30 et j'ai bien fait. J'ai pu lire beaucoup de 2 à 4. Dans la journée, quelques audiences : M. François Gentil, ministre de Monaco à Rome ; dans l'après-midi Mgr l'évêque de Mende. Vers le soir j'ai parcouru un livre de Saponaro sur « Michel-Ange » très intéressant, bien que ses jugements sur les papes de la Renaissance soient trop tranchants et superficiels. Michel-Ange reste cependant une extraordinaire illustration de l'Église catholique [2].

1er avril, jeudi. — <Amb. Espagne 13 h 30.>

Audience d'aujourd'hui le jeune roi Pierre de Yougoslavie avec sa reine [3]. Il était plus gai cette fois-ci que lorsqu'il est venu pour la première fois. Ce fut une visite de vœux pascals où je lui ai dit plusieurs choses démodées mais qui peuvent faire du bien à son esprit. Pauvre petit roi d'un pays aujourd'hui en esclavage, demain en flammes [4]. Je suis allé déjeuner chez l'amb. d'Espagne Aguirre de Carcer. J'étais avec Forni. J'ai eu la première place à côté de Madame ; et j'ai vu leurs trois enfants présents. En voilà encore qui semblent de

---

1. Le 29 novembre 1947, l'Assemblée générale des Nations unies a adopté (par 33 voix pour, 13 contre et 10 abstentions) sa résolution 181 qui préconise la fin du mandat (pour le 1er août au plus tard ; ce sera le 15 mai) et le partage de la Palestine en deux États arabe et juif. Les affrontements entre communautés commencent aussitôt. La position du visiteur est fort éloignée du désir vatican d'internationalisation des lieux saints.

2. Et c'est l'essentiel aux yeux du nonce, même si son biographe est trop dur pour les papes qui l'ont employé (Michele SAPONARO, *Michelangelo*, Milan, Garzanti, 1947).

3. Pierre II a été privé de sa nationalité par décret le 8 mars 1947 (voir plus haut en date du 6 novembre 1946).

4. Le premier jugement est moins étonnant que le second, curieusement prémonitoire, car les foudres de Staline ne vont pas tarder à se déclencher contre Tito et son régime.

bonnes gens. Le soir j'ai reçu M. Bogojavlenski, parent de mes connaissances de Sofia : les jeunes Georges et Cyrille.

2 avril, vendredi. — <Bartelletty – 77, aven. Denfert-Rochereau 16 h. Atelier n. 8.>

Dans la journée, bon travail de correspondance privée. Ce matin Oddi est parti avec les siens en Angleterre. Il semble bien remis. À déjeuner j'ai eu l'amb. de Monaco au Vatican, M. Gentil, avec le P. Élisée et le P. Bruno, Carmes, ce dernier venu à la place du P. d'Argenlieu, un peu souffrant. Intéressant, ce P. Bruno, et bonne tête [1]. Le soir j'ai reçu le prof. De Vito, de l'Université catholique de Milan. Il enseigne l'économie politique et est ici pour un congrès [2].

<Récept. Maurice Fischer – secrét. de l'Agence Juive [3].>

3 avril, samedi. — Mariage Nicole Chesneaux Michel Melchior. 12 h St-Philippe du Roule. Messe et bénéd. Cette cérémonie m'a tenu recueilli et seul dans la matinée. Tout a été bien. J'ai parlé avec simplicité, je crois avec une certaine force de pénétration. Pensées habituelles : fidélité, chasteté, amour mutuel, crainte de Dieu. Il y avait beaucoup de monde. À déjeuner à la maison nous avons eu le prof. De Vito [4]. Puis je suis allé chez Mgr Beaussart et je me suis confessé.

Le froid est de retour et il faut se tenir sur ses gardes.

4 avril, dimanche. — Tout le dimanche à la maison. J'ai reçu l'après-midi Mgr l'évêque de Mende et le doct. Courcoux, à qui j'ai demandé un avis sur ma santé. Il m'a donné du courage, en me conseillant de marcher un peu chaque jour. Qui sait si je le ferai. En attendant j'ai préparé mes meubles pour me permettre de mettre un peu d'ordre dans mes archives privées [5]. Entre deux heures du bréviaire, j'ai lu en les savourant les chants V et VI du Paradis de Dante : en vieillissant oh ! comme on goûte de plus en plus l'immense père de la littérature italienne.

---

1. Le père Bruno de Jésus-Marie est l'animateur des *Études carmélitaines* et des Congrès de psychologie religieuse d'Avon, qui ont renouvelé l'approche des phénomènes spirituels et mystiques.

2. Il s'agit en fait de Francesco *Vito*, déjà fort connu (*L'economia al servizio dell'uomo*, Milan, Vita e Pensiero, 1945).

3. Le secrétaire politique de l'organisation sioniste pour l'Europe vient demander que le Saint-Siège prenne position sur la question de Jérusalem (Silvio FERRARI, *Vaticano e Israele*, p. 64).

4. *Sic.*

5. Conservées, ces archives privées sont fort utiles pour l'historien, à défaut des archives officielles.

5 avril, lundi. — Audiences : Mme Draz à propos du codex des évangiles ; M. Robert Rochefort, chef de cabinet de Schuman ; dans l'après-midi Luigi Chiodi, prêtre et prof. au sém. de Bergame avec M. Zinetti, de Gagny ; visite au card. Suhard et longue conversation importante ; au retour audience Charles Pichon avec souvenirs d'anciens nonces. Une lettre de Mgr Gustavo Testa me réjouit, avec la nouvelle de ses excellentes dispositions à retourner à Jérusalem y compris comme régent du Patriarcat. Le Seigneur le bénira et le préservera de tout mal [1].

6 avril, mardi. — Peu d'audiences : Bagini et Di Gioia, deux commerçants italiens de vins et liqueurs. Le prof. Chiodi du séminaire de Bergame est revenu : je l'ai gardé à déjeuner et à dîner ; je l'ai accompagné en promenade au Trocadéro et mes collaborateurs l'ont emmené à la gare. C'est mieux, je n'aurais pu démontrer mon affection aux plus chers souvenirs de ma jeunesse sacerdotale.

Parmi les audiences d'hier M. [ ] puis le rédacteur en chef de la *France Catholique* [2], et le soir Mgr Théas, évêque de Lourdes, tout heureux de sa visite en Allemagne [3].

7 avril, mercredi. — <Belgique : déjeuner 13 h.>

Prof. La Pradelle et prof. Santamaria, Espagnol [4]. Le déjeuner d'aujourd'hui à l'amb. belge, fixé pour 13 h, a commencé à 14 h 30 à cause du retard des ministres de l'agric. Pflimlin, de la Guerre Teitgen, et de l'Hygiène, une dame [5]. Je me suis longuement entretenu avec M. Teitgen. Le soir j'ai reçu le curé Sédillière, de St-Honoré d'Eylau. Puis le card. Konrad von Preysing, évêque de Berlin. Il était avec son

---

1. Le vieil ami du nonce, qui était en attente d'affectation et qu'il a recommandé le 26 décembre à Mgr Montini pour la nonciature de Vienne, vient d'être nommé délégué apostolique à Jérusalem et en Palestine (mais aussi pour la Transjordanie et Chypre) le 11 février ; il sera en effet promu régent du patriarcat (latin) de Jérusalem avec les prérogatives et les droits du patriarche, le 26 juin.

2. Sans doute le publiciste et écrivain Jean de Fabrègues, adjoint de Jean Le Cour Grandmaison.

3. Pour la session internationale de Pax Christi, qui s'est déroulée à Kevelaer, diocèse de Münster, du 1er au 4 avril (Philippe CHENAUX, *Une Europe vaticane ?*, Bruxelles, Éd. Ciaco, 1990, p. 81-82 ; Sylvaine GUINLE-LORINET, p. 236).

4. Probablement Carlos Santamaria, l'un des organisateurs des Conversations catholiques internationales de Saint-Sébastien.

5. Il s'agit de Germaine Poinso-Chapuis, ministre MRP de la Santé publique et de la Population, dont le nom va bientôt devenir célèbre, à cause du décret d'aide à l'école privée qui porte son nom (voir plus loin en date du 6 juin).

secrétaire et restera mon hôte très estimé jusqu'à son départ pour Rome. Il a un an de plus que moi et je le trouve souffrant depuis que je l'ai vu en 1946, à l'occasion de sa nomination comme cardinal [1].

8 avril, jeudi. — <M.T. des Cars – Hospice St-Symphorien *Sarthe.*>

Cette duchesse des Cars semble vraiment une très bonne chrétienne, d'excellente matrice chilienne mariée à un Français. Elle m'a raconté ses consolations et ses chagrins. Audience intéressante de Mgr Bressolles. Il estime que pour la diplomatie pontif. et pour la Curie, les Italiens sont les meilleurs [2]. À 13 h j'invite à déjeuner, autour du card. Preysing, le card. Suhard avec ses collaborateurs, Potevin et Lalande [3]. Réunion tranquille et cordiale. L'après-midi et jusqu'à tard dans la nuit, correspondance et premier essai de mise en ordre de mes papiers.

9 avril, vendredi. — <15 h 30 – Bartelletty.>

Audiences : M. S.S. Bojpai, ministre du commerce du gouvernement indien : très intéressant ; Mgr Maroun me fait parvenir de la part de Rome les informations de l'expulsion du Liban de Mgr Mubarak, qui a choisi Paris comme lieu de séjour [4] ; p. Bivort de la Saudée s. j. ; la dame turque Kamuran Draz ; le soir Mgr Bučko, évêque des Ukrainiens. À midi je suis allé avec le card. Preysing déjeuner chez le card. Suhard. Convives comme hier. À 16 h ma pose chez Bartelletty. Le soir, retour de Londres de Mgr Oddi avec son père et sa sœur. Tout très bien. Est venu aussi M. Édouard Marret.

10 avril, samedi. — Le card. Preysing poursuit son voyage vers Rome. Je l'accompagne au Bourget pour l'avion. Il a été très heureux de son passage à Paris. Pour moi, excellente occasion pour l'*hospitalis et benignus*. À 12 h je reçois la visite de García, nouvel amb. du Pérou. Il vient du Vatican. En 1946

1. Il ne mourra pourtant qu'en 1951 (voir plus haut en date du 31 janvier 1946).

2. Son interlocuteur veut sans doute flatter le nonce, mais sa remarque ne va pas dans le sens de l'internationalisation esquissée par Pie XII avec la dernière promotion cardinalice.

3. Respectivement promoteur du diocèse et secrétaire du cardinal.

4. L'archevêque maronite de Beyrouth, jugé indésirable dans son pays du fait d'interventions publiques dangereuses pour le délicat équilibre politico-religieux du Liban et du Proche-Orient, arrivera à Paris le 30 avril.

j'ai marié son fils ici à la nonciature et ce fut un mariage béni [1]. À 12 h 30 Mgr Dutoit que j'ai gardé à déjeuner, joyeusement. Nous avons parlé aussi de Boulogne [2]. Visiteurs de l'après-midi : Edoardo Sala, de Monza et Sotto il Monte, marié par moi en 1925 ; et Mgr Devreesse, de la Bibliot. Vaticane.

11 avril, dimanche. — Dimanche tranquille. Seules visites le jeune de Vinci, patrie de mon valet de chambre Jules ; prof. Anclito Ferretti, ardent démocrate chrétien. À 12 h 30 Edoardo Sala reste à déjeuner avec moi en même temps que le prêtre suisse August Smit, ami de Mgr Heim. Avec mon compatriote Edoardo Sala le contact fut plus gai que jamais. Lui qui se conduit très bien en fut ému et fier. À 16 h j'ai visité avec Oddi la vente de charité au bénéfice des sœurs de la rue Violet. J'ai rencontré plusieurs humbles personnes italiennes et bergamasques. Le soir j'étais un peu fatigué, mais j'ai travaillé jusqu'à tard, et passé quelque temps avec les chers parents d'Oddi.

12 avril, lundi. — Quelques audiences : secrét. fr. François de Sales, des Frères des Écoles chrétiennes avec visiteurs : Joseph, Marc, de Turquie et Bulgarie, et Noël, du Pirée. Tristes nouvelles des Balkans [3]. À 11 h M. Lecomte, secrétaire perpétuel de l'Académie française qui me remet la médaille d'or de la langue française attribuée au Saint Père [4]. Je l'ai accueilli de mon mieux. Puis récep. abbé Iung, avec son volume sur le *Droit public ecclésiastique* [5]. À 13 h P. Louis d'Argenlieu, que je garde à déjeuner. À 18 h le P. Privé, provincial des Montfortains. Nouvelle douloureuse : la mort de Fermo Taragni, grand artiste et mon ami.

13 avril, mardi. — Sainte messe à l'intention de Fermo Taragni. J'ai envoyé <communiqué.> intentions et réconforts à sa famille à Redona. Audiences : p. Marcie s. j. que j'ai confié au P. Kokel ; le général Dagnan, de la phalange ardente pour la cause du P. de Foucauld ; puis un Maronite

1. Voir plus haut en date du 21 mars 1946.
2. C'est-à-dire de l'éventuel détachement d'un diocèse de Boulogne de celui d'Arras, dont Dutoit fut évêque jusqu'en 1945 (voir plus haut en date du 14 janvier).
3. Où l'emprise communiste se confirme.
4. Voir plus haut en date du 18 décembre 1947. Pie XII remercie par lettre l'Académie, en français bien sûr, le 28 avril (*La Documentation catholique*, 6 juin, col. 709-712).
5. *Le Droit public de l'Église dans ses relations avec les États*, Paris, Procure générale du Clergé, 1948 (don du 7 avril).

d'Amérique, le P. Awad qui me propose un cadeau de messes *que je n'ai pas accepté*. Dans l'après-midi je suis allé en auto à N.-D. où je me suis confessé à Mgr Beaussart ; je suis rentré en partie à pied, puis avec l'auto de MacCloskey. Conversation avec le P. Bivort s. j. À 20 h adieu aux chers Agostino et Elena Oddi, qui retournent à Morfasso. Excellents l'un et l'autre. À dîner j'ai eu le général Koenig, le ministre Schneiter et Mgr Picard de La Vacquerie. Excellente et fructueuse réunion [1].

14 avril, mercredi. — <17 h Audience journalistes.>

Audiences nombreuses : Mgr Chappoulie ; ministre de l'Inde Raghavan Pillai ; Mgr Picard de La Vacquerie ; l'ex-amb. de Tchécoslovaquie M. Nosek. L'après-midi, très importante audience de journalistes catholiques réunis en congrès, qui ont exprimé le désir de voir les services du Vatican correspondre mieux aux exigences actuelles de la presse et de la bonne propagande de la vérité et du bien [2]. Puis j'ai reçu les deux frères, le p. François jésuite, et René Russo, fils du déf. Domenico Russo, journaliste.

15 avril, jeudi. — <À Chaillot. 8 h 30 film « Abuna Messias » Première.>

Longue visite de Mgr Le Hunsec qui m'invite à la messe de Pentecôte et au repas suivant avec mes collaborateurs. Puis l'abbé Velat, spécialiste d'études de langue éthiopienne. Il me laisse une certaine impression d'*étrangéité* [3]. Le film *L'Homme du désert* ou *Abuna Messias* dans la grande salle de Chaillot où nous avons été invités est techniquement beau ; mais pour mon esprit cela ne va pas. La lutte entre la hiérarchie des Coptes orthodoxes et le p. Massaia est historique ; mais l'exposer ainsi ne contribue pas à « l'union de l'Église [4] ». Et cela ne rend pas le film sympathique. Les exécutions pianistiques de Borchard extrêmement savoureuses.

---

1. Sur les questions relatives à la présence française en Allemagne sans doute, qui les concerne directement tous les trois (chef des troupes d'occupation, secrétaire d'État pour ces affaires et aumônier-inspecteur).

2. On aimerait savoir ce que le nonce pense de telles revendications.

3. Pour *étrangeté*. L'abbé Bernard Velat est aumônier du lycée de filles Victor-Hugo (IIIe arrondissement).

4. Le souci œcuménique de Mgr Roncalli est choqué par l'hostilité du film envers les Coptes et sa faveur pour l'expansion missionnaire du catholicisme latin en Éthiopie. Bien que mise entre guillemets, l'expression « union de l'Église » est théologiquement approximative.

16 avril, vendredi. — Peu d'audiences : dott. Anclito Ferretti ; et dans l'après-midi M. Pellicioli, de Lonno, avec son épouse Taramelli, de Mapello.

À la maison, toujours du travail, mais avec peu de résultats. Je ne peux pourtant pas faire mieux.

17 avril, samedi. — Audiences : Mad. Chenay, bibliophile avec des projets qui sortent de mon cadre ; le recteur du séminaire polonais qui m'invite pour l'ordination le 29 juin, et longue conversation avec le P. Boisard, sup. de St-Sulpice, à propos de Mgr Bertin. Dans l'après-midi, longue conversation avec Mgr Leprêtre au sujet de Boulogne[1].

18 avril, dimanche. — 9 h 30 messe des Écrivains catholiques à N.-D. 16 h assemblée gén. 20 h dîner. Tout s'est passé avec une forte édification et une parfaite tonalité romaine. Le discours de l'abbé Berrar à Notre-Dame ; les trois discours : Speaight, Guardini et Gilson à la Mutualité – en particulier Gilson – furent imprégnés de la note papale. Le soir, le repas au Club-cité s'acheva sur mon toast à l'optimisme et à l'encouragement[2]. J'étais un peu honteux de moi-même, mais à ce qu'il semble les participants étaient très satisfaits ; Mgr Forni est venu avec moi.

<Pensée et prière pour les élections en Italie[3].>

19 avril, lundi. — Audiences : longue conversation avec M. Rey à propos de la chapelle expiatoire sur le Mont Valérien ; le pianiste Borchard ; dans l'après-midi l'abbé de Cars, trappiste[4] ; Mgr Lebrun, évêque d'Autun avec qui la

---

1. Le franciscain est originaire du Portel, dans le Boulonnais : il est donc directement intéressé à la restauration d'un évêché à Boulogne.

2. Le nonce ne signale pas la transformation, majeure, de cette manifestation en Semaine des intellectuels catholiques, organisée par le Centre catholique des intellectuels français, dont l'abbé Émile Berrar est le conseiller ecclésiastique (Claire TOUPIN-GUYOT, *Les Intellectuels catholiques dans la société française. Le Centre catholiques des intellectuels français, 1941-1976*, Presses universitaires de Rennes, 2001, p. 68-70).

3. « *In questi mesi si agitano e si decidono in Italia e non così semplicemente, questioni gravi, a cui è legata la liberà della Chiesa e del Vangelo nell'epoca che succederà immediatamente alla attuale e che sarà l'epoca di voi altri giovani* » (« Ces mois-ci bouillonnent et se décident en Italie, et pas là simplement, des questions graves, auxquelles est liée la liberté de l'Église et de l'Évangile pour l'époque qui suivra immédiatement la nôtre et qui sera votre époque, à vous les jeunes »), écrivait Mgr Roncalli à son neveu Battista, le 14 mars (*Lettere ai familiari*, t. II, p. 143).

4. Il pourrait s'agir en fait de l'abbé du monastère trappiste du Mont *des Cats*, dans le Nord.

conversation fut fatigante [1]. La situation personnelle de Mgr Bertin se présente encombrée de préjugés invétérés. Charité, charité : qu'elle est rare et peu profonde. Mon neveu Beppino Marchesi, de Longuelo, m'annonce la mort de son père Giovanni. C'était un brave homme et un bon chrétien qui a beaucoup souffert. J'ai télégraphié aussitôt à ma sœur Assunta et le soir je lui ai écrit une lettre de consolation.

<Visite comte de Saint-Rome et épouse.>

20 avril, mardi. — <Mgr Devreesse à déjeuner et *archives* 2, rue Diderot Asnières.>

Audiences : trois braves messieurs catholiques : *Bassot*, que je connaissais déjà, *Voisin*, secrét. gén. de l'ass. pour la fédération des États d'Europe [2], et Richet ; Mgr Maroun qui part pour Rome ; idem comm. Delamaire. À 13 h déjeuner avec Mgr Devreesse. À 17 h le comte de Rosanbo qui apporte l'argent laissé par son père pour le pape ; Mgr Courbe pour une longue conversation et M. Mahieu, qui se marie. Tranquille satisfaction pour le bon résultat des élections en Italie. C'est le début d'une révolte de la conscience chrétienne [3]. Pour l'œuvre du Saint Père une grande revanche.

[21 avril mercredi] [4]

22 avril, jeudi. — J'ai reçu ici avec un vif plaisir Mère Théonille, supérieure des sœurs autrichiennes de St Georges à Istanbul. Les nouvelles – qui continuent d'être bonnes – de tous ces braves gens qui ont tant souffert m'ont été très précieuses. Autres audiences : Mgr Grente ; le recteur de la Mission polonaise, mécontent. À déjeuner j'ai eu l'abbé Romano Guardini, prof. à Tubingen, avec les prof. Le Bras et Bédarida, de la Sorbonne [5]. J'ai longuement conversé avec Le Bras. Il y avait aussi Mgr Arquillière. Le soir, p. Velat et

---

1. Parce qu'il ne veut pas devenir archevêque de Rouen, sans doute à cause du cas Bertin, comme le suggère la phrase suivante.

2. L'industriel catholique Jacques Bassot et l'ancien maurrassien André Voisin sont parmi les fondateurs du mouvement La Fédération, favorable à l'union européenne (Philippe CHENAUX, *Une Europe vaticane ?*, p. 45).

3. Grande victoire de la démocratie-chrétienne qui obtient la majorité absolue des sièges avec 48,5 % des voix, contre 31 % au Front populaire unissant le Parti communiste et le Parti socialiste.

4. Page blanche.

5. Suite de la Semaine des intellectuels catholiques : visite du président et d'un vice-président du CCIF, avec leur orateur le plus prestigieux, le théologien allemand d'origine italienne Romano Guardini.

Mgr Grébaut[1]. J'étais très fatigué : j'ai reçu encore l'abbé Iung, le juriste.

23 avril, vendredi. — [[À Notre-Dame ma messe solennelle pour le triduum de Ste Catherine Labouré. 10 h]]

Toujours des audiences : l'abbé Courtois et M. Finkelstein[2] ; M. Gony d'Ouinci* ; le *comm.* Bernardino Nogara. Dans l'après-midi avec mes collaborateurs j'ai vu le film *Maddalena* en séance privée. Ce film mexicain contient de très beaux moments[3]. Puis je suis allé me confesser chez Mgr Beaussart, et j'ai visité les époux Paon qui offraient une réception. Après le dîner, nous avons étudié avec Mgr Oddi le projet pour la présentation de quatre *terna* épiscopales : Rodez, ordin. et coadj., Coutances, Poitiers et Angers : douze sujets[4].

24 avril, samedi. — Comme ci-dessus. Messe pontif. à N.-D. à 10 h. En l'honneur de la nouvelle sainte j'ai été honoré et heureux de me prêter au rite solennel[5]. Trône au fond de l'abside comme à Rome. Autel face au peuple[6]. Notre-Dame bondée de jeunesse féminine et de sœurs : spectacle émouvant de la charité vincentienne. À la nouvelle sainte Catherine, en même temps qu'à saint Joseph et à la petite Thérèse, j'ai confié une grâce spéciale pour la nonciature : l'affaire Bertin[7]. Dans l'après-midi trois longues audiences : p. Savaton O. S. B., ab. de Wisques ; p. Louis d'Argenlieu ; M. Mahieu.

---

1. Du diocèse de Rouen.
2. De l'Union des Œuvres.
3. Production du cinéma catholique peu appréciée des critiques.
4. Il serait bien intéressant de voir cette liste, l'Agenda étant devenu muet sur les nominations épiscopales depuis l'entrée en vigueur de la procédure suggérée par le Quai d'Orsay l'année précédente (voir plus haut en date du 24 avril 1947). *« Ora anche Angers chiede un ausiliare : Ma vorrebbe il bravo ometto che gli sta accanto e che comincia per O. Ma che vuole ? Questo degno ecclesiastico non è preso sul serio come vescovo anche ausiliare, e converrà volgersi altrove »* (« Maintenant Angers aussi demande un auxiliaire. Mais il voudrait le brave homme qui est à côté de lui et qui commence par O. Mais qui en veut ? Ce digne ecclésiastique n'est pas pris au sérieux comme évêque, même auxiliaire, et il conviendra de se tourner ailleurs »), écrivait le nonce à son ancien collaborateur Mgr Pacini le 24 mars (il n'est pas difficile de reconnaître le vicaire général Auguste Oger, qui ne sera pas promu).
5. La voyante de la Médaille miraculeuse, Catherine Labouré, a été canonisée le 27 juillet 1947.
6. La première disposition ferait-elle accepter la seconde ?
7. Qui lui tient décidément beaucoup à cœur.

25 avril, dimanche. — <Dîner Lazaristes 12 h 30.>

Mémoire de la translation des reliques de saint Vincent. Il y avait le cardinal Suhard : fête complète à la maison comme à Notre-Dame. À table j'ai eu à côté de moi l'archev. d'Urmia, un Chaldéen [1] ; et Mgr Perrin, évêque d'Arras, avec qui j'ai pu discuter aimablement et m'entendre sur l'affaire des pétitions [2] pour la reconstitution du diocèse de Boulogne.

J'ai occupé le reste de la journée à rédiger des rapports au Saint-Siège sur les affaires courantes : Mgr Bertin ; archev. de Rouen ; prochain congrès des fédéralistes à La Haye.

26 avril, lundi. — Audiences : marquis sicilien Di Rende ; le card. Preysing arrive de Rome en avion. Je l'accueille de mon mieux. Je reçois le curé de Colombes Michonneau avec qui je converse longuement, je l'espère de manière fructueuse pour lui et pour moi [3]. L'après-midi je visite avec don Bruno M. Pierredon, représ. de l'Ordre de Malte dans sa splendide résidence de la rue Copernic [4]. Mon gros travail de bureau continue. Avec le cardinal, conversation prolongée sur la tristesse de la situation de l'Allemagne [5].

27 avril, mardi. — <Conf. Riquet –1848-1948 – Salon Amérique latine 96, avenue d'Iéna. 18 h 15.>

Peu d'audiences : le curé de Drancy qui m'invite à une ordin. sacerdotale dans son église le 4 juillet ; p. Paolino, des Prêtres de saint Paul d'Alba. Bon travail au bureau avant et après midi. Déjeuner à la maison avec le cardinal Preysing. À 18 h je suis allé à la conf. du P. Riquet, mais qui porta sur le général Leclerc. La veuve Leclerc était à ma gauche ; et j'étais avec le card. Suhard. Style excellent, mais le lyrisme

1. Voir plus haut en date du 29 novembre 1947.
2. L'affaire a donc suscité une émotion publique.
3. Le Fils de la Charité Georges Michonneau est l'un des principaux animateurs du mouvement missionnaire en paroisse populaire : de 1939 à 1946, il a multiplié les expériences au Sacré-Cœur du Petit-Colombes, dans la couronne ouest de Paris, et en a tiré un livre à succès, *Paroisse, communauté missionnaire* (Paris, Éd. du Cerf, 1946). Au moment où le nonce le rencontre, il est curé de la principale paroisse de Colombes, Saint-Pierre-Saint-Paul, et s'apprête à partir pour Rome.
4. XVIe arrondissement.
5. Au moment de cette visite se tient la conférence de Londres (23 février-1er juin) où les Occidentaux adoptent difficilement un statut fédéral pour la future Allemagne, que refuse l'URSS dans sa zone d'occupation, tandis qu'elle cherche à isoler Berlin de l'ouest du pays.

habituel de ce pays [1]. À 21 h dîner chez M. Bojpai, 10 convives avec Chauvel, avec qui j'ai longuement et utilement discuté.

<Audiences : à 16 h Mgr Lamy, archev. de Sens, vicomte Eugène Tiberghien, amb. Maritain [2].>

28 avril, mercredi. — <Déj. Claudel 13 h.>

Parmi les visiteurs M. Chanson, de la Société vinicole de Beaune [3] ; M. Sans, parent de la duchesse des Cars, qui m'annonce la mort de sa maman.

Le déjeuner chez Claudel extrêmement agréable et familial ; il y avait les époux Laroche, Daniel-Rops, Madaule, Mgr Bressolles, le chan. Sédillière. À 10 h j'ai accompagné le card. Preysing à Villacoublay : l'aérodrome de mon arrivée le 30.XII.44. Beaucoup d'amabilités. Le soir j'ai assisté à une récept. chez Pierredon, ministre de Malte.

29 avril, jeudi. — Audiences : Zeiller, présid. et secrét. du Conseil gén. des conférences de saint Vincent ; p. Boisselot, nouveau prieur dominic. de St-Honoré O. P. ; p. Lambert et vice-prov. jésuite. L'après-midi l'amb. Maritain, revenu prendre congé : conversation très aimable ; p. Merklen, dir. de *La Croix* qui me rapporte ses impressions d'Amérique, du Canada, etc. ; ministre Barcza, de l'O.S. de Malte et marquis Pallavicino [4]. Le passage de l'esprit sur des domaines d'observation aussi variés finit le soir par alourdir la tête et le cœur.

---

1. Aussi peu de temps après la disparition tragique du héros national, comment parler autrement ?

2. Les spéculations sur son successeur vont bon train depuis un moment, puisqu'il a exprimé le désir de ne pas poursuivre son mandat au-delà de 1948. Dès le 5 février, le nonce écrivait à Mgr Montini : « *Non sarà Francisco [sic] Gay, a cui fu assicurato il posto di ambasciatore al Canadà* » (« Ce ne sera pas Francisco *[sic]* Gay, à qui a été promis le poste d'ambassadeur au Canada », où il a été nommé le 12 février). Le poste semble promis à Wladimir d'Ormesson, ambassadeur en Argentine depuis 1945, qui a les faveurs du Quai d'Orsay, et aussi du Vatican. Mais Georges Bidault, qui songe de nouveau à Charles Flory, va le faire lanterner plusieurs mois (nombreuses mentions de l'affaire dans le Journal d'Ormesson, premier semestre 1948 ; et confirmation par la déposition de Roland de Margerie au procès parisien, 20 novembre 1969, vol. III, p. 174-175). Maritain quitte Rome pour les États-Unis au début de juin et fait parvenir à Bidault ses « Impressions d'ensemble » sur sa mission le 11 (*Cahiers Jacques Maritain*, Kolbsheim 4 *bis*, juin 1982, p. 91-96).

3. Qui revient à la charge !

4. En l'absence du grand maître le prince Chigi, octogénaire, ils sont venus avec le comte Michel de Pierredon, représentant de l'Ordre en France, remettre les insignes de Bailli Grand-Croix d'Honneur et de Dévotion au président de la République Vincent Auriol, « successeur » des rois « très chrétiens », le 27 avril (*Journal du septennat*, p. 197 ; et

30 avril, vendredi. — Audiences : chan. Archambault et abbé Dubois de l'École Fénelon ; Mlle Coulon au nom de Bruneto, de Lourdes ; consul Giusti del Giardino et la comtesse ; abbé [ ]. À déjeuner j'ai eu l'amb. Barcza, de l'Ordre souverain de Malte, avec le marquis Pallavicino, de Parme, le comte Pierredon et M. Mastoudoni [1]. À 16 h M. Algisi, de Bergame, avec Madame et leur fille [2], M. Mahieu, Mgr Maroun retour de Rome, Gaston Bergery dernier amb. à Istanbul [3] avec qui nous avons échangé des souvenirs intéressants et instructifs.

Avril. — Au peintre Loffredo avancé par moi pour deux tableaux avec cadre de Salamon et Rotelli 25 000 F.

15 juin. La nonciature a repris note du 5 mai.

Donné au même pour mon troisième portrait et ajustement du premier 10 000 au 2 juin 1948.

1er mai, samedi. — Voyage en auto à Clermont-Ferrand avec Heim et Jules [4]. Départ à 8 h 15, arrivée à 12 h 45 chez M. Costanzo Emmanuelli, frère de Dino. J'ai cru bon d'accepter le déjeuner qui nous a été offert avec beaucoup de délicatesse et de cordialité. À 16 h je suis allé à l'évêché où Mgr Piguet m'a fort bien accueilli ; et j'ai reçu la visite du préfet, M. Delaunay, avec ses deux secrétaires. À table Mgr a réuni ses trois vicaires généraux et le postulateur de la cause de béatific. du Bienheureux Bénilde, avec le fr. François de Sales, secrét. génér. en France, et deux sup. des Frères des Écoles chrétiennes.

2 mai, dimanche. — À Clermont : collège « Godefroy de Bouillon » des Frères des Éc. chrét. ; journée bien pleine ; pluvieuse au-dehors. Réception dans la cour avec les élèves et les anciens en masse. Pontifical solennel dans la très grande

---

surtout Yves MARSAUDON, *Souvenirs et réflexions. Un haut dignitaire de la franc-maçonnerie de tradition révèle des secrets*, Paris, Jean Vitiano, 1976, p. 226-230).

1. Il s'agit du baron Yves *Marsaudon*, présent à la cérémonie de l'Élysée et ministre plénipotentiaire à la disposition de l'Ordre, détaché auprès de sa représentation diplomatique à Paris depuis le 20 novembre 1946 ; il dit avoir fait la connaissance du nonce en janvier 1947 (*ibid.*, p. 217 et 219-220).

2. Il ne s'agit donc pas de l'abbé Leone Algisi qui écrira la première biographie de Jean XXIII trouvée trop flatteuse par l'intéressé (*Giovanni XXIII*, Turin, Marietti, 1959).

3. Du temps de Roncalli, qui continue de s'intéresser à son cas. Gaston Bergery est donc libre, bien que soumis à un procès qui commencera en septembre devant la Cour de justice de la Seine.

4. Trente-septième voyage du nonce, mais le premier depuis janvier.

chapelle du collège en style nouveau mais supportable : grande musique mais sans respect du motu proprio de Pie X [1]. Grand repas interminable avec toasts dans une litanie incessante d'encens et de compliments. J'ai parlé moi aussi à la réception en exaltant la fidélité aux petits devoirs qui font les grands saints, puis en invitant au vœu contenu dans les litanies de demain.

Ut Dominum apost., etc.

Ut nosmetipsos in tuo sancto servitio etc. comme le B. Bénilde.

3 mai, lundi. — De Clermont à La Bourboule : sainte messe à l'évêché et litanies des saints auxquelles répondait Mgr Piguet. Mon ami Giorgio Lubrina, de Bagnatica, m'avait donné envie de lui rendre visite à La Bourboule, où il tient un hôtel et une propriété avec sa bonne famille, Mme Bianca et trois enfants, dans l'attente d'un quatrième. En montant, nous sommes passés au sanctuaire d'Orcival : très beau, en style ancien – XIIe siècle – mais avec trop de babioles du culte populaire [2]. Chez l'ami, accueil et hospitalité extrêmement chaleureux. Avec le curé doyen ab. Cok [3] je suis allé jusqu'au Mont-Dore sous un ciel redevenu serein. Vrai paysage suisse inoubliable [4].

4 mai, mardi. — Nuit tranquille à la maison Lubrina, matin serein et lumineux. Sainte messe à la paroisse qui est belle et propre. Belles heures de conversation avec l'hôte, vraiment pieux, juste et fervent catholique, par ailleurs instruit et compétent. Nous sommes sortis ensemble. Photo de groupe de Palanca. À 12 h, après un déjeuner anticipé, retour à Paris. Très beau voyage. Bref arrêt à Clermont pour le coup de l'étrier chez M. Costanzo ; plaisante déviation pour visiter Bourbon l'Archambault, le berceau des Bourbons près de Moulins ; puis l'église de St-Menoux, très intéressante [5], et plus encore Souvigny, la petite nécropole de l'illustre maison [6].

1. Voir plus haut en date du 7 décembre 1947.

2. Même critique que pour Saint-Brieuc l'année précédente contre les débordements du culte populaire (voir plus haut en date du 18 mai 1947). Le nonce préfère le style roman de cette église dans sa pureté.

3. Le curé-doyen de la station thermale de La Bourboule est le chanoine *Conte*.

4. La Suisse n'a tout de même pas de volcans !

5. Abbatiale du XIIe siècle remaniée aux XIVe et XVe ; le chœur est roman.

6. Église Saint-Pierre des XIe-XIIe siècles, remaniée au XVe, nécropole des ducs de Bourbon (ces deux monuments se trouvent dans le département de l'Allier).

Merveilleuse campagne française mais <peu cultivée. Journée toujours splendide. À 21 h 15 à la nonciature. Laus Deo.>

5 mai, mercredi. — À la messe seront présents Bernard Mahieu et sa fiancée Monique. Et ils y furent en effet, et avec eux leurs parents respectifs : tous ensemble ont communié. Seule audience, le secrétaire du P. Savaton, dom Pierre Doyère, de Wisques, qui m'apporte une contrariété, un soupçon que j'aimerais croire infondé. Le soir je suis allé avec Oddi au Crillon pour la réception de l'Abyssinie. Peu de monde, mais plus que l'an passé. Rencontre fugitive avec Bogomolov. Au bureau gros travail jusque tard dans la nuit. À la maison, pendant mon absence aussi, toujours bonne paix.

6 mai, jeudi. — 11 h. Église St-Antoine. Boul. Lefebvre – Assist. messe Foire de Paris – organisée par Zamanski et Fourmond [1]. Tout bien. Église pleine ; bon discours du P. Arnou s. j. [2] J'ai été retenu à déjeuner par le curé Le Quellec, qui m'a laissé, ainsi que ses vicaires, une excellente impression. Vie en commun qui marche bien [3]. À 16 h 30 j'ai reçu M. Myron Taylor, ambassadeur personnel du Présid. Truman auprès du Saint Père. Il ne parle que l'anglais et avait un interprète. Rien d'intéressant [4]. Ensuite visite de l'abbé Jacquin qui m'apporte toujours un peu d'aigre-doux. Après un dîner prolongé, joyeuse conversation avec mes collaborateurs et reprise du Mois de Mai, mais seulement cette année.

---

1. De la Confédération française des professions, qui va devenir le Centre français du patronat chrétien le 16 juin 1948.

2. André Arnou, aumônier-conseil du mouvement.

3. Paroisse Saint-Antoine-de-Padoue, dans le XVe arrondissement, comme le Parc des Expositions où se tient la Foire de Paris ; la vie commune des desservants d'une même paroisse n'est pas fréquente alors.

4. Et pourtant, Myron Taylor écrit au président Truman, le jour même, que Mgr Roncalli a témoigné de l'amélioration de la situation en Europe occidentale et de l'éloignement de la menace communiste en France comme en Italie ; a exprimé ses doutes sur les intentions belliqueuses de l'URSS (« *bluff tipico del bazar* », « bluff typique du bazar ») ; a confirmé le rôle du patriarcat de Moscou dans l'expansion de l'influence soviétique en Orient ; a déconseillé de nouveau toute visite de son interlocuteur à Istanbul et Athènes, mais lui a suggéré de « *procedere con cautela a rafforzare la posizione americana presso il Santo Sinodo e i vescovi greci e insediare il vescovo Athenagoras nel Patriarcato di Costantinopoli con il minor rumore possibile* » (« procéder avec prudence au renforcement de la position américaine auprès du Saint Synode et des évêques grecs, et installer l'évêque Athénagoras au Patriarcat de Constantinople avec le moins de bruit possible », Ennio Di Nolfo, *Vaticano e Stati Uniti, 1939-1952*, p. 570-571). L'information est de taille, car l'archevêque Athénagoras Spyrou, alors en poste aux États-Unis, sera bien élu patriarche le 1er novembre 1948, avec l'appui américain (Valeria Martano, *Athena-*

7 mai, vendredi. — <16 h 30. Visite Algisi.>

J'ai reçu avec plaisir la visite du P. Tirondola, sup. gén. des Scalabriniens. Il était avec le provinc. de France p. [Millini[1]]. Ensuite Mgr Mubarak, archev. de Beyrouth, est venu me raconter à sa façon l'histoire de sa relégation temporaire. J'ai pu lui dire mon impression sur l'interférence des évêques dans la politique et autour de la question juive[2]. À 13 h 30 un curieux et cordial déjeuner à l'ambassade de Turquie avec seulement des *plats turcs*. Il y avait le ministre de la Marine, MM. Bidault, Quaroni, Dumaine, la fille et la nièce de Menemençioglü. Repas très bon et fort gai. À la maison, Algisi, le peintre Loffredo avec mon troisième portrait.

8 mai, samedi. — Hérissay à déj. Mont Valérien. Le brave écrivain catholique Hérissay, organisateur du Centre des Intellectuels français[3], est venu déjeuner à la nonciat., puis m'a accompagné visiter le Mont Valérien, déjà célébré par lui dans un beau livre[4]. Il fut un guide précieux. Combien de belles choses à faire dans un lieu sacré du point de vue historique, religieux et patriotique aussi intéressant. Le matin, j'ai eu la visite du provincial des Jésuites de Toulouse : également intéressant[5].

<Reçu aussi Mlle Leflaive et le colonel Dortel-Claudot, et je me suis confessé à Mgr Beaussart.>

9 mai, dimanche. — <À la maison : 1re comm. et confirmation Maria Luisa Venturi et Giorgio Sartori 8 h 30. 10 h 30 Champs-Élysées avec le président.>

La cérémonie de la 1re communion de ces deux fleurs des familles employées à la nonciature a été très belle et

---

goras il patriarca, 1886-1972, Bologne, Il Mulino, 1996, p. 132). Les deux hommes ont parlé aussi d'un possible rapprochement de Gaulle-Schuman et de la réintégration de l'Espagne franquiste dans l'espace occidental.

1. Comme indiqué le 10 mai.

2. L'archevêque de Beyrouth a plaidé pour la création d'un État juif en Palestine et d'un État chrétien au Liban. Mgr Roncalli confirme sans doute ce qu'il a dit au melkite Hakim l'année précédente : les hommes d'Église doivent s'abstenir de toute intervention dans les affaires politiques (voir plus haut en date du 9 août 1947).

3. Décidément, le nonce n'est pas au courant de la mutation en cours au Centre catholique des intellectuels français, sous la direction de l'abbé Berrar et de Henri Bédarida, dans laquelle Jacques Hérissay, responsable des seuls écrivains, n'est pas pour grand-chose (Claire TOUPIN-GUYOT, *Les Intellectuels dans la société française*, p. 63-86).

4. *Le Mont Valérien*, Paris, Perrin, 1934.

5. Le père Sevestre.

émouvante. Chapelle pleine. Pour la première fois l'harmonium a été utilisé avec succès. Oddi, Forni et Heim étaient présents. J'ai célébré la messe et à l'évangile j'ai rappelé le récit de don Giulivo sur le mendiant de l'amour divin. Café au lait et gâteaux furent servis à tous, environ 40 personnes. Nous avons fait aussi une visite chez Giulio. À 10 h 30 j'ai assisté à la grande revue aux Champs-Élysées [1]. Ordre et bonne grâce en tout. L'après-midi je suis resté seul à la maison. Le soir, visite d'Ausonio Baroni.

10 mai, lundi. — À midi j'ai eu à déjeuner le Très Révérend P. Tirondola, sup. gén. des Scalabriniens avec le P. Millini sup. de France. Le soir, au repas nous avons eu le ministre de la France d'Outremer, avec son secrétaire Vallery-Radot. Rencontre très familière et cordiale. Le ministre Coste-Floret, du MRP, manifeste encore la *marotte antiépiscopale* de l'immédiat après-guerre. J'ai pu le tenir en respect efficacement. Rien de plus honorable pour le nonce que d'avoir évité ou réduit à rien l'épuration des évêques. Ces jeunes sont ardents et bons, mais peu sensés [2]. J'ai reçu aujourd'hui M. Carlo Invernizzi, de Romana.

<Le soir, le ministre du Liban Bey Daouk.>

11 mai, mardi. — Déjeuner Iung 13 h. 167, Boul. Bineau, Neuilly. J'y suis allé seul et suis resté seul avec ce prêtre zélé et savant en Droit public ecclésiastique. Ce serait parfait s'il ne laissait percer une aspiration à faire de plus hautes choses, soit dans le ministère, soit dans l'enseignement, soit dans les deux [3].

Le matin, convers. avec le p. Millini sup. des Scalabriniens remémorant le consul Castruccio. Le soir j'ai visité le card. Suhard en ce 8e anniversaire de son transfert à Paris. Au retour, Mlle Bienaimé de la Légion de Marie avec la secrét. propagandiste pour la France. Le P. Fugazza est revenu. Deo gratias.

<Mlle Bienaimé de la Légion de Marie avec secrétaire.>

1. Pour le troisième anniversaire de la victoire.

2. Plus le temps passe et plus le nonce estime avoir eu raison de s'opposer à l'épuration épiscopale. Il continue en outre d'attribuer la volonté épuratrice des démocrates-chrétiens à une erreur de jeunesse, sans prendre en compte le fond du problème. Cet échange prouve combien la plaie reste vive chez son interlocuteur, alors ministre de la France d'outremer dans le gouvernement Schuman.

3. Nicolas Iung, né en 1902 et prêtre en 1928, est administrateur de la chapelle Saint-Jacques de Neuilly ; il fait manifestement sa cour au nonce, mais dans quel but ? Un siège épiscopal ? Un poste à l'Institut catholique de Paris ?

12 mai, mercredi. — <15 h. Visite Foire de Paris avec Fourmond.>

Peu d'audiences le matin. J'ai fait la visite de la Foire de Paris avec M. Fourmond et le marquis Canisy. J'ai été accueilli avec beaucoup d'égards par le Présid. du comité organisateur de la Foire, monsieur René Lecomte. Il m'a conduit en voiture à travers les pavillons : nous sommes entrés dans quelques-uns, par ex. ceux de l'industrie italienne : partout accueil respectueux et joyeux. M. Lecomte m'exprimait sa vive satisfaction de voir un haut prélat de l'Église, et spécialement un représentant du pape, s'approcher d'aussi près de la vie [1]. Cela est édifiant pour tous.

13 mai, jeudi. — 17 h 30. Confirm. à l'École Fénelon. Chan. Archambault. 23, rue du Général Foy derrière St-Augustin [2], dîner. À 16 h récept. comtesse de Durfort. Audiences d'aujourd'hui : p. Merklen à qui j'ai confié le décret de Bergame pour les Ghiaie [3]. Nous avons parlé de la convenance de faire le point sur les journaux catholiques quant aux attaques contre le pape, etc. [4]. Dans l'après-midi j'ai reçu trois messieurs : Roux, présid. de l'APEL de la Loire, Payrard et Sahoc, mineurs qui remercient le pape pour les 5 millions donnés [5], et qui m'offrent une lampe de mineur. La confirmation à Fénelon, puis la rencontre avec les ecclésiastiques, a été très bien et belle.

14 mai, vendredi. — Dîner à la maison avec Mgr Grente, son neveu et Madame : seuls. Ils ont laissé une excellente impression. Dans la journée j'ai reçu Mlle Bret, sup. des Filles de St François de Sales ; puis M. Bagini qui retourne à Bergame,

---

1. Une telle visite ne fait en effet pas partie des obligations classiques d'un nonce.

2. VIIIe arrondissement.

3. Le 30 avril, l'évêque de Bergame Mgr Bernareggi a publié dans son bulletin diocésain un communiqué refusant de reconnaître les apparitions mariales des Ghiaie de Bonate ; cette décision est notifiée par *La Croix* du 14 mai sous le titre « Jugements sur “les faits” de Ghiaie de Bonate » (coupure conservé par le nonce). Celui-ci écrit alors à son ami : « *Parmi che la dichiarazione sia stata felicemente stilizzata per salvare la rettitudine di tanta gente che si lasciò e si lascia sospingere in buona fede* » ; « il me semble que la déclaration est bien rédigée pour sauver l'orthodoxie de tant de gens qui se laissèrent et se laissent entraîner de bonne foi » (lettre du 26 juin, *Questa chiesa che tanto amo*, p. 312).

4. Attaques provenant des pays et partis sous emprise communiste, du fait de l'engagement croissant du Saint-Siège en faveur du camp occidental.

5. Pour les écoles privées des houillères, voir plus haut en date du 26 février.

et dans l'après-midi l'abbé Collin, curé de St-Cloud, avec son petit journal *L'Appel* qui répond très bien aux accusations ignominieuses de *Ce Soir* contre le pape [1]. À 15 h est passée sous mes fenêtres la princesse Élisabeth, héritière du trône d'Angleterre [2], et je l'ai entendue à la radio parlant au Musée Galliera – à côté d'ici. Pour ces circonstances, le public parisien plus royaliste que jamais.

15 mai, samedi. — <20 h à dîner le comte Giusti et Madame.>

Audiences : MM. Flory et Michelin, organisateurs de la Semaine sociale de Lyon, à la veille de partir pour Rome ; l'abbé Michonneau à peine revenu de l'heureux accueil romain. Je fus très content de ces contacts. Le soir, j'ai eu à dîner le comte et la comtesse Giusti del Giardino, consul d'Italie, qui ont laissé sur les miens une excellente impression. À 15 h je suis allé avec Oddi à la Foire de Paris où nous avons acheté un tapis (20 000 F). Puis j'ai signé à l'amb. de Grande-Bretagne en l'honneur de la princesse Élisabeth, et je me suis confessé à Mgr Beaussart.

<Passage rapide de Mennini, des Œuvres de religion, avec Rinaldi, direct. du Banco di Roma.>

16 mai, dimanche. — Messe pontif. rue Lhomond avec les PP. Spiritains. Repas avec mes collaborateurs, mais aucun d'eux n'a participé, s'étant excusés. Tout s'est bien passé. Le nouveau cérémoniaire a voulu me faire dire toutes ensemble les prières pour les habits épiscopaux. J'ai cédé en silence, mais je lui ai fait aimablement la correction ensuite [3]. Le prof. Whittemore, Américain que je crois quaker, a assisté à la messe. Il m'a fait savoir qu'il était très content et édifié. Les Spiritains, vieux et jeunes, avec de belles paroles et de beaux chants ont voulu ensuite rendre hommage au Saint Père. J'ai remercié de mon mieux. *Visio ignis ardor suavis.*

17 mai, lundi. — À Chartres : pèlerinage de la Jeunesse cath. [4]. Je me suis laissé convaincre par le card. Suhard et je suis allé à Chartres avec lui dans sa voiture. J'en fus très content, tant la chose fut édifiante à plusieurs points de vue ;

1. La réputation d'intransigeance du chanoine Henri Collin, curé de cette importante et riche localité de la banlieue ouest depuis 1943, est notoire ; il n'est donc pas étonnant que son bulletin paroissial défende Pie XII contre le quotidien communiste du soir.
2. La future reine Élisabeth II.
3. Toujours des petites contrariétés liturgiques…
4. Trente-huitième voyage du nonce.

il s'agit d'une manifestation dont on pourra discuter tel ou tel détail ; mais dans l'ensemble très belle et imposante, et également éducative. Environ 6 500 étudiants qui se tournent vers Marie, aiment la haute poésie du catholicisme et sont un spectacle édifiant et encourageant [1]. Mes trois collaborateurs sont en revanche allés à Reims et ils ont bien fait.

18 mai, mardi. — Journée reposante. Audiences, abbé Glasberg revenu de Palestine. Ses impressions intéressantes. Pour lui, juif converti, le phénomène arabe s'impose et explique l'attitude des catholiques en Palestine [2].

Autre visiteur, le bon P. Thomas Philippe O. P. supérieur du Saulchoir [3] qui m'invite pour 9 h le dimanche 23 à la Sainte-Chapelle. Est venu aussi le P. Rémi, provinc. des Assomptionnistes. Je l'ai gardé à déjeuner avec le prof. Whittemore qui m'a apporté une étude sur la musique byzantine, éditée par le même Institut américain qui s'occupe de la découverte des mosaïques à Istanbul.

19 mai, mercredi. — <17 h récept. Demarle et sa famille.> Peu d'audiences : prof. Castelli, enseignant d'histoire des religions à Rome, et le prof. Grassi, enseignant à Zurich. À 11 h le dép. Gigliard* avec Maurice Demarle. À 16 h je reçois M. d'Harcourt pour une affaire privée ; puis le même Demarle avec sa femme et ses enfants, dont le second a fait ce matin sa 1re communion solennelle. Ces visites me prennent beaucoup de temps, mais ne sont-elles pas une forme de bien pour les âmes ? D'autre part les petites contrariétés ne manqueront jamais, et il faut que je les prenne dans un esprit de pénitence.

20 mai, jeudi. — Audiences : le bon P. Beaurin O. S. B. de la Source. Nous parlons de sa propagande pour la paix [4]. À midi le nouvel ambassadeur du Brésil : un monsieur sympathique, avec une femme et deux enfants, qui communient tous les jours. À 13 h j'ai reçu à déjeuner les prof. Castelli et Grassi qui

---

1. Appréciation positive sur le pèlerinage étudiant du centre Richelieu de Sorbonne, malgré une réserve non explicitée.

2. Sur cette visite, qui précède de peu la déclaration d'indépendance de l'État d'Israël, le 15 mai, et le déclenchement de la première guerre israélo-arabe, voir Lucien LAZARE, p. 102-103. L'abbé Glasberg donne au nonce la primeur de sa brochure, *Vers une nouvelle charte sociale. L'espoir palestinien*, parue en juin : bien que très favorable à l'État juif, elle tient compte du fait arabe, y compris chrétien (*ibid.*, p. 103-105).

3. *Régent.*

4. Voir plus haut en date du 20 mars 1945.

me laissent une impression toujours meilleure, en tant que braves catholiques et braves Italiens. À 19 h je me rends à la réception pour Cuba, 41, av. Foch. Très chaud, beaucoup de monde, aucun résultat. Il faut avoir patience et douceur.

J'ai reçu le chan. Sédillière, curé de St-Honoré d'Eylau.

21 mai, vendredi. — Audiences : Mgr Chappoulie. Je voudrais lui dire beaucoup de bonnes choses ; mais je ne le fais pas par une nécessaire précaution. À midi le doct. Aujoulat me parle des opportunités pratiques concernant le délégué apostolique pour l'Afrique française. Lui aussi exclut un Belge [1].

Dans l'après-midi je reçois l'abbé [Fougerat], le nouveau vice-recteur de l'Institut catholique, venu du clergé d'Angoulême. À 19 h 30 le *dott.* Passi avec sa femme. Il est chargé de diriger l'émigration italienne en France. Lui et sa femme me font une belle impression. Il a une grande œuvre entre les mains. Que le Seigneur l'aide et le réconforte.

22 mai, samedi. — <Ordination au Carmel de Pontoise. 9 h. Le soir dîner à Bossuet.>

La fonction à Pontoise, que le provincial Élisée appelle *« le lieu saint du Carmel en France »* car c'est le premier Carmel fondé par Madame Acarie, sœur Marie de l'Incarnation qui y est enterrée, a été belle et émouvante [2]. Y assistait aussi le P. Louis d'Argenlieu. Tout a été bien : le nouveau prêtre, le P. Jean de Dieu, natif de Pontoise, la visite intérieure du Carmel, le repas tout en douceur de grâce. À 16 h visite aimable au card. Tisserant à l'archevêché ; je me suis confessé à Mgr Beaussart et le soir j'ai présidé le repas des anciens élèves de l'École Bossuet, mes paroles à la fin très applaudies. En tout le fond et la manière.

23 mai, dimanche. — <*Eau vive.* Sainte messe. Sainte-Chapelle.>

Je n'ai pas voulu y manquer et j'ai célébré la sainte messe à la <S.> Chapelle pour les participants de l'association des Dominicains dite *« L'Eau vive »*. Cela servira à quelque chose de bien : tout est signe d'activité apostolique [3].

---

1. Le député MRP du Cameroun plaide pour l'autonomie ecclésiastique de l'Afrique francophone par rapport au Congo belge, pourvu d'un délégué apostolique depuis 1930.
2. Barbe Avrillot, épouse Acarie, puis mère Marie de l'Incarnation (1566-1618), introductrice du Carmel réformé en France, béatifiée le 5 juin 1791.
3. L'impression est plus favorable que lors du premier contact (voir plus haut en date du 20 mars).

À 12 h 10 je suis parti avec Mgr Heim, Dino et Giulio dans la « Mercury » pour Lyon, où nous sommes arrivés vers les 18 h 30[1]. Le card. Gerlier était parti quelques heures plus tôt pour son pèlerinage lyonnais à Lourdes. J'ai trouvé un excellent accueil de la part de Mgrs Ancel et Béchetoille, du chan. Maury et d'autres qui restèrent dîner : conversation infructueuse.

24 mai, lundi. — Lyon – Vienne – Avignon – Carpentras – Fontaine de Vaucluse – St-Gilles – Château d'Avignon. Tel est le magnifique itinéraire d'aujourd'hui. À Vienne j'ai visité la vieille cathédrale, qui a besoin de restaurations. À Orange, l'Arc de triomphe et le théâtre, intéressants ; à Avignon très chaleureux accueil de Mgr de Llobet qui m'a gardé à déjeuner avec Mgr d'Aix venu me rencontrer. Avec de Llobet j'ai visité ensuite Carpentras et la Sorgue à la Fontaine de Vaucluse, susurrant encore Pétrarque et ses faiblesses amoureuses. Quel paysage, cette délicieuse Provence. Puis je suis allé à St-Gilles avec un bref arrêt et une prière à Ste-Marthe à Tarascon. La visite de St-Gilles, avec des gamins folâtres, inoubliable.

25 mai, mardi. — <Hier j'ai été accueilli au Château d'Avignon par Madame Double de Saint-Lambert et par sa fille. Manières splendides dignes d'un prince. J'y ai trouvé plusieurs évêques. Nice, Monaco, Moulins, Gap, etc.>

À 9 h 30 récept. à la mairie des Saintes-Maries : une superbe manifestation. À 10 h j'ai chanté la messe avec un peu de pluie, et fait la procession de la mer, qui m'a un peu fatigué. Mais elle s'est bien passée et je l'ai bénie : foule immense. Grand banquet au château avec les évêques et les autorités civiles[2]. Puis retour aux Saintes-Maries pour la descente des châsses, fonction caractéristique des gitans et des gardians ; et j'ai assisté au spectacle aux arènes, avec des jeux et des épreuves avec taureaux et chevaux : spectacle nouveau pour moi, mais sans rien d'inconvenant, et même unanimement approuvé. Le soir, repos au château : journée bien chargée, et sur le tard je suis un peu fatigué.

---

1. Trente-neuvième voyage du nonce qui soumet le même jour son programme de déplacements à Mgr Montini, comme il s'y était engagé en octobre 1947 ; mais il a préféré *« non uscire affatto da Parigi durante 6 mesi »* (« ne pas quitter Paris du tout durant 6 mois »), sauf en deux occasions, ce qui minimise un peu la réalité ; écho de ce voyage dans la lettre du 26 juin à Mgr Bernareggi (*Questa chiesa che tanto amo*, p. 313).

2. Photographies dans *Souvenirs d'un nonce*, entre les p. 104 et 105 ; et dans *Questo è il mistero della mia vita*, I, p. 139.

26 mai, mercredi. — Arles – Frigolet – Aix – Marseille. La visite d'Arles qui se voulait réservée et absolument privée a tourné au triomphe pour le nonce apostolique. Messe à St-Trophime bondée, toutes les autorités civiles présentes : à noter que l'administration municipale est communiste. Suivit la visite aux splendides antiquités ; solennité à la mairie : les conseillers rouges tous présents avec le maire [1]. Ensuite passage – *per acquam* – à Frigolet, abbaye très intéressante, où nous avons mangé dans une paix gracieuse. Le soir, réception à Aix, toujours avec les autorités religieuses et civiles au complet ; beaucoup de cordialité. Les chanoines d'Aix eux-mêmes apaisés. À 19 h nous arrivons à Marseille.

27 mai, jeudi. — *Marseille.* Sainte messe à la chapelle archiépiscopale. Avec Mgr Delay je vais à St-Maximin : procession des Pères dans le cloître ; aucun laïc extérieur. Déjeuner avec les chanoines de Marseille. À 16 h réception à la préfecture. À 17 h 30 cérémonie très solennelle à la cathédrale, lecture de la Bulle élevant l'évêché au rang d'archevêché [2] ; mes paroles [3] ; Te Deum. Bénédiction du S. Sacr. Foule immense, et grande manifestation de joie [4]. À 20 h repas à l'Hôtel de Noailles avec le maire de Marseille Carlini [5], et les laïcs :

---

1. L'implantation communiste est forte dans les Bouches-du-Rhône en général, et à Arles en particulier, ville conquise en 1935 où s'est tenu le IXe congrès du Parti après la victoire du Front populaire, en 1937.

2. Décision prise par le Saint-Siège le 25 mars, en fonction de l'importance d'une ville dont l'êvêque peut difficilement rester suffragant d'Aix-en-Provence, mais au profit d'un prélat, Mgr Delay, qui était dans le collimateur des Résistants et envisageait sa démission trois ans auparavant. « La Nonciature n'a pas encore officiellement avisé le Ministère des Affaires Étrangères, mais l'intention de la Direction d'Europe est de protester contre une telle mesure adoptée sans consultation préalable. » À cette Note du 7 avril, Gabriel Le Bras répond le 10 : les textes ne prévoient pas une consultation dans ce cas, mais « une conversation préalable eût été opportune entre le Saint-Siège et le Gouvernement français » (« Mgr Forni a fait une démarche auprès de M. Bidault [...] avant que Mgr Delay en soit informé », est-il ajouté au crayon).

3. « J'aime à vous dire aussi que cette affaire de l'érection de votre diocèse à la dignité archiépiscopale ne fut ni difficile, ni compliquée. Elle fut résolue avec une grande spontanéité : comme un fruit mûr qui pend de l'arbre et en son temps est cueilli. » Elle implique d'ailleurs plus de devoirs que de droits : bien des saints prestigieux sont restés simples évêques (*Souvenirs d'un nonce*, p. 80-82, citation, p. 81 ; photographie entre les p. 104 et 105).

4. Le nonce ne se fait pourtant pas d'illusion sur la portée de telles cérémonies : « *Il sud della Francia per altro è terra desolata* » (« Le sud de la France est d'ailleurs une terre désolée »), lettre citée à Mgr Bernareggi du 26 juin, p. 313.

5. Personnalité gaulliste qui a battu le maire communiste en octobre

beaucoup de notables catholiques de Marseille. Une belle journée bénie.

28 mai, vendredi. — À Marseille. Sainte messe à N.-D. de la Garde. La *bonne Mère* a tout entendu. Elle me protège toujours. Mgr Delay nous a accompagnés à une très belle promenade sur la corniche le long de la mer. Nous sommes partis à 12 h via Aix, Avignon, Valence, Andance, Annonay, St-Étienne, Roanne, Moulins. Magnifique passage de la vallée de la Cance, et des Monts de la Madeleine. À Moulins excellent accueil chez Mgr Jacquin, évêque pieux et zélé, qui a réuni pour le dîner autour du nonce ses principaux collaborateurs. Parmi ceux-ci le prof. Marcel Lepée, amateur d'études carmélitaines [1]. Par ailleurs, temps presque toujours pluvieux.

29 mai, samedi. — De Moulins, après une bonne nuit et la messe dans la chapelle épiscopale, nous sommes allés à Châtel-Montagne pour y admirer une très belle église bénédictine du XIIe siècle. Mgr de Moulins estime que c'est peut-être la plus belle de son diocèse. Nous avons déjeuné à Vichy chez les bons P. Lazaristes : le p. Aroud en fête et tous très courtois. À 20 h 30 nous étions à Paris. Cette visite de la Provence me laisse au cœur une grande satisfaction : pays magnifique ; occasions saisies de faire honneur au Saint Père, à la douceur et à la charité épiscopales. *Deo gratias.*

30 mai, dimanche. — [[Comme ci-dessous pour le 31. 9 h 20. Jules et Dino. 16 h. Confirmations Miss. italienne]]

Matinée dans l'église succursale de St-Honoré d'Eylau. Le curé Sédillière a chanté la messe de la Fête-Dieu ; je l'ai assisté en tenue solennelle ; puis j'ai porté le S. Sacr. en procession. Beaucoup de monde et choses bien faites. Mais il s'agit d'une paroisse de 51 000 habitants. Je me suis entretenu au déjeuner avec le brave chan. Sédillière. À 16 h j'ai administré la sainte confirmation à plusieurs Italiens, rue de Montreuil ; et j'ai parlé avec simplicité et encouragé la ferveur de l'apostolat. Je vois avec satisfaction les Pères Scalabriniens appliqués au bon travail.

1947 dans un climat de tension, voire de violence, qui contraste avec la description donnée de la cérémonie quelques mois plus tard.

1. Ce prêtre, disciple de Jacques Chevalier, vient de publier *Bañez et sainte Thérèse*, Paris, Desclée de Brouwer, Bibliothèque de la « Revue thomiste », 1947.

31 mai, lundi. — [[St-Honoré d'Eylau. 9 h 30. Assistance pontificale et procession du S. Sacrement. Dîner chez M. le curé Sédillière]]

Journée chargée en audiences : l'écrivain Chaigne ; le p. Constant, capucin, naguère à Izmir ; M. de Ségogne, présid. de l'œuvre paroissiale de St-Pierre de Chaillot ; dans l'après-midi le photographe hongrois [ ] avec son épouse ; M. Tillard (pseudo. Jean Rochoir[1]), ancien conseiller de l'empereur d'Annam Bao Dai[2] ; Mgr Plumey, O. M. I. préfet ap. de Garoua, Cameroun ; et encore ce matin le carme Mgr Ercole, de Rome, qui est revenu avec Mgr Bressolles pour le dîner.

<Reçu aussi : comte Guy de Girard de Charbonnière, amb. à Copenhague et le nouvel amb. de Norvège avec son secrétaire.>

Mai. — Parmi les visites d'hier à noter celle du Préposé général des Carmes déchaux : p. Silverio di S. Teresa, accompagné de son 1er assistant <définiteur> le p. Marie-Eugène de l'Enfant Jésus ; et du P. Élisée, sup. prov. de Paris. Ils tenaient à me dire la reconnaissance de l'Ordre pour ce que j'ai pu faire *in caritate* pour le P. Louis de la Très Sainte Trinité – amiral d'Argenlieu – durant son service et ensuite[3].

1er juin, mardi. — <Déjeuner 13 h avec Mgr Grente – Lecomte. 82, rue du Ranelagh. XVIe. 16 h visite aux sœurs de Boulogne – rue de Billancourt.>

Les visites de ce matin, toutes préoccupantes et douloureuses : *dott.* Di Vittorio, de Tunis ; comte Guy de Charbonnière qui veut se damner à tout prix en épousant une divorcée[4] ; l'amb. Bergery qui m'a beaucoup pressé de

1. Cet ancien chef du renseignement français en Annam, dont l'attitude en Indochine sous occupation japonaise ne fut pas exempte de tout reproche, est en effet conseiller de Bao Dai.

2. Bao Dai a succédé à son père comme empereur d'Annam en 1925. Il a abdiqué le 25 août 1945 au moment de la proclamation de la République par Hô Chi Minh. La guerre contre ce dernier se trouvant dans l'impasse, la France songe de nouveau à lui comme chef d'un Viêt Nam indépendant, mais associé à la métropole au sein de l'Union française. L'accord dit de la baie d'Along, qui concrétise cette solution, va être signé le 5 juin. Bao Dai pourra rentrer au Viêt Nam et prendre la tête de cet État, proclamé le 2 juillet 1949.

3. Confirmation du rôle joué par le nonce dans le retour au couvent du fougueux religieux.

4. Bien que conforme à une théologie morale orthodoxe, la formulation n'en est pas moins rude !

l'aider[1] ; Mgr de Courrèges, évêque de Montauban que j'ai gardé à déjeuner avec les académiciens Mgr Grente et Georges Lecomte, secrét. perpétuel. Bonne visite chez les sœurs du St-Esprit, dans leur nouvelle maison. L'abbé suisse de Visscher[2] me parle de la Bulgarie ; mais je lui rappelle la *voluntas Dei.*

<Mon buste par Bartelletty est introduit dans la maison.>

2 juin, mercredi. — <18 h récept. Ste-Enfance. 44, rue du Cherche-Midi.>

Audiences : Bonnefous, cons. de la République et Temple, député de l'Aveyron[3] ; M. Carry ; MM. Sérieyx et Quillet inspect. de la police de Paris venus pour l'affaire de Bouxières-aux-Dames[4]. L'après-midi le P. Épagneul. J'ai assisté ensuite à la récept. du Conseil de la Ste-Enfance où j'ai rencontré Mgr Ercole, que j'ai ensuite emmené avec moi pour une promenade en auto au Bois de Boulogne, puis à la nonciature où je l'ai eu de nouveau à table pour le dîner, que j'ai offert au cher commandant Delamaire à l'occasion de sa XXVe année de camérier secret de Sa Sainteté : âme ingénue et innocente[5].

3 juin, jeudi. — <Dîner – Camériers pontif. Club France-Colonies. 106, rue de l'Université. 20 h.>

À 8 h 30 à Chartres où, avec l'abbé Calle, j'ai célébré ma messe de dévotion à la crypte *Virginis pariturae.* J'en fus très heureux. À 10 h j'ai assisté en cappa magna, de la cathèdre érigée au centre, à la messe solennelle de Mgr Harscouët pour le pèlerinage de plus de 8 mille « enfants de chœur de France ». Spectacle que je n'oublierai jamais, supérieur en son genre à

1. L'échéance de son procès se rapproche.

2. L'abbé Henri de Visscher est alors affecté au Centre dominicain d'études œcuméniques Istina.

3. Tous deux républicains indépendants, c'est-à-dire de droite modérée ; ils sont intervenus au Parlement contre la nationalisation des écoles des houillères (celles de Decazeville sont dans leur circonscription).

4. *« Appena ieri in Lorena si è dovuto organizzare un servizio di 30 poliziotti per obbligare un parroco ad uscire dal presbiterio ed ottemperare agli ordini del Vescovo. La cosa non finirà cosí presto. Per me molta pazienza da esercitare. Far capire a certe teste che bisogna fidarsi e credere alla Chiesa prima ancora che alla Madonna è ben difficile »* (« Hier à peine, on a dû organiser en Lorraine un service de 30 policiers pour obliger un curé à sortir de son presbytère et obtempérer aux ordres de l'évêque. La chose ne s'arrêtera pas là. Pour moi, beaucoup de patience à exercer. Faire comprendre à certaines têtes qu'il faut se fier et croire à l'Église avant même à la Vierge est bien difficile », lettre à Mgr Bernareggi du 26 juin, *Questa chiesa che tanto amo*, p. 312).

5. Voilà donc pourquoi ce nom revient assez souvent dans l'Agenda.

celui des étudiants du 17 mai [1]. Au retour, j'ai présidé le repas des Camériers pontif. avec Oddi : mon toast à la fin avec la devise d'Yves de Chartres : cum Petro pu<gnare et cum Petro regnare [2], et pour les dames présentes avec le souvenir de saint Charles Borromée qui se recommandait precibus devoti feminei sexus.>

4 juin, vendredi. — <Messe pontif. 9 h 30. Issy, comme à la Fête-Dieu. 17 h. Filles de St François de Sales comme au 23 mai.>

À Issy la fête du Sacré-Cœur a remplacé cette année celle de la Fête-Dieu. J'ai assuré le pontifical, le séminaire présent et officiant : rite et chant parfaits ; j'en ai tiré édification et joie spirituelle. Je me suis entretenu ensuite avec les séminaristes auxquels j'ai répété le *Surge anima amica Christi* de saint Bonaventure, l'avertissement de se garder de la crédulité face aux apparitions non approuvées par l'Église [3] et l'invite de sainte Marguerite pour celle du Sacré-Cœur. Au repas mes collaborateurs ont manqué, et ce n'est pas bien. Le soir, réunion au 50, rue de Bourgogne, chez les Filles de St François de Sales et les prêtres du même nom. L'adresse m'a été lue par le curé <de St-Léon : ma réponse encourageante. J'ai donné la bénéd. solennelle, là où ont vécu les card. Richard et Amette.>

5 juin, samedi. — À noter parmi les visites d'aujourd'hui le P. Savaton, abbé de Wisques. L'affaire Bertin ne va pas mal : échange d'observations et de conseils. Le soir, après 5 h, je reçois Mgr Cazaux, évêque de Luçon, qui m'informe sur la guerre scolaire en Vendée [4]. Je suis allé chez Mgr Beaussart me confesser ; et j'ai fait une apparition à la réception chez le marquis Canisy, où j'ai rencontré l'ambassadeur Cosme et sa femme. Journées désagréables, froides, et semées de préoccupations. En dernier, l'abbé Jacquin.

---

1. Confirmation de réserves envers la manifestation du centre Richelieu.

2. Phrase par laquelle le saint évêque de Chartres terminait ses lettres au pape Urbain II, qui l'avait consacré en 1090.

3. Sans doute un écho aux affaires des Ghiaie de Bonate et de Bouxières-aux-Dames.

4. Chef d'une chrétienté marquée par son opposition à la Révolution puis à la République, ce prélat y anime la lutte pour l'école privée depuis la Libération. Il vient de manifester à deux reprises son hostilité à la nationalisation des écoles des houillères du Centre et du Midi (*La Documentation catholique*, 1er août, col. 1003-1005).

6 juin, dimanche. — À la maison toute la journée, occupé à la correspondance et aux problèmes du jour, qui mettent en péril le cabinet Schuman. Pour les socialistes, quel aveuglement de faire durer la question scolaire [1] ! D'autre part, comment se battre si le Parlement ne compte pas suffisamment de voix favorables. Il faut donc préparer de bons et nombreux votants à la Chambre [2]. C'est là actuellement le seul moyen de réussir à défendre la liberté. Tout autre expédient est vain. *Mentita est iniquitas sibi.*

7 juin, lundi. — Visites sans interruption. L'aumônier des Invalides m'invite à une visite de l'exposition Jeanne d'Arc ; le prof. Delange, de la part de Lubrina, me recommande son frère prisonnier ; M. Maurice Denis ; M. Hayward, l'historien des papes [3] ; l'abbé de Wisques qui m'apporte de bonnes nouvelles à propos de l'acceptation de Saint-Louis-des-Français par Bertin [4]. Déjeuner chez la duchesse de Bisaccia, j'y ai retrouvé le prince de Thurn et Taxis, héritier du château de Duino. Dans l'après-midi visite au cardinal ; j'ai apporté

---

1. La majorité gouvernementale vient en effet d'être soumise à rude épreuve par deux péripéties de sens opposé : le 14 mai, par trente voix de majorité, l'Assemblée nationale a voté la nationalisation des écoles des houillères du Centre et du Midi ; le 22 mai, un décret modifié le 10 juin à la suite d'une crise aiguë, autorise l'Union nationale et les Unions départementales des associations familiales (qui reçoivent statutairement des fonds publics), à « gérer tous services destinés à aider les familles éprouvant des difficultés matérielles pour élever leurs enfants », ce qui permet indirectement l'apport de fonds publics à l'école privée. Connu comme le décret Poinso-Chapuis, du nom de la ministre de la Santé, il est en fait l'œuvre du président Schuman lui-même (détail de la crise dans *La Documentation catholique*, 4, 18 juillet et 1er août).

2. Bien que réticent envers l'engagement politique des clercs, Mgr Roncalli ne renonce pas à l'idée de préparer, au moins indirectement, de « bonnes » élections ; mais celles-ci ne doivent intervenir qu'en 1951, sauf scrutin anticipé. *« La questione della scuola [...] è la grand battaglia di Francia : la sola veramente importante ed essentiale »* (« La question de l'école [...] est la grande bataille de la France : la seule vraiment importante et essentielle »), écrit-il le lendemain à Mgr Pacini.

3. Fernand Hayward vient de publier *Pie IX et son temps*, Paris, Plon, avril 1948.

4. *« Ora siamo verso la conclusione della vertenza Bertin. La si vede almeno a distanza. Fù fatta la visita apostolica alle Suore di Ernemont. Niente di notevole a carico del reverendo. Ma bisogna segnare nuova rotta »* (« Nous approchons maintenant de la conclusion de l'affaire Bertin. On la voit au moins à distance. La visite apostolique aux sœurs d'Ernemont a été faite. Rien d'important à la charge du révérend. Mais il faut tracer une nouvelle route »), écrit Roncalli à son ancien collaborateur Pacini, ce 7 juin. Des bruits concernant la vacance prochaine de Saint-Louis relancent l'hypothèse Bertin.

5 livres au sculpteur Bartelletty ; et enfin conversation avec M. Marret.

8 juin, mardi. — Toujours visites sans interruption : docteur Mollica, que j'ai connu à Istanbul ; le vieux colon. Moreau que j'ai réconforté ; M. François Évrard, présid. de la Fédération sportive de France [1] ; M. Bota, ouvrier hongrois ; M. Le Cour Grandmaison. Le soir le prof. Dauvillier, de Toulouse et M. Garelli avec son fils archéologue. Ceux-ci m'ont apporté des nouvelles d'Istanbul qui me sont chères. Il semble que mon vénéré successeur au St-Esprit, Mgr Cassulo [2], ait procédé à quelques réformes, par ex. le chant des femmes à l'église, où ni moi ni Margotti n'avions réussi.

9 juin, mercredi. — <18 h : représ. des mineurs du Gard-Aveyron-Loire.>

Toujours visites : M. Prandi avec un député de Poitiers à qui j'ai donné une leçon courtoise sur les Ordres équestres, du St-Sépulcre, etc. ; le provincial des Jésuites de Toulouse un peu enflammé au sujet de l'affaire du P. Bivort ; M. Paul Dervaux, chev. pont. avec un projet pour le film : un membre du Saint-Siège dans le comité ; le p. Bivort qui se laisse convaincre par quelques paroles et que je crois apaisé [3] ; S. E. Mgr Mubarak archev. de Beyrouth ; M. Hurter, beau-frère de Beretta ; dans l'après-midi, photographies ; puis 10 représentants des mineurs [4] ; aumônier Badré ; M. Genty de Ville de Quincy et Madame, Finlandaise. Le P. Fugazza à déjeuner.

10 juin, jeudi. — Et toujours des audiences, plutôt fatigantes : chan. Boudet, du Mans ; le comte de Janville, secrét. général du Comité intern. des congrès eucharistiques ; Mgr Laroche, aum. des cheminots ; Mgr Chappoulie ; l'abbé Blond, de N.-D. des Victoires ; les époux Benazzo, lui promu consul général à Casablanca. Au déjeuner j'ai de nouveau le plaisir de recevoir Mgr Pietro Ercole, qui retourne à Rome. Le soir je reçois le chanoine Sédillière, curé de St-Honoré d'Eylau. Journée pleine d'attentes à propos de la bataille quant

1. La Fédération culturelle et sportive de France, qui fédère les patronages et associations paroissiales, est alors dirigée par François *Hébrard*.
2. Andrea Cassulo est délégué apostolique à Istanbul depuis le 3 juin 1947.
3. Il n'en est rien : le père Jacques de Bivort de La Saudée va bien quitter la Compagnie, ce qui ne peut que déplaire à son provincial le père Sevestre.
4. Venus exprimer leur hostilité à la nationalisation de leurs écoles.

aux rapports avec l'Allemagne et des subventions pour l'école[1]. *Flectar non frangar.*

11 juin, vendredi. — <Consécr. autel crypte St-Pierre de Chaillot. L'après-midi, départ pour La Puye (Poitiers).>

Très bien la consécration de mon autel avec les reliques des saints Pierre, Colomban et Verecundus[2]. Je me suis arrangé pour rester au déjeuner chez M. de Ségogne avec le card. et des évêques ; mais je suis parti avant la fin, à 14 h 30. Avec Oddi – via Orléans, Blois, Tours – ici visite à St-Martin[3]. À 18 h 30 j'étais à Poitiers chez Mgr Mesguen qui nous a bien accueillis et accompagnés à La Puye, terre bénie des deux saints André Fournet et maintenant Élisabeth Bichier, avec une floraison des braves sœurs de la Croix qui éveille immédiatement admiration et édification[4].

12 juin, samedi. — Départ pour Nantes. Là, bénéd. à 20 h 30. Arrivée 18 h. À La Puye, messe pontificale solennelle avec assistance d'un nombreux clergé à qui j'ai pu dire au toast de bonnes choses : episcopum revereamini ut Christum Dni. J'y ai rencontré un Roncalli des Ghiaie avec sa famille. Il travaille à Antoigné près de Châtellerault : bonnes gens, mais auxquels le milieu enlève quelque chose de la nature religieuse des Bergamasques dans leur patrie[5]. En revenant de La Puye nous avons visité à Poitiers la cathédrale, Ste-Radegonde, Notre-Dame-la-Grande et St-Hilaire, très belle église mais tenue avec peu de goût. Puis en traversant la partie la plus sacrée de la Vendée : St-Laurent-sur-Sèvre, Torfou, Clisson, nous sommes arrivés <à Nantes. Récept. et fonction

---

1. C'est du 10 juin qu'est datée la seconde mouture du « décret Poinso-Chapuis » permettant de subventionner indirectement le secteur privé ; le 1er a été signé entre les trois Alliés occidentaux l'accord de Londres sur le statut de l'Allemagne, âprement discuté jusqu'au sein de la majorité gouvernementale (la France n'a pas obtenu le détachement de la Ruhr à son profit, ni l'internationalisation de ses industries).

2. Photographie dans *Souvenirs d'un nonce*, entre les p. 104 et 105.

3. Quarantième voyage du nonce, dont il fournit un bref résumé à Mgr Bernareggi, lettre citée du 26 juin, p. 313.

4. Le prêtre André-Hubert Fournet (1752-1834), canonisé le 4 juin 1933, et sœur Jeanne-Élisabeth Bichier des Ages (1773-1838) ont fondé à La Puye, dans le diocèse de Poitiers, la congrégation des Filles de la Croix pour catéchiser les enfants, soigner les malades et secourir les mourants. Sœur Élisabeth a été canonisée le 6 juillet 1947.

5. Autrement dit, la tiédeur religieuse poitevine (département de la Vienne) dilue quelque peu la foi bergamasque.

à la cathédrale, très solennelle et mémorable. C'était en l'honneur de Montfort [1]... et du nonce.>

13 juin, dimanche. — Nantes-Pontchâteau. Journée des merveilles au cœur de la Bretagne [2]. Réception à la mairie : préfet et maire ; foule de plus de 150 000 Bretons au calvaire. « C'est un bien que la Bretagne garde sa physionomie. Elle sert à toute la France. » J'ai chanté la messe et, le soir, donné la bénéd. du Calvaire avec le S. Sacr. Toujours accompagné de l'évêque Mgr Villepelet, qui fut parfait, nous avons passé la soirée à St-Gildas, le centre des sœurs de ce nom, qui fournissent des institutrices libres à toute la Bretagne. Leur maison-mère, un vrai Vatican avec des cours et des jardins [3]. Richesse et magnificence.

14 juin, lundi. — St-Gildas. Messe et communion pour les sœurs ; paroles : David et Goliath ; visite à toutes les malades. De là nous sommes passés à Guérande, ville extraordinaire et forteresse médiévale. Superbe église de St-Aubin, du XIIe ou XIIIe siècle. Mes paroles à la foule où il y avait beaucoup de petits enfants : Dieu bénit les grandes marmites. Déjeuner au séminaire ; puis passage au Croisic, à Batz, à La Baule, vaste et splendide plage, à St-Nazaire : partout foule, encour., bénéd. Le soir je visite à Nantes la basilique des saints Donatien et Rogatien ; le grand séminaire, beau et intéressant. Mes paroles : le *sens de la mesure* [4]. Accueil joyeux et cordial. Je suis resté dîner et j'ai rapporté de tout cela d'excellentes impressions.

15 juin, mardi. — De Nantes à Paris – bref arrêt à Angers sans que je descende de l'auto. Oddi a visité la cathédrale St-Maurice. Nous arrivons à Solesmes à 12 h. L'abbé Cozien est absent ; mais ses moines toujours cordiaux. Brève récréation avec eux sous les arbres. Rapide arrêt également au Mans, où je vois la cathédrale nettoyée mais encore en attente de ses vitraux. Mgr Grente est à Évian. Mais ses adjoints toujours courtois : vic. gén., chancelier et secrét. À 19 h nous sommes à Paris. L'air entrant largement dans la voiture m'a un peu abruti. Mais je me sens bien.

---

1. Fêtes en l'honneur de Louis-Marie Grignion de Montfort (1673-1716), apôtre de la Bretagne, canonisé le 20 juillet 1947.
2. Nantes fut la capitale du duché de Bretagne, mais n'en est certainement pas le cœur.
3. La comparaison est un peu forcée.
4. Expression bien roncallienne.

16 juin, mercredi. — Journée un peu fatigante avec un air lourd. Par ailleurs beaucoup d'audiences : P. Eugène-Marie et Élisée, des Carmes ; p. Brillet, sup. gén. des Oratoriens ; M. Thomas, père d'une bénédictine de Kergonan [1] exclaustrée ; Madame Elme, une Suédoise que j'avais connue à Istanbul ; Mgr Brault, évêque de St-Dié que j'ai gardé à déjeuner. J'ai reçu aussi les époux Furst, qui m'ont présenté des combinaisons photographiques inacceptables. Visites du soir : Mgrs de Provenchères et Chollet, et Roger Millot, présid. de Pax Romana. À 16 h j'ai visité les Archives d'État avec Mahieu en m'arrêtant sur le testament du [[card. Richelieu]] (Roi Soleil Louis XIV).

17 juin, jeudi. — <Vente des écrivains catholiques.>
J'y ai fait une grosse dépense : presque 7 000 F. C'est de la charité, et de l'édification. Deus videt et benedicit. Plusieurs audiences : prof. Lenz-Médoc avec quelques compatriotes ; recteur et sup. du sémin. polonais ; M. Delteil, de l'assoc. familiale Alliance nat. contre la dépopulation ; le dép. d'Aragon [2] qui me parle de l'abbé Servant. 12 h déjeuner à l'archev. Conversations avec Besançon, Gerlier et Roques. Plusieurs autres audiences qui surchargent ensuite la soirée et fatiguent un peu.

18 juin, vendredi. — J'ai assisté aujourd'hui à la commémoration et aux prières pour Mgr Affre, au centenaire de son sacrifice. Pontif. à Notre-Dame, célébr. du card. Suhard et discours de Mgr Blanchet. J'étais en mozette en face du card. Liénart, à ma place habituelle. Autre déjeuner à l'archev. Le soir j'assiste à la commém. de Mgr Affre à l'Institut catholique par le chan. Leflon [3]. Incident sur le boulev. St-Germain avec le monôme du bac. Sans conséquences, mais ce ne fut pas agréable [4]. Le soir j'assiste à la réception à l'ambassade d'Espagne : c'est la première qui est donnée sous une forme aussi solennelle [5]. Ma présence a fait bonne impression à tous.

---

1. Abbaye bénédictine double (hommes et femmes) à l'entrée de la presqu'île de Quiberon (Morbihan).

2. Charles d'Aragon est député MRP des Hautes-Pyrénées.

3. L'archevêque de Paris a été tué le 25 juin 1848 en essayant de s'interposer entre les insurgés et les forces de répression. Sur la commémoration, voir le discours de Mgr Blanchet et la lettre pastorale du cardinal Suhard dans *La Documentation catholique*, 18 juillet, col. 905-924.

4. Chaque année au moment des épreuves du baccalauréat, les lycéens organisaient un cortège satirique appelé « monôme » ressemblant plus au charivari qu'à la manifestation ; le nonce n'apprécie guère.

5. L'Espagne du général Franco sort peu à peu de la quarantaine dans

19 juin, samedi. — Samedi reposant : audiences, le clerc Chalault ; à midi un groupe du Banco di Roma accompagné par M. Di Consiglio : direct. Bresciani ; secrét. gén. Ugo Foscolo, conseiller Filippo Spada et prince Giulio Pacelli. Avec celui-ci nous avons rappelé les rencontres de 1921 lorsqu'il venait à 10 ans avec son défunt père l'*avv.* Francesco à mon bureau de la Propagande [1]. Le soir, je l'ai revu chez Di Consiglio, après être revenu de chez Mgr Beaussart. Il est agréable de reconnaître que ce neveu du Saint Père Pie XII est plein de bonté et de délicatesse, et fait honneur à son oncle.

20 juin, dimanche. — <Centenaire Œuvre N.-D. de Grâce 95, av. Émile Zola. 10 h. Messe pontif. et déjeuner. 17 h 30 salut en l'honneur de saint Jean de Britto – Église étrang., 33, rue de Sèvres.>

La messe pontif. fut célébrée dans la paroisse Saint-Christophe. J'étais avec les Pères Assomptionnistes qui la dirigent. Le P. Gervais, général et les provinciaux p. Rémi [2], etc. étaient présents. Mais le repas me fatigua beaucoup parce que trop lent – de 13 h à 15 h 30 – la cérémonie en l'honneur de saint Britto [3], rue de Sèvres chez les Jésuites, fut plus brève et expédiée. Mais il y avait peu de gens, âgés, avec quelques hommes. Peu de Jésuites. On aurait dit que cela n'intéressait guère. Pourtant l'orateur, le p. [ ] parla bien : préparé et sérieux.

21 juin, lundi. — <Joël Sérieyx – et Temple dévots de la Vierge du Tunnel [4].>

Jésuites collège Gonzague 10 h 30. Panég. Bénéd. Repas. Le discours fut tenu par le P. Lambert, recteur du collège. Bien. « Je continuerais à jouer. » Il y eut au repas une réunion de nombreux Jésuites : professeurs et assistants. Une belle compagnie : n'étaient pas absentes les dames et demoiselles qui s'occupent des petits. En somme, une institution sur pied. Très beau toast du P. Bith, provinc. J'ai parlé aussi, très écouté, en évoquant l'importance que les enfants apprennent à travailler davantage de la tête que des jambes, et apprennent la bonne grâce française.

<Ce matin, Mgr Heim est parti en vacances en vespa.>

---

laquelle elle était tenue depuis la fin de la guerre : la France a réouvert sa frontière des Pyrénées, fermée depuis près de deux ans, en février 1948. Une telle invitation confirme cette évolution.

1. Les rapports du nonce avec la famille du pape sont donc anciens.

2. Quenard et Kokel.

3. Jésuite portugais du XVIIe siècle, Jean de Britto fut martyrisé aux Indes en 1693. Il a été canonisé le 22 juin 1947.

4. Toujours les « apparitions » de Bouxières-aux-Dames.

22 juin, mardi. — <Rodhain 10 h [x] 11 h. Tencin. Fourq. 11 h 30. Vic. Arm. Maillardoz 6 h.>

Audiences : chan. Rodhain, conversation calme et conforme à l'atmosphère actuelle à propos du mouvement de la charité : Secours, Auxilium, etc.[1]. À M. de Tencin j'ai conseillé de s'adresser à Camille Gay à Ottawa ; chère conversation avec le vénéré archevêque de Canton Mgr Fourquet qui laisse son poste à un autochtone ; puis Mgr Luigi Batanian, év. de Gabula, vic. patriarc. du card. Agagianian pour Beyrouth. À 18 h je reçois le marquis Maillardoz ; et le soir nous avons à dîner l'*ing.* Giannattasio qui repart pour Buenos Aires.

23 juin, mercredi. — <Afghanistan. 11 h – Cons. Varsovie 12 h.>

Reçu deux prêtres bergamasques de Fiobbio, mes anciens élèves : don Pietro Carrara, ancien missionnaire et don Angelo Noris, curé à Romano. Ils étaient avec deux parents émigrés près de Paris ; puis le nouveau ministre d'Afghanistan, le général [Daoud Khan] ; enfin le prof. Cristo Dimov Bogoev, fervent monarchiste bulgare qui désire émigrer en Argentine. Dans l'après-midi j'ai confirmé une jeune fille qui va se marier à Bettola di Piacenza. Elle s'appelle Anne Loiseau. Et le soir nous avons accueilli pour dîner Mgr Batanian qui nous entretient sur les affaires arméniennes et libanaises.

24 juin, jeudi. — <À Gagny chez M. Zinetti, l'après-midi avec la Packard. Sigala 10 h.>

Fête intime et très chère. « *Da populis tuis spiritualium gratiam gaudiorum* », par l'intercession de saint Jean Baptiste. Quelle belle prière pour les familles, pour tout le peuple chrétien[2]. Ce matin, seule audience le général Sigala. Dans l'après-midi arrive du Vatican l'explication du retard de la nomination de Rouen. Je n'ai qu'à obéir avec l'acquiescement le plus confiant aux dispositions qui me sont indiquées[3]. Le soir, je

1. De nouveau les difficultés de l'Auxilium de Rodhain avec la Caritas internationalis.

2. « *Brava gente Bergamasca, che quando riesce a mantenersi fedele, é veramente il* sal terrae *della regione. L'arciprete du Gagny mi diceva : Veda : parrocchia di 15 mila anime : 2 500 praticanti : questi Bergamaschi sono i migliori* » (« Brave peuple bergamasque, qui lorsqu'il réussit à se garder fidèle, est vraiment le *sal terrae* de la région. L'archiprêtre de Gagny m'a dit : Voyez, une paroisse de 15 mille âmes, 2 500 pratiquants : ces Bergamasques sont les meilleurs », lettre à Mgr Bernareggi du 26 juin, *Questa chiesa che tanto amo*, p. 312).

3. Rome admet les raisons de santé qui justifient le refus de Mgr Lebrun, ce qui ne satisfait pas le nonce ; il transmet la nouvelle à l'intéressé le 25 juin.

vais avec Mgr Oddi et le p. Corbellini à Gagny, accueilli par la famille Zinetti et les ouvriers de l'exploitation de champignons dont je visite les galeries. Ce sont tous des Bergamasques de Valle Cavallina. Bonnes <familles. Je reste pour dîner. Bonas odor in omni loco.>

25 juin, vendredi. — <10 h Fresnes [x]. 12 h. M. Bulg. 18 h 30 Grente.>

Quelques audiences, mais peu nombreuses, ce qui m'a permis de finir mon petit discours de Marseille et les lettres pour Mgr Delay [1]. Parmi les visiteurs le marquis de Juigné, de Solesmes, et le soir Mgr Grente. J'ai reçu aussi le marquis André d'Ormesson qui m'invite à son château de St-Fargeau à l'occasion de ma visite à Auxerre le 1er août [2]. Je suis allé aussi me confesser chez Mgr Beaussart.

26 juin, samedi. — <Bučko 10 heures. Léon Noël 11 h. Visite expo. Jeanne d'Arc : aux Invalides, 16 h.>

Audiences : Mgr Bučko, évêque des Ukrainiens ; et l'ambassadeur Léon Noël ; puis le marquis Bernadotte, et sa nièce avec son fiancé : ils se marieront le 18 septembre. Dans l'après-midi j'ai visité l'exposition Jeanne d'Arc aux Invalides, qui m'a beaucoup intéressé ; j'ai revu Mgr Beaussart qui m'a prêté les tunicelles vertes pour l'ordin. de demain à Drancy. Dans la soirée je me suis intéressé au procès de réhabilitation de Jeanne d'Arc [3].

27 juin, dimanche. — <Drancy. Ordin. 8 h. À Notre-Dame réunion Italiens : 16 h 30. Quelques mots rappelant la B. Goretti. Salut.>

---

1. « Il me semble que sur l'archidiocèse de Marseille, par ce grand trait de l'auguste bienveillance du Saint-Père, se lève une ère nouvelle d'ardente action religieuse et sociale. Quant aux rapports avec Aix – l'antique et vénérable métropole –, il me plaît de formuler un vœu, c'est qu'ils continuent avec cette *distinction* et cette *amabilité* – comme deux sœurs qui s'estiment et qui s'aiment –, auxquelles ils s'inspireront toujours, comme vous l'avez si bien dit en votre discours à la cathédrale » (lettre du 24, *Souvenirs d'un nonce*, p. 156-157).

2. « Ah ! je pensais que c'était votre frère [André est le frère de Wladimir] qui venait, enfin, m'annoncer une bonne nouvelle » (sa nomination auprès du Vatican), lui aurait dit le nonce. « Il a répété que j'étais le plus qualifié, que le Saint Père désirait mon retour, etc., etc. Tout cela d'une façon chaleureuse » (Journal d'Ormesson, 27 juin).

3. Entamée en 1454, la procédure aboutit le 7 juillet 1456 : au nom du pape Callixte III, son légat l'archevêque de Rouen proclama l'annulation de la condamnation de 1431 qui avait conduit Jeanne d'Arc au bûcher ainsi que sa pleine réhabilitation (décisions confirmées à Orléans le 21 juillet).

Les deux occupations d'aujourd'hui ont bien marché. À Drancy[1] j'ai ordonné prêtre Delafosse, élève d'Issy ; beaucoup de monde ; service parfait ; je me suis servi des tunicelles, gants, etc. *verts*, de Mgr Beaussart, repas avec le clergé et les parents du nouveau prêtre chez les sœurs de St Vincent dans le magnifique parc. À 16 h 30, fonction à Notre-Dame avec les Italiens. Mes paroles : 1) ce qui est utile dans la vie et ce qui est nécessaire : les intérêts de l'esprit au premier rang. 2) la B. Maria Goretti dans son sacrifice pour la virginité, grand avertissement et enseignement[2]. <3) Responsabilité des Italiens en France. Super omnia charitas entre eux ; avec les Français : P. Tosti, Pie IX, le cent. de Mgr Affre.>

28 juin, lundi. — <Guérin de Tencin – 10 h.>
Matinée reposante. Deux visiteurs : Guérin de Tencin et son cousin l'artiste. Puis est venu le bon Mahieu, qui m'a informé de son mariage. À 11 h 30 je suis allé chez le doct. Cavalier, spécialiste o.r.l. pour mes oreilles bouchées. Rien de grave : une obstruction de la trompe d'Eustache due à l'air froid du voyage en auto en Bretagne : gouttes pendant trois jours, et lavage.

À la maison je revois dans le tome XIV du « Pastor », p. 10, l'histoire du traité de Westphalie[3], et je prépare une lettre à Mgr Weber pour m'excuser de ne pas aller à Ste-Odile le 18 juillet[4]. Je reçois le *dott.* De Renzis, de la Propagande[5].

29 juin, mardi. — <Ordinat. de 2 prêtres polonais 7 h séminaire polonais. Le soir, récept. Turquie. 17, rue Berton. 18 h 30-20 h 30.>
La cérémonie au séminaire polonais pour la cérémonie de 7 ordinations mineures et de celle du prêtre Boleslas Tomawiak s'est très bien passée. Je suis resté déjeuner et j'ai adressé à la fin quelques mots d'encouragement à cette belle communauté. Le soir j'ai participé à la réception à l'ambassade de Turquie. J'y ai trouvé Monsieur Ciukru Kaya qui, de mon temps, était comme un dieu tout-puissant en tant que ministre

1. Commune populaire de la banlieue nord.
2. Jeune fille de la région de Rome qui a préféré la mort au viol et qui a été béatifiée, comme symbole de la pureté, le 27 avril 1947.
3. Le baron Ludwig von Pastor est l'auteur d'une monumentale *Histoire des papes depuis la fin du Moyen Âge* en seize volumes, parue cher Herder à Fribourg-en-Brisgau entre 1886 et 1933. On ne sait si le nonce utilise la version originale ou la traduction française, publiée chez Plon à partir de 1888.
4. Voir plus loin en date du 18 juillet.
5. L'*Annuario pontificio* connaît un *Avv.* Renzo De Bonis.

de l'Intérieur. Aujourd'hui en revanche c'est un agneau, qui m'a traité avec tous les égards, même en référence à ce temps-là.

30 juin, mercredi. — <Frères St Jean de Dieu. Mac Closkey 10 h 30. Secrét. Le Hunsec 11. Colini 11.30. Croix-Rouge 12 h.>
Plusieurs audiences : le général des Frères de St Jean de Dieu ; le dép. Pastore qui a communié à la chapelle ; deux jeunes Florentins qui m'apportent une lettre que leur a adressée le coureur Bartali [1] ; le prof. Colini, de Rome ; le secrétaire de Mgr Le Hunsec ; les deux Américains Mac Closkey et son assistant avec Oddi. À 13 h déjeuner chez l'amb. de Suisse Burckhardt ; puis particip. aux deux réceptions aux ambassades d'Italie et de Chine. Temps toujours mauvais, rencontre avec les mêmes personnes : futilités et courtoisie. À 19 h j'ai reçu M. Ferretti que je n'avais pas vu depuis longtemps, mais qui est toujours en paix avec le nonce.

Juin. — À l'occasion de la fête de saint Pierre qui sera célébrée dimanche à la paroisse, selon l'usage des trois années précédentes, j'ai donné 5 000 F à chacun des domestiques Giulio, Dino, Domenico, Eugenio. En tout 20 000 F *ut dignum et justum.*

1er juillet, jeudi. — <Chappoulie 10 h. 18 h récept. Lubrina.>
La célébration du Très Précieux Sang m'intéresse tout entier : esprit, cœur, pensée, prière. Le matin, longue et confiante audience avec Mgr Chappoulie. Le soir je reçois la famille Lubrina, de Paris, le frère de Giorgio de La Bourboule. Originaires de Bagnatica : quels braves gens, entente pour la bonne formation des enfants, Daniele, etc. Plus tard arrivent Mgr Sargolini, premier assist. eccl. de l'Act. cath. ital. avec l'*avv.* Veronese [2]. Je les accueille au mieux. Ces contacts font du bien.

2 juillet, vendredi. — <Guillard 10 h.>
Bon travail au bureau mais peu d'audiences. De bonne heure, je préside à l'Institut catholique le Congrès national de la Fédération d'Action catholique [3]. Je salue et bénis au nom

---

1. Le champion cycliste catholique Gino Bartali, souvent comparé à son grand rival « laïque » Fausto Coppi.
2. Probablement venus pour assister au congrès de la FNAC.
3. Troisième congrès national de la Fédération nationale d'Action catholique ou Action catholique générale pour les hommes (1er-4 juillet).

du Saint Père. Puis je me rends chez le doct. Chevalier[1] pour le lavage des oreilles qui me fait beaucoup de bien. À 13 h, Mgr Giobbe arrive de Châtelguyon[2], et je sors avec lui pour une promenade vers le Bois de Boulogne, conversant et nous remémorant. Le soir je reçois M. Guillard qui m'informe sur l'Indochine, avec une dame qui est l'épouse d'un grand homme politique japonais.

3 juillet, samedi. — <Assistance messe des défunts aux Missions étrangères. Cent. Chateaubriand.> 10 h.

À l'évangile Mgr Chevrot, curé de St-François-Xavier, a lu un très beau discours sur Chateaubriand chrétien. Dans la cour de la maison au n° 120 où l'écrivain est mort, deux autres discours : de M. [ ] sur les années qu'il vécut là, et du marquis d'Ormesson sur le poète diplomate. Un excellent ensemble : plusieurs académiciens, beaucoup de dames. Paris intellectuel[3]. Dans l'après-midi je suis sorti en voiture avec Mgr Giobbe jusqu'à la villa « Le crépuscule » pour y voir Mgr Chappoulie, qui était avec l'abbé Blanc. Puis nous nous sommes promenés dans le parc de Saint-Cloud parmi les souvenirs romains des temps anciens et des temps nouveaux.

4 juillet, dimanche. — 9 h. Grand pontifical à St-Pierre ; puis déjeuner du clergé à la nonciature. Il n'y avait pas beaucoup de monde, mais tout s'est bien passé. Le curé Clamorgan a beaucoup parlé fort à propos sur le pape. Je me suis tu. Au déjeuner il y avait Mgr Giobbe et tous les prêtres de St-Pierre avec don Martino de Martini, mon compagnon du Séminaire romain.

Giobbe part pour La Haye ; et je me suis rendu à Chevilly chez les Spiritains : 58 partants : grande émotion. Mes paroles : *humilitas, charitas, fidelitas*. Inoubliable[4]. Le soir j'ai eu à dîner Mgr Sargolini et l'*avv.* Veronese présid. de l'A.C. italienne.

<Rencontre avec le ministre Talamo qui vient pour parler avec le *dott.* Veronese.>

---

1. Chevalier ou Cavalier ?
2. Station thermale du Puy-de-Dôme.
3. Célébration du premier centenaire de la mort de l'écrivain, le 4 juillet 1848 ; grand orateur, Mgr Georges Chevrot a été élu à l'Académie des sciences morales et politiques le 2 décembre 1947 (sur la commémoration Chateaubriand, voir aussi plus loin en date du 16 novembre).
4. Un départ collectif en mission probablement.

5 juillet, lundi. — La nuit dernière, bon travail sur les affaires courantes : nomination de Rouen[1], etc. Je vois qu'il me reste un peu de fatigue et une tentation d'anxiété pour les diverses choses qui me restent à faire. Visites aujourd'hui, très peu de choses : M. Mahieu qui se marie demain ; l'après-midi le jeune couple bergamasque de l'*ing.* Giavazzi <Gianangelo> fils de Francesco avec Anna Marini, fille de Stefano. Ils m'apportent des nouvelles de Bergame. Le soir, je vais au George V pour une réception pour la fête nationale du Venezuela. C'est un peu de temps perdu[2]. Patience.

<Audience du jeune Badoev, Bulgare de Burgaz.>

6 juillet, mardi. — <Mariage Mahieu. Envoyer bénéd.>

À 11 h Notre-Dame ; 8, rue Jean Goujon, 16 h. Audiences. M. Clément Baral et un de ses associés, producteurs d'un film missionnaire au Maroc ; le p. Hervé, capucin, jadis à St-Louis de Pera (pendant 30 ans), je le garde à déjeuner ; l'abbé Badré pour une affaire d'assistance future aux Allemands en France ; Mme Pellegrini avec une autre dame ; le P. d'Argenlieu[3], l'un des frères du P. Louis : sermo mollis frangit iram.

L'après-midi, confession chez Mgr Beaussart ; présence à la récept. du mariage Mahieu ; rencontre avec Mgr Le Bellec, évêque de Vannes, et avec le prof. Le Bras[4] ; le soir Ferretti avec un général et un colonel.

7 juillet, mercredi. — <Déjeuner Poncet 13 h.>

Audiences : M. Maurice Denis : [1)] travail pour l'« Auxilium » qui lui est demandé à Rome ; 2) rapport Rodhain-Crivelli[5] ; M. Saïfullah Khandan, ministre d'Irak pour Mgr du Chayla[6] ; Mgr Perrin, évêque d'Arras ; M. Argyropoulos, ancien ambassadeur de Grèce à Paris ; abbé Lisch, de l'École Bossuet et p. Bivort, s. j. À 13 h déjeuner amb. François-Poncet. J'y ai rencontré le prince Louis de Bourbon et je me suis aimablement entretenu avec lui et avec la princesse Marie de Savoie : celle-ci m'a donné des nouvelles de sa sœur,

1. Pour laquelle il faut faire une nouvelle proposition, après l'échec de la solution Lebrun.

2. Le nonce supporte de moins en moins bien les réceptions.

3. Le carme a deux frères dominicains dans la province de France, Benoît et Paul.

4. Pour les dossiers en suspens probablement : nominations épiscopales et remplacement de Jacques Maritain.

5. Toujours la concurrence internationale en matière de charité.

6. L'archevêque latin de Bagdad va être nommé délégué apostolique en Irak le 20 novembre.

ex-reine de Bulgarie[1]. Dans la soirée je suis allé chez Chéret pour le calice que j'offrirai à Sotto il Monte. Ce matin j'ai eu à ma messe les nouveaux époux d'hier : Bernard et Monique Mahieu.

8 juillet, jeudi. — Quelques visites : Mgr Beaupin et Roger Millot pour Pax Romana ; M. Furst* que je ne peux consoler, M. Demarle, dont je dois rapidement me dégager[2]. Déjeuner d'honneur à la maison pour M. Schuman, présid. du Conseil : André Marie, Garde des sceaux ; les ambassadeurs d'Espagne, Argentine, Brésil, les min. de Suisse, Autriche ; le conseiller Giustiniani, attaché, protocole, ministère des Affaires étrangères, Guerre, Justice ; secrét. de M. Schuman ; journal. Michelin pour *La Croix*, Beuve-Méry pour *Le Monde* ; avec Oddi et Forni.

Le soir avec Oddi je suis allé à la réception de congé. Le repas d'honneur chez le Présid. du Conseil s'est très bien passé, avec ordre et délicatesse. Le service de cuisine également bon et convenable.

<Ex-ministre Letourneau venu au nom de Bidault plaider contre l'évent. nomin. de Martin à Rouen[3].>

9 juillet, vendredi. — Ce matin : chère visite de sœur Emerenziana, supérieure des Petites sœurs des Pauvres à Istanbul. J'accueille toutes ses nouvelles avec une émotion que je dois discipliner : surtout dans les rapports avec mon successeur actuel qui a presque 80 ans[4]. À midi j'ai eu à déjeuner Mgr De Jonghe, délégué apost. de l'archipel indonésien à Batavia. Dans l'après-midi je suis sorti pour visiter l'exposition David à l'Orangerie et celle des Anglais en France, ouverte au Musée Galliera près de la nonciature. Le temps obstinément froid et nuageux impose un bon exercice de sérénité spirituelle.

10 juillet, samedi. — Journée maussade. Le matin j'étais présent *à la Sorbonne* avec le Présid. Auriol pour la distribution des prix du « Concours général » pour lycéens et collégiens : deux discours intéressants : prof. Hui*, et Depreux, ministre

---

1. Jeanne de Savoie, épouse de Boris III, mort en 1943.
2. Pourquoi ?
3. Voir plus loin en date du 10 juillet. Député MRP de la Sarthe, Jean Letourneau a été ministre du Commerce, puis de la Reconstruction, dans les deux premiers cabinets Ramadier.
4. Il s'agit de Mgr Andrea Cassulo (voir plus haut en date du 8 juin).

de l'Éduc. Nationale. J'étais quasi seul parmi les diplomates mais il était bon que j'y sois [1].

À la maison, longue conversation avec l'ancien ministre Letourneau qui est venu – dit-il – au nom de Robert Schuman et Bidault [2]. Puis l'après-midi plus maussade que le temps : occasion d'un bon exercice, non seulement de sérénité spirituelle, mais de silence, d'humilité et de grande patience. De hoc gaudeo et gaudebo avec la grâce du Seigneur.

11 juillet, dimanche. — <Ordination de deux prêtres des *Frères Missionnaires des campagnes* du P. Épagneul à Lumigny 4 km de La Houssaye-en-Brie – Seine-et-Marne. Arriver à 10 h (environ 50 km).>

Il y avait aussi un sous-diacre dominicain, le fr. Marie-Dominique Molinié. Belle réception à la mairie : j'ai répondu en exaltant la gloire de Lumigny [3] berceau et tombeau du comte Albert de Mun. À l'église, la cérémonie a été très bien : beaucoup de monde, comme on n'en avait jamais vu. Mgr Bros, vic. gén. de Meaux y assistait, ainsi que d'autres membres du clergé. Mes paroles vibrantes, mais dont je ne fus pas content. Repas à côté chez les sœurs. L'après-midi, ma visite à la tombe de de Mun, conversation <avec les parents ; puis séance récréative dans le hangar et discours du chan. de Poncheville que j'ai ramené ensuite à Paris.>

12 juillet, lundi. — <Gén. Sigala et Madame. 10 h. [x].>

Audiences : le p. Désiré O. C. ; le P. Grumel A. A. qui m'annonce le congrès byzantin et m'y invite ; M. Chéret avec qui je m'entends pour le calice ; et dans l'après-midi Mgr Fontenelle, chanoine du Vatican.

Est venu aussi le gén. Sigala. Dans l'après-midi, toujours bon travail au bureau. Je n'oublie pas parmi les visiteurs d'aujourd'hui don Vincenzo Croce, de la Congrég. des Sacrements, avec un jeune abbé de Paris étudiant à Rome.

---

1. Telle n'est en effet guère la place des diplomates, mais Mgr Roncalli se plaît en Sorbonne.

2. L'indication du 8 juillet était plus explicite que celle-ci. C'est la première fois que le nom de l'évêque du Puy apparaît pour ce poste ; mais il suscite immédiatement une réaction qui prouve combien l'absence de véritable épuration épiscopale a laissé des traces : très attaché à Pétain, Mgr Martin figurait sur la liste des indésirables en 1944. Sa possible promotion à l'archevêché de Rouen ne peut être que mal perçue des démocrates-chrétiens.

3. Petite localité au nord de Rozay-en-Brie où les Sœurs missionnaires des campagnes ont installé leur prieuré général. Sur cette journée, voir le compte rendu convergent du père ÉPAGNEUL dans *Semailles en terre de France*, p. 166-167.

13 juillet, mardi. — Audiences : le p. jésuite de Reviers de Mauny, organisateur d'expositions fixes ou ambulantes [1] ; le comte de Quiley, marié à une Suédoise, plein d'ardeur pour la Terre Sainte ; Monsieur Aumonier, secrét. du Centre des Intellectuels, lui aussi en quête de subsides [2] ; dans l'après-midi la marquise de Montferrat avec un journaliste ; le nouvel évêque de Rodez Mgr Dubois, du Mans, que je garde à déjeuner [3]. Vers le soir je suis allé chez Mgr Beaussart pour me confesser.

14 juillet, mercredi. — J'ai participé ce matin à la revue militaire pour la fête nationale. Saluts et poignées de main d'Auriol, Herriot, Schuman. Pour la première fois je n'ai pas eu à côté de moi M. Bogomolov, car il se trouve en Russie. À la maison, repas intime avec Mgr Fontenelle et Sédillière.

Le reste de la journée, bon travail à la maison.

15 juillet, jeudi. — Ce matin, trois audiences : l'abbé Iung, curé de St-Jacques de Neuilly : manifestement bon mais un peu exalté et désireux de faire autre chose, sans limites [4] ; le p. Buondonno, sup. des Montfortains de Redona ; la vieille demoiselle Valentina Elsayar qui m'apporte une lettre de Luigi, et mon Orazio, de Pancalti, avec des nouvelles intéressantes de là-bas. Puis l'arrivée très agréable de mon cher curé Birolini, de Sotto il Monte, avec mon neveu Battista enfin habillé en prêtre. Dans l'après-midi je visite avec eux le Panthéon, Notre-Dame, Montmartre et le Bois de Boulogne, en écoutant les nouvelles de la maison et en montrant les raretés de la *ville lumière.*

16 juillet, vendredi. — Vierge du Carmel ; audiences sans fin : les principales : Madame Azam, ma voisine juive convertie ; Mgr Maisonobe, évêque de Belley ; p. Sommariva A. A., de Grèce ; le marquis de Mun ; le prov. et le gardien des Capucins ; p. Denis et p. Jean-Bapt. 26, rue Boissonade (XIVe) ; frère Félix et un confrère de Sofia ; p. Richard, cap. de Smyrne ; une femme peintre voyante de Bruxelles qui m'est présentée par Mgr Cento. Elle m'a beaucoup fatigué. Il faut

1. Ce religieux est secrétaire général de l'association Artisans d'art et de foi.
2. Les ambitions nouvelles du CCIF nécessitent des fonds.
3. Le vicaire général de Mgr Grente a été nommé le 10 juillet sans que son nom ait fait l'objet de la moindre allusion dans l'Agenda (Mgr Challiol est mort le 11 mars).
4. Confirmation de la notation du 11 mai.

être courtois avec ces âmes affectées par la maladie de donna Prassede : mais gare à se laisser surprendre [1].

<Mlle Montaru.>

17 juillet, samedi. — Peu d'audiences [2] ; parmi celles-ci M. Demarle avec son petit Pierre, qui me raconte ses contacts avec [[3]] grand vénérable de la Maçonnerie [4] ; MM. Bogojavlenski Alexis et Boris, père et fils ; M. Opieski, polonais, un grand bavard qui finit par solliciter ; abbé Lefèvre, de la *Pensée catholique*, qui lui aussi fait la quête pour sa revue, d'ailleurs méritante et digne de soutien [5]. Dans l'après-midi le card. Suhard, à qui je présente ensuite mes deux hôtes, que j'avais conduits entre-temps visiter saint Vincent chez les PP. Lazaristes, les saintes filles de saint Vincent rue du Bac et les sœurs de St-Maur rue de l'Abbé Grégoire.

18 juillet, dimanche. — [[À Strasbourg. Messe pontif. solenn. 9 h 30 à Ste-Odile.]]

C'était fixé ainsi. Mais je n'y suis pas allé ; et je me suis entendu rapidement avec l'évêque sur le « pourquoi [6] ». J'ai

---

1. Nouvel exemple de réticence envers une « voyante ». Donna Prassede est un personnage des *Promessi sposi (Les Fiancés)* d'Alessandro Manzoni, grand classique de la littérature italienne du XIXe siècle apprécié du nonce. Elle « commettait souvent cette grande erreur, de prendre pour le ciel son cerveau ».

2. Il en existe une liste dactylographiée : « 10 Bog. 10.30 Lefèvre. 11 Opiesky. 11.30 Demarle ».

3. Le manuscrit comprend un grand espace.

4. Il s'agit de Marc Rucart, ancien ministre radical (de la Justice et de la Santé publique) entre 1936 et 1940, avant de participer à la Résistance. Haut dignitaire de la petite obédience « Le droit humain », il souhaite se rendre à Rome pour améliorer les relations entre la maçonnerie et l'Église. Conseiller de la République pour la Haute-Volta, il s'est ouvert de son projet au fonctionnaire de l'Assemblée de l'Union française qu'est Demarle, qui lui a proposé de l'introduire auprès du nonce (Maurice DEMARLE, *Mon ami Angelo Giuseppe Roncalli nonce apostolique, le futur Jean XXIII*, Paris, 1984, p. 22-25). Le nom de Rucart figure dans l'Agenda sous une autre plume, avec ses qualités.

5. Le nonce a déjà donné de l'argent au directeur de la revue intégriste (voir plus haut en date du 13 juin 1947), et il n'aime pas trop les quémandeurs, mais il maintient de façon explicite son appui.

6. *« Per la metà di luglio mons. Weber vescovo di Strasburgo mi attende per una celebrazione a S. Odile – parte esclusivamente religiosa – del centenario della unione dell'Alsazia alla Francia »* (« À la mi-juillet Mgr Weber, évêque de Strasbourg, m'attend pour une célébration à Ste-Odile – partie exclusivement religieuse du centenaire de l'union de l'Alsace à la France »), écrivait le nonce à Mgr Montini le 23 mai. *« Questa Segreteria di Stato rimette completamente a Vostra Eccellenza la decisione su l'eventuale Sua partecipazione a dette ceremonie »* (« Cette Secrétairerie d'État remet entiè-

passé à la maison une journée festive tranquille avec mes hôtes, qui sont sortis avant et après midi malgré le mauvais temps.

19 juillet, lundi. — Fête de saint Vincent. Cette année je n'ai pas chanté la messe chez les PP. Lazaristes à cause de l'engagement que j'avais prévu pour Ste-Odile. Mais j'ai assisté, ou mieux présidé, à leur repas : tout s'y est bien passé, avec respect, avec cordialité, avec paix. J'étais avec Oddi qui m'a accompagné ensuite en auto rue Violet pour y voir les travaux d'aménagement qu'il y promeut. Cet engagement de mon collaborateur dans cet exercice de charité et de ministère sacerdotal me fait un grand plaisir et je l'encourage de mon mieux [1].

20 juillet, mardi. — Audiences : nouveau ministre du Paraguay. À 11 h 30 avec mes deux hôtes je suis allé à Lisieux où nous avons pu tout voir bien : les travaux de la basilique, les deux sœurs Agnès et Céline, Mgr Germain, la cathédrale, très belle et surprenante… et propre aussi [2]. Par ailleurs, depuis hier soir le gouvernement Schuman est tombé, et c'est mal [3]. Mais tout est permis à bonne fin par la Providence. *In Domino confido.*

21 juillet, mercredi. — Audiences : M. Ernest Mamboury et son épouse, d'Istanbul, avec joie et douleurs ; colon. Dortel-Claudot de Pax Xsti ; Madame Mathis, d'Athènes, à qui j'ai

---

rement à Votre Excellence la décision sur votre éventuelle participation à ladite cérémonie »), lui répond celui-ci le 5 juin. Mais un tel voyage risque de susciter autant d'ambiguïtés que celui projeté en janvier lors des inondations : tant qu'il n'y a pas de traité entre l'Allemagne et la France, l'Église ne veut pas cautionner le 300e anniversaire du rattachement de la province à celle-ci. Roncalli écrit donc une lettre embarrassée à l'évêque de Strasbourg pour se décommander, vu le caractère *« un po' politico della manifestazione »* (« un peu politique de la manifestation »). Il se retranche ainsi derrière l'historien Pastor pour souligner que la paix de Westphalie sanctionna la coupure religieuse de l'Europe occidentale, elle-même source de sécularisation, dans un climat peu favorable à la papauté (lettre du 29 juin, publiée par Loris Francesco CAPOVILLA, *Papa Giovanni XXIII gran sacerdote come lo ricordo*, Rome, 1977, p. 172-174). Et il informe Mgr Montini de son renoncement le 5 juillet.

1. Pour Roncalli, tout diplomate du Saint-Siège est d'abord un prêtre.

2. Quarante et unième voyage, qui confirme le goût du nonce pour cette construction triomphaliste.

3. Depuis les vifs débats sur la question scolaire, les jours du cabinet étaient comptés : les socialistes le font tomber en votant le 19 juillet un amendement réduisant fortement les crédits militaires, amendement que Robert Schuman refusait.

remis 1 500 £ que m'avait remis Mgr Testa : elle m'a parlé de sa disposition à vendre au Saint-Siège pour 450 000 $ son palais d'Omirou, 12 ; l'évêque des Coptes d'Égypte, etc. Par ailleurs le gouvernement Schuman est tombé. Même Bidault s'en va, avec peu de probabilités de survivre dans une nouvelle combinaison. Le nonce apostolique est peut-être le seul à s'en attrister. Et je me sens sincère [1].

22 juillet, jeudi. — Il est naturel de suivre les événements de la crise : les deux noms qui ressortent sont André Marie à la Présidence et Schuman aux Affaires étrangères [2]. Chose bien singulière : ce sont les deux noms que j'ai eu à déjeuner ici à la nonciature le 8 juillet courant [3]. Bidault m'envoie une lettre à propos de certaines objections à la nomination du chan. Dechardel [4], archiprêtre de St-Brieuc, qui contient les préjugés habituels ; et qui m'oblige à veiller jusqu'à 2 h du matin pour faire honneur au bon droit de l'Église [5]. Quae sunt Cesaris, Cesari : quae sunt Dei, Deo.

23 juillet, vendredi. — Quelques rares audiences. À midi je pars seul en train et wagon pullman pour Lyon où l'on

---

1. La prédiction du nonce se révélera juste : ministre des Affaires étrangères presque sans interruption depuis 1944, Georges Bidault va devoir s'effacer. On ne peut soupçonner la sincérité de Mgr Roncalli, pour lequel il a pourtant été un interlocuteur difficile (épuration et nominations épiscopales).

2. Telle est en effet la solution adoptée par l'Assemblée nationale le 24 juillet : pour la première fois depuis la guerre, un radical (très modéré il est vrai) accède de nouveau à la tête d'un gouvernement où figure un revenant de la droite classique comme Paul Reynaud (aux Finances et aux Affaires économiques). Plus important encore est le remplacement de Bidault par Schuman au Quai d'Orsay : un partisan de la réconciliation franco-allemande succède à un nationaliste.

3. « *Pensi che il giorno 8 corrente ebbi qui a pranzo alla Nunziatura il Capo del Governo Schuman Roberto – un bravo e santo uomo – ora divenuto Ministro degli Esteri, e con lui il signor André Marie allora Guardasigilli ed oggi Presidente del Consiglio. Sono in rapporti eccellenti pressoché con tutti gli altri componenti il Governo che ora con qualche incertezza si avvia* » (« Pensez que le 8 courant j'ai eu ici à déjeuner à la nonciature le chef du gouvernement Robert Schuman – un brave et saint homme – aujourd'hui devenu ministre des Affaires étrangères, et avec lui Monsieur André Marie, alors Garde des sceaux et aujourd'hui Président du Conseil. Les rapports sont excellents avec presque tous les autres membres du gouvernement, qui démarre avec quelque incertitude », lettre du 27 juillet à Mgr Bernareggi, *Chesta chiesa che tanto amo*, p. 316).

4. *Cherdel* en fait.

5. Un des derniers éléments du contentieux entre Bidault et le nonce ; l'imprécision de la remarque empêche de savoir que ce prêtre breton devait aller à Coutances comme coadjuteur (voir plus loin en date du 9 septembre).

m'attend pour la 35e Semaine sociale [1]. J'y arrive avec un horaire parfait à 18 h 37. Je suis reçu par Mgrs Bornet et Courbe, les représentants des autorités civiles et de la Semaine sociale ; et je monte à Fourvière où je suis l'hôte du card. Gerlier, tout bien harmonisé. Encore rien de neuf au sujet du nouveau gouvernement.

24 juillet, samedi. — À Lyon. Sainte messe dans la chapelle de l'archev. Puis avec le card. Gerlier assist. aux deux leçons matinales de la Sem. Soc. Très intéressantes. À midi déjeuner avec S. E. et quelques personnes. Puis assistance à la magnifique leçon de Mgr Chappoulie [2], à la Bénéd. du S. Sacr. dans la chapelle de la Foire de Lyon, d'une chaleur étouffante. Le soir, grand repas en l'honneur du nonce à l'archevêché. Présents quelques évêques, deux préfets, le maire adjoint, le général, les dirigeants et professeurs de la Sem. sociale. Le cardinal et moi parlons à la fin.

25 juillet, dimanche. — À Lyon. 9 h ma messe à Fourvière, le cardinal présent. Communion et clôture de la Semaine. Il y avait encore beaucoup de monde. Dans la matinée, j'ai reçu sœur Rosa Angela Vanotti, des sœurs de St-Joseph. Elle est de Berbenno, parente des nombreux Roncalli de là-bas, certains émigrés, d'autres restés sur place. Elle m'a fait bonne impression. Après le déjeuner, à 14 h, départ de Lyon, toujours en train.

Trajet splendide en cette saison, mais toujours avec une chaleur suffocante. Arrivé en bon état. Benedicamus Domine.

26 juillet, lundi. — Journée excessivement chaude. Toujours vif et cher le souvenir de ma maman et de ma nièce religieuse dans la lumière de sainte Anne. Seule visite aujourd'hui le P. abbé de N.-D. de Madiran près de Lourdes, à qui j'ai confié la visite apostolique d'un monastère féminin. Des moniales visionnaires. Oh ! quelle pitié [3]. Dans l'après-midi j'ai reçu S. E. le card. Suhard, un peu triste à cause de la mort subite du jeune curé de N.-D. de la Croix et d'autres choses [4].

---

1. Quarante-deuxième voyage du nonce.

2. Dans le cadre d'une Semaine consacrée à « Peuples d'outre-mer et civilisation occidentale », le directeur des Œuvres pontificales missionnaires prononce en effet un exposé remarqué sur « Action missionnaire et Églises indigènes », qui accorde une nette priorité à la construction de celles-ci (*La Documentation catholique*, 21 novembre, col. 1486-1502).

3. Nouvelle confirmation de la réserve du nonce en ce domaine.

4. Il s'agit de l'abbé Gilbert Guaydier, nommé dans cette paroisse populaire du XXe arrondissement en 1946.

Se confier à Dieu et à notre travail spirituel. La confiance dans le gouvernement et dans ses hommes est vaine [1]. Le soir, joyeuse réunion avec Mgr Bernardini.

27 juillet, mardi. — Audiences : Mgr Fourquet ancien archev. de Canton ; M. Paul Dervaux avec un grand projet d'« Institut intern. des Lettres, Arts et Sciences », une sorte d'*Unesco* d'esprit catholique ; Mlle Valentina Elsayar qui revient d'Istanbul ; M. Camillo Soto, de Colombie, neveu de la défunte Soto.

Journée excessivement chaude. Malgré cela, beaucoup de travail au bureau : lettre à Mgr Bernareggi [2]. Le soir j'ai reçu la visite du card. Frings, archev. de Cologne, qui se rend à Lourdes pour Pax Christi [3].

28 juillet, mercredi. — Annivers. de la mort de mon cher père. 28 juillet 1935. Sainte messe dévote à son intention et avec la pensée de mes autres défunts. Audiences : M. Francesco Bianchi, de Pianico, que je n'avais pas vu depuis longtemps ; les deux supérieures des maisons de Paris et Versailles des Filles de N.-D. des Apôtres, désolées de la démission de sœur Eugenia, mais tranquilles ; comtesse Salverte. Le soir réception du Pérou à l'Hôtel Meurice, et présidence de la commémor. de Mgr Petit chez les Assomptionnistes où je rencontre les membres du VIe Congrès byzantin [4]. Chaleur toujours brûlante. <Le matin longue audience Chappoulie.>

29 juillet, jeudi. — Audiences : Mgr Ayoub, évêque libanais et son secrét. [5] ; p. Ringeval, de Solesmes ; Mgr Lemonnier,

---

1. Bien pessimiste, au moment même où André Marie présente son équipe à l'Assemblée !

2. Lettre citée où il lui confirme que Mgr Oddi a renouvelé pour lui les abonnements à quatre revues des Éditions du Cerf (*La Vie spirituelle*, *Supplément de la Vie spirituelle*, *Maison-Dieu* et *L'Art sacré* (*Questa chiesa che tanto amo*, p. 315-316 ; la facture est reproduite p. 318). On remarquera la suppression de *La Vie intellectuelle*, mais pas celle de *L'Art sacré* malgré *« il* matto storno *dell'arte modernissima »* (« le *matto storno* de l'art outrancièrement moderne ») qu'elle subit un peu (lettre de Roncalli à Bernareggi du 3 janvier 1948, *ibid.*, p. 306). Mgr Roncalli donne aussi à son correspondant une idée de son programme de vacances.

3. Pour le premier pèlerinage international du mouvement qui se déroule du 26 au 30 juillet (*La Documentation catholique*, 26 septembre, col. 1217-1222 ; allocution le 28 du cardinal allemand, 1223-1224).

4. Séance commémorative en l'honneur de l'évêque assomptionniste, pour le 50e anniversaire de la fondation par lui de ce qui est devenu l'Institut d'études byzantines, avec des interventions du père Salaville et de Mgr Mercati, *Revue des études byzantines*, VI (1948), p. 293.

5. Le maronite François Ayoub.

vic. capit. de Rouen [1] ; curé Manceron de Ste-Jeanne de Chantal et M. Delaneu*, de Pro Deo, au sujet du p. Morlion [2] ; nouvel ambassadeur d'Iran. L'après-midi, grande chaleur ; le soir je reçois le P. Millini et M. Bianchi. Puis avec Oddi je suis allé dîner chez Mgr Leprêtre : seuls ; nous avons parlé de Boulogne. J'ai noté à quel point doit être déprimante la solitude d'un diplomate mis à l'écart [3]. Il conviendrait pourtant de s'adapter in nomine Dni. Aujourd'hui j'ai fait une lettre de réponse à sœur Eugenia Ravasio.

30 juillet, vendredi. — Audiences : peu et peu significatives. Le comte Capitani d'Arsago, de Milan, venu ici pour le congrès de byzantinologie a été trouvé mort cette nuit : rupture d'anévrisme. Sa femme était à côté de lui et ne s'en est rendu compte que lorsqu'il avait expiré. Quel drame ! Il n'avait que 39 ans. Il était pourtant pieux et bon. L'après-midi je suis allé le voir à l'hôtel Ste-Anne et j'ai prié pour lui. Journée de grande chaleur et de travail patient, jusque tard dans la nuit, pour ranger les papiers de mon bureau, en vue du prochain départ pour la maison. Longue dépêche de Rome à propos de Rouen.

31 juillet, samedi. — À 11 h je suis allé à l'Hôtel Matignon pour une visite officielle d'hommage au nouveau Président du Conseil André Marie. J'étais en cape violette. Excellent et important accueil. Je me suis bien accordé sur les points principaux. À 16 h j'ai reçu le nouveau ministre des Affaires étrangères Robert Schuman en visite officielle à la nonciature. Entente parfaite qui m'a permis de dicter un télégramme à la Secrét. d'État qui, je l'espère, satisfera le Saint Père. Je bénis le Seigneur qui m'a permis de regarder l'avenir avec confiance et de partir en vacances le cœur tranquille [4].

---

1. Le remplacement du cardinal Petit de Julleville tarde.
2. Félix-Marie (André) Morlion, dominicain flamand, a créé à Rome en 1945 une école pour journalistes devenue en 1947 l'Université internationale pour études sociales Pro Deo.
3. Le nonce craindrait-il un tel sort ?
4. Optimisme exagéré, quand on sait ce que le nouveau responsable du Quai d'Orsay pense de son interlocuteur : « Là-dessus Schuman m'a parlé du Nonce Roncalli avec beaucoup d'agacement. Il m'a dit qu'il était très désagréable pour le Gouvernement ; qu'il faisait des nominations d'évêques déplorables ; qu'il choisissait les sujets les plus médiocres et animés d'un esprit rétrograde » (Journal d'Ormesson, 10 août 1948).

1er août, dimanche. — Départ pour Auxerre vers l'Italie [1]. Mgr Oddi m'accompagne. À Auxerre je célèbre le grand pontifical pour le centenaire de St-Germain, en présence du card. Suhard, des évêques de la province et amis : Sens, Bordeaux, Autun, Nevers, Orléans, etc. [2]. Mes paroles après la messe avant la bénéd. papale. Tout bien. Au déjeuner, conversation avec Le Bras [3]. À 16 h départ pour Toucy dans la villa de l'amb. Léon Noël où je dîne dans l'intimité [4] ; puis je continue vers le château de St-Fargeau, imposant et de dimensions considérables, où je suis hébergé chez le marquis d'Ormesson [5]. C'est une vraie villa princière à la française. Orage dans la nuit.

2 août, lundi. — De St-Fargeau à Hautecombe. Le matin, messe au château : famille extrêmement gentille. À 9 h le voyage reprend à travers la Côte-d'Or et au-delà de Tournus jusqu'à Bourg. Petit casse-croûte en route. Nous arrivons vers 17 h à Annecy : brève visite à saint François et à sainte Chantal, et autour du lac. Puis reprise de la route jusqu'à Aix-les-Bains et tour du lac jusqu'à l'abbaye bénédictine d'Hautecombe. Lieu solitaire, silencieux et pieux. De ma fenêtre je reste à regarder le lac durant la nuit et de bon matin, en méditation et en prière.

3 août, mardi. — Sainte messe à Hautecombe dans la chapelle du S. Sacrement ; visite aux tombes éparses dans la fastueuse église monastique. Glorieuse maison de Savoie. Quelles leçons son histoire nous donne [6]. Nous partons en

---

1. C'est la première fois depuis son arrivée à Paris que le nonce part aussi tôt en vacances.

2. Photographie dans *Souvenirs d'un nonce*, entre les p. 104 et 105.

3. Mêmes sujets probablement que le 6 juillet : nominations épiscopales, remplacement de Maritain.

4. Halte décrite par l'hôte dans sa déposition au procès parisien, 25 février 1969, vol. II, p. 124-126 (et documents, p. 183-185).

5. Il a sans doute été question de la nomination du comte Wladimir d'Ormesson à l'ambassade près le Saint-Siège dans la conversation… Comme Auxerre, Toucy et Saint-Fargeau se trouvent dans l'Yonne.

6. « Quelle solennité et quelle tristesse dans les souvenirs de cette grande famille, où se sont répandues gloire, sainteté et valeur, mais qui n'a su, ni pu se soustraire à la loi de Dieu et de l'histoire », réflexions dans le silence et la paix de l'abbaye où se trouvent les tombeaux de la Maison de Savoie (*Souvenirs d'un nonce*, p. 83-84, citation p. 84). Mgr Roncalli demande à dom Dupriez si la dépouille de Victor-Emmanuel III va y être inhumée ; cela lui semble peu probable du fait des mauvais souvenirs que la population conserve de l'agression italienne de 1940 : « Mais ce n'est pas chrétien », aurait répondu le nonce (déclaration du religieux au procès parisien, 18 janvier 1971, vol. IV, p. 204).

emportant de chères impressions du lieu, de l'abbé Édouard Dupriez et de tous les moines, parmi lesquels j'ai reconnu certains des vieux exilés de Lenna et de Chiari. En quelques heures, par Chambéry, Modane, Lanslebourg, le col du Mont-Cenis, l'hospice avec les souvenirs de Pie VI et de Nap. à Suse, nous sommes arrivés à Turin, puis à Moncalieri chez le frère de Dino, qui nous offre un excellent repas dans une bonne famille. À 17 h départ par l'autoroute Turin, Milan, Trezzo, bravement piloté par Mgr Oddi. À 19 h nous arrivons heureusement à Sotto il Monte. Deo gratias.

<Dino est resté quelques jours à Turin avec son frère.>

4 août, mercredi. — Sotto il Monte : je les ai trouvés tous bien. Pourtant l'atmosphère est infestée d'un communisme ignorant et banal. Même les vieilles bonnes familles sont intoxiquées [1]. Matinée tranquille ici à la maison avec Oddi. L'après-midi nous partons ensemble pour Bergame : visite à Mgr Bernareggi qui fut extrêmement aimable ; puis nous sommes passés à la Chambre de commerce où j'ai salué le brave M. Mariano, et MM. Cislani, Villa, Corti, etc. De là au garage Nava, où l'auto a été très bien traitée ; nous remontons à Sudorno dans la villa de Mgr Testa pour y visiter sa sœur, Mme Emilia, et en même temps Mgr Perico avec sa Lina. La rencontre m'a fait plaisir.

5 août, jeudi. — Sotto il Monte. Mgr Oddi, pris au piège par un télégramme de l'archiprêtre de Morfasso, a décidé de partir aujourd'hui même. Patience. Pourtant sa compagnie a été bien agréable hier et aujourd'hui pour moi et les miens. Il reviendra la semaine prochaine.

6 août, vendredi. — Chère solitude à la maison, au milieu de mes vieux livres que je revois et caresse.

Dans l'après-midi, j'ai fait avec Enrica une visite au cimetière à la Colombera, et aux Gerole parmi mes vivants et mes défunts. En revenant je me suis arrêté à l'église paroissiale pour assister au premier exercice de la neuvaine pour l'Assomption. Mais je n'y ai trouvé que quelques femmes et peu d'enfants. Le curé Birolini était souffrant. Le vicaire

1. Cette influence communiste se développe dans une conjoncture particulièrement troublée. Le 14 juillet, le secrétaire général du Parti communiste, Palmiro Togliatti, a été victime, à Rome, d'un attentat qui a failli lui coûter la vie. Cette agression suscite une vive émotion dans les milieux populaires et de violentes manifestations dans les grandes villes du Nord qui font seize morts et plus de deux cents blessés.

Minola a célébré et dit aussi de belles paroles : mais ce fut une réunion religieuse ni préparée ni bien réussie [1].

7 août, samedi. — [[Fédé. Sportive de France. Cinquantenaire. 18 h à Notre-Dame et demain 14 h 30 au Parc des Princes [2].]]

Samedi assez maussade et suffocant à Sotto il Monte, toujours enfermé à Camaitino. J'ai passé la journée parmi mes vieux papiers en me distrayant au milieu des images du passé, et en cherchant ainsi à me reposer un peu.

8 août, dimanche. — Dimanche entièrement retiré à Camaitino. Je ne suis sorti l'après-midi que pour faire une visite à Terno à ce jeune curé Giovanni Pesenti, qui célèbre sa XXVe année de sacerdoce. Le maire de Terno, Monsieur Bolis, un brave directeur technique chez Dalmine [3] et bon catholique est venu me prendre. Je n'ai pas participé aux fonctions liturgiques et me suis contenté des vœux à la maison. J'ai trouvé dans la foule importante venue des diverses paroisses l'habituelle cordialité bruyante et pieuse du passé.

À Sotto il Monte, cependant, il y eut une réunion des encartés communistes au restaurant du Celestino. Beaucoup de nigauds pour applaudir et comploter [4].

<Le matin j'ai reçu le peintre Vanni Rossi et un groupe de schauts [5] venus avec lui de Milan dans le triste souvenir de son fils pour le Ve anniv. de sa mort.>

9 août, lundi. — Toujours journée à Camaitino sans sortir. Temps orageux et chaud. Visites : Maria Ghisleni, seconde épouse de mon neveu Virginio ; puis lui-même et deux filles de ma nièce Giuseppina, veuve Locatelli, et des neveux à lui. Ils sont venus de Uboldo, près de Saronno, où ils se sont installés pour les besoins du travail et où ils se trouvent bien. Ma sœur Teresa, mère de Virginio, va là-bas pour les voir. Autre visiteur, M. Francesco Bianchi, de Pianico, ami de Paris. Il m'entretient un peu de ses soucis, mais c'est un brave

---

1. Y aurait-il aussi des failles dans la chrétienté bergamasque ?
2. Manifestation à laquelle le nonce avait prévu de participer (voir plus haut en date du 8 juin).
3. Grosse usine métallurgique, fondée en 1907, autour de laquelle s'est constituée la commune ; elle fabrique des tubes d'acier sans soudure et emploie alors quatorze mille ouvriers.
4. Il y a même des communistes dans le village du nonce !
5. Variante possible pour *scout.*

homme. Je me tiens en dehors de ses affaires commerciales ; mais jusqu'à ce jour je n'ai que des motifs de l'aimer [1].

10 août, mardi. — Aujourd'hui 44e anniversaire de mon ordination sacerdotale. J'ai tout présent à l'esprit comme si c'était hier : lieux, personnes, choses. Et de ce pieux souvenir je tire motif d'enseignement et d'encouragement. Deus meus misericordia mea. J'ai voulu autour de moi pour le déjeuner les deux curés et vicaires d'ici et de Carvico, l'archiprêtre de Villa d'Adda, le curé vic. forain de Terno, le curé de Fontanelle Botta, tous mes chers élèves du séminaire. Comme d'habitude je ne suis pas sorti de la maison. Le matin, le vicaire de Calusco, Locatelli, et deux de ses jeunes, venus à la recherche de Bartali [2] (!) Le soir, mes frères et les aînés de mes neveux sont venus. Belle et chère intimité. Parmi les visites également don Vigilio, du Canto.

11 août, mercredi. — À Camaitino dans la remémoration de mon sacerdoce. Jusqu'à midi toujours entre souvenirs et prière. [[Je suis allé ensuite à Mapello où j'ai trouvé autour de la table de la baronne Scotti les époux Ernesto Suardo et l'ancien sénateur Antonio Pesenti, et en outre M. Pellicioli, le restaurateur de fresques antiques]].

12 août, jeudi. — Journée humide et froide. À midi je suis allé à la Colombera avec mes frères. Il y avait aussi Giuseppino. Repas simple et tellement cordial. Ils sont vraiment si spontanés et si chrétiens. En revenant je me suis arrêté aux Gerole chez Giuseppino. Le soir, Mgr Oddi est revenu en auto avec Dino qu'il est allé chercher à Milan. Tout a été bien. À Dino aussi le séjour passé avec son frère a fait du bon sang.

13 août, vendredi. — [[Vierges de Jésus et de Marie – 61, boulev. St-Jacques. M. Delattre sup. g. Sainte messe 8 heures profess. Relig. [3]]]

Après la sainte messe à la chapelle j'ai reçu le cher curé de Solza, Francesco Mazzoleni, qui fut le premier jeune garçon que j'aie eu à côté de moi au séminaire en nov. 1892. Nous avons toujours été bons amis. L'après-midi, belle promenade en auto : Calusco, grande église ; pont de Paderno ; Vierge du

1. Son ami Bernareggi l'a mis en garde contre ce personnage le 8 mars 1947 (*Questa chiesa che tanto amo*, p. 297).
2. Le coureur cycliste catholique.
3. Voir plus loin en date du 12 novembre.

Bosco[1] ; cimetière d'Olginate avec visite de la tombe de Mgr Orsenigo ; Lecco et le lac jusqu'à Bellano. Retour à Pescarenico, au monastère de Pontida, et à Camaitino en venant de Mapello.

14 août, samedi. — Ce matin j'ai eu la chère visite de Mgr Perico, sa sœur Lina et Mlle Emilia, sœur de Mgr Testa, que nous avons gardés à déjeuner avec Oddi. J'ai envoyé les prendre et les ai fait reconduire dans mon auto. Ce fut une grande consolation pour moi, et pour eux dans le souvenir de l'ami lointain qui se trouve sous le feu en Palestine[2]. Grand honneur et mérite pour lui.

Le soir, ça bouge à l'extérieur de la maison pour la vigile de la fête de la Vierge : gens qui vont se confesser, feux, chants et bavardages.

15 août, dimanche. — À 8 h ma sainte messe à la paroisse : beaucoup de jeunesse féminine et beaucoup de communions. À 10 h j'ai assisté en mantelet à la messe solennelle chantée par Mgr Oddi avec une rosette verte sur ma barrette noire. À l'évangile, mes paroles d'admonition qui ont été bien comprises. Notre vie est ce qu'elle est : joies, douleurs, gloire en vue. Marie de l'Assomption nous guide tous. Déjeuner au presbytère. Vêpres et procession : Oddi toujours célébrant. Au retour mes nouvelles paroles : argument de l'effort des jeunes qui portent la statue pesante de la Vierge, la grâce de la force requise pour exercer dignement et avec mérite les vertus cardinales de foi, espérance et charité.

16 août, lundi. — J'ai beaucoup aimé ce matin célébrer la sainte messe à S. Rocco. Que de souvenirs d'enfance là aussi ! Ils font du bien et nous évoquent le ciel. Puis avec Mgr Oddi et Perico, que nous sommes allés prendre à Sudorno, j'ai fait une magnifique promenade en auto avec un bref arrêt à Ponte S. Pietro, Alzano, Nembro, Gandino, Clusone. Là, déjeuner au séminaire, puis nous poursuivons par Lovere, Tavernola où j'ai visité mon cher d. Bonicelli, et de là à travers le Val Calepio, Seriate, Bergame, Terno, Ponte S. Pietro[3], nous

---

1. Sanctuaire d'Imbersago, alors dans la province de Côme, auquel sont liées l'enfance et la vocation de Roncalli.

2. Rappelons que Mgr Gustavo Testa est depuis peu délégué apostolique à Jérusalem et en Palestine, où la première guerre israélo-arabe fait rage.

3. En venant de Bergame, Ponte San Pietro est avant Terno.

étions à Camaitino à une heure encore lumineuse. Depuis Clusone, mon neveu Battista nous a accompagnés.

17 août, mardi. — Journée de repos à la maison. Des nichées de neveux et petits-neveux partant pour Uboldo sont venus me saluer ; de même ma sœur Assunta avec Pierina qui retourne à Longuelo ; la cousine Enrica Mazzola puis son fils Giuseppe Ravasio des Arts graphiques. Dans l'après-midi, grandes visites : l'abbé Paolazzi, de Pontida, avec dom Castagna, puis les deux évêques bergamasques Battaglia, de Faenza, et Benigno Carrara, coadj. d'Imola. Ils étaient accompagnés de don Andrea Castelli, toujours en bonne forme, et de deux jeunes, Bonini et Pandolfi.

18 août, mercredi. — Tour dans la Valle Brembana avec Oddi et Battista : Mapello, Barzana, Almenno, Zogno, puis tout droit jusqu'à Piazza [1]. Excellent accueil de l'archiprêtre Giacomo Carrara, de S. Martino ; brève visite à la S. Spina de S. Giovanni Bianco [2] et à don Brigenti ; puis au cimetière de S. Pellegrino pour un De profundis pour le défunt archiprêtre Viscardi et pour don Amigoni, rencontre avec les deux coadjuteurs Birolini et Bosio, l'archipr. Dossi était absent. Je me suis arrêté aussi à Zogno chez le curé Speranza et ses bons prêtres. Mais de S. Pellegrino à Camaitino, pluie sans arrêt. Nous sommes revenus par Vallessa*, mais sur une mauvaise route.

19 août, jeudi. — À Baccanello : retraite ecclésiastique pour le vicariat de Terno : tous les prêtres présents sauf le curé Adobati, de Suisio. Quant à moi, j'ai commenté avec efficacité et en relation à la situation présente du clergé face à la propagande communiste [3], le « Deus et non ego », et le « Deus et ego » des deux frères *Sardi*. Tout s'est passé dans une grande et joyeuse paix grâce aux soins hospitaliers du P. Tarcisio, nouveau gardien. Dans l'après-midi sont arrivés les étudiants de Sabbioncello, si chers et sympathiques petits frères, mais à l'habit négligé *et pas propre*. Au retour je suis passé par Villa d'Adda avec l'archiprêtre pour admirer son église. J'ai trouvé la comtesse Medolago à la maison.

---

1. Une des rares incursions du nonce dans la montagne bergamasque : il se cantonne le plus souvent à la plaine et aux collines.

2. Cette épine de la couronne de Jésus faisait partie des reliques prises en 1495 au roi de France Charles VIII, à la bataille de Fornovo, et aurait été donnée à Venise par un soldat de San Giovanni Bianco, où elle est pourtant officiellement documentée depuis 1536.

3. Troisième allusion au danger communiste en moins d'un mois.

<Oddi a assisté à la 1re conférence à Baccanello et est parti pour Morfasso.>

20 août, vendredi. — Nombreuses visites à Camaitino : cousine Elisa, don Gaetano Bonicelli, coad. d'Alm. S. Salvatore, et neveu de don Pietro, curé de Tavernola ; M. Carlo Viscardi, de Paderno. L'après-midi le curé est venu, puis travail à ma table jusqu'à la nuit, télégramme à Mahieu et correspondance variée. Temps mi-beau mi-laid. Comme d'habitude longue rencontre avec les miens après le dîner, et conclusion édifiante du rosaire, tous ensemble à la chapelle.

21 août, samedi. — Sainte messe aux Caneve. Je l'ai offerte pour ma bonne cousine Maria, défunte, et pour les vieux Bigio et Caterina. Puis j'ai terminé les explications avec la cousine Elisa et lui ai donné 10 000 lires. J'ai béni ensuite un petit Beretta malade ; et je suis resté un long moment chez le comptable Rattini ; je suis passé ensuite à S. Maria del Brusicco ; et à Camaitino j'ai trouvé Gioacchino et Michele, fermiers de Mapello. L'après-midi, visites : *dott.* De Ponti, de Calolzio et son fils avec M. Porro ; Giuseppina et ses enfants Teresa et Lucia qui retournent à Uboldo ; le jeune étudiant Gianni Comi ; le vicaire Mazzoleni, de Calusco.

22 août, dimanche. — Dimanche entier à la maison. Je me serais rendu à la paroisse si le curé m'avait fait signe. Il ne l'a pas fait : je n'ai pas cru bon de m'avancer, craignant d'être encombrant et inopportun.

Le soir en revanche je suis allé avec le curé à Calusco à titre privé : tant d'enfants et tant de bonnes mamans désireuses de me faire bénir les leurs ! J'ai visité le nouvel oratoire, l'asile que le zèle du curé Motta a réussi à y créer. J'ai dîné avec lui, et j'ai accueilli et répondu aux compliments que le maire adjoint Airoldi m'a faits avec beaucoup de bon sens. Quels braves gens ceux de Castello.

23 août, lundi. — Journée à la maison jusqu'à 14 h. Je l'ai expédiée dans mes vieux papiers et en préparant quelques idées pour la fête de S. Alessandro où je suis invité pour le discours. Mais je n'ai pas abouti à grand-chose. L'après-midi je suis allé à Bergame pour prélever à la Banca P. Credito un peu d'argent car il en faut tellement. Je suis passé ensuite à l'*Eco* où je n'ai trouvé que le brave Pizzolari et fait provision de quelques livres. J'ai visité S. Alessandro, déserte ; Mgr Vistalli et Tiraboschi, de la société Greppi, mais ils n'étaient là ni l'un ni l'autre. En passant à Presezzo j'ai visité le curé Locatelli, et de retour à la maison j'ai eu tous mes chers frères pour un dîner vraiment joyeux.

24 août, mardi. — Journée de la Saint Barthélemy à la maison : très lourde. Lettre de Forni peu claire et en partie peu satisfaisante [1]. Patience. Toujours en quête d'idées pour S. Alessandro, avec peu de résultats dont il faudra pourtant se contenter. Le soir, je suis allé à la Colombera pour y rendre visite à Rita, tombée du figuier, et j'ai bien revu la petite chambre où j'ai passé mes vacances de séminariste. Il y a rien de moins qu'un demi-siècle. Oh ! comme le Seigneur a été bon pour moi. J'étais avec Dino : toujours grande cordialité avec tous les miens, puis je suis passé aux Gerole chez Giuseppino, bien implanté avec sa belle famille.

25 août, mercredi. — Le bon prof. Cruciani est venu interrompre ma préparation mentale pour le discours de demain. J'ai demandé à rester seul un peu de temps et cela a suffi pour me donner finalement le fil de ce que je voudrais dire. J'ai essayé ensuite d'exprimer le cours de mes idées à haute voix et voilà mon discours prêt et fait. Mon ami est parti vers 6 h et je l'ai fait accompagner à Calusco en auto. Il préparera ma visite à Milan pour après-demain. Belle âme toute franciscaine qui se sanctifie à travers les malaises physiques, les anxiétés, et dans l'acquiescement quotidien à la sainte volonté de Dieu.

26 août, jeudi. — À Bergame, grande cérémonie à la cathédrale [2]. Célébrant, Mgr Bernareggi, comme toujours. J'ai assisté en mantelet avec Mgrs Battaglia et Carrara. Présentes les autorités civiles, préfet, sénateurs, maire, députés, etc. J'ai parlé avec familiarité ; j'ai été très écouté : souvenirs, enseignements, encouragements de la commém. des fêtes du

---

1. « *Ho appreso da "La Croix" la nomina di mons. Vion à Poitiers* » (« J'ai appris par *La Croix* la nomination de Mgr Vion à Poitiers ». Le supérieur du grand séminaire de Luçon est nommé coadjuteur avec droit de succession le 18 août). « *Se io non ho capito male nella prima e nella seconda lettera di Mgr F. in fatto di nomine il nuovo M. d. E. non ha voluto alterare la situazione in corso preparata dal suo antecessore : Rouen e Coutances : ha risolto subito quella di Poitiers. Le altre due attendono ancora* » (« Si j'ai bien compris dans la première et la deuxième lettre de Mgr F. en fait de nominations le nouveau M. d. Aff. Étr. [c'est-à-dire Schuman] n'a pas voulu changer la situation actuelle préparée par son prédécesseur [Bidault] : Rouen et Coutances [sur lesquelles subsiste un désaccord] : il a résolu immédiatement celle de Poitiers. Les deux autres attendront encore », lettre du 31 août à Mgr Oddi).

2. Pour la Saint Alexandre.

centenaire de S. Alessandro de 1898 [1]. Il y avait là tant et tant de vieilles connaissances, prêtres et laïcs, leurs visages changés mais toujours bons m'ont ému. J'ai participé à un repas avec trop peu à l'évêché. Je fus cependant content de l'ensemble. J'ai visité aussi le séminaire et la bibliothèque que j'ai trouvée remise en ordre avec Migne relié [2].

27 août, vendredi. — Journée réservée à Milan. J'ai visité S. Carlo et Santo Ambrogio : le card. Schuster qui fut très aimable, homme et pasteur supérieur mais toujours moine. J'ai visité aussi Mgr Domenico Bernareggi vic. général ; le recteur de l'Université, le P. Gemelli ; et le préfet de l'Ambrosiana Mgr Galbiati : tous pleins de bonté pour le pauvre [3] nonce de Paris. L'hospitalité des Filles du S. Cuore avec la Mère Foletto sup. provinciale, et Mère Lorenzina Crippa, assistante, me fut agréable comme toujours. J'ai parlé aux sœurs toutes ensemble, en les encourageant et les consolant. Le prof. Cruciani fut pour moi un guide et un secrétaire parfait.

28 août, samedi. — Sainte messe à S. Maria di Brusicco pour faire plaisir à ma nièce Enrica et pour ma dévotion à l'église de mon baptême, de mon adolescence et de ma jeunesse. Dans la journée, nombreuses visites : don Volpi, d'Odiago ; Madame Cane et ses enfants ; la marquise Pino Terzi, le comte Colleoni de feu Felice ; les époux Antonio Perico Spadini ; le maire Previtali avec son adjoint Severo Roncalli, et le secrét. communal ; la baronne Scotti et Niny, etc., etc.

Malgré toute ma bonne volonté de me reposer, les visites sont ici aussi insistantes qu'à Paris, et la charité me suggère de ne pas les accueillir froidement. Mitis et humilis... et patiens. Deus adiuva me.

29 août, dimanche. — Sainte messe à la paroisse à 6 h, avec homélie. J'ai rappelé les deux martyrs Jean Baptiste et Alexandre avec des applications brèves et vibrantes. J'ai parlé en chasuble de l'ambon.

---

1. XVIe centenaire du martyre du patron de Bergame, fixé sans preuve à l'année 298 ; le jeune Roncalli a vécu intensément cette célébration (voir le *Giornale dell'anima* du 21 au 31 août 1898).

2. Patrologies latine et grecque reliées, que les anciens professeurs Angelo Roncalli et Gustavo Testa ont données en 1940 à leur séminaire, dont le nonce à Paris bouche les trous par ses achats chez les bouquinistes.

3. Même en regard de ces personnalités milanaises, l'adjectif est exagéré.

À 10 h j'étais à Carvico pour la fête de la Vierge et des reliques. Mon discours à l'évangile : maternité de Marie, douceur de la vie, le sacrifice des martyrs fait resplendir la doctrine de la croix. Il ne manqua pas d'applications plus que transparentes. Tous les communistes de Carvico étaient là et furent respectueux durant toute la journée, durant la procession après laquelle j'ai parlé une fois encore, consolant et encourageant [1]. Je fus très heureux de satisfaire le curé Pedrinelli.

30 août, lundi. — Voulant donner un signe de fraternité aux curés du vicariat j'ai eu aujourd'hui à déjeuner les curés de Suisio, Medolago et Solza et le père Tarcisio, gardien de Baccanello. Ce fut une réunion simple et fraternelle. Il y avait naturellement aussi mes deux curé et vicaire de Sotto il Monte. Puis j'ai accompagné mes hôtes à leurs résidences. À Suisio j'ai revu la belle église et je me suis reposé brièvement. À Medolago j'ai pris le café chez le curé, visité l'église et l'abbé Rizzoli gravement tuberculeux ; j'ai rendu sa visite à la comtesse Maddalena Medolago qui m'a accueilli avec sa nombreuse descendance, enfants, belles-filles et petits-enfants.

31 août, mardi. — Bon travail à la maison. À midi j'ai accepté l'invitation <du curé de Terno, don Pesenti> de présider la réunion conviviale de ses compagnons de séminaire, jadis tous mes élèves d'apologétique et d'histoire de l'Église. Réunion simple, brève et très cordiale.

De retour à la maison j'ai repris mon bon travail épistolaire. Aucun journal, aucune lecture distrayante, aucune préparation de rapports ou de documents. Pauvres vacances que les miennes ! Telles qu'elles se sont passées encore cette année. Ne pouvait-on faire mieux ? N'aurais-je pas occulté, en m'occupant seulement du plaisir, bien des formes de charité pour les autres ?

1er septembre, mercredi. — Bon début de septembre. Les nouvelles de France où le Gouvernement tombe et se reconstitue péniblement me tiennent dans une certaine anxiété, mais ne me découragent pas [2]. À 11 h je suis allé à Mapello, invité

---

1. Quatrième allusion ; mais ces communistes respectent les cérémonies religieuses.

2. Peu solide, le gouvernement d'André Marie s'est effondré dans la nuit du 27 au 28 août sans avoir été mis en minorité à l'Assemblée : le libéralisme économique de Paul Reynaud est inacceptable aux socialistes qui exigent des compensations pour les salariés. Le président Auriol se retourne alors vers Schuman qui accepte de tenter l'aventure le 30 août

par les Scotti, mère et fille. Il y avait aussi le sén. Pesenti, l'ing. Ernesto Suardo et sa femme, et l'artiste Pellicioli. Tout bien. M'étant quelque peu reposé je suis monté vers Cabergnino et Montalbano dans l'auto Martinelli, et de là avec l'*avv.* Libotta et M. Serventi, de Rome, nous avons visité S. Egidio di Fontanella, avec le nouveau curé Ravasio et ses fidèles ; puis j'ai pris le thé chez Mme Previtali dans son magnifique séjour de Monte Albano. Je suis revenu un peu fatigué mais content.

<Le soir je reçois l'*avv.* Duret et les frères Comolli.>

2 septembre, jeudi. — Bon travail matinal. À 11 h je vais à Pontida avec Battista, chez les bénédictins qui fêtent *in intimitate* leur S. Alberto [1]. Trois belles heures passées avec les moines. En passant à Gromlongo je salue la bonne Albina, cousine de mon père, mère de deux religieuses. Vers les 15 h je traverse la Brianza : Brivio, Merate, Monza, je me rends à Cesano Maderno pour une visite à Mgr Ritter, le nonce de Prague [2], dans la maison Borromeo Arese : présents la comtesse Teresa et sa fille. J'ai été bien content d'une œuvre de miséricorde accomplie à l'égard de qui en est le plus digne. En revenant je me suis arrêté aux Gerole, reçu avec mes frères par Giuseppino : dans la très chère et délicieuse intimité familiale.

3 septembre, vendredi. — Matinée passée à Villa Peschiera chez ces braves Dames du Sacré-Cœur à qui ma famille doit tant, puisque presque tous mes neveux et leurs enfants sont passés par là, pour leur plus grand profit spirituel.

À midi je reçois à Camaitino le cher colonel Edmondo Zavattari, ancien attaché militaire italien à Ankara. Nous avons aimé évoquer ensemble personnes et choses de ces 10 années douloureuses. Le soir arrive aussi don Ang. Rossi, d'Almenno S. Bart. Et je le garde à dîner. Ensuite, nuit laborieuse car je veux expédier ma correspondance la plus

---

au soir et qui est investi le lendemain ; mais il démissionne le 3 septembre faute d'avoir pu constituer une équipe cohérente autour de lui. Auriol refuse cette démission et Schuman parvient enfin à constituer un gouvernement, où il conserve les Affaires étrangères, le 5 septembre. Il est composé uniquement de socialistes, de radicaux et de démocrates-chrétiens, à l'exclusion de la droite classique, ce qui provoque sa chute dans la nuit du 7 au 8. Le radical Henri Queuille lui succède le 10 et franchit l'obstacle en intégrant quelques représentants des formations de droite.

1. San Alberto di Prezzate est le fondateur du monastère de Pontida.

2. Ancien nonce serait plus juste, car il n'y a plus à Prague qu'un chargé d'affaires par intérim.

importante. Et j'y ai réussi. Mais ce ne sont pas des vacances, ni pour se reposer ni pour étudier.

4 septembre, samedi. — Matinée laborieuse pour la correspondance ; convers. brève avec don Angelo Rossi, vicaire d'Almenno S. B. À 11 h départ avec don Minola vers Trescore. Bref arrêt à Seriate où je visite Mgr Carozzi, l'un des amis les plus chers de ma vie. À 12 h 30 déjeuner à Trescore chez les Suardo, avec Guidino, la comtesse, la mère et le frère de celle-ci. Il y avait également le curé de Trescore. Convers. agréable. En repartant, bref arrêt à Redona avec la famille du comte Pio Medolago : lui, son épouse, deux fils et une fille. À 18 h nous étions à Ardesio avec la pluie. Mon discours dans la paroisse bondée. Pour le dixième anniv. du Congrès euchar. et marial de 1938 [1]. Chères émotions dans l'hospitalité du curé Montanelli <un autre ami très précieux *ab adolescentia nostra*>.

5 septembre, dimanche. — Sainte messe à Ardesio avec communion générale, départ à 8 h 20 pour Vilminore où j'arrive à 9 h 20 : toujours nuages et pluie. J'assiste en chape et mitre au pontif. de Mgr Bernareggi très bien réussi. La pluie empêche ensuite la procession. Après les vêpres, à l'invitation de Mgr Bernareggi, mon discours de clôture du Congrès eucharistique régional : appel, souhaits, prière pour la foi, pour l'esprit d'apostolat, pour la paix. Paroles en phase avec l'histoire, l'esprit de la Valle di Scalve qui m'est bien connue et chère [2]. Nous sommes partis aussitôt sous la pluie : à 18 h 30 nous étions à Alzano. Don Belotti, des Prêtres du Sacré-Cœur, fut notre compagnon de route. Soirée toute familiale et intime avec le curé, Mgr Negroni.

6 septembre, lundi. — Sainte messe à Alzano dans la grande chapelle, avec plusieurs communions *devoti feminei sexus* [3]. Salut mélancolique et encourageant à Mgr Negroni qui me laisse trop entendre qu'il craint la mort. En revenant à Bergame, je salue Mgr Perico à Sudorno, rendu plus joyeux par la nomination de Mgr Valeri comme assesseur de la

---

1. Ce congrès, réuni du 29 août au 4 septembre, avait pour thème : *L'amore e il dolore nel mistero dell'Eucaristia e nella vita, nella missione, nel culto di Maria* ; il était le premier à conjuguer les deux spiritualités et concernait les doyennés d'Ardesio et de Gromo S. Giacomo.

2. Autre incursion en montagne, pour un congrès eucharistique local, du 29 août au 5 septembre, sur le thème *L'Eucaristia e la vita quotidiana. L'Eucaristia e l'apostolato.*

3. Le dimorphisme sexuel de la pratique n'est donc pas une exclusivité française.

S. C. Orientale [1]. J'arrive à Camaitino pour midi. Dans l'après-midi, quelques visites, par ex. don Marcadella, de Padoue, qui me font perdre du temps. Le soir, salutations aux miens et récitation du rosaire ensemble, rencontre toujours très consolante et édifiante.

7 septembre, mardi. — Sainte messe à la maison. À 9 h départ avec Dino pour Calolzio : à partir de là, Mgr Bernareggi, qui a consacré l'autel de Lavello, m'accompagne ; et via Lodi et Crémone nous arrivons à 12 h 10 à Piacenza. Déjeuner familial dans la maison Radini Tedeschi : le comte Pippo, 90 ans, toujours vert et sympathique ; son épouse Maria a 88 ans. J'ai visité deux fois la sœur, la comtesse Maria, qui a 83 ans, doit rester couchée et... a besoin d'aide. Nous avons traversé Parme, Reggio, Modène, Bologne, Imola, Faenza, Riccione. Ici nous nous sommes arrêtés à la très belle colonie de Dalmine et avons poursuivi sur Senigaglia pour nous reposer dans la petite villa Adriana du séminaire de Bergame.

8 septembre, mercredi. — De Senigaglia où nous avons visité aussi la colonie Palazzolo des sœurs Poverelle nous avons repris notre route sur la via Emilia, puis la Flaminia jusqu'à Fabriano, Nocera, Gualdo Tadino et de là par un chemin plus rude nous sommes arrivés à Assise du côté de la Rocca, où nous fûmes reçus très agréablement par don Giovanni Rossi, l'ancien secrét. du card. Ferrari et mon ami très cher de ces années-là [2]. Je fus très heureux de ressouder ces liens au pays de saint François, dont j'ai visité la tombe, les basiliques et la Portioncule. À 18 h nous étions à Rome, en saluant Mgr Bernareggi qui est descendu à Monteverde. J'ai retrouvé mon cordial hébergement de la via della Scrofa.

9 septembre, jeudi. — À Rome dies I. Visite au Vatican. Longs et heureux entretiens avec Mgrs Sericano, Barbetta plus important, et Tardini. Situation satisfaisante dans les relations

1. Le prédécesseur de Roncalli à Paris remplace Mgr Arata, sous la houlette du cardinal Tisserant. Le nonce le félicitera chaudement de cette affectation, qui n'est pas particulièrement glorieuse pour un ancien nonce à Paris, le 25 septembre.

2. Figure majeure du catholicisme italien du XXe siècle, qui y dirige l'association Pro Civitate Christiana (sur cette rencontre, Massimo TOSCHI, *Per la Chiesa e per gli uomini. Don Giovanni Rossi, 1887-1975*, Genève, Marietti, 1990, p. 280-281).

avec la nonciature, sauf l'affaire des rapports que le Saint Père veut voir rédigés par le nonce [1].

L'après-midi je passe commande au tailleur Gammarelli. Le soir, travail jusqu'à une heure tardive pour préparer sous une forme précise le rapport sur les incidents de la nomination du chan. Cherdel, de St-Brieuc, comme coadj. de Coutances, déjà entrepris à Sotto il Monte avec Mgr Oddi, et qui manque encore de documents attendus en vain de Paris.

<Dans l'après-midi visite à ma nièce sœur Angela que j'ai trouvée bien.>

10 septembre, vendredi. — À Rome II. Matinée au Vatican : longue conversation avec Mgr Barbetta sur diverses affaires : Coutances et Cherdel ; Arras ; Bertin, etc. L'après-midi, conversation avec don Martino et promenade en auto avec lui : M. Felice Radini Tedeschi, via Dandolo ; puis poursuite par le Janicule, l'église de S. Onofrio, la villa Borghese, l'église de S. Carlo au Corso avec *De prof.* sur la tombe du card. Caccia et prière au cœur de S. Carlo en rappelant ma consécration épiscopale. Ce matin j'ai apporté à Mgr Barbetta le rapport sur le cas Cherdel et la copie de ma lettre à Bidault [2].

<*In nocte* visite à pied au Colisée pour le chemin de croix de la Jeun. catholique en son 80e anniversaire. Imposant et pieux : 500 000 jeunes.>

11 septembre, samedi. — À Rome III. Visite avec Mgr Oddi aux Œuvres de Religion et prélèvement de 500 000 lires = 800 dollars sur mon dépôt. Je suis passé ensuite à St-Pierre, devenu voie publique en raison du nombre de jeunes catholiques réunis. J'ai fait mes dévotions de mon mieux. Puis visite à la S. C. Orientale où j'ai trouvé Mgrs Villa, Moioli, Giovanetti, Spina. *Alium vidi neminem, et non videbo.* Dans l'après-midi j'ai reçu mes neveux Zaverio, Flavio et Privato et don Minola venu avec les jeunes de la Jeunesse cath. Et je les ai accompagnés en auto à la Minerve, au Panthéon, à St-Ignace, au Gesù, à St-André, à St-Philippe, à la Villa Borghese et au Pincio, à Ste-Marie Majeure, à la Porta Pia et Ste-Agnès, au Janicule et à leur logement de la villa Lante.

<J'assiste à la retraite aux flambeaux et à la messe nocturne. Spectacles incomparables.>

1. On reproche donc au nonce de trop s'en décharger sur ses collaborateurs.

2. Pas de trace de cette lettre dans les Archives du Quai d'Orsay.

12 septembre, dimanche. — À Rome IV. Matinée à la maison. À 11 h je suis parti à pied vers le Vatican. Grand bouillonnement de jeunesse. Sur le pont j'ai rencontré le prof. Silvio Mercati qui a fait un bout de chemin avec moi. De 12 h à 19 h toujours au Vatican, à attendre et à converser ; à la table de Mgr Montini avec son frère, sa belle-sœur et son neveu Giorgio, et avec don Galloni, rencontre très précieuse. Puis, de la terrasse où j'ai introduit M. Letourneau, ancien ministre, j'ai admiré le spectacle indescriptible de la place St-Pierre avec un demi-million de jeunes tendus vers le passage, le beau discours et la bénédiction du Saint Père [1]. Plus tard j'ai revu et salué mes neveux à la villa Lante.

13 septembre, lundi. — Rome V. Mauvais temps pluvieux. Ma visite au Saint-Office où j'ai parlé avec le p. Bigazzi [2], le card. et Ottaviani étant absents. Bonne entente. Puis je suis passé au Gouvern. Conversation avec le card. Canali à qui j'ai laissé les photos des deux tapisseries Barberini [3]. J'ai reçu à la maison Giov. Morsani ; la *dott.* Annita Ferrari ; Mgr Guidati que j'ai raccompagné en auto. Le soir, longue conversation avec Rodoslav Nosoef* sur les affaires de Bulgarie [4]. Ce matin j'ai justement célébré la sainte messe pour le roi Ferdinand, mort à Cobourg hier ou avant-hier. Quels drames réserve l'histoire des peuples et des monarchies [5].

14 septembre, mardi. — Rome VI. Matinée à la Propagande. Entretiens avec Mgrs Chiavoni et Paventi au sujet des affaires

1. Même enthousiasme dans la lettre à Georges Lubrina du 1er octobre, *Souvenirs d'un nonce*, p. 158. La Gioventù Italiana di Azione Cattolica ou GIAC fête le 80e anniversaire de la bénédiction de sa renaissance par Pie IX. Pie XII exhorte les 250 000 jeunes gens venus l'acclamer à une triple victoire : sur la négation de Dieu, sur le matérialisme et sur les misères sociales (*La Documentation catholique*, 7 novembre, col. 1413-1418). Ce rassemblement fait suite à celui de 200 000 jeunes filles, le 5 septembre, pour le 30e anniversaire de leur mouvement. Ces manifestations de masse, dans un climat d'affrontement avec la mouvance communiste, répondent à la volonté de mobilisation de Pie XII (qui a également donné ses consignes aux filles, *ibid.*, col. 1409-1413).

2. Le dominicain y occupe le poste de « premier compagnon ».

3. Achetées par le nonce à Paris au printemps 1946, rappelons-le.

4. Depuis le 11 décembre 1947, date de la formation du second gouvernement Dimitrov où ils sont majoritaires, les communistes détiennent tous les leviers du pouvoir.

5. Il s'agit de Ferdinand Ier, qui dut abdiquer le 3 octobre 1918 en faveur de son fils Boris III, du fait de la débâcle des Empires centraux au côté desquels il avait entraîné son pays dans la Grande Guerre.

de l'Afrique française [1]. L'après-midi je suis sorti seul et sous la pluie pour diverses petites choses et acquisitions. Dans la soirée et largement dans la nuit, bon travail pour Mgr Montini : remerc. pour la récept. de dimanche et recommandations pour le « Centre de culture religieuse » de Daujat et pour la *Pensée catholique* [2].

15 septembre, mercredi. — Rome VII et dernier. Audience du Saint Père à Castel Gandolfo : plus de 40 minutes ; très aimable ; entente sur tout ; aucune plainte. À la fin : « je vous remercie de tout ce que vous faites au service de l'Église à Paris, et courage ». Il m'a embrassé, lui assis et moi agenouillé. Puis il a accueilli et béni Mgr Oddi. Mon bref entretien avec Tardini en entrant et avec le direct. de la *Civiltà Cattolica* en sortant. Esprit et cœur tranquille et joyeux. *Laus Deo* [3].

Repas à la Scrofa, et départ à 15 h. Excellent traitement reçu de Mgr Viganò. Voyage par la via Cassia, très orageux en montant vers Radicofani et en redescendant. En arrivant de Buonconvento dans la plaine de Sienne, ciel serein. Accueil fraternel des PP. Lazaristes de Sienne où je me repose.

16 septembre, jeudi. — De Sienne à Morfasso. Chère rencontre avec le P. Castagnoli, sup. des Lazaristes de Sienne, et magnifique maison de la Mission. Bref arrêt à Florence où nous avons rencontré le bon prof. Anclito Ferretti et visité le Dôme et le baptistère. Parcours plus difficile pour la Futa, à cause d'un problème à l'auto. Arrêt à Pietramala où j'ai reçu bon accueil à l'auberge Gualtieri. À Bologne l'auto a été réparée et en peu d'heures nous arrivions à Morfasso, mais de nuit. Joyeux accueil de la famille Oddi, si brave et digne. M. Agostino extrêmement satisfait et moi avec lui.

---

1. Le spiritain Marcel Lefebvre, vicaire apostolique de Dakar, sera nommé délégué apostolique pour l'Afrique noire française, avec le titre d'archevêque, le 25 octobre (voir plus loin en date du 15 octobre).

2. Si l'on comprend bien, Mgr Roncalli recommande au substitut le philosophe thomiste conservateur Jean Daujat et son Centre d'études religieuses, ainsi que l'abbé Lefèvre, directeur de *La Pensée catholique*, proche de l'intégrisme.

3. En dépit de la réserve concernant les rapports et les questions de nomination en suspens, tout s'est donc bien passé, mais moins vite que ne le souhaitait le nonce : « *Penso che potró a Roma fare le visite principali – mi basterebbe vedere il Santo Padre, e i due Monsignori* candelabra lucentia » (« Je pense que je pourrai faire à Rome les principales visites – il me suffirait de voir le Saint-Père, et les deux Monseigneurs *candelabra lucentia* »), c'est-à-dire Montini et Tardini, écrivait-il à Mgr Bernareggi le 27 juillet (*Questa chiesa che tanto amo*, p. 316).

17 septembre, vendredi. — De Morfasso à Camaitino. Très bonne nuit dans la maison de Mgr Oddi. Sainte messe à la paroisse, quelques mots <aux personnes présentes>, petite promenade jusqu'au cimetière : de là magnifique panorama. Repas plein de paix et de sérénité. Mgr Oddi nous guide de nouveau jusqu'à Piacenza. De là avec le seul Dino nous passons à Crémone, brève visite de la cathédrale et carte à l'évêché, pour Mgr Cazzani. Poursuite vers Brescia, route superbe. Là j'ai vu ma chère nièce Anna, novice très heureuse chez les Pie Madri della Nigrizia. Je salue aussi les Pères Comboniens. À 19 h 30 je suis à Sotto il Monte, toujours content et reconnaissant envers le Seigneur.

18 septembre, samedi. — À Camaitino. De nouveau chez les miens ; mais immédiatement pris d'assaut par les visites reçues et faites : Carlo Viscardi, de Paderno ; prof. Cruciani et curé Pedrinelli, de Carvico ; je garde l'un et l'autre à déjeuner. L'après-midi, je rencontre en route la comtesse Myriam Agliardi et m'excuse ; je poursuis pour rendre visite à Rita, toujours alitée à la Colombera, et à ma sœur Teresa, malade elle aussi à cause d'une chute. Aux bonnes impressions s'ajoutent des motifs de tristesse : gêne, pauvreté, incertitude. Dans la soirée autres visites : par ex. le jeune Ermanno Farina, de Carvico, que j'ai connu soldat à Athènes.

19 septembre, dimanche. — À Camaitino. Messe à la chapelle ; travail au bureau dans la matinée ; à 14 h 30 j'assure moi-même la *catéchèse* à la paroisse : je parle du curé Rebuzzini au 50e anniv. de sa mort[1]. Beaucoup de gens encore présents bien que les *hommes*, y compris mes 4 frères, soient allés à Romano avec le curé pour l'Action catholique. Puis visites sur visites : don Ang. Rossi avec l'ing. Ferraresi ; dott. Sanguinetti ; époux Domenico Ambrosioni et Bagini ; M. Emm. Maffeis avec sa femme et son fils et avec le curé Lazzari ; après le dîner les époux Bertoli et Mme Cherubina.

20 septembre, lundi. — À Camaitino, sainte messe. Puis je suis allé à Bergame pour quelques visites : à l'*Eco* pour organiser la publication de mon dernier volume ; au Piccolo Credito ; au séminaire où j'ai déjeuné et conversé longuement avec les jeunes professeurs ; au chan. Castelli et au chan. Guerini ; avec visite et prière à la cathédrale et à S. Maria. Puis je suis descendu visiter les Filles du S. Cuore (Mère gén.

1. Curé de Sotto il Monte de 1872 à sa mort en 1898 ; il a baptisé et donné la première éducation au jeune Roncalli.

Pessina) ; le Poverelle (Mère gén. Freti) et remonté à la villa Plinia pour admirer le noviciat. De là je suis descendu à la maison, en m'arrêtant chez M. Riccardo Terzi, et j'ai accueilli ensuite pour dîner Angelina Roncalli avec son fils Sandrino et Luisa Maria, venus de Jeuf[1], en France.

21 septembre, mardi. — Camaitino. Sainte messe au cimetière près de mes chers défunts avec une intention spéciale pour le curé Rebuzzini, au 50e anniv. de sa mort. À la maison dernière lettre et préparation de mon départ pour Paris. À midi j'ai eu à déjeuner le curé Birolini, le vicaire Minola et le vicaire de Carvico. Dans l'après-midi, encore quelques audiences. Le soir j'ai eu à dîner mes 4 frères et les trois belles-sœurs avec ma sœur Assunta. Puis sont venus les neveux : tous ensemble nous avons terminé avec le rosaire à la chapelle. Tous ensemble, nous étions 21. Ce fut vraiment une dernière rencontre rayonnant d'une joie spirituelle ineffable et émouvante.

22 septembre, mercredi. — Retour à Paris. J'assiste d'abord à la paroisse à l'office funèbre du curé Rebuzzini et je donne l'absoute en mitre blanche. À 9 h visite à ma sœur Teresa à l'église de S. Maria, à Rita, et salut à tous. Pauvres et bonnes gens : hommes, femmes et enfants sur la porte au son des cloches. À 11 h <à Milan> déjeuner via Doria chez les chères Filles du S. Cuore. À 13 h 30 je salue à la gare <de Milan> le nouvel ambassadeur de France au Vatican, M. le comte d'Ormesson[2] et je pars immédiatement avec Oddi pour le

---

1. Ce pourrait être la commune industrielle de Jœuf, en Lorraine, où travaillent de nombreux Italiens.

2. Robert Schuman lui a annoncé le 10 août qu'il proposerait son envoi à Rome ; il est nommé en Conseil des ministres le 18 août et il obtient l'agrément du Saint-Siège le 25. Entre-temps, le 23, il est allé voir Jacques de Bourbon-Busset, chef du cabinet diplomatique de Schuman, qui lui dit qu'une de ses premières tâches sera sans doute de demander le rappel du nonce. « Je lui ai répondu que de toute manière on ne pouvait envisager ce rappel que s'il recevait le chapeau (il faudra donc un consistoire. Paris est, en effet, nonciature à chapeau. Or déjà Mgr Valeri est parti sans chapeau, parce que nous avons exigé son départ avant le 1er janvier 1945 [sottise]). Nous ne pouvons pas, sans nuire à nous-mêmes, risquer que deux nonces de suite quittent Paris sans le chapeau. Ce serait une grave discrimination de la valeur du poste. Bourbon-Busset a été frappé par ce raisonnement qu'il ne s'était pas fait » (Journal d'Ormesson). Cette version, la plus proche de l'événement, est quelque peu différente de celle ensuite rendue publique par l'ambassadeur. Avant d'être reçu par Schuman pour apprendre sa future nomination (donc le 10), il aurait vu son chef de cabinet qui lui aurait dit : « "Dès votre retour à Rome, vous aurez, je le crains, une démarche assez pénible à accom-

Gothard en auto. À 21 h nous sommes à Einsiedeln, très bien reçus à l'abbaye que je revois après 36 ans.

23 septembre, jeudi. — Nuit reposante dans la paix bénédictine. À 7 h ma messe – où j'ai mis beaucoup de ferveur de souvenirs, de prières, de confidences – dans la chapelle de la Vierge des Ermites. Rencontre extrêmement aimable avec le très révérend P. abbé, le *dott.* Benno Gut.

De 9 h du matin à 9 h du soir voyage avec un seul bref arrêt à Belfort pour le déjeuner dans un restaurant modeste. Itinéraire : Einsiedeln, Zurich, Bâle, Mulhouse, Belfort, Vesoul, Langres, Troyes, Paris. Je remercie aussitôt le Seigneur et saint Joseph, que tout se soit aussi bien terminé et je reprends mon travail dans le sillon.

24 septembre, vendredi. — À Paris. Sainte messe pleine de reconnaissance et d'abandon. Matinée concentrée sur les papiers de ce mois et du mois d'août. La nonciature en paix. Les deux Suisses, Mgrs Forni et Heim, se sont bien entendus. Dans l'après-midi je commence à réaliser la bonne proposition de faire tous les jours un peu de marche à pied. Je suis sorti en effet avec Mgr Heim, et j'ai fait le tour du palais de Chaillot où l'ONU est réunie [1]. Beaucoup de monde dehors pour la grève démonstrative de deux heures. Je reçois enfin le chan. Rupp qui m'invite au nom du card. Suhard à la prière pour l'ONU, dimanche à Notre-Dame.

25 septembre, samedi. — Sainte messe pour le défunt curé Rebuzzini à 50 ans du jour exact de sa mort, survenue subitement le matin du dimanche 25 septembre 1898. Me le

plir..." : "Laquelle ? demandai-je non sans effroi". "Le ministre va sans doute vous charger de prier le pape de mettre fin à la nonciature de Mgr Roncalli... Certains de nos hommes politiques, et non des moindres estiment qu'il se remue trop, qu'il circule trop, qu'il parle trop, qu'il déborde sa mission... il les agace". Je faillis m'écrouler. Quatre ans après l'*affaire Valerio Valeri*, le gouvernement français voulait allumer une *affaire Roncalli* ! C'était de la pure folie ! » Prêt à refuser le poste dans ces conditions, d'Ormesson entre fort inquiet dans le bureau de Schuman. « Mais pas une seconde, ni de près, ni de loin, le ministre des Affaires étrangères ne fit allusion à une démarche de ce genre », dont il ne fut plus jamais question (ce que le Journal d'Ormesson confirme). L'anecdote prouve néanmoins qu'il y avait anguille sous roche (*La Nouvelle Revue des Deux Mondes*, juillet 1973, p. 128, après la déposition au procès parisien du 18 février 1969, vol. II, p. 61). *« Il nuovo ambasciatore è nominato e questo mi fa vero piacere »*, écrit Roncalli à Oddi le 31 août (« Le nouvel ambassadeur est nommé et cela me fait vraiment plaisir »).

1. La troisième session ordinaire de l'Assemblée générale s'y est ouverte, en présence de cinquante-huit délégations, le 21 septembre.

rappeler toujours, après un demi-siècle, me fait du bien et me confirme dans l'assurance de le revoir.

Aujourd'hui à midi Mgr Forni est parti en vacances. J'ai reçu d'abord pour une longue conversation le p. Merklen, directeur de *La Croix*. Il y a certaines choses auxquelles il vaut mieux ne même pas toucher[1]. À 18 h longue visite au card. Suhard, toujours chaleureux et plein d'amabilité. Puis réception à l'amb. d'Argentine où j'ai salué l'ancien ministre Bidault.

26 septembre, dimanche. — Sainte messe à la maison. À 11 h à Notre-Dame pour la messe propitiatoire pour le bon succès de la conférence de l'ONU. J'étais avec le card. Suhard, en cappa magna. Messe brève : à l'évangile paroles du cardinal où vibra le souvenir et toute la pensée du Saint Père[2]. Il y avait foule. Peut-être pouvait-on attirer encore plus de monde. Parmi les diplomates, il y avait aussi Bogomolov : mais celui-ci n'est cependant pas passé devant le card. et le nonce, pour rendre hommage à la porte du temple, comme l'ont fait tous les autres, depuis Evatt[3], Schuman, etc. Dans l'ensemble, belle manifestation. Puis je suis resté seul à la maison et au bureau toute la journée.

27 septembre, lundi. — Plusieurs audiences : le curé de Hilsenheim (Strasbourg) qui se plaint de son évêque parce qu'il impose le français à l'église et au catéchisme[4] ; M. De Pio (Brunetto) qui m'informe sur le Congrès int. de l'économie coopérative à Lourdes ; M. Mya Sein, ministre résident, chargé d'affaires de Birmanie ; la sup. des Sœurs de

---

1. Par exemple sur la situation du protestantisme en Espagne, à propos de laquelle le nonce demandait des explications au cardinal Gerlier le 31 mars (propos tenus à Lyon sur cette question par Mgr Chevrot) ; mais il ne s'agit que d'une hypothèse.

2. L'Église déroule le tapis rouge, mais le nonce n'en pense pas moins : *« Poveri incontri degli uomini se la carità del Signore non li avviva ! »* (« Pauvres rencontres des hommes si la charité du Seigneur ne les anime ! »), écrivait-il à Mgr Pacini le 7 juin. Le texte pontifical auquel il se réfère fait partie d'une allocution à un groupe de pèlerins américains, le 1er septembre : le pape y appelle à la prière pour une assemblée dont le cahier des charges est bien lourd (*La Documentation catholique*, 10 octobre, col. 1283-1284).

3. Ministre des Affaires étrangères d'Australie, élu président de l'Assemblée générale des Nations Unies (voir plus loin en date du 11 novembre).

4. Mgr Weber a en effet été chargé de limiter le particularisme linguistique du catholicisme alsacien, parfois sensible aux sirènes allemandes entre 1940 et 1945 (Hilsenheim est un village du Bas-Rhin, au nord de Sélestat).

N.-D. des Apôtres. L'après-midi, l'abbé Jacquin ; M. Ferretti. Je visite ensuite Mgr Beaussart et l'amb. du Venezuela au George V où je rencontre le ministre des Affaires étrangères de ce pays. Après le dîner je sors me promener avec Oddi et Heim.

28 septembre, mardi. — Aujourd'hui plusieurs audiences : vicomte Tiberghien ; secrét. générale des Oblates assomptionnistes ; les deux voyants de Bouxières, Quillet et Sérieyx ; le secrét. de Mgr Le Hunsec ; l'archimandrite de St-Julien, Kéramé, qui arrive du Caire [1]. Dans l'après-midi Mgr Drapier, délégué ap. en Indochine qui me laisse une bonne impression [2].

Le soir, promenade avec Heim.

29 septembre, mercredi. — Peu d'audiences : Mgr Henri Aubé, recteur du Sacré-Cœur ; puis l'abbé de Töth, de Fiesole, qui accompagne deux sœurs italiennes de S. Giuseppe del Patrocinio. Dans l'après-midi, John Lyun Chang L.L.D.* député catholique de Corée et délégué de la Corée à l'assemblée de l'ONU. Il était présenté par une lettre du card. Spellman et accompagné de deux Pères du séminaire des Missions étrangères. Personne remarquable et digne. À la maison comme hier, comme toujours au bureau. Saint Michel archange defende nos in proelis.

30 septembre, jeudi. — Les audiences se suivent : Miss Mary Catherine Schaeffer, déléguée auprès de l'ONU de la grande Union fémin. cath. américaine ; trois sœurs Hospitalières du Sacré-Cœur : deux sont espagnoles, et une de Bari ; le prof. Mateesco, un Roumain recomm. par Mgr Paolo Giobbe ; le comte Coppola : un brave Italien résident et industriel à Paris (intéressant). L'après-midi Mgr Zaffonato, évêque de Vittorio Veneto avec le p. Millini. Et puis toujours travail sans répit. Et ainsi s'achèvent deux mois de prétendues vacances. Je pense à saint Jérôme [3]. Qui suis-je encore ? « Je deviens grain de poussière au pied d'un monument. »

1er octobre, vendredi. — Audiences : P. Michaut [4] procureur des Missions étrangères de Paris et de Rome ; Pierre Olivier,

---

1. Il remplace Mgr Skaff.
2. Mais lui parle-t-il de la guerre entre les forces françaises et celles du Viêt-minh ?
3. Dont c'est la fête.
4. Raymond H. *Michotte*.

organisat. artistique ; dans l'après-midi Mgr Eris O'Brien, auxiliaire du card. Gilroy archev. de Sydney ; baron Dervaux. Ce dernier, qui est un bon chrétien, me parlait d'une séance cinématographique dans une grande salle publique où l'on ferait d'abord dire une messe, car on serait le dimanche 17 octobre. Je lui ai manifesté ma contrariété, qu'au fond il partageait. Les choses sacrées à l'église, les choses profanes au théâtre. La manie moderne de la nouveauté nous conduit au bizarre et au grotesque, qui ne nous fait pas honneur [1].

2 octobre, samedi. — C'est la première fois que je célèbre ma première fête – les saints Anges – en France, et sans lui donner beaucoup de relief ; j'y ai cependant ajouté un signe extérieur à la liturgie (1 000 francs aux 4 domestiques Dino, Giulio, Domenico et Eugenio). Audiences : les époux Paul, de Budapest ; Giulia Roncalli, épouse de Battista, d'Antoigné, et son fils Alfonso, originaires des Ghiaie. J'ai eu à déjeuner Mgr Zaffonato, évêque de Vittorio Veneto et le p. Millini ; et le général des Dominicains Suarez avec le prov. de Paris, le p. Avril [2].

Le soir, récep. Grèce avec Tsaldaris. Et amb. Pérou avec le ministre des Affaires étrangères de Lima.

3 octobre, dimanche. — Heures tranquilles à la maison. À 18 h cérémonie du transito chez les PP. Capucins de la rue Boissonade : discours du P. dominicain Chenu, certainement homme capable, pris lui aussi par la fièvre « des nouvelles structures ». Ce fut intéressant pour moi, inintelligible pour la plupart des auditeurs – tertiaires hommes et femmes. Toujours un grand voyage à préparer pour la découverte d'un nouveau monde : mais pour ce qui est de se mettre en route, rien de pratique, et d'utile aux âmes. Prédication et temps perdu [3].

4 octobre, lundi. — Hier Sainte Thérèse de l'Enfant Jésus ; aujourd'hui Saint François d'Assise : deux exaltations de la simplicité évangélique. La doctrine que l'on trouve dans leur

---

1. Partant du refus du mélange des genres (messe suivie d'une prestation cinématographique), le nonce élargit sa critique à l'ensemble de « la manie moderne de la nouveauté » et à ses produits.

2. Sur la visite de Suarez, voir Yves CONGAR, *Journal d'un théologien, 1946-1956*, Paris, Éd. du Cerf, 2000, p. 153-157.

3. Le jugement est particulièrement sévère sur cette unique rencontre avec le théologien dominicain. Comme pour la retraite prêchée par le père de Soras, la critique porte moins sur le fond (malgré « la fièvre des nouvelles structures ») que sur la forme : propos inutilisable concrètement.

vie est vraiment enivrante. Que le Seigneur m'en fasse goûter la fascination. À midi nous sommes allés déjeuner chez les Capucins. Tout m'a plu : propreté, ordre, bon goût. Dans l'après-midi je reçois la visite de Mgr Couderc, bon et cher évêque de Viviers, qui se rend au Mans pour la consécration de l'évêque de Rodez [1]. Dans la soirée et la nuit gros travail pour l'affaire Flusin-Bertin [2].

5 octobre, mardi. — Ce matin en audience le p. Louis de la Très Sainte Trinité (d'Argenlieu) qui m'a parlé des murmures au sujet de Mgr Bertin [3]. À 11 h 30 j'ai visité avec Oddi le présid. de l'assemblée de l'ONU, M. Evatt : excellent accueil avec photos, etc. À 12 h 30 Mgr Chappoulie que j'ai gardé à déjeuner. Le soir, long entretien avec Mgr Coupel, coad. de St-Brieuc, doux et clairvoyant. Résultat de mes impressions : ce qui intéresse, c'est le vrai bien des importants diocèses de Coutances et de St-Brieuc [4]. Ce soir le card. Tisserant est arrivé à Paris. Mgrs Oddi et Heim à la gare.

6 octobre, mercredi. — Audiences : le jeune vicaire ap. d'Oubangui, Mgr Cucherousset, du St-Esprit, qui me parle du député noir l'abbé Boganda, qui tourne mal [5] ; à midi, le ministre du Liban auprès du Saint-Siège, M. Hélou, bon catholique. Dans l'après-midi je suis allé me confesser chez Mgr Beaussart.

À la maison, modeste mais cordial signe de fête pour la Saint Bruno et pour le titre de *monsignore* donné au secrétaire Bruno Heim [6].

7 octobre, jeudi. — Nombreuses audiences : le brave M. Marret qui me parle des écoles des mineurs ; le jeune

---

1. Voir plus haut en date du 13 juillet.

2. Le nonce veut profiter de la promotion du premier et proposer de nouveau le second pour le rectorat de Saint-Louis des Français, que Flusin n'aura donc assuré que six mois (Mgr Rambert Faure, évêque de Saint-Claude, est mort le 27 mai ; son successeur a été nommé le 26 août, ce qui constitue un record de rapidité sous la nonciature Roncalli ; benjamin de l'épiscopat, il n'a que trente-sept ans). Mais l'ambassadeur d'Ormesson affiche d'entrée son désir d'écarter Bertin (Journal, 2 octobre).

3. Décidément, celui-ci conserve bien des ennemis dans les milieux ecclésiastiques français.

4. Ce qui en clair revient sans doute à abandonner l'idée de transférer le chanoine Cherdel à Coutances.

5. Barthélemy Boganda plaide-t-il déjà pour l'émancipation de l'Afrique équatoriale française qu'il représente à l'Assemblée nationale ?

6. Camérier secret surnuméraire le 9 août 1948.

Benda, d'Istanbul, ami de Mgr Varouhas [1] et qui s'occupe maintenant d'antiquités ; l'abbé Maillet et l'abbé Delsinne qui dirigent les *petits chanteurs* [2] ; M. Touche veut se porter candidat au Conseil de la République. J'ai à déjeuner le card. Tisserant avec Mgr O'Brien, auxiliaire de Sydney, Mgr Lagier et le chan. du Mesnil son collaborateur [3]. Réunion qui s'est très bien passée. Le cardinal, qui sortait à peine des Exercices, aimable et avare de ses propos. Le soir, le P. Berteloot, apôtre des Francs-Maçons [4].

8 octobre, vendredi. — Peu d'audiences : sup. générale des Trinitaires et la supérieure de Paris. De nouveau M. Marret, avec le dép. Temple et un membre du Conseil de la République de l'Aveyron [5] ; M. Zeiller, de la Conf. de St Vincent de Paul ; le ministre de Haïti, Thébaud ; l'ambassadeur d'Espagne Aguirre de Carcer ; Mgr Rancans, évêque auxiliaire de Riga que je garde à déjeuner, Oddi et Heim étaient sortis. Le soir, visite à M. Schuman, ministre des Affaires étrangères, au Quai d'Orsay. Excellente entente sur tout [6]. En sortant de chez Schuman, rencontre imprévue avec M. Kolarov, chef du gouvernement de Sofia [7], avec le prof. Vladiguerov, ministre à Paris.

9 octobre, samedi. — <St-Denis : grande liturgie Exultet Ecclesia. Dum triumphat Gallia. Patre Dionisi.>

Audiences : abbé Frossard, aum. des ouvriers adultes [8] ; Mgr l'archev. d'Albi ; prof. La Pradelle ; Mgr Courbe qui reste déjeuner. L'après-midi fut entièrement occupé par une étude sur la personne et l'œuvre de Staline. Les nouvelles

1. Exarque pour les catholiques de rite byzantin en Turquie, avec résidence à Istanbul, rappelons-le.
2. À la croix de bois.
3. Responsables de l'Œuvre d'Orient dont le cardinal Tisserant a été nommé protecteur le 3 juillet.
4. Ce jésuite de l'Action populaire a été, en France, l'un des premiers à esquisser un rapprochement avec les branches spiritualistes de la maçonnerie. Il vient de publier *La Franc-Maçonnerie et l'Église catholique*, Paris, 1947.
5. Sans doute pour l'affaire des écoles des houillères de Decazeville, qui se trouvent dans ce département de tempérament conservateur.
6. Robert Schuman a conservé les Affaires étrangères dans le gouvernement Queuille.
7. Basile Kolarov n'est en fait que vice-président du Conseil et ministre des Affaires étrangères. Il deviendra chef de gouvernement par intérim après le retrait de Georges Dimitrov en avril 1949, puis de plein exercice après la mort de celui-ci en juillet.
8. Robert Frossard est supérieur des Missionnaires diocésains du travail et aumônier régional de l'Action catholique pour les ouvriers.

télégraphiques au sujet de la persécution de l'Église en Roumanie sont désolantes. Signe des tristes temps qui s'approchent.

10 octobre, dimanche. — <Arrivée de Mgr Calavassy.>
Dimanche entier à la maison sans visites. Je travaille au bureau, j'écris et je lis. Je suis arrivé à bout de certaines choses. Le soir, télégramme douloureux de la Roumanie où le communisme régnant menace et commence à détruire l'Église catholique. Sur 10 évêques, trois seulement laissés en place ; les diocèses réduits à 4 : deux latins et deux de rite oriental [1].

11 octobre, lundi. — Audiences : Mme Jouvenel des Ursins accompagnée de M. Essenville-Brigny. Elle veut faire don de sa villa au pape pour un but appartenant à celui-ci : ce n'est pas au point comme critère ; M. Georges Lecomte, secrét. perpétuel de l'Académie. À déjeuner, j'ai le cher Mgr Calavassy, d'Athènes, qui accepte mon hospitalité [2]. Dans l'après-midi je reçois M. Evaristo Perletti, fils de Giuseppe, mon compagnon de séminaire, et dont j'ai béni le mariage. Il vit à Alzano. Je suis sorti vers 18 h pour une visite à l'amb. d'Espagne Aguirre de Carcer. Il s'agit d'améliorer peu à peu les rapports entre la France et l'Espagne [3].

12 octobre, mardi. — <Sainte messe 8 h pour inaug. Congrès Bonne Presse. 8, rue François Ier.>
La messe pour le congrès de la Bonne Presse a été très bien. Mes paroles claires, aimables et comprises. La charité de saint Augustin *onoribus mater.* À 13 h déjeuner à la Bonne Presse avec mes collaborateurs Oddi et Heim. Il y avait aussi Mgr Courbe. L'esprit de saint Augustin est bien tout entier ici.

13 octobre, mercredi. — Audiences et audiences. Le vicaire de St-François de Sales pour la messe de diamant de Pierre l'Ermite ; Mgr Urtasun, vic. gén. de Périgueux ; M. Lacour-Gayet de Radio-Luxembourg [4] ; M. Fischer, représ. du

---

1. Après dénonciation unilatérale du concordat le 17 juillet, la persécution se déchaîne (*La Documentation catholique*, 26 septembre, col. 1230-1235 ; voir aussi « Le drame de l'Église unie de Roumanie », *ibid.*, 3 juillet 1949, col. 833-891, avec notamment le décret de dissolution de cette Église, daté du 1er décembre 1948).
2. Georges Calavassy est, rappelons-le, exarque pour les catholiques grecs de rite byzantin depuis 1927.
3. Voir plus haut en date du 16 juin.
4. *Jacques* Lacour-Gayet.

Gouvernement d'Israël [1] ; l'abbé Boche [2]. Dans l'après-midi : sœur Hélène Capart ; le chancelier de Mgr Grente. Je suis allé chez Mgr Beaussart pour la confession ; le soir à la gare de Lyon avec Mgr Calavassy pour saluer le card. Tisserant qui retourne à Rome. La grande duchesse de Toscane avec son groupe a pu poursuivre vers Londres. Ce fut un épidode de charité : mes collaborateurs se sont fait honneur. Rencontre avec le P. Panzeri et avec Tincani Senni et Silvestrelli, et d'abord avec les Fr. des Écoles chr.

14 octobre, jeudi. — Audiences : M. Costanzo Emmanuelli et sa femme, de Clermont ; colonel Morel avec 5 professeurs de l'Université d'Innsbruck ; chan. Méra, de Soissons : *ut quid dilitis vanitatem etc.* ; Mgr Grente, qui part pour Rome ; colonel attaché militaire et attaché naval d'Italie. À midi Mgr O'Brien qui reste déjeuner ; à 16 h le *comm.* Cavalli, de Bergame, sous-secrét. d'État à l'Industrie et au commerce. Dans la soirée, toujours du travail au bureau. Un petit voile de tristesse devant l'incompréhension de ce milieu sur certaines choses. Mais il est moins dense que la brume automnale.

15 octobre, vendredi. — Audiences : Mgr Lefebvre, vic. et délégué ap. de Dakar [3] ; av. Mellor ; *comm.* Micara, de Rome, avec des informations intéressantes et instructives ; Madame Nadia Popescu (5 000) ; p. Irénée, d'Athènes, que je garde à déjeuner. Le soir, je suis sorti pour la réception bolivienne avec quelques rencontres.

Le cas de M. Rossini escroqué de 400 millions par Cippico et prétendant – le voleur – que le Vatican doit les lui rembourser, est vraiment triste et épouvantable [4]. Pauvres âmes : comment le Seigneur les jugera-t-il ? Aujourd'hui 30e anniversaire de la mort de ma chère sœur Enrica. Je suis réconforté de la savoir dans la paix de Dieu <avec ma chère maman. J'ai reçu aussi le ministre Medina, du Nicaragua>.

---

1. Le secrétaire européen de l'Agence juive est devenu le premier ambassadeur d'Israël à Paris.

2. Qu'on n'a pas vu à la nonciature depuis longtemps, et qui vient sans doute rencontrer Tisserant.

3. Sa nomination sera officielle le 25. Est-ce en cette occasion que le nonce lui aurait reproché d'avoir reconnu sa dette envers le père Le Floch, supérieur du Séminaire français de Rome exclu pour ses sympathies pour l'Action française, lors de son sacre à Tourcoing, le 18 septembre 1947 (d'après la biographie « officielle » de Bernard TISSIER DE MALLERAIS, *Marcel Lefebvre, une vie*, Étampes, Éd. Clovis, 2002, p. 171-172 et 249).

4. Une des suites du scandale du Vatican évoqué plus haut en date du 8 mars.

16 octobre, samedi. — Toujours audiences : l'abbé et prof. Lefèvre, retour de Rome [1] ; M. Carlo Sommariva, fils de Giuseppe ; le clerc Chalault ; Mgr Grég. Bahaban [2] avec de nouveaux prêtres arméniens, Léonce, etc. attaché à la colonie de Paris ; dans l'après-midi le jeune Triacca ; le p. Thomas de St Jean de Matha qui vient de Moscou [3] ; le journaliste Charles Pichon ; et son confrère M. Ageorges que je reçois en même temps que Mgr Calavassy ; puis le très cher et très apprécié don Giovanni Rossi, de Milan, sup. de la Pro Civitate Christiana d'Assise [4]. Nous avons évoqué ensemble les anciens temps sans vaine nostalgie, et avec confiance dans les retrouvailles célestes avec les âmes que nous aimons.

17 octobre, dimanche. — Sainte messe reposante. Puis je suis allé avec Heim à la grande salle Gaumont, la plus grande salle de cinéma d'Europe, et j'ai assisté à l'inauguration de la nouvelle année du Centre catholique français du cinéma avec la vision du film américain *Les Fugitifs*, mise en scène

---

1. Ayant été recommandé, il vient rendre compte de ses entretiens. « Franchement, d'ici, toutes nos équipes pâlissent et l'on ne s'effraie pas. C'est ce que je ressentis moi-même nettement. C'est pourquoi, dans un long rapport que j'ai présenté ce matin au P. Cordovani et laissé à Mgr Ottaviani, j'ai dit cette impression – et j'ai souligné qu'en France, sur place, la vision est hélas tout autre. Et j'ai développé cette affirmation que, contrairement à ce que prétendent nos Évêques lorsqu'ils viennent à Rome, la situation est *plus grave* aujourd'hui qu'elle l'était l'an dernier et il y a 2 ou 3 ans. Et j'ai rapporté plusieurs témoignages précis : les idées fausses sont diffusées partout et atteignent nos organisations d'A.C., nos religieuses enseignantes, nos cercles d'études, nos catéchismes, etc. etc. » (lettre à Mgr Lusseau, professeur à l'Institut catholique d'Angers, envoyée de Rome le 27 septembre).

2. Pour *Bahabanian.*

3. L'assomptionniste Camille-Jules Thomas (Jean de Matha en religion) a été nommé curé de Saint-Louis des Français à Moscou et administrateur apostolique de Russie, en remplacement de Mgr Neveu, en avril 1947.

4. « *16 ottobre : arrivo a Parigi alle 14. Mi ha fatto molta confusione Parigi. Quanti ricordi di entusiasmo apostolico e di profondo dolore. Da Parigi, il fallimento dell'Opera Cardinal Ferrari. Ma tutto è Providenza. Alle 19 sono stato a visitare S. E. mons. Roncalli.*, molto buono. *18 ottobre : alle 9 sono andato in nunziatura. Mons. Roncalli è stato affettuosissimo. Col suo aiuto ho visitato P. Daniélou, Daniel-Rops. A pranzo da mons. Roncalli, poi una lunga conversazione col nunzio* » (« 16 octobre : j'arrive à Paris à 14 h. Paris a suscité en moi beaucoup de confusion. Tant de souvenirs d'enthousiasme apostolique et de profonde douleur. À Paris, l'échec de l'œuvre du cardinal Ferrari. Mais tout est Providence. À 19 h j'ai rendu visite à S. E. Mgr Roncalli, *très bon.* 18 octobre : à 9 h je suis allé à la nonciature. Mgr Roncalli a été très affectueux. Avec son aide j'ai visité le P. Daniélou, Daniel-Rops. Déjeuner chez Mgr Roncalli, puis longue conversation avec le nonce », Massimo TOSCHI, citation des Carnets Rossi, p. 281).

impressionnante de la persécution antireligieuse au Mexique. Un film qui donnera à penser : c'est très correct[1]. À 14 h j'ai salué Mgr Calavassy qui part pour la Belgique et que je fus très heureux d'héberger toute la semaine. L'après-midi lecture continue du Dictionnaire d'archéologie et de liturgie[2].

18 octobre, lundi. — Les audiences reprennent : le très révérend abbé de St-Wandrille. À 13 h je revois don Giovanni Rossi à qui j'ai offert l'auto toute la matinée pour ses affaires, et je le garde à déjeuner : il m'est extrêmement cher et nous nous encourageons à l'antique. Je lui ai offert deux livres « Les anges » et un Christ par un juif. Dans l'après-midi les visites continuèrent : duc Tommaso Gallarati Scotti, amb. à Londres[3] ; le jeune rabbin Jacob Herzog, fils du grand rabbin de Jérusalem. Jacob est directeur de la section « Communautés chrétiennes » au ministère des Affaires étrangères de Tel Aviv[4]. Mgr Chollet et Bernard Mahieu.

19 octobre, mardi. — <Réc. Venezuela au Pré Catelan (Bois) 18-20 heures. Salvador Iéna, 96.>

Nombreuses audiences : le sous-prieur de Wisques au nom de l'abbé Savaton ; le prof. Beaufort, franciscain de la délégation hollandaise de l'ONU ; le chan. Rupp qui me demande, incertain, des présentations pour Rome. À midi le nouvel archev. de Rouen Mgr Martin[5] puis Mgr Lemonnier vic. cap. Je les garde tous deux à déjeuner avec Mgr Lefebvre, dél. ap. de Dakar. À 16 h je suis reçu par André Marie, Garde des sceaux, au ministère de la Justice. Bonne entente au sujet de

---

1. Il s'agit de l'adaptation par John Ford du roman de Graham Greene, *La Puissance et la Gloire* (titre original : *The Fugitive* ; titre français : *Dieu est mort*). Il relate les aventures, et la mort, d'un prêtre mexicain (Henry Fonda) qui a décidé de revenir dans sa paroisse malgré la persécution. Ce film de 1947 a obtenu le prix de l'Office catholique international du cinéma. Le nonce le voit dans la salle de la place Clichy qui offre six mille sièges.

2. Lecture austère, mais qui prouve l'intérêt du nonce pour la liturgie.

3. Voir plus haut en date du 11 octobre 1947.

4. Ce haut fonctionnaire israélien ne craint pas de s'adresser au nonce à Paris, mais dans quel but ?

5. Il a enfin été nommé le 12 octobre. Sa déposition au procès parisien de février 1969 n'apporte aucune précision sur les péripéties de sa promotion, la première pour un prélat indésirable à la Libération, si l'on excepte le titre d'archevêque pour Mgr Delay (vol. I, p. 331-342).

Bertin[1] et de Nancy[2]. Plus tard réception du Salvador. Contacts utiles. Idem pour le Venezuela au Bois – Pré Catelan.

<Audience le p. Amielh prov. des Salésiens.>

20 octobre, mercredi. — <Assemblée card. archev. déjeuner chez le cardinal 12 h 30.>

Audiences : encore le sous-prieur de Wisques ; puis le prof. Pellegrinetti, inspecteur scolaire, frère du défunt cardinal, mon cher ami. À 12 h 30 repas à l'archevêché avec les card. et archev. Conversation particulière avec leurs Émin. Gerlier et Roques. À 16 h je reçois le ministre d'Italie Campilli, de Rome, avec M. Micara, neveu du cardinal. Évocations de la vie romaine de ma jeunesse, et de l'Action catholique de ces temps-là. L'affaire Bertin est pour moi tentation d'une certaine anxiété ; mais la bonne conscience m'assure et m'encourage au calme, et à la confiance.

21 octobre, jeudi. — <Réc. Irak : 18-20 h. N.-Dame Concert 20 h 45.>

Audiences : M. Hourdin directeur de *La Vie catholique illustrée* très intéressant[3], puis M. Larrea, amb. de l'Équateur auprès du Saint-Siège. À l'ONU deux blocs face à face : l'un cherche le désarmement de l'autre. Il est pessimiste ; M. Paternostro, un vieux poète sicilien, bienheureux soit-il ; Mgr Hakim, évêque de Nazareth, de nouveau en tournée pour faire de la politique[4]. Dans l'après-midi : dom Philip Langdon o.s.b. procur. des Bénédictins anglais à Rome. À 18 h j'ai assisté à la récept. de l'Irak ; et d'abord j'ai reçu Ali Riza Reyman, d'Ankara ; et après le dîner je suis allé au magnifique concert *L'Enfance du Christ*, de Berlioz, à Notre-Dame[5].

22 octobre, vendredi. — <Réc. Pérou – prés. Prado et Porras. Hôtel Bristol 18 h 30 à 20 h 30.>

---

1. Avocat, maire de Barentin, député de Seine-Inférieure et vice-président du Parti radical, le garde des Sceaux de Queuille est aussi un ami de longue date de Mgr Bertin dont il plaide la cause auprès du nonce (déposition au procès parisien du 14 février 1970, vol. IV, p. 343).

2. Pour Bouxières-aux-Dames sans doute.

3. La première fois que Georges Hourdin est venu, c'était pour se faire reprocher la sévérité du magazine envers le film *Monsieur Vincent* (voir plus haut en date du 3 novembre 1947). On peut penser que la conversation a été moins tendue et que le journaliste a pu fournir au nonce une appréciation sur le catholicisme français plus positive que celle de nombre de ses visiteurs, l'abbé Lefèvre par exemple.

4. Après le fonctionnaire israélien, le prélat arabe ; mais la réserve quant à l'utilisation de la fonction ecclésiastique au service de l'action politique demeure.

5. Il s'agit de l'oratorio *L'Enfance du Christ* de 1854.

Audiences : Mgr Rancans, évêque auxiliaire de Riga avec MM. Boshis, Liepins, Berens, Pallo, Sidzikauskas*, répr. la Lituanie, la Lettonie et l'Estonie, petites nations en grand péril[1] ; Mgr Leprêtre longuement et un peu péniblement. Dans l'après-midi j'ai dû m'entretenir un peu longuement avec le peintre Servalli, de Gandino, venu pour faire mon portrait, que les sœurs Poverelle de Bergame veulent m'offrir. Ce peintre très apprécié à Bergame reste gandinien d'âme et de corps et aime entendre évoquer les souvenirs, les gloires et les richesses de son pays ; et intéressant aussi pour tout le reste. Le soir avec <Oddi récept. au Bristol en l'honneur de l'ancien présid. Prado du Pérou.>

23 octobre, samedi. — Audiences : la mère provinciale des sœurs de Notre-Dame du Sacré-Cœur d'Issoudun à Clamart avec une sœur qui part pour le Cameroun ; à 11 h M. Manuel Prado, ex-président du Pérou[2]. On voit que c'est un brave homme, bien intentionné, mais plein des frivolités des honneurs mondains.

Dans l'après-midi deuxième séance avec le peintre Servalli qui fait mon portrait. Oh ! pauvre de moi ! À 18 h longue conversation avec M. Bergery ancien ambassadeur à Ankara. Oh ! comme le monde politique est traître ! Il ne pardonne à personne. Pour moi Bergery est une âme à aider[3].

24 octobre, dimanche. — <16 h rue Violet.>

Dimanche à la maison. Le matin je parle avec Mgr Montini pour lui communiquer la mauvaise nouvelle de la santé du card. Preysing, évêque de Berlin[4]. À midi je reçois à déjeuner le bon Turc Ali Riza Reyman, ami de M. Cialian. À 16 h je vais avec Heim rue Violet, où je bénis les nouvelles restaurations et assiste au drame : *Maison sans paix*, bien exécuté et impressionnant. Mgr Oddi trouve là un moyen fécond de faire du bon ministère des âmes ; et cela est très utile et beau pour ces jeunes prélats de la carrière diplomatique pontificale[5].

25 octobre, lundi. — Plusieurs audiences : Mgr Boyer-Mas attaché à l'ambassade de France à Madrid, que j'ai gardé à déjeuner ; p. Bergeron, sup. gén. de la Fraternité sacerd.,

1. C'est un euphémisme : elles sont devenues des Républiques socialistes soviétiques.
2. Entre 1939 et 1945.
3. Mgr Roncalli persiste et signe.
4. Rappelons qu'il mourra seulement en 1951.
5. La conviction du nonce sur ce point est bien enracinée.

excellent ecclésiastique qui part pour Rome ; MM. Kirschbaum et Joseph Mikas, deux diplomates tchécoslovaques qui ont quitté le service : on sait pourquoi [1] ; doct. Pasteau, brave homme, mais grand crampon. Dans l'après-midi j'ai posé de nouveau devant le peintre Servalli et à 18 h je suis allé me confesser chez mon Mgr Beaussart, que j'ai trouvé moins bien et plutôt enclin à la tristesse. J'attendais aujourd'hui Mgr Bertin, mais il n'est pas venu.

26 octobre, mardi. — <Iran – 5, rue Fortuny. 18-20 heures.> Audiences : M. Dervaux avec un grand projet catholique : science, littér., art ; le jeune Albertini, de St-Germain ; le comte de Lyrot ; le prince Radziwill devenu pauvre et pèlerin ; le ministre d'Autriche M. Vollgrüber ; dans l'après-midi l'abbé Glasberg, revenu d'Iran [2] et le soir Mgr Martin, archev. de Rouen, bien content de sa rencontre avec André Marie [3]. Vers 19 h réception de l'Iran où je reste peu et ne rencontre que quelques Turcs. Travail nocturne jusqu'à une heure avancée pour le Saint-Office, à préparer un document que Mgr O'Brien – que je garde aujourd'hui à déjeuner – emportera demain à Rome [4].

27 octobre, mercredi. — <10 h – Polonais – 263, rue St Honoré fun. *Hlond.*>

La cérémonie funèbre pour le card. Hlond à l'église des Polonais a été très bien. Avant de donner l'absoute j'ai appliqué des paroles de saint Paul : « *Mementote praepositorum vestrorum* » etc. (He XIII) à l'Ém. défunt [5]. De retour à la maison j'ai reçu Mgr Courcoux, évêque d'Orléans, et le doct. Erkeletian, très cher catholique arménien. L'après-midi, je me suis entretenu pendant une heure avec le prof. Raphaël Lemkin, qui m'a informé sur « le Génocide » et m'a beaucoup intéressé [6] ; M. Daniel-Rops et plus tard le cher *ing.* Giannattasio, qui a dîné avec nous en nous racontant les événements de sa vie en Argentine.

1. Ils sont en désaccord avec le nouveau cours suivi à Prague depuis février, symbolisé par le « suicide » de leur ministre, Jan Masaryk, le 10 mars.

2. Où il s'est rendu avec l'appui des services secrets israéliens pour tenter d'y faire entrer des juifs d'Irak, en mauvaise posture dans leur pays du fait de la guerre israélo-arabe (Lucien LAZARE, *L'Abbé Glasberg*, p. 105-109).

3. Est-ce le nonce qui a suggéré au prélat de voir le ministre, personnalité politique majeure de son nouveau diocèse ?

4. Sur quel sujet ?

5. Il est mort à Varsovie le 22 octobre.

6. Rencontre importante : juif d'origine polonaise émigré aux

28 octobre, jeudi. — Audiences aujourd'hui plus importantes et douloureuses : p. Michel Cornillie, sup. du Fr. François A.A. [1] ; p. Dervaux s. j. avec un général d'artillerie pour la messe vespérale de sainte Barbe ; M. Victor Bucaille, journaliste, connu de mes prédécesseurs ; Mgr Ancel, auxiliaire de Lyon ; avocat Bacri et M. Desseau, de Lille, qui m'informent de choses très graves en matière d'argent concernant des évêques et des congrégations religieuses. Situation extrêmement dangereuse. Dans l'après-midi Mgr Bertin qui parle de ses problèmes et est prié de s'entremettre auprès du Garde des sceaux pour l'affaire des « titres » et de leur mouvement clandestin [2].

29 octobre, vendredi. — Journée chargée de préoccupations : M. Bertin rend compte de ses démarches ; je téléphone à Petsche ; le soir l'avocat Katri [3] rend compte de son entretien avec Petsche. *Deo gratias* et à saint Joseph [4]. Audiences :

États-Unis et professeur de droit international, Raphaël Lemkin est l'inventeur en 1943 du terme curieux de « génocide », qui associe une racine latine à une racine grecque, pour désigner l'entreprise d'extermination nazie (chapitre IX de *Axis Rule in occupied Europe*, Washington, Carnegie Endowment for International Peace, novembre 1944 ; article « Genocide, a modern crime », *Free World*, New York, vol. 9, n° 4, avril 1945, p. 39-43).

1. « La nomination du Père Mudry à Sèvres était assortie d'une condition, qu'en haut lieu on considérait comme une sorte de "situation sociale officielle". Il lui était demandé de consacrer un certain temps à la Nonciature. Des démarches près du Nonce [...] très accueillant et compréhensif, finirent par aboutir à une heureuse solution. Le Père fut dégagé de ses obligations pour se consacrer entièrement à la mission » : anecdote racontée par Michel Cornillie, supérieur de la petite mission ouvrière assomptionniste implantée à Sèvres (*1946. La cloche. Une aventure ? Un témoignage ?*, Bris-sous-Forges, 1977, p. 27).

2. Ainsi Bertin, bien que toujours en difficulté, peut-il servir d'intercesseur auprès de son ami André Marie pour éviter à certains milieux ecclésiastiques des ennuis avec la justice dans cette affaire qui serait donc un mouvement frauduleux de titres boursiers.

3. On lit bien Bacri et Katri : une seule et même personne ?

4. Le nonce est obligé de solliciter le secrétaire d'État aux Finances Maurice Petsche, un des représentants de la droite classique au gouvernement, pour éviter le pire. On reste dans l'expectative sur cette affaire, qui n'a guère fait de vagues au-dehors. L'hebdomadaire satirique *Le Canard enchaîné* a néanmoins publié trois entrefilets allusifs sur des malversations dans le clergé, les 3 novembre, 24 novembre et 22 décembre 1948. La lettre de Roncalli à Tardini du 14 février 1949, consécutive à un entretien du 1er février 1949 avec le garde des Sceaux André Marie, fournit quelques précisions : « *Infatti appena fui nel suo gabinetto egli face venire il signor [ ] che presiede alla sezione criminale del dicastero della Giustizia il quale gli recó il dossier dell'affare dei titoli che in principio di novembre aveva lasciato temere lo scoppiare di uno scandalo di cui i cattolici : vescovi, religiosi e istituzioni avrebbero fatte le spese. Con molto garbo, il*

p. Désiré avec Antonio Mulino, de Smyrne ; la supérieure générale des Oblates de l'Assomption et la supérieure de Varna. Long et aimable entretien avec l'ancien ministre Letourneau ; puis avec Maurice Denis. Ce matin est arrivé de Cuba le rév. Vincenzo De Caria, attaché à cette nonciature. Hier j'ai été surpris par un bon rhume qui me tourmente un peu.

30 octobre, samedi. — <Albertin-Bouchon 15 h.>

Audiences gâtées par le rhume : jeune *dott.* [ ] beau-frère du peintre Servalli ; M. Carry, journaliste, commentaire sur les faits du jour. Provincial et supérieur Louis Le Crom des Montfortains à Paris ; l'abbé Pierre [1]. À midi la supérieure générale et la provinciale des sœurs Franciscaines missionnaires de Marie ; Mgr Ancel que je garde à déjeuner. Dans l'après-midi M. Bergery ; puis je vais seul avec Dino à Gagny : joyeux dîner dans la famille Zinetti, et dans l'église close, exercices pour les Italiens, et discours pour l'Heure sainte, en français et en italien. Il m'a semblé être bien compris. Mais sur 15 mille catholiques dont 400 Italiens, oh ! combien les présents furent peu nombreux [2] !

31 octobre, dimanche. — <11 h 15 à Notre-Dame : service pour les morts de la guerre. Au chœur en mozette.>

Le rhume persistant ne m'a pas interdit une messe recueillie à la chapelle en l'honneur du Christ-Roi. Certains proposent

---

Ministro mi lesse l'enumerazione circonstanziata dei 22 titolari, cioè : Amministrazioni diocesane : congreg. religiose ecc. che erano compromesse. E poi chiudendo il dossier mi disse : Ecco monsignore questo famoso dossier. In pieno accordo col Presidente del Consiglio, e col Ministero delle Finanze che si riserva di venire a sui tempo ad una transazione che non sarà troppo grave per gli interessanti. E cosi la parte la più penosa dell' incidente ha una soluzione silenziosa e pacifica » (« En fait, j'étais à peine entré dans son cabinet qu'il fit venir M. [ ] qui préside la section criminelle du ministère de la Justice, qui apporta le dossier de l'affaire des titres laquelle, au début de novembre, avait laissé craindre l'explosion d'un scandale dont les catholiques : évêques, religieux et institutions auraient fait les frais. Avec beaucoup de délicatesse, le ministre me lut l'énumération circonstanciée des 22 titulaires, à savoir : administrations diocésaines, congrégations religieuses, etc. qui étaient compromises. Et puis refermant le dossier il me dit : Monseigneur, voilà ce fameux dossier. En plein accord avec le Président du Conseil et avec le ministre des Finances, qui se réserve d'en venir en temps utile à une transaction qui ne sera pas trop grave pour les intéressés. Et ainsi la partie la plus pénible de l'incident a une solution silencieuse et pacifique »).

1. Le nonce lui fait une recommandation pour le cardinal Spellman, en vue d'un prochain voyage aux États-Unis, datée du 2 novembre.

2. Voir plus haut en date du 24 juin.

que cette solennité, avec d'autres, soit supprimée pour plus de simplicité. Au contraire elle doit rester pour le réconfort et l'encouragement du peuple chrétien [1]. J'ai également assisté à la messe pour les anciens combattants à Notre-Dame. Cela fait plaisir à beaucoup [2]. Dans l'après-midi j'ai les deux premières Missionarie della Scuola, Mlles Senni et Silvestrelli. Il me semble qu'elles commencent bien. Il faut donc les bénir. Ce soir Oddi est revenu un peu malade de son beau travail pastoral.

1er novembre, lundi. — Toussaint silencieuse et recueillie. Seule audience dans l'après-midi, le jeune André Couteaux, qui m'annonce la mort de son grand-père Gustave, d'Istanbul. Lui aussi, ce jeune homme, me laisse hésitant entre admiration et incertitude. *Quis, putas, puer iste erit ?* Que le Seigneur le bénisse. La journée pluvieuse me ramène à de tristes et douces pensées dans le souvenir de mes chers disparus et de tous les morts.

Cette procession de mes premières années : de S. Maria au cimetière ; puis plus tard de la nouvelle paroisse. Je vis encore parmi beaucoup de disparus et j'attends mon tour. *Veni, Domine Jesu.* Le soir, Mgr Calavassy. Je l'ai gardé à dîner.

2 novembre, mardi. — Jour des Morts. J'ai célébré avec ferveur les trois messes sans fatigue. Dans la matinée j'ai reçu Mgr Raymundos, que j'ai du mal à comprendre.

À 11 h 30 j'ai visité Son Éminence Suhard qui part pour Rome : la grosse question du fisc [3] ; l'occasion d'adoucir les intolérances de beaucoup à l'égard de Bertin. Nous nous entendons bien. Dans l'après-midi ma visite à André Marie, préoccupé par les prochaines élections [4]. À la maison j'ai reçu Mgr Calavassy et M. Rodocanachi ; puis j'ai rédigé un rapport à Mgr Tardini pour la grosse affaire du fisc, et je l'ai remis

---

1. La royauté sociale du Christ, qu'entendait promouvoir cette fête instituée par Pie XI le 11 décembre 1925, dans l'encyclique *Quas primas*, est difficilement compatible avec la laïcité républicaine, et nombre de catholiques doutent alors de la possibilité d'un retour en chrétienté. Sans se prononcer sur le fond, le nonce souhaite le maintien de la solennité.

2. Mgr Roncalli assiste donc à cette liturgie patriotique plus par devoir que par conviction.

3. Les manœuvres financières évoquées plus haut avaient sans doute pour but de soustraire à celui-ci certaines opérations boursières.

4. Le renouvellement des deux tiers du Conseil de la République, seconde chambre instituée par la Constitution de 1946, doit avoir lieu le 7 novembre. Il sera marqué par une percée gaulliste, un maintien de la gauche radicale ou socialiste et un net retrait du Mouvement républicain populaire comme du Parti communiste.

moi-même au card. Suhard que je suis allé saluer à la gare. Journée laborieuse, mais satisfaisante.

3 novembre, mercredi. — <*P. Merklen.*>

Quelques audiences : le doct. Lhoste-Lachaume, économiste d'esprit « catholique libéral [1] », puis la directrice du Foyer familial, venue m'inviter pour le 12 courant ; dans l'après-midi le curé et le maire de Vimoutiers [2] qui cherchent des sœurs pour l'hôpital.

L'après-midi, j'ai assisté à la conférence de M. Rodocanachi sur la « Civilisation méditerranéenne » qui aurait pu être prononcée par un évêque catholique ou orthodoxe. Il y avait aussi Mgr Calavassy arrivé au dernier moment. J'ai pris par hasard la place au centre de l'auditoire choisi de Grecs ou d'hellénophiles.

4 novembre, jeudi. — Saint Charles. Douce union d'esprit avec mon grand et cher saint, dans le bréviaire et dans la sainte messe. Puis beaucoup d'audiences : M. Le Cour Grandmaison ; M. Demarle ; le nouveau ministre du Siam. À 13 h déjeuner au Portugal en bonne compagnie : Mauriac, princesse de Polignac, etc. À la maison, long entretien avec le P. abbé Savaton autour de l'affaire Bertin ; puis M. Ferretti dont j'ai salué la fête. À 20 h 30 repas en présence d'André Marie, Garde des sceaux, avec les deux membres les plus intimes de son cabinet, Durieux et Papeloux. Réunion simple, mais vivante et intéressante, et utile à plusieurs choses [3].

5 novembre, vendredi. — Hier, la journée fut surchargée d'occupations et de soucis. Hier soir je me suis purgé, et après une nuit un peu agitée je me suis levé plus tard ce matin.

Les audiences n'ont pas manqué : général Dagnan, promoteur du culte à Charles de Foucauld ; M. Silianov, de Bulgarie ; comm. Giuseppe Basitoni ; et Mgr Lefebvre, archev. de Bourges, que j'ai gardé à déjeuner. L'après-midi j'ai revu le peintre Servalli ; je suis sorti pour me confesser à Mgr Beaussart, puis je suis resté au bureau jusqu'à 19 h. Ensuite une heure de prière : bréviaire et rosaire comme soulagement et réconfort.

---

1. Voir plus haut, en date du 26 février 1948.
2. Dans l'Orne, en Normandie.
3. Les liens du nonce avec cette éminence de la République laïque se renforcent.

6 novembre, samedi. — Seule audience : chan. Rupp qui n'ira pas à Beyrouth par respect pour ses sup. Dans l'après-midi je vois un peu le peintre Servalli. Reste de la journée occupée aux affaires courantes. Bon exercice de calme, de patience, de longanimité. Il n'y a rien de mieux à faire. Parfois, la pensée de tout ce qui reste à faire, et l'anxiété d'accomplir son devoir tout entier, menace de troubler mon esprit. Que le Seigneur m'aide à ne pas trébucher : *in bonitate, in patientia, in longanimitate*. La nuit, je poursuis la lecture de la vie du Bienheureux Contardo Ferrini [1]. Mon époque se greffe sur la sienne.

7 novembre, dimanche. — Oh ! quelle belle journée dominicale ! Dehors, le beau soleil qui n'est pas tellement fréquent à Paris ; dedans, la solitude absolue qui m'a permis de prier et de travailler à ma façon. *Deo gratias.*

8 novembre, lundi. — Je ne sais pas pourquoi la Bonne Presse insiste pour avoir mon portrait. Elle m'a envoyé le photographe exprès. Patience. Je n'ai pas eu ensuite d'autres audiences que le *cav.* Francavilla, de Naples, venu demander grâce pour un pauvre jeune homme condamné à vie ; puis le jeune P. Basilio Zapartan, attaché à la Mission catholique roumaine à Paris. Pauvres petits : persécutés dans leur pays et ici pas toujours exemplaires. Point lumineux de la journée : le retour de vacances de Mgr Forni. Puis dans l'après-midi le chan. Kir, maire de Dijon, qui m'invite au nom de la commune pour la fête de saint Bénigne.

9 novembre, mardi. — Peu d'audiences : P. Brillet, sup. gén. de l'Oratoire : le cas de l'ex-jésuite Bivort [2]. Nous en sommes toujours au même point. Puis le p. Corbellini. À 13 h je suis allé à l'Hôtel Ritz pour un repas offert par le ministre d'Autriche Vollgrüber. Parmi les convives, il y avait les amb. Quaroni d'Italie et Tjarda Van Starkenborgh Stachouwer avec leurs épouses. Le repas m'a fait mal à l'estomac ; et plus mal encore un coup de téléphone d'André Marie qui me laisse entendre des choses déplaisantes pour quelques évêques [3]. Le soir, je me suis purgé de nouveau et mis au lit, après avoir dicté

1. Ce juriste milanais du XIXe siècle a été béatifié l'année précédente (voir plus haut en date des 20 et 22 avril 1947).
2. Sorti de la Compagnie de Jésus, le père Jacques de Bivort de La Saudée veut alors entrer à l'Oratoire.
3. On ne connaîtra aucun nom ; mais on constate l'effet des bons rapports du nonce avec le ministre de la Justice.

quelques lettres et avoir reçu le prof. Lemkin [1], du Génocide, et Mgr O'Brien.

10 novembre, mercredi. — La nuit ne fut pas bonne, mais patience. Audiences aujourd'hui, seulement M. Mahieu, des Archives, et dans l'après-midi le ministre du Nicaragua auprès du Saint-Siège. À 17 h je suis sorti pour une brève promenade avec Heim, et à la maison j'ai fait des télégrammes pour Tito Spini, marié aujourd'hui, et pour le jeune André Couteaux qui se trouve à Rome et peut y être un instrument de bien. Le soir, je fais une partie de cartes avec mes collaborateurs ; mais je n'y trouve aucun plaisir, même quand je gagne. Et je finirai par me fatiguer alors que ce n'est pourtant qu'un exercice de détente.

11 novembre, jeudi. — J'ai célébré ce matin à la chapelle italienne de la rue de Montreuil pour la réouverture des écoles italiennes, en présence du consul Giusti, des prof. et des élèves. Mes paroles encourageantes à la fin. De là je me suis rendu à l'Étoile avec le Corps diplomatique pour l'hommage au Soldat inconnu. Dans l'après-midi j'ai pu travailler un peu sur le projet du Centre international de documentation du prof. Lesourd [2]. Le soir, j'ai eu à dîner M. Herbert Evatt, ministre des Affaires étrangères d'Australie et président de l'assemblée de l'ONU. Il était avec Mgr O'Brien et avec M. Bisling*. Conversation pacifique, tranquille, instructive.

12 novembre, vendredi. — <Louvre. Amb. du vin. ONU de 18 à 21 h. Mlle Delattre 61, Boulev. St-Jacques.>

7 h 30, messe et profession Vierges de Jésus et de Marie. Belle cérémonie chez ces sœurs qui sont les premières et les seules que j'aie rencontrées dans leur maison à Paris, la première fois que j'y suis passé en décembre 1921 avec le P. Drehmanns, secrét. du card. van Rossum [3]. À la maison j'ai retrouvé M. Cesidio Lolli, rédact. de l'*Osservatore Romano*, chère connaissance de vieille date. Je suis allé avec lui l'après-midi au Louvre pour la visite de l'Ambassade des Vins de

---

1. Après ce second entretien, le nonce ne doit plus rien ignorer de la question.

2. Ce catholique conservateur envisage la création d'un Centre catholique international de documentation.

3. Lors de son voyage pour le transfert à Rome de l'échelon central de l'Œuvre de la Propagation de la foi, d'origine française (voir plus haut en date du 23 juin 1945).

France, et ce fut bien [1]. Plus tard j'ai voulu me rendre à une récept. au ministère de l'Intérieur, mais j'ai dû lutter pendant presque deux heures avec une neige si épaisse qu'elle m'a contraint à rentrer [2].

13 novembre, samedi. — Audiences : *cav.* Francavilla ; Mgr Keller, évêque de Munster, successeur du card. von Galen, avec le prof. Delbeck, recteur du grand séminaire ; prof. Lenz-Médoc ; le nouveau ministre du Guatemala Luis Cardoza y Aragón. J'ai retenu à déjeuner le *dott.* Cesidio Lolli, de l'Oss. Rom. que j'ai accompagné ensuite à la gare du Nord, et M. Pesce qui quitte l'ACLI où M. Dell'Uomo di Arma, de Vicence, le remplacera. Il y avait aussi le jeune prêtre Lemaître, élève belge de l'Académie. Le soir, je suis allé chez Mgr Beaussart pour me confesser. La grave question des titres me préoccupe toujours [3] ; et un fort mal de dents lui tient compagnie.

14 novembre, dimanche. — <Mgr Loutil. Messe de diamant à St-Franç. de Sales ? 11 h 30 messe de rentrée : église de la Cité universitaire – Assistance avec quelques mots.>

À 11 h, j'ai assisté au *début* de la fête pour la messe de diamant de Mgr Loutil-Pierre l'Ermite à St-François de Sales. J'ai salué le card. Suhard et me suis rendu à l'église des Universitaires catholiques pour la messe festive après laquelle j'ai dit quelques mots : satisfaction ; encourag. à la foi, à l'espérance et à la charité. J'ai cité l'exemple de Fr. Ozanam dont on ouvre le procès de canonisation [4]. J'ai trouvé tout bien dans la liturgie. J'ai laissé 100 dollars à l'aumônier Joly – mon offrande personnelle – et j'ai salué aussi son compagnon l'abbé Godin [5]. Je suis retourné ensuite à St-François pour le repas d'honneur offert à Mgr Loutil. J'étais avec le cardinal.

15 novembre, lundi. — Je reçois les deux conjoints Battista et Giulia Roncalli, d'Antoigné ; puis le comte Affre de St Rome

1. On peut se demander si la présence du nonce s'impose à une telle manifestation.

2. Il s'en excuse par lettre du lendemain (Jules Moch se trompe donc, dans ses Mémoires, où il note seulement un retard, *Une si longue vie*, Paris, Robert Laffont, 1976, p. 295).

3. Voir plus haut en dates des 28-29 octobre et 2 novembre.

4. Rappelons que l'universitaire et homme d'œuvres Frédéric Ozanam (1813-1853) a été béatifié à Paris le 22 août 1997.

5. Claude Godin, ordonné en 1945 et affecté tout de suite à l'aumônerie de la Cité universitaire (à ne pas confondre avec Henri Godin, fondateur de la Mission de Paris).

avec une délég. des camériers secrets : j'ai fait quelques observations ; puis Mme Fenoy* de l'Œuvre des vocations. À midi je suis allé chez mon dentiste [Durance ?] pour quelques soins. L'après-midi j'ai posé longuement pour le portrait du peintre Servalli, qui vient bien, mais demande du temps. Conversation plaisante avec lui, mais fatigante à cause de sa surdité.

16 novembre, mardi. — <Expo. Archives. Traité de Westphalie. 57, Vieille du Temple. 16 h.>

Journée fatigante. Plusieurs audiences : parmi elles le ministre Pillai, de l'Inde ; et le nouveau ministre du Guatemala. Dans la matinée je suis allé voir l'exposition du livre italien, très belle et intéressante. À 13 h déjeuner chez le marquis de Mun, neveu d'Albert ; puis visite avec Heim à l'exposition des documents du traité de Westphalie [1]. À la maison, à midi, j'ai salué l'évêque Keller, de Munster, qui est resté déjeuner avec mes collaborateurs Oddi, Forni et Heim. Le soir, vers 9 h 30 j'étais présent à la Sorbonne, à une place d'honneur, pour la commém. du centenaire de Chateaubriand [2]. Intéressant, mais trop long.

17 novembre, mercredi. — Seul visiteur important Mgr Chappoulie. À déjeuner l'*avv.* Ludovico Montini, dép. au parl. Italien et frère de Mgr le Substitut. Je l'ai accueilli de mon mieux : c'est un brave monsieur, excellent chrétien. Le soir un télégramme Montini me dit que l'opposition à Bertin se fait plus pressante. L'ambassadeur d'Ormesson propose un autre candidat comme recteur de Saint-Louis. La chose m'afflige ; et je m'occupe toute la soirée à faire un rapport au card. du Saint-Office [3].

Voilà les tribulations de mon ministère. Espérons « percipere auxilium de tribolatione ».

<Je reçois Mgr Loutil avec son 1er vicaire. Je le traite aimablement. Il savoure, heureux, le « Dante » de G.B. Galizzi.>

---

1. Dont le catalogue figurait dans la bibliothèque de Roncalli.
2. Voir plus haut en date du 3 juillet.
3. « De là je vais voir Mgr Montini et lui annonce que mon choix s'est porté sur l'abbé Baron, comme recteur de Saint-Louis des Français. Non seulement il ne fait aucune objection et ne souffle mot de Mgr Bertin, mais il semble approuver ce choix » (Journal d'Ormesson, 15 novembre ; l'abbé André Baron, supérieur du séminaire interdiocésain des vocations tardives de Fontgombault, lui a été signalé par Jacques Maritain dont il est proche depuis longtemps).

18 novembre, jeudi. — <Mission ital. 16 h.>

Audiences : S. E. Mgr Fauvel, évêque de Quimper ; l'abbé Berg*, de Hongrie, et Mgr Joseph Közi-Horvath, membre de la commiss. des réfugiés et présid. du Mouv. pop. chrétien ; Mme de Férolles[1] présidente des Guides de France ; p. Gardella*, des Prêtres du Sacré-Cœur d'Albino.

Dans l'après-midi toujours beaucoup de travail à propos de l'affaire Bertin ; brève pose devant le peintre Servalli ; visite à la mission italienne de la rue de Montreuil, où je préside la réunion de quelques bienfaiteurs : frères Zinetti et fils, Buitoni, Di Gioia, Parolini, Chabert et Felisa, Alzani, Davella, etc. Puis réception brève à la Syrie.

19 novembre, vendredi. — <Centenaire St-Esprit.>

Grande messe pontificale dans la chapelle des Pères du St-Esprit pour le 1er centenaire de la fusion de l'œuvre de l'abbé Claude Poullart des Places[2] avec celle du P. Libermann[3]. Je me suis entretenu ensuite avec la communauté, félicitant et encourageant. Suivit une collation avec les seuls membres de l'état-major : Mgr Le Hunsec, etc. Digne, chère et cordiale réunion. Le soir, entretien avec Schuman aux Affaires étrangères sur l'affaire Bertin. Le ministre toujours excellent, juste, et très dévoué au Saint-Siège[4]. Douloureux de constater la passion que les « ecclésiastiques » mettent dans des affaires qui ne les concernent pas. Ainsi s'expliquent certaines grandes erreurs et douleurs de la France dans le passé[5].

<Audiences : Lenz-Médoc ; Mgr Loutil ; Mgr O'Brien et Mgr Bučko.>

---

1. En fait, Madame de *Kerraoul*.

2. Fondateur à la fin du XVIIe siècle d'une première Congrégation du Saint-Esprit.

3. Prêtre converti du judaïsme et fondateur d'une congrégation du Saint-Cœur de Marie qui fusionne en 1848 avec celle du Saint-Esprit sous ce dernier nom.

4. Curieuse appréciation sur un ministre des Affaires étrangères de la République française.

5. Si la phrase est à entendre dans son sens général, elle ne fait que répéter l'hostilité du nonce envers tout engagement temporel du clergé, et peut faire allusion à la période de la guerre. Si elle renvoie au seul cas Bertin, on ne voit pas comment des ecclésiastiques pourraient s'en désintéresser… Mais ils ne sont pas les seuls : « Nous parlons de l'affaire Saint-Louis-Bertin. Il me dit que le Pape se range à nos raisons et reconnaît que la désignation de Bertin pour Saint-Louis était inopportune. Mais on veut sauver la face du nonce et trouver quelque chose pour ledit Bertin avant de rendre officielle la nomination du nouveau recteur à Saint-Louis. La difficulté, c'est de trouver quoi… Le Saint-Siège, après nous avoir mis dans le pétrin, voudrait bien que nous l'aidions à en sortir » (Journal d'Ormesson, 17 décembre 1948, entretien avec Mgr Montini).

20 novembre, samedi. — Vers Dijon [1]. Départ à 7 h 10 arrivée 11 h 30. Nous poursuivons vers Cîteaux avec Mgr Sembel. Bon accueil des Cisterciens : j'ai répondu à l'abbé Godefroy [2] ; avec qui nous mangeons seuls : Oddi avec moi, Sembel et l'abbé. Fête de souvenirs et d'enseignements. De là nous passons à Beaune : très intéressant. J'ai visité l'Hospice, en parlant avec toutes les malades, l'église principale, le musée des vins, et la cave du Capitole. Je n'ai pas goûté une goutte de vin. En ville, chaleureux accueil au séminaire. Dîner en commun : ensuite mes paroles encourageantes. J'ai rappelé l'Oboedientia et Pax. Rencontre avec les professeurs, parmi lesquels Bardy, sourd [3]. Excellente impression de tout et de tous.

21 novembre, dimanche. — À Dijon. J'ai chanté la messe pontif. à la cathédrale pour saint Bénigne, devant toutes les autorités. Rite et musique superbes : quelques-unes de mes paroles à la fin très bien accueillies. Repas à l'évêché. À 15 h vêpres et beau discours de Mgr Flynn, de Nevers. Toujours foule magnifique et aimable. À 18 h récept. solennelle à la Préfecture avec mes paroles ; puis visite au très intéressant musée et dîner à la mairie, présidé par le chan. Kir, dép. et maire [4] ; 30 couverts avec l'amb. Roca, d'Argentine, le préfet et le député. Mon nouveau toast : Jean sans peur, Philippe le Hardi, Philippe le Bon. Journée pleine, très belle, et je l'espère fructueuse pour les intérêts de l'Église.

22 novembre, lundi. — À Dijon. Ma messe dans la crypte de St-Bénigne, pleine de devoti feminei sexus [5] ; beaucoup de dévotion et d'ambiance à tout point de vue, archéologique, etc., intéressant. En partant de Dijon brève visite à Notre-Dame, à Fontaines [6] où s'élevait la maison de saint Bernard. Accueil extrêmement agréable et chaleureux au petit séminaire de Flavigny, très peuplé. Il y avait avec moi Mgrs Sembel et Flynn. Nous avons visité les sœurs Dominicaines et

---

1. Quarante-troisième voyage du nonce, mais le premier depuis son retour de vacances, pour la fête de saint Bénigne, célébré à Dijon.
2. L'abbé du prestigieux monastère est alors dom Dominique Nogues ; Godefroy Belorgey est abbé auxiliaire.
3. Le patrologue Gustave Bardy, qui y fut longtemps professeur.
4. Ce prêtre a assumé le rôle de *defensor civitatis* en 1940 à l'arrivée des Allemands, les autorités légales ayant pris la fuite. Plusieurs fois arrêté et menacé de mort pendant l'Occupation, il fut triomphalement élu maire et député en 1945, pour le compte de la droite modérée, et non du MRP.
5. La Bourgogne n'est pas très pieuse.
6. Fontaines-lès-Dijon.

l'archiprêtre malade ; puis nous sommes passés à Alésia, près de la statue de Vercingétorix, toujours bien accueillis par le curé et MM. Toutain et Pernet, qui m'invitent pour la fête du [x] IIe millénaire. À 17 h 30 je suis à Paris et en repars à 21 h 10 pour En-Calcat [1].

23 novembre, mardi. — À En-Calcat près de Dourgne [2]. J'y suis arrivé après une nuit de train avec Mgr Oddi et Giulio. À Toulouse m'attendait Mgr Moussaron, archev. d'Albi, qui m'a conduit en auto. Très bel endroit, et cher accueil du jeune abbé de Floris et de sa nombreuse communauté. Réception dans la belle église neuve et dans la salle du chapitre. J'ai rappelé mes souvenirs bénédictins : Pontida, Fontanella, Subiaco, Saint-Paul-hors-les-Murs, etc. Je reconnais la présence des reliques à St-Benoît-sur-Loire. Je me trouve bien logé ; dans l'après-midi je prends congé de Mgr l'archev. d'Albi et de tous. *Damus animae dies : seponemus domesticas curas.*

24 novembre, mercredi. — *En-Calcat.* Journée de préparation à la mort. Tout seul dans ma chambre ; sainte messe dans la chapelle voisine. J'ai assisté ensuite à la messe conventuelle depuis une tribune. Belle cérémonie et très doux chant grégorien. Je le trouve ici d'une majesté et d'un effet meilleur qu'à Solesmes [3]. Dans l'après-midi je me suis bien reposé : je lis toutes mes notes des exercices de ces 24 années d'épiscopat et je réfléchis sérieusement à mes affaires. À 19 h je me confesse auprès du P. prieur et je reste avec une grande abondance de simplicité et de paix en entrevoyant ce à quoi je veux toujours davantage faire honneur pour arriver à la porte du Paradis *humilis et sapiens*.

25 novembre, jeudi. — Premier jour de ma 68e année. Cette nuit, étendu sur ma couche bénédictine je me suis préparé à la mort en lisant avec componction et ardeur les 5 prières de Bossuet. Les années, les jours que le Seigneur m'accorde

1. Quarante-quatrième voyage du nonce.

2. Troisième retraite française du nonce à l'abbaye bénédictine Saint-Benoît d'En-Calcat (Tarn), membre de la Congrégation internationale de Subiaco. Elle est documentée par le *Giornale dell'Anima* (23-27 novembre) ; par les dépositions de religieux et religieuses au procès parisien du 17 février 1969, vol. II, p. 1-57 ; et par celle de l'abbé Marie de Floris, 17 juin, *ibid.*, p. 355-364 et 7 octobre, vol. III, p. 13-18. Dans cette retraite, le nonce est guidé par le prieur Germain Barbier.

3. Compliment de valeur, quand on sait l'attachement du nonce à Solesmes.

encore, je les considère comme un plus. Je veux vraiment les sanctifier aussi pour *redimere tempus*. Sanctifier de la façon habituelle, c'est-à-dire *in humilitate et patientia* dans le service constant de la sainte Église et des âmes. La sainte messe solitaire, en l'honneur de sainte Catherine, veut dire que c'est là ma résolution. En elle je fais vibrer, plus tendre et plus vif, le souvenir de mes chers parents défunts par qui je suis né à l'amour du Seigneur.

26 novembre, vendredi. — À En-Calcat continue le délice de ma retraite active et je l'espère féconde. Comme d'habitude j'ai assisté de la tribune à la messe conventuelle en très doux et parfait grégorien. Puis je me suis appliqué à méditer ce qui vaut le plus et est le plus important pour moi, et j'ai noté sur papier quelques réflexions devenues plus pratiques après la lecture approfondie de l'épître catholique de saint Jacques. Le soir, je suis sorti faire quelques pas dans le jardin en conversant un peu avec les enfants du petit collège, et après le dîner dans la salle capitulaire avec des paroles encourageantes pour toute la famille bénédictine.

27 novembre, samedi. — À *En-Calcat* et à *Albi*. J'ai visité deux vieux pères malades et suis parti à 9 h pour Sorèze où les Dominicains du P. Lacordaire m'ont fait une splendide réception [1]. De là nous sommes passés à Ste-Scholastique, magnifique monastère : récept., conversation, repas, tout à la perfection [2]. De là, passage à Albi. Visite de la cathédrale : un vrai poème. Visite reçue et rendue du préfet Moulins. Ensuite les réceptions très bien organisées à l'archevêché : clergé nombreux et digne, religieux et religieuses ; toutes les formes d'action catholique féminine et masculine, bonnes paroles pour tous. Puis dîner à l'archev. avec 25 couverts et les évêques de Mende, Perpignan, Cahors et Mgr Puech.

28 novembre, dimanche. — Albi. Journée pleine d'occupations et consolante. À 10 h mon pontif. dans l'incomparable basilique. Mes paroles à la fin : au nom du pape, satisfaction, encouragement, bénéd. [3]. Au déjeuner autres paroles pour l'archev. Dans l'après-midi j'ai chanté les vêpres, écouté le

---

1. Célèbre collège acquis par Lacordaire en 1854 et tenu par la congrégation dominicaine enseignante.
2. Monastère féminin bénédictin, jumeau d'En-Calcat.
3. Cérémonie d'érection de la cathédrale Sainte-Cécile en basilique mineure.

discours de Mgr Garrone – un peu abstrait et ampoulé [1] – bénéd. du S. Sacr. Puis ma visite à la mairie. Réception solennelle : discours du maire et ma réponse. Ensuite repas à la Préfecture avec un grand déploiement de députés et d'autorités. Les époux Moulins, préfet et sa femme, très délicats et comme il faut. Ils sont protestants [2]. Rencontre vraiment bien réussie [3].

29 novembre, lundi. — Départ d'Albi <avec Mgr Moussaron> non sans avoir visité le Carmel où j'ai rappelé mes Carmélites de Cadi Keui et de Sofia. À Mazamet accueil chaleureux à la mairie : message du maire protestant [4] et ma réponse. Visite aux Clarisses : nouvelle conversation, puis déjeuner copieux. De là nous sommes passés à Castres : visite à la mairie, au musée des trois Goya et au petit séminaire avec une grande réception et mon discours encourageant. J'ai visité aussi l'église principale. De là à Lavaur, visite à la cathédrale St-Alain et dîner chez les sœurs. Départ *in nocte* pour Toulouse où je salue le card. Saliège et poursuis le voyage en train vers Paris. À Toulouse j'ai retrouvé M. Oddi arrivant de Lourdes.

30 novembre, mardi. — Je suis arrivé ce matin par train de Toulouse. J'ai trouvé Paris très enneigé. Peu d'audiences. Le peintre Servalli toujours occupé au portrait qui me paraît marcher bien. Mais toujours *vanitas vanitatum.*

1er décembre, mercredi. — Audiences avec dans les yeux la lumière de saint Éloi : la directrice du Foyer familial ; Gaston Tessier qui part pour la Palestine ; le journaliste Jacques des Roches ; le p. Léonce, missionnaire arménien qui part pour Rome ; le *comm.* Bernardino Nogara que je recevrai à déjeuner demain.

---

1. Réserve désormais connue contre des développements trop intellectuels.

2. « *La presenza del Nunzio abbrevia le distanze fra cattolici e protestanti, fra Autorità e popolo, fra appartenenti a diversi partiti politici, tutti disposti per altro al rispetto verso il Santo Padre che ama la Francia* » (« La présence du nonce raccourcit la distance entre catholiques et protestants, entre les autorités et le peuple, entre adhérents à divers partis politiques, tous disposés par ailleurs au respect envers le Saint Père qui aime la France »), écrit-il à Mgr Valeri le 1er décembre.

3. Deux moines d'En-Calcat font pourtant mention de quelques divergences avec l'archevêque, Mgr Moussaron : dom Germain Barbier, procès parisien, 17 février 1969, p. 3 et dom Éphrem Bouillet, *ibid.*, p. 23.

4. Il existe dans le Tarn une minorité protestante appréciable.

2 décembre, jeudi. — Après les audiences matinales, je suis allé avec Heim au Centre familial où, avec le card., etc., nous avons rencontré quelques membres de l'ONU, et de là nous avons poursuivi pour St-Maur chez le *comm.* Buitoni, où se trouvaient aussi MM. Lago et Lupo. Conversation tranquille : peu de choses à reprendre : par ex. fausses appréciations sur la Démocratie chrétienne ; sur le pape qui aurait dû sauver la monarchie [1]. À midi j'ai eu à déjeuner le *comm.* Bernardino Nogara.

3 décembre, vendredi. — Quelques audiences : Mgr Gabriel Naamo, évêque chaldéen tit. de Batne, adm. ap. à Gezira avec son vic. et avec Mgr Dominique Dahane de la Mission chaldéenne catholique ; Madame Montaru, une voyante (2 000 F) ; M. Banarou ; le chan. Élie Maire, chanoine de Notre-Dame qui me recommande Claire Ferchaud, de Loublande [2] ; Madame Stéphanie Schiulbok* ; Badini avec sa fille Silvana, parents du Maître Badini de Bergame.

4 décembre, samedi. — Audiences : p. Bivort, ex-jésuite : je lui ai parlé avec clarté et douceur ; marquis de Canisy ; maître Emelian et sa femme ; Monsieur Bielecki présid. du Parti démocratique national polonais, avec son centre à Londres. Dans l'après-midi Giorgio Lubrina que j'accompagne à N.-D. où je me confesse à Mgr Beaussart. À la maison je trouve Mgr Brault, évêque de St-Dié, qui va transférer sa résidence à Épinal [3]. Dans la journée je vois aussi Mgr de Mende avec son habituel mal de cœur [4]. Le soir je suis un peu fatigué et au lit lecture prolongée de la vie de Pie IX par Villefranche [5].

5 décembre, dimanche. — <Anniv. mort du P. de Foucauld Place St-Augustin. Cercle Milit. 21 h.>

Fête du cardinal. 50 ans de sacerdoce, 20 d'épiscopat. J'assiste à Notre-Dame avec Forni et Heim : belle cérémonie, cordiale, bondée. Grand banquet chez les Dames de

---

1. Comme on l'a vu, le nonce aurait personnellement préféré le maintien de la monarchie ; mais il proteste quand ses interlocuteurs prétendent que le pape aurait dû voler au secours de celle-ci.
2. La voyante poitevine du Sacré-Cœur ne manque décidément pas d'appuis dans le clergé.
3. Parce que sa ville épiscopale est détruite, et aussi parce qu'Épinal est le chef-lieu du département des Vosges.
4. Mgr Rousseau a déjà demandé à changer de siège (voir plus haut en date du 8 août 1947).
5. J.-M. VILLEFRANCHE, *Pie IX. Sa vie, son histoire, son siècle*, Lyon, Vitte et Perrussel, 1889.

Sion. Mon toast en trois points : passé, présent, avenir. Passé dans la lettre du pape qui résume les mérites et la pensée de saint Ambroise ; présent : le spectacle de la charité dans la famille sacerdotale autour du pasteur. L'avenir : la main à la charrue, poursuivre avec confiance et avec joie. Le soir au Cercle militaire en l'honneur du P. de Foucauld [1].

6 décembre, lundi. — Journée surchargée. Audiences : sœurs du Foyer familial, celles de la rue St-Jacques, les premières sœurs que j'ai visitées à Paris le 23 déc. 1921 – P. Gius. Drehmanns [2] ; Mgr Babini et don [ ] nouveau sup. des Scalabriniens ; les époux Coppola. J'ai eu à déjeuner le cher *dott.* Giorgio Lubrina. À 15 h 30 j'ai assisté à une confér. sur Foch du général de Lattre de Tassigny ; à 17 h j'ai béni le nouveau pavillon de l'Argentine à la Cité Universitaire, et en revenant j'ai participé à la réception à la légation de Finlande. Quand je suis sorti, Bogomolov entrait, etc., tous disposés à faire fête à ce petit pays digne et redoutable [3].

7 décembre, mardi. — Saint Ambroise. Oh ! chers souvenirs et très cher saint. Voilà environ quatre ans je recevais la première communication de ma nomination à Paris. Le domestique Domenico m'annonce la naissance cette nuit de Raffaele Gianpaolo. Benedictus qui venit.

Audiences : Maurice Denis ; p. Louis de la Très Sainte Trinité ; comtesse de Rouvre qui épouse un Bourbon ; Mgr Picard de La Vacquerie que je garde à déjeuner avec le comte Carton de Wiart, de Bruxelles et avec l'amb. Cora ; puis à 15 h 30 M. Dumaine, chef du protocole ; M. André Marie ; Mgr l'archev. de Sens ; M. Demarle avec le prof. Sicard, spécialiste en sociologie familiale.

8 décembre, mercredi. — <Donné à Fernand Hayward chèque de 10 000 F.>

Journée reposante dans la douce lumière du mystère de l'Immaculée. Comme j'aime me sentir de nouveau adolescent : le cœur ouvert aux élévations les plus pures de la grâce ! Et quelle poésie dans mes souvenirs et dans la célébration liturgique. En ces jours je relis avec beaucoup d'intérêt la *Vie*

---

1. Tué au Sahara le 1er décembre 1916.
2. Voir plus haut en date du 23 juin 1945.
3. Après le traité de Paris du 10 février 1947, qui entérinait la perte pour elle de Petsamo et de la Carélie, la Finlande a dû signer le 6 avril 1948, avec son puissant voisin soviétique, un « traité d'amitié, de coopération et d'assistance mutuelle » qui limite fortement sa marge de manœuvre en lui imposant une stricte neutralité entre les blocs.

de Pie IX de Villefranche, qui m'avait tant séduit quand je l'ai lue en italien en 1899 – il y a un demi-siècle – dans une traduction que m'avait prêtée le curé Battaglia [1]. Ô Vierge immaculée *tuus sum ego ; salvum me fac.*

9 décembre, jeudi. — Peu d'audiences, mais beaucoup de travail : prof. Thomas Whittemore, le découvreur des mosaïques d'Istanbul ; l'abbé Dolivet, quasi secrét. du card. Tisserant à Rome ; le colonel de Fériet qui m'a entretenu des problèmes du Proche-Orient, mais sans apporter de choses nouvelles pour moi ; la sup. générale des religieuses Trinitaires qui s'occupe de la mission de Madagascar. Je reçois aussi et garde à déjeuner le sculpteur Elia Ajolfi, de Bergame, et le jeune abbé suisse [Lisch [2]] qui s'occupe d'assistance aux jeunes de l'école Bossuet.

10 décembre, vendredi. — Aujourd'hui Mgr Heim m'a permis de me reposer des audiences. Je lui en suis vraiment reconnaissant. Mais je n'ai pas du tout perdu mon temps. La lecture de la vie de Pie IX me passionne. Quelle époque et quel calvaire pour le grand pape dans son effort légitime, et pour lui juste, de défense du pouvoir temporel contre les intrigues des princes Napoléon III et Victor-Emmanuel, des diplomates et des francs-maçons ! Quand on y repense aujourd'hui, ce fut une tragédie dont les victimes furent les acteurs principaux. Où est le trône de Napoléon et où le trône des rois de la maison de Savoie [3] ?

11 décembre, samedi. — <Déjeuner, 13 h M. Demon, 94, Boul. Flandrin.>

Peu d'audiences mais solides : M. Le Cour Grandmaison présid. de la FNAC et directeur de la *France catholique* qui me raconte son voyage à Rome ; le doct. Jean Delteil direct. gén. de l'Alliance contre la dépopulation ; M. Devèche qui m'invite à une audition de Claudel. Je suis allé déjeuner chez Demon où j'ai trouvé Mgr Bottinelli, son vicaire, la princesse de Robech, etc. À la maison j'ai eu ensuite un long entretien avec l'ex-amb. Bergery, puis je me suis rendu chez

---

1. Le jeune Roncalli participe alors de la grande popularité de Pie IX chez les catholiques italiens.

2. Voir plus haut en date du 7 juillet 1948.

3. Ainsi l'histoire aurait-elle balayé, à plusieurs décennies de distance (1870 et 1946), les principaux responsables de la fin du pouvoir temporel des papes.

Mgr Beaussart pour me confesser. Au terme de la journée je ressens un peu de fatigue.

12 décembre, dimanche. — <À Palaiseau fête du pape. 15 km de Paris. Pierre Lubrina 15, r. de Chartres *Orsay*. 12 h chez Doulcet ; puis cérémonie.>

Journée dominicale pluvieuse qui n'a pourtant rien ôté à la visite à Palaiseau. Là, dans la famille Doulcet, l'ancien amb. au Vatican [1], distinction parfaite et cordiale. Veuve et enfants, excellents catholiques. Dehors j'ai eu la démonstration des Missionnaires des campagnes *en roulotte* ; et dans l'église, de leurs formes de propagande. Le chef de cette expédition de trois mois qui s'achève maintenant est l'abbé [Thivollier [2]]. J'ai adressé moi aussi de chaleureuses paroles aux fidèles en les encourageant à vivre l'Action catholique. Le maire était également présent. Que dirai-je ? Tout le bien que méritent les présents. Et les absents ? Sur 10 000 fidèles, il y en aura eu 500 à l'église.

Et dire qu'il y avait aussi le nonce apost. venu exprès [3].

13 décembre, lundi. — Matinée sans audiences et tout employée à faire une petite lettre de vœux de Noël pour les évêques. Dans l'après-midi j'ai fait avec le peintre Servalli et Mgr Heim une visite aux chefs-d'œuvre du musée de Munich exposés au Petit Palais. Une heure et demie de vraie jouissance artistique et intellectuelle. À 18 h 30 je suis allé chez les Bassot pour une récept. en l'honneur des catholiques étrangers venus à l'ONU. Il y avait aussi le card. Suhard. Il y avait 4 de ces étrangers avec plusieurs bons catholiques de Paris que l'on voit *habituellement* dans ces circonstances. Objectif complètement manqué. Roger Millot, présid. de Pax Romana, a parlé, et basta.

14 décembre, mardi. — Audiences : Madame Denise Azam, écrivain et juive convertie ; le jeune abbé Cordier, de Soissons, devenu doyen dans une autre paroisse de St-Gobain où il était en poste ; le chan. Rupp qui m'apporte son livre *Histoire du diocèse de Paris* [4] et m'expose son désir au sujet de l'*Unesco*. Bon

---

1. Jean Doulcet représenta la France auprès du Saint-Siège de 1923 à 1928.

2. Pierre Thivollier, fils de la Charité, qui a inventé cette forme de mission itinérante.

3. Le nonce paraît surpris que sa présence n'ait pas attiré plus de monde ; mais Palaiseau est une commune de cheminots de la grande banlieue sud, fort peu pratiquante.

4. *Histoire de l'Église de Paris*, Paris, Robert Laffont, 1948.

travail à la maison : avec quelques petits malaises. Patience et courage.

15 décembre, mercredi. — Audiences : un père camillien hollandais mais résidant dans le nord de la France ; la comtesse de Salverte ; le *comm.* Donati, amb. de la République de Saint-Marin en France. Il est juif et italien. Je le traite avec tous les égards, et constate qu'on gagne les âmes avec le bon cœur, et non avec des piques [1]. Le soir, l'abbé Jacquin qui me traduit la petite lettre de vœux que j'ai préparée pour les évêques.

16 décembre, jeudi. — <Dîner Grente 20 h.>
Audiences : le député du Bas-Rhin Meck, chrétien social qui se plaint d'un certain [ ] et d'un autre ; puis Mlle Leflaive, écrivain ; puis Mgr Grente. À déjeuner le chan. Kir, maire et dép. de Dijon, esprit sage et fort aimable ; avec lui le nouvel abbé olivétain du Bec [2]. De 15 h à 17 h, deux heures de supplice sur les sièges de la Coupole [3]. À 20 h repas avec Heim chez les Grente, pour la remise de la décoration d'officier de la Légion d'honneur. Étaient présents l'ancien ministre Letourneau et sa femme, Mgr Pichard, l'académicien Georges Lecomte, etc. Dans la soirée est arrivé le jeune Mario Limonta, de Pontida.

17 décembre, vendredi. — Audiences : général Lescanne*, de Nancy, qui me parle du Congrès eucharistique national et des 10 millions qu'il faut pour commencer à l'organiser [4] ; Mgr le vic. ap. d'Oubangui ; l'amb. Cosme ; le doct. Diening de l'*Unda* ; et dans l'après-midi l'abbé Calle, cérémoniaire ; les deux sœurs des Écoles ; M. Ferretti avec M. *Giacomo Recupito*, de la société Caproni. Ces audiences avec de petites choses çà et là me compliquent la vie.

18 décembre, samedi. — Audiences : Mlle Ferrari avec de bonnes nouvelles au sujet de son école ; le comte Hulten Czapski, un Polonais qui passe en Argentine ; le comte Michel de Pierredon avec sa fiancée Mlle d'Épremesnil. Il y avait aussi le père du fiancé ; le chan. Rodhain à qui j'ai pu aimablement

---

1. Seule la charité peut conduire à la vérité.
2. Dom Paul Grammont, du Bec-Hellouin, monastère olivétain normand.
3. Le nonce y assiste à la séance publique annuelle où sont lus les rapports sur les concours 1948 et sur les prix de vertu.
4. Ce congrès aura lieu du 6 au 10 juillet 1949.

rapporter les diverses opinions et critiques, mais de manière à l'encourager. Il faut continuer ainsi avec une parole ouverte et cordiale plutôt qu'avec des critiques souvent injustes, pas toujours charitables [1]. À 16 h j'ai baptisé à la chapelle le bébé de Domenico : Raffaele Giovanni Paolo Gualderoni et lui ai donné 5 000 F en cadeau. Puis je suis allé avec Servalli voir les portraits des archev. de Paris.

19 décembre, dimanche. — <St-Nicolas des Champs. 10 h Messe pontif. 254, St-Martin.>

Belle église que celle de St-Nicolas des Champs, vaste, avec 25 chapelles [2] ; naguère un peu mourante, aujourd'hui bien ranimée. Le jeune curé Le Rouzic attentif et fervent : les âmes répondent. Ma messe pontif. s'est bien passée. Avant la bénéd. au nom du Saint Père j'ai dit quelques mots : remerciement, encourag. *Haec est victoria quae vincit* notre foi. Enfin saint Nicolas et prière pour le monde slave.

Le soir je suis allé rue Violet pour assister à la représentation de « Cretinetti furbo per caso » [Crétinot rusé par hasard]. Une distraction innocente qui donne l'impression de reposer ; à la maison ensuite travail jusque tard dans la nuit.

20 décembre, lundi. — Audiences : M. Bernard Mahieu, des Archives, avec qui j'ai discuté de la publication d'un ouvrage sur « les nonces apostoliques en France » qu'il préparerait avec mon concours [3]. À midi je reçois le nouveau ministre de Hollande, qui me fait bonne impression. Dans l'après-midi je reçois plusieurs personnes qui ouvrent la présentation des vœux de Noël.

21 décembre, mardi. — Audiences : M. Carry, journaliste ; le baron Milo di Villagrazia, qui s'intéresse à Trieste et au fédéralisme ; le *comm.* Sommariva, de Milan, qu'après seulement deux mois je trouve amaigri et vieilli ; le supérieur du Collège arménien de Paris.

Je vais ensuite avec Oddi déjeuner chez Mme Abrami, avec André Marie, Schneiter, Coste-Floret et d'autres personnes,

---

1. La concurrence entre les organismes catholiques de secours international continuerait donc de poser problème ? Rodhain est alors engagé dans un soutien matériel aux réfugiés palestiniens du Liban qui ne peut déplaire au Saint-Siège, après l'encyclique *In multiplicibus curis* du 24 octobre (Charles KLEIN et Jean COLSON, *Jean Rodhain prêtre*, II, p. 45-48).

2. Dans le IIIe arrondissement.

3. Ce projet n'a pas abouti.

hommes et femmes [1]. Bonne rencontre. À 16 h j'ai reçu Mgr Fleury, évêque de Nancy, intéressé à plusieurs choses : question ouvrière, congrès eucharistique en préparation laborieuse, apparitions [2].

22 décembre, mercredi. — Toujours audiences : l'adjointe de Mlle Rascol avec les vœux de Noël et l'invitation pour le soir du 9 janvier à 17 h ; le p. Lebret O. P., directeur d'Économie et Humanisme qui m'informe sur son bon travail ; la sup. de N.-D. des Apôtres ; M. Di Consiglio, directeur du Banco di Roma ; marquis Cavalletti de l'ambassade d'Italie avec M. Cassuto, directeur de la nouvelle « Voix d'Italie ». Dans l'après-midi : Mgr l'évêque de Versailles et son auxiliaire ; le p. Merklen de *La Croix*, qui m'apporte plusieurs informations intéressantes et douloureuses.

23 décembre, jeudi. — La préparation de l'allocution de la nouvelle année au Présid. de la République m'a beaucoup occupé hier jusqu'à une heure tardive de la nuit (2 h 45). Dans la journée je fus donc un peu fatigué. Et il convint pourtant de recevoir : le p. René Jean Hesbert, de Solesmes, maintenant prêté à St-Wandrille ; le comte Horace Saint-Just de Teulade ; à midi le comte Giusti, consul général. Dans l'après-midi l'abbé Jacquin est venu et m'a aidé à mettre mon allocution en bon français. Le soir je suis un peu fatigué. Je reçois le baron Dervaux et je vois avec Oddi quelques films populaires de peu de valeur acquis à la Bonne Presse.

24 décembre, vendredi. — Veille de Noël laborieuse. J'ai d'abord reçu Mgr Leprêtre que j'ai à cœur de voir content [3] ; puis le baron Marsaudon, chevalier de Malte, bon catholique, bienfaisant et... réputé franc-maçon [4] ; puis Mme la comtesse (?) Coppola avec son fils de 25 ans : elle m'apporte en don une paire de souliers ecclésiastiques à boucles et une tasse à café ; puis M. Vernoni directeur du Banco di Roma à Bruxelles ; marquis Cavalletti, du consulat. Dans l'après-midi la baronne Lazzaroni, de Rome. À 17 h je remets le texte de l'allocution

1. Le salon de Mme Abrami est un lieu de rencontre entre personnalités gouvernementales d'opinions différentes (un radical et deux démocrates-chrétiens ici).
2. Toujours Bouxières.
3. Il n'a pourtant pas reçu de nouvelle affectation.
4. Le baron Yves Marsaudon, que le nonce a reçu le 30 avril avec les dignitaires de l'Ordre de Malte, est en effet l'un d'entre eux et un membre important du Suprême Conseil du Rite écossais, courant minoritaire mais spiritualiste de la maçonnerie française.

du 31 décembre, visite de vœux au card. Suhard et à Mgr Beaussart. Le soir, je reste seul avec le peintre Servalli.

25 décembre, samedi. — Sainte messe de minuit dans la chapelle pleine de dévots : comte Saint-Just, époux Mahieu et Ferretti, et tout le personnel de service avec leurs familles. Puis on servit le café aux communiants, et au personnel dans une autre salle. À 9 h 30 les deux autres messes, auxquelles comme cette nuit assista le peintre Servalli. Pour le reste, seul et tranquille chez moi. À midi j'ai reçu l'amb. Quaroni et tous ses collaborateurs. À déjeuner le *comm.* Sommariva, de Milan, avec sa fille Gisa, et l'abbé Jacquin avec Oddi. Dans ma chambre j'ai prié et fait quelques lettres, entre autres un billet pour Bidault et une image pour son épouse [1].

26 décembre, dimanche. — Solitude parfaite et très plaisante, même si à table je n'ai pas abouti à grand chose. À 12 h 30 j'ai eu à déjeuner l'ambassadeur Quaroni avec l'ambassadrice et leurs enfants Giorgio et Alessandro. Réunion tranquille et cordiale. Nous avons échangé le vœu de nous retrouver à nouveau l'an prochain de la même manière pour la St Étienne. Dieu le veuille. Dans l'après-midi Oddi, qui a aussi assisté au repas, m'invite rue Violet pour la représentation bien réussie du « Piccolo Parigino » [Petit Parisien]. Il y avait un fort groupe d'Italiens. Pensée joyeuse et triste. Combien d'Italiens à Paris qui échappent à l'action bienfaisante de la religion [2] !

27 décembre, lundi. — Audiences : sup. générale des Filles de la Charité. À 12 h le consul Calenda qui part pour la Hongrie : il était avec son épouse. Dans l'après-midi l'évêque de Meaux Mgr Debray. À 6 h entretien avec M. Schuman. Situation du coadj. de Coutances éclaircie : mais en un sens qui n'est pas conforme aux attentes du Saint Père [3]. Le ministre m'a proposé

---

1. Sans rancune !

2. Cette observation pessimiste sera bientôt corroborée par les études de sociographie de la pratique.

3. « Je voulais lui parler de l'affaire du siège coadjuteur de Coutances. Il est sur le point d'être donné à un certain abbé Cherdel, chanoine de Saint-Brieuc, qui a été archi-vichyssois et l'alter ego de l'évêque de Saint-Brieuc Monseigneur Serrand, dont le Gouvernement voulait la tête après la libération [...]. Cette nomination serait un scandale et provoquerait des remous sérieux. Je mets en garde Tardini. Il était au courant de l'affaire. Il me dit que, sachant les inconvénients de ce choix, il avait demandé au nonce d'autres candidats. Le nonce avait envoyé trois dossiers, tous trois si nuls que le Pape – après les avoir examinés lui-même – les avait écartés et avait donné ordre de nommer Cherdel » (Journal d'Ormesson, 24 décembre, entretien avec Mgr Tardini). Sur les

de m'écrire lui-même une lettre explicative. Parmi les audiences de ce matin, il y eut aussi M. Mahieu, des Archives. Aujourd'hui fut une journée de contrariétés douloureuses. J'ai cependant éprouvé la fidélité de la réponse de saint Joseph aux prières. Et le soir mon esprit redevient serein.

28 décembre, mardi. — Encore des audiences : le *comm.* Sommariva avec Monsieur [ ] et avec le chan. Olphe-Gaillard, aumônier de la marine ; comte de Quincy ; l'amb. Gaston Bergery.

Dans l'après-midi le P. Ringeval ; puis S. E. Madame Schichtholz* avec sa fille Luciana ; un neveu bergamasque du Maître Badini, occupé dans un grand cirque équestre américain. Le soir, nouvelle de l'emprisonnement du card. Mindszenty, primat de Hongrie [1]. Du Vatican, on nous invite à la désapprobation. À quel point en arrive-t-on ! Rien à voir avec la démocratie. Voilà le retour de la barbarie.

29 décembre, mercredi. — Peu d'audiences. Parmi elles Mgr Chappoulie que je garde à déjeuner avec le prof. Josi, archéologue romain, et Mgr Raymundos. Dans l'après-midi je reçois le P. Merklen de *La Croix*, que j'alerte sur l'arrestation du primat de Hongrie. Je vais ensuite chez le card. Suhard pour conférer sur le même sujet. Il est bon qu'en face d'une telle violence les réactions des catholiques du monde entier soient nombreuses [2].

30 décembre, jeudi. — Bonne journée avec peu d'audiences. Je vois que la réaction commence bien. Ce soir, un article vibrant du P. Merklen. Les cardinaux feront un geste collectif.

Le soir j'ai reçu Mgr Chappoulie.

À une heure tardive Mgr Heim est revenu d'Olten. Le P. Chaillet s. j. est venu discuter sur un projet digne d'étude [3].

---

instances de l'ambassadeur, Tardini promet d'en reparler à Pie XII et puis s'en prend au nonce « qui ne proposait jamais que des "médiocrités". "Je n'osais pas vous le dire, ai-je aussitôt répondu. C'est chez lui un véritable principe... Alors que le clergé français dispose de tant de ressources excellentes, Mgr Roncalli ne semble retenir que des candidats qui se recommandent par leur médiocrité" [...] "Je ne sais comment il fait, m'a dit Tardini, pour se renseigner, mais ses renseignements sont certainement mauvais" » (même source, même date).

1. Le primat de Hongrie a été arrêté le 26 décembre au soir dans son palais épiscopal.

2. Cette arrestation a en effet suscité une intense émotion à travers le monde occidental.

3. Quel projet ? La biographe du fondateur des *Cahiers du Témoignage chrétien* clandestins, Renée Bédarida, n'en dit rien. Il pourrait concerner

Je l'encourage à partir pour Rome en emportant mon courrier relatif à plusieurs affaires.

31 décembre, vendredi. — Le dernier jour de 48 commence par un geste de charité ; le pauvre Mario Limonta qui, par manque de papiers en règle, doit retourner à Pontida avec sa jeune épouse (5 000 F). Audiences ; pp. Slattery et Fugazza avec les vœux des Lazaristes. Puis l'amb. d'Espagne. À déjeuner le ministre Robert Schuman, tout seul : un délice pour nous, Oddi, Heim et moi. À 16 h 30 présentation des vœux à l'Élysée. Tout bien. J'ai parlé des « gémissements » de la liberté opprimée[1]. Auriol a bien répondu[2]. Mais qu'attendre de l'esprit du monde ? À 9 h 30 je suis allé à Montmartre pour passer en prière la nuit du passage de 48 à 49. Pour ces deux années Cor Jesu sacratissimum, miserere nobis.

---

la riposte aux attaques contre la religion, puisque le père Chaillet présidera quelques semaines plus tard, au Vélodrome d'hiver, un grand meeting de protestation sur l'affaire Mindszenty (*Pierre Chaillet. Témoin de la résistance spirituelle*, Paris, Fayard, 1988, p. 269).

1. En écho à l'arrestation du cardinal Mindszenty, sans le citer. Le nonce a évoqué aussi des résultats encourageants de la réunion de l'ONU : « Plusieurs principes ont été affirmés, qui sont dignes de respect, car ils correspondent aux droits fondamentaux de l'homme et du citoyen » ; mais encore faut-il les faire appliquer (*Souvenirs d'un nonce*, p. 17-19, citation p. 18).

2. *Ibid.*, p. 18-20.

Index des noms propres

B

C

D

E

F

H

I

J

K

L

M

N

O

P

Q

R

S

T

U

V

Table des matières

Composition : Facompo, Lisieux

Achevé d'imprimer en novembre 2006
par Normandie Roto Impression s.a.s.
61250 Lonrai (Orne)
Numéro d'édition : 13761
Numéro d'imprimeur : 062895